21 世纪全国高职高专财经管理系列实用规划教材

现代物流管理

主　编　沈　默　李承霖
副主编　魏江平　孙跃兰
参　编　刘　岩　宋宝瑞
　　　　张梦冰　王　刚
主　审　曹志平

北京大学出版社
PEKING UNIVERSITY PRESS

中国林业出版社
China Forestry Publishing House

内 容 简 介

本书主要介绍了有关现代物流的概念，物流运作涉及的环节、功能、管理和决策，物流信息系统的运用以及现代物流发展趋势等基本知识。

本书共分 9 章，每一章都对学习提出明确的学习目标和要求，运用针对性的案例导入，配有知识拓展的内容和实习项目，并在每一章后都给出练习题。

本书既可作为高职高专物流专业的课程教材(安排 80 课时左右)、辅助教材，也可作为各类、各层次学历教育和短期培训的选用教材，也适合广大物流界人员作为学习参考用书。

图书在版编目(CIP)数据

现代物流管理/沈默，李承霖主编. —北京：中国林业出版社；北京大学出版社，2007.8(2011.8 重印)

(21 世纪全国高职高专财经管理系列实用规划教材)

ISBN 978-7-5038-4854-4

Ⅰ. 现… Ⅱ. ①沈…②李… Ⅲ. 物流—物资管理—高等学校：技术学校—教材 Ⅳ. F252

中国版本图书馆 CIP 数据核字(2007)第 128116 号

书　　名：现代物流管理
著作责任者：沈　默　李承霖　主编
总　策　划：林章波　牛玉莲
执 行 策 划：吴　迪　郑铁志
责 任 编 辑：王显超　高红岩
标 准 书 号：ISBN 978-7-5038-4854-4
出　版　者：中国林业出版社(地址：北京市西城区德内大街刘海胡同 7 号　邮编：100009)
http://lycb.forestry.gov.cn　E-mail:jiaocaipublic@163.com
电话：编辑部 83220109　营销中心 83227711
北京大学出版社(地址：北京市海淀区成府路 205 号　邮编：100871)
http://www.pup.cn　http://www.pup6.com　E-mail: pup_6@163.com
电话：邮购部 62752015　发行部 62750672　编辑部 62750667　出版部 62754962
印　刷　者：北京中科印刷有限公司
发　行　者：北京大学出版社　中国林业出版社
经　销　者：新华书店
787mm×960mm　16 开本　26.75 印张　548 千字
2007 年 8 月第 1 版　2011 年 8 月第 4 次印刷
定　　价：37.00 元

丛 书 总 序

随着我国改革开放的持续深化，社会主义市场经济对高等职业技能型人才的需求迅猛增加。2002 年，随着《国务院关于大力推进职业教育改革与发展的决定》(国发〔2002〕16 号)的颁，揭开了我国高等职业教育发展的新篇章。为贯彻落实《国务院关于大力发展职业教育的决定》，“十一五”期间，教育部、财政部决定实施国家示范性高等职业院校建设计划，通过重点建设 100 所国家示范性高职院校，带动全国高职院校深化改革，提升高等职业教育的整体水平。国家启动示范性高等职业院校建设计划，标志着我国高等职业教育进入了一个追求内涵发展的新的历史阶段，这是科学发展观在我国高等教育领域的具体体现，对促进我国高等职业教育更好更快地发展具有巨大的战略意义。

财经管理类专业是我国高职高专教育极其重要的组成部分。2005 年，全国高职高专院校在校生 427 万，其中财经管理类专业在校生超过 80 万，占 18.8%。高职高专财经管理类专业主要着眼于培养社会主义市场经济发展所需要的德智体全面发展的高素质专门人才，要求具有较强的职业技能和较好的创新精神以及实践能力。

在当前开拓新型工业化道路，推进全面小康社会建设的新时期，进一步加强经济管理人才的培养，注重经济理论的系统化学习，特别是现代经济管理理论的学习，提高学生的专业理论素质和应用实践能力，培养出一大批高水平、高素质的经济管理人才，越来越成为提升我国经济竞争力、保证国民经济持续健康发展的重要前提。这就要求高职高专财经管理类职业教育要更加注重依据国内外社会经济条件的变化适时变革和调整教育目标和教学内容；要求财经管理学科专业更加注重应用、注重实践、注重规范、注重国际交流；要求财经管理学科专业与其他学科专业相互交融与协调发展；要求财经管理类职业教育培养的人才具有更加丰富的社会知识和较强的人文素质及创新精神。要完成上述任务，高职高专院校需要进行深入的教学改革和创新。特别是要搞好有较高质量的教材的编写和创新。

出版社的领导和编辑通过对国内高职高专院校财经管理学科教材使用情况的调研，在与各院校的专家学者讨论的基础上，决定组织编写和出版《21 世纪全国高职高专财经管理系列实用规划教材》，这是一项有利于促进高职高专院校教学改革发展的重要措施。

本系列教材是按照高职高专院校经济类和管理类学科专业规范、培养方案，以及课程教学大纲的要求，合理定位，由长期在教学第一线从事教学工作的教师立足于 21 世纪经济管理类学科发展的需要，深入分析经济管理类专业学生现状及存在问题，探索经济管理类专业学生综合素质培养的途径，以科学性、先进性、系统性和实用性为目标，其编写的特色主要体现在以下几个方面：

(1) 关注经济管理学科发展的大背景，在掌握必要的理论知识基础上，着眼于增强教学内容的联系实际和应用性，突出创造能力和创新意识。

(2) 体系完整、严密。系列涵盖经济类、管理类相关专业，并把握相关课程之间的关系，整个系列丛书形成一套完整、严密的知识结构体系。

(3) 内容新颖。借鉴国内外最新的教材，融会当前有关经济管理学科的最新理论和实践经验，用最新知识充实教材内容。

(4) 合作交流的成果。本系列教材是由全国上百所高职高专院校教师共同编写而成，在相互进行学术交流、经验借鉴、取长补短、集思广益的基础上，形成编写大纲。最终融合了各地特点，具有较强的适应性。

(5) 案例教学。教材具备大量案例研究分析，让学生在学习过程中理论联系实际，特别列举了我国经济管理工作中的大量实际案例，这可大大增强学生的实际操作能力。

(6) 注重能力培养。力求做到不断强化自我学习能力、思维能力、创造性解决问题的能力以及不断自我更新知识的能力，促进学生向着富有鲜明个性的方向发展。

(7) 配套产品种类丰富。每本教材除了有电子课件方便老师备课以外，还提供有教材习题答案、考试题库，为使用本系列教材的老师提供了方便。

作为高要求，高职高专财经管理类教材应在基本理论上做到以马克思主义为指导，结合我国财经工作的新实践，充分汲取中华民族优秀文化和西方科学管理思想，形成具有中国作风、气派和特色的创新教材。这一目标不可能一蹴而就，需要作者通过长期艰苦的学术劳动和不断地进行教材内容的更新才能达成。我们希望这一系列教材的编写，将是我国拥有较高质量的高职高专财经管理学科教材建设工程的新尝试和新起点。

我们要感谢参加本系列教材编写和审稿的各位老师所付出的大量卓有成效的辛勤劳动。由于编写时间紧、相互协调难度大等原因，本系列教材肯定还存在一些不足和错漏。我们相信，在各位老师的关心和帮助下，本系列教材一定能不断地改进和完善，并在我国高职高专财经管理类学科专业的教学改革和课程体系建设中起到应有的促进作用。

《21 世纪全国高职高专财经管理系列实用规划教材》

专家编审委员会

2007 年 8 月

前 言

我国“十一五”规划中明确指出：大力发展现代物流产业，培育专业化物流企业，积极发展第三方物流。然而，现代物流业的发展，需要管理人员、技术人员，更需要高技能型人才，而高技能型人才正是高等职业技术学院人才培养的规格。作为物流人才的培养，它是一项多方位、多层次的系统工程。选用物流高职高专特色教材施教，是实现培养合格的高技能物流人才的关键性步骤之一。为此，在北京大学出版社的组织和策划下，我们诸多高职院校的老师参与编写了《现代物流管理》一书，作为高职高专物流系列教材之一。

我们在《现代物流管理》教材编写中力求做到：始终贯穿“职业技能培养”为编写的主线；根据职业教育的特点，内容上以“必需和实用、够用”为原则；做到理论教学和实践相结合；把学生的思想品德培养、责任感、能力素质、心理素质和团队精神等内容融汇于编写中，从而达到全面提高学生的综合素质、职业道德和职业技能的目的。

在本书编写结构上，首先，每章都明确学习目标、应当掌握的知识点和能力要求；其次，通过案例，导入学习的内容，以激发学生学习的兴趣和积极性；再次，通过背景知识的介绍使学生更好地理解和掌握所学的内容；最后，通过练习和实践教学消化和运用所学的知识。在编写的内容方面，尽可能反映新知识、新技术、新动态，运用规范的物流术语，同时注重培养学生分析问题、解决问题、理论联系实际以及学以致用的能力。在编写形式上采用“图”、“表”、“文”并茂的方式，使所教内容形象、直观、生动和通俗易懂。

本书共分 9 章，其中第 1、3 章由李承霖编写；第 2 章由沈默编写；第 4 章由魏江平编写；第 5 章由宋宝瑞编写；第 6 章由孙跃兰编写；第 7 章由刘岩编写；第 8 章由张梦冰编写；第 9 章由王刚编写。全书由沈默制订大纲、统稿和初审，曹志平主审。

在本书编写过程中，参考了国内外有关物流管理方面的众多教材，运用和引用了大量的相关资料和数据，对此我们编写组已予以一一注明，并且对相关企业和相关资料的撰写者表示衷心的感谢！同时对所有支持、关心我们编写工作的人员表示真诚的谢意！

科技发展日新月异，推动着物流行业突飞猛进的发展，由于时间仓促、编者水平有限，书中难免会有疏漏和不妥之处，恳请广大读者不吝赐教，以便我们做出改进。

编　者

2007 年 5 月

目　录

第 1 章　物流管理概述 1
1.1　物流与物流管理 4
1.1.1　物流的基本概念 4
1.1.2　物流的分类 7
1.1.3　物流管理 11
1.2　现代物流业 19
1.2.1　现代物流业的作用 19
1.2.2　现代物流业的行业组成 21
1.2.3　现代物流业的主要学说 24
1.2.4　现代物流与传统物流 27
1.3　现代物流系统 28
1.3.1　系统概述 28
1.3.2　物流系统 30
1.3.3　物流系统分析 33
本章小结 38
思考与练习 39
第 2 章　物流系统功能要素的构成及其管理 43
2.1　包装 47
2.1.1　包装概述 47
2.1.2　包装材料 49
2.1.3　包装合理化 51
2.1.4　包装技术 52
2.2　装卸搬运 55
2.2.1　装卸搬运概述 56
2.2.2　装卸搬运方式 56
2.2.3　装卸搬运合理化 58
2.2.4　装卸搬运机械 59
2.3　运输 63
2.3.1　运输概述 63
2.3.2　运输方式 64
2.3.3　运输合理化 72
2.3.4　集装化系统 75
2.4　储存 80
2.4.1　储存概述 80
2.4.2　仓库的分类 83
2.4.3　库存管理 86
2.5　流通加工 91
2.5.1　流通加工概述 91
2.5.2　流通加工的类型 92
2.5.3　流通加工管理 94
2.6　配送 96
2.6.1　配送概述 96
2.6.2　配送的类型 97
2.7　物流结点 99
2.7.1　配送中心 100
2.7.2　物流中心 105
2.7.3　物流园区 110
2.8　物流信息系统 114
2.8.1　物流信息系统概述 114
2.8.2　物流信息平台 116
2.8.3　物流信息技术及运用 118
本章小结 133
思考与练习 140
第 3 章　企业物流 147
3.1　企业供应物流 150

3.1.1 供应物流概述 150
3.1.2 采购 151
3.1.3 供应 158
3.1.4 库存管理 161
3.1.5 采购决策与库存控制 165
3.2 企业生产物流 170
3.2.1 生产物流概述 170
3.2.2 生产物流的类型 172
3.2.3 生产物流的合理组织 173
3.2.4 生产物流的计划 177
3.2.5 生产物流控制 180
3.2.6 物料需求计划 184
3.2.7 生产物流的新发展 186
3.3 企业销售物流 189
3.3.1 销售物流概述 189
3.3.2 销售物流渠道的结构和类型 190
3.3.3 销售物流的主要环节 193
3.3.4 销售物流的管理 194
3.3.5 分销需求计划 195
3.4 回收物流与废弃物流 197
3.4.1 回收物流与废弃物流的概述 197
3.4.2 回收物流与废弃物流的利用的重要意义 198
3.4.3 回收物流与废弃物流的处理 199
本章小结 200
思考与练习 203

第 4 章 物流外包与第三方物流 207

4.1 核心竞争力与第三方物流 209
4.1.1 核心竞争力 209
4.1.2 第三方物流 212
4.1.3 物流外包 217
4.2 第三方物流企业 222
4.2.1 我国第三方物流企业的分类 222
4.2.2 我国第三方物流企业的发展战略 224
4.2.3 物流组织结构 227
4.2.4 物流服务 230
4.2.5 第三方物流企业服务质量的 KPI 指标 231
4.3 第三方物流供应商的选择与管理 234
4.3.1 第三方物流供应商的识别评估 234
4.3.2 第三方物流供应商的选择 235
4.3.3 第三方物流供应商的管理制度 237
本章小结 239
思考与练习 240

第 5 章 现代物流与电子商务 244

5.1 电子商务概述 246
5.1.1 电子商务的概念 246
5.1.2 电子商务的功能 249
5.1.3 电子商务的主要模式 250
5.1.4 电子商务的基本业务流程 251
5.2 电子商务与现代物流 252
5.2.1 物流是电子商务的重要组成部分 252
5.2.2 物流对电子商务的影响 253
5.2.3 电子商务环境下物流的特点 255
5.2.4 电子商务环境下物流业的发展 256
本章小结 260

思考与练习 264

第 6 章 供应链管理 266

6.1 供应链及供应链管理 268

6.1.1 供应链概述 268

6.1.2 供应链管理概述 274

6.2 供应链管理的竞争优势 278

6.2.1 供应链管理的产生背景 278

6.2.2 供应链管理与传统管理的区别 279

6.2.3 供应链管理与传统管理模式的区别 280

6.2.4 供应链管理的优势 281

6.2.5 供应链管理的实践 282

6.3 电子商务与供应链管理 287

6.3.1 电子商务对供应链管理的影响 287

6.3.2 基于电子商务的供应链管理原理 289

6.3.3 电子商务环境下我国供应链管理所面临的主要问题 290

6.3.4 电子商务环境下供应链管理模式的构建 291

本章小结 292

思考与练习 294

第 7 章 国际物流 297

7.1 国际贸易与国际物流 300

7.1.1 国际物流的概念、特点及作用 300

7.1.2 国际贸易与国际物流 302

7.2 国际物流的业务 304

7.2.1 国际物流货物运输业务 304

7.2.2 国际物流货物仓储业务 307

7.2.3 货运代理的租船业务 311

7.3 国际多式联运与口岸 315

7.3.1 国际多式联运的概念、条件与特点 315

7.3.2 国际多式联运业务与单证 316

7.3.3 国际贸易口岸 320

7.3.4 海关业务 322

本章小结 328

思考与练习 330

第 8 章 物流企业管理 333

8.1 物流成本管理 336

8.1.1 物流成本概述 336

8.1.2 研究物流成本的作用 337

8.1.3 几个重要的物流成本理论 337

8.1.4 物流成本的特性 338

8.1.5 物流成本的分类 339

8.1.6 物流成本计算的新方法——物流 ABC 340

8.1.7 物流成本管理 344

8.2 物流质量管理 352

8.2.1 物流质量管理概述 352

8.2.2 物流质量管理的特点 353

8.2.3 物流质量的衡量 354

8.2.4 物流质量指标体系 354

8.2.5 物流质量管理的基础工作 355

8.2.6 企业物流质量改进 356

8.2.7 ISO 质量管理体系与物流企业质量管理 357

8.3 物流人力资源管理 359

8.3.1 物流业人力资源市场特征 360

8.3.2 物流经理 361

8.3.3 物流员工的招聘 362

8.3.4 物流企业员工的培训与开发......363
8.4 物流产业管理......365
8.4.1 物流产业的概述......365
8.4.2 发达国家对物流产业的管理......366
8.4.3 中国的物流产业管理......368
本章小结......374
思考与练习......378
第 9 章 现代物流发展趋势......382
9.1 物流标准化......387
9.1.1 物流标准化的概念......387
9.1.2 物流标准化的分类......387
9.1.3 物流标准化的重要性......390
9.1.4 国际通行的物流标准......390
9.2 绿色物流......391
9.2.1 绿色物流的产生......391
9.2.2 绿色物流的概念......392
9.2.3 发展绿色物流的意义......392
9.2.4 绿色物流体系......393
9.3 价值链......397
9.3.1 价值链的概念......397
9.3.2 价值链管理......398
9.3.3 波特价值链分析模型......399
9.3.4 物流企业的价值链......400
9.3.5 跨国公司基于价值链发展战略的实践与应用......400
9.4 第四方物流......401
9.4.1 第四方物流的概念......401
9.4.2 第四方物流的特征......402
9.4.3 第四方物流的价值贡献......404
9.4.4 第四方物流与第三方物流的区别......404
9.4.5 第四方物流的运营方式......405
9.4.6 第四方物流的发展前景......406
本章小结......407
思考与练习......411
参考文献......413

第1章 物流管理概述

教学目标

熟练掌握物流与物流管理的基本概念，掌握物流管理的基本内容、物流的分类特点；了解物流业的发展；了解物流所涵盖的传统行业和现代物流之间的关联，以及物流作为新兴产业将对我国国民经济发展所带来的巨大影响。掌握系统与物流系统的定义、物流系统的组成要素和功能要素；了解物流系统的模式和物流系统分析的基本方法和原则；会用系统的方法分析物流问题；会综合地进行物流系统的评价。

教学要求

知识要点	能力要求	相关知识
物流与物流管理	(1) 物流的概念 (2) 物流的分类 (3) 物流管理的概念	(1) 物流概念的产生 (2) 物流管理的原则 (3) 物流管理的发展阶段
现代物流业	(1) 物流的商物分离 (2) 物流的“黑大陆” (3) 物流的“冰山” (4) 物流的“第三利润源” (5) 物流的“效益背反”	(1) 现代物流业的作用 (2) 现代物流业主要学说
现代物流系统	(1) 系统的三要素 (2) 物流系统组成 (3) 物流系统的分析方法	(1) 系统的原理 (2) 物流系统的分析原理 (3) 物流系统中的相互制约问题

案例导入

海尔：用物流打造品牌

海尔曾在中国市场优势企业品牌人气指数调查中，击败可口可乐、诺基亚等世界著名品牌，成为中国市场中外品牌中最具人气的品牌，可口可乐和诺基亚则分列第二、三位。海尔能够取得这样的成就，取决于它的核心竞争力——物流。

海尔实施的世界名牌战略，靠的是“有缺陷的产品等于废品”的质量意识、“用户永远是对的”的服务意识和“卖的是信誉而不仅仅是产品”的品牌意识，而物流则贯穿于品牌战略的始终。

由于现代物流运营的复杂性和高难度，许多家电企业都选择了将物流业务外包，这样既可以获得较高质量的物流服务，又不必承担过多的物流风险与成本。但是，海尔却选择了自己建立物流体系。在海尔看来，选择自己建立物流体系的原因很简单，要成为现代企业就要发展现代物流，没有现代物流的企业最后的结果只能是“无物可流”。

1. 用订单信息流打造现代物流

加入 WTO 后，海尔决定建立市场竞争压力传导机制，把市场的竞争压力直接传到企业内部。因此，海尔实施了市场链流程再造，以确保“三个流”的市场链流程顺畅流转。具体来说，就是企业信息流需要横向流动，企业要根据市场需求，即以订单信息流来带动物流、资金流的运转。凭借订单做到现款现货，产品一到用户手里就可以拿到资金，这就是海尔的订单信息流，订单代表的是用户需求，只有以最快的速度满足用户需求，才能避免陷入价格战中。订单信息流后来成为带动海尔物流和资金流运转的核心。

2. 物流重组分两步走

海尔的物流重组，第一步是整合采购，将集团内分散在 23 个产品事业部的采购先集中起来。采购集中实施后的第一年就为海尔节省了十几亿元的资金，并且优化了分供方，分供方由原来的 2 360 多家变为现在的 300 多家。优化不仅使分供方数量降了下来，而且还与世界领先的供应商建立了战略合作关系。这种战略合作关系建立后，供应商除了能为海尔生产配套产品以外，还有利于海尔新产品的设计和研发。比如，海尔希望采用高耐腐蚀性的钢材生产某款冰箱，供应商很快就能研制生产出所需的原材料，不但保证了海尔产品技术的领先性，而且使产品的研发速度大大提高。

在整合全球供应资源网络后，海尔开始整合配送网络，在全国建设配送中心。目前，海尔已拥有 40 多个配送中心，产品送达国内任一城市或乡村的时间不超过 4 天，每天能向 1 550 多个专卖店与 9 000 多个网点配送 5 万多件产品，同时 B to C(Business to Customer，企业对个人的电子商务)产品与备件配送全面开展，形成了成品分拨物流体系、备件配送体系和回收物流体系。在地区分拨方面，海尔物流认为：“只要有村级建制的地方，我们就能把货送到。”

当然，海尔并非完全自己建立所有的物流设施和网络。在国内市场，除了在青岛由自建的立体库取代大量外租仓库以满足生产物流及制造需要外，其他 42 个地区配送中心基本上是租用地方仓储企业的仓库，运输车辆除少部分自有外，绝大部分是利用运输企业的车辆；在欧洲和美国市场，则通过与专业物流公司合作的方式来完成物流工作。

3. 不断改善计算机网络资源与数据库管理

信息化与网络化是海尔现代物流最基本的特征。2000 年以来，海尔斥巨资采用了 SAP 公司提供的 ERP 系统(企业资源管理系统)和 BBP 系统(原材料网上采购系统)，以保证在接到订单的那一刻起，所有与这个订单有关联的部门和个人都能同步运行起来。

海尔物流的 ERP 系统包括物料管理、制造与计划、销售与订单管理、财务管理、成本管理五大模块。ERP 系统打破了原有的“信息孤岛”，加快了对供应链的响应速度；BBP 系统主要是建立了与供应商之间基于互联网的业务和信息协同平台，采购计划、采购订单、库存信息、供应商供货清单、配额以及采购价格和计划交货时间都通过该系统发布给供应商，使供应商及时备货和出货。

随着企业的不断发展，海尔数据量的增长速度也在不断加快，而在企业信息化建设过程中，数据日益成为企业运行的基础和决策分析的重要依据。如何保证数据的安全性与系统的高效性，成为海尔信息化建设的关键所在。为此，海尔选择了 IBM 内容管理解决方案。海尔物流采用的 IBM 内容管理软件(IBM Content Manager)，可以为海尔物流的 ERP 系统用户提供可靠的存档解决方案，帮助其将各种格式的业务信息存档，如历史数据、电子邮件文档、扫描图片、传真、计算机输出文件以及其他业务文件。通过该解决方案，ERP 系统用户不必为数据库的不断扩大而担忧，并提高了系统的响应速度。

选择 IBM 内容管理软件的主要原因，除了技术和业务因素之外，还因为 IBM 公司的信誉度高，售前、售中和售后服务能够得到保证；IBM 内容管理解决方案曾经在与海尔模式相同的企业内实施过；IBM 提供的归档解决方案能够更好地利用现有的硬件设备，无需再购买相应的归档所需硬件。

通过使用 IBM 内容管理解决方案，海尔不但实现了最初的设想，即在保证数据安全的前提下，管理包括业务文档在内的各种类型数据，又能将业务文档与工作流相结合，从而实现系统高效运行的目标，最大限度地节约采购成本，将数据库的压力转移到磁带库。

实施流程再造以后，海尔的运营资金占用从原来的 12.4 亿元降到现在的 0，库存资金周转速度由原来的 30 天减少到现在的 7 天，订单响应速度由原来的 30 天减少到现在的 6 天，营销网点则由原来的 2 万个增加到现在的 3.4 万个，仓库面积由 24 万平方米缩减到 2 万平方米，分供方网络由原来的 2 236 家优化到目前的 721 家。

资料来源：http://www.sinoceo.com.cn

1.1 物流与物流管理

1.1.1 物流的基本概念

1. 物流概念的产生

物流的历史和人类历史一样久远。物流概念的产生经过了一个漫长而曲折的过程，物流一词最早出现在美国。20 世纪初，一些发达的资本主义国家出现生产过剩与需求相对不足的经济危机，市场竞争的加剧使人们开始关注分销工作，萌发了物流的概念。1915 年美国营销学者阿奇·萧在《市场分销中的若干问题》一书中，首次提出了“Physical Distribution，PD”的概念，有人将它译成“实体分销”，也有人译成“物流”。后来，美国另一位营销学者克拉克，于 1924 年在《市场营销原理》一书中也使用了物流的概念。

物流是一种古老而又平常的活动，自从人类社会有了商品交换，就有了物流活动，如，仓储、运输、装卸、搬运及流通加工等。但是将物流作为一门科学，从系统的观点进行研究，还只有几十年的历史。具体地说，是在第二次世界大战末期，从美国的军事后勤部门的研究成果开始的。第二次世界大战期间，由于前线变动很快，出现了如何组织军需物品的供给，各供应基地、中转基地、前线供应点如何合理分配，如何确定最优的运输路线等问题。于是美国军队围绕战争期间军需物资的供应，建立了现代军事后勤(Logistics)，即指战略物资的生产、采购、运输、仓储及配送等全过程的管理，形成了一门“后勤管理”(Logistics Management)学科。战后引入经济部门，应用于流通领域和生产经营管理全过程中所有的与物品获取、运送、存储和分配等有关的活动。近 20 年来，Logistics 逐渐取代 PD，成为物流科学的代名词。

1946 年美国正式成立了全美输送物流协会，这是美国第一个对专业输送者进行考察和认证的组织。

2. 物流的概念

物流是由“物”和“流”两个基本要素组成的。

1) 物的概念

物，通常是指一切可以进行物理性位置移动的物质资料，如物资、物品、商品、原材料、零部件和半成品等，不能发生物理性位移的物质资料不是物流的研究对象。与物流中的“物”密切相关的几个概念如下所述。

(1) 物资：在我国专指生产资料，有时也泛指全部物质资料，较多情况下是指工业品生产资料。它与物流中“物”的区别在于，“物资”中包含相当一部分不能发生物理性位移的生产资料，这一部分不属于物流学研究的范畴，例如建筑设施、土地等。另外，属于物流对象的各种生活资料，又不能包含在作为生产资料理解的“物资”概念之中。

(2) 物料：是我国生产领域中的一个专门概念。生产企业习惯将最终产品之外的、在生产领域流转的一切材料(不论其来自生产资料还是生活资料)、燃料、零部件、半成品、外协件以及生产过程中必然产生的边、角、余料、废料及各种废物统称为物料。

(3) 货物：是我国交通运输领域中的一个专门概念。交通运输领域将其经营的对象分为两大类：一类是人(旅客)；一类是物，除人(旅客)之外，“物”的这一类统称为货物。

(4) 物品(Article)：指“经济活动中涉及实体流动的物质资料”。(中华人民共和国国家标准《物流术语》GB/T18345－2001，以下简称“国标”)

(5) 商品：商品是用来交换的劳动产品。商品具有使用价值和价值两个基本属性。商品和物流学的“物”的概念是互相包含的。物流学中的“物”有可能是商品，商品中的一切可发生物理性位移的物质实体，也即商品中凡具有可发生物理性位移及物质实体要素的，都是物流研究的“物”，也有可能是非商品(赠品)。商品实体仅是物流中“物”的一部分。商品中的不可发生物理性位移的物质实体、非物质实体要素的商品(如商标、专利权等知识产权)则不属于物流研究的“物”。

总之，物流中的“物”，是物质资料世界中具备物质实体特点，并可以进行物理性位置移动的那一部分物质资料，而不论它们处在哪个领域、哪个环节。

2) 流的概念

物流学中的“流”，泛指物质的一切运动形态。既包括空间的位移，又包括时间的延续。与物流中的“流”相关的几个概念如下所述。

(1) 流通：物流的“流”，经常被人误解为“流通”。物流中的“流”和“流通”是既有联系又有区别的。

它们的联系是：流通过程中，物的物理性位移常伴随着交换而发生，这种物的物理性位移是最终实现流通过程不可缺少的条件，没有物的物理性位移，流通过程就不能最终实现。物流中“流”的一个重点领域是流通领域，不少人甚至只研究流通领域，因而干脆将“流”与“流通”混淆起来。流通作为一种经济形式而存在，是伴随着商品生产和商品交换的历史而产生和发展的，生产决定流通，生产方式的性质决定流通的性质，生产的发展水平决定流通的规模和方式，生产是流通的物质基础。在商品经济的初级阶段，由于产品的品种、数量很少，生产者往往通过比较直接的渠道建立交换关系，流通的形式是初级的。随着生产力水平的提高，专业化的工厂越来越多，规模也越来越大，产品品种、数量大大增加，生产地点和消费地点逐渐分离，往往需要通过市场这个环节，即流通领域的过渡，才能将产品转移到消费者手中。流通对生产具有反作用，流通的状况制约着生产的规模、范围和发展速度。

它们的区别主要有：一是涵盖的领域不同，物流中的“流”涵盖的范围要广得多，它不但涵盖流通领域，也涵盖生产、生活等领域；流通中的“流”从范畴来看只是全部“流”的一个局部。另一个区别是“流通”并不以其整体作为“流”的一部分，而是以其实物物理性运动的局部构成“流”的一部分。流通领域的商业活动中的交易、谈判、契约、分配及结算等所谓“商流”活动和贯穿于其中的信息流等都不能纳入到物理性运动之中。

(2) 流程：物流中的“流”可以理解为生产的“流程”。生产领域中的物料是按工艺流程要求进行运动的，这个流程水平高低、合理与否对生产的成本和效益以及生产规模影响颇大，因而生产领域“流”的问题是非常重要的。

3) 物流的定义

世界各国的物流发展水平不同，对物流的定义也有差异。

美国的现代物流定义：传统的物流是指“物的流动”，即物质实体的流动过程，具体指运输、储存、配送、装卸、保管和物流信息管理等各种活动。1985 年，美国物流管理协会(CLM)对物流的定义为：是以满足客户需求为目的，以高效和经济的手段来组织原料，在制品、制成品以及相关信息方面，从供应到消费的运动和存储的计划、执行和控制的过程。1991 年，CLM 将 1985 年定义中的“原料、在制品、制成品”修改为“产品、服务”。1998 年，CLM 又在 1991 年定义的基础上加上“物流是供应链过程的一部分”的内容。

因此，美国对现代物流的定义是：物流是供应链过程的一部分，是以满足客户需求为目的，以高效和经济的手段来组织产品、服务以及相关信息，从供应到消费的运动和存储的计划、执行和控制的过程。

日本对物流的定义：物流是为了消除商品从生产者到消费者之间的场所间隔和时间间隔的物理性经济活动，具体包括运输、保管、搬运、包装、流通加工和信息活动等。物流的实质及其作用就是保值、节约、缩短距离、增强企业竞争力，提高服务水平，加快商品流通，促进经济发展，保护环境，创造社会效益和附加价值。

欧洲物流协会(European Logistics Association，ELA)对物流的定义：物流是在一个系统内对人员和商品的运输、安排及对与此相关的支持活动进行计划、执行和控制，以达到特定的目的。

2001 年 8 月 8 日起正式实施的由国家质量技术监督局发布的《中华人民共和国国家质量标准物流术语》中，对物流的定义：“物流是指物品从供应地向接收地的实体流动过程。根据实际需要，将运输、储存、装卸、搬运、包装、流通加工、配送和信息处理等基本功能实施有机结合”。

物流的主要功能是创造时间效用和空间效用，主要方式是通过运输和搬运，以及与此相联系的储存保管、包装、装卸、配送和流通加工等活动克服空间距离和时间间隔。因此，我们认为：现代物流是连接供给主体和需求主体，克服空间和时间阻碍的有效快速的物品流动。

3. 物流与商流、信息流、资金流的关系

在商品流通过程中，还有流通信息活动，包括商流信息和物流信息。物流信息是指获取表达物流活动的有关知识、资料、消息、情报、数据、图形、文件、语言及声音等，以及信息加工与处理的技术。如市场行情、物流供求、政策法规、市场环境等信息的生产、加工、传递。信息流先于物流，它引导和调节物流的数量、方向和速度，使物流按规定的目标和方向运动。信息流贯穿物流的全过程，因此，信息流也是物流的一个重要组成部分。物流信息技术是物流管理的基础，物流信息技术水平的提高是物流系统不断改善的关键。

伴随商品流通过程，资金流是信用证、汇票、现金，通过银行在各个交易方之间的流动。

由此可见，商流、物流、信息流和资金流是商品流通的必要组成部分，如图 1.1 所示。

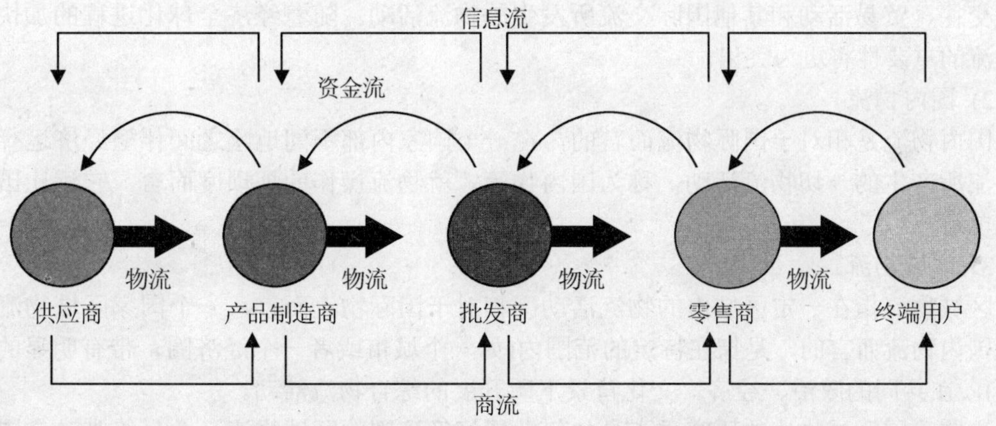

图 1.1　商品流通中物流、商流、信息流、资金流的关系

1.1.2　物流的分类

社会经济领域中物流活动无处不在，许多有自身特点的领域都有自己特征的物流活动。虽然物流的基本要素相同，但由于物流对象不同，物流目的不同，物流范围、范畴不同，就形成了不同类型的物流。

1. 按物流研究的范围大小分类

1) 宏观物流

宏观物流是指社会再生产总体的物流活动，从社会再生产总体角度认识和研究的物流活动。宏观物流研究的主要特点是综观性和全局性。宏观物流研究的主要内容是：物流总体构成、物流在社会经济中的地位、物流与经济发展的关系、社会物流系统和国际物流系统的建立和运作等。社会物流、国民经济物流、国际物流都属于宏观物流。

2) 微观物流

微观物流带有局部性。企业所从事的实际具体的物流活动，都属于微观物流。在整个物流活动中的局部或一个环节的具体物流活动也属于微观物流。在一个较小地域空间发生的具体的物流活动也属于微观物流。微观物流的主要特点是具体性和局部性。企业物流、生产物流、供应物流、销售物流、回收物流、废弃物物流和生活物流等皆是微观物流。

2. 按照物流活动的地域范围分类

1) 国际物流

国际物流(International Logistics)指："不同国家(地区)之间的物流"。

国际物流是现代物流系统发展很快、规模很大的一个物流领域，是伴随和支撑国际间经济交往、贸易活动和其他国际交流所发生的物流活动。随着经济全球化进程的加快，国际物流的重要性将更为突出。

2) 国内物流

国内物流是相对于国际物流而言的，在一个国家内部不同地区之间伴随经济运行和其他交流所产生的一切物流活动，称为国内物流。就物流操作的烦琐度而言，它远比国际物流简单得多。

3) 区域物流

区域物流指在一定区域内的物流活动。相对于国际物流而言，一个国家区域物流是相对于国内物流而言的，是指在特定的范围内(如一个城市或者一个经济圈，带有明显的区域特点)，在共同的政治、经济、文化背景下所开展的综合物流活动。

当前我国区域物流的研究重点是如何发展好经济圈的区域物流，并最终带动全国物流的大发展。这个经济圈物流是：以北京、天津为中心的首都经济圈物流；以上海为龙头的包括苏南、浙东各主要城市在内的长江三角洲经济圈物流；以广州、深圳、珠海为中心外联我国港澳、内接珠江三角洲各新兴城市的珠江三角洲经济圈物流。

3. 按照物流系统性质分类

1) 社会物流

社会物流(External Logistics)指："企业外部的物流活动的总称。(国标)"社会物流是超越一家一户的以一个社会为范畴面向社会为目的的物流。这种社会性很强的物流往往是由专门的物流承担人承担的，社会物流的范畴是社会经济大领域。社会物流研究再生产过程中发生的物流活动，研究国民经济中的物流活动，研究如何形成服务于社会、面向社会又在社会环境中运行的物流，研究社会中物流体系结构和运行，因此带有宏观和广泛性。

2) 行业物流

在一个行业内部发生的物流活动被称为是行业物流。按照这种分类方法，物流可划分为铁路物流、公路物流、航空物流、航运物流和邮政物流等。同一行业中的企业是市场上的竞争对手，但是在物流大领域中他们常常相互合作，共同促进行业物流系统的合理化。行业物流系统化，能使参与的各物流企业都获得相应的经济利益，又为全社会节约人力、物力资源。

3) 企业物流

企业物流(Internal Logistics)指：“企业内部的物品实体流动。(国标)”企业内部物流主要是企业内部的生产经营工作中所发生的加工、检验、搬运、储存、包装、装卸和配送等物流活动。根据物流活动发生的先后次序，企业物流可分为五部分：供应物流，生产物流、销售物流、回收物流和废弃物物流。从企业角度上研究与之有关的物流活动，是具体的、微观的物流活动的典型领域。

4. 按物流业务活动的性质分类

1) 供应物流

供应物流(Supp1y Logistics)指：“为生产企业提供原材料、零部件或其他物品时，物品在提供者与需求者之间的实体流动。(国标)”供应物流活动对企业生产能够正常高效地进行起着重大作用。供应物流不仅要求能及时保证所供应的数量与质量，而且要求以最低成本、最少消耗、最大的保证来组织供应物流活动。如何降低这一物流过程的成本，可以说是企业物流的最大难点。为此，供应物流就必须解决有效的供应网络问题、供应方式问题、零库存问题等。

2) 生产物流

生产物流(Production Logistics)指：“生产过程中，原材料、在制品、半成品及产成品等，在企业内部的实体流动。(国标)”生产物流活动是伴随着整个生产工艺过程的，实际上已构成了生产工艺过程的一部分。企业生产物流的过程一般是：原材料、零部件、燃料从企业仓库或企业的“门口”开始，进入到生产线的开始端，再随生产加工过程的每个工艺环节流动，在流动的过程中，原料本身被加工，同时产生出一些废料、余料，直到生产加工终结，再流至产成品仓库，便完成了企业生产物流过程。

3) 销售物流

销售物流(Distribution Logistics)指：“生产企业、流通企业出售商品时，物品在供方与需方之间的实体流动。(国标)”在当今的市场经济条件下，销售物流活动必须从满足买方的需求出发，实现最终的商品销售。所以，销售物流带有很强的服务性。销售物流从商品出厂开始，直到将商品送达用户手中并经过售后服务为止。在这种前提下，销售物流的特点，便是通过包装、送货、配送等一系列物流实现销售，这就需要研究送货方式、包装水平、运输路线等，并采取各种诸如少批量、多批次、定时和定量配送等特殊的物流方式来达到目的。

4) 回收物流

回收物流(Returned Logistics)指：“不合格物品的返修、退货以及周转使用的包装容器从需方返回到供方所形成的物品实体流动。(国标)” 任何企业或多或少都会存在不合格物品的返修和退货问题，在生产消费和生活消费过程中总会产生各种可再利用的包装物品，这些物品从需方返回供方是需要伴随物流活动的。

5) 废弃物物流

废弃物物流(Waste Material Logistics)指：“将经济活动中失去原有使用价值的物品，根据实际需要进行收集、分类、加工、包装、搬运和储存等，并分送到专门处理场所时所形成的物品实体流动。(国标)”在生产消费和生活消费过程中都会产生一定数量的废弃物，对这部分废弃物处理的过程中所产生的物流活动，形成了废弃物物流。无论是在生产过程还是在生活过程中产生的废弃物品，如果处理不当，往往会影响整个生产环境和生活环境，甚至影响产品质量，也会占用很大空间而造成浪费。

5. 从物流作业执行者的角度分类

1) 企业自营物流

企业自营物流是指生产制造企业自行组织的物流。一般来说，工业企业自营物流包含三个层次。

(1) 物流功能自备。就如同我们在传统企业中经常看到的那样，企业自备仓库，自备车队等，企业拥有一个自我服务的体系。其中又包含两种情况：一是企业内部各职能部门彼此独立地完成各自的物流使命；二是企业内部设有物流运作的综合管理部门，通过资源和功能的整合，专设企业物流部或物流公司来统一管理企业的物流运作。

(2) 物流功能外包。一是将有关的物流服务委托给物流企业去做，即从市场上购买有关的物流服务，如由专门的运输公司负责原料和产品的运输；二是物流服务的基础设施为企业所有，但委托有关的物流企业来运作，如请仓库管理公司来管理仓库，或请物流企业来运作管理现有的企业车队，从产业进化的角度来看这是一个进步。

(3) 物流系统组织。企业自己既不拥有物流服务设施，也不设置功能性的物流职能部门，而是通过整合市场资源的办法获得相应的物流服务。包括供应链系统的设计、物流服务标准的制定、供应商和分销商的选择等，直至聘请第三方物流企业来提供一揽子的物流服务。

2) 第三方物流

第三方物流(Third Party Logistics，TPL)是指：“由供方与需方以外的物流企业提供物流服务的业务模式。(国标)”现代的第三方物流主要是指能够提供现代的、系统的物流服务的第三方的物流活动。

3) 第四方物流

第四方物流(Fourth Party Logistics，FPL)是一个供应链的集成商，它对公司内部和具有互补性的服务提供商所拥有的资源、能力和技术进行整合和管理，以提供一整套供应链解决方案。第四方物流是管理代销双方和第三方提供商的关系的领导力量，它提供综合的供应链解决方案，也为其顾客带来更大的价值。显然，第四方物流是在解决企业物流的基础上，整合社会资源，解决物流信息充分共享、社会物流资源充分利用的问题。

6. 按物流的性质分类

1) 一般物流

一般物流是指服务对象具有普遍性，物流运作具有共同性和一般化特点的物流活动，涉及全社会、各领域、各企业。因此，物流系统的建立，物流活动的开展必须有普遍的适用性。

2) 特殊物流

特殊物流是相对于一般物流而言的。指在专门范围、专门领域、特殊行业所开展的具有自身特点的物流活动和物流方式。它的任务是研究这种特定物流的特殊规律，以期取得更大的社会效益和经济效益。从形式上看，城市环境物流、危险品物流、燃料物流和大件物品物流等都属于特殊物流。凡带有特殊制约因素、特殊应用领域、特殊管理方式、特殊劳动对象、特殊机械装备特点的物流，也属于特殊物流范围。

7. 其他物流分类

1) 绿色物流

绿色物流(Environmental Logistics)指：“在物流过程中抑制物流对环境造成危害的同时，实现对物流环境的净化，使物流资源得到最充分利用。(国标)”

2) 军事物流

军事物流(Military Logistics)指：“用于满足军队平时与战时需要的物流活动。(国标)”军事领域的物流概念是现代物流概念的来源。在军事上，物流是支持战争的一种后勤保障手段，是伴随战争和战场的转移而发生的军事物资的运动。最初，这种活动本身完全不是经济活动。所以，它具有和一般经济活动的“物流”不同的特点。近年来，随着军事科学的发展，军事物流已纳入军事经济系统之中。尤其在和平时期，“经济性”的比重正在加重。因而，军事领域的物流又出现了新特点，使其外延不但涉及政治、军事，而且也必然涉及分配、调度及各种购销活动。

3) 虚拟物流

虚拟物流(Virtual Logistics)指：“以计算机网络技术进行物流运作与管理，实现企业间物流资源共享和优化配置的物流方式。(国标)”

1.1.3 物流管理

1. 物流管理的概念

管理，就是通过计划、组织、领导和控制，协调以人为中心的组织资源与职能活动，以有效实现组织目标的社会活动。

物流管理(Logistics Management)指："为了以最低的物流成本达到用户所满意的服务水平，对物流活动进行的计划、组织、协调与控制。(国标)"

物流管理就是以最低的物流成本达到用户满意的服务水平，对物流活动进行的计划、组织、协调与控制，包括对物流活动诸环节(运输、储存、装卸搬运、包装、流通加工、配送)的管理；对物流系统诸要素(人、财、物、设备、方法、信息)的管理；对物流活动中具体职能(计划、组织、领导、控制和协调等)的管理。

2. 物流管理的特征

1) 现代物流管理以实现顾客满意为第一目标

现代物流是基于企业经营战略基础上，从顾客服务目标的设定开始，进而追求顾客服务的差别化战略，如图 1.2 所示。在现代物流中，顾客服务的设定优先于其他各项活动，并且为了使物流顾客服务能有效地开展，在物流体系的基本建设上，要求物流中心、信息系统、作业系统和组织构成等条件的具备与完善。具体来说，物流系统规划必须做到：①物流中心网络的优化。要求工厂、仓库、商品集中配送和加工等中心的建设(规模、地理位置等)，既要符合分散化的原则，又要符合集约化的原则，从而使物流活动能更有利于顾客服务的全面展开。②物流主体选择的合理化。从生产阶段到消费阶段，会经过供应商、制造商、分销商等物流主体，他们的选择会直接影响到物流活动的效果或实现顾客服务的程度。③物流信息系统的高度化。能及时有效地反馈物流信息和顾客对物流的期望。④物流作业的效率化。在配送、装卸、加工等过程中采用高效率的作业方法和作业手段，能使企业更有效地实现商品价值。

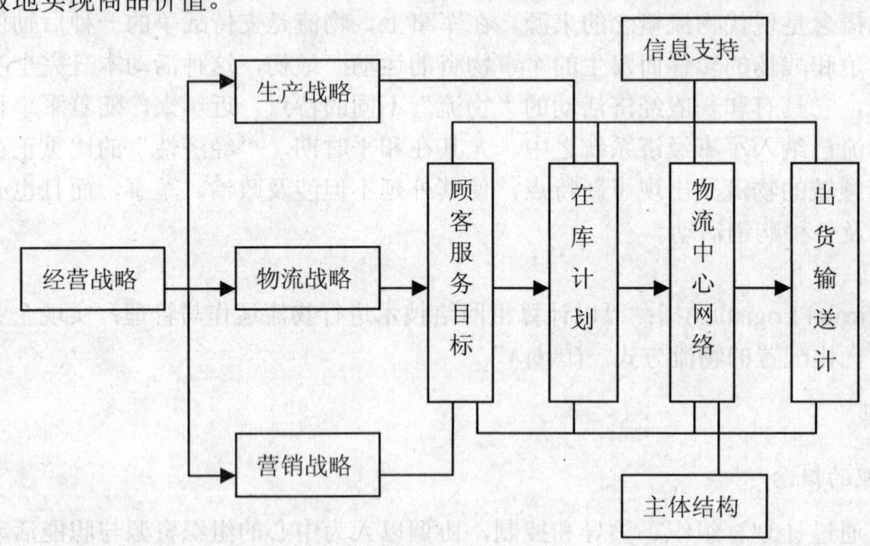

图 1.2 现代物流经营战略图

2) 现代物流管理以企业整体效益最优为目的

现代物流所追求的费用最省、效益最高，是针对物流系统最优而言的。当今商品市场，商品生产周期不断缩短，流通地域的不断扩大，使顾客要求高效而经济的输送物资，在这种状况下，如果企业物流仅仅追求“部分最优”或“部门最优”，将无法在日益激烈的企业竞争中取胜。从原材料、零部件的采购到商品向消费者移动过程中的各种活动，不仅是部分和部门的活动，而且是将部分和部门有效结合发挥出综合效益。也就是说，在企业组织中，以低价格采购为主的采购理论、以生产产量增加、生产合理化为主的生产理论、以追求低成本为主的物流理论、以增加销售额和扩大市场份额为主的销售理论等理论之间仍然存在着分歧与矛盾，力图追求全体最优的正是现代物流理论。应当注意，追求全体最优，并不是可以忽略物流的效率化，物流部门在强调全体最优时，应当与现实相对应，彻底实现物流部门的效率化。

3) 现代物流管理重视效率但更重视效果

现代物流管理与传统物流管理相比，有许多变化。首先，在物流手段上，从原来重视物流的机械、机器、设施等硬件要素转向重视管理、信息等软件要素。在物流领域方面，从以运输、储存为主的活动转向物流部门全体，也就是包含采购、生产、销售领域或批发、零售领域的物流活动扩展。其次，在物流需求的对应方面，原来强调的是运力的确保、降低成本等企业内需求的对应，现代物流则强调物流服务水准的提高等市场需求的对应，进而更进一步地发展到重视环境、公害、交通和能源等社会需求的对应。这就表明，原来的物流以提高效率、降低成本为重点，而现代物流不仅重视效率方面的因素，更强调的是整个流通过程中的物流效果，也就是说，从成果的角度来看，有些活动虽然使成本上升，但如果它有利于整个企业战略的实现，那么这种物流活动仍然是可取的。

4) 现代物流管理注重整个流通渠道的商品运动

以往我们认为物流管理的对象是“销售物流”和“企业内物流”，即从生产阶段到消费阶段的商品的实体移动，而现代物流的管理范围已经远远超出了这一区域，包括了从供应商、制造商、分销商到消费者的供应链之间的商流、物流及相关的信息流、资金流的管理。

5) 现代物流管理是对商品运动的全过程管理

现代物流是将从供应商开始，到最终顾客整个流通阶段所发生的商品运动作为一个整体来看待的，因此，这对管理活动本身提出了相当高的要求。具体讲，伴随着商品实体的运动，必然会出现“空间位置移动”和“时间推移”这两种物流效应，其中，时间推移在当今产销紧密联系、流通整体化、网络化的过程中，已成为一种重要的经营资源。现代经营不仅要求物流活动能实现经济效率化和顾客服务化，而且还必须及时了解和反映市场商品的需求，并将之反映到供应链的各个环节，以保证生产经营决策的正确和再生产的顺利进行。所以，缩短物流时间，不仅决定了流通全过程的商品成本和顾客满意，同时通过有效的商品运动，能为生产提供全面、准确的市场信息。

6) 现代物流管理重视以信息为中心

现代物流活动不是单个生产、销售部门或企业的事，而是包括供应商、制造商、批发商和零售商等所有关联企业在内的整个统一体的共同活动，因而现代物流通过这种供应链强化了企业间的关系。供应链管理就是对从供应商开始到最终用户的整个流通过程中，全体商品运动的综合管理。它带来的一个直接效应是产需的结合在时空上比以前任何时候都紧密，并带来了企业经营方式的改变，即从原来的投机型经营(建立在市场预测基础上的经营行为)转向实需型经营(根据市场的实际需求生产)，伴随着这种经营方式的改变，在经营管理要素上，信息已成为物流管理的核心，没有高度发达的信息网络和信息技术的支持，如条形码、电子数据交换(Electronic Data Interchange，EDI)、地理信息系统(Geographical Information System，GIS)、全球定位系统 (Global Position System，GPS)等，实需型经营是无法实现的。

3. 物流管理的原则

1) 服务性原则

物流业属于服务业，物流管理必须以用户为中心。随着商品经济的纵深发展，用户对物流活动更重视高效率、低消耗的效果，所以现代物流业必须满足用户多样化的需求，以顾客满意为第一目标。在承担中长距离运输的同时，还要注意满足用户小批量、多批次、短距离、时间准的要求，甚至要为用户“量身定做”物流方案。例如，日本丰田公司先进的管理经验——“零库存”或称“准时生产方式(JIT)”，当原材料、零部件运到企业时正好上生产线，产品完工即运给下一道工序或用户，因此企业不需要库存，使储备资金占用达到最低。这种情况往往不是企业自备物流机构能做到的，必须由专业物流企业承担，他们的服务与用户的需要配合要分毫不差，这才充分体现了物流的服务性。

2) 通用性原则

专业物流企业为用户提供个性化服务必然发生高昂的费用，但是，如果能采用通用化的物流设施与设备，提高设施设备的利用率，就能降低物流成本。例如，集装箱、托盘等集装工具的标准化，规定最小的集装单元的尺寸是 600mm × 400mm 等。

随着现代物流业全球性的发展，不仅要求设施与设备的通用，而且要求包括商务单证、手续规则的通用等，这些都是现代物流业发展所要研究解决的物流标准化问题。

3) 合理化原则

物流企业要降低物流成本，就要考虑按最优模式设计它的作业，对它的各个作业环节——运输、储存、包装、装卸搬运和流通加工等进行合理组织。需要注意的是，在物流的作业环节中，存在着相互制约的问题，即“效益背反现象”。例如，按小批量进货，可以降低存储成本，为用户提供个性化服务，但要增加采购次数，使采购费用增加；简化包装可以降低包装成本，但包装强度降低，会使破损率上升，维修或赔偿费用增大，甚至损害自己的声誉等。因此，物流管理应遵循合理化的原则，要进行周密的考察，衡量各方面的利害关系、影响程度等，确定矛盾双方各自应该具有的水平，得到较折中的处理方法，使综合效益最大。

4. 物流管理的发展阶段

传统物流指的是由物品的存储与运输及其附属业务而形成的物流活动模式，主要包括运输、包装、仓储加工、配送等。进入 20 世纪 90 年代，随着信息技术的快速发展及广泛应用，传统物流已向现代物流转变，物流管理经历了多次变革从而有了很大的发展。由于各国的社会经济环境不同，其物流发展进程也有所差异。其发展过程大体经历了以下几个阶段。

1) 实体分配阶段(Physical Distribution)

实体分配阶段是从第二次世界大战后到 20 世纪 70 年代，第二次世界大战后，世界经济环境发生了深刻变化，技术革新层出不穷，管理科学飞速发展，买方市场的局面导致企业竞争加剧，而以顾客需求为中心的市场营销观念的形成，使物流被认为是为顾客服务的重要手段而逐渐引起企业界、学术界乃至整个社会的重视。企业重视实体分配如图 1.3 所示，其目的是对图中所示的一系列活动进行管理，以最低的成本确保产品有效地送达顾客。企业重视的主要原因，一是为了扩大市场份额，满足不同层次顾客的需求，扩张其生产线，不仅同一基本产品增加了不同品牌，而且在产品的尺寸大小、形状、色彩等方面都实行了多样化，这就大大增加了库存单位(Stock Keeping Unites)，导致库存成本、订单处理成本及运输成本的增加。二是企业为了对付内部与外部的压力，倾向于生产非劳动密集型的高附加值产品。因为存货成本、包装成本及运输成本的增加，导致物流总成本的增加。

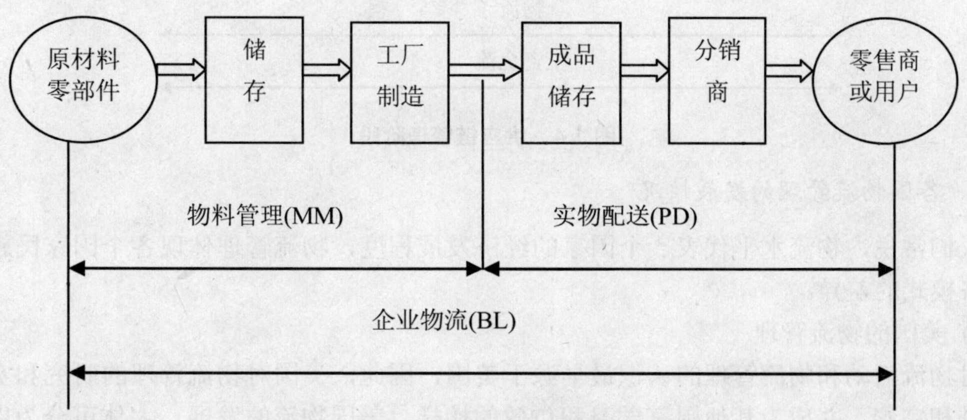

图 1.3　实体分配和综合物流管理示意图

实体分配阶段物流管理的特征是注重产品到消费者的物流环节，这是由于市场环境的改变，即由卖方市场变为买方市场，使生产企业不得不把注意力集中到产品销售上。最早对物流的研究，在整个经济活动中是销售的范畴，反映了这一客观现实。

2) 综合物流阶段(Integrated Logistics Management)

20 世纪 70 年代到 20 世纪 80 年代末，企业越来越认识到把物料物流与产品物流综合起来管理可以大大地提高效益。而环境、制度、技术等的一系列变化，使之可成为现实。美国首先进行了运输自由化，承运人和货主能自由定价，服务的地理范围也扩大了，承运人与货主之间建立了紧密与长期的合作，增加了企业系统分析物流、降低成本和改进服务的可能，同时，全球性竞争加剧，采用新的物流管理技术、改进物流系统成为必要。如零库存、全面质量管理(TQM)等方法，大大地改进了物流系统管理，如图 1.3 所示。

3) 供应链管理阶段(Supply Chain Management)

20 世纪 80 年代到 20 世纪 90 年代，由于一系列外部因素变化，企业开始把着眼点放开至物流活动的整个过程，包括原材料的供应商和制成品的分销商，如图 1.4 所示。这一概念同时又是基于制造商、供应商、分销商及物流服务公司的合伙及联盟的趋势。要实现供应链的概念不是一件容易的事，因为它涉及不同利益单位。对总体供应链最优的方案，可能对个别供应链成员的短期利益并不是最优的。虽然这样，供应链方法从节约成本与提高服务水平的观点看，具有很大潜力。

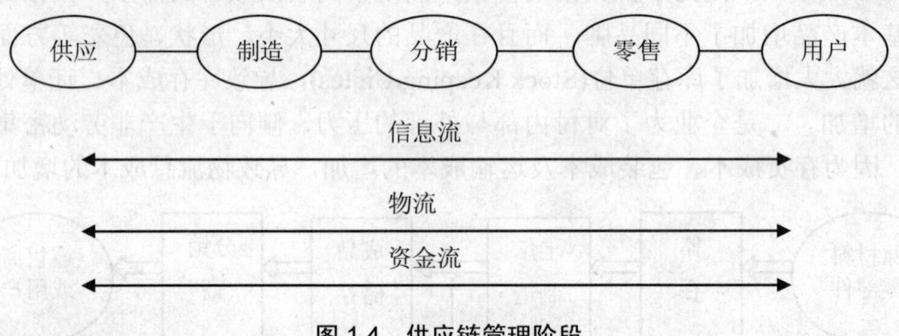

图 1.4　供应链管理阶段

5. 各国物流管理的发展情况

人们常说，物流水平代表一个国家的经济发展程度，物流管理体现各个国家民族特性和经济模式的差异。

1) 美国的物流管理

对物流活动和物流管理的认识最早源于美国，因此，美国对物流管理的研究和实践最为先进和完善，并成为其他国家学习和仿效的榜样。美国物流的发展，大体可分为以下四个阶段：物流观念的产生阶段(1927—1949 年)；物流理论体系的形成和实践阶段(1950—1976

年)；物流理论的成熟与物流管理现代化阶段(1978—1985 年)；物流理论和实践向纵深发展阶段(1985 年至今)。

撬动美国物流的杠杆之一是物流机械。为提高运输效率，降低运输成本，美国不断加大车辆载重量，一级长途营运企业汽车平均载重量从 1950 年的 5 吨逐年增加到现在的 30～40 吨。美国还注重专用车辆的发展，有可运送温度低至-185～-235℃压缩气体的保温液罐车，还有可运送温度高达 205℃沥青的液罐车等，美国在物流管理领域已实现了高度的机械化、自动化和计算机化。

2) 日本的物流管理

日本物流观念形成的历史虽不长，但物流在日本发展速度之快、规模之大、现代化程度之高以及惊人的物流效率，为世人瞩目。

物流对日本经济快速增长起到了极大的推动作用。日本物流业是从 20 世纪 50 年代发展起来的，经历了初始阶段、以流通为主的阶段、以消费为主的发展阶段和现代物流阶段。以不断降低物流成本为目标，日本积累了一套行之有效的物流管理经验——通过物流成本管理，提高物流效益。成本核算涉及各个领域，如供应物流、生产物流、销售物流、退货物流、废弃物流等，具体到每一个环节、每一个项目，日本物流界都有严格的考核办法，从细微处着手，精细中见功夫，迎头赶上的日本物流，使日本的物流管理卓有成效，并在世界物流理论界独树一帜。

3) 英国的物流管理

20 世纪 60 年代末期，英国组建了物流管理中心，协助企业制订物流人才的培训计划，组织各类物流专业性会议，到 20 世纪 70 年代，正式组建了全英国物流管理协会。协会以提高物流管理的专业化程度为宗旨，并为运输、装卸等部门管理者和其他对物流有兴趣的人员提供了一个相互交流的中心场所，灌输综合性的物流理念，并致力于发展综合物流体制，以全面规划物资的流通业务。这一模式强调为用户提供综合性的服务。在这一思想下建立的综合物流中心向社会提供以下几类业务：送物中心，办理海关手续，提供保税和非保税仓库，货物担保，道路和建筑物的维护，铁路专用线，代办税收等。多功能综合物流中心的建立，对整个欧洲的影响很大，也形成了英国综合性的物流体制。

6. 我国物流管理的现状和发展

从 1949 年新中国成立以来，中国物流的发展大体可以分为四个时期。

1) 初期发展阶段(1949—1965 年)

这个阶段，新中国成立时间不长，国民经济尚处在恢复性发展时期，工农业生产水平较低，经济基础较薄弱，并且出现了重生产、轻流通的倾向。物流的发展刚刚起步，只是在一些生产和流通部门开始建立数量不多的储运公司和功能单一的仓库；运输业无论是铁路、公路、水路和航空运输等，都处在恢复和初步发展时期，搬运和仓储环节比较落后，物流业远远不能适应工农业生产和人民生活水平发展的需要。随着生产的发展，初步建立了物资流通网络系统，在物流管理方法上也采取了一些新的措施，如组织定点供应，试行按经济区域统一组织市场供应等。

2) 停滞阶段(1966—1977 年)

这段时期，给国家在政治上、经济上及其他方面都造成了严重破坏，当然物流的发展也遇到了同样的情况。在此期间流通渠道单一化，从整体上看物流基础设施基本上没有发展，甚至连原来的一些设施也遭到了不同程度的破坏。这期间虽然也搞了一些项目建设，但对整个物流影响不大，实力没有多大增强，物流理论的研究和物流实践基本处于停顿状态。

3) 较快发展阶段(1978—1990 年)

在此期间我国实行了改革开放政策，国民经济特别是物流业得到了较快发展，取得了显著成绩，尤其是运输业、仓储业、包装业的发展较快，新建了大量的铁路、公路、港口、码头、仓库和机场等，不仅增加了物流设施，而且提高了物流技术装备水平，同时开展了水泥、粮食的散装运输和集装箱运输，开始建设立体自动仓库。尤其是有关物流学术团体在此期间都相继成立，积极有效地组织开展国内国际物流学术交流活动，了解和学习国外先进的物流管理经验。中国物资流通学会于 1989 年 5 月在北京成功地承办了第八届国际物流会议，对我国的物流发展起到了促进作用。物流学作为一门独立的学科而正式确立，一些物流学的专著和译著也相继出版发行。物流学研究开始被人们重视，人们在观念上逐步改变了孤立的对待包装、装卸、运输、保管及信息等功能，开始以系统的观点对它们的作用进行研究，在认识上前进了一大步。

4) 高速发展阶段(1991 年以后)

这个阶段正是我国进入“八五”计划建设时期，也是我国国民经济进入高速发展的时期，1992 年国内生产总值增长 12.8%，国民经济的高速发展必然要求物流体系迅速现代化并与之相适应。正因为如此，国家为调整发展物流业而采取了一系列重要措施。在“八五”规划中明确地把发展第三产业特别是物流业作为重点，在此期间动工兴建的 10 项特大型工程中，物流业就占有五项，而且全部是运输方面的。

进入“九五”规划时期，我国总货运量持续快速增长，我国也加快了物流系统的建设，向标准化和国际化方向发展。物流理论和实践在我国蓬勃发展。因此，我国物流事业面临十分艰巨的任务，同时也意味着开展物流研究、提高物流水平的迫切性和重要性，一定会被人们所认识，我国物流事业的发展前景十分广阔。

1.2　现代物流业

1.2.1　现代物流业的作用

物流成为一个独立的经济过程，是社会发展的必然结果，它与经济社会发展的关系极为密切。同时，物流自身的发展水平也依赖于整个社会经济发展的程度。社会经济发展离不开物流，市场经济越发达，物流的作用也越显重要。

1. 物流在国民经济中的作用

1) 物流是联系国民经济其他产业的纽带

物流产业是国民经济的基础产业，它将社会生产各个部门联结成为一个有机整体。任何一个国家的国民经济，都是由众多的产业、部门、企业组成的。这些企业互相依赖又互相竞争，形成极其错综复杂的关系。物流就是维系这些关系的纽带，把众多的不同类型的企业、复杂多变的产业部门、成千上万种产品联结起来，成为一个有序运行的国民经济整体。

2) 物流的发展对国民经济生产规模、产业结构的变化具有制约作用

市场经济体制的运行，客观上要求流通规模必须与生产发展的规模相适应，而流通规模的大小在很大程度上取决于物流效能的大小。例如，在铁路运输、水路运输和公路运输有了一定发展的前提下，钢铁、水泥、煤炭等运量大、体积大的产品才有可能成为大量生产、大量消费的产品，这些商品的生产规模才有可能扩大；同时，物流技术的发展，能够改变产品的生产和消费条件，从而为经济的发展创造了重要的前提条件。例如，一些鲜活、易腐的农产品，在没有储存、保管、运输及包装等物流技术作保证时，往往只能保存几天到十几天的时间，但当包装技术、储存技术、运输技术发展到一定程度时，这类商品就能进入更为广阔的市场和消费领域。此外，随着物流技术的迅速发展，物资流转速度将会大大加快，从而能够加速整个社会国民经济的发展。

3) 物流既是保证社会再生产不断进行的必要前提，又是实现商品流通的物质基础

物流就是社会再生产过程中的物质资源循环系统，就如同人体中的动、静脉系统。物流活动承担着国民经济发展的物质资源的配置工作。国民经济是一个不断生产又不断消费的连续循环过程。一方面，任何企业的生产活动要不断地进行下去，就必须要取得生产过程中所需的原材料、零部件、燃料和机器设备等生产资料；另一方面，它又必须将所生产的产品销售给其他企业或用户。因此，物流是使物质资料能够顺利进入生产企业以及企业生产的产品能够源源不断流入国民经济各个部门的重要保证。

在商品流通过程中，物流是实现商流的必要条件，没有物流就无法实现商品的流通过程。物流能力的大小直接影响着商品流通的规模和速度，也影响着商品流通的广度和深度。

4) 合理的物流是提高全社会的经济效益的重要源泉

目前，我国物流成本占到GDP的20%左右。而近年的研究数据显示，欧美、日本等国家物流成本仅占到GDP的8%～10%。我国的物流成本为发达国家的2～3倍，甚至高于一些发展中国家。许多跨国公司把制造基地建在我国，看中的是我们低廉的劳动力成本，然而，高昂的物流成本却几乎抵消了这一优势。现代物流作为一种先进的组织方式和管理技术，被广泛认为是企业在降低物资消耗、提高劳动生产率以外的重要利润源泉，人们把现代物流称做“第三利润源泉”。由于技术水平的提高和内部管理的加强，工业企业在可控的生产领域内，降低物资消耗与提高劳动生产率成本的空间越来越小，而在生产领域以外的采购、运输、仓储、包装及配送等环节上却大有潜力。物流领域是一块“未被开垦的处女地”，在管理和技术上加以改进，通过采取合理组织运输、减少装卸次数、提高装卸效率、改进商品包装和装卸工具来减少物品损耗，利用配送充分利用运输工具等措施，降低物流费用，将成为企业“第三利润”的源泉。进入到20世纪90年代，许多具有战略远见的企业，开始把寻求成本优势和差别化优势的视角，转向生产领域前后延伸的现代物流领域。

5) 在特定条件下，物流还可成为国民经济发展的支柱

物流可成为国民经济发展的支柱具体表现在，它可以支撑和带动区域经济的发展。随着世界经济一体化和科学技术的飞速发展，物流产业作为国民经济中一个新兴的部门，正在迅速发展，现代物流成为了21世纪最大的朝阳产业。如深圳市做出了将物流业与高新技术、金融业并列为三大支柱产业之一的战略决策，出台了《深圳市“十五”及2015年现代物流业发展规划》；广州南沙区将建成全国最大的物流基地，该基地建成之后，必将带动广州及整个珠江三角地区经济的发展。

2. 物流在微观经济中的作用

1) 物流是实现商品价值和使用价值的条件

任何产品从生产出来到最终消费，都必须经过一段时间和距离，都要经过运输、储存、包装、装卸和搬运等多环节、多次数的物流活动。无论是生产资料还是生活资料，在进入生产性消费和生活消费之前，其价值和使用价值始终是潜在的。为了能把这种潜在变为现实，物资必须借助其实物运动，即物流来得以实现。在这个过程中，产品可能会出现淋雨受潮、水浸、生锈、破损和丢失等货损、货差现象。物流能更好地防止上述现象的发生，保证产品从生产者到消费者转移过程中的质量和数量，顺利实现商品价值和使用价值的转移。

2) 物流是企业生产连续进行的前提条件

社会化大生产的特征是大量性、连续性。一个企业的生产要连续地、不间断地进行，一方面必须根据生产计划需要，按质、按量、按时，均衡不断地供给原材料、零部件、燃料、保证设施、设备的正常运转等；另一方面，又必须及时将产成品销售出去。同时，在

生产过程中，各种物质资料也要在各个生产场所和工序之间互相传递，使它们经过一步步的连续加工，成为价值更高、使用价值更大的产品。在社会化大生产经营中，物流贯穿于从生产计划到把产成品送达顾客手中的整个循环过程之中，并紧紧围绕着物品使用价值的形态功能更替和价值的实现转移。企业生产经营的全部职能都要通过物流得以实现，企业生产经营管理活动无一不伴随着物流的运行。

3) 物流是保证商流顺畅的物质基础

在商品流通过程中，一方面要发生商品所有权的转移，即实现商品的价值(商流)；另一方面，还要完成商品从供应地到接收地的空间位置转移，即发生商品的实体流动(物流)，以便实现商品的使用价值。商流决定物流，物流是商流的保证。没有物流过程，商流就不能最后完成，商品的价值和使用价值就不能真正实现。

4) 物流信息是企业经营决策的重要依据

在当今知识经济的时代，信息就是生命，信息就是金钱。商品经济越发达，信息的作用就越大、越重要。近年来，物流信息在整个经济信息系统中占有越来越重要的地位。许多生产企业和流通企业都建立了设备先进的物流信息中心，以便及时掌握企业内部和外部的物流信息，作为企业生产经营决策的重要依据。利用计算机网络，将超市、配送中心和供货商、生产企业连接起来，能够以配送中心为枢纽形成一个商业、物流业和生产企业的有效组合。有了计算机互联网迅速及时的信息传递和分析，通过供应链配送中心的高效率作业、及时配送，并将信息反馈给供货商和生产企业，可以形成一个高效率、高能量的商品流通网络，为企业管理决策提供重要依据。

5) 增强企业竞争力，提高服务水平

在新经济时代，企业之间的竞争越来越激烈。在同样的经济环境下，制造企业，比如家电生产企业，相互之间的竞争主要表现在价格、质量、功能、款式、售后服务的竞争上。在科技如此进步的今天，像彩电、空调、冰箱等这类家电产品在质量、功能、款式及售后服务方面，各个企业已没有太大的差别。于是价格竞争就成为近几年家电行业企业之间竞争的主要手段，但价格竞争的后盾是企业总成本的降低，即功能、质量、款式和售后服务以外的成本降价，前面已经说过，第一、第二利润源已经很小，也就只能降低物流成本即第三利润源。国外的制造企业很早就认识到了物流是企业竞争力的法宝，搞好物流可以实现零库存、零距离和零流动资金占用，是提高为用户服务，构筑企业供应链，增加企业核心竞争力的重要途径。在经济全球化、信息全球化和资本全球化的 21 世纪，企业只有建立现代物流结构，才能在激烈的竞争中，求得生存和发展。

1.2.2 现代物流业的行业组成

1. 交通运输业

交通运输业是现代物流业的主体行业。运输在整个物流过程中具有举足轻重的地位，在实现实物从生产地到消费地的转移中起着决定性的作用。任何有形产品的生产与消费都存在着空间位置的差异，为完成生产的目的，满足消费者的需要，都要借助运输工具和运输手段来完成。改革开放二十多年来，交通运输业得到了迅速发展，到目前为止，铁路运输紧张状况有所缓解，公路交通明显改善，民航运输基本适应需求，为我国国民经济和社会发展提供了重要保障。这是现代物流业的主体行业，包括以下几个方面的内容。

1) 铁道货运业

铁道货运业包括与铁道运输有关的装卸、储运和搬运等，从事的有整车运输业务、集装箱运输业务、混载运输业务和行李托运业务。主要是货运部分，铁路运输的优势在于能承担低成本的中长距离大宗货运。1997 年以来，中国铁路先后实施了四次大规模列车提速，客运列车运行速度平均提高了 25%，提速总里程达到 13 000 千米，覆盖了中国铁路主要干线，形成了“四纵两横”干线提速网络。

2) 公路货运业

公路运输分别有汽车货运和特殊汽车货运。特殊汽车货运是指专运长、大、重或危险品、特殊物品的货运业。中国公路汽车运输在整个交通运输中占有特殊地位。在中国东部铁路和水运都较发达的地区，公路起着辅助运输作用，承担短途运输；在西南和西北地区则担负着干线运输的任务。目前，全国基本实现了县县通公路，有 99%以上的乡和 91%以上的村都通了汽车，初步形成了以北京为中心，连通各省省会，连接枢纽站、港口和工矿区、在林牧生产基地的公路网。运输是物流的重要环节，公路运输更是以其机动灵活，可以实现门到门运输而在现代物流中起着重要作用，与其他运输方式相比，更能承担小批量、多频次的配送业务。面对物流的发展，公路运输业如何融入物流，成为真正意义上的“第三方物流”，是许多公路运输企业，特别是一些较有实力的大型公路运输企业进一步发展所关注的问题。

据交通部统计数字显示，公路总量继续增长。截至 2005 年底，全国公路总里程达到 1 930 500 千米，路网结构进一步完善。高速公路里程新增 6 717 千米，高速公路总里程达 41 005 千米。公路货运增势强劲，2005 年全社会完成公路货运量 134.18 亿吨，货物周转量 8 693.19 亿吨。公路货运量、货物周转量在综合运输体系中所占比重分别为 72.3%和 10.9%。汽车货运业分为一般汽车货运和特殊汽车货运。一般汽车货运业从事普通性质的货物干线运输或区域运输，特殊货运是专门运送长大、笨重、危险品、鲜活易腐品等特殊物品的运输。

但公路运输也具有一定的局限性，例如，载重量小，不适宜装载重件、大件货物、不适宜走长途运输；车辆运行中震动较大，易造成货损、货差事故，同时，运输成本费用较水运和铁路为高。

3) 水道货运业

水路运输业分别有远洋、沿海、内河三大类别的船舶运输。它与铁道运输业一道成为综合交通系统的主干运力。中国水路运输在国民经济和对外贸易中的作用日益显现。2005 年底，全国内河航道通航里程 123 300 千米。全国内河航道共有 4 131 处枢纽，其中具有通航功能的枢纽 2 330 处。通航建筑物中，有船闸 826 座、升船机 42 座。全国港口拥有生产用码头泊位 35 242 个，其中万吨级及以上泊位 1 034 个。2005 年全社会完成水路货运量 21.96 亿吨，货物周转量 49 672.28 亿吨。水路货运量、货物周转量在综合运输中所占比重分别为 11.5%和 61.4%。中国作为航运大国，外贸运输九成左右通过海运完成，海上运输已成为中国战略性资源进出口的重要通道。货运业务在煤炭、石油能源物资、矿石、矿建等大型散货以及集装箱、长大重件等货物运输需求持续扩大，业务前景看好。其最大优势是运量大、成本低；沿海运输主要从事近海、沿海的海运；内河运输主要在内河水道从事船舶货运。

4) 航空货运业

航空运输业主要指货物的航空运输。航空货运业主要业务有国际航空货运、国内航空货运、快运等，航空运输优势是速度快。

5) 管道运输业

管道运输业的特点是运量大、能耗少、无污染、不受气候影响、损耗少。管道在中国是既古老又年轻的运输方式。早在公元前 3 世纪，中国就创造了利用竹子连接成管道输送卤水的运输方式，可以说是世界管道运输的开端。

管道运输业主要用于液体、气体、粉末及颗粒状货物的运送，优点是货损、货差少。

2. 仓库业

仓库业通过提供仓库承担存储货物业务，有代存、代储、自存自储等。现代物流业的存储环节除了原有的保管储存，还要承接大量流通加工业务，如分割、分拣、组装、标签贴附、商品检验和备料发送等，另外，它和运输业一起还承担了物流中分量很重的装卸业务。

3. 通运业

通运业是物流业中主要行业之一，它们起了很重要的沟通中介作用。例如，集装箱联运业、运输代办业、行李托运业、集装箱租赁经营业、托盘联营业、配送业(是以配送为主的各类行业)，这是物流中连接到消费者的不可忽视的环节，这一行业要从事大量的商流活动，是商流和物流一体化的行业。

现代物流业在我国正步入快速发展的新时期，这既给国民经济带来新的效益增长点，又给我们带来新的挑战，物流时代这种发展态势一定会使我国在经济、技术、文化等各个方面取得更大的进步。

1.2.3 现代物流业的主要学说

由于物流这个概念只有约 80 年的历史，而且物流主要是在 20 世纪中期以后得到发展的。所以，物流是一门新兴的学科，正处于茁壮成长的阶段。因此，这门新兴的学科在理论上尚不成熟，还在不断地修正和完善。目前，各国对于物流的理论观点，一时难以统一，下面就几种主要的理论做一简要的介绍。

1. 物流的商物分离说

商物分离是物流科学赖以存在的先决条件。所谓商物分离，是指流通中的两个组成部分，商业流通和实物流通，各自按照自己的规律和渠道独立运动。任何物品的流通都是由商流、物流、信息流和资金流四个方面构成的有机整体，物流和商流是从商品流通过程中引申和分离出来的两个职能。商流是指物品在流通中发生的买卖关系所引起的所有权转移的关系；物流是指物品在时间上或空间上发生的物理的移动过程。两者在同一个流通过程中同时发生，如同一个事物的两个方面，既相互依存，又相辅相成。商流与物流最大的不同是两者的运动方式不同。商流是必须经过一定的经营环节进行的业务活动，它体现的是不同所有者之间的利益关系；而物流不受经营环节的限制，它体现的是物品如何按照交通运输条件、储存或保管的方式，以最快的速度、最短的距离、最省的费用到达消费地或客户手里。

商物分离形式如图 1.5 所示。如果物流以本身的特殊性与商流过程分离，与和商流过程完全一致比较，显然要合理得多。

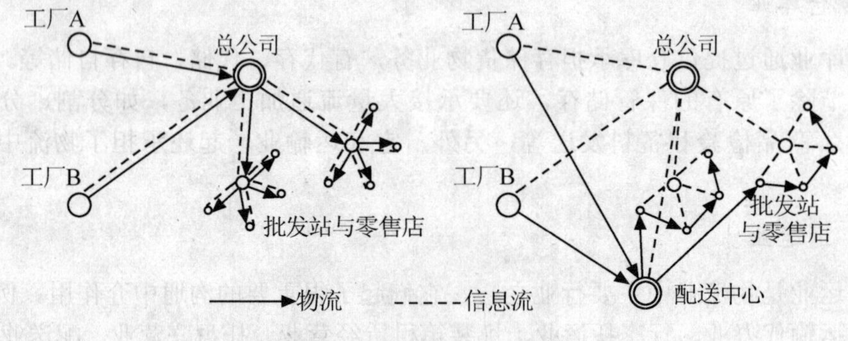

图 1.5 商物分离

但是，商物分离也并非绝对的。在现代科学技术有了飞跃发展的今天，优势可以通过分工获得，优势也可以通过趋同获得，“一体化”的动向在原来许多分工领域中变得越来越明显。在流通领域中，发展也是多形式的，绝对不是单一的“分离”。

事实上，有一些国家的学者和一些领域中的操作，都提出了商流和物流在新基础上的一体化的问题，欧洲一些国家对物流的理解本来就包含企业的营销活动，即在物流研究中包含着商流在物流的一个重要领域——配送领域中，配送已成了许多人公认的既是商流又是物流的概念。企业中，最初是把独立设置物流部门看成一种进步，而现在，则更多地进行综合的战略管理，已不单独分离其功能，这也是很值得重视的。

2. 物流的"黑大陆"学说

1962 年，管理大师德鲁克在《财富》杂志上发表的《经济的黑暗大陆》一文中指出：消费者在支付的商品价格中，约 50%是与商品流通有关的费用，所以物流是降低成本的最后领域，但是，由于流通领域中物流活动的模糊性尤其突出，是流通领域中人们认识不清的领域，所以"流通是经济领域里的黑暗大陆"，德鲁克泛指的是流通。"黑大陆"说法现在主要针对物流而言。

"黑大陆"说法主要是指尚未认识、尚未了解的意思，在黑大陆中，如果理论研究和实践探索照亮了这块黑大陆，那么摆在人们面前的可能是不毛之地，也可能是宝藏之地。物流是"经济的黑暗大陆"，是"一块未被开垦的处女地"，这就是物流"黑暗大陆说"。

3. 物流的"冰山"说

物流"冰山"说的提出者是日本早稻田大学教授、日本物流成本学说的权威学者西泽修先生。他在专门研究物流成本时发现，现行的财务会计制度和会计核算方法，都不可能掌握物流费用的实际情况，因而人们对物流费用的了解是一片空白，甚至有很大的虚假性，他把这种情况比喻为"物流冰山"。冰山的特点是大部分沉在水面之下，而露出水面的仅是冰山的一角。物流便是一座冰山，其中沉在水面以下的是看不到的黑色区域，而我们看到的不过是物流的一部分，如图 1.6 所示。

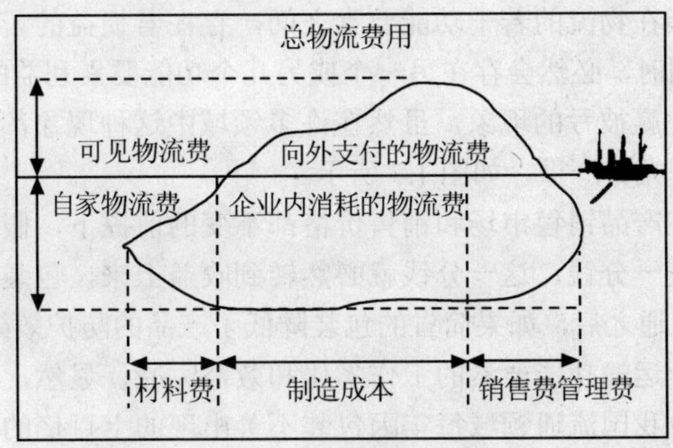

图 1.6　物流冰山示意图

4. 物流的"第三利润源"

"第三利润源"是西泽修先生提出的。从历史发展来看，人类历史上曾经有过两个大量提供利润的领域。第一个是资源领域，第二个是人力领域。资源领域起初是廉价原材料、燃料的掠夺或获得，其后则是依靠科技进步，节约单位原材料消耗量，利用新材料和新技术，综合利用、回收利用乃至大量人工合成资源而获取高额利润，习惯称为“第一利润源”。人力领域最初是廉价劳动，其后则是依靠科技进步，不断增加产品产量，利用规模经济提高劳动生产率，降低人力消耗或采用机械化、自动化来降低劳动耗用从而降低成本，增加利润，这个领域习惯称为“第二利润源”。

在前两个利润源潜力越来越小、利润开拓越来越困难的情况下，物流领域的潜力被人所重视，按时间序列排为“第三利润源”。第三利润源则主要挖掘生产力要素中劳动工具的潜力，与此同时又挖掘劳动对象和劳动者的潜力，因而更具有全面性。第三利润源的理论最初认识是基于两个前提条件：

(1) 物流是可以完全从流通中分化出来，自成一体独立运行的，有本身目标、本身的管理，因而能对其进行独立的总体的判断。

(2) 物流和其他独立的经营活动一样，它不是总体的成本构成因素，而是单独赢利因素，物流可以成为“利润中心”型的独立系统。

第三利润源的理论反映了日本人对物流的理论认识和实践活动，反映了他们与欧洲人、美国人的差异。一般而言，美国人对物流的主体认识可以概括为“服务中心”型，而欧洲人的认识可以概括为“成本中心”型。显然，“服务中心”和“成本中心”的认识和“利润中心”的差异很大。“服务中心”和“成本中心”主张的是总体效益或间接效益，而“第三利润源”的“利润中心”的主张，指的是直接效益。

5. 物流的“效益背反”和物流的整体观念说

“效益背反”是指在物流的若干功能要素之间，存在着损益的矛盾，即某一功能要素的优化和利润产生的同时，必然会存在另一个或另几个功能要素利益的损失，反之也如此。这是一种此涨彼消、此赢彼亏的现象，虽然在许多领域中这种现象都是存在着的，但物流领域中，这个问题似乎尤其严重，如图 1.7 所示。

例如包装问题，在产品销售市场和销售价格都不变的前提下，假定其他成本因素也不变，那么包装方面少花一分钱，这一分钱就必然转到收益上来，包装越省，利润则越高。但是，一旦商品进入流通之后，如果简省的包装降低了产品的防护效果，造成了大量损失，就会造成储存、装卸、运输功能要素的工作劣化和效益大减，显然，包装活动的效益是以其他的损失为代价的。我国流通领域每年因包装不善出现的上百亿的商品损失，就是这种效益背反的实证。经济订购批量中，采购费用与库存保管费用之间存在“效益背反”。不但将物流这一“黑大陆”细分成若干功能要素来认识物流，而且将包装、运输、保管等功能要素的有机联系寻找出来，成为一个整体来认识物流，进而有效解决“效益背反”，追求总体的效果。

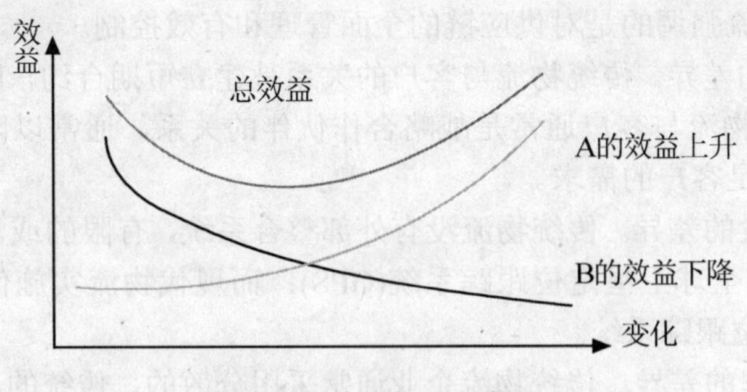

图 1.7　效益背反示意图

1.2.4　现代物流与传统物流

1. 传统物流与现代物流的含义

1) 什么是传统物流

“物流”仅从字意理解，就是物质实体的流动。但是当把这个物质实体的流动，当做一个运动过程来把握的时候，物流就成为包括运输、储存、搬运、分拣、包装和加工等多个环节在内的活动了。这就是通常人们所说的传统物流(Physical Distribution)或一般意义上的物流。

2) 什么是现代物流

现代物流(Logistics)是相对于传统物流而言的。它是在传统物流的基础上，引入高科技手段，即运用计算机网络技术、系统工程等，并对物流信息进行科学管理，从而使物流速度加快，准确率提高，库存减少，成本降低，以此延伸和放大传统物流的功能。中国六部委(国家经济贸易委员会、铁道部、交通部、信息产业部、对外贸易经济合作部、民航总局)于 2001 年 3 月在“加快物流发展若干意见”的通知中，对现代物流的定义是这样表述的：“原材料、产成品从起点至终点及相关信息有效流动的全过程。它将运输、仓储、装卸、加工、整理、配送和信息等方面有机结合，形成完整的供应链，为用户提供多功能、一体化的综合性服务。”

3) 现代物流向客户提供的服务内容

现代物流为用户提供的是多功能、综合性的服务。包括从与客户建立业务关系开始，向客户提供采购原材料与零部件，提供商品生产或加工地点，原材料与零部件料或产成品的储存保管、装卸、包装、租船、订舱、配载、制单、报价、报关、集港、疏港、运输、结汇和跟踪物流位置，直至货物到达指定目的地的最终用户手中的一系列服务。

2. 传统物流与现代物流的区别

现代物流与传统物流的不同表现在很多方面，其中最主要的有以下几方面。

(1) 服务功能上的差异。传统物流的服务功能是相对独立的，因此不具备控制整个供应链的功能；而现代物流强调的是对供应链的全面管理和有效控制。

(2) 与客户关系的差异。传统物流与客户的关系是建立短期合约，以价格竞争和标准服务赢得客户；而现代物流与客户通常是战略合作伙伴的关系，通常以降低成本、提供增值和定制物流服务以满足客户的需求。

(3) 信息系统建设的差异。传统物流没有外部整合系统，有限的或没有电子数据交换系统(EDI)联系，更没有全球卫星定位跟踪系统(GPS)；而现代物流实施信息系统，广泛运用EDI 以及全球卫星定位跟踪系统。

(4) 物流企业管理的差异。传统物流企业通常采用分散的、传统的、人工的管理，各自为政；而现代物流企业采用的是现代化、信息化、全面质量管理系统的管理。可见,现代物流是一个全新的系统概念：它包含了产品寿命周期的整个物理性位移的全过程；它使传统物流向生产、流通以及消费全过程延伸，并且添加了新的物流内涵；它使社会物流与企业物流有机地结合起来，即从采购物流到生产物流到销售物流直至消费终端。

1.3 现代物流系统

1.3.1 系统概述

1. 系统的含义

系统是由内部相互作用和相互区别的两个或两个以上组成部分(常称为要素或子系统)结合而成的具有特定功能的有机整体。

作为一个系统，一般应具有以下几个条件。

(1) 系统是由两个或两个以上的要素组成。要素是指系统内相互作用的部分、单元或成分，它是系统的基本组成部分，决定着系统的本质特性。

(2) 系统的整体具有确定的功能。功能是指系统在存在和运动过程中表现的功效、作用和能力。每个系统都有其特定的功能，没有功能的系统是不能存在的，系统功能的消失意味着系统生命的消亡。

(3) 系统中各要素间存在着相互联系，使系统保持相对稳定。联系是指要素与要素之间的相互作用、相互影响、相互依存的关系。联系是要素构成系统的媒介，一个要素的存在和变化将对另外的相关要素产生影响和制约，从而影响系统的功能和作用。

(4) 系统都具有一定的结构，保持系统的有序性。功能与结构有着非常密切的关系。结构是从内部来说的系统存在的方式，说明系统各要素相互联系的性质；功能则从外部来表述有目的地组织起来的系统活动的功效和作用；系统的内部结构决定了表现在外部的系统功能，同时系统的功能制约着系统的结构，这两者是相互作用，不可分割的。

(5) 环境的制约是系统形成和存在的条件。系统是由若干个要素组成的，它本身又从属于更大系统的组成部分。系统是相对于环境而言的，环境是系统存在的外部条件，任何系统都处于一定的环境中。环境是系统的输入和输出库，系统需要与环境保持物质、能量和信息的交换，才能不断输出自己的产品。

2. 系统的三要素

系统由“输入、处理、输出”三要素组成。系统是相对外部环境而言的，并且与外部环境的界限往往是模糊过渡的，所以严格地说系统是一个模糊集合，如图 1.8 所示。电子计算机就是一个典型的系统。

首先，外部环境向系统提供劳动力、手段、资源、能量、信息，称为“输入”；系统以自身所具有的特定功能，将“输入”的内容进行必要的转化和处理，使之成为有用的产成品；最后，将经过处理后的内容向外部输出供外部环境使用，从而完成“输入、处理、输出”的基本功能要素。如生产系统就是先向工厂输入原材料，经过加工处理，得到产品这样一个循环过程。

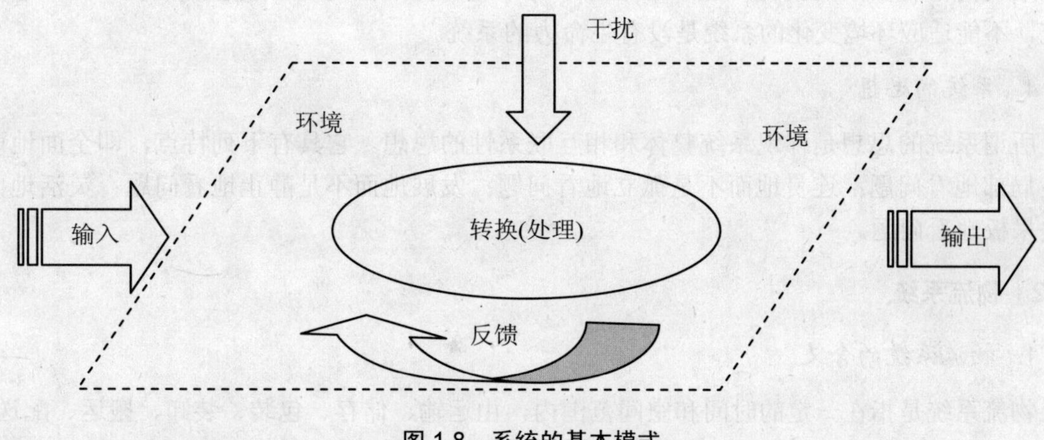

图 1.8　系统的基本模式

3. 系统的特点

(1) 系统的整体性。整体性是指系统的各个要素不可分割性和整体功能，大于部分功能之和。系统是由若干相互联系又相互区别的要素，构成的具有特定功能的有机整体。系统的整体功能依赖于各要素的相互作用，要素的功能必须服从整体功能的要求，但整体的功能并不是各部分功能的简单相加。

(2) 系统的相关性。相关性是指系统各要素之间相互制约、相互影响、相互依存的关系。系统不是若干要素的机械堆砌，而是它们的有机结合。在系统内各元素之间存在这样和那样的关系，它们相互制约、相互影响、相互依存，牵一发而动全身。要求系统内的各个子系统根据整体目标，尽量避免系统的“内耗”，提高系统整体运行的效果。

(3) 系统的层次性。系统结构是有层次的，一个系统都是由众多的子系统、子子系统所组成的，系统本身也是从属于更高层次的大系统。系统结构层次表明不同层次系统之间的从属关系或相互作用的关系。系统的层次性，决定了构成系统的各要素在系统中的不同地位；决定了系统中的一些子系统为高层子系统，而另一些则为低层次的子系统；决定了一些子系统居于支配地位，而另一些则居于从属地位。系统的层次性要求各系统各在其位、各司其职，防止相互推诿、无人负责的现象发生。

(4) 系统的目的性。通常系统都有某种目的。为了达到一定目的，系统具有一定的功能，而这正是区别这一系统和另一系统的标志。任何一个人造系统都有明确的目的，而且往往不止一个目的，需要用一个指标体系来描述系统的目标。目的不明确的管理系统，必然导致管理的混乱。

(5) 系统的环境适应性。任何一个系统都存在于一定的物质环境中，因此它必然要与外部环境产生物质的能量和信息的交换，必须适应外部环境的变化。外界环境的变化必然会引起系统内部各要素的变化。能够经常与外部环境保持最佳的适应状态的系统，是理想的系统，不能适应环境变化的系统是没有生命力的系统。

4. 系统的思想

所谓系统的思想是体现系统整体和相互联系性的思想。它具有下列特点，即全面地而不是局部地看问题；连贯地而不是孤立地看问题；发展地而不是静止地看问题；灵活地而不是呆板地看问题。

1.3.2 物流系统

1. 物流系统的含义

物流系统是指在一定的时间和空间范围内，由运输、储存、包装、装卸、搬运、配送、流通加工和信息处理等基本功能要素，构成的具有特定功能的有机整体。

物流系统是由彼此之间存在有机联系的各种要素所组成。物流系统是社会经济大系统的一个子系统或组成部分。物流系统和一般系统一样，具有输入、转换及输出三大要素。物流系统输入的是运输、储存、搬运、装卸、包装、流通加工和信息处理等环节所消耗的劳务、设备、材料等资源，经过处理转化，变成全系统的输出，即物流服务。整体优化的目的就是要使输入最少，即物流成本最低，消耗的资源最少，而作为输出的物流服务效果最佳，如图 1.9 所示。

物流系统的目的是实现物资的空间和时间效益，在保证社会再生产顺利进行的前提条件下，实现各种物流环节的合理衔接，并取得最佳的经济效益。

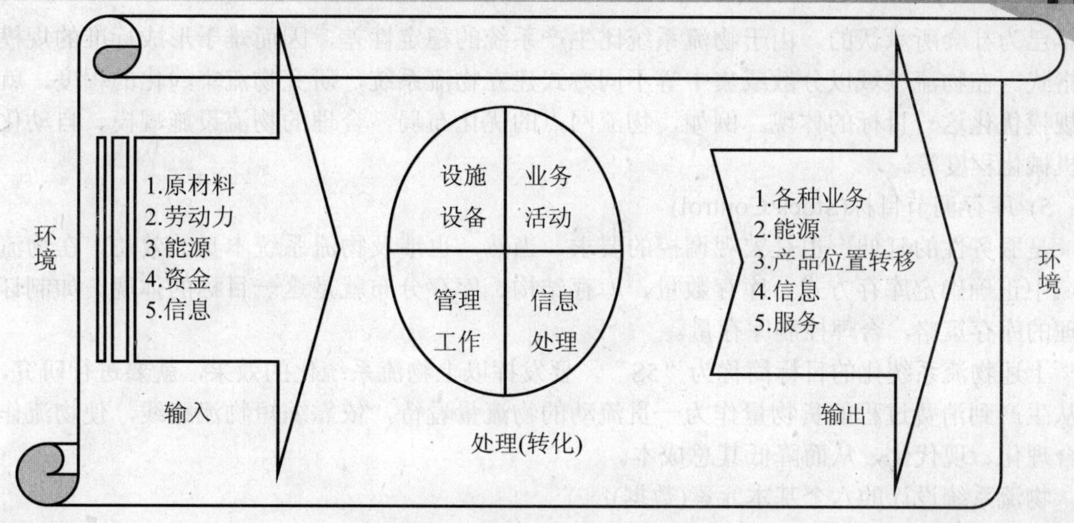

图 1.9　物流系统模式简图

2. 物流系统的目标(5S)

物流系统是社会经济系统的一部分，其目标是获得宏观和微观经济效益。

1) 服务目标(Service)

物流系统是整个社会大系统的一部分，它在生产与再生产、生产与消费之间起着“桥梁、纽带”的作用，因此要求有很强的服务性。物流系统采取送货、配送等形式，就是其服务性的体现。在技术方面，近年来出现的“准时供货方式”“柔性供货方式”等，也是其服务性的表现。无缺货、无损伤和无丢失现象，且费用便宜，是物流服务目标的具体体现。

2) 快速、及时目标(Speed)

指按用户指定的时间和地点迅速送达。及时性不但是服务性的延伸，也是经济社会对物流提出的要求。快速、及时既是一个传统目标，也是一个现代目标。因为是随着社会大生产的发展，这一要求更加强烈了。在物流领域采取的诸如直达物流、联合一贯运输、高速公路、时间表系统等管理和技术，就是这一目标的体现。

3) 节约目标(Space Saving)

节约是经济领域的重要规律，在物流领域中除流通时间的节约外，由于物流过程消耗大而又基本上不增加或提高商品使用价值，所以利用节约来降低投入，是提高相对产出的重要手段。例如，发展立体设施和有关的物流机械，以充分利用空间和面积，缓解城市土地紧缺的问题。

4) 规模化目标(Scale Optimization)

以物流规模作为物流系统的目标，并以此来追求“规模效益”。生产领域的规模生产是早已为社会所承认的。由于物流系统比生产系统的稳定性差，因而难于形成标准的规模化格式。在物流领域以分散或集中等不同方式建立物流系统，研究物流集约化的程度，就是规模优化这一目标的体现。例如，物流网点的优化布局，合理的物流设施规模、自动化和机械化程度等。

5) 库存调节目标(Stock Control)

是服务性的延伸，也是宏观调控的要求，当然，也涉及物流系统本身的效益。在物流领域中正确确定库存方式、库存数量、库存结构、库存分布就是这一目标的体现。如制订合理的库存策略，合理控制库存量。

上述物流系统化的目标简称为“5S”，要发挥以上物流系统化的效果，就要进行研究，把从生产到消费过程的货物量作为一贯流动的物流量看待，依靠缩短物流路线，使物流作业合理化、现代化，从而降低其总成本。

物流系统设计的六个基本元素(数据)：

(1) 商品(Products)的种类、品目等。

(2) 商品的数量(Quantity)，目标年度的规模、价格。

(3) 商品的流向(Route)，生产厂配送中心、消费者等。

(4) 服务(Service)水平，速达性、商品质量的保持等。

(5) 时间(Time)，即不同的季度、月、周、日、时业务量的波动、特点。

(6) 物流成本(Cost)。

以上 P、Q、R、S、T、C 称为物流系统设计有关基本数据的六个要素。这些数据是物流系统设计中必须具备的。

3. 物流系统的三大要素

1) 物流系统的功能要素

物流系统的功能要素指的是物流系统所具有的基本能力，这些基本能力有效地组合、联结在一起，构成了物流的总功能，便能合理、有效地实现物流系统的总目的。物流系统的功能要素，一般认为有运输、储存保管、包装、装卸搬运、流通加工、配送和物流信息等，如果从物流活动的实际工作环节来考查，物流由上述各项具体工作构成。换句话说，物流能实现以上七项功能。上述功能要素中，运输及保管分别解决了供给者及需要者之间场所和时间的分离，分别是物流创造“场所效用”及“时间效用”的主要功能要素，因而在物流系统中处于主要功能要素的地位。

2) 物流系统的支撑要素

物流系统的建立需要有许多支撑手段，尤其是处于复杂的社会经济系统中，要确定物流系统的地位，要协调与其他系统的关系，这些要素必不可少。主要包括：体制、制度，法律、规章，行政、命令和标准化系统。

3) 物流系统的物资基础要素

物流系统的建立和运行，需要有大量技术装备手段，这些手段的有机联系对物流系统的运行有决定意义。这些要素对实现物流和某一方面的功能也是必不可少的。物资基础要素主要有：①物流设施；②物流装备；③物流工具；④信息技术及网络；⑤组织及管理。

1.3.3 物流系统分析

物流是一个范围很广的系统，包括从产品的生产供应到消费资料废弃的整个过程。这里主要就其中有关从生产到消费的范畴来研究所谓物流系统化问题，即把物流的各个环节(子系统)联系起来看成一个物流大系统进行整体设计和管理，以最佳的结构、最好的配合，充分发挥其系统功能、效率，实现整体物流合理化。

1. 物流系统分析的概念

系统分析是从系统的最优出发，在选定系统目标和准则的基础上，分析构成系统的各级子系统的功能与特点，它们之间的相互关系，系统与系统、系统与环境以及它们之间的相互影响。运用科学的分析工具和方法，对系统的目的、功能、环境、费用和效益进行充分的调研、收集、比较、分析和数据处理，并建立若干替代方案和必要的模型，进行系统仿真试验；把试验、分析、计算的各种结果同早先制订的计划进行比较和评价，寻求使系统整体效益最佳和有限资源配备最佳的方案，为决策者的最后决策提供科学依据和信息。

系统分析的目的在于通过分析比较各种替代方案的有关技术经济指标，得出决策者形成正确判断所必需的资料和信息，以便获得最优系统方案。物流系统分析的建立过程，可以分为确定系统问题、进行系统分析和综合系统选优三个阶段，如图 1.10 所示。

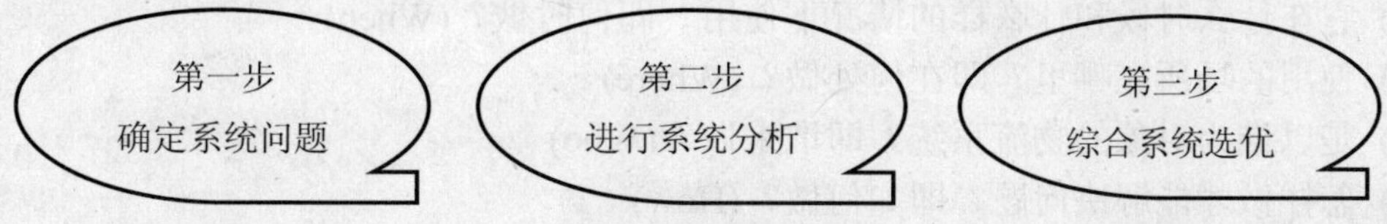

图 1.10　物流系统分析的三个阶段

系统分析在整体系统建立过程中处于非常重要的地位，它起到承上启下的作用，特别当系统中存在着不确定因素或相互矛盾的因素时，更需要通过系统分析来保证，只有这样，才能避免技术上的大量返工和经济上的重大损失。

2. 物流系统分析的基本内容

(1) 系统目标。只有目标明确，才能获得最优的信息，才能建立和提供最优的分析依据。

(2) 替代方案。一般情况下，为了实现某一目标，总会有几种可采取的方案或手段，这些方案彼此之间可以替换，故叫做替代方案或备择方案。这些方案总是各有利弊，经过分析比较、权衡利弊，选择一种最合理的方案是物流分析系统研究和解决的重要问题。

(3) 模型。模型是根据目标要求，用若干参数或因素对实体物流系统本质的抽象描述，它可以将复杂的问题化为易于处理的形式。即使在实体物流系统尚未建立的情况下，通过对一定模型的分析，也可以求出物流系统设计所需的参数，并据此确定各种制约条件。同时，还可以利用模型来预测各种替代方案的性能、费用和效益，有利于各种替代方案的分析和比较。在物流系统分析中常常采用数字模型和逻辑模型，用以确定物流系统中各要素之间的定量关系和逻辑关系，可以预测和分析系统的优化程度及提出改进措施等。

(4) 费用与效益。原则是效益大于费用。

(5) 评价标准。用于确定各种替代方案优先选用的顺序。评价标准是物流系统分析中确定各种替代方案优先顺序的标准。标准大体包括费用效益比、性能周期比、费用周期比等。有了它可对方案进行综合评价，并按不同准则排列替代方案的优先次序。由于物流系统自身的多义性、构成的多元性以及人们主观认识上的历史性，因而必须建立评价方案优劣的尺度、标准。评价标准一般应根据物流系统的具体情况而定，但费用与效益的比较是评价各个方案优劣的基本标准。

3. 物流系统分析的要点和步骤

1) 物流系统分析的要点

在对某个具体的物流系统进行分析时，往往要通过追问一系列的“为什么”来使问题得到圆满的解答。具体来讲，通过拟出下列问题，并一一作答，就很容易抓住问题的要点。

(1) 项目的对象是什么？即要干什么？(What)

(2) 这个项目何以需要？即为什么要这样？(Why)

(3) 它在什么时候和什么样的情况下使用？即何时做？(When)

(4) 使用的场所在哪里？即在何处做？(Where)

(5) 是以谁为对象的物流系统？即谁来做？(Who)

(6) 怎样做才能解决问题？即如何做？(How)

当然，除了上述问题以外，还可以再提出一些问题来，并求得答案。在物流系统开发的各阶段，所需解决的问题应从宏观逐渐转移到微观，因而，对这些疑问的回答也要按照各个阶段来进行。

2) 物流系统分析的步骤

任何问题的研究和分析，均应遵从一定的逻辑推理步骤。物流系统分析程序如图 1.11 所示。

(1) 界定问题。即明确物流系统的性质，划分它的界限、范围。只有明确系统分析的特点，才能进一步确定系统所包含的各种联系，探究问题产生的原因和确定可行的目标。

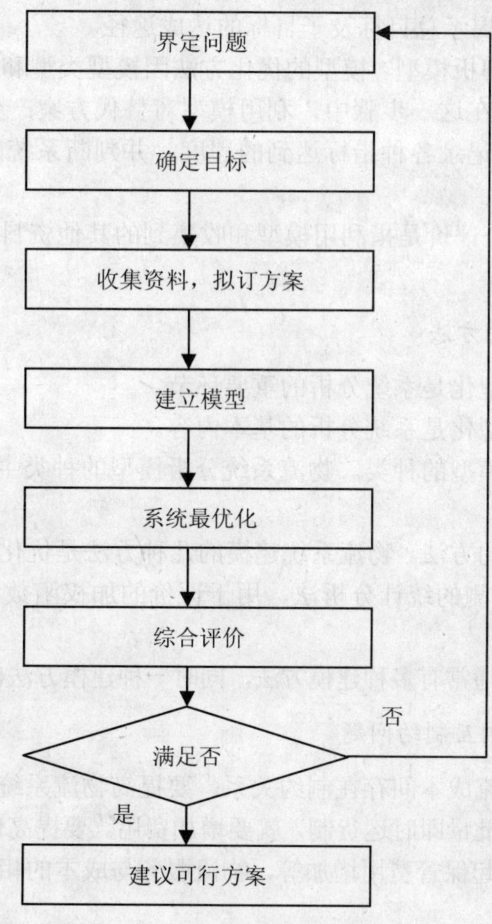

图 1.11　物流系统分析程序

(2) 确定目标。任何问题以及计划、任务都可以具体化为目标。物流系统分析是针对具体目标展开的，而目标又可以通过某些指标来表达。由于实现系统功能的目的是靠多方面因素来保证的，因此物流系统目标往往有多个。在有多个目标的情况下，要考虑目标的取舍与协调，防止轻视或漏掉一些必要的目标。同时注意目标的整体性、经济性和目标的约束条件。

(3) 收集资料，拟订方案。收集与物流系统有关的资料和数据，是在此基础上拟订出能达到总体目标和符合约束条件的数个替代方案。这些方案在数量上应把所有的可能方案包括在内，特别要避免漏掉最优方案。另外，各个替代方案之间要有原则区别并且相互排斥、不宜只有细节上的差别。

(4) 建立分析模型。在分析的过程中，可依据不同目标，构建出各种不同的物流系统模型。模型能帮助人们了解影响物流系统功能的重要因素及其相互关系，确认这些因素对功能和目标的影响程度，揭示总目标及子目标的达成途径。

(5) 用最优化方法解析模型。模型的优化方法因模型类型和性质的不同而不同，通常采用数学模型进行优化。在这一步骤中，利用模型对替代方案产生的结果进行计算和测定，分析参数与变量情况，记录各种指标达到的程度，并判断系统的参数与变量能否取得最优值或次优值、满意值。

(6) 综合评价。综合评价是指利用模型和收集到的其他资料进行综合分析，得出方案的可行性。

4. 物流系统分析的方法

(1) 物流系统的模型化是系统分析的重要环节。

(2) 物流系统的模型化是系统分析的基本内容。

(3) 物流系统分析模型的种类。物流系统分析模型的种类主要有实物模型、图式模型、模拟模型和数学模型。

(4) 物流系统建模的方法。物流系统建模的几种方法是优化方法、模拟方法和启发式方法。此外，还有用于预测的统计分析法，用于评价的加权函数法、功效系统法及模糊数学方法。

一个物流决策课题通常有多种建模方法，同时一种建模方法也可用于多个物流决策课题。

5. 物流系统中的相互制约问题

(1) 物流服务和物流成本间存在制约关系。要提高物流系统的服务水平，物流成本往往也要增加。比如采用小批量即时运货制，就要增加费用。要提高供货服务水平即降低缺货率，必须增加库存，从而引起保管费用增加等，物流服务与成本的相互制约关系如图 1.12 所示。

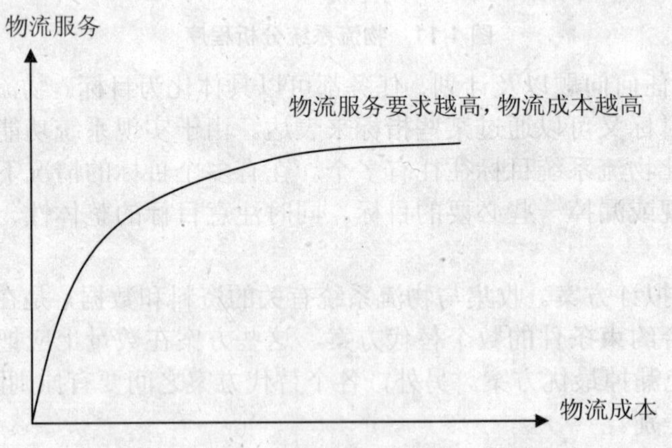

图 1.12　物流服务和物流成本间的制约关系

(2) 构成物流服务子系统功能之间可能存在约束关系。物流各子系统的功能如果不均匀，物流系统的整体能力将受到影响。如搬运装卸能力很强，但运输力量不足，会产生设备和人力的浪费；反之，如搬运装卸环节薄弱，车、船到达车站、港口后不能及时卸货，也会带来巨大的经济损失。

(3) 构成物流成本的各个环节费用之间可能存在制约关系。如为了降低库存常采取小批量订货，但因运输次数增加而导致订购费用上升，因此订购费用和保管费之间存在制约关系。

(4) 各子系统的功能和所耗费用存在制约关系。任何子系统功能的增加和完善必须投入资金。如信息系统功能的增加，必须购置硬件和开发计算机软件；增加仓库的容量和提高进出库速度，就要建设更大的库房并实现机械化、自动化。在实际中必须考虑在财力许可的范围内改善物流系统的功能。构成物流服务子系统功能之间的约束关系——水桶原理，如图 1.13 所示。

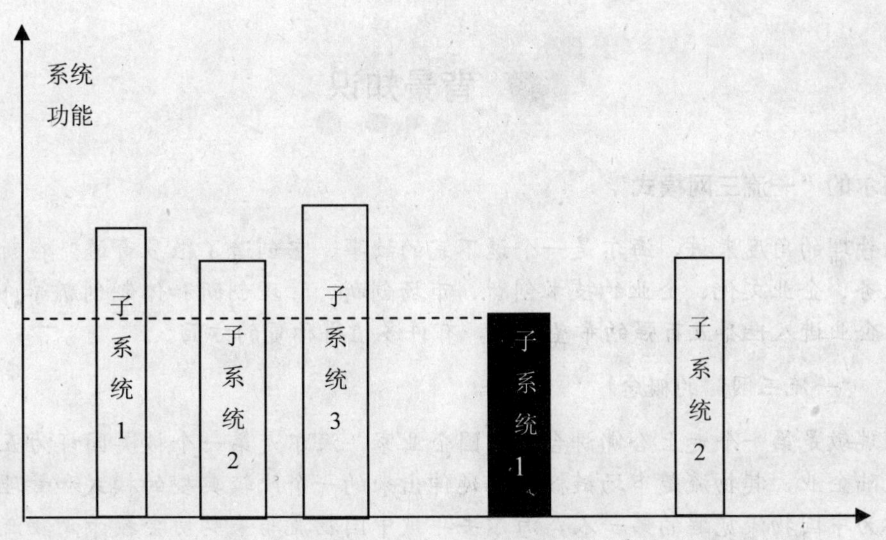

图 1.13　物流服务子系统功能之间的约束关系

如上所述的各种制约关系，在日常物流管理中应注意其互为相关、互为背反的制约特点，在物流合理化过程中必须有系统观念，对这些相互制约的关系给予充分的注意，以使系统的整体最优化。因而，要求在物流合理化过程中必须有系统观念，重视调整各个子系统之间的矛盾，使之有机地联系起来成为一个整体，以实现最佳效益。

本章小结

本章作为物流管理基础的入门，物流是物品从供应地向接受地的实体流动过程，根据实际需要将运输、储存、装卸、搬运、包装、加工配送和信息处理等基本功能实现有机结合。随着社会经济的发展，商流与物流分离成为一种必然趋势。

随着世界经济的飞速增长，经济全球化、市场国际化进程的加快，现代物流越来越受到世人的瞩目和认同。随着我国社会主义市场经济体制的建立和完善，物流业作为国民经济中一个重要的新兴产业，已成为我国国民经济新的利润增长点。

现代物流按不同标准可以分为不同类型，如按生产经营过程中所处的阶段可分为采供物流、生产物流、销售物流、回收物流、废弃物物流。

物流系统将一定时间、空间里所从事的物流事务和过程作为一个整体来处理，用系统的观点进行分析研究。物流合理化是指物流过程中各系统各要素之间的优化组合，协调运行，能适应和促进商品经济的发展，从而取得最佳效益的一种经济准则。

背景知识

海尔的“一流三网模式”

从管理的角度来讲，海尔是一个说不完的故事。它创造了很多奇迹：在新产品开发、顾客服务、企业文化、企业的技术创新、市场创新、管理创新和体制创新等许多方面。它是中国企业进入世界五百强的希望所在，有许多值得称赞的方面。

1. “一流三网”的概念

张瑞敏是第一个走上哈佛讲台的中国企业家，海尔是第一个被美国评为五星级服务的中国大陆企业，其物流是市场链概念中延伸出来的一个比较典型的模式和管理方法，所以他可称为中国物流觉醒的第一人，海尔去年被中国物流与采购协会授予“物流示范基地”的美誉。海尔物流的流程再造提出了“一流三网”。

1) “一流”

“一流”就是订单信息流。没有订单不生产；要生产订单，不要生产库存，这是订单信息流。

2) “三网”

(1) 计算机信息网。物流操作基本上在计算机信息网络平台上运作，这就为物流效率的提高提供了很好的基础。

(2)全球供应资源网。海尔的供应是全球化的。海尔已经不仅是企业的国际化，而且是国际性的企业了，它在国外有很多工厂，那些工厂是用当地的资源、当地的人力、当地的资金，在当地市场进行销售。在美国市场的占有率逐年提升，在美国是名牌，是中国人的骄傲，“海尔中国造”这个词在世界上叫得响当当。其供应资源网络符合经济全球化趋势，资源得到了更合理的配置。

(3)全球配送资源网。企业管理的精髓在于怎样有效地整合，或者是充分利用有限的资源，这是企业管理的出发点。既然供应是全球化的网络，它的配送也要全球配送，形成全球配送资源网络。

2. “一流三网”的理念基础

有的人认为，我们跟海尔不是一个重量级，我们的营业额才几个亿、几十个亿，而海尔有几百个亿。可是如果了解海尔发展历史的话，就不应该这么说。

海尔在 1984 年的时候还是一个亏损企业，它定的第一条厂规是“不准在车间大小便”。一年里换了四任厂长，张瑞敏就是第四任厂长。工资发不出，工人把门窗、窗框都拆掉拿回家当柴烧。

张瑞敏上任后第一抓质量，第二抓服务。只要客户打一个电话，剩下事都由海尔来做，这种服务意识使得企业迅速发展。

在广州，有人要求冰箱送货上门。当时是夏天，温度高达 38℃，车子又堵得很厉害。眼看就要迟到了，怎么办呢？这个送货人员就下车，背着冰箱走了几十分钟的路，送到顾客家里，结果还是迟到了。顾客抱怨，他却什么话都没说，只是微笑着说：“实在对不起”，没有解释一句。当然这件事后来被媒体报道了。物流人员在配送的时候有这样的敬业精神，企业的物流绩效就可想而知了。所以说，“一流三网”是在为人民服务、为顾客服务的企业理念的基础上发展起来的。

资料来源：http://www.eee114.cn/

思考与练习

一、判断题

1. 采取预购方式，会引起物流在前、商流在后的物流商流分离形式。
2. 物流包括生产物流、供应物流和销售物流。
3. 狭义的流通指商品的流通，它克服了使用权间隔、场所间隔和时间间隔。
4. 对于物流系统来说，局部最优就是整体最优。
5. 物流从附属于商流转变到物流与商流的分离是现代物流发展的关键。

6．物流的作用，可以认为是消除了商品生产地和消费地之间的所有权间隔、场所间隔和时间间隔。

7．物流是处在社会经济大环境之中由若干相互依赖、相互制约的部分，紧密结合而形成的具有特定的功能的有机整体，所以物流是一个系统。

8．物流职能分为供应物流、生产物流、销售物流、回收物流、废弃物物流。

9．物流是物品从接收地到供应地的实体流动过程。根据实际需要，将运输、储存、装卸、搬运、包装、流通加工、配送信息处理等基本功能实施有机结合。

10．第三方物流企业为企业提供采购服务。

11．第四方物流是第一、第二、第三方物流之外的物流。

12．商品流通包括商流和物流。

二、填空题

1．物流的发展大致经历了__________、__________、__________三个阶段。

2．现代物流管理应遵循__________原则、__________原则和__________原则。

3．国家标准关于物流的定义是__________。

4．物流具有__________和__________二重性。

5．系统由“__________、__________、__________”三要素组成。

6．物流系统的的目标包括__________、__________、__________、__________和__________。

7．按物流业务活动的性质分类，物流可以分为__________、__________、__________、__________和__________。

8．__________、__________、__________和__________是商品流通的必要组成部分。

9．系统分析的目的在于通过分析比较各种替代方案的有关技术__________，得出决策者形成正确判断所必需的__________，以便获得最优的__________。

三、单项选择题

1．下列活动__________不属于物流范畴。

A．属于物品理学物质实体的流动

B．运输、储存、装卸、搬运、包装、流通加工、配送和信息处理等基本功能的有机结合

C．商流所有权转移和物流的实体位置转移

D．不属于经济活动的物质实体流动

2．要素信息、管理信息、运作信息和外部信息构成__________。

A．物流信息　　　　B．网络信息

C. 生产信息　　　　　　　　　D. 企业信息

3. 通过提供资源、能源、设备和劳力等手段对某一系统发生作用，统称为外部环境对物流系统的＿＿＿＿＿＿。

A. 输入　　　　　　　　　B. 转化(处理)

C. 输出　　　　　　　　　D. 服务

4. 现代物流系统设计所要达到的具体目标是＿＿＿＿＿＿目标。

A. "5S"　　　　　　　　　B. "7R"

C. "5R"　　　　　　　　　D. "P Q R S T C"

5. 物流系统设计时，先要收集有关的基本数据，我们称之为＿＿＿＿＿＿要素，这些数据是物流系统设计中必须具备的。

A. "5S"　　　　　　　　　B. "7R"

C. "5R"　　　　　　　　　D. "P Q R S T C"

6. 物流的概念源于＿＿＿＿＿＿。

A. 日本　　　　　　　　　B. 德国

C. 美国　　　　　　　　　D. 中国

7. 商流能解决生产和消费之间出现的＿＿＿＿＿＿间隔。

A. 所有权　　　　　　　　B. 空间

C. 时间　　　　　　　　　D. 场所

四、多项选择题

1. 现代物流业的行业包括：＿＿＿＿＿＿。

A. 交通运输业　　　　　　B. 仓库业

C. 服务业　　　　　　　　D. 通运业

2. 现代物流业已经使用的高新技术有：＿＿＿＿＿＿。

A. 条形码与光电扫描识别设备、电子数据交换系统(EDI)

B. 全球卫星定位跟踪系统(GPS)

C. 智能交通管理系统(ITS)

D. 各种先进的运输与储存设备

3. 下列说法正确的是＿＿＿＿＿＿。

A. 物流所要"流"的对象是一切物品，包括有形物品和无形物品

B. 只有物品物理位置发生变化的活动，如运输、搬运和装卸等活动才属于物流活动

C. 物流不仅仅研究物的流通与储存，还研究伴随着物的流通与储存而产生的信息处理

D. 物流的起点是从某个企业原材料的供应、储存、搬运、加工和生产直至产成品销售的整个过程

4．按物流研究的范围的大小分类，物流包括：__________。

A．宏观物流　　B．企业物流

C．微观物流　　D．行业物流

5．物流系统的建立过程可以分为__________几个阶段。

A．确定系统问题　　B．进行系统设计

C．进行系统分析　　D．综合系统选优

五、思考题

1．何谓物流？何谓现代物流？它与传统运输业和仓储业有什么本质上的区别？

2．为什么说物流业会成为我国的第三利润源？

3．为什么说物流业属于服务行业？

4．什么是系统？什么是物流系统？各有什么特征？

5．物流系统中存在哪些制约关系(效益背反关系)？

6．物流系统设计的基本元素(数据)是什么？物流系统化的基本目标包括哪些内容？

7．物流系统的建立过程可以分为哪三个阶段？

8．请阐述现代物流产业的构成及其特征。

第2章 物流系统功能要素的构成及其管理

教学目标

物流系统是一个复杂的、动态的、庞大的、多功能的系统，该系统又是由具有多种功能要素的子系统组成。各功能要素之间的相互作用、相互配合、相互协调，有效地实现了物流一体化的运作，从而降低了流通成本，创造了第三利润源。

本章介绍了物流系统中各功能要素的基础知识，要求在学习过程中掌握各要素的概念、构成、功能和特点，了解相关原理，注重知识点的实际运用和各要素运作中的合理化管理，并且通过本章学习能够达到以点带面的学习效果。

教学要求

知识要点	能力要求	相关知识
包装	(1) 能够选择合理的包装类型 (2) 能够选用最适当的包装材料 (3) 能够合理地采用包装技术 (4) 能够选用成组化包装	(1) 包装 (2) 包装信息 (3) 成组化 (4) 包装模数、物流模数
装卸搬运	(1) 能够选择合理的装卸搬运方法 (2) 能够认识常用的装卸搬运设备	(1) 装卸搬运概念 (2) 常用装卸搬运的设备 (3) 装卸搬运活性指数
运输	(1) 能够对运输综合考虑，选用最适当的运输方法 (2) 能够区别搬运的“运”与运输的“运”	(1) 运输 (2) 五种运输方式优缺点比较 (3) 集装箱、托盘的参数
储存	(1) 能够根据不同物品选择存储仓库 (2) 能够对储存管理的基本环节了解	(1) 储存 (2) ABC 分类法 (3) 零库存
流通加工	(1) 能够区别流通加工与生产加工 (2) 能够理解物流增值服务	(1) 流通加工的概念 (2) 可行性分析
配送与配送中心	(1) 能够掌握配送的流程和配送中心功能 (2) 能够区别配送中心、物流中心和物流园区 (3) 能够初步考虑物流结点选址的条件	(1) 配送及配送中心 (2) 物流中心 (3) 物流园区
物流信息系统	(1) 能够识别常见的信息技术设备 (2) 能够了解常见的信息技术在物流中的应用	(1) 物流信息的特点 (2) 商品条码、物流条码 (3) 主要物流信息技术：条码、RFID、POS、EDI、GIS、GPS

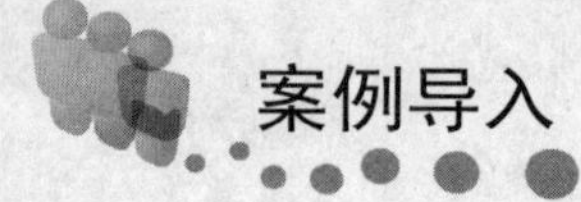

案例导入

沃尔玛高效率的物流配送系统

没有自己的一只烟囱，没有自己的一家工厂，拿别人的商品来卖，竟然能够战胜埃克森·美孚石油公司、福特汽车公司和许多工商业巨子，并且能够在全球 500 强企业中独领风骚，2005 年沃尔玛的年度销售额创 3 124 亿美元。沃尔玛凭什么力量打败业内外的所有商界巨头，创造了世界零售业史上如此辉煌的奇迹？凭它的“天天平价”“顾客至上”的经营理念，独特的企业文化，全球物流战略，高效率低成本的物流配送系统。沃尔玛在品质最佳、价格最低的地区采购商品，运送到最好销售的地方去销售，并且实施全程物流绝对数字化管理。与其竞争对手相比，沃尔玛供应链的成本要比他们低十个百分点，而获取的零售利润才只有 3%。

1. 令人瞠目的配送中心

熟悉沃尔玛的人都知道，它拥有世界上一流的、高效率的物流配送系统，而正是这样一个配送系统，使沃尔玛能够战胜其他竞争对手，稳居世界零售业之首，也成为沃尔玛倡导的“天天平价”卖点的最有力的支撑。

在沃尔玛的总部阿肯色州的本顿维尔(Bentonville)配送中心，面积有 24 个足球场大小，室内净高 12.5 米，各种传送带总长度达 21 千米，共有 264 个进货和发货用的汽车装卸口，24 小时连续作业，这家配送中心共支持周边 500 千米范围内的 120 家沃尔玛店(其中每家商店每天平均送货两次)。

配送中心的基本流程是：供应商将商品送到配送中心后，经过核对采购计划、进行商品检验等程序，分别送到货架的不同位置存放。商店提出要货计划后，电脑系统立即将所需商品的存放位置查出，并打出印有商店代号的标签。整包装商品直接由货架上送往传送带，零散商品由工作人员取来也送到传送带上。各种各样的商品从四面八方汇到一起，就像是一条商品的“河流”，也极像洛杉矶交错贯通的高速公路，但与洛杉矶高速路最大的不同就是，在这样繁忙的运输过程中，既没有“塞车”，更没有“交通事故”。这个配送中心一共有 6 万多种商品，每天都有 20 多万个商品箱被有条不紊地送出，而且误差率极低。在全球各地，沃尔玛商店几乎 85%的商品来自于各区域的配送中心，沃尔玛在美国拥有 100%的物流配送系统。目前，沃尔玛在全球的配送中心达 110 个。

2. 先进的通信网络

沃尔玛配送系统的精华就在于其先进的通信网络。早在上世纪 80 年代中期，沃尔玛投巨资购买了一颗休斯公司的人造卫星，建立了自己的全球商业卫星通信系统。该系统的应用使得沃尔玛总部、全球各地的配送中心和各商店之间实现了双向声音和数据传输，全球5311 家沃尔玛分店都能够通过自己的终端与总部进行实时联系。在短短数小时内便可完成“填妥订单、各分店订单汇总、送出订单”的整个流程，大大提高了营业的高效性和准确性。

3. 低成本高效率的运输车队

如何降低卡车运输成本，是沃尔玛物流管理面临的一个重要问题，为此他们主要采取了以下措施:

(1) 沃尔玛使用的卡车，是一种大约有 16 米加长的货柜，比集装箱运输卡车更长或更高。沃尔玛把卡车装得非常满，商品从车厢的底部一直装到最高，这样非常有助于节约成本。

(2) 公司 5500 辆运输卡车，全部装备了全球卫星定位系统(GPS)，每辆车的即时位置、所载货物、目的地等信息，总部可以一目了然，以便设计出最合理的运量和路程。

(3) 沃尔玛的车队每周一次运输里程可以达 7 000～8 000 千米。沃尔玛的口号是“安全第一，礼貌第一”，而不是“速度第一”。在运输过程中，卡车司机们都非常遵守交通规则。沃尔玛定期在公路上对运输车队进行检查，严惩违章驾驶的司机。

(4) 沃尔玛的连锁商场的物流部门，24 小时进行工作，无论白天或晚上，都能为卡车及时卸货。另外，沃尔玛的运输车队利用夜间进行从出发地到目的地的运输，从而做到了当日下午进行集货，夜间进行异地运输，翌日上午即可送货上门，保证在 15～18 小时内完成整个运输过程，这是沃尔玛在速度上取得优势的重要措施。

(5) 沃尔玛的卡车把商品运到商场后，商场不用对每个商品逐个检查，这样就可以节省很多时间和精力，加快物流的循环过程，降低物流成本。这里有一个非常重要的先决条件，就是沃尔玛的配送系统，能够确保商场所得到的商品是与发货单完全一致的产品。

(6) 沃尔玛的运输成本比供货厂商自己运输商品要低，所以厂商也使用沃尔玛的卡车来运输货物，从而做到了把商品从工厂直接运送到商场，大大节省了产品流通过程中的仓储成本和转运成本。

4. 改进包装材料实现物流包装合理化

沃尔玛现在使用的包装材料有 70%是 RPC(可回收塑料包装筐)，而不是瓦楞纸箱，这主要是由于纸箱没有统一的占地标准和展示产品的功能。RPC 是最早实现标准化的运输材料，因为其规格一致，所以便于堆码。RPC 底部均有插槽，其堆码稳定性也优于纸箱。RPC 不仅具有标准化的优势，而且还具有很强的展示功能。因为 RPC 没有顶盖，可以直接看到内装的产品；不必在外包装上印刷图案，省去了一笔印刷费又不失包装的推销功能。

沃尔玛公司有关负责人解说纸箱产品存在最重要的两个弊端：首先，纸箱的规格成千上万，这对于追求个性化包装的商家当然是重要的，但却给整个物流环境带来很大麻烦。不便于堆码，不便于运输，还会浪费大量宝贵的空间。其次，由于纸箱的结构封杀了产品自身展示的功能，虽然可以在包装箱的外面印刷精美的图案，但这需要加大包装成本。

另悉，Nature Works LLC 又开始为沃尔玛分销公司提供一种新型的热塑包装——Nature Works PLA。该款新包装将于近期在沃尔玛及全球大型连锁超市上架使用。新型热塑包装以生物为基础材料，主要由谷物制成。该产品成功地取代传统的包装，应用在 4 种不同类型产品上，其中包括食品容器、饮料瓶罐等。项目的第一阶段已经在 2005 年 11 月正式启动，主要提供生鲜类产品的包装；第二阶段将进一步为近 800 万蔬菜类商品更换新包装；第三阶段将提供新型的礼品包装；第四阶段则将逐步更换食品及水果类的包装。

5. 供应链管理中的信息技术

实现供应链管理的基础是信息共享，沃尔玛在运用信息技术支撑信息共享方面一直是不遗余力的，走在许多零售连锁集团的前面。如最早使用条码(1980 年)，最早采用 EDI(1985 年)，最早使用无线扫描枪(1988 年)，最早与宝洁公司(Procter & Gamble)等大供应商实现 VMI ECR 产销合作(1989 年)等。今天，沃尔玛开始在自己的商场中强制推广“射频识别技术(Radio Frequency Identification，RFID)”。

2005 年 1 月，当使用了 RFID 的货盘和货物标签，全面进入沃尔玛在美国德克萨斯州的三个配送中心时，其数据信息也开始进入沃尔玛网络化的供应商协作系统，这标志着沃尔玛已经开始了一场供应链管理的革命。沃尔玛试运用 RFID 证明：可以减少 16%的物品脱销现象；在补货上要比传统的条码技术快 3 倍；在商店里安装 RFID 设备和货品上贴上 EPC 电子编码，能帮助顾客更快地找到所需的商品。据估计，通过采用 RFID，沃尔玛可以节省 83.5 亿美元，其中大部分是因为不需要人工查看进货的条码而节省的劳动力成本。

规模加效率是沃尔玛核心竞争力的一个重要方面，而它的实现又是靠其拥有高效率的物流配送系统，难怪有人说沃尔玛本身就是一家拥有超级竞争力的物流公司。

资料来源：现代物流案例分析

物流就是按照客户的要求，实施将物品从供应地向接收地流动，这一过程涉及一系列的环节，其主要包括运输、储存、装卸、搬运、包装、流通加工、配送和信息处理等，物品流动如图 2.1 所示。物品通过流动，创造了时间效用、空间效用和价值效用。

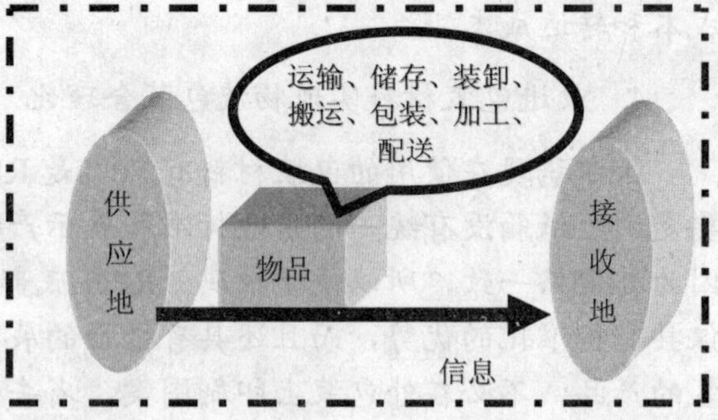

图 2.1 物品流动及其环节

物流管理(Logistics Management)，是指对整个物流活动进行计划、组织、指挥、协调与控制，从而不断地提高物流的经济效率和效益。它的最基本目标就是以最适当的物流成本达到用户所满意的服务水平。

2.1 包　装

包装有两个基本的功能：营销和物流。在营销活动中，包装是“无声的推销员”，它通过商标、形状、图案和色彩诸因素向消费者提供产品的信息，同时吸引消费者购买该产品。

现代物流认为包装是生产的终点，物流的始点。作为生产的终点，即最后一道工序，包装标志着生产的完成；作为物流的始点，包装完成后的产品便具有物流的能力。包装在整个物流过程中始终发挥的作用有：保护产品、方便整个物流流程的运作、识别产品、提供产品的信息和最终促进产品销售。在做包装决策时，除了根据产品的性质考虑包装的上述两项功能外，更应当考虑包装材料的成本、包装操作工序所消耗的劳动力、包装占用的运输、储存空间和增加产品的重量。在物流业务中，我们可以通过协调包装模数与物流模数、采用机械化包装作业、大型化和集装化包装、轻薄化包装、标准化包装作业；包装的循环利用；周转包装等办法最大限度地利用包装的优点，克服包装的缺点以实现物流包装的合理化。

2.1.1　包装概述

1. 包装的概念

中华人民共和国国家标准《物流术语》将包装定义为：“包装(Package / Packaging)在流通过程中保护产品、方便储运、促进销售，按一定技术方法而采用的容器、材料及辅助物等的总体名称。也指为了达到上述目的而采用容器、材料和辅助物的过程中施加一定技术方法等的操作活动。”即包装是包装物及其包装操作的总称。

其他国家对包装的定义，美国对其的定义为：“包装是使用适当的材料、容器和技术，使物品安全到达目的地。即在物品运送过程的每一阶段，不论遇到何种外在影响，都能保证产品完好，而且不影响物品价值”；英国对其的定义为：“包装是为货物的运输和销售所做的艺术、科学和技术上的准备工作”；加拿大则认为：“包装是将物品由供应者送达客户或消费者手中而能保持物品完好状态的工具”。

2. 包装的分类

按照不同的分类标准，包装可以分为不同的类型。具体如下所述。

1) 按照功能进行分类

按照其基本功能的不同，包装可以分为运输包装和销售包装。

(1) 运输包装(Transport Package)又称工业包装或外包装。是“以满足运输储存要求为主要目的的包装。它具有保障产品的安全，方便储运装卸，加速交接、点验等作用。”它的主要作用是以保护商品、方便物流为目的；它的重要目标是在满足物流要求的基础上使包装费用越低越好。运输包装又有内包装和外包装，如卷烟的条包装为内包装，大箱包装为外包装。

(2) 销售包装(Sales Package)又称商业包装或内包装，是“直接接触商品并随商品进入零售网点和消费者或用户直接见面的包装。”它主要以促进销售、方便使用为目的，这种包装要求外形美观，装潢漂亮；包装的单位适用于顾客的购买量以及商店的陈设要求。

在物流管理中，包装讨论的主要是运输包装。

2) 按照包装材料进行分类

按照包装材料的不同，可以将包装分为木质包装、纸制包装、塑料包装、金属包装、陶瓷包装、玻璃包装、草制包装、纤维包装和复合材料包装等。

3) 按照包装技术进行分类

按照包装技术的不同，可以将包装分为防潮包装、防锈包装、防霉包装、防震包装、防虫包装、集合包装、收缩包装与拉伸包装及危险品包装等。

4) 按照包装容器进行分类

按照包装容器的不同，可以将包装分为包装袋、包装箱、包装盒、包装瓶及包装罐等。

5) 按照包装适用范围进行分类

按照包装适用范围的不同，可以将包装分为专用包装和通用包装。前者指的是专门针对某种产品进行设计和制造的包装，只能用于包装某种特定的产品；后者指的是根据标准系列尺寸制造的包装，可用于包装各种标准尺寸的产品。

6) 按照包装使用次数进行分类

按照包装使用次数的不同，可以将包装分为一次性包装、复用包装和周转性包装。一次性包装只能使用一次，不再回收复用。复用包装指的是回收后经适当加工整理仍可使用的包装。周转性包装是专门设计和制造的能够反复周转使用的包装容器。

3. 包装的功能

包装具有以下五项基本功能。

1) 保护商品

保护商品是包装的首要功能。包装能避免商品在搬运过程中脱落；避免运输过程中受到振动或冲击；避免保管过程中由于承受重物而造成破损；避免异物的混入和污染；防湿、防水、防锈、防光；防止因为化学因素或细菌的污染而出现商品腐烂变质；防霉变、防虫害等。

2) 方便物流

包装具有将商品以集合方式处理、方便物流的功能，如将原始包装的若干产品放在一起进行二次包装(例如，将整条的香烟放到纸盒子里)，再将若干个经过二次包装的产品放在一个托盘上打包，最终放到可装多个托盘的集装箱中，这就起到了降低产品搬运的次数、缩短作业时间、提高机械化作业的效率的作用，还方便运输。另外，一类货物统一包装能使货物堆放、清点变得更加容易，从而提高了仓储工作的效率。包装标志也为运输、仓储、验收和装卸搬运等创造了便利。

3) 促进销售

产品包装还具有识别和促销的作用，美观的包装能够引起消费者的瞩目和激起消费者的购买欲望。20 世纪 50 年代中期，美国杜邦公司通过市场调查，提出了著名的“杜邦定理”，即 63%的消费者首先是根据商品的包装做出购买决策的。忽视包装正是一些企业的产品在市场上遭受冷落的重要原因。包装的外部形态、装潢、广告说明等都具有很好的促销作用。

4) 便于使用

将生产出的产品分装成小包装，能起到方便顾客使用的目的。现代包装的设计都具有便于开启和再封闭、方便消费者对其内装物品使用的功能。前些年用马口铁装的罐头食品，消费者在食用时，常常感到罐头盒难以开启，被人们称为“罐头好吃口难开”。包装上的标志和文字说明，也应当清楚地指示内装物品的使用方法和注意事项。

5) 跟踪物品

良好的货物包装，能使物流系统在收货、储存、取货和运出的各个过程中跟踪商品。如将印有时间、品种、货号及编组号等信息的条码标签，贴在物品上供电子仪器识别，能使生产厂家、批发商和仓储企业迅速准确地采集、处理和交换有关信息，加强了对货物的控制，减少了物品在流通过程中的货损货差，提高了跟踪管理的能力和效率。

2.1.2　包装材料

包装材料的选择，应当符合商品的特点，起到保护商品的品质作用，同时具有经济、合理性。常见的包装材料主要有以下类别。

1. 木质包装材料

木材是一种具有优良结构的包装材料，主要用于制造包装箱、托盘及木桶；木材经加工后，制作成胶合板，其均匀性和外观则更好，而且可减轻包装重量。但是，木材易于吸收水分、变形开裂、受白蚁蛀蚀、有时还有异味、再生速度较慢，近些年来木材逐渐被塑料等其他材料替代。

2. 纸制包装材料

纸制包装材料应用最为普遍，既广泛地用于运输包装，也广泛地用于销售包装。纸制包装材料的优点是：重量轻，成型性和折叠性好，便于加工，容易达到卫生要求，无毒、无味，成本低，而且废弃物便于回收和处理等。它的缺点是：容易受潮、强度较差、透明性差等。

在运输包装中，我们常用瓦楞纸板做成包装箱，它具有适宜的强度、成本低廉、易于加工等特点，正在逐步取代木箱。瓦楞纸板的结构有中芯原纸和内衬原纸，中芯原纸用于制造瓦楞波的波形。瓦楞波形有波高和波数两个参数，波高一般在 2.5～5mm 左右，波数一般是指 300mm 的宽度内有 36～50 个波。不同的参数组合成不同强度的瓦楞纸板。瓦楞纸板的结构如图 2.2 所示。

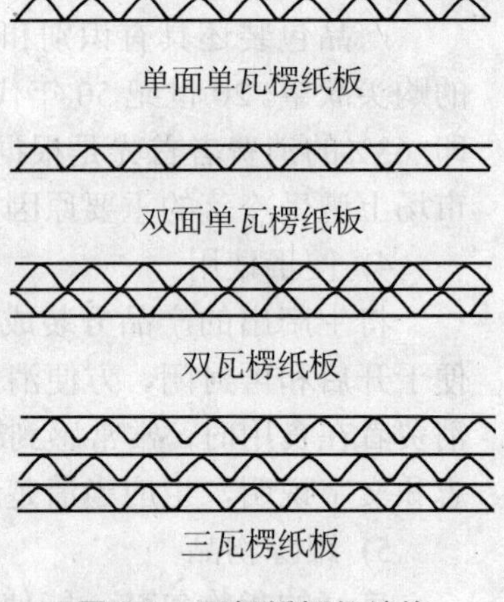

图 2.2 瓦楞纸板的结构

3. 塑料包装材料

塑料也是一种常用的包装材料，其优点是：气密性好，防潮，容易成型和封口，化学稳定性好，耐酸、耐碱、耐腐蚀，透明度高等。它的缺点是：一般难以处理和分解，对环境构成较大的危害，容易形成“白色污染”，焚烧后会产生有害气体。

4. 金属包装材料

常见的金属包装材料主要是钢材和铝材。它们既有加工成具有刚性的薄板，如马口铁、铝板、合金铝板等，用于制作运输包装及销售包装的金属罐等；也有加工成柔软性的金属箔，如铝箔、合金铝箔等，主要用作销售包装。金属包装材料的优点是：结实、防潮、防光、密封、容易加工成型、具有较好的装饰效果和便于再生使用等。其缺点是：成本较高，有些材料如钢材容易生锈。

在金属包装材料中，镀锡铁皮马口铁运用十分普遍。而且具有较强的耐腐蚀性，可以加工成各种形状的容器，主要用于制造各种饮料罐和食品罐。

5. 其他包装材料

1) 陶瓷包装材料

陶瓷具有很强的耐腐蚀性、不变形、耐热性、装饰性较好，而且可以回收使用，适合各种液体货物的包装。用作运输包装时，主要存放化工产品；用作销售包装时，主要用于装酒、药品和化妆品等。其缺点是易碎，包装物自身的重量较大。

2) 玻璃包装材料

玻璃包装材料具有与陶瓷包装材料相近的特点和用途，所不同的是玻璃的透明性较好，且原材料丰富、价格便宜。但包装高档商品时，档次显得不如陶瓷高。

3) 草制包装材料

用天然的草类植物编制成草席、蒲包、草袋等，可以作为包装材料。这种包装材料较为落后，包装不美观，防水、防潮性能也很差，同时，强度也很低，已逐渐被淘汰。美国规定，为防止植物病虫害的传播，禁止使用稻草做包装材料。

4) 纤维包装材料

纤维包装材料是指用各种天然纤维(如黄麻、红麻、大麻、棉花等)和合成纤维(如合成树脂、玻璃纤维等)制成的袋装容器，适合装载不怕挤压的货物或价值较低的货物。

5) 复合包装材料

将两种或两种以上的包装材料结合在一起使用，可以充分发挥不同包装材料的各自优势，达到相辅相成的效果。目前，这种复合包装材料使用非常普遍。常见的复合包装材料包括：塑料与纸的复合；金属与纸的复合；玻璃与纸的复合；金属、塑料与纸的复合等。

2.1.3　包装合理化

包装合理化的基本要求是指包装能够有效地实现其各项基本功能，并且能够符合经济性、合理性和可持续发展性的原则。要做到包装的合理化，需要满足以下一些基本要求。

1. 能有效保护其内装物品

包装应当能够有效地保护内装物品，防止物品的变质和保证它的品质。在选择包装材料时，应注重考察包装材料的防潮性、耐腐蚀性、耐热耐寒性等，确保包装材料、包装容器、包装方法具有保护产品品质的要求。

2. 包装容量、质量适度

不同的装卸搬运方式决定了包装的容量、质量的大小。在人力装卸搬运的情况下，包装的质量以控制在搬运工人体重的 40%之内为宜。包装的外形及尺寸与装卸效率有关。采用机械进行装卸搬运，要考察不同机械设备的承载重量。

3. 具有经济合理性

经济合理性要求：第一，在性能相同的情况下，优先选择成本较低的包装材料。第二，包装费用必须与其内装物品的价值相适应。一般来说，大多普通商品的包装费用应低于商品售价的 15%。当然，这种比率因不同的商品而有较大的差距，例如，对于纯净水而言，塑料瓶起很大作用，包装费用的比率超过 15%是合理的；而手纸的包装所起的作用较小，包装费用即使只有 10%也是不合理的。第三，包装应适度，避免出现过度包装的现象。

4. 说明与标志清楚

销售包装上有关产品的说明应当详细、完整，方便消费者的使用。尤其是有关产品安全、使用方法、生产日期的说明应清楚、明了。运输包装上的标志应当清晰、醒目，尤其是国际运输中的包装标志，应符合国际贸易的惯例和有关国际组织的要求。

5. 符合绿色发展潮流

首先，要求包装材料对人体无毒，不会与内装物品发生化学反应，产生有害的物质。其次，要求包装材料符合环保的特点，能够重复使用，或者容易被降解，不污染环境，近年来逐渐推广使用的可降解塑料包装就符合绿色发展潮流。再次，在强度、使用寿命、成本相同的条件下，应追求包装的轻薄化。这样，不但可以提高装卸搬运、运输的效率，而且可以减少废弃的包装材料的数量，减少无谓的资源消耗。

要有效地达到上述要求，实现包装合理化，有必要进行认真的调查研究，合理地采用包装材料、包装容器、包装技术和包装标志。

2.1.4 包装技术

合理地选择包装技术可以达到有效地保护货物、提高物流效率和降低物流成本的作用。常见的包装技术主要包括以下一些种类。

1. 防潮包装

防潮包装是指采用防潮材料来包装产品，以隔绝外部空气中水汽对货物的影响，使包装物内的湿度符合产品的要求。采用防潮包装，要求产品在包装前必须是清洁干净的。防潮包装的主要措施是采用透湿度低的包装材料。不同包装材料的透湿率(克/平方米/24 小时)是不同的，铝箔最小(＜7 克/平方米/24 小时)，塑料薄膜次之，纸制品最大。防潮材料必须无针眼、无气泡、无破裂。当产品有棱角时，需要先采用其他衬垫措施，防止产品的棱角刺破防潮隔离层。防潮包装的封口处要黏合紧密。对包装内的水汽，还可以用干燥剂(如硅胶或氧化钙等)吸收。

2. 防锈包装

为防止金属制品在物流过程中生锈，而采取的防止金属腐蚀的各种包装措施称为防锈包装。腐蚀之所以发生，是由于空气中的氧气、水蒸气及其他有害气体等作用于金属表面，引起金属化学腐蚀和电化学腐蚀的结果。如果将金属表面保护起来，与引起腐蚀的介质隔离，就可以达到防止金属腐蚀的目的。

防锈包装的具体措施包括：第一，用防锈油涂在金属制品上，此时，要求油层有一定的厚度和完整性。第二，采用气相防锈包装技术。气相缓蚀剂是一种能减慢或完全停止金属在侵蚀性介质中产生破坏作用的物质。在密封包装容器中，气相缓蚀剂能够在很短的时间内挥发或升华成缓蚀气体，充满整个包装容器，并吸附在金属制品的表面上，抑制大气对金属的侵蚀。第三，对金属制品用塑料薄膜进行封装。第四，在包装容器内放置适当的吸湿剂，吸收包装物内的残存水气或由外部进入的水气。

3. 防霉包装

防霉包装是为了防止因霉菌侵袭、破坏货物品质而采取防护措施的包装技术。除了采用防潮包装的隔离做法之外，防霉包装还采用以下一些做法：第一，真空包装。即将货物装入气密性容器之后，在容器封口之前将其内部抽成真空，使霉菌缺乏生长所需要的氧气。第二，充气包装。充气包装亦称为气体置换包装，根据好氧性微生物需要氧气才能进行新陈代谢的特点，在密封的包装容器中，利用二氧化碳气体或氮气等不活泼气体置换包装容器中的空气，从而降低氧气的浓度，抑制微生物的生理活动，达到防霉、防腐、保鲜的目的。第三，脱氧包装。即在密封的包装容器中，利用脱氧剂与容器中的氧气进行化学反应，除去包装容器中的氧气，达到保护货物的目的。

4. 缓冲包装

缓冲包装又称为防震包装，是指为减缓货物所受到的冲击和震动、保护货物不受损伤而采取一定措施的包装技术。缓冲包装技术包括全部缓冲包装技术、局部缓冲包装技术和悬浮式缓冲包装技术。全部缓冲包装是指在货物的整个表面都用缓冲材料进行衬垫。局部缓冲包装则是在货物的关键部位，如，在拐角、突起部位、关键零部件和易碎部位等处，用缓冲材料进行衬垫。悬浮式缓冲包装主要针对精密仪器和贵重物品而言，在内包装盒里用柔软的缓冲材料将货物衬垫妥当后，再将内包装盒用弹簧张吊在外包装箱内，使其悬浮吊起。通过双重保护，有效地保证货物的安全。常见的缓冲材料有泡沫塑料、气泡塑料薄膜及各种纤维填充材料等。

5. 防虫包装

在包装物中放置有一定毒性和嗅味的驱虫剂，可以达到杀灭或驱除各种害虫的目的。常用的驱虫剂有对二氯苯、樟脑精等。上面提到的真空包装、充气包装、脱氧包装等技术，由于在包装容器内形成了缺氧的环境，也可以实现防止虫害的目的。

6. 包装模数化

商品的外包装或容器的规格尺寸，要保证能够充分利用集装箱、托盘、车辆、保管设备和仓库的空间，因此设计运用了包装模数化，即包装的规格尺寸与商品流通过程中相关设施设备空间内廓尺寸，构成可约倍数的关系。包装模数化有利于提高储运的空间和装卸搬运的效率。这种包装规格尺寸与作业空间内部尺寸相互之间的数值倍数关系，称为包装模数化。物流基础模数尺寸：600mm×400mm。

7. 集合包装

集合包装是指将若干货物组合包装在一起，形成一个运输及装卸搬运单元的包袋技术。集装箱和托盘是这种集合包装的主要形式。

8. 收缩包装与拉伸包装

所谓收缩包装，是指利用收缩薄膜包裹货物，而后对薄膜进行适当地加热处理，使薄膜收缩而紧贴货物的包装技术。收缩包装既可以突出包装内装物品的形象，促进销售，也有利于将物品固定在托盘上，提高装卸搬运的效率。

拉伸包装是由收缩包装发展而来的，即依靠机械装置在常温下将弹性薄膜围绕被包装货物拉伸、裹紧，并在其末端进行封合的包装技术。它既可以捆包单件物品，也可用于托盘的集合包装。

9. 危险品包装

危险品的种类繁多，大致可以划分为爆炸性物品、氧化剂、压缩气体和液化气体、自燃物品、遇水燃烧物品、易燃液体、易燃固体、毒害品、腐蚀性物品和放射性物品等类别。根据有关法律的要求，在危险品的运输包装上，必须有警示性标志。

对于不同种类的危险品，包装的重点是不一样的。对于爆炸性物品而言，采用塑料桶包装是防爆炸包装的有效方法，而后将塑料桶装入铁桶或木箱中，每件净重不超过 50 公斤，并装有自动放气的安全阀，当桶内达到一定气压时，能自动放气。对于毒害品而言，包装的重点在于严密不漏、不透气。对腐蚀性物品而言，要注意物品和包装容器的材料不发生化学反应。

10. 包装的多次、反复使用和废弃包装处理

现在，包装产业已是世界各国的重要产业之一，该产业在一些国家已经占到国民经济的 5%。同时也说明，包装消耗了巨大的资源。据统计，英国每年生产大约 800 万吨的包装废物，而其中的一半来自工业包装。因而资源回收利用、梯级利用、资源再循环成了包装领域研究的重要课题。在这方面，有许多有效的管理措施。

(1) 通用包装。按照标准模数尺寸制造瓦楞纸、木制、塑料制品的通用外包装箱，这种包装箱不用专门安排回返使用，由于其通用性强，无论在何处落地，都可转用于其他包装。

(2) 周转包装。有一定数量、规模并有较固定供应流转渠道的产品，可采用周转包装，它可以多次反复周转使用，如周转箱、托盘和集装箱等。

(3) 梯级利用。一次使用后的包装物，用毕转做他用或用毕后进行简单处理转做他用。如瓦楞纸箱部分损坏后，切成较小的纸板再制小箱，或将纸板用于垫衬。有的包装物在设计时，设计成多用途的，在一次使用完毕之后，可再使用其他功能。

(4) 再生利用。对废弃的包装经再生处理，转化为其他用途或制成新材料。例如，用废弃包装塑料制再生塑料等。

国际上现在普遍重视环境保护工作，针对包装造成的废弃物，一些国家只允许使用玻璃容器，而且还要进行收集和再利用；对金属容器特别是铝制的易拉罐，也有类似的规定；最突出的是，他们强制企业对所使用的包装数量和回收的数量进行记录，如果企业没有达到回收的规定目标时，就会受到重罚，欧盟已经向这个目标努力了，回收目标是 50%；德国则要求制造商“取回”其包装产品，规定出口到德国的食品包装用瓦楞纸箱。

阅读材料

欧盟：废包装回收利用

“纸质废品装入黄色垃圾袋，空饮料罐装入蓝色垃圾袋，玻璃瓶扔进指定垃圾桶……”，欧盟多年来针对包装垃圾制定了复杂的垃圾分装规定，并给各成员国布置了废旧包装回收

再利用的“任务”，以加强环保。

德国政府规定，以膨大包装夸大内装物容量的行为属于欺骗行为，将予以处罚。比如，把纸盒包装里折叠的单瓦楞纸板衬垫安排得极松弛以使纸盒尺寸加大，让人产生错觉等行为，均属欺骗性包装。

据欧盟委员会统计，2002 年，欧盟原 15 个成员国约 5%的垃圾来自包装废弃物，总计 6 600 万吨。按重量计算，包装类垃圾占城市垃圾的 17%，体积上所占比例为 20%～30%。

1994 年《包装和包装废弃物指令》法及其修正案是欧盟针对包装及包装废弃物的主要立法。据欧洲包装和环境组织执行董事朱利安·卡罗尔介绍，该指令允许成员国采取生态税、废物处理税等经济手段，减少产品包装和促进使用环保的包装，但以不妨碍欧盟内部市场的运行为限。

指令设定了实现包装回收再利用率的分阶段目标：要求成员国包装类垃圾按重量计算，其回收及焚烧处理率应在 2001 年 6 月 30 日前至少达到 50%，2008 年底前达到至少 60%；包装材料的再生利用率在 2001 年 6 月 30 日前至少达到 25%，2008 年底前达到至少 55%。同时，不同包装材料的再生利用率也有差异，例如，玻璃制品为 60%，纸质品为 60%，金属材料为 50%，塑料制品为 22.5%，木质品为 15%。

卡罗尔说，过度包装问题在欧盟国家并不突出。欧洲人环保意识较强，有时他们会主动抵制厂家的过度包装行为。对厂家而言，过度包装也增加成本。指令要求成员国做到将包装体积和重量限制到最小的适用程度，只要让消费者觉得足够安全和卫生即可。

德国是世界上最早推崇包装材料回收的国家，并率先制定了循环经济法。德国在十年前就开始倡导商品“无包装”和“简包装”，如果厂商对商品进行一定包装，就必须缴纳“废品回收费”；而消费者若想扔掉包装，则必须交纳“垃圾清运费”。

德国还实行过强制性的押金制度，要求零售商向购买其包装不可反复使用的饮料的消费者收取押金，等收回包装后再退钱。但这一制度后来被欧洲法院裁定为非法，理由是它妨碍了欧盟内部商品的自由流动。

欧盟《包装和包装废弃物指令》实施至今，取得了良好效果。欧盟委员会 12 月在一份报告中说，截至 2002 年，原欧盟 15 国已全部完成了指令提出的第一阶段目标。实施包装垃圾的回收和再利用处理以来，相当于少排放了 2 500 万吨二氧化碳。指令规定，欧盟应在今年年底前拟定 2009～2014 年的新目标。

资料来源：现代物流报

2.2 装卸搬运

装卸搬运是物流活动系统中发生频率最高的一项作业，它存在于物流活动的各环节，合理、有效地开展装卸搬运工作，对于降低物流成本，促进物流活动的顺利进行有着十分重要的作用。由于装卸搬运活动频繁发生，也是导致货物损毁的重要原因之一。提高装卸搬运的效率，能降低货物的损耗率。

据有关统计资料显示，我国铁路运输中的装卸作业费，大致占整个运输费用的 20%左右；我国机械工业每生产 1 吨产品，平均需要进行 252 吨次的装卸搬运，其费用占加工成本的 15.5%；美国与日本之间的远洋运输往返时间大致为 25 天，其中运输时间占 13 天，装卸搬运时间占 12 天。

2.2.1 装卸搬运概述

1. 装卸搬运的概念

装卸(Loading and Unloading)是指：“物品在指定地点以人力或机械装入运输设备或卸下。(国标)”搬运(Handling / Carrying)是指：“在同一场所内，对物品进行水平移动为主的物流作业。(国标)”装卸是物品的装上和卸下，改变了物品的空间状态或位置；搬运是物品在小范围的位移，改变了物品的空间距离；两者往往伴随发生、交替运作。

装卸搬运与运输的主要区别是，运输活动是指货物在不同物流结点之间的长距离的移动，而装卸搬运则是指货物在某一物流结点范围内进行的短距离的移动。

2. 装卸搬运在物流中的地位

装卸搬运作为物流系统的构成要素之一，是为运输和储存的需要而进行的作业。但是，相对于运输产生的场所效用和储存产生的时间效用来说，装卸搬运活动本身并不产生价值。

然而，从生产到消费的流通过程中，装卸搬运是必不可少的作业，装卸搬运的好坏对物流成本的影响很大，装卸搬运作业与物品被破坏、污损造成的损失密切相关，而且对货物的包装费用也有一定的影响。因此，装卸搬运的合理化是提高物流效率的重要手段之一。

2.2.2 装卸搬运方式

1. 按装卸搬运的物流设施、设备对象分类

1) 仓库装卸

配合出库、入库、维护保养等活动进行，并且以堆垛、上架、取货等操作为主。

2) 铁路装卸

是对火车车皮进行装进及卸出。一般多是整装、装卸，很少像仓库装卸时出现的整装零卸或零装整卸的情况。

3) 港口装卸

包括码头前沿的装船、卸船，也包括后方的支持性装卸搬运，有的港口装卸还采用小船在码头与大船之间“过驳”的办法，因而其装卸的流程较为复杂，有时经过几次装卸及搬运作业才能最后实现船与陆地之间货物过渡的目的。

4) 汽车装卸

一般一次装卸批量不大，由于汽车的灵活性，可以减少或不必经过搬运活动，而直接、单纯地利用装卸作业，达到车与物流设施之间货物过渡的目的。

2. 按装卸搬运的作业方式分类

1) 吊上吊下方式

采用各种起重机械从货物上部起吊，依靠起吊装置的垂直移动实现装卸，并且在吊车运行的范围内或回转的范围内，实现搬运或依靠搬运车辆实现小搬运。由于吊起及放下属于垂直运动，这种装卸方式属垂直装卸。

2) 叉上叉下方式

采用叉车从货物底部托起货物，并依靠叉车的运动进行货物位移，搬运完全靠叉车本身，货物可不经中途落地直接放置到目的处。这种方式垂直运动不大而主要是水平运动，属水平装卸方式。

3) 滚上滚下方式(滚装方式)

主要指港口装卸的一种水平装卸方式。利用叉车或半挂车、汽车承载货物，连同车辆一起开上船，到达目的地后再从船上开下。对于半挂车、平车，则用拖车将半挂车、平车拖拉至船上后，拖车开下离船，而载货车辆连同货物一起运到目的地，再由原车开下或拖车上船拖拉半挂车、平车开下船。滚上滚下方式需要有专门的船舶，对码头也有不同的要求，这种专门的船舶称“滚装船”。

滚装方式也被铁路运输领域所采用。货运汽车或集装箱直接开上火车车皮，到达目的地再从车皮上开下的方式，此方法又称为驮背运输。

4) 移上移下方式

是在两车之间(如火车及汽车)进行靠接，然后利用各种方式，不使货物垂直运动，而靠水平移动从一个车辆上推移到另一车辆上。移上移下方式需要使两种车辆水平靠接，因此，需对站台或车辆货台进行改变，并配合移动工具实现这种装卸。

5) 散装散卸方式

对散装物进行装卸。一般从装点直到卸点，中间不再落地，这是集装卸与搬运于一体的装卸方式。

3. 按装卸搬运对象分类

可分成散装货物装卸、单件货物装卸、集装货物装卸等。

4. 按装卸搬运的作业特点分类

1) 连续装卸

主要是同种大批量散装或小件杂货通过连续输送机械，连续不断地进行作业，中间无停顿，货物间无间隔或少间隔。在装卸量较大、装卸对象固定、货物对象不易形成大包装的情况下，适宜采取这一方式。

2) 间歇装卸

有较强的机动性，装卸地点可在较大范围内变动，主要适用于物流不固定的各种货物，尤其适于包装货物、大件货物，散粒货物也可采取此种方式。

2.2.3 装卸搬运合理化

如何使装卸搬运合理化，是物流企业为提高效率、降低成本、改善服务和提高经济效益所应认真研究的问题之一，其涉及诸多方面，但是一般而言，应遵循以下原则。

1. 提高机械水平的原则

对于劳动强度大，工作条件差，搬运、装卸频繁，动作重复的环节，应尽可能采用有效的机械化作业方式。如采用自动化立体仓库，可以将人力作业降低到最低程度，而使机械化、自动化水平得到很大提高。

2. 减少无效作业的原则

无效作业是指在装卸活动中超出必要的装卸、搬运量的作业。因此，应避免无效作业。通常可采取多种措施来避免无效作业，如减少作业次数、提高被装卸物品的纯度、包装要适宜和使搬运距离尽可能缩短等。

3. 充分利用重力或消除重力影响

在装卸时可以利用货物本身的重量，进行有一定落差的装卸，可以减少或根本不消耗装卸的动力。例如，从卡车、铁路货车卸物时，利用卡车与地面或小搬运车之间的高度差，使用溜槽、溜板之类的简单工具，依靠货物本身重量，从高处自动滑到低处。在装卸时尽量消除或削弱重力的影响，来减轻体力劳动及其能量消耗。如从甲工具平转移到乙工具上，这就能有效消除重力影响，实现合理化。

4. 充分利用机械，实现“规模装卸”

在装卸时也存在规模效益问题，主要表现在一次装卸量或连续装卸量要达到充分发挥机械最优效率的“水平”。为了更多地降低单位装卸工作量的成本，对装卸机械来讲，也有“规模”问题，装卸机械的能力只有达到一定的规模，才会有最优地效果。追求规模效益主要是通过各种集装化，实现达到间断装卸时的一次操作最合理的装卸量，从而使单位装卸成本降低；散装货物通过传送带连续装卸实现规模效益。

5. 扩大单元的原则

为了提高搬运、装卸和堆存效率，提高机械化、自动化程度和管理水平，应根据设备能力，尽可能扩大货物的物流单元，如采用托盘、集装箱等。例如，我国青岛港，拥有两台目前世界上最先进的双层双吊集装箱桥吊，以每小时装卸 640 个标准箱的神奇速度，第五次刷新了集装箱作业效率的世界记录。

6. 提高装卸搬运的活性

装卸搬运的活性是指物品从静止状态转变为装卸搬运运动状态难易程度，活性指数为“0～4”共 5 个等级，如图 2.3 所示。如果很容易转变为下一步的装卸搬运，则活性指数高，如果难于转变为下一步的装卸搬运，则活性指数低。

物品状态	示意图	活性指数	货物移动的难易情况
直接置地		0	移动时需逐个用人力搬运
置于容器		1	人工可一次搬运多件货物
置于托盘		2	可使用机械一次搬运多件货物
置于运输工具		3	无须借助其他装备便可移动
置于传送带		4	货物已处于运动状态

图 2.3　装卸搬运活性指数

2.2.4　装卸搬运机械

1. 装卸搬运机械的选择依据

合理选择装卸搬运机械，有利于提高装卸搬运的效率，降低装卸搬运的费用，取得事半功倍的效果。通常在选择装卸搬运机械时，需要考虑以下一些因素。

1) 货物特性及流量

装卸搬运机械的选择应考虑货物特性，例如，对于散装货物而言，利用带式输送机进行装卸搬运比较方便；对于托盘等包装货物而言，利用叉车进行装卸搬运比较合算。

为完成某项轻量级的装卸搬运任务而购买某种价格高昂的重量级机械设备，显然是不合算的，在购买设备之前，一定要确认设备能够得到充分的运用。例如，由于邮件周转量有限，我国一些邮区中心局的自动信函分拣机，每天有效的工作时间只有1～2小时，其他时间都处于停机状态，造成很大的浪费。

2) 成本因素

装卸搬运机械的选择要考虑成本因素。在效率相同的情况下，尽可能选择性能价格比较优越、日常维护费用较低的设备。有些企业片面追求设备的先进性，而不考虑成本因素，造成效率低下。在选择设备时，不但要考察设备的一次性购置成本，还要考察设备的使用寿命、性能及日常维护费用。日常维护费用包括：操作及维修人员工资、燃料及动力费用、配件费用和润滑剂费用等。有些设备虽然购置成本不高，使用寿命也较长，但由于日常维护费用高昂，也不宜选择。

3) 设备之间的配套

企业为开展装卸搬运活动而选用的各种设备，应注意系统性原则，确保各种设备之间的有效衔接和配套，提高运行的综合效果。有些装卸搬运机械虽然独立运行的效率较高，但却难以和其他设备进行有效的配套，也不适合选用。为了强化设备之间的配套，应尽量选择标准化的设备。

4) 工作环境

工作场所是露天还是室内，通道是否宽敞，是否存在对人体有害的污染及其他特殊的要求，都关系到设备的选择。例如，在污染较严重的作业环境下，采用自动化的装卸搬运设备是有利的。

5) 设备的可操作性

有些设备的操作需要经过复杂培训的专门人员，而这些人员又是企业所缺乏的，引进也存在一定的困难，因而也不宜选择。

2. 常用装卸搬运设备

1) 起重机

起重机是指主要用于升降货物的机械。它包括以下一些基本类型：第一，轻小起重机械，如葫芦、绞车等，一般由人力操作；第二，载货电梯及各种升降机；第三，通用起重机，如桥式起重机、门式起重机、固定旋转式起重机和行动旋转式起重机(如汽车起重机)等；第四，特种起重机，专门用于某些专业性的工作，结构较为复杂，如港口专用起重机、建筑专用起重机和冶金专用起重机。

图 2.4　输送机

2) 输送机

输送机(Conveyor)是“对物品进行连续运送的机械。(国标)”如图 2.4 所示。输送机被广泛运用于短距离的出入库运输，适合于沿着同一方向运送散料或重量不大的单件物品，它也是流水生产线和自动分拣机的基本组成部分。输送机的优点是：连续输送，操作简便，效率很高。其缺点是：不适合搬运不规则的物品，且只能沿固定路线进行单向输送。

常见的输送机根据有无动力分为重力式和动力式。根据驱动的介质不同分为辊道输送机、带式输送机和悬挂式输送机等类型。辊道输送机由一系列排列规则的辊子组成，用以传送重量较大、形态规则的货物如纸箱或托盘。辊道既可以由电力驱动，也可以由人工推动；人工推动时，最好有一定的倾斜度，以便充分利用重力的作用。带式输送机的皮带用以输送成件、散装物料或供总装的零部件。悬挂式输送机运送的物品悬挂在输送机的各种附件，如钩盘、斗、桶上，适于运送各种尺寸的货物，运送货物的种类较为广泛。

3) 叉车

叉车(Fort Lift Truck)又名铲车，是“具有各种叉具，能够对货物进行升降和移动以及装卸作业的搬运车辆。”如图2.5和图2.6所示。它应用广泛、操作机动灵活，在仓库、码头、车站、工厂车间等使用非常普遍。叉车具有一对水平伸出的货叉，货叉可以上下移动。通过叉车的运动和货叉的升降，可以将货物的水平移动和垂直升降有效地结合起来。叉车造价不高，性能可靠，但轮压较高，对场地的承载力要求也较高。同时，作业时回转半径较大，需要较大的作业场地。

图 2.5　手动液压叉车

图 2.6　电动双托盘叉车

4) 自动导引车

自动导引车(Automated Guided Vehicle，AGV)又称无人搬运车，是“能够自行行驶到指定地点的无轨搬运车辆。(国标)”如图 2.7 所示。

自动导引车通过采用无线通信的方式与主控计算机交换信息，接受主控计算机的集中控制。由于装有自动导向系统，该车能够沿预定的路线自动行驶，将货物从起始点运送到目的地。它由电机驱动，以蓄电池作为动力源，拥有电源状况自动报告机制，在电源耗尽之前由主控计算机指定到维修区充电或更换电源。自动导引车前面设有红外光非接触式防碰传感器和接触式防碰传感器(保险杠)，当非接触式防碰传感器在预定范围内检测到障碍物时，自动导引车会立即刹车；如果非接触式防碰传感器没有检测到障碍物，保险杠在感受到一定压力之后，会立即报警，自动导引车也会立即刹车。

图 2.7　自动导引车

自动导引车在装卸搬运中的优点有四个方面：第一，自动化程度高，可以节省大量的劳动成本支出。在钢铁厂，自动导引车用于炉料运送，大大减轻了工人的劳动强度。第二，适合在噪声、空气污染、放射性元素等对人体构成极大威胁的环境下作业。在核电站和利用核辐射进行保鲜储存的场所，自动导引车用于物品的运送，避免了对人体有害的辐射。第三，适合黑暗场所的作业。在胶卷和胶片仓库，自动导引车可以在黑暗的环境下准确可靠地运送物料和半成品。第四，有利于保持货物的清洁。在烟草生产企业中，自动导引车的运用有助于保证烟草的品质不受影响。

5) 自动分拣机

自动分拣机指的是按照预先设定的计算机指令对物品进行分拣，并将分拣出的物品送达指定位置的机械。随着激光扫描、条码及计算机控制技术等的发展，自动分拣机在物流中的使用日益普遍。在邮政部门，自动信函分拣机以及自动包裹分拣机已使用多年。

被拣物品经由各种方式，如人工搬运、机械搬运、自动化搬运等送入分拣系统，经合流后汇集到一条输送机上。物品接受激光扫描器对其条码的扫描，或通过其他自动识别方式，如光学文字读取装置、声音识别输入装置等方式，将分拣信息输入计算机中央控制器中。计算机通过将所获得的物品信息与预先设定的信息进行比较，将不同的被拣物品送到特定的分拣道口位置上，完成物品的分拣工作。分拣道口可暂时存放未被取走的物品，当分拣道口满载时，由光电管控制，阻止分拣物品不再进入分拣道口。

在面对多品种、少批量的订货时，自动分拣机可以发挥巨大的作用。近些年来，随着连锁超市和便利店的迅速发展，拣货、拆零作业的劳动力已占配送中心劳动力的 80%。通过采用自动分拣机，只要将各门店的订单输入计算机，存放各种商品的货位的指示灯和品种显示器，会立刻显示出所需商品的具体位置及数量，作业人员便可从货架上取出商品，放入带式输送机上的周转箱内，直接送达自动分拣机进行配货，可以大幅度提高装卸搬运作业的效率，减轻了作业强度，差错率也大为下降。

6) 机器人

机器人是一种能实现自动定位控制、可重复编程、多功能、多自由度的操作机械。20 世纪 80 年代以来，机器人代替人工被广泛应用于自动化工业中。在装卸搬运中，机器人主要用于货物分类、成组载荷。在高噪声、冷藏库等对人体不利的环境下，机器人能够发挥人工所无法发挥的作用。

7) 牵引车及挂车

牵引车本身没有承载能力，用于提供动力。而挂车本身没有动力装置，仅仅用于装载货物，需要由牵引车拖带才能移动。装载货物的若干挂车连成一列后，由牵引车拖带，完成移动货物的任务。这种装卸搬运机械的特点是机动灵活，挂车数量可以自由决定，任意组合。在货物周转量较大的场合，如车站、码头、大型配送中心，牵引车和挂车使用较为普遍。

8) 活动货架

活动货架又叫重力移动式货架，有滚轮式、滚筒式和滚珠式，每层货格都有一定的倾斜度，后部高于前部，货物从后部装入，从前部取出，如图2.8所示。当货物取出后，在重力的作用下，货物自动从后部向前部移动，实现装卸搬运的目的。活动货架有助于确保货物的先进先出，避免货物出现过期变质的现象。活动货架在配送中心、大型仓储式超市中使用很普遍。

图 2.8　重力滚珠式货架

9) 人工装卸搬运机械

人工装卸搬运机械种类繁多，如手推车、手动托盘搬运车、手动叉车等，具有操作灵活、使用轻便等特点，从而有较广泛的用途。

2.3　运　输

运输是构成物流活动的中心环节之一，也是构成物流重要要素之一。随着全球经济一体化，社会分工越来越细，产品种类越来越丰富，不同国家和地区之间的商品交易越来越频繁，使得运输在国民经济中的地位日趋显著。

从物流的角度看，物品通过运输手段在不同地域范围间(如两个城市、两个工厂之间或两个物流结点之间)运动，以改变物品的空间位置为目的的活动。运输与搬运的区别，运输是在较大范围内的活动，而搬运是在同一地域内的活动。运输与配送中的“送”的区别，是配送专指短距离、小批量的运输。物品通过运输把空间上相隔的供应商和需求者联系起来。

2.3.1　运输概述

1. 运输的概念

运输(Transportation)是“用设备和工具，将物品从一地点向另一地点运送的物流活动。其中包括集货、分配、搬运、中转、装入、卸下及分散等一系列操作。(国标)”

在物流活动中，运输是实现物品“场所效用”的主要手段。对运输辅以装卸搬运和配送活动，就能圆满地完成物品空间移位的全部过程。离开了运输，企业生产所需要的庞大的原材料、零部件供应不上，企业生产出来的产品无法到达市场，就会使企业的生产经营乃至整个国民经济处于停顿状态。美国、加拿大等发达国家运输费用大约占 GDP 的 6%左右。由于运输在物流中占有极其重要的地位，至今仍有不少人将物流等同于运输。

运输创造的“场所效用”，使物品在不同地区体现出不同的价值。此外，运输也是“第三利润源”的主要源泉。因为，仅从运费来看，它在全部物流费用中占有最高的比例，一般综合分析计算社会物流费用，其中的运输费占到接近 50%的份额，有些产品运费甚至要高于产品的生产费，因此，降低运费的成本是降低物流总成本的重要组成部分，更是使企业增加利润、提高竞争力的重要途径。

2. 运输的功能

在物流中，运输主要有以下两个功能：其一，实现物品的移动。这是运输的基本职能。无论物品处于什么形式，是材料、零部件、装配件、在制品，还是制成品；不管它是在制造过程中，还是将被移到下一阶段，还是接近最终的客户，运输都是必不可少的。其二，运输还对物品进行短期存储，创造了“时间效用”。物品在运输途中，运输工具则成为物品短期存储的场所，这种临时储存场所，它是移动的。运输的这项功能已经引起人们更多的关注。

3. 运输管理的原则

运输管理的原则是规模经济和距离经济。

1) 规模经济

规模经济的特点是随着装运规模的增长，使单位重量的运输成本降低。例如，整车的单位成本低于零担运输的单位成本。如铁路和水路之类运输能力较大的运输工具，它们的单位费用要低于汽车和飞机等运输能力较小的运输工具。运输规模经济的存在，是因为与转移一批货物有关的固定费用可以按整批货物的重量分摊。所以一批货物越重费用分摊能力就越强。

2) 距离经济

指单位距离的运输成本随距离的增加而减少。如 800 千米的一次装运成本要低于 400 千米二次装运。运输的距离经济也指递减原理，因为费率或费用随距离的增加而减少。运输工具装卸所发生的固定费用，必须分摊到每单位距离的变动费用。距离越长每单位支付的费用越低。

2.3.2 运输方式

运输方式一般有五种，它们分别是铁路运输、公路运输、水路运输、航空运输和管道运输。这些运输方式各有特点，它们相互协调、相互配合，同时也展开竞争，共同构成整个国民经济的运输系统。运输方式的种类及特征如表 2-1 所示。

表 2-1　运输方式的种类及特征

运输方式	优　点	缺　点
铁路运输	1．可以满足大量货物一次性高效率运输 2．铁路运输网完善，可以将货物运往各地 3．由于轨道运输，事故相对较少，安全性高 4．运输受天气影响小	1．近距离运输时费用较高 2．机动性差、装卸残损率高 3．投资大，建设周期长
公路运输	1．可以进行“门到门”的运输 2．适合于近距离运输，比较经济 3．灵活、方便，能满足不同用户的需求 4．汽车购置费用较低，公路建设周期较短、初始投资较低	1．运输量小 2．单位运费高于水路、铁路运费 3．耗能多，对环境构成污染较大 4．易发生交通事故，安全性较低
水路运输	1．运费低于航空运输、铁路运输和公路运输 2．运输量大，适合宽大、重量大的货物运输 3．投资少，水路通道主要是天然的	1．运输速度较慢 2．港口的装卸费用较高 3．航行受天气影响较大 4．运输的正确性和安全性较差
航空运输	1．运输速度快 2．不受地形条件的限制	1．运费高、货物体积、重量受限制 2．飞行受气候影响大 3．机动性、灵活性差，须与公路运输相配合 4．机场、飞机的造价高
管道运输	1．运输效率高 2．适合于气体、液体货物的运输 3．货物无需包装，占用土地少 4．安全、有利于环境保护	1．运输对象受到极大限制 2．灵活性差 3．初始的投资较大

1．公路运输

公路运输是现代运输主要方式之一，它具有灵活、方便，可以实现“门到门”运输的特点，在提供现代物流服务方面发挥着核心作用。

1) 公路货物运输的种类

可以分为近距离运输、中长距离运输、长距离运输的包租、区域运输、线路运输以及集配送等。

近距离运输是指运距在 100 千米以内的运输。这是汽车可以充分发挥其灵活性、机动性和便利性特点的范围，在运输整体中占有很高的比重。

中长距离运输是指运距在 100～300 千米的运输，在时间性和经济性上，汽车运输占有很大的优越性。

长距离运输是指运距在 300～600 千米的运输。一般来说，长距离运输不是汽车运输的长项，缺乏经济性。但是，随着物流需求的高度增长，道路网的发达，特别是高速公路的迅速发展，长距离汽车运输的比重在逐步提高，运输距离延长到 800～1 000 千米。

线路运输是在确定的线路上对零散物品配载后进行的运输活动，也称为零担运输。

集配送是指与铁路、车站、运输货物中转站、船舶和航空地两端的集配送作业相关的运输活动。

2) 货运汽车的种类

(1) 载货汽车。载货汽车又称载重汽车，按其载重量的不同可以分为轻型(载重量 3 吨以下)、中型(载重量 4～8 吨)、重型(8 吨以上)三种类型。载重汽车的发展趋势表现在以下几个方面。

① 大吨位。从国际发展趋势看，重型货车发展迅速。汽车的吨位是影响汽车运输效率的重要因素，大吨位汽车得到迅速发展的原因是，其有较好的经济效益。在运送批量大、运距长的货物时，车辆的载重量越大，运输生产效率则越高，运输成本则越低。

② 降低自重。载货汽车的重量利用系数是有效载重与汽车自身重量之比，它是降低油耗提高运输效率的重要因素。国外载货汽车重量利用系数达到 2～3 以上，铝制挂车车厢的载重量可以达到自重的 6 倍以上。

③ 柴油机化。柴油机经济性能好，与汽油机相比可节油 30%左右，而且工作可靠，故障率低，在大中型载货汽车中使用柴油机作动力的越来越多。

(2) 甩挂运输。甩挂运输(Drop and Pull Transport)是“用牵引车拖带挂车至目的地，将挂车甩下后，换上新的挂车运往另一个目的地的运输方式。(国标)”如集装箱卡车的运输，如图 2.9 所示。牵引车也称为拖车(或拖头)，一般没有货物的容积，专门用来拖挂或牵引挂车。挂车的载重量一般是单车的 2～3 倍。在能耗方面，挂车每百吨公里燃油消耗一般比单车低 40%，总的运输成本也低于单车。挂车的使用不仅对于运输本身的合理化，而且对于物流整体的合理化也有重要影响，其主要优点如下。

图 2.9 集装箱卡车

① 提高牵引车的利用率。由于挂车可与牵引车脱离，单独滞留在装卸场所装卸货物并不会影响到牵引车部分的工作使用，从而加快了牵引车的周转，提高了牵引车的利用率。

② 提高装载量。用双挂车的情况下，可以将载货的数量翻一番。

③ 实现灵活作业。牵引车部分与挂车部分可以实现分离，便于装卸活动的灵活进行；由于一台牵引车可以对应几台挂车使用，因此提高了司机的工作效率和牵引车的利用率。

④ 实现货物的暂时保管功能。挂车部分的货物可以脱离牵引车停放在保管场地，为灵活安排业务活动提供了可能。

⑤ 灵活利用货物中转基地。以货物中转站为基地，牵引车在货物起始点和中转基地之间进行往复运输货物，可以提高车辆的利用率。

(3) 专用车。专用车辆是指利用汽车的动力，装有可以从事装卸以及其他作业装置的车辆，如，翻斗汽车、混凝土搅拌车、粉颗粒物体运输车、液体运输车等。以及冷藏运输车等。冷藏车随着生鲜食品的低温保鲜货物运输需求的增长，在货物运输中的重要性日益提高。

(4) 合理化特种车。合理化特种车是指为提高载货、装卸合理化，在车辆上装有相应设备器具的车辆。例如，以车辆内部装卸合理化为目的、车厢内安装有装卸机械设备的车辆，从车厢侧面装卸托盘等单元化货物的侧面开闭车，装有吊装工具的车辆以及车厢可以与车体分离的组合车辆等。

2. 铁路运输

铁路运输是发展较早的一种运输方式，由于铁路运输能够高速大量地运输旅客和货物，因而铁路建设得到了很快的发展，目前铁路运输已经成为陆路交通的主要运输工具。火车时速一般为 80～120 千米，高速铁路时速＞200 千米。一节车皮载重约 60 吨，一列火车可载 3 500～5 000 吨货物，载重列车可载 20 000 多吨货物。

目前，包括中国在内的许多国家都在积极新建或改建高速铁路干线。2006 年 2 月 17 日我国铁道部宣布，启用 25 000 辆 70 吨新型货车代替现行标准载重仅 60 吨的老货车。货车的时速由现在的80公里提高至120公里。每列火车运量由3 500～5 000吨提高5 000～10 000吨及以上。铁路运输的种类有以下几种。

1) 整车货物运输

整车运输适合于大量货物运输，选择适合货物数量、形状、性质的货车，是整车租用的一种运输方法。在铁路货物运输中，整车货物运输占很大的比重。一些货物进出量大的工厂，如钢厂、化工厂、电厂以及储运仓库和港口等，一般铺设有铁路专用线，延伸到内部的货场，货车沿专用线进入货场，在那里直接装卸货物。铁路专用线的使用可以减少倒载次数，提高装卸效率。

2) 集装箱货物运输

铁路集装箱货物运输是指将货物装入集装箱，再将集装箱作为一个单元装载到货车上进行运输的方式。利用铁路运输的集装箱货物包括两部分，一部分是利用铁路集装箱运输的国内货物，一部分利用海运集装箱运输的进出口货物。集装箱的装卸可以借助于机械完成，从而大大提高了装卸效率，缩短了运输时间。便于实现公铁、海铁联运，使从送货人到收货人的连贯运输成为可能，同时能够有效防止货物在运输途中的丢失和损伤。

3) 散杂件货物运输

小件货物运输是以小量货物为对象的运输方法。

4) 混载货物运输

混载货物运输是指将多个货主的货物按照发送方向分拣，以一节货车或一个集装箱为单位，作为整车运输或集装箱运输的一种方式。采用这种方法运输时，将全国划分为多个区段，在每个区段设有作为运输基地的据点车站，据点间利用铁路高速运输，从据点车站到区段内货主收货的运输则利用卡车完成。货物集货也是按同样的原理进行，只是作业程序相反。

3. 水路运输

水运是利用船舶进行货物运输的运输方式，具有运载量大、费用低廉、节省能源和能够实现大陆间运输等特点。水运包括内河运输、海上运输(沿海运输、远洋运输)。

1) 内河运输

内河运输是一种古老的运输方式，是水路运输的重要组成部分。随着技术进步，内河运输的方式不断革新。早期的内河运输使用单一船舶运输，载重量受到限制。19 世纪中叶，开始采用拖带方法，使得运输量成倍增长。到了 20 世纪传统的拖带方式逐渐被顶推方式所代替。目前，万吨级顶推船队和千吨级机动船已成为现代化内河运输的主力。

中国分布有珠江、长江、黄河、淮河、辽河、海河、松花江七大主要水系，还有可贯通海河、黄河、淮河、长江及钱塘江等五大水系的南北向大运河。全国河流总长 430 000 千米，内河通航里程 104 000 千米。尽管内河运输资源丰富，但是，由于长期以来对内河运输的重视不够，导致了内河运输发展缓慢，水运设施建设落后，水运的优势没有充分发挥出来。

长江水系是内河运输的主体，长江轮船总公司是长江航运的骨干力量，是国内最大的内河运输企业。长江航运企业在我国综合交通运输体系中是一个特定部分。由于国内地理条件和水资源等因素，现代工业的相当一部分是分布在长江流域。特别是一些高能耗和大宗原材料的企业，如电力、钢铁、石油、建材和化工等企业都是沿江布局，充分利用了长江航运的价格低廉和长距离大运量的优势。但是，长江航运企业目前还处在传统交通运输企业水平上，存在着运输速度慢、受自然因素影响大、运输生产不均衡、对沿岸建有专用码头以外的企业难以做到“门到门”运输服务。长江干线上的主力运输船舶，还是以大马力推轮和万吨以上的船队为主，在适应企业现代物流需求方面显得有些不大适应，需要开发适合小批量、准时服务需要的新型运输船舶。

此外，长江干线两千多公里的航道仍然是天然航道，滩多漕多，受自然因素影响大，船舶运输很难保证做到准点运行，难以达到现代物流对长江航运提出的要求。随着长江三峡工程的建设和完工，再加上长江干线中下游航道的疏浚，长江干线航道实现渠化和分道、分边航行将成为可能。

2) 海上运输

海上运输包括远洋运输和沿海运输。远洋运输一般是伴随着国际贸易进行的国际间货物运输，成为国际贸易的重要组成部分。沿海运输是指利用沿海航道在港口之间进行的货物运输。

现代海上运输是在 19 世纪随着资本主义发展而兴起的。现代海上运输呈现出专业化、大型化和高速化的特征。

20 世纪 50 年代以后，海上货运船队的专业化迅速发展。石油、大宗散货和集装箱的专业化运输，导致船舶和装卸机械的专业化、大型化。专业化运输船主要有油船、散货船、件杂货船、液化气船、全集装箱船、液体化学品船和滚装船等。其中，集装箱船和散货船呈上升趋势。与此同时，商船向大型化方向发展。1976 年，法国建成 55 万吨载重的油轮之后，向更大型化发展的趋势停止。发展重点是多用途和综合自动化的节能船，更新换代最为迅速的是集装箱船。船舶速度 20 世纪 60 年代初一般为 12 节(海里/小时)，到了 20 世纪 70 年代，船舶航速一般在 14 节到 17 节，最新的集装箱船舶可以装载 11 000 个标准箱，船速接近 25.5 节，如图 2.10 所示集装箱船舶。

图 2.10　集装箱船舶

海上运输分为定期航班运输和不定期航班运输。定期航班又称为班轮运输(Liner Shipping)，是指运载船舶在固定的航线上，按照事先公布的船期和固定运费，航行于一系列港口间承运客货的运输方式。货物以杂货为主。

不定期船运输(Tramp Shipping)是指航行的时间、航路不定，根据货物运输的需要向有利的地方配船的海上运输。不定期船在迅速性和正确性方面不如定期船，但是运价方面低廉，因此运载的货物大多是矿石、谷物、木材等，大批量、价格比较低的货物，运价根据当时的市场状况由当事双方协商确定。

4. 航空运输

航空货物运输的运价要远远高于其他运输手段，因此，在过去除了紧急或特殊场合外，一般不使用飞机运送货物。但是，现今航空货物运输已经在商业上普遍使用，在发达国家，甚至来自一般家庭的礼品赠送、搬家等也开始使用航空运输。

近几十年来，航空技术得到迅速发展，大型喷气机的开发使用，使得航空运输能力大幅度提高，运行成本下降，运价逐渐低廉化。另一方面，随着综合物流成本意识的增强，具有高速运输特点的航空运输的利用范围不断扩大。使用航空运输给货主带来的经济性表现在以下几个方面。

(1) 降低库存水平。航空运输的高速性使得长距离的货物运输可以在短时间内完成，因而使降低库存成为可能，库存投资和保管费用也可以相应节约，提高资本的周转速度。

(2) 保持竞争力和扩大市场。在商品样式(性能、花样等)变化越来越快的今天，为了适应市场的快速变化，把握商机，需要利用航空运输完成商品的迅速补给。特别是那些销售时间比较短的季节性商品、流行商品等。此外，水果、水产品、生鲜食品特殊药品等，利用航空运输克服地理上的制约，可以在更大的范围内流通。

(3) 节省包装费用。航空运输过程中的安全度较高，因此可以简单包装，节省包装材料、劳力和时间。

(4) 减少损伤、丢失、被盗等事故的发生。由于航空运输过程中的振动、冲击很少，温度和湿度等物理条件适宜，加之运行中与外界没有接触，因此发生损伤、丢失和被盗的事故极少。由于事故率低，保险费率相应较低。

从以上分析可以看出，航空运输的运价虽然远远高于其他运输手段，但由于具备上述特点，因此，从综合物流费用以及提高商品竞争力的角度看，一些适合于航空运输的物资有以下几种类型。

① 运输时间受到限制的货物：容易腐败的货物、修理物品、流行品、商品样本、紧急物品(医药、医用器具等)。

② 高价值的贵重货物：贵金属、珍珠、手表、相机、美术品和毛皮等。

③ 容易破损的货物：电器产品、光学器具、玻璃制品和计算机等。

5. 管道运输

管道运输是使用管道输送流体货物的一种运输方式，管道运输的主要对象是原油、天然气、成品油等流体资源，除此之外，煤等固体原料也可以加工成浆状后利用管道运输。

管道按照输送的对象分为：原油管道、成品油管道、天然气管道以及煤浆管道等。

中国管道建设是与石油和天然气工业的发展紧密联系的。1958 年新疆建成克拉玛依油田后，修建了第一条由油田到独山子炼油厂的原油管道，全长 147 千米。1963 年为将四川南部的天然气输送到重庆，建设了第一条穿越长江的长距离天然气管道，全长 54.7 千米。随着大庆油田的开发，开始了大规模的管道建设。截止到 1998 年底，输原油管线建设长度达到 9 212 千米，输成品油管线建设长度达到 151 千米，输气管线建设长度达到 2 127 千米。我国 2000 年启动的“西气东输”工程，输气管线的干线长度将达到 4 200 千米，总投资 1 200 亿元。

6. 运输方法的选择

运输方法的选择是物流合理化的重要内容，因此，对于进出货物必须选择最适合的运输手段。这种选择不仅限于单一的运输手段，而是通过多种组合实现物流的合理化。

最廉价的运输模式也是最无弹性的。如表 2-2 所示，列出了不同运输模式的费用、速度、弹性和装载限制的排序，其中 1 为模式绩效的最优，5 为最差。

表 2-2　不同的运输模式比较

方　面	铁　路	公　路	水　路	航　空	管　道
费用	3	4	1	5	2
速度	3	2	4	1	5
弹性	2	1	4	3	5
体积/重量限制	3	4	1	5	2
可存取性	2	1	4	3	5

对于货主来说，运输的安全性和准确性、运输费用的低廉性以及缩短运输总时间等因素是其关注的重点。从各个行业来看，制造业重视运输费用的低廉性，批发业和零售业重视运输的安全性和准确性以及运输总时间的缩短等运输服务方面的质量。

总之，在选择运输方式时应综合考虑：运输物品的种类、运输量、运输距离、运输时间和运输费用等因素。

在运输物品种类方面，物品的形状、单件重量容积、危险性和变质性等，都成为选择运输手段的制约因素。在运量方面，一次运输的批量不同所选择运输的手段也会不同，如原材料等大批量的货物运输适合于海运或铁路运输。在运距方面，货物运输距离的长短直接影响到运输手段的选择，中、短距离运输比较适合于汽车运输。在交货期方面，应该根据货物的交货时间来选择适合的运输手段。物品价格的高低也关系到承担运费的能力，也成为选择运输手段的重要考虑因素。

虽然，货物运输费用的高低是选择运输手段时要重点考虑的内容，但在考虑运输费用时，不能仅从运输费用本身出发，必须从物流的总成本角度和物流的其他费用进行综合考虑。作为物流总成本，除了运输费用外，还有包装费用、保管费用、库存费用、装卸费用以及保险费用等。运输费用与物流其他费用之间存在着相互作用的效益背反关系。依此为原则，在选择最为适宜的运输手段的时候，在成本方面应该保证物流总成本最低。

当然，在具体选择运输手段的时候，往往要受到当时运输环境的制约，而且没有一个固定的标准，必须根据运输货物的各种条件，通过综合判断加以确定。

7. 运输管理工作的原则

运输是实现物品位移的手段，也是物流活动的核心环节。随着物流需求高度化，多品种、小批量物流成为现代物流的重要特征，因此对货物运输的质量要求越来越高。做好运输管理工作，是保证高质量物流服务的重要环节。就物流而言，组织运输应该贯彻“及时、准确、经济、安全”的基本原则。

(1) 及时。按照产、供、销的实际需要，及时把货物送达指定的地点，尽量缩短物资在途时间。

(2) 准确。在货物运输过程中防止各种差错的发生，准确无误地将物资送达收货人手中。

(3) 经济。通过合理的运输手段、运输线路以及配货方案，提高运输效率，降低运输成本。

(4) 安全。在货物运输前做好运输包装工作，保证在货物运输过程中不发生霉烂、碰撞、挤压、残损以及丢失现象。对于危险品要防止燃烧、爆炸。

2.3.3 运输合理化

1. 影响运输费用的因素

1) 装载量

在运输工具未达到核定的载重量之前，单位运输费用与装载量成反比。即在达到核定的载重量之前，随着装运规模的增加，单位货物的运输费用下降。这表明运输中存在很强的规模经济性。运输中的规模经济性之所以存在，与运输工具的运行费用有关，因为即便运输工具空驶，驾驶人员工资、运输工具折旧、燃料费和运输企业的行政管理费等费用也同样会发生。虽然随着装载量的增加，运输工具折旧、燃料费等会有一定幅度的增加，但增长幅度远远落后于装载量的增长幅度，况且，驾驶人员工资、行政管理费等仍保持不变，因此，在达到核定载重量之前，运输工具的规模经济性很明显。正因为这样，对于货主而言，托运量大往往可以获得一定的价格折扣。

2) 距离

在运输中，还存在着距离经济性。随着运输距离的增加，每单位距离的运输费用同样呈现出下降的趋势。距离经济性之所以出现，与装卸搬运费用有关，随着距离的增加，每单位距离所分摊的装卸搬运费用则越少。

3) 货物密度

运输工具的运载能力，不仅受货物重量的限制，还受到货物体积的限制。因此，货物密度也是影响运输费用的一个重要因素。如果货物密度很小，虽然运输工具的载重量还有很大的富余，但其空间已经占满了，因此，用单位重量所计算的运输费用就比较高。

4) 搬运装卸

运输企业在核算费用的时候，会考虑货物搬上和卸离运输工具的相关费用。此时，如果货物采用了集装化技术，将大大便利装卸搬运，有利于降低整体运输费用。

5) 时限要求

如果货主对货物运输的时间要求很严格，要求很快的速度，则运输费用较高；反之，运输费用较低。

6) 风险承担

如果由运输企业承担产品在运输途中的损毁责任，则运输费用就较高。相反，如果货主已经就运输途中的货物进行投保，则运输费用就可以相应的降低。在由运输企业承担货物损毁风险的情况下，如果产品具有易毁性、易腐性、易被偷盗性、易自燃性及易爆性等特征，则运输企业必然要求收取较高的运输费用。

7) 市场因素

运输费用还受到运输市场竞争状况和待发运货物状况的影响。如果运输市场上运输企业众多，它们相互之间竞争激烈，则运输企业所收取的运输费用必然下调；相反，如果运能供应不足，而待发运的货物众多，则运输费用必然上调。另外，在地区之间不同流向的运输需求严重不平衡的情况下，运输费用也存在着较大的差距。比如，在 A、B 两地之间，需要由 A 地运往 B 地的货物很多，而需要由 B 地运往 A 地的货物较少，则从 A 地到 B 地所索取的运输费用较高，回程运输所索取的运输费用则较低。

2. 运输不合理的表现

1) 空驶运输

空驶运输是指运输工具不载货的运输。由于运输计划不周或者未能有效地利用运输车辆，就可能造成起程或返程空驶现象。

2) 运能利用不充分

由于运输工具装载不合理或者运输计划不到位，可能造成运输工具的有效运能利用不充分的现象。比如，在运输过程中，由于较轻的货物未能和较重的货物搭配装载，导致在运输工具空间已经用完的情况下，运输工具的载重能力还有很大的富余。

3) 相向运输

相向运输指的是同种货物或替代性非常强的货物在同一线路或平行线路上作相对方向的运输，而发生一定程度的交错重叠的现象。相向运输的交错重叠部分，对企业而言是一种无谓的浪费。

4) 迂回运输

在迂回运输的情况下，货物本可以选择一种较近的运输路线，却绕道而行，选择了一种较远的运输路线，结果导致运输费用不必要的增加。

5) 倒流运输

倒流运输是指货物从销地流回产地或起运地的一种运输现象。这种双程运输都是不必要的，是对运力的一种浪费。

6) 过远运输

过远运输是指在调运物质资料时舍近求远，放弃从较近的物质资料供应地调运，而从较远的物质资料供应地调运的一种运输现象。

7) 重复运输

重复运输是指本来可以直接将货物运到目的地，却在到达目的地之前将货物卸下，再重复装运送达目的地的运输方式。重复运输虽未增加运输里程，却增加了装卸搬运次数，导致装卸搬运费用和货损的增加，降低了货物流转的速度。

8) 运输工具选择不当

由于对运输工具的选择不当，导致运输费用增加，或者货物运输不及时。如在近距离运输中选择铁路运输，由于不能形成“门到门”运输，需要增加装卸搬运环节，造成运输费用的增加。

9) 超限运输

超限运输是指超过运输工具规定的长度、宽度、高度或承载重量装载货物的运输现象。超限运输容易造成货物及运输工具的损坏，甚至可能引发交通事故，危及人身安全。

3. 运输合理化的措施

所谓运输合理化，是指合理地组织物质资料的运输，以节省运力，缩短运输时间，节约运输费用，提高运输效率。一般可以采取以下一些措施。

1) 合理设计运输网络

首先，企业应合理地进行生产工厂及各配送中心的选址，为运输合理化打下基础。对于生产工厂的选址而言，原材料消耗大的工厂应尽可能靠近原材料的产地或重要的交通枢纽；对于产成品运输费用高的工厂而言，应尽可能靠近主要的消费地。配送中心的覆盖范围应适当，辐射半径应适中。在工厂和配送中心已经确定的情况下，企业应合理规划运输路线，实现总运输里程的最小化。

2) 选择合适的运输方式

企业应根据所运货物的特点、时限要求、运输距离及企业的承受力等，在铁路、公路、水路、航空等不同的运输方式中做出选择。比如，对于某种国外生产的价值高、重量轻的精密零部件，如电脑芯片而言，企业为了及时满足生产的需要，采用航空运输无疑是最好的选择。同时，由于重量轻的原因，单位运输费用也不会很高。再比如，经认真的技术经济论证发现，就山西煤炭外运而言，用公路代替铁路运至河北、天津、北京等地更为经济合理。

3) 提高运输工具的装载率

装载率，是指运输工具的实际载重量乘以运输距离的乘积与核定的载重量乘以行驶里程的乘积之比。提高装载率，有助于减少运输工具的空驶以及运能利用不充分的现象。比如，实施配载运输，在以重质货物(如矿石)运输为主的情况下，同时搭载一些轻泡货物(如农副产品)，在基本不减少重质货物运输的情况下，解决了轻泡货物的搭运，效果显著。再比如，在装运货物时，通过利用集装化技术，以提高运输工具空间的利用率。

4) 开展联合运输

不同运输方式之间的联合运输，可以实现各种运输方式的优势互补，提高整体的运输效率。

5) 开展流通加工

开展流通加工，可以有效地减少货物的重量或体积，更合理地开展运输。如将轻泡产品预先捆紧包装成规定的尺寸，再进行装车，就容易提高装载量；对水产品及肉类预先冷冻，可提高车辆装载率并降低运输损耗。

6) 推进共同运输

企业内部各部门之间、各子公司或分公司之间以及不同的企业之间，通过在运输上开展合作，可以提高运输工作效率，降低运输费用。如海尔集团实现业务流程再造，于 1999 年初建立物流推进本部之后，原来分属冰箱、冷柜、空调和洗衣机等事业本部的物流职能统一到物流推进本部，大大提高了运输效率。

7) 充分利用社会化运输力量

不同的企业都建立自己的自营车队，开展自我服务，往往不能形成规模，容易造成运力忙闲不均的现象，在旺季时运力紧张，不能满足需求；在淡季时运力富余，处于闲置状态，浪费很大。实行运输社会化，可以有效地利用各种运输工具，提高运输工具的利用效率。

2.3.4　集装化系统

1. 集装化系统概述

集装化(Containerization)是“指用集装器具或采用捆扎方法，把物品组成标准规格的单元货件，以加快装卸、搬运、储存和运输等的物流活动。(国标)”

集装运输(Containerized Transport)是“使用集装器具或利用捆扎方法，把裸装物品、散粒物品、体积较小的成件物品，组合成为一定规格的集装单元进行的运输。(国标)”集装化运输的对象是件杂货。采用传统方式运输时，货物要一件一件地装车，对于要求通过其他运输工具转运的货物，还得经过一次甚至多次的装卸、搬运、保管、交付等不同阶段的作业环节。这样耗费了大量的人力和时间，作业效率低，运输时间长，货物残损率高。为实现散杂货装卸搬运作业的机械化，提高作业效率，减少中间环节，产生了集装化运输系统。货物的集装化通常是通过使用托盘和集装箱进行包装来实现的，随着托盘和集装箱以及叉车的广泛使用，件杂货的运输效率显著提高。

1) 集装化系统给物流合理化带来的益处

(1) 单个物品的包装变得简单，有利于节约包装费用。

(2) 可以在很大程度上，防止装卸搬运过程中对物品的损伤、污损以及丢失等现象发生。

(3) 利用机械作业，实现装卸作业的效率化和省力化。

(4) 物品装卸搬运活性指数提高，便于货物移动。

(5) 由于装卸的效率化，减少了运输过程中的装卸时间，从而使运输时间得到节约，提高了运输的迅速性。

(6) 集装箱或托盘为单位，便于实现装卸的标准化。

(7) 利用托盘或集装箱可以实现货物的高层堆码，节省存储空间。

(8) 有利于实现门到门连贯运输。

2) 开展集装化装卸和运输存在的主要问题

(1) 使用托盘和集装箱需要较多的费用。

(2) 托盘和集装箱的回收管理难度较大。

(3) 需要机械配合装卸，要求有较大的装卸空间和搬运通道。

(4) 需要配置集装箱和托盘堆放场所等。

集装化系统中具有代表性的集装化方式，一是利用集装箱实现单元化装卸和运输的集装箱化运输，二是利用托盘实现单元化装卸和运输的托盘化运输。尽管开展集装化装卸和运输加大了费用支出，但是，由集装化带来的众多效益最终将会对降低物流的总成本，提高物流质量带来正面影响。

2. 集装箱

集装箱(Container)“是一种运输设备，应满足下列要求：

(1) 具有足够的强度，可长期反复使用。

(2) 适于一种或多种运输方式运送，途中转运时，箱内货物不需换装。

(3) 具有快速装卸和搬运的装置，特别便于从一种运输方式转移到另一种运输方式。

(4) 便于货物装满和卸空。

(5) 具有 1 立方米及以上的容积。

集装箱这一术语不包括车辆和一般包装。(国标)”，集装箱如图 2.11 所示。

图 2.11　集装箱

为了适应各种运输方式和各种运输工具的需求，集装箱有许多种类。根据集装箱的用途可以分为通用集装箱和专用集装箱两大类。

(1) 通用集装箱。通用集装箱也称干货集装箱，以装运普通件杂货为主，用途最为广泛。通用集装箱分为端门式、侧门式、侧壁全开式、开顶式和通风式集装箱等多种。

(2) 专用集装箱。专用集装箱是指专门用来装运某一类别或某一特殊性质货物的集装箱。主要有散装集装箱、液罐集装箱、冷藏集装箱、保温集装箱、板架集装箱，以及以各种货物命名的集装箱，如油漆集装箱、食品集装箱等。

此外，按结构可分为固定式集装箱和折式集装箱；按制造材料主要分为钢制集装箱、铝合金制集装箱和玻璃制集装箱；按总重量可分为大型集装箱(总重≥20 吨)、中型集装箱(5 吨＜总重＜10 吨)和小型集装箱(总重＜5 吨)。

1979 年，国际标准化组织的集装箱技术委员会，制定的国际标准第一系列集装箱的外形规格有 4 种箱型：A 型、B 型、C 型和 D 型，它们的尺寸和重量如表 2-3 所示。

表 2-3　ISO 第一系列集装箱外型规格尺寸和总重量

规格 ft	箱型	长		宽		高		最大总重量	
		英制 ft in	公制 mm	英制 ft in	公制 mm	英制 ft in	公制 mm	kg	LB
40'	IAAA					9'6"	2 896		
	IAA					8'6"	2 591		
	IA	40'	12 192	8'	2 438	8'	2 438	30 480	67 200
	IAX					<8'	<2 438		
30'	IBBB					9'6"	2 896		
	IBB					8'6"	2 591		
	IB	29'11.25"	9 125	8'	2 438	8'	2 438	25 400	56 000
	IBX					<8'	<2 438		
20'	ICC					8'6"	2 591		
	IC	19'10.5"	6 058	8'	2 438	8'	2 438	24 000	52 900
	ICX					<8'	<2 438		
10'	ID					8'	2 438		
	IDX	9'9.75"	2 991	8'	2 438	<8'	<2 438	10 160	22 400

换算箱(Twenty -Feet Equiva1ent Unit，TEU)又称标准箱，是“以 20 英尺集装箱作为换算单位。(国标)”如，40 英尺的集装箱为 2TEU。

3. 托盘

托盘(Pallet)是“用于集装、堆放、搬运和运输的放置作为单元负荷的货物和制品的水平平台装置。(国标)”从使用的材料看，托盘的种类有木制托盘、钢制托盘和树脂制托盘等，托盘如图 2.12 所示。其中，木制托盘的使用量最大，达到 90%以上。

a. 塑料托盘

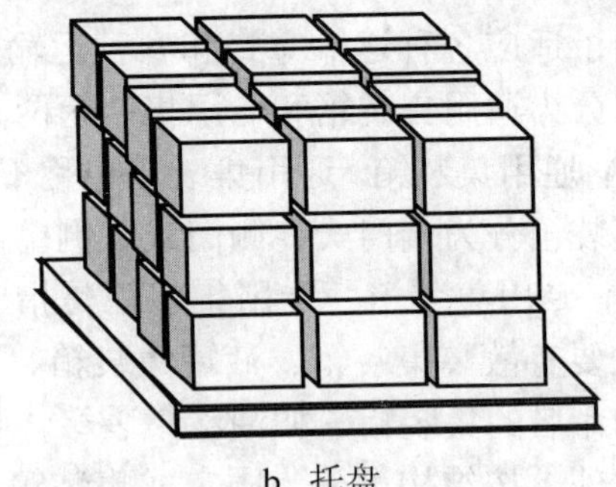

b. 托盘

图 2.12　托盘

从形态上看，分为平托盘、柱式托盘、箱式托盘、轮式托盘以及特种托盘等，一般使用的是平托盘。托盘的规格繁多，有各种不同尺寸规格的托盘，为了便于高效率地开展门到门的连贯运输，需要实现托盘规格的标准化，要有统一的尺寸标准。为实现物流的标准化，国际标准化组织以及各国的标准化管理机构，都制定了有关托盘的标准化系列尺寸规格。中国国家标准规定的联运托盘的规格尺寸是：800mm×1000mm、800mm×1200mm、1000mm×1200mm，如表 2-4 所示。

表 2-4　ISO 托盘国际标准(mm)

型号	R198	R329	TC51
尺码	800×1200 800×1000 1000×1200	1200×1600 1200×1800	800×1100 900×1100 1100×1100

如果以 ISO 规定的托盘尺寸 800mm×1200 mm 为例，一般商品堆垛的高度为 1200 mm，连同托盘厚度，托盘荷载整体尺寸则为 800mm×1200mm×1300mm。

4. 集装箱运输

集装箱运输(Container Transport)是“以集装箱为单元进行货物运输的一种货运方式。(国标)”目前已成为国际上普遍采用的一种重要的运输方式。集装箱运输是运输方式上的革命，是运输技术上的巨大进步，它是实现散杂货物运输合理化、效率化的重要手段。

集装箱运输的理论和做法，追溯其渊源，已有 100 多年的历史。根据集装箱运输的应用的范围和规模，可将其发展过程大致分为三个阶段。

第一阶段：陆运发展阶段(第二次世界大战期间至 20 世纪 50 年代中期)，主要标志是应用于陆运、且以中小型、国家(铁路公司)标准箱为主。第二次世界大战期间，美国为适应战时军需物资的快速装运，发展了以集装箱和托盘为主要内容的集装化装卸搬运方法，使集装箱的使用有所发展。1955 年，美国铁路公司为提高竞争能力，采用了将集装箱装载在铁路平板车上，即，将公路上的拖车装运的集装箱直接换装到铁路平板车上，大大地降低了运费，提高了运输速度。

第二阶段：海运发展阶段(20 世纪 50 年代后期至 20 世纪 60 年代后期)，主要标志是应用于海运，大型箱、国际标准箱迅速发展。1957 年，美国海陆航运公司开始国内海上集装箱运输。1964 年，国际标准化组织集装箱技术委员会制定了集装箱国际标准，加快了海上集装箱运输酌发展。

到 20 世纪 60 年代末，欧、美、日、澳航线上 80%以上的件杂货采用集装箱运输，国际间件杂货运输趋向集装箱化。

第三阶段：联运发展阶段(20 世纪 70 年代至今)，主要特征是水路、铁路、公路联运、门到门集装箱成为件杂货物运输的主导形式。码头普遍采用电子计算机管理、跟踪等先进技术，港口、车站集装箱场地实现了高度机械化、自动化、程序化，国际间贸易适箱货物基本上实现集装箱国际多式联运。

中国集装箱运输始于 1955 年，首先在铁路运输中采用。1973 年开始采用国际标准集装箱进行海上运行，1978 年制定了第一个集装箱国家标准(GBl413-78)，铁路开始发展 5 吨集装箱运输。改革开放以来，国内集装箱运输进入全面、快速发展阶段，初步形成海上、铁路、公路集装箱门到门联运体系。

集装箱运输体现了运输技术的巨大进步、货运方法的革命，同时也标志着件杂货运输的合理化、现代化。集装箱运输，有其他运输方式不可替代的优势，因为它可以方便地实现多种运输方式的联运，使运输过程更趋合理化。与一般货物运输相比，集装箱运输具有以下特征。

(1) 提高货物运输质量，减少货损货差。由于集装箱结构坚固，强度和刚度很大，能防止压、砸、碰、撞带来的损失，因此对货物有很高的保护作用。同时，在全程运输中，使用机械装卸、搬运，可不动箱内货物而直接进行装卸，或在不同运输工具之间进行换装作业，大大减少了货损货差。

(2) 节省货物包装材料和包装费用。货物采用集装箱运输，由于集装箱的保护，不受外界的挤压碰撞，一般不需外包装，内包装也被简化，可大量节约包装材料，降低包装费用。

(3) 简化货运手续，提高装卸效率，加快车船周转，降低货运成本。

(4) 便于开展多式联运，进行自动化管理，实现门到门的运输。

因此，集装箱运输是一种新型的高效运输方式。当今集装箱运输已被称为海、陆、空的主体运输，被誉为可以到达世界任何地点的一种现代化的运输方式。

5. 国际多式联运

国际多式联运(International Multimdal Transport)是“按照多式联运合同，以至少两种不同的运输方式，由多式联运经营人将货物从一国境内的接管地点运至另一国境内指定交付地点的货物运输。(国标)”它是在集装箱运输的基础上产生并发展起来的新型运输方式，一般以集装箱为媒介，把海上运输、铁路运输、公路运输、航空运输和内河运输等单一方式的运输有机地结合起来，融为一体加以有效地综合利用来完成国际间的运输。

6. 大陆桥运输

大陆桥运输(Land Bridge Transport)是“用横贯大陆的铁路或公路作为中间桥梁，将大陆两端的海洋运输连接起来的连贯运输方式。(国标)”即在海上运输的航途中，插入一端横贯大陆的陆上运输，组成“海—陆—海”形式的联合运输。大陆桥运输一般都是以集装箱为媒介，可以大大简化理货、搬运、储存、保管等环节，同时，集装箱经海关铅封，中途不用开箱检验，可迅速转换运输工具，因此采用大陆桥运输是集装箱运输的最佳形式。

2.4 储　存

储存是物流的重要基本功能，它和运输一起构成物流的核心基本功能。储存行为通常发生在仓库、堆场等地点，也可能发生在特定的运输工具中和生产流水线的某些环节中。

2.4.1 储存概述

1. 储存的概念

储存(Storing)是指“保护、管理、贮藏物品。(国标)”储存是为消除物品在流通过程中供给和需求在时间上的差别而提供的服务。这种时间上的差别表现在许多方面，在社会分工和专业化生产的条件下，为保证社会再生产过程的顺利进行，比如，生产环节中上游工序与下游工序在节奏上不同，当上游工序节奏较快，而下游工序节奏较慢时，就会产生两道工序之间的产生性储存。又如，农产品生产的季节性和消费的无季节性造成的消费性储存。储存又是物流活动的重要支柱，比如，物品在流动过程中换乘运输工具时，由于运输工具之间的不匹配，而造成的运输性储存等。因此，没有物品储备，就没有物品流通的保证。正是有了这种储备，保证了生产过程、流通过程和供需活动有序、不断地进行。

2. 储存的分类

根据储存目的的不同，可以把储存分为以下几种。

1) 生产性储存

生产性储存，是指由于生产工艺过程或者生产组织过程的某些不确定性，所导致的在局部生产结点，发生的特定物料的供给大于需求状态。生产性储存通常出现在生产流水线的附近，或者在生产厂区的内部。生产性储存有如下特点。

(1) 储存物品的种类与产品及其生产工艺密切相关。

(2) 储存的物品批量小，品种多。

(3) 储存的物品多数是半成品和在制品，还有少量的原辅料。

(4) 生产工序越多，储存的品种越多。

(5) 生产性储存通常发生在制造型企业内，属于生产物流的一部分。

如图 2.13 所示为产生生产性储存的各个环节。图中三角形框中所示的内容都是储存的发生地，可以看出，在设计生产工艺过程中，如果能够增加直接配送的环节，就可以减少储存的数量。

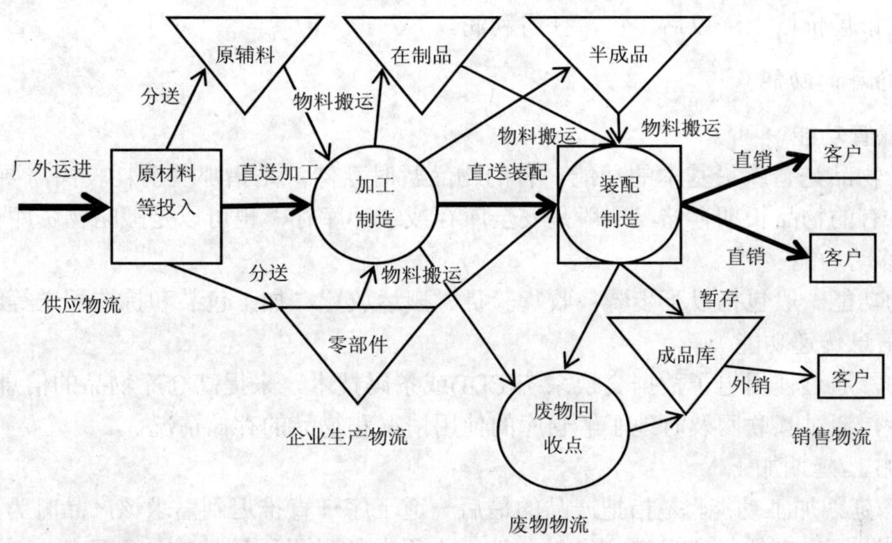

图 2.13　生产性储存的产生

2) 采购性储存

采购性储存，是指由于采购节奏和批量与生产或者销售节奏和批量上的差异，而形成的物品流动的暂时停滞。采购性储存的对象通常是季节性较强的产品，主要是农产品，也可能是供应批量较大而生产和销售批量较小的产品。

3) 销售性储存

销售性储存，是指企业由于销售节奏和批量与生产节奏和批量的不一致，生产较快或批量较大，而销售较慢或批量较小，从而导致的储存。

4) 商品的增值性储存

增值性储存，是指生产出来的商品在消费之前，根据市场上消费者对产品的的偏好，再对商品进行最后的加工改造或流通加工，以提高商品的附加值、促进销售。

5) 流通衔接性储存

流通衔接性储存，是指物品从生产地到消费地的流通过程中，中途需要经过集、疏环节，还可能需要换乘不同的运输工具，为了有效地利用各种运输工具，降低运输过程中的作业难度，实现经济、规模运输，物品需要在仓库里存放、候装、配载、包装、成组、分装和配送等作业。

6) 政策性储存

政策性储存，是指由于政策的需要而产生的储存，常见的如生产资源储存，包括煤炭储存、石油储存等；重要生活资源储存，如粮食、棉花、布匹等储存。

7) 投机性储存

投机性储存，是指企业根据对市场的判断故意囤积一些产品或者原料，待这些产品或者原料的市场价格上涨以后出售，获得利润。

3. 仓库的功能

1) 保管功能

保管物品是仓库最基本的功能。有的物品暂时存储，是指那些消耗较快需要及时补给的物品。有的物品长期存储，一般是安全库存或缓冲库存，也可以是战略物资库存。

2) 移动功能

移动功能一般包括以下步骤：收货验货、搬运放置、加工包装和拣选配送等。

3) 信息传递功能

例如，通过使用电子数据交换系统(EDI)或条码技术，来提高仓库物品的信息传递速度和准确性，通过互联网及时地了解仓库的使用情况和物品的存储情况。

4) 加工/延期加工

加工/延期加工功能，是指把产品的最后一道工序一直推迟到需求该产品时为止。例如，HP(惠普)公司生产的打印机销往世界各地，由于发往世界不同地方的打印机，在说明书、电源、包装材料等方面都有特殊要求，如果在生产过程中就完成最终发送到客户的包装，则会出现某些包装的产品缺货，而另一些包装的产品货物积压的情况。HP 公司针对此类问题采用延后处理模式，将包装环节放在配送中心进行，销售部门在收到客户订单后，通知配送中心，再根据客户要求，选择相应的说明材料、电源和包装材料，完成最终产品的生产工序。

4. 几个容易混淆的概念

在物流科学体系中，经常涉及库存、储备及储存这几个概念，而且经常被混淆。三个概念虽有共同之处，但仍有区别，认识这个区别有助于理解物流中“储存”的含义和以后要遇到的零库存概念。

1) 库存

库存(Inventory)是“处于储存状态的物品。广义的库存还包括处于制造加工状态和运输状态的物品。(国标)”库存物品暂时停滞状态的原因大体有：①能动的各种形态的储备；

②被动的各种形态的超储；③完全的积压。

2) 储备

物品的储备是一种有目的的储存行动，也是这种有目的的行动和其对象总体的称谓。物品储备的目的是，保证社会再生产连续不断地、有效地进行。所以，物品储备是一种能动的储存形式，或者说，是有目的的、能动的生产领域和流通领域中物资的暂时停滞，尤其是指在生产与再生产，生产与消费之间的那种暂时停滞。

储备和库存的本质区别在于：第一，库存明确了停滞的位置，而储备这种停滞所处的地理位置远比库存广泛得多，储备的位置可能在生产及流通中的任何结点上，可能是仓库中的储备，也可能是其他形式的储备。第二，储备是有目的的、能动的、主动的行动，而库存有可能不是有目的的，有可能完全是盲目的。

3) 储存

储存是包含库存和储备在内的一种广泛的经济现象，是一切社会形态都存在的经济现象。在任何社会形态中，对于不论什么原因形成停滞的物品，也不论是什么种类的物品在没有进入生产加工、消费、运输等活动之前或在这些活动结束之后，总是要存放起来的，这就是储存。这种储存不一定在仓库中也不一定是有储备的要素，而是在任何位置，也有可能永远进入不了再生产和消费领域。但在一般情况下，储存和储备两个概念是不做区分的。

物流中的“储存”是一个非常广泛的概念，物流学要研究的就是包括储备、库存在内的广义的储存概念。

和运输的概念相对应，储存是以改变“物”的时间状态为目的的活动，以克服产需之间的时间差异来获得更好的效用。

2.4.2　仓库的分类

当供应链上物品的流动被打断时，就出现了存货，一般我们把存货储存在仓库里。仓库(Warehouse)是“保管、储存物品的建筑物和场所的总称。(国标)”构成仓库的基本设施和设备有：地坪、楼层、货架、升降机、搬运工具、衬垫和通风照明设备等。

仓库在物流过程中起着如下作用，①使公司可能达到规模经济；②平衡供需环节；③使制造专业化成为可能；④保护公司少受需求和订货周期的不确定性的影响；⑤在整个供应链环节的关键界面起缓冲器的作用。仓库形式多样、规模各异，其分类如下所述。

1. 根据仓库的所有权来分类

1) 自有仓库

自有仓库，是企业为了存储原材料、零部件、中间产品和产成品的需要，而自己投资建立的仓库。一般工厂、企业、商店的仓库和部队的后勤仓库，多属于这一类。自有仓库的优点：一是，企业对货物的存储活动拥有更多的控制权，可以根据企业的要求和产品的特点对仓库进行设计和布局。二是，自有仓库给企业带来了低成本运营的优势。三是，可以充分发挥企业人力资源的优势对仓库进行管理。四是，自有仓库可以给企业带来无形资产方面的优势。其缺点：一是，自建仓库一次性投资很大，占压了大量的资金，一般投资回报率都较低。二是，仓库在满足不同类型的客户需求和不同类型的物品储存上缺乏柔性化。三是，仓库的利用率容易出现不饱和的情况，一般认为，如果自有仓库的利用率达不到 75%，那么就应该考虑租赁公共仓库。

2) 营业仓库

营业仓库，是以向社会客户提供专门的物品存储服务，而实现营利目的的仓储行为。仓库经营人与存货人通过订立仓储合同、建立仓储关系，并且依据合同的约定，提供仓储服务和收取仓储费用。对于企业而言，租用营业仓库，可以获得如下好处：第一，可以减少一次性建设仓库所需的大量投资。第二，可以减少仓库管理人员的工资支出，还可以得到专业化的仓库管理服务。第三，对季节性比较敏感的企业，可以避免自有仓库的闲置现象。其不足之处有：企业对仓储活动失去了直接控制，可能会影响顾客服务水平。

3) 公共仓库

公共仓库，是政府部门、公用事业部门等修建的为社会提供存储服务的仓库，如政府修建的粮食仓库以及火车站、码头等的仓库。对于企业而言，公共仓库主要用作暂时性的物品中转存放。

2. 根据仓库保管物品的条件来分类

1) 普通物品仓库

普通物品仓库，是指常温下的一般仓库，用于存放一般性物品，对于仓库没有特殊的要求，只要求具有一般通用的库房和堆场，用于存放普通货物，如一般的金属材料仓库、机电产品仓库等。此类仓库设施设备较为简单，按照通常的货物装卸和搬运方法进行仓库作业。在物品流通的仓库中，这类仓库所占比重最大。

2) 专门物品仓库

专门物品仓库，负责保管特定种类的货物。如砂糖、烟草、饮料、酒和粮食等物品，当受到环境等自然条件的影响，有可能发生变质或减量，并且由于某些物品本身的性质，容易对一起保管的其他物品产生不良影响，因此要求建立相应的专门仓库。与普通仓库不同的是，专门物品仓库配有防火、防潮、防虫和通风等设备。

3) 特殊物品仓库

特殊仓库，是保管那些具有特殊性能并需要特殊保管的物品。由于这类仓库在保管物品时必须装有特殊设备，因此在建筑结构、保管、出入库设备等方面都与普通仓库有所不同。如冷冻货物仓库、石油仓库、化学危险品仓库等均属于这类仓库。

(1) 冷冻物品仓库。可以人为地调节温度和湿度，用来加工和保管食品、工业原料、生物制品及医药品等。

(2) 石油仓库。是接受、保管、配给石油和石油产品的仓库。商业性石油仓库主要保管石油产品(汽油、轻油、润滑油等)。由于石油产品具有易燃易爆等特性，于是这类仓库便被指定为危险品仓库。

(3) 化学危险品仓库。负责保管具有一定危险性质的化学工业原料、化学药品、农药、医药品以及化工制成品。这些物品具有易燃、易爆、有毒、腐蚀性等危害财产和人类生命的可能。为了安全起见，在储存上述货物时，应当根据物品的特性和状态及受外部因素影响的危险程度进行分档、分类，分别储藏。

3. 根据仓库功能来分类

1) 储存仓库

主要对货物进行保管，以解决生产和消费的不均衡，如当年生产的大米储存到第二年卖；常年生产的化肥，要想在春、秋季节集中供应，只有通过仓储来解决。

2) 流通仓库

这种仓库除了具有保管功能之外，还能进行流通加工、装配、包装、理货以及运输工具中转等。其具有周转快、高附加值、时间性强的特点，从而减少在连接生产和消费的流通过程中，商品因停滞而花费的费用。

3) 配送中心

配送中心是作为向市场或直接向消费者配送商品的仓库。作为配送中心的仓库往往具有存货种类众多、存货量较少的现象，要进行商品包装拆除、配货组合等作业，一般还开展配送业务。

4) 保税仓库(保税货场)

保税仓库(Boned Warehouse)是“经海关批准，在海关监管下，专供存放未办理关税手续而入境或过境货物的场所。(国标)”也就是说，保税仓库是获得海关许可的能长期储存外国货物的本国国土上的仓库。同样，保税货场是获得海关许可的能装卸或搬运外国货物并暂时存放的场所。

4. 根据仓库储存的物品处理方式来分类

1) 保管型仓库

保管型仓库，是以保管物原样保持不变的方式所进行的储存。存货人将特定的物品交由保管人进行保管，到期保管人将原物交还存货人。保管物除了所发生的自然损耗和自然减量外，数量、质量、件数不发生变化。

2) 加工型仓库

保管人在物品储存期间，根据存货人的要求对保管物进行一定加工的储存方式。保管物在保管期间，保管人根据委托人的要求对保管物进行外观、形状、成分构成和尺度等进行加工，使物品发生委托人所希望的变化。

3) 消费式仓库

保管人在接受保管物时，同时接受保管物的所有权，保管人在物品储存期间有权对储存的物品行使所有权，在仓储期满，保管人将相同种类、品种和数量的替代物交还给委托人所进行的储存行为。消费式储存特别适合于保管期较短(如农产品)、市场供应(价格)变化较大的商品的长期存放，具有一定的商品保值和增值功能，是仓库经营人利用储存物品开展经营的增值活动，现在已成为仓储经营的重要发展方向。

5. 根据仓库建筑形态来分类

1) 按建筑程度不同，分为室内仓库、露天堆场、货棚及集装箱仓库等。

2) 按建筑构造不同，分为平房仓库、多层仓库、立体仓库及地下仓库等。

3) 按建筑材料不同，分为钢筋混凝土仓库、混凝土预制板建筑仓库、钢骨架建筑仓库、竹木制建筑仓库及金属容器仓库等。

企业在做出有关仓库问题方面的决策时，一般都是从维护仓库的成本和顾客服务水平这两方面来考虑的，在不降低顾客服务水平的情况下，达到储存成本最低的目的。

2.4.3 库存管理

对企业来说，物品储存在仓库里是一项巨大的、昂贵的投资。因此，库存管理的好坏，直接关系到企业的生产经营、企业的经济效益、企业的现金流和企业的投资回报等。

1. 物品入库—在库—出库管理

一般仓库的布局，如图 2.14 所示。

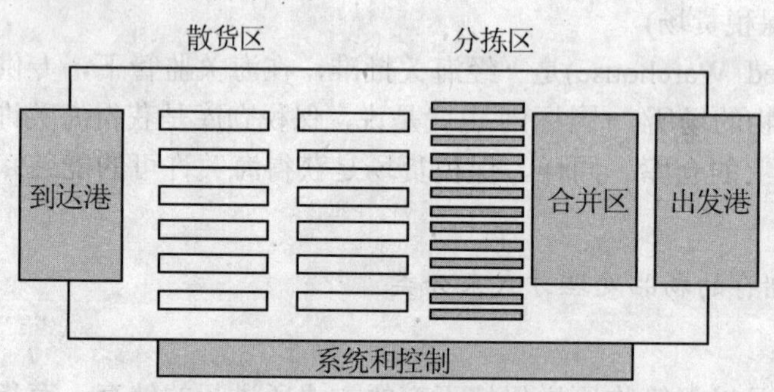

图 2.14 普通仓库布局

1) 入库管理

仓库作业过程的第一个步骤就是验货收货，物品入库。它是物品在整个物流供应链上的短暂停留，而准确地验货和及时地收货能够加强此环节的效率。一般来讲，在仓库的具体作业过程中，入库主要包括以下几个具体步骤。

(1) 核对入库凭证。根据物品运输部门开出的入库单核对收货仓库的名称、印章是否有误，商品的名称、代号、规格和数量等是否一致，有无更改的痕迹等，只有经过仔细的核对后才能确定是否收货。

(2) 入库验收。物品的验收包括对物品规格、数量、质量和包装方面的验收。对物品规格的验收主要是对物品品名、代号、花色等方面的验收；对物品数量的验收，主要是对散装物品进行称量，对整件物品进行数目清点，对贵重物品进行仔细的查收等；对物品质量的验收，主要是检查物品是否符合仓库质量管理的要求，产品的质量是否达到规定的标准等；对物品包装方面的验收，主要是要核对物品的包装是否完好无损，包装标志是否达到规定的要求等。

(3) 记账登录。如果物品的验收准确无误，则应该在入库单上签字，确定收货，安排物品存放的库位和编号，并登记仓库保管账目；如果发现物品有问题，则应另行做好记录，交付有关部门处理。

2) 在库管理

仓库作业过程的第二个步骤是存货保管，物品进入仓库进行保管，需要安全地、经济地保持好物品原有的质量水平和使用价值，防止由于不合理的保管措施所引起的物品磨损和变质或者流失等现象。具体步骤如下。

(1) 堆码和苫垫。堆码(Stacking)是“将物品整齐、规则地摆放成货垛的作业。(国标)”如图 2.15 所示。货物堆码的基本要求是：坚实牢靠，不易倒塌；合理利用空间；有利于清点数量；有利于货物的先进先出；包装标志朝外，便于查找。对于露天存放的货物要注意选择合适的苫盖物，避免日晒雨淋。为了避免货物受地面潮气的侵蚀，要预先铺好垫垛物。

图 2.15　货物堆码

(2) 养护。仓库管理员应当经常或定期对仓储物品进行检查和养护，对于易变质或对存储环境要求比较特殊的物品，应当经常进行检查和养护。养护工作主要是以预防为主，注重调节仓库的温湿度，做好防潮、防霉变、防锈、防虫鼠害等工作；对于易腐品要运用冷藏冷冻保鲜技术；建立、健全消防制度；同时，做好货物的防盗工作；力保物品储存的安全性。

(3)盘点。对仓库中贵重的和易变质的物品，盘点的次数越多越好；其余的物品应当定期进行盘点(例如，每年盘点一次或两次)。盘点时应当做好记录，与仓库账目核对，力求做到仓库内的所有货物账、卡、物一致，达到万无一失的目的。

3) 出库管理

仓库作业管理的最后一个步骤是发货出库。仓库管理员根据提货清单，在保证物品原先的质量和价值的情况下，进行物品的搬运和简易包装，然后发货。仓库管理员的具体操作步骤如下。

(1) 核对出库凭证。仓库管理员根据提货单，核对无误后才能发货。除了保证出库物品的品名、规格和编号与提货单一致外，还必须在提货单上注明物品所处的货区和库位编号，以便能够比较轻松地找出所需的物品。

(2) 配货出库。在提货单上，凡是涉及较多的物品，仓库管理员应该认真复核，交与提货人；凡是需要发运的物品，仓库管理员应当在物品的包装上做好标记，而且可以对出库物品进行简易的包装。在填写有关的出库单据、办理好出库手续之后，可以放行。

(3) 记账清点。每次发货完毕之后，仓库管理员应该做好仓库发货的详细记录，并对货物原来所占用的货位进行清理。

在出库管理中，要坚决杜绝凭信誉或无正式手续的发货。如果是本企业内部领料，需要与领料人办理交接手续；如果货物是向外调出，需与提货单位的人员或运输部门办理交接手续。

2. 在 ABC 分类基础上实施重点管理

19 世纪，帕累托在研究米兰的财富分布时发现，20%的人口控制了 80%的财富。这一现象被概括为重要的少数、次要的多数，这就是应用广泛的帕累托原理。帕累托原理也适用于我们的日常生活(日常生活中我们的大部分决策不怎么重要，而少数决策却影响了我们的未来)，在库存系统中帕累托原理同样适用(少量物资占用了大量投资)。

任何一个库存系统都必须指明何时发出订单，订购数量为多少。然而，大多数库存系统要订购的物资种类非常多，因此对每种物资采用模型来进行控制有些不切实际。为了有效地解决这一问题，可用 ABC 分类法把物品分成三类：

A 类：金额大的物品；

B 类：中等金额的物品；

C 类：金额较小的物品。

金额的大小是物资重要程度的尺度，也就是说，一种价格虽低、但用量极大的物资可能比价格虽高但用量极少的物资重要。

ABC 分类管理(ABC Classification)，是“将库存物品按品种和占用资金的多少分为特别重要的库存(A 类)、一般重要的库存(B 类)和不重要的库存(C 类)三个等级，然后针对不同等级分别进行管理与控制。(国标)”它在一定程度上可以压缩企业库存总量，节约资金的占用，优化库存的结构，节省管理的精力。

将物品进行 ABC 分类，其目的在于根据分类结果对每类物品采取适宜的控制措施。一般 A 类存货的年占用金额占总库存金额的 75%左右，其品种数却只占总库存数的 10%左右；B 类存货的年占用金额占总库存金额的 20%左右，其品种数却只占总库存数的 20%左右；C 类存货的年占用金额占总库存金额的 10%左右，其品种数却只占总库存数的 70%左右。如果从订货周期来考虑的话，A 类物品可以控制得紧些，每周订购一次；B 类物品可以两周订购一次；C 类物品可以每月或每两月订购一次。值得注意的是，ABC 分类与物品单价无关。A 类物品的耗用金额很高，可能是单价不高但耗用量极大的组合，也可能是单价很高但用量不大的组合。与此相类似，C 类物品可能价格很低，也可能是用量很少。例如，对于一个汽车服务站而言，汽油属于 A 类物品，应该每日或每周补充一次；轮胎、蓄电池、润滑油以及液压传动油可能属于 B 类物品，可以每两到四周订购一次；C 类物品可能包括阀门杆、挡风屏用雨刷、水箱盖、软管盖、风扇皮带、汽油添加剂和打光蜡等，它们可以每两个月或每三个月订购一次，甚至等用完后再订购也不迟，因为它造成的缺货损失不严重。

有时某种物品的短缺会给系统造成重大的损失，在这种情况下，不管该物品属于哪一类，均应保持较大的存储量以防短缺。为了保证对该种物品进行比较严格的控制，可以强行将其归为 A 类或 B 类，而不管它是否有资格归属为这两类。

3. 零库存与零库存管理方法

在日本丰田汽车公司，可以看到川流不息的流水线，却难以寻觅丰田公司的仓库。因为企业的仓储量为零。在我国企业界，特别是某些大中型企业，“零库存”的营销管理正在加紧推行之中，并且已经取得令人瞩目的成效。把库存量控制到最佳数量，尽量少用人力、物力、财力把库存管理好，获取最大的供给保障，是很多企业追求的目标，甚至影响到企业在竞争中的地位。

零库存的提出可以解决库存管理中的部分浪费现象，零库存是一种特殊的库存概念，零库存的含义是以仓库储存形式的某种或某些种物品的储存数量为“零”，即不保持库存。零库存可以免去仓库存货的一系列问题，如仓库建设、管理费用、存货维护、保管、装卸和搬运等费用、存货占用流动资金及库存物的老化、损失、变质等问题。零库存对某个具体的企业、具体的商店、具体的车间而言，是在有充分社会储备保障前提下的一种特殊形式。

零库存是综合管理实力的体现，在物流方面要求有充分的时空观念，以严密的计划、科学的采购，达到生产资料的最佳衔接；要求资金高效率运转；原材料、生产成本在标准时间内发挥较好的作用与效益，达到库存最少的目的。要做到零库存，就得研究市场，在经营中以销定产、以产定购，做到产得出、销得掉、准时发运。任何企业都必须明白：市场是产品的最后归宿，仓库不过是产品的休息室，只有在整条供应链上物品做到快速反应，才能实现零库存这一目标。

4. 立体仓库及其管理

立体仓库(Stereoscopic Warehouse)，是“采用高层货架配以货箱或托盘储存货物，用巷道堆垛起重机及其他机械进行作业的仓库。(国标)”如图 2.16 和图 2.17 所示。它的功能一般包括自动收货、存货、取货、发货和信息查询等，由于这类仓库能充分利用空间储存货物，故常形象地将其称为“立体仓库”。

图 2.16 立体仓库

图 2.17 托盘式货架

1) 立体仓库的产生与发展

第二次世界大战以后，经济恢复、科技的发展、土地价格不断上涨，人力资源的成本节节攀升，促进仓库向高空、向自动化发展。20 世纪 50 年代末 60 年代初，在美国出现了由司机操作的巷道式堆垛起重机，解决了向高层货架送取货物的难题，为立体仓库的发展铺平了道路。1963 年，美国建立了第一座计算机控制的立体仓库。1980 年，中国第一座自行研制的立体仓库投产。目前，立体仓库能够做到完全由计算机进行控制，在无人操作的情况下，实现货物的自动入库和出库。

2) 立体仓库的优点

(1) 充分利用仓库的面积和空间，减少仓库的占地面积，提高仓库的利用效率。立体仓库货架最高可达 40 多米，一般都在 15 米以上，货位数可多达 30 万～40 万个，可储存托盘 30 万～40 万个。如果以平均每托盘货物重 1 吨计算，则一个自动化立体仓库可同时储存 30 万～40 万吨货物。

(2) 由于利用托盘等单元存储货物，采用了自动化的机械设备，从而保证了出入库作业的迅速、准确，从而缩短了作业时间；同时节省了大量劳动力，降低了装卸搬运过程货物的破损率，提高了仓库的作业效率。

(3) 由于实现了计算机集中控制，便于清点盘货，有效地保证货物的先进先出，避免过期变质；还能合理采购、控制库存，从而提高仓库的管理水平。

(4) 采用自动化作业以后，有利于对黑暗、低温和有毒等特殊环境的作业。

3) 立体仓库的缺点

(1) 由于自动化程度高，初始的基建和设备投资要求高。

(2) 由于货格的限制，对长、大、粗笨的货物存放，有一定的限制。

(3) 必须注意设备的维护和保养，对仓库管理人员、技术人员和操作人员的素质要求较高。

2.5 流通加工

2.5.1 流通加工概述

1. 流通加工概念

流通加工(Distribution Processing)，指“物品在从生产地到使用地的过程中，根据需要施加包装、分割、计量、分拣、刷标志、拴标签和组装等简单作业的总称。(国标)”其目的是为了维护商品的质量、提高流通效率，增加商品的附加价值、促进商品的销售，同时满足不同客户个性化、多样化需求而进行简单的加工作业。

流通加工并非在所有的物流活动中都必须存在，但是其作用可以归结为以下几个方面：

(1) 强化流通阶段的保管功能，使商品在克服了时间距离后，仍然可以保持新鲜状态。例如，食品的保鲜包装、罐装食品加工等属于此类。

(2) 节约材料、降低物流成本、提高物流的效率。例如，钢板的剪裁，玻璃的剪裁一般是在接到用户订货后再进行剪裁。集中加工、合理套裁，充分利用边角余料，能够减少浪费，做到最大限度地“物尽其用”。

(3) 提高商品的附加价值。蔬菜等食品原料经过深加工，如加工成半成品，可以满足消费者对商品高度化的需求，提高商品的附加价值。

(4) 满足消费者多样化的需求。例如，不同顾客对于商品的包装量的要求不同，通过改变商品的包装，满足不同顾客的需求。

(5) 提高运输保管效率。例如，对物品实施流通加工后，再组织运输可以消灭无效运输、提高运输工具的实载率。组装型商品运输和保管过程中处于散件状态，出库配送前或者到达用户后再进行组装，以此提高运输工具的装载率和仓库保管效率。

2. 流通加工与生产加工的区别

流通加工作业一般在配送中心、流通仓库、卡车终端等物流场所进行，它和一般的生产型加工在加工方法、加工组织、生产管理等方面并无显著区别，但在加工对象、加工程度等方面的差别较大，主要区别在以下几个方面。

(1) 加工对象的区别。流通加工的对象是进入流通过程的商品，具有商品的属性，以此来区别多环节生产加工中的一环。流通加工的对象是商品，而生产加工对象不是最终产品，而是原材料、零配件、半成品。

(2) 加工程度的区别。流通加工程度大多是简单加工，而不是复杂加工，一般来讲，如果必须进行复杂加工才能形成人们所需的商品，那么，这种复杂加工应专设生产加工过程，生产过程理应完成大部分加工活动，流通加工对生产加工则是一种辅助及补充。特别需要指出的是，流通加工绝不是对生产加工的取消或代替。

(3) 加工后附加价值的区别。从价值观点看，生产加工目的在于创造商品的价值和使用价值；流通加工在于完善商品的使用价值和提高商品的价值。

(4) 加工责任人的区别。流通加工的组织者是从事流通工作的人员，他们能密切结合流通的实际需要进行加工活动，从加工的完成者来看，流通加工由商业或物品流通企业完成，而生产加工则由生产企业完成。

(5) 加工目的的区别。商品生产是以交换为目的、为消费而生产的，而流通加工也有一个重要的目的，是为了消费(或再生产)而进行的加工，这一点与商品生产是共同的。但是流通加工还有以自身流通为目的、纯粹是为流通创造条件的，这种为流通所进行的加工与直接为消费进行的加工，从目的来讲是有区别的。

2.5.2 流通加工的类型

1. 生产资料的流通加工

1) 钢材的流通加工

钢材的流通加工，如钢板的切断、型钢的熔断、厚钢板的切割和线材切断等集中下料和线材加工等。其优点：一是，一般规模的生产企业如若自己单独剪切，难以解决因用料高峰和低谷的差异，而引起的设备忙闲不均和人员浪费问题。二是，专业钢板剪切加工企业能够利用专业剪切设备，按照用户设计的规格尺寸和形状进行套裁加工，精度高、速度快、废料少、成本低。三是，集中加工有利于提高加工设备的使用效率，降低成本；四是，这种流通加工企业不仅提供剪切加工服务，还出售加工原材料和加工后的成品以及配送服务。因此，采用委托加工方式，用户省心、省力、省钱，简化生产环节，提高生产效率；加工方集中加工有利于设备利用率最大、产生规模效益。

为此，在国外有专门进行钢材流通加工的钢材流通中心。中国的物品储运企业 20 世纪 80 年代，便开始了这项流通加工业务。中国储运股份有限公司近年与日本合作建立了钢材流通加工中心，利用现代剪裁设备从事钢板剪板及其他钢材的下料加工。

2) 水泥的流通加工

水泥加工是利用水泥加工机械和水泥搅拌运输车进行。水泥搅拌车具有灵活、机动的特点，可以深入作业现场进行加工；可以避开繁华闹市区、减少环境污染、节省现场的作业空间。同时，这种方式优于直接供应或购买水泥在工地现制混凝土的技术经济效果，因此，深受客户的欢迎。

水泥流通加工的优点是：将水泥的使用从小规模的分散形态，改变为大规模的集中加工形态，有利于用现代化的科学技术和组织现代化的大生产；集中搅拌可以采用准确的计量手段和选择最佳的工艺，提高混凝土的质量节约水泥；有利于提高搅拌设备的利用率；可以减少加工据点，形成固定的供应渠道，实现大批量运输，使水泥的物流更加合理；有利于新技术的采用，简化工地的材料管理，节省施工用地等。

3) 木材的流通加工

木材的流通加工一般有两种情况。

(1) 在树木生长地加工。树木被伐倒后，消费不在当地，不可能连枝带杈地运输到外地，先在原地去掉树杈和树枝，将原木运走，剩下来的树杈、树枝、碎木、碎屑，掺入其他材料，在当地木材加工厂进行流通加工，做成复合木板。木材属泡货，在运输时占有相当大的容积，往往使车船满装，但不能满载；同时，装车、捆扎也比较困难。因此，有的直接在当地加工成板材运输；有的在林木生产地就地将原木磨成木屑，然后采取压缩方法，使之成为容重较大、容易装运的形状，然后运至消费地，如造纸厂。

(2) 在消费地加工。在消费地将原木加工成板材，或按客户需要加工成各种形状的材料，供给家具厂、木器厂。

木材进行集中流通加工、综合利用，出材率可提高到 72%，原木利用率达到 95%，同时提高运输的效率、获取的经济效益相当可观。

4) 玻璃的流通加工

平板玻璃的运输破损率较高，玻璃运输的难度比较大。在消费比较集中的地区建玻璃流通加工中心，按照客户的需要对平板玻璃进行套裁和开片，可使玻璃的利用率从 62%～65%，提高到 90%以上。大大降低了玻璃破损率，增加了玻璃的附加价值。

5) 煤炭流通加工

煤炭的流通加工例子很多。将煤炭在产地磨成煤粉，再用水调成浆状，可以采用管道运输；把采掘出来的杂煤，除去矸石，能增强煤炭的纯度；把混在煤炭里的垃圾、木片等杂物彻底拣除，可避免商业索赔的发生；将煤粉加工成取暖用的蜂窝煤供应居民也是一种流通加工。

2. 消费物品的流通加工

消费物品的流通加工有纤维制品的缝制和整烫、贴标签、家具组装等。这种流通加工一方面是为了提高顾客服务水平，另一方面也是为了提高物流效率。

1) 自行车、助力车的流通加工

自行车和助力车整车运输、保管和包装，费用多、难度大、装载率低，但这类产品装配简单，不必进行精密的调试和检测，所以，可以将同类部件装箱，批量运输和存放，在商店出售前再组装。这样做可大大提高运载率，有效地衔接了批量生产和分散消费的矛盾。这是一种只改变商品状态，不改变商品功能和性质的流通加工形式。

2) 服装、书籍的流通加工

服装流通加工，主要指的不是材料的套裁和批量缝制，而是在批发商的仓库或配送中心进行缝商标、拴标签、改换包装等简单的加工作业。近年来，因消费者要求的个性化，退货大量增加，从商场退回来的衣服，一般在仓库或配送中心重新分类、整理、改换价签和包装。国外书籍的流通加工作业主要有：简单的装帧、套书壳、拴书签以及退书的重新整理、复原等。

3. 食品的流通加工

食品的流通加工的类型繁多。既有为了保鲜而进行的流通加工，如保鲜包装，也有为了提高物流效率而进行的对蔬菜和水果的加工，如去除多余的根叶等，鸡蛋去壳后加工成液体装入容器，鱼类和肉类食品去皮、去骨等。此外，半成品加工，快餐食品加工也成为流通加工的组成部分。

1) 冷冻、冷藏加工

随着人们生活水平的提高，为解决水产品、肉类、蛋类、奶类、蔬菜和水果等生鲜产品，从产地到消费地的流通过程中的保鲜及装卸搬运的问题，采取对此类产品需要冷冻、冷藏状态实施加工、分割、包装、保管和运输处理。

2) 分选加工

农副产品离散情况较大，为获得一定规格的产品，采取人工或机械分选的方式加工。如，果类、瓜类、棉毛原料等。

3) 精致加工

在产地或销售地设置加工点，去除农副产品无用部分，进行切分、洗净、分装等加工。超市里的货柜，摆放的各类洗净的蔬菜、水果、肉末、鸡翅、香肠和咸菜等，无一不是流通加工的产物。这些商品在摆进货柜之前，进行了包括分类、清洗、装袋、包装、贴商标和条码等多种加工作业工序。这些加工都不在产地，而且已经脱离了生产领域，进入了流通领域。这种加工形式，节约了运输等物流成本，保护了商品质量，增加了商品的附加价值。

4) 分装加工

将大包装货物换为小包装货物，以满足消费者对不同包装规格的需求。酒类属于液体商品，从产地批量地将原液运至消费地配制、装瓶、贴商标，包装后出售，可以既节约运费，又安全保险，以较低的成本，卖出较高的价格，附加值大幅度增加。

2.5.3 流通加工管理

组织流通加工的方法和组织运输、交易等方法区别较大，在许多方面类似于生产的组织和管理。因此，对流通加工需要进行科学的评价，特殊的组织管理和安排。

1. 流通加工可行性分析

流通加工是生产加工制造的一种补充形式，由于它在生产与需求之间增加了一个中间环节，所以它延长了商品的流通时间，增加了商品的生产成本，存在着许多降低经营效益的因素。因此，设置流通加工点，从事流通加工业务，必须进行可行性分析。分析的内容有以下几点。

1) 设置流通加工点的必要性

研究是否可以延续生产过程或改造生产方式，使之充分与需求衔接。在技术不断进步的情况下，原来难以实现的多品种灵活生产现在已经可以实现，因此，无需设置流通加工来衔接。只有在生产过程确实不能满足客户的要求或经济效益不好的前提下，才可考虑设置流通加工。

2) 设置流通加工环节的经济性

流通加工一般都是比较简单的加工，在技术上不会有太大的问题，投资建设时要重点考虑的是经济上是否划算。流通加工的经济效益主要取决于加工量的大小，加工设备和生产人员是否能充分发挥作用。如果任务量很小，生产断断续续，加工能力经常处于闲置状态，那就有可能出现亏损。因此，加工量预测是流通加工点投资决策的主要依据。此外，还要分析该流通加工项目的发展前景，如发展前景良好，近期效益不理想也是可以接受的。

3) 充分考虑技术进步的因素

研究是否可通过集装、专门装运等方式，代替流通加工。如有些加工，在运输技术水平较低情况下，为了增加防护性运输包装的加工，是所需进行的加工。因此，如果开拓了运输技术，则可以不必进行此种加工。

4) 投资决策和经济效果评价

流通加工项目的投资决策和经济效果评价，主要使用净现值法、投资回收期和投资收益率。

2. 流通加工的生产管理

流通加工生产管理内容及项目很多，如，劳动力、设备、动力及物品等方面的管理，在生产管理中特别要加强生产的计划管理，提高生产的均衡性和连续性，充分发挥生产能力，提高生产效率，制订科学的生产工艺流程和加工操作规程，实现加工过程的程序化和规范化。如，对于套裁型流通加工，其最具特殊性的生产管理是出材率的管理。这种流通加工形式的优势就在于物品的利用率高，出材率高，从而获取效益。为此，要加强消耗定额的审定及管理，并采用科学方法，如采用数学方法进行套裁的规划及计算。

3. 流通加工的质量管理

流通加工的质量管理，是对加工产品实施全过程的和全方位质量监控，和满足用户对加工产品的品种、规格、数量、包装、交货期及运输等方面的服务要求。经过加工后的产品，其外观质量和内在质量都应符合有关标准。如果没有国家和部颁标准，其质量的掌握，主要是满足用户的要求。但是，由于各用户的要求不一，质量宽严程度也就不同，所以要求流通加工必须能进行灵活的、柔性化的生产，以满足不同的用户对质量的不同要求。由于加工成品一般是国家质量上没有的品种和规格，因此，进行这种质量控制的依据，主要是用户要求。

4. 流通加工中心的布局

1) 设置在靠近生产地区，以实现物流为主要目的的加工中心。这种加工中心的货物能顺利地、低成本地进入运输、储存等物流环节。如，肉类、鱼类的冷冻食品加工中心，木材的制浆加工中心等。

2) 设置在靠近消费地区，以实现销售，强化服务为主要目的流通加工中心。经这里加工过的货物能适应用户的具体要求，有利于销售。如，平板玻璃的开片套裁加工中心等。

2.6 配　送

配送是物流系统中由运输派生出来的功能。它是为了满足客户多品种、小批量、高频率的订货需求，在配送中心或其他物流结点进行货物的配备，并且以最合理的方式送交用户。

2.6.1 配送概述

1. 配送的概念

配送(Distribution)，是“在经济合理区域范围内，根据用户要求，对物品进行拣选、加工、包装、分割及组配等作业，并按时送达指定地点的物流活动。(国标)”即按照用户的订货要求，在配送中心或其他物流结点进行货物配备，并以最合理的方式送交用户。一般配送是物流体系的一个缩影，是物流的一项终端活动，它使物流服务更加贴近市场、贴近消费者。配送活动如图 2.18 和图 2.19 所示。

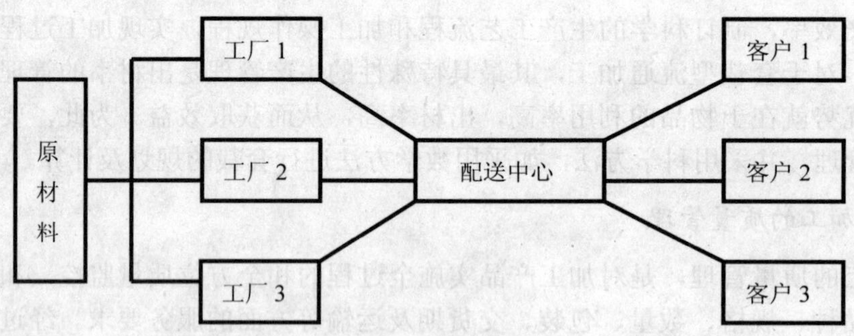

图 2.18　配送活动

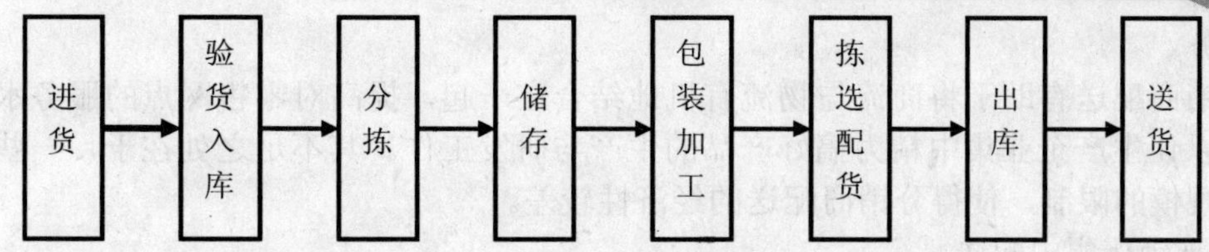

图 2.19　配送作业流程

2. 配送与运输

从配送活动的实施过程看，配送包括“配”和“送”两方面的活动。“配”是对货物进行集中、分拣和组配，“送”是将货物送达指定地点或用户手中。配送与运输相比较，具有以下特点，如表 2-5 所示。

表 2-5　配送与运输的比较

比较项目	配　送	运　输
移动距离	短距离、少量货物的移动	长距离、大量货物的移动
服务功能	“配”与“送”的结合；货物送交客户	纯粹是“送”；结点间货物移动
运输工具	主要采用汽车运输	使用多种交通工具
货物特点	多品种、小批量、多批次的货物	少品种、大批量货物
价值取向	服务优先	效率优先

2.6.2　配送的类型

根据不同的分类标准，配送可以划分为不同的类型。

1. 按照配送主体进行分类

1) 生产企业配送

即以生产企业的成品库或设在各地的配送中心为据点，由生产企业自己组织的配送活动。因为，第一，产品的产销量非常大；第二，产品的销售地较为集中，地产地销的消费资料企业(如一些地方性的啤酒企业)以及客户相对集中的生产资料供应商就经常自己组织配送；第三，产品的保质期非常短，如许多酸奶生产企业就建立了自己的配送车队，直接向各大零售网点供货。

采用生产企业配送的方式，由于减少了货物中转环节，可以加快物流的时间，提高物流速度，物流费用也相应减少。但这种配送方式必须以一定的规模经济为前提，即生产企业应确保由自己组织配送具有较大的规模经济性。

2) 分销商配送

许多产品的生产具有很强的集中生产、分散消费的特点，在实现生产的规模经济性的同时，将产品的市场拓展到全国乃至全世界。为了不断扩充自己的市场，生产企业在各地发展了自己的地方产品代理，作为自己的分销商，并且委托这些分销商实施对零售网点的配送任务。

分销商配送有助于将商流与物流有机地结合在一起，提高对零售网点的服务水平，同时，可以让生产企业集中精力搞好产品的生产与研发工作。其不足之处在于，一些地区由于市场规模的限制，使得分销商配送的经济性较差。

3) 连锁店集中配送

统一采购、集中配送、分散销售是连锁店的基本特点。建立自己的配送中心，强化集中配送的能力，是连锁店提高竞争力的重要途径。尤其是当连锁店在某一地区建立的门店较为密集时，集中配送具有很大的竞争优势，有助于集成采购批量，降低采购成本，节约配送费用，而且可以使各门店的商品存货降到很低的水平，乃至实现零库存。同时，由连锁店总部的配送中心进行集中配送，也使配送服务质量具有很强的可控性。

当然，如果连锁店各门店很分散，则自己组织配送的经济性就会大打折扣，委托社会配送中心进行配送更为经济、合理。

4) 社会配送中心配送

随着社会分工的发展，出现了专门从事商品配送服务的配送中心。配送中心的设施及工艺流程是根据配送需要专门设计的，所以配送能力强，配送距离远，配送品种多，配送数量大。由于为众多的企业、众多的产品提供配送服务，社会配送中心能够实现较强的规模经济性。

对于生产企业或流通企业而言，选择这种配送方式可以避免自己在配送方面的大量投资，具有较强的经济性。但由社会配送中心配送可控性往往比自己配送要差一些，因此，选择重合同、守信用的社会配送中心，对于确保企业配送的服务质量就显得至关重要了。

2. 按照配送时间和数量进行分类

1) 定时配送

定时配送是指按照规定的时间进行货物配送。定时配送的时间间隔可长可短，可以是数天，也可以是几个小时。定时配送由于时间固定，便于制订配送计划，安排配送车辆及送货人员，也便于安排接货人员及设备。但如果配送订单下达较晚，在配送品种和数量变化较大时，配货时间很短，会给配送工作造成较大的难度。

日配(当日配送)是定时配送中较常见的方式。一般来说，如果是上午下达的订单，当天下午可送达；如果是下午下达的订货，第二天上午可送达。日配送的开展可以使客户维持较低的库存，甚至实现零库存。日配送特别适合生鲜食品及周转快、缺乏仓储场地或特定设备(如冷冻设备)的小型零售商。

2) 定量配送

定量配送是指在一定的时间范围内，按照规定的品种和数量进行货物配送。这一配送方式由于每次配送品种和数量固定，因此，不但可以实现提前配货，而且可以按托盘、集装箱及车辆的装载能力有效地提高配送的效率，降低配送费用。同时，每次接货的品种和数量固定，有利于提前准备好接货所需的人力、设备。但定量配送的方式较容易与客户对货物的实际需求相脱节，既可能造成缺货损失的现象，也可能由于货物库存过大而造成仓位紧张的现象。

3) 定时定量配送

定时定量配送是上述两种配送方式的综合，即按照规定的时间、规定的品种和数量进行货物配送。这种配送方式计划性很强，但适合的客户对象较窄，要求货物需求具有非常稳定的特点。

4) 定时定路线配送

定时定路线配送是指在规定的运行路线上，按照所要求的运行时间表进行货物配送。例如，邮政部门的普通邮件投递就是采用这种配送方式。在客户相对集中地区，采用这种配送方式有利于安排配送车辆及人员，对客户而言，有利于安排接货力量，但一般配送的品种、数量不宜太多。

5) 即时配送

即时配送是指完全根据客户提出的配送要求，采取对货物的品种、数量、时间提供一种随要随送的配送方式。由于这种配送方式要求的时限很快，因此对配送的组织者提出了较高的要求。对客户而言，它具有很高的灵活性，可以使客户实现安全存货的零库存。随着准时制(Just in Time，JIT)生产的发展而出现的准时制配送也属于这种即时配送，准时制配送真正实现了按照实际需要的品种和数量进行配送，具有很高的效率，使生产企业的原材料或零部件真正实现了零库存。

3. 按照配送专业化程度进行分类

1) 专业化配送

专业化配送是指专门针对某一类或几类货物的配送方式，如图书配送、鲜奶配送等。专业化配送有利于发挥专业化分工的优势，按照不同配送货物的特殊要求优化配送设施、配送车辆，提高配送的效率，确保配送货物的品质。如，鲜奶配送要求配备相应的冷藏设备和冷藏车辆。

2) 综合化配送

综合化配送是指同时针对多种类型的货物的配送方式。综合化配送可以使客户只要与少数配送组织者打交道就可以满足对众多货物的需要，可以简化相应的手续。但当不同产品的性能、形状差别很大时，配送组织者的作业难度较大。

2.7 物 流 结 点

物流网络是物流活动的据点，其构成有虚拟网络和实体网络。虚拟网络是以计算机和通讯网络为基础构成物流信息系统的线路和结点。实体网络的构成，是由实施物品流动的各种运输线路(铁路、公路、航空、水路等)和执行物品停顿的结点两种基本元素所组成。线路与结点相互联系、相互配置，相互支持，它们的结构、组成和连接方式不同，形成了不同的物流网络。

在实体网络中，所有的物流活动都是在线路和结点上进行的，在线路上进行的物流活动主要是运输，而物流功能要素中的其他功能要素，都是在物流结点上完成的。物流结点是物流系统的重要组成部分，物流效率的发挥依赖于物流结点的位置和功能配置。本节所指的结点是物流实体网络中的结点。

物流结点的功能包括：(1)物流处理功能。(2)衔接功能：①通过物流结点将不同运输方式或同一运输方式连接起来，通过多式联运，实现集疏运输与干线运输以及干线运输与干线运输的衔接；②通过物流结点，将运输、仓储、加工、搬运及包装等物流功能联系起来，实现物流作业一体化。(3)信息功能。(4)管理功能。

物流结点包括：(1)转运型物流结点。(2)配送中心。(3)物流中心。(4)物流园区。

2.7.1 配送中心

1. 配送中心的概念

配送中心(Distribution Center)，是“从事配送业务的物流场所或组织。应基本符合下列要求：①主要为特定的用户服务。②配送功能健全。③完善的信息网络。④辐射范围小。⑤多品种、小批量。⑥以配送为主，储存为辅。(国标)”

2. 配送中心的作业

配送中心，是商品集中、出货、保管、包装、加工、分类、配货、配送、信息的场所或经营主体。因此，配送中心的作业主要包括收验货物、搬运、储存、装卸、拣选、配货、送货、信息处理以及与供应商、零售商的连接。作业流程如图 2.20 所示，作业流程如表 2-6 所示。配送中心的优势之一，就是可以集中众多客户的需求，进行一定规模的采购、统一配送、降低备货成本和提高配送的效益。

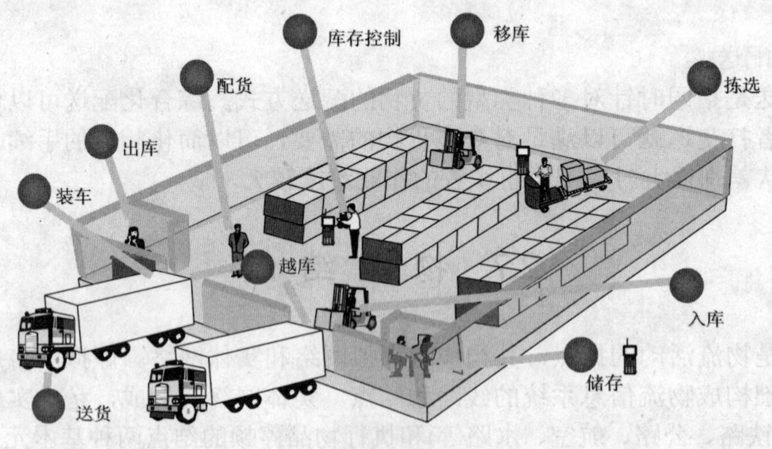

图 2.20 配送中心作业

表 2-6　配送中心物流作业内容

作业分类	作业内容	作业流程
进货	车辆到达、卸载、验收、理货	取得进货信息→货物到达→卸下货物→拆装理货→货物验收→记录进货信息
储存	入库、搬运、储位管理、盘点	取得入库信息→安排储位→搬运上架→记录入库信息
拣货	订单拣取、拣货分类、搬运	取得拣货信息→进行拣取作业→搬运物品至发货区或其他区→记录拣货信息
补货	拣货、搬运	取得补货信息→在储存区取出物品→搬运物品至补货区→记录补货信息
集货/分货	搬运、分类	取得集货信息→物品分类→集货→搬运至出货暂存区→记录集货信息
流通加工	加工	取得加工信息→加工→记录加工信息
出货作业	检验、装车	取得出货信息→检验→装车→记录出货信息

1) 采购备货

为了满足配送货物品种及数量的需要，配送中心需要从生产厂家及其分销商采购大量的物品。

2) 进货

货物由供应商送达配送中心，在配送中心进行核对货单，检查货物外包装是否有损伤，核查数量和检验货物的质量等必要的作业。

3) 分类

分类是将货物按不同的品种，不同的送货方向，不同的顾客等因素进行分货。

4) 储存

为了正常地开展业务，防止缺货，配送中心需要储备一定数量的货物。由于不同货物的特性及订货提前期不同，储存的数量也不同。一般而言，本地生产的货物储存数量较少，而外地生产的货物因运输周期较长的原因存储数量较多。保质期短的生鲜产品存储数量较少，而保质期较长的冷冻食品存储数量可以相对多一些。

5) 订单受理

配送中心的订单受理功能涉及，由接到客户订货开始到着手配货之间的作业阶段，包括有关客户，订单的资料确认，订单查询和单据处理等。

6) 流通加工

流通加工指在发货之前，为商品粘贴标价及其他标记、装袋、切割、包装，将几种商品组合成套作为赠送的礼品等作业。其主要目的是为了提高物流效率，增加附加值及满足顾客多样化需求。配送中心内的流通加工活动有分个包装、赠送礼品的组合捆包、装箱或成套化的捆绑、粘贴标记及标价、板材的切割、纸张的裁剪、食品的冷藏和家具的组装等。

7) 配货

由于不同的客户在订货品种和订货数量上千差万别，因而需要根据不同客户订单的不同要求对货物进行拣选，并将不同客户所需要的货物进行有效的组合包装，依据送货次序在配送车辆上进行有效的码放。为了满足多品种小批量的需要，在配货时，将大包装拆箱成小包装是一项重要的活动。

8) 送货

按照客户所要求的送货时间，将客户所需要的货物送达客户指定的地点。配送中心可以利用自备运输工具，也可以借助社会专业物流企业来完成送货任务。

3. 配送中心作业的合理化

1) 配货的基本要求

(1) 准确。根据订单要求的品种、数量准确地开展配货，可以消除差错率，避免不必要的重新清点数量所耗费的人工支出，提高配货质量，从而最终提高顾客满意度。

(2) 迅速。配货速度是配送中心提高竞争力的重要砝码，尤其是随着客户对准时制配送的要求，基于配货时间的竞争对于配送中心提高竞争力至关重要。

(3) 费用低廉。配送中心的产生原因之一就是为了节约经营成本，由于配货是配送中心最核心的作业环节之一，因此，选择合适的配货作业方法，确保配货作业的合理化，以节约配货费用，成为配送中心追求的重要目标。

2) 配货作业方式

配货作业有以下两种基本的方式：

(1) 分货方式。分货方式又称为播种方式，即作业人员先将货物从配送中心的仓储区集中搬运到配货区，再根据不同客户的订单要求进行再次分配，投放到代表每个客户的货位上，直至配货完毕。播种方式适合于需求数量较大的货物。

(2) 拣选方式。拣选方式又称摘果方式，即作业人员推着分拣车在不同的货架之间巡回走动，按照客户订单所列明的品种和数量，将客户所订的货物逐一拣选到分拣车中。摘果方式针对的是货物品种多但每种货物需求量少的情况。一般情况下，摘果方式一次只能为一个客户进行配货。随着自动分拣机的采用，大大提高了分拣作业的劳动效率，能够同时实现对众多客户的拣选服务。

3) 配货作业合理化的措施

(1) 根据货物的周转速度确定存放的位置，周转快的货物类别尽可能存放在靠近出入口的货架上，这种货物品种应放在货架上最容易被发现和存取的位置上，即货架的中上部位上。

(2) 按照货物的不同类别，合理确定货架的位置，并在货架上设置货物卡，列明货物的种类、数量、有效期限及入库时间等信息，以方便配送中心工作人员在配货作业时能够快捷地找到所需要的货物。

(3) 为提高配送车辆的利用率，通过拆包所配的货物有必要进行重新包装。同时，还需要将种类不同但属性相容的货物包装在一个包装物之内。

(4) 对于体积大、适合集装化包装的货物，应积极利用叉车等装卸搬运机械进行配货作业。

4) 车辆配装的合理化

为了提高配送车辆的装载效率，加快配送的速度，需要注意以下一些问题。

(1) 合理调配车辆。达到一定规模的配送中心应配备不同吨位的车辆。除了定量配送及定时定量配送，每次采用相同吨位的车辆进行配送外，在采用其他配送方法时，应根据每次配送货物的数量，来合理安排不同吨位的配送车辆，避免出现车辆运载能力浪费的现象。

(2) 综合考察车辆的载重量和容间。由于需要配送的货物的比重、体积、包装各异，在进行车辆配装时，既要考虑车辆的载重量，又要考虑车辆的容间，使二者都能够得到充分的运用，以达到节省运力的目的。

(3) 按送达的先后顺序开展配装。为了方便配送车辆送达后的卸货，有必要将最后送达的货物先行装入配送车辆，码放在车厢的里面和下边；将最先送达的货物最后装入配送车辆，码放在车厢的外面和上边。

(4) 根据货物的比重合理配装。为了确保在配送过程中货物的包装和品质不受损伤，在装车时要考虑货物的比重，做到“轻者在上，重者在下”和“重不压轻”。

5) 配送路线的优化

配送路线的选择对配送的速度、费用、效益影响非常大，在配送中心地址已经确定的情况下，运用科学合理的方法确定配送路线是一项很重要的工作。通常，企业采用以下几个指标作为衡量配送路线是否合理的标准。

(1) 路程最短标准。由于配送费用在很大程度上取决于配送路程，因而在客户地理位置确定的条件下，努力实现配送路程的最短化就成为企业追求的目标。采用这种标准，计算起来较为简便。但在一些情况下，路程最短未必意味着配送费用最节省。比如，最短的路程可能交通拥堵，致使耗油量增加，配送效率降低；又如，最短的路程中间设置了收费站，增加了额外的过路过桥费等。

(2) 吨公里数最小标准。在干线运输中，吨公里是收费的基本依据，在将货物运抵目的地的情况下，实现吨公里的最小化有助于节约运输费用。因此，人们也将吨公里最小化标准移植到配送中来，作为判断配送路线合理化的依据。如果企业利用的是社会配送中心，按照这种标准核算较为有利；如果企业自己组织配送，这一标准未必适用，原因在于在配送途中车辆经过多次卸货，车的满载程度较低，空驶率很高。

(3) 费用最低标准。配送费用最低是优化配送路线的直接目标，但要准确核算出每次配送的费用，往往非常困难，因此，这一标准操作起来较为困难。

(4) 确保大户服务质量标准。确保对大客户的服务水平对于配送中心的持续、健康发展十分重要。在设计配送路线时，有些配送中心将确保对大客户的准时服务放在中心的位置上。这一标准可能会一定程度地增加企业的配送费用，但对于企业维持住大客户却能起到很重要的作用。

4. 配送中心的选址

一般影响物流结点选址的因素有：(1)自然环境因素：①气象条件；②地质条件、水文条件；③地形条件。(2)经营环境因素：①经营环境；②商品特征；③物流费用；④服务水平。(3)基础设施状况：①交通条件；②公共设施状况。(4)其他因素：①国土资源利用；②环境保护要求；③周边状况。

物流结点选址的原则有：(1)经济发展中心地区或城市；(2)各种交通方式重叠和交汇地区；(3)物流资源较优的地区；(4)土地开发资源较好地区；(5)支持产业发展需要；(6)符合区域物流特点；(7)有利于整个物流网络的优化；(8)有利于各类结点的合理分工、协调配合；(9)地区管理和人才资源较好地区。

配送中心是物流的结点之一是发挥配送职能的流通型仓库。它的设置和建设是一项复杂的系统工程，投资者一是要考虑一个区域范围内物流系统的整体规划，二是配送中心位置的选择，需要以费用低、服务好、社会效益高为目标。因此，在做出选址决策前，应当充分地进行市场调研和可行性分析，通常配送中心的选址应综合考虑以下一些因素。

1) 适应原则

配送中心的建设必须与国家及地区的经济发展方针、政策相适应，与我国物流资源分布和需求分布相适应；同时，还要与一个地区或区域的经济发展特征和主产品特征相适应；既要考虑配送中心本身经营运作上的可行性，又要与区域物流系统规划相适应。

2) 经济因素

配送中心的建设既要充分考虑各种技术条件、又要考虑经济因素；既要进行功能比较，又要进行价值分析；既要考虑企业效益，又要兼顾社会效益，总的原则是求得综合成本最低。一般配送中心选择在拆迁工程小、征地费用少、场地平整以及通水、通电、通信方便的地点。正是由于这个原因，许多大型配送中心都建在大城市的近郊区。

3) 交通条件

交通条件是影响货物的配送费用，以及货物从供应商运达配送中心的运输费用的重要因素。配送中心建设一般毗邻重要的运输线路，如高速公路、国道、快速道路、铁路货运站和码头等，避免设在交通拥挤的路段，以方便配送车辆的进出。同时，应考虑所在城市有关的交通限制。

4) 客户的分布

配送中心的根本任务是向客户提供配送服务，因此，配送中心的选址应充分考虑客户的地理位置，应建在客户需求集中、对货物需求量大的地区的中心位置，以减少配送总里程。

5) 供应商的分布

由于配送中心的货物全部是由各种供应商所供应的，配送中心的建设越接近供应商，就越有利于降低运输费用，同时，配送中心货物的安全库存也可以控制在较低的水平上。

6) 劳动力资源

配送作业大多属于劳动密集型作业，要求有充足的劳动力资源做保证，因此，在进行配送中心选址时，必须考虑相应劳动力的来源、技术水准、工作习惯和工资水平等因素。如果配送中心所建设的地理位置附近人口不多且交通又不方便，则基层作业人员的招募就不容易；如果附近地区的工资水平太高，也会影响基层作业人员的招募。

7) 政府政策

当前，一些城市为了鼓励物流业的发展，在城市规划中专门辟出了现代物流园区，在税收方面有相应的减免优惠。选择在物流园区建立配送中心，有助于降低配送中心的运营费用。

2.7.2　物流中心

1．物流中心概念

物流中心的概念有广义和狭义之分，广义物流中心泛指达到一定规模的物流结点，狭义物流中心则排除了铁路货运站、港口、机场等物流基础设施部分，专指处于枢纽或重要地位的、具有完整的物流环节，能将物流集散、信息和控制等功能实现一体化运作的物流结点。物流中心是物流网络中最具有影响力的结点，是物流系统的重要基础设施，不仅自身承担多种物流功能，而且越来越多地执行指挥调度、信息处理等神经中枢的职能，是整个物流网络的核心所在。

物流中心(Logistics Center)，是“从事物流活动的场所或组织，应基本符合下列要求：①主要面向社会服务；②物流功能健全；③完善的信息网络；④辐射范围大；⑤少品种、大批量；⑥存储、吞吐能力强；⑦物流业务统一经营、管理。(国标)”物流中心与配送中心的区别如表 2-7 所示。

表 2-7　物流中心与配送中心的区别

比较项目	物流中心	配送中心
功能	单一或全面、辐射范围大	较单一、辐射范围小
规模	较大	可大可小
在供应链中的位置	上游	下游
物流特点	少品种、大批量、少供应商	多品种、小批量、多供应商

2. 物流中心的类型

作为物流中心，根据其主要的机能和侧重点不同，可以分为不同类型的物流中心。具体有以下几种划分方式。

1) 集货中心

在一定范围内将分散的、小批量的物品集中成大批量货物的物流结点。集货中心的主要功能是：①集中货物，将分散的产品、物品集中成批量货物；②初级加工，进行分拣、分级、除杂、剪裁、冷藏及冷冻等作业；③运输包装，包装适应大批量、高速度、高效率、低成本的运输要求；④集装作业，采用托盘系列、集装箱等进行货物集装作业，提高物流过程的连贯性；⑤货物仓储，进行季节性存储保管作业等。

2) 分货中心

根据客户的需求，将大批量运抵的货物换装成小批量货物，并且送到用户手中的物流结点。此类物流中心多分布在产品使用地、消费地或车站、码头、机场所在地。其主要功能是：①分装货物，大包装货物换装成小包装货物；②分送货物，送货到零售商、用户；③货物仓储等。

3) 转运中心

转运中心是实现不同运输方式或同种运输方式联合运输的物流设施，通常称为多式联运站、集装箱中转站、货运中转站等。转运中心多分布在综合运输网的结点处、枢纽站等地域。这类物流中心的主要功能是：①货物中转，不同运输设备间货物装卸中转；②货物集散与配载，集零为整、化整为零，针对不同目的地进行配载作业；③货物仓储及其他服务等。

4) 加工中心

以流通加工为主要功能的物流结点。这类物流中心多分布在原料、产品产地或消费地。经过流通加工后的货物，再通过专用车辆、专用设备以及相应的专用设施进行作业，如冷藏车、冷藏仓库，煤浆输送管道、煤浆加压设施，水泥散装车、预制现场等，可以提高物流质量和效率，并且降低物流的成本。

5) 配送中心

将集货、包装、仓储、装卸、分货、配货、加工、信息服务及货等多种服务功能融为一体的物流结点，也称为配送中心。配送中心是物流功能较为完善的一类物流中心，分布于城市边缘且交通方便的地带。

6) 流通中心

又称分销中心，以大型制造商或批发商设立的、以零售商和二级批发商为主要服务对象、兼有商品流通功能的大型物流中心。

3. 物流中心的功能

凡从事大规模、多功能物流活动的场所即可称为物流中心。物流中心的主要功能如下：

1) 运输功能

物流中心需要自己拥有或租赁一定规模的运输工具，具有竞争优势的物流中心不只是一个点，而是一个覆盖全国的网络。因此，物流中心首先应该负责为客户选择满足客户需要的运输方式，然后具体组织网络内部的运输作业，在规定的时间内将客户的商品运抵目的地。除了在交货点交货需要客户配合外，整个运输过程，包括最后的市内配送都应由物流中心负责组织，以尽可能地方便客户。

2) 储存功能

物流中心需要有仓储设施，但客户需要的不是在物流中心储存商品，而是要通过仓储环节保证市场分销活动的开展，同时尽可能降低库存占压的资金，减少储存成本。因此，公共型物流中心需要配备高效率的分拣、传送、储存、拣选设备。

3) 装卸搬运功能

这是为了加快商品在物流中心的流通速度必须具备的功能。公共型的物流中心应该配备专业化的装载、卸载、提升、运送及码垛等装卸搬运机械，以提高装卸搬运作业效率，减少作业对商品造成的损毁。

4) 包装功能

物流中心的包装作业目的不是要改变商品的销售包装，而在于通过对销售包装进行组合、拼配、加固，形成适于物流和配送的组合包装单元。

5) 流通加工功能

主要目的是方便生产或销售，公共物流中心常常与固定的制造商或分销商进行长期合作，为制造商或分销商完成一定的加工作业。物流中心必须具备的基本加工职能有贴标签、制作并粘贴条码等。

6) 物流信息处理功能

由于物流中心现在已经离不开计算机，因此，将在各个物流环节的各种物流作业中产生的物流信息进行实时采集、分析、传递，并向货主提供各种作业明细信息及咨询信息，这对现代物流中心是相当重要的。

从一些发达国家的物流中心具体实际来看，物流中心还具有以下增值性功能。

7) 结算功能

物流中心的结算功能是物流中心对物流功能的一种延伸。物流中心的结算不仅仅只是物流费用的结算，在从事代理、配送的情况下，物流中心还要替货主向收货人结算货款等。

8) 需求预测功能

自用型物流中心经常负责根据物流中心商品进货、出货信息，预测未来一段时间内的商品进出库量，进而预测市场对商品的需求。

9) 物流系统设计咨询功能

公共型物流中心要充当货主的物流专家，因而必须为货主设计物流系统，代替货主选择和评价运输商、仓储商及其他物流服务供应商。国内有些专业物流公司正在进行这项尝试，这是一项增加价值、增强公共物流中心竞争力的服务。

10) 物流教育与培训功能

物流中心的运作需要货主的支持与理解，通过向货主提供物流培训服务，可以培养货主与物流中心经营管理者的认同感，可以提高货主的物流管理水平，可以将物流中心经营管理者的要求传达给货主，也便于确立物流作业标准。

上述物流功能中，前 6 项基本功能需要经验和实力，后 4 项需要智慧和远见。功能是靠设计而来的，每个物流中心的功能集合都不会完全一样，有的物流中心可能只提供 6 项基本功能中的部分功能，但这些功能特别强大，这是完全可以的。

公司设计物流中心功能时要考虑本文前面所述的影响因素，要确定物流中心的核心功能和辅助功能，辅助功能可能会使物流中心不一定只做物流，还可能做商流、信息流、资金流，如果一个物流中心是一个集商流、物流、信息流、资金流于一体的流通机构，它是否还是物流中心呢？这要取决于这些业务的比重有多大，如果核心功能是物流，辅助功能是商流、信息流和资金流，那它肯定是物流中心，否则就不能算是物流中心。

算不算物流中心并不重要，只要能够为货主、客户提供服务，进而能够取得经济效益就可以，因此，在设计物流中心功能时需要创新。

随着信息技术在世界范围的普遍应用，物流成为制约商品流通的真正瓶颈，现代物流中心应该更多地考虑如何提供增值性物流服务，这些增值性物流服务是物流中心基本功能的合理延伸，其作用主要是加快物流过程。降低物流成本、提高物流作业效率、增加物流的透明度等。提供增值性服务是现代物流中心赢得竞争优势的必要条件。

有一个例子，从中可以看出，美国凯利伯物流公司是如何设计它的物流中心的基本功能和增值性功能的。美国凯利伯物流公司是一家在世界范围内较有影响的专业物流公司，该公司设立的公共型物流中心为客户提供如下服务。

(1) JIT 物流计划。该公司通过建立先进的信息系统，为供应商提供培训服务及管理经验，优化了运输路线和运输方式，降低了库存成本，减少了收货人员及成本，并且为货主提供了更多更好的信息支持。

(2) 合同制仓储服务。该公司推出的此项服务减少了货主建设仓库的投资，同时通过在仓储过程中，用 CAD 技术、执行劳动标准、实行目标管理和作业监控来提高劳动生产率。

(3) 全面运输管理。该公司开发了一套专门用于为客户选择最好的承运人的计算机系统，使用该系统客户可以得到如下利益：使运输方式最经济，在选定的运输方式中选择最佳的承运人，可以获得与凯利伯公司关联的企业提供的服务，对零星分散的运输作业进行控制，减少回程车辆放空，管理进向运输，可以进行电子运单处理，可以对运输过程进行监控等。

(4) 生产支持服务。该公司可以进行如下加工作业：简单的组装、合并与加固、包装与再包装 JIT 配送、贴标签等。

(5) 业务过程重组。该公司使用一套专业化业务重组软件，可以对客户的业务运作过程进行诊断，并提出专业化的业务重组建议。

(6) 专业化合同制运输。该公司的此项功能可以为客户提供的服务有：根据预先设定的成本提供可靠的运输服务，提供灵活的运输管理方案，提供从购车到聘请司机直至优化运输路线的一揽子服务，降低运输成本，提供一体化的、灵活的运输方案。

(7) 回程集装箱管理。公司提供的服务包括：回程集装箱的跟踪、排队、清洗、储存等，可以降低集装箱的破损率，减少货主的集装箱管理成本，保证货物安全，对环保也有好处。

4. 物流中心选址

物流中心选址是指在一个具有若干供应网点及若干需求网点的经济区域内，选一个地址设置物流中心的规划过程。较佳的物流中心选址方案，是使商品通过物流中心的汇集、中转、分发，直至输送到需求网点的全过程的效益最好。通常，物流中心拥有建筑物、构筑物以及设备，如果选址不当，将付出长远代价。因而，在物流中心的选址规划中，应对物流中心的选址原则、影响因素等进行综合分析，并提出缜密的决策建议。

1) 物流中心选址的原则

物流中心的选址过程应同时遵守适应性原则、协调性原则、经济性原则和战略性原则。

(1) 适应性原则。物流中心的选址须与国家、以及省市的经济发展方针、政策相适应，与我国物流资源分布和需求分布相适应，与国民经济和社会发展相适应。

(2) 协调性原则。物流中心的选址应将国家的物流网络作为一个大系统来考虑，使物流中心的设施设备，在地域分布、物流作业生产力、技术水平等方面互相协调。

(3) 经济性原则。物流中心发展过程中，有关选址的费用，主要包括建设费用及物流费用(经营费用)两部分。物流中心的选址定在市区、近郊区或远郊区，其未来物流活动辅助设施的建设规模及建设费用，以及运费等物流费用是不同的，选址时应以总费用最低作为物流中心选址的经济性原则。

(4) 战略性原则。物流中心的选址，应具有战略眼光。一是要考虑全局，二是要考虑长远。局部要服从全局，目前利益要服从长远利益，既要考虑目前的实际需要，又要考虑日后发展的可能。

2) 物流中心选址的影响因素分析

运用现代物流学原理，在城市现代物流体系规划过程中，物流中心的选址主要应考虑以下因素。

(1) 自然环境因素

① 气象条件。物流中心选址过程中，主要考虑的气象条件有温度、风力、降水量、无霜期、冻土深度和年平均蒸发量等指标。如，选址时要避开风口，因为在风口建设会加速露天堆放的商品老化。

② 地质条件。物流中心是大量商品的集结地。某些容重很大的建筑材料堆码起来会对地面造成很大压力。如果物流中心地面以下存在着淤泥层、流沙层、松土层等不良地质条件，会在受压地段造成沉陷、翻浆等严重后果，为此，土壤承载力要高。

③ 水文条件。物流中心选址需远离容易泛滥的河川流域与上溢的地下水区域。要认真考察近年的水文资料，地下水位不能过高，洪泛区、内涝区、故河道、干河滩等区域绝对禁止。

④ 地形条件。物流中心应地势高亢、地形平坦，且应具有适当的面积与外形。若选在完全平坦的地形上是最理想的；其次选择稍有坡度或起伏的地方；对于山区陡坡地区则应该完全避开；在外形上可选长方形，不宜选择狭长或不规则形状。

(2) 经营环境因素

① 经营环境。物流中心所在地区的优惠物流产业政策，对物流企业的经济效益将产生重要影响；数量充足和素质较高的劳动力条件，也是物流中心选址考虑的因素之一。

② 商品特性。经营不同类型商品的物流中心，最好能分别布局在不同地域。如，生产型物流中心的选址应与产业结构、产品结构、工业布局紧密结合进行考虑。

③ 物流费用。物流费用是物流中心选址的重要考虑因素之一。大多数物流中心选择接近物流服务需求地，例如，接近大型工业、商业区，以便缩短运距，降低运费等物流费用。

④ 服务水平。服务水平是物流中心选址的考虑因素。由于现代物流过程中能否实现准时运送是服务水平高低的重要指标，因此，在物流中心选址时，应保证客户可在任何时候向物流中心提出物流需求，都能获得快速满意的服务。

(3) 基础设施状况

① 交通条件。物流中心必须具备方便的交通运输条件。最好靠近交通枢纽进行布局，如紧临港口、交通主干道枢纽、铁路编组站或机场，有两种以上的运输方式相连接。

② 公共设施状况。物流中心的所在地，要求城市的道路、通信等公共设施齐备，有充足的供电、水、热、燃气的能力，且场区周围要有污水、固体废物处理能力。

2.7.3 物流园区

物流园区，是对物流组织管理结点进行相对集中建设与发展的、具有经济开发性质的城市物流功能区域，同时，也是依托相关物流服务设施降低物流成本、提高物流运作效率，改善企业服务有关的流通加工、原材料采购、便于与消费地直接联系的生产等活动、具有产业发展性质的经济功能区。

1. 物流园区的概念

物流园区(Logistics Park)，也称物流园地、物流基地，是一个或多个物流中心、配送中心在空间上集中布局的场所，是具有一定规模和综合服务功能的物流集结点。物流园区一般位于城乡结合处，其用地面积较大，并且应是公路、铁路、航空、水运等两种或两种以上运输方式的结点。物流园区可以减轻城市交通压力，减少城市环境污染，提高物流规模经济效益，满足物流仓储大型化的要求，满足货物运输联运的要求，同时减轻大型物流中心、配送中心在市中心分布所带来的种种不利影响。

作为城市物流功能区，物流园区包括物流中心、配送中心、运输枢纽设施、运输组织及管理中心和物流信息中心，以及适应城市物流管理与运作需要的物流基础设施；作为经济功能区，其主要作用是开展满足城市居民消费、就近生产、区域生产组织所需要的企业生产和经营活动。物流园区的功能可以概括为 8 个方面，即综合功能、集约功能、信息交易功能、集中仓储功能、配送加工功能、多式联运功能、辅助服务功能和停车场功能。其中，综合功能的内容具有综合各种物流方式和物流形态的作用，可以全面处理储存、包装、装卸、流通加工及配送等作业方式以及不同作业方式之间的相互转换。

物流园区本身主要是一个空间概念，与工业园区、科技园区等概念一样，是具有产业一致性或相关性，且集中连片的物流用地空间。理解这个概念，要注意物流园区与物流中心之间的联系和区别。物流园区是物流中心的空间载体，与从空间角度所指的物流中心往往是一致的。但是，它不是物流的管理和经营实体，而是数个物流管理和经营企业的集中地。

物流园区、物流中心和配送中心是三种不同规模层次的物流结点，其主要区别体现在以下三个方面：首先，从规模来看，物流园区是巨型物流设施，其规模最大，物流中心的规模次之，配送中心的规模最小。其次，就流通对象货物而言，物流园区的综合性较强。专业性较弱，物流中心在一个领域里面的综合性较强，具有这个领域的专业性。配送中心则主要面向城市生活或某一类型生产企业，其专业性很强。再次，从结点功能来看，物流园区的物流功能十分全面，其处理货物的能力很强，存储能力大，调节功能强。物流中心的功能健全，具有一定的存储能力和调节功能。而配送中心的功能较为单一，以配送功能为主，存储功能为辅。

2. 物流园区的特点

物流园区是一种物流企业集中布局的场所。它提供一定种类、一定规模、较高水平的综合物流服务。它的特点主要为以下几个方面。

(1) 作为物流基础设施，物流园区的建设具有投资大、资金回收期长的特点，单独的企业难以承担物流园区的基础建设。尤其在目前我国物流市场还远未达到成熟阶段的情况下，物流企业数量多、规模小，无法形成对物流园区建设的集中投资建设。

(2) 建设物流园区的核心目标是实现集约化和规模效应，单独企业的物流中心不能满足这个要求。从每个企业自身的角度来看，对物流园区的选址及功能定位都各有不同的需求。但是如果不能把众多企业的需求统一起来，就无法实现物流业的集约化和规模效应。统一物流企业的需求和集中建设资金的方法有多种多样，例如在日本，是由多个企业共同组成的社团，来进行物流园区的建设和管理；在深圳，市政府则担任起了公用的物流基础设施的组织管理职责。

(3) 物流园区可能会干扰城市的正常活动，而市环境具有一定的负面影响，因此物流园区的建设需要政府部门进行统一规划。对物流企业来讲，物流园区距离城市中心区越近，运输线路越短，运输成本就越低；而对城市居民来讲，如果物流园区离城市中心区过近，将会增大城市道路交通的压力，干扰城市生活。如何解决这个矛盾，需要市政管理部门及交通运输管理部门进行统筹规划、统一管理。

3. 物流园区分类

1) 国际物流园

如目前国务院批准海关实施的区港联动，设立与建设的保税物流园。这一举措为港口建成自由贸易区跨出了实质性的一步，意义十分重大。如，海外高桥保税物流园面积 1.03 平方千米，青岛保税物流园面积 1 平方千米，厦门航空港国际物流园面积 3 平方千米等。

2) 区域物流园

主要依托交通枢纽，实际面向城际间、省区间的全国性集散物流。

3) 城市物流园

其功能主要是为本座城市服务的，如，工业园区设立的物流园、为商业服务设立的物流园，或区分为专业物流园、综合物流园。

4. 物流园区经营管理方式

1) 德国货运中心的经营管理模式

德国的货运中心由政府兴办但却实行民间经营管理方式。布莱梅市货运中心自身的经营管理机构采取股份制形式。市政府出资 25%，货运中心 50 户经营企业出资 75%，由企业选举产生咨询管理委员会，推举经理负责货运中心的管理活动，实际上采取了一种由企业“自治”的方式。货运中心的职能主要是为成员企业提供信息、咨询、维修等服务，代表 50 家企业与政府打交道，与其他货运中心加紧联系，不具有行政职能。提供良好的公共设施和优良的服务，是货运中心全部活动的宗旨。因此，货运中心一般都建有综合服务中心、维修保养、加油站、清洗站和餐厅等，有的还开办驾驶员培训中心等实体，以提供尽可能全面的服务。这些实体都作为独立的企业实行经营服务。

在德国，政府对“货运村”这类物流园区的规划和建设，遵循联邦政府统筹规划，州政府、市政府扶持建设，公司化经营管理，入驻企业自主经营的发展模式，具体叙述如下。

(1) 联邦政府统筹规划。联邦政府在统筹考虑交通干线、主枢纽规划的基础上，通过广泛调查生产力布局、物流分布现状，根据各种运输方式衔接的可能，在全国范围内规划物流园区的空间布局、用地规模与未来发展。为引导各州按统一规划建设物流园区，德国交通主管部门还对符合规划的物流园区给予资助或提供贷款担保。

(2) 州政府、市政府扶持建设。物流园区对地区经济有明显的带动和促进作用，作为政府总是希望这类地区能充分实现其公共服务职能，而并非追求单纯的盈利目的。因此，在物流园区的建设和运营过程中，州及地方市政府扮演了主要投资人的角色。例如，位于德国中部图林根州州府 Erfurt 市郊的图林根物流园区，其建设投资比例为：市政府占 42.5%，州经济开发部占 35.5%，联邦铁路占 14.7%，行业协会占 7.3%。

(3) 企业经营管理。物流园区的运营管理，经历了由公益组织管理到有限公司管理两个阶段。在德国一般认为，企业化的管理方式比行政化的管理方式更为有效率。负责管理物流园区的有限公司受投资人的共同委托，负责基地的生地购买，基础设施及配套设施建设，以及基地建成后的地产出售、租赁、物业管理和信息服务等。由于基地的投资人主要是政府或政府经济组织，所以公司的经营方针不以盈利为主要目标，而主要侧重于平衡资金，实现管理和服务职能。图林根物流园区的管理有限公司由 4 个组成，公司的业务包括销售、宣传和物业管理三大块，公司还负责代表企业与政府打交道，负责兴建综合服务中心、维修保养厂、加油站和清洗站等公共服务设施，为成员企业提供信息、咨询、维修服务等。基地内的道路、下水道等市政工程设施的维修、养护由市政公司负责，享受与普通市区同等的公共服务并缴纳相关费用。

(4) 入驻企业自主经营。入驻企业自主经营、照章纳税，依据自身经营需要建设相应的库房、堆场、车间、转运站，配备相关的机械设备和辅助设施。

2) 日本物流园区的经营管理模式

物流园区建设在日本的历史稍长，较早的日本东京物流园区，是以缓解城市交通压力为主要目的而兴建的，建设中采取的具体措施有以下几个方面。

(1) 政府牵头确定市政规划，在城市的市郊边缘地带、内环线外或城市之间的主要干道附近，规划有利于未来具体配套设施建设的地块作为物流园区。

(2) 将基地内的地块以生地价格出售给不同类型的物流行业协会，这些协会再以股份制的形式在其内部会员中招募资金，用来购买土地和建造物流设施，若资金不足政府可提供长期低息贷款。

(3) 政府对已确定的物流园区积极加快交通设施的配套建设，在促进物流企业发展的同时，促使物流园区的地价和房产升值，使投资者得到回报。

物流园区的出现极大地促进了日德等国家物流业的快速发展，对使用园区的企业乃至邻近城市都产生了巨大的经济和社会效益，主要表现在：减轻了物流对城市交通的压力；减小物流对城市环境的不利影响；提高物流经营规模效益；适应仓库建设大型化发展趋势的要求；满足货物联运发展的需求。根据德国权威机构的研究，未来 10 年，即使在日本、德国这样运输业高度发达的国家，物流园区的建设仍将处于蓬勃发展时期。

3) 我国物流园区的建设

物流园区的经营管理，国外有一套成熟经验，中国还正处于起步阶段，探索阶段。物流园区对于中国物流界来说还是一个新概念。我国第一个物流园区深圳平湖物流基地始建于 1998 年 12 月 1 日。2006 年，我国运营、在建和规划中的物流园区 207 个。其中，东部沿海经济区的物流园区数量在八大经济区位居首位，有 52 个物流园区；南部沿海经济区 36 个；北部沿海经济区 28 个；东北经济区 21 个；黄河中游经济区 21 个；西南经济区 19 个；长江中游经济区 17 个；西北经济区 13 个。

(1) 物流园区建设的类型。配送中心型物流园区的数量为 17 个，占 8%；仓储型物流园区的数量为 9 个，占 4%；货运枢纽型物流园区的数量为 77 个，占 37%(其中港口物流园区的数量为 34 个，占 16%；航空物流园区 10 个，占 5%；陆路物流园区 33 个，占 16%)；综合物流园区 104 个，占 50%。

(2) 物流园区的开发方式有。政府规划，工业地产商主导；政府规划，企业主导；企业自主开发。其中政府规划、企业主导开发的物流园区最多，有 128 个，占 61%；政府规划、工业地产商主导开发的物流园区有 51 个，占 25%；企业自主开发的物流园区有 28 个，占 14%。

(3) 物流园区投资和建设规模。物流园区中总投资在 1～10 亿元之间的物流园区数量最多，少则 1 亿以下、多则 30 亿以上。在建设规模上，占地面积在 0.1～1 平方千米之间的数量最多，少则 0.1 平方公里以下，多则 10 平方千米以上。

(4) 物流园区内入驻的企业和实体的主要类型有：商贸企业、货代公司、物流公司、生产企业、运输企业及银行等服务机构和快递公司等。

2.8 物流信息系统

2.8.1 物流信息系统概述

1. 物流信息的概念

物流信息(Logistics Information)，是反映物流各种活动内容的知识、资料、图像、数据及文件的总称。物流信息又分为狭义物流信息和广义物流信息两种。狭义物流信息，是指与运输、保管、装卸、包装及流通加工等物流活动有关的信息。广义物流信息，既包含狭义的物流信息，还包含其他与物流活动有关的商流、资金流信息，如货源信息、物价信息、市场信息、资金信息、合同信息和付款结算信息等。商流中的商品信息、交易信息、合同信息等不仅提供了交易的结果，也提供了物流的依据；物流中的库存信息，运输信息、客户信息等不仅是物流的结果，也是商流的依据。所以，物流信息不仅作用于物流，也作用于商流、资金流；物流、商流、资金流和信息流“四流”合一，是流通领域里不可缺少的管理及决策依据。

2. 物流信息系统的概念

物流信息系统(Logistics Information System)，是使用系统的观点、思想和方法建立起来的，以电子计算机为基本信息处理手段，以现代通信设备为基本传输工具，并且能够为管理决策提供信息服务的人、机系统。也可以说，物流信息系统是一个由人和计算机共同组成的，能够进行物流信息的收集、传递、存储、加工、维护和使用的系统。它具有预测、控制和辅助决策等功能。从本质上讲，物流信息系统是利用信息技术，通过信息流将各种物流活动与某个一体化过程连接在一起的通道。其目的是，在提高物流业务的效率和降低成本的同时，支持提高对顾客的服务水平。

3. 物流信息系统的功能

物流信息系统的运行，是从业务管理信息即合同、订单和市场预测开始的。合同管理及市场预测的功能，是记录、管理合同订单和预测销售量，它们是安排库存计划的数据来源。可以说，物流信息系统将实现对物流服务的全过程管理。具体而言，物流信息系统具备以下一些功能。

1) 集中控制管理

主要针对物流全过程进行监控管理。一起实现的功能主要有业务流程的集中管理、各环节的收费管理、责任管理、结算管理、成本管理、运输管理、仓储管理和统计报表管理。通过各个环节数据的统计分析，得出企业运营的依据。

2) 运输配送管理

主要解决运输过程的货物配载、作业流程管理(主要涉及路单管理、报关单管理、联运管理等)、车辆调度、司机调度和外协管理等。

3) 物流中心管理

提供商品的入库、出库、接收退货、退货出库、库存商品盘点、库存商品预警、库存商品的明细查询及图形统计分析等功能。具体包括入库管理、出库管理、库存管理、异常管理和货品转仓等。

4) 统计报表管理

功能模块中的全部报表汇总在一起，可供查询与打印。它既可以提供动态的统计报表功能，也可以提供多种特定的报表，如货物完整率报表、时间到达率报表和延期签收统计报表等。

5) 查询管理

综合查询提供所有业务信息，包括出入库、退货、接收退货、订单、应收应付款、已收已付款等的所有信息的统计查询分析功能。另外，提供订单交货和付款状态的监控、库存存货数量资金占用的统计分析功能。

6) 客户关系管理

物流服务是以客户为中心的服务，所以对一个物流企业来说，客户管理系统必不可少。主要由订单管理、客户管理、货物管理、账务管理、业务统计、报价管理及物流中心运营绩效等部分组成。

4. 物流信息系统的结构

物流是信息驱动的业务过程，因而信息系统成为企业现代物流体系的灵魂。一个完善的物流信息系统主要由三个层次构成，如图 2.21 所示，其自下向上分别为作业层、管理层、决策层。作业层是管理信息中的最底层，是信息源，来自于企业的基层，如订单处理、采购管理、运输管理、仓储管理及设备管理等信息，这类信息通常具有量大、发生频率高、重复性大等特点。管理层涉及管理部门相关人员对企业自己的信息进行收集、分类、存储和查询，并对获得的信息进行分析，此类信息一般包括合同管理、客户关系管理、质量管理、统计管理及市场商情管理等信息。决策层信息一部分来自于企业内部，大多为综合性的报表类型；另一部分来自于企业外部，且数量多、不确定程度高、内容较抽象。

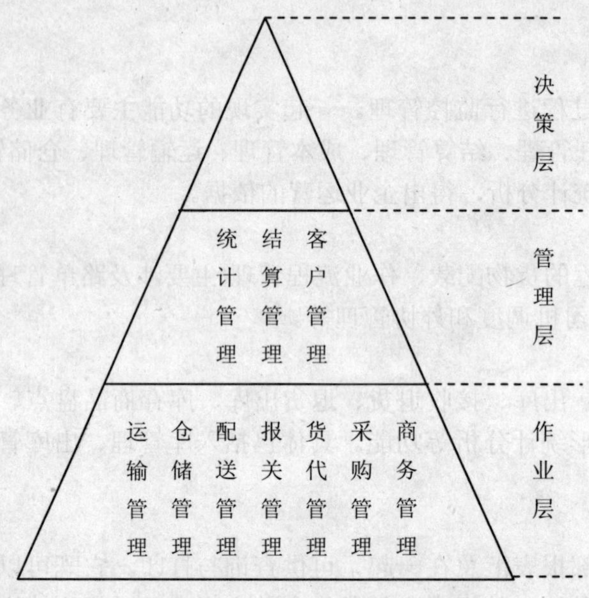

图 2.21 物流信息系统结构

2.8.2 物流信息平台

1. 共用信息平台

共用信息平台，是整个国民经济和人民生活所依托的基础信息平台，这个平台主要由国家构筑和管理。共用信息平台的主要内容包括以下几个方面。

1)一般基础通信

一般基础通信属于非增值服务的通信，主要有四个领域：①电话，包括一般有线电话、磁卡电话、IC 卡电话；②电报；③图文传真；④邮政信函。

2) 一般增值服务

一般增值服务包括电话领域，如：200 业务、800 业务、无线寻呼、卫星通信和传真信息业务等若干项。邮政领域的邮政快递业务(EMS)以及电视领域的图文电视、电视会议业务等。

3) 移动通信

移动通信是无线通信方式。移动通讯从技术上又可以分成蜂窝移动通信和数字移动通信两种。目前，作为公共平台的主要是数字移动通信。

4) 计算机网络和互联网

(1) 计算机网络是在协议控制下，经过通信系统的互联的、自制的计算机系统的集合。建立计算机网络的主要目的在于实现计算机通信基础上的“资源共享”。计算机网络的分类方法很多，根据网络覆盖的地理范围可以分成局域网、城域网和广域网。

① 局域网，其互联的范围为数百米，一般适合办公大楼内或各单位内部的联网。

② 城域网，是满足几十公里范围内(一般局限在某个城市)的大量企业、机关、公司等多个局域网互联的需要，实现大量用户之间的数据、语音、图形和视频等多种信息的传输。

③ 广域网，采用广域网互联技术，将位于不同城市甚至不同国家的计算机连接在一起，距离可以数万公里。广域网互联的形式主要有两种：一种是局域网到局域网的连接，主要适合企业与企业或企业各分支机构之间的连接；二是单机到局域网的连接，适合分散用户访问企业网络。

(2) 互联网又称因特网(Internet)是所有这些网络连接在一起的产物。从网络连接而言，它使用的也就是局域网和广域网技术，并利用 TCP/IP 协议将各个物理网络连接成一个单一的逻辑网络。因此，可以认为局域网是广域网的基础，广域网又是互联网的基础，互联网实际上是全球范围内的广域网。

中国公用计算机互联网 CHINA.NET 由骨干网、接入层、全国网管中心、全国信息中心、相关资源服务器组成。通过电话线和各种专线覆盖全国，也可以通过这些线路灵活地进入互联网。

互联网提供的主要服务内容有：远程登录(Telenet)、文件传输、软件调用、电子信箱(E-mail)、网上交易及结算的电子商务活动。以互联网为平台，可以进行全面的以信息为基础的管理、经营、教育、医疗和咨询等活动，它已经涉及了人们生活和社会的各方面。

5) 数据通信

数据通信是一种特殊的增值服务方式，借助于远程通信技术方式，通过电子数据的采集、加工和分发而完成。作为信息基础平台的数据通信，邮电部门构建了中国公用分组交换数据网(CHINA.PAC)、公用数据网(CHINA.DDN)及公用计算机互联网(CHINA.NET)。

(1) CHINA.PAC。是由国家骨干网、各省、市内网组成。由骨干网覆盖全国，再和各地的公用电话网和用户电报网互联，这样就可以覆盖已开通电话的所有地区。它的主要功能有：向用户提供通信基本业务、虚拟专用网、广播功能等多项业务。此外，还开发了电子信箱、可视图文、电子数据交换、数据库检索等多项增值业务。

(2) CHINA.DDN。由国家骨干网、省市内网和本地网三级网络组成。其主要功能是：为用户提供永久或半永久租用电路业务。例如，点对点专用线路；点对多点广播、点对多点的数据传输和电视会议业务、压缩传真业务和移动电话漫游线路；证券、商行、外国办事机构的专用线路。可用于计算机实时中、高速数据通讯、局域网互联等。是信息化社会传递信息的中、高速数据传输网络。

数据通信的另一个重要平台，是远程电子数据交换平台(EDI)。

2. 物流信息平台

全社会的物流活动的领域非常广阔，涉及的层面多，涉及的信息用户的数量也非常多，各种物流企业的物流活动都有许多不相同之处，但是它们的相互沟通却都依靠共用的物流信息平台。如果没有这个平台，各不同物流领域的物流运作就很难交流和沟通。

共用物流信息平台就是首先对共用数据进行采集，不同物流企业和部门除了自己经营所需要的特殊数据之外，都依赖于许多重要的公用数据，例如，物流基础设施平台的能力、运作情况、收费和社会物流总量等。有了这些公用的数据才能够为企业特殊的物流运作提供基础性的信息支持，才能使微观的运作不至于和社会的运作出现矛盾、产生冲突。

共用信息平台应该是一个开放式的平台，其中所有信息资源应当共享。

2.8.3 物流信息技术及运用

1. 条码技术

当今，条码已经广泛的应用于商业、邮政、图书管理、仓储、工业生产过程管理和交通运输等领域，它是一种自动识别技术，具有输入速度快、准确率高、成本低、可靠性强等优点，在当今的自动识别技术中占有重要的地位。物流行业利用条码技术可以对物品进行自动识别和描述物品的信息，从而解决了数据录入和数据采集的瓶颈问题，极大地满足了现代物流流量大和高速化要求，从而大幅度提高物流效率、降低了物流的成本和提高物流的管理水平。

1) 条码的概念

条码(Bar Code)是“由一组排列规则的条、空以及字符组成的，用以表示一定信息的代码。(国标)”主要用以表示物品的名称、产地、价格、种类等。它是全世界通用的商品代码表示方法。条码的结构是由若干个黑色的“条”和白色的“空”所组合成的一个单元。这个条码单元中黑色条对光线的反射率低，而白色空对光线的反射率高，再加上条与空格宽度不同，就能使扫描光线产生不同的反射接收效果，在光电转换设备上转换成不同的电脉冲。这些电脉冲就是信息。电脉冲通过网络即可传输其含有的信息。

2) 条码系统

条码系统是现代物流系统中基础信息系统的一个重要组成部分。条码系统包括条码的编码技术、条码符号设计技术、快速识别技术和计算机管理技术的系统组合。它是实现计算机管理和电子数据交换不可缺少的开端技术。

3) 条码的种类

条码的分类方法有多种，若根据条和空的排列方式不同，条码可分为一维条码和二维条码；若根据应用的领域不同，又可分为商品条码和物流条码等。常见的码制有如下几种。

(1) 一维条码

① EAN 条码。它是国际物品编码协会制定的一种条码，即国际通用商品条码。主要用于商品识别。

② UPC 条码。它是一种长度固定、连续的条码，即统一产品条码，它由美国统一编码委员会制定，主要用于美国和加拿大地区。

③ 标准 39 码。为目前国内企业内部自定义码制，可以根据需要确定条码的长度和信息，编码的信息可以是数字，也可以包含字母，主要用于工业、图书以及票据的自动化管理。

④ 库得巴码。主要用于血库、图书馆、包裹等的跟踪管理。

⑤ 交叉二五码(ITF25 码)。它是一种用条与条之间的间隔(即空)表示信息的连续、非定长、具有自动校验功能的双向条码，主要用于包裹、仓储、运输和国际航空机票编号等物流管理。

(2) 二维条码。二维条码是用某种特定的几何图形，按一定的规律在平面(二维方向) 上分布的条、空相间的图形来记录数据符号信息的一种条码。它具有条码技术的一些共性：每种码制有其特定的字符集；每个字符占有一定的宽度；具有一定的校验功能等。另外，它还具有对不同的行的信息自动识别功能及处理图形旋转变化等特点。

就本质而言，二维条码是一种在水平和垂直方向都能表示信息的高密度、高信息质量的数据文件，国外称之为便携式数据文件、自备式数据库或纸上网格等。它在一平方英寸内可记录高达 2 000 个字符信息，是各种大量且高可靠性信息实现存储、携带并自动识别的技术手段。如图 2.22 所示，是 PDF417 二维条码。

图 2.22　PDF417 二维条码

(3) 商品条码。商品条码是以直接向消费者销售的商品为对象，以单个商品为单位使用的条码，主要有 EAN 和 UPC 两种码制。我国通用商品条码标准采用 EAN 条码。EAN 商品条码包括标准版商品条码和缩短版商品条码。

① EAN 标准版商品条码。它由 13 位数字码及相应的条码符号组成，如图 2.23 所示。图由左侧空白区、起始符、左侧数据符、中间分隔符、右侧数据符、校验符、终止符、右侧空白区及供人识别字符组成。13 位数字码的构成如表 2-8 所示。

图 2.23　EAN-13 条码

表 2-8　EAN-13 条码的数字码三种结构

结构种类	厂商识别代码	商品项目代码	校验码
结构一	$X_{13}X_{12}X_{11}X_{10}X_9X_8X_7$	$X_6X_5X_4X_3X_2$	X_1
结构二	$X_{13}X_{12}X_{11}X_{10}X_9X_8X_7X_6$	$X_5X_4X_3X_2$	X_1
结构三	$X_{13}X_{12}X_{11}X_{10}X_9X_8X_7X_6X_5$	$X_4X_3X_2$	X_1

Ⅰ. 前缀码由 2～3 位数字($N_{13}N_{12}$ 或 $N_{13}N_{12}N_{11}$)组成，是 EAN 分配给国家(或地区)编码组织的代码。前缀码并不代表产品的原产地，而只能说明分配和管理有关厂商识别代码的国家(或地区)编码组织。

EAN 将“690～695”分配给中国物品编码中心使用。当 $N_{13}N_{12}N_{11}$ 为 690、691 时，EAN/UCC-13 代码采用“结构一”；当 $N_{13}N_{12}N_{11}$ 为 692、693 时，采用“结构二”；“结构三”暂未采用。

Ⅱ. 厂商识别代码由 7～9 位数字组成，由中国物品编码中心负责分配和管理。

Ⅲ. 商品项目代码由 3～5 位数字组成，由厂商负责编制。

Ⅳ. 校验码为 1 位数字，用来校验 N_{13}～N_2 的编码正确性。

② EAN 缩短版商品条码。它由 8 位数字码及相应的条码符号组成，如图 2.24 所示。8 位数字码是由前缀码、商品代码和校验码组成。

(4) 物流条码。物流条码是物流过程中的以商品为对象、以集合包装商品为单位使用的条码。目前现存的条码码制多种多样，但国际上通用、公认的物流条码码制只有以下三种。

① ITF-14 条码是一种连续、长度固定、具有自校验功能并且条、空均表示信息的双向条码；ITF-14 条码的字符集、字符的组成与交叉二五码相同，它由矩形保护框、左侧空白区、条码字符、右侧空白区组成，如图 2.25 所示。

图 2.24　EAN-8 条码

图 2.25　ITF-14 条码

② UCC/EAN-128 条码是一种连续型、非定长、有含义的高密度条码，由双字符起始符号、数据符、校验符、终止符及左、右侧空白区组成，如图 2.26 所示。它能更多地标识贸易单元中需要表示的信息，如产品批号、数量、规格、生产日期、有效期和交货地点等，是物流条码实施的关键，是使信息伴随着货物流动的全面、系统、通用的重要商业手段。

图 2.26　UCC / EAN-128 条码

③ 物流 EAN-13 条码。结构与商品 EAN-13 条码无异。

在物流供应链中选用条码时，要根据货物和商品包装的不同，采用不同的条码码制。一般而言，单个大件商品，如电视机、电冰箱、洗衣机等商品的包装箱常采用 EAN-13 条码；定量储运包装箱常采用 ITF-14 或 UCC/EAN-128 条码，包装箱内可以是单一商品，也可以是不同的或多件拥有小包装的商品。

4) 物流条码与商品条码的区别，如表 2-9 所示。

表 2-9 商品条码和物流条码的区别

	应用对象	包装形状	应用领域
商品条码	向消费者销售的商品	单个商品包装	POS 系统、补充订货管理
物流条码	物流过程中的商品	集合包装(纸箱、集装箱等)	出入库、拣选、运输等管理

① 标志意义不同。商品条码是最终消费品的消费单元上的标识，通常是单个商品的唯一标识，用于零售业现代化的管理；物流条码是储运单元(或称贸易单元)的唯一标识，通常标识多个或多种商品的集合，它标贴于商品的外包装(又称大包装或运输包装)上，以供物流过程中的收发货、运输、装卸、仓储、分拣及配送等环节识别，用于物流的现代化管理。

② 服务领域不同。商品条码服务于供应链中的消费环节。商品一经出售到最终用户手中，商品条码就完成了其存在的价值，商品条码在零售业的 POS 系统中起着单件商品的自动识别、自动寻址、自动结账等作用，是零售业实施现代化、信息化管理的基础。物流条码服务于供应链中除消费环节之外的所有环节。生产厂家生产出产品，经过包装、运输、仓储、分拣、配送直至零售商店，物流条码是这些众多环节中的唯一标识，因此它涉及面更广，是多种行业共享的通用数据，实现了对产品的跟踪管理。

③ 信息容量不同。商品条码采用 EAN / UPC 码制。由一个 13 位或 8 位数字以及条码符号组成，其长度固定，信息容量少；物流条码主要采用 UCC / EAN-128 码制，是一个可变长度，可表示多种含义、多种信息的条码，是货运包装的唯一标识，可表示货物的体积、重量、生产日期及批号等信息，是贸易伙伴根据贸易活动中共同的需求，经过协商统一制订的。

④ 标准维护不同。商品条码是一个国际化、通用化、标准化商品的唯一标识，是零售业的国际化语言，其标准无需增减更新，便于维护；物流条码是随着国际贸易的不断发展，贸易伙伴对各种信息需求的不断增加应运而生的，其应用不断扩大，内容也不断丰富，条码的内容可适时增减，维护条码标准的难度也增大。因此，及时沟通用户需求，传达标准化机构有关条码应用的变更内容，是确保国际贸易中物流现代化、信息化管理的重要保障之一。

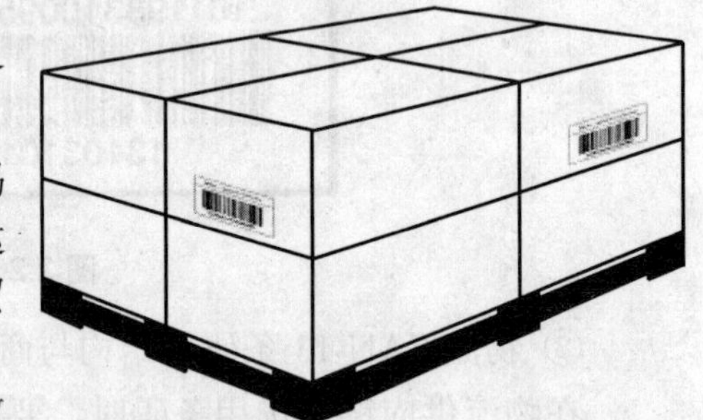

图 2.27 物流单元条码放置的位置

物流单元条码放置的位置原则，在相邻的面上放置两个标签：一个放在短面的右边，一个放在长面的右边，如图 2.27 所示。

5) 条码在物流过程中的应用

(1) 库存管理。通过对条码的识别，掌握入库、出库、库存数量、库内位置的信息，以支持库存管理和库内作业。

(2) 物品的重点管理。根据条码信息，可以通过相关软件自动生成 ABC 的分类，从而支持了重点管理。

(3) 配送领域。在配送工作时，根据条码所提供的信息，进行拣选或分货，实现配货作业。

(4) 电子数据交换。作为电子数据交换系统的基础数据。

(5) 供应链管理。通过对条码的识别，企业可以随时了解有关物品在供应链上的位置，并且及时做出反应。当今在欧美等发达国家兴起的 ECR(Efficient Customer Response，有效客户反应)、QR(Quick Response，快速反应)、CRP(Continuous Replenishment Program，连续库存补充计划)等供应链管理策略，都离不开条码技术的支持。条码是实现 POS 系统(Point of Sale，销售时点信息系统)、EDI(Electronic Data Interchange，电子数据交换)、电子商务和供应链管理的技术基础。

(6) 物流管理。通过条码所传递的信息，进行统计、结算、分析等管理活动。

(7) 沟通国际物流。现代物流的趋势国际化，条码实际上是一种国际上通用的商品语言，通过对条码的识别，可以进行国际间的沟通，就省却了不同国家语言文字的转换问题，有力地支持了物流的国际化。

2. 射频识别技术

射频识别技术 (Radio Frequency Identification， RFID)是无线电频率识别的简称。它是利用无线电波对记录媒体进行读写。与一般的接触式识别技术 POS——条码系统不同，射频识别属于非接触式识别技术，是对条码技术的补充和发展。它避免了条码技术的一些局限性，可实现非接触目标、多目标和运动目标识别，为大量信息的储存、改写和远距离识别奠定了基础，在物流、交通运输、证照防伪、电子支付、出入控制等行业显现出较好的应用前景。

1) 射频识别技术概述

(1) 射频识别技术的概念。射频(Radio Frequency，RF)技术是一种无线电通信技术，具有不局限于视频、更宽的覆盖面和低成本的优点。

射频识别技术主要用于对运动或静止的标签进行不接触的识别，其技术基础是射频技术，通过在物流主体(如货架、汽车、自动导向车辆、宠物等)上贴置电子标签(又称“标签”)，用射频技术进行电磁波射频扫描，就可以从标签上识别物流对象的有关信息，以进行直接读写或通过计算机网络将信息传输。

射频识别的距离可达几十厘米至几米，根据读写方式的不同，可输入数千字节的信息，而且保密性好。射频识别系统的传输距离取决于许多因素，如传输频率、天线设计等。运用 RFID 还应考虑反射距离、工作频率、标签的数据容量、尺寸、重量、定位、响应速度和选择能力等。

(2) 射频识别技术同其他自动识别技术的比较。自动识别技术是信息数据自动识读、自动输入计算机的重要方法和手段，近几十年来在全球范围内得到了迅猛发展，初步形成了一个包括条码技术、磁条(卡)技术、光学字符识别、射频识别、IC卡识别和声音识别等集计算机、光、机电、通信技术为一体的高新技术比较。

光学字符识别由于首读率(即一次性识读成功的概率)不高，输入速度和可靠性不如条码，正逐步被条码技术所取代；视觉和声音识别目前还没有被很好地推广应用。以下就条码技术、磁条(卡)技术、IC卡识别技术和射频识别技术做一简单比较。

① 条码技术。条码成本最低，适用于大量需求，而且数据不必更改的场合。多数条码采用纸制材料，较易磨损，而且数字量小。

② 磁条(卡)技术。磁条(卡)，如信用卡、银行ATM卡、电话磁卡等，其数据可读写，即具有现场改造数据的能力，且成本低廉，但易被伪造。

③ IC卡识别技术。IC卡具有独立的运算和存储能力，数据安全性和保密性好，但价格稍高。

④ 射频识别技术。其最大的优点是具有非接触式识读能力，射频标签要比条码标签具有放置方面的灵活性，允许“在飞行中识别”物品，且能同时识别多个物品，射频标签是封装式的，不易损坏，适合于恶劣环境下使用，故而几乎不需要任何保养工作。

2) RFID系统的结构

(1) RFID系统的组成。主要由两部分组成，即读写器和标签或称射频卡。

① 读写器。RFID系统的读写器有三个主要组成部分：收发模块、控制模块和天线。

收发模块，用于发送和接收数据。

控制模块，具有很强的数字信号处理能力，除完成控制标签工作的任务外，还要实现相互认证、数据加密、数据解密、数据纠错、出错报警及与计算机通信等功能。

天线，主要是感应线圈，用于建立电磁场。若标签内不含电池，则标签工作的能量由读写器天线所建立的电磁场提供。

② 标签。标签的基本功能如下：

具有一定的储存容量，可储存物流对象的信息；可读/写标签的数据可读入或写出，也可编程，一旦编程后便成为永久性数据；在使用期限内无需维护。

RFID系统的标签，由收发模块、储存器、控制模块及天线四个主要部分构成。由于读写器和标签之间采用无线通信方式，因此它们都有无线收发模块及天线。标签中储存器的内存容量在几个比特到几千比特之间，可储存永久性数据和非永久性数据。永久性数据可以是标签序列号，用来作为标签的唯一身份标识，一般不得更改；非永久性数据写在EEPROM等可重写的储存器内，用来储存用户数据(如信息编码)。控制模块则完成接收、译码及执行读写器命令，控制读写数据，负责数据安全等功能。标签的几个主要模块集成在一块芯片中，芯片的外围有连接天线，对源标签还需连接电池。标签是完全封装的，即将芯片及天线(和电池)完全封装在内。它可有不同的封装形式，具有很强的环境适应能力。

(2) RFID 系统的工作原理。读写器通过其天线在一个区域内发射能量形成电磁场，区域大小取决于发射功率、工作频率和天线尺寸。当储存信息编码的标签处于此区域时，利用所吸收到的电磁场能量供电，并根据读写器发出的指令对储存器进行相应的实时读写操作，再通过收发模块将数据发送出去。读写器接收到返回的数据后，解码并进行错误校验以决定数据的有效性，继而通过计算机网络将采集的数据进行数据转换、处理和传输。

3) RFID 在物流中的应用

鉴于射频识别技术的优势，RFID 技术已被广泛用于物流、交通运输、工业自动化、安全认证、身份识别等众多领域。最流行的应用是在交通运输管理(汽车和货箱身份鉴别)、路桥收费、门禁保安、自动化生产和货物标签等方面。其他运用包括工具识别、人员监控、包裹和行李分类、车辆监控、物料跟踪和货架识别等。

(1) 高速公路自动收费及交通管理。目前，我国的高速公路发展迅速，但是人工收费系统常造成交通堵塞。在高速公路中运用 RFID 技术，可有效地解决这个问题，它能在携带标签的车辆高速通过收费站的同时自动完成收费。如，香港的车辆自动识别系统——驾易通，采用的主要技术就是射频识别技术。目前香港已经有约 8 万辆汽车装上了电子标签，装有电子标签的车辆通过装有射频扫描器的专用隧道、停车场或高速公路路口时，无需停车缴费，大大提高了行车速度。广东佛山市 1996 年安装了 RFID 系统用于自动收取路桥费，车辆可在每小时 250 千米的速度下用少于 0.5 毫秒的时间被识别，正确率高达 100%，从而提高了车辆通过率，缓解了公路交通的拥挤。

(2) 生产线自动化。在生产流水线上应用 RFID 技术可实现自动控制，提高了生产效率，改进了生产方式，节约了成本。例如，德国宝马汽车公司在装配流水线上应用射频技术，实现了由用户定制产品的生产方式。他们在装配流水线上安装 RFID 系统，使用可重复使用带有详细的汽车定制要求的标签，在每个工作点都设有读写器，以保证汽车在每个流水线工作站上都能按定制要求完成装配任务，从而得以在装配线上装配出上百种不同款式和风格的宝马汽车。

(3) 仓储管理。在仓储管理中应用 RFID 系统，实现了实时货位查询和货位动态分配功能，大幅度减少了查找货位信息的时间，提高了查询和盘点精度，大大加快了出、入库单的流转速度，从而大幅度提高了仓储运作与管理的工作效率，增强了信息处理能力，满足了现代物流管理模式下仓储管理系统的要求。

4) RFID 在其他领域的应用

(1) 证照防伪市场。证照防伪市场是中国 RFID 市场上最大的应用领域，包括了二代身份证市场、学生电子购票市场和电子门票等。二代身份证市场是证照防伪用 RFID 市场增长的最大动力，随着证件电子化的发展，电子护照等安全认证领域将会得到大力推广，成为证照防伪市场新的增长点。电子门票由于其出色的防伪特点和快速便捷的服务功能，如北京车展等文娱赛事和展会的门票就采用了 RFID。此外，2006 年，昆明、杭州、深圳及南京等城市开始推行宠物电子标签，动物的身份认证也成为证照防伪的新热点。

(2) 电子支付市场。主要指应用在交通、校园、计量仪表(水、电、煤气)等与大众生活息息相关的领域。交通卡是电子支付用 RFID 最主要的应用之一，2006 年北京公交一卡通全面实施用 RFID 支付，成为该领域应用的一个新亮点。

(3) 出入控制是中国 RFID 市场应用较早的领域之一，其中包括住宅门禁、企事业单位门禁、学校宿舍及图书馆的门禁、停车场的应用等。

(4) 物品管理类市场包括国家推行的危险气瓶管理、烟花爆竹管理和药品防伪等，这些领域采用 RFID 技术，旨在加强政府监管力度以保障公民生命财产安全，上海已经在 100 万个危险气瓶上安装了电子标签，并计划在 2009 年之前基本实现对全市所有危险化气瓶用电子标签技术进行安全监控。

RFID 备受关注的应用主要是在生产制造和仓储物流领域，因为，RFID 一直被称为供应链的革命性技术，采用 RFID 的供应链将实现可视化和实时化的管理，可以有效降低整个供应链的运营成本。中国在这些领域的应用规模很小，只有一些试点项目。

3. 销售时点信息系统

1) 销售时点信息系统概述

销售时点信息系统(Point of Sale，POS)，是指通过能够自动读取信息的设备，如收银机又称 POS 机，在销售商品时，直接读取和采集商品销售的各种信息，如商品名称、单价、销售数量、销售时间、销售的店铺和购买的顾客等，然后通过通信网络或计算机系统将读取的信息，传输至管理中心进行数据的处理和使用。POS 系统是信息采集的基础系统，是整个商品交易活动或物流活动的信息传输的最基本的环节。POS 系统最早应用于零售业，现在其应用范围从企业内部扩展到整个供应链。POS 系统的结构如图 2.28 所示。

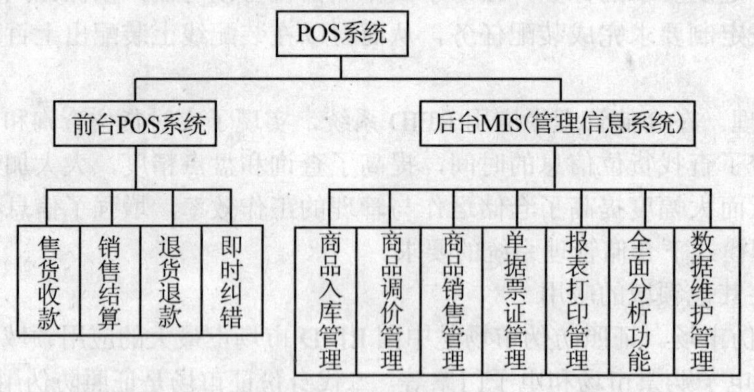

图 2.28 POS 系统结构

2)　POS 系统的运行

POS 系统的运行由以下 5 个步骤组成。

第一步，店铺销售商品都贴有表示该商品信息的条码或 OCR (Optical Character Recognition)标签。

第二步，在顾客购买商品结账时，收银员使用扫描读数仪自动读取商品条码标签或 OCR 标签上的信息，通过店铺内的微型计算机确认商品的单价，计算顾客购买总金额等，同时反馈给收银机，打印出顾客购买清单和付款总金额。

第三步，各个店铺的销售时点信息，通过 VAN 以在线联结方式即时传送给总部或物流中心。

第四步，在总部、物流中心和店铺利用销售时点信息，进行库存调整、配送管理、商品订货等作业。通过对销售时点信息进行加工分析来掌握消费者购买动向，找出畅销商品和滞销商品，以此为基础，进行商品品种配置、商品陈列、价格设置等方面的作业。

第五步，在零售商与供应链的上游企业(批发商、生产厂家、物流业者等)结成协作伙伴关系(也称为战略联盟)的条件下，零售商利用 VAN 以在线联结的方式，把销售时点信息及时传送给上游企业。这样，上游企业可以利用销售现场最及时准确的销售信息制订经营计划，进行决策。例如，生产厂家利用销售时点信息进行销售预测，掌握消费者购买动向，找出畅销商品和滞销商品，把销售时点信息和订货信息进行比较分析来把握零售商的库存水平，以此为基础制订生产计划和零售商库存连续补充计划(Continuous Replenishment Program，CRP)。

3)　POS 系统在现代物流中的应用

(1) 单品管理、职工管理和顾客管理。零售业的单品管理，是指对店铺陈列、展示、销售的商品，以单个商品为单位进行销售跟踪和管理的方法。由于 POS 信息及时准确地反映了单个商品的销售信息，因此，POS 系统的应用使高效率的单品管理成为可能。

职工管理是指通过 POS 终端机上的计时器的记录，依据每个职工的出勤状况、销售状况(以月、周、日甚至时间段为单位)进行考核管理。

顾客管理是指在顾客购买商品结账时，通过收银机自动读取零售商发行的顾客 ID 卡或顾客信用卡，来把握每个顾客的购买品种和购买额，从而对顾客进行分类管理。

(2) 自动读取销售时点的信息。在顾客购买商品结账时，POS 系统通过扫描读数仪自动读取商品条码标签或 OCR 标签上的信息，在销售商品的同时获得实时的销售信息，这是 POS 系统的最大特征。

(3) 信息的集中管理。在各个 POS 终端获得的销售时点信息，以在线联结方式汇总到企业总部，与其他部门发送的有关信息一起由总部的信息系统加以集中，并进行分析加工，如，把握畅销商品和滞销商品以及新商品的销售动向，对商品的销售量和销售价格、销售量和销售时间之间的相关关系进行分析，对商品店铺陈列方式、促销方法、促销期间、竞争商品的影响进行相关分析等。

(4) 连接供应链的有力工具。供应链上参与各方合作的主要领域之一是信息共享，而销售时点信息是企业经营中最重要的信息之一，通过它能及时把握顾客的需要信息，供应链的参与各方可以利用销售时点信息并结合其他的信息，来制订企业的经营计划和市场营销计划。目前，领先的零售商正在与制造商共同开发一个整合的物流系统 CFAR(Collaboration Forecasting and Peplenishment，整合预测和库存补充系统)，该系统不仅分享 POS 信息，而且一起联合进行市场预测，分享预测信息。

4. 电子数据交换技术

电子数据交换(Electronic Data Interchange，EDI)，是一种在公司与公司之间传输订单、发票等商业文件的电子化手段。它通过计算机通信网络将贸易、运输、保险、银行和海关等行业信息，用一种国际公认的标准格式，实现各有关部门或公司与企业之间的数据交换和处理。EDI 包含了三个方面的内容，即计算机应用、通信网络和数据标准化。其中计算机应用是 EDI 的条件，通信环境是 EDI 应用的基础，标准化是 EDI 的特征，这三个要素互相衔接、互相依存，构成了 EDI 的基础框架。

1) EDI 概述

(1) EDI 定义：是通过电子方式，采用标准化的格式，利用计算机网络进行结构化数据的传输和交换(国标)。电子数据交换系统，实现了企业之间及时的数据交换和数据资源共享。对于物流领域而言，通过电子数据交换系统，已经成为物流管理信息系统和决策支持系统的重要组成部分，由于它的运用大大地提升了物流管理水平，在物流国际化趋势下，这个系统又成为支撑经济全球化和物流国际化的重要手段。

(2) EDI 系统类别

① 国家专设的 EDI 系统。这是全国电子协会同 8 个部委确立的作为我国电子数据交换平台的系统，英文名称是 CHINA—EDI 通过专用的广域网进行电子数据交换的运作。这种网络是由电子数据交换中心和广域网的所有结点所构成。所有的数据，通过交换中心实现交换并进行结算。

采用这种方式，协议用户之间是通过数据交换中心进行间接连接。由于交换中心可以提供增值的信息服务，这种连接方式又称通过增值网络连接方式，即 VAN(Value Added Network)方式。

② 基于 Internet 的 EDI 系统。这个系统是在互联网上运行电子数据交换。由于互联网的开放性，可以使很多用户方便地介入到电子数据交换系统，也有利于电子数据交换系统在不同范畴广泛地应用。同时，由于互联网广泛联结，电子数据交换系统的覆盖面可以大大扩展，运行成本大大降低。也正是由于互联网的开放性，所以基于 Internet 的 EDI 系统，应当是对于数据安全性、保密性没有特殊要求的用户。

这种方式可以实现协议用户直接联结传递 EDI 信息，所以可以进行点对点(PTP)的数据传递。

③ 通过专线的点对点电子数据交换系统。可以通过租用信息基础平台的数据传输专线、电话专线或自己铺设的专线进行电子数据交换。这种电子数据交换系统封闭性较强，因为是专线系统，所以成本很高。

2) EDI 应用的领域

在 EDI 应用 20 多年来，使用 EDI 较多的产业可划分为以下四类。

(1) 制造业。准时生产(JIT)以减少库存量及生产线待料时间，降低生产成本。

(2) 贸易运输业。快速通关报检、经济利用运输资源，降低贸易运输空间、成本与时间的浪费。

(3) 流通业。快速反应(QR)，减少商场库存量与空架率，以加速商品资金周转、降低成本。建立物品配送体系，以完成产、存、运，销一体化的供应链管理。

(4) 金融业。EFT 电子转账支付，减少金融单位与其用户之间交通往返的时间与现金流动风险，并缩短资金流动所需的处理时间，提高用户资金调度的弹性，在跨行服务方面，更可使用户享受到不同金融单位所提供的服务，以提高金融业的服务质量。

3) EDI 在现代物流中的应用

近年来，EDI 在物流中得到广泛应用，由此产生了物流 EDI。

(1) 物流 EDI 的组成。通过物流 EDI 可把物流供应链上的各单位连接起来，这些单位构成了物流 EDI 的有机组成部分，如图 2.29 所示，主要包括以下内容。

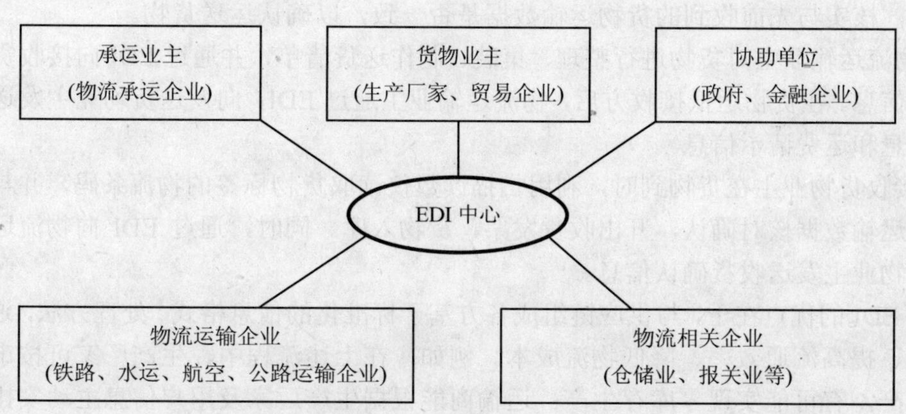

图 2.29 物流 EDI 的组成

① 货物业主，如生产厂家、贸易商、批发商、零售商等。

② 承运业主，如独立的物流承运企业等。

③ 实际运送货物的交通运输企业，含铁路、水运、航空和公路运输企业等。

④ 协助单位，包括政府有关部门、金融企业、海关、边检等。

⑤ 物流相关单位，如仓储业者、专业报关业者等。

(2) 物流 EDI 可处理的物流单证。物流业通过 EDI 系统可处理如下所述的物流单证。

① 运输单证，包括海运提单、托运单、多式联运单据、陆运单、空运单、装货清单、载货清单、集装箱单和到货通知书等。

②商业单证，包括订单、发票、装箱单、重量单、尺码单和装船通知等。

③ 海关单证，包括进出口货物报关单、海关转运报关单、船舶进出港货物报关单和海关发票等。

④ 商检单证，包括出、入境通关单，各种检验检疫证书等。

⑤ 其他单证。

(3) 物流 EDI 的运作过程。假定有一个由发送货物业主(如生产厂家)、物流运输业主和接收货物业主(如零售商)三方组成的物流模型，此模型在实施 EDI 过程中运作流程如下。

① 发送货物业主在接到订货后制订货物运送计划，并把运送货物的清单及运送时间安排等信息，通过 EDI 发送给物流运输业主和接收货物业主，以便物流运输业主预先制订车辆调配计划，接收货物业主制订货物接收计划。

② 发送货物业主依据顾客订货要求和货物运送计划，下达发货指令，分拣配货，将物流条码标签贴在货物包装箱上，同时把运送货物品种、数量、包装等信息，通过 EDI 发送给物流运输业主和接收货物业主。

③ 物流运输业主从发送货物业主处取运货物时，利用车载扫描读数仪读取货物标签的物流条码，核实与先前收到的货物运输数据是否一致，以确认运送货物。

④ 物流运输业主对货物进行整理、集装、制作送货清单，并通过 EDI 向接收货物业主发送发货信息。在货物运抵接收方后，物流运输业主通过 EDI，向发送货物业主发送完成运送业务信息和运费请示信息。

⑤ 接收货物业主在货物到时，利用扫描读数仪读取货物标签的物流条码，并与先前收到的货物运输数据核对确认，开出收货发票，货物入库。同时，通过 EDI 向物流运输业主和发送货物业主发送收货确认信息。

物流 EDI 的优点在于，与供应链组成各方基于标准化的信息格式、处理方法，通过 EDI 分享信息、提高流通效率、降低物流成本。例如，在上述流程中，生产厂家可按市场订单来组织生产，有可能实现零库存生产；运输商能根据生产厂家及用户信息主动安排运输计划，迅速有效地组织运输；对零售商来说，应用 EDI 系统可大大降低进货作业的出错率，节省进货时间、成本，能迅速核对订货与到货的数据，易于发现差错。EDI 使产、供、销更紧密有效，使物流企业能更合理、有效地进行管理。

5. 地理信息系统

地理信息系统(Geographic Information System，GIS)，是 20 世纪 60 年代开始迅速发展起来的地理学研究新成果，是多种学科交叉的产物，它以地理空间数据为基础，采用地理模型分析方法，适时地提供多种空间的和动态的地理信息，是一种为地理研究和地理决策服务的计算机技术系统。

1) GIS 的组成和功能

GIS 主要由两个部分组成：一个部分是桌面地图系统；另一个部分是数据库，用来存放地图上的特征点、线、面和相关的数据。

GIS 的基本功能是将表格型数据(无论它来自数据库、电子表格文件还是直接在程序中输入)转换为地理图形显示，然后对显示的结果浏览、操作和分析。其显示范围可以从洲际地图到非常详细的街区地图，显示对象包括人口、销售情况、运输线路以及其他内容。

2) GIS 技术在现代物流中的应用

GIS 应用于物流分析，主要是指利用 GIS 强大的地理数据功能来完善物流分析技术。国外公司已经开发出利用 GIS 为物流分析提供专门的工具软件。完整的 GIS 物流分析软件，集成了车辆路线模型、最短路径模型、网络物流模型、分配集合模型和设施定位模型等。

(1) 车辆路线模型。用于解决一个起始点、多个终点的货物运输中，如何降低物流作业费用，并保证服务质量的问题。包括决定使用多少辆车，每辆车的行驶路线等。

(2) 网络物流模型。用于解决寻求最有效的分配货物路径问题，也就是物流网点布局问题。如，将货物从 N 个仓库运往到 M 个商店，每个商店都有固定的需求量，因此需要确定由哪个仓库提货送给哪个商店，使得运输代价最小。

(3) 分配集合模型。可以根据各个要素的相似点把同一层上的所有或部分要素分为几个组，用以解决确定服务范围和销售市场范围等问题。如，某一公司要设立 X 个分销点，要求这些分销点要覆盖某一地区，而且要使每个分销点的顾客数目大致相等。

(4) 设施定位模型。用于确定一个或多个设施的位置。在物流系统中，仓库和运输线共同组成了物流网络，仓库处于网络的结点上，结点决定着线路，如何根据供求的实际需要并结合经济效益等原则，在既定区域内设立多少个仓库，每个仓库的位置，每个仓库的规模，以及仓库之间的物流关系等，运用此模型均能很容易地得到解决。

其他方面的运用有以下几个方面：

(1) 电子地图。借助于计算机和数据库应用，电子地图可以比一般地图有几百、几千倍的信息容量。通过电子地图可以提供一种新的按地理位置进行检索的方法，以获取相关的社会、资源、环境、人口、交通、经济、教育、文化和金融等各方面的信息。

(2) 交通管理。和全球卫星定位系统相结合，可以及时反映车辆运行情况、交通路段情况、交通设施运行情况等，从而支持有效的交通管理。同时进行环境质量评价、道路交通规划、公共设施配置以及城市环境的动态监测等。

(3) 灾害监测。借助遥感遥测数据的搜集，利用 GIS 可以有效地用于森林火灾的预测预报、洪水灾情监测和洪水淹没损失的估算，为救灾抢险、防洪决策提供及时准确的信息和决策。

(4) 环境管理。一个地方的环境管理信息系统，可以为环境管理部门提供数据和信息存储方法，提供环境管理的数据统计、报表和图形编制方法；建立环境污染的若干模型，为环境管理决策提供支持；提供环境保护部门办公软件；提供信息传输的方法与手段。

(5) 军事应用。地理信息系统对于军事后勤仓库的分布、库存物品的分布、仓库物品的调用和储备的分布规划等领域的决策，都有提供信息、进行分析和辅助决策的作用。

6. 全球卫星定位系统

全球卫星定位系统(Global Position System， GPS)，是利用多颗通信卫星对地面目标的状况进行精确测定的系统。可以实现运行车辆的全程跟踪监视，并通过相关的数据和输入的其他系统相关数据进行交通管理。

全球卫星定位系统是通过卫星对地面上运行的车辆、船舶进行测定并精确定位。在车辆、船舶或其他运输工具设备上配置信标装置，就可以接收卫星发射信号，以置于卫星的监测之下，通过接收装置就可以确认精确的定位位置。

1) GPS 系统的组成

GPS 是美国从 20 世纪 70 年代开始研制，历时 20 年，耗资 200 亿美元，于 1994 年全面建成，具有在海、陆、空进行全方位实时三维导航与定位能力的新一代卫星导航与定位系统。

GPS 系统包括三大部分：空间部分——GPS 卫星星座；地面控制部分——地面监控系统；用户设备部分——GPS 信号接收机。

(1) GPS 工作卫星及其星座。由 21 颗工作卫星和 3 颗在轨备用卫星组成 GPS 卫星星座，记作(21+3)GPS 星座。

(2) 地面监控系统。对于导航定位来说，GPS 卫星是一个动态已知点。卫星的位置是依据卫星发射的星历——描述卫星运动及其轨道的参数算得的。每颗 GPS 卫星所播发的星历，是由地面监控系统提供的。卫星上的各种设备是否正常工作，以及卫星是否一直沿着预定轨道运行，都要由地面设备进行监测和控制。地面监控系统另一重要作用是保持各颗卫星处于同一时间标准——GPS 时间系统。这就需要地面站监测各颗卫星的时间，求出时钟差。然后由地面注入站发给卫星，卫星再由导航电文发给用户设备。GPS 工作卫星的地面监控系统包括一个主控站、三个注入站和五个监测站。

(3) 信号接受系统。GPS 信号接收机的任务是：能够捕获到按一定卫星高度截止角所选择的待测卫星的信号，并跟踪这些卫星的运行，对所接收到的 GPS 信号进行变换、放大和处理，以便测量出 GPS 信号从卫星到接收机天线的传播时间，解译出 GPS 卫星所发送的导航电文，实时地计算出测站的三维位置，甚至三维速度和时间。

2) GPS 在现代物流中的应用

(1) 导航。三维导航既是 GPS 的首要功能，也是它的基本功能。飞机、船舶、火车、汽车以及步行者都可以利用 GPS 导航接收器进行导航。

(2) 车辆跟踪。利用 GPS 和电子地图可以实时显示出车辆的实际位置，并任意放大、缩小、还原、换图；可以随目标移动，使目标始终保持在屏幕上；还可实现多窗口、多车辆、多屏幕同时跟踪。利用该功能可对重要车辆和货物进行跟踪运输。

目前，已开发出把 GPS / GIS / GSM 技术结合起来对车辆进行实时定位、跟踪、报警、通信等的技术，能够满足掌握车辆基本信息，对车辆进行远程管理的需要，有效避免车辆的空载现象，同时客户可以通过互联网技术，了解自己货物在运输过程中的细节情况。

(3) 提供出行路线。提供出行路线规划是汽车导航系统的一项重要辅助功能，它包括自动线路规划和人工线路设计。自动线路规划是由驾驶者确定起点和目的地，由计算机软件按要求自动设计最佳行驶路线，包括最快的路线、最简单的路线、通过高速公路路段次数最少的路线等的计算。人工线路设计是由驾驶者根据自己的目的地设计起点、终点和途经点等，自动建立线路库。线路规划完毕后，显示器能够在电子地图上显示设计线路，并同时显示汽车运行路径和运行方法。

(4) 信息查询。为用户提供主要物标，例如旅游景点、宾馆、医院等数据库，用户能够在电子地图上根据需要进行查询。查询资料可以文字、语言及图像的形式显示，并在电子地图上显示其位置。同时，监测中心可以利用监测控锻台，对区域内的任意目标所在位置进行查询，车辆信息将以数字形式在控制中心的电子地图上显示出来。

(5) 交通指挥。交通指挥中心可以监测区域内车辆运行状况，对被监控车辆进行合理调度。指挥中心也可随时与被跟踪目标通话，实行管理。

(6) 紧急援助。通过 GPS 定位和监控管理系统，可以对遇有险情或发生事故的车辆进行紧急援助；监控台的电子地图显示求助信息和报警目标，规划最优援助方案，并以报警声光提醒值班人员进行应急处理。

本 章 小 结

运输、装卸搬运、包装、储存、流通加工、配送和信息处理等基本要素是物流的子系统，子系统和系统之间的关系是局部和整体的关系。物流系统中每项基本要素都具有其自身的功能和目标，它们之间通过分工、合作和完善的管理，构成了物流系统的一体化，实现了物品有效率、有效益的流动。

分析物流系统它是由线路和结点构成的，这些线路和结点形成了物流的网络、完成物流的各项活动。线路(铁路、公路、航空、水路等)上进行的物流活动主要是运输，它改变了物品的时间状态和空间状态，将空间上相隔的供应商和需求商两者联系了起来，并且在使供应商能够在合理的时间内将物品提供给需求者，运输提供了物品的移位和短期库存的职能。物流其余的活动是在结点上完成，结点的功能和作用：(1)物流作业的处理功能。(2)物流环节的衔接功能。①通过物流结点将不同运输方式或同一运输方式连接起来，通过多式联运，实现集运输与干线运输以及干线运输与干线运输的衔接；②通过物流结点将运输、仓储、加工、搬运及包装等物流功能联系起来，实现物流作业一体化。(3)物流信息监控和处理功能。(4)物流管理功能。

阅读材料

中国托盘标准破土欲出

托盘是物流产业最为基本的搬运器具，在商品流通中具有广泛的应用价值。托盘标准是物流产业最为基础的标准，在物流产业标准中起到关键性作用。而托盘共用系统则是引导托盘一贯化作业和社会化应用的租赁服务系统，是物流产业实现机械化作业、提高供应能力、缩短供应时间、改善服务质量、降低搬运成本和开辟企业“第三利益源泉”的根本途径。

为了与世界经济接轨，等效采用国际标准是我国制定标准的原则和首选方式。选用托盘国际标准是一个十分复杂的技术问题。而实现托盘标准化则更是一个棘手的经济问题，牵涉到包装业、制造业、运输业和建筑业等许多产业部门的经济利益，是一个长期渐进的过程。除了依靠政府的推动以外，还必须建立有效的利益诱导机制，来调节生产企业、物流企业、销售企业和消费者(用户)的经济行为。根据先进发达国家实现托盘标准化的经验，托盘共用系统是一个很好的利益诱导机制和托盘循环利用平台，既有利于调动企业参与标准化建设的积极性，也有利于节约社会经济资源，保护生态环境，是托盘标准化的根本出路。

1. 托盘与托盘标准

1) 托盘

托盘是为了便于货物装卸、运输、保管和配送等而使用的，由可以承载若干数量物品的负荷面和叉车插口构成的装卸用垫板，被物流世界誉为“活动的地面”、“移动的货台”。在 20 世纪 30 年代太平洋战争中，美国军队首次使用托盘来改善货物搬运效率，保证后勤物品供应。其后，托盘在世界各国得到了广泛应用，被认为是 20 世纪物流产业中两大关键性创新之一。目前，在美国有 80%的商品贸易由托盘运载，在欧洲每年有 2.8 亿个托盘在企业间循环。我国大约有 1 亿个托盘，其中 90%是木质托盘，可循环利用的塑料托盘仅占 8%。我国物流规模在迅速扩张，托盘总量也在以 2 000 万个的速度增长。

托盘是物流产业中最为基本的集装单元，它随着产品在生产企业、物流企业、零售企业和用户之间流通，它与产品生产线、产品包装、叉车、货架、公铁路运输车辆、轮船、集装箱和仓储设施等许多方面，均有较为严格的尺寸匹配关系。因此，托盘标准是物流产业最为基础的标准，托盘的标准化直接决定了物流标准化进程和现代物流产业的运作成本。

2) 托盘国际标准

在货物贸易的过程中，每个国家总是希望他国采用本国的托盘标准，以便本国的出口货物能够充分共享对方的物流设施，以更低的物流成本进入对方市场，增进本国的产品出口，而又不愿意为他国改变托盘标准、进而改变产业标准。因此，托盘国际标准历来是国际标准制定和国际贸易谈判斗争的焦点之一。例如，欧洲为了实现托盘规格的统一，达到联营的目的，各国政府、商会、铁路联盟等组织经过长达 9 年的谈判和磋商，才达成统一采用 1 200mm×800mm 规格的协议。

自从代表欧洲利益的托盘标准 1 200 系列(即 1 200mm×1 000mm 和 1 200mm×800mm)率先成为 ISO 国际标准以来，欧、美、日、韩等国家利益集团经过长期的斗争，且互不妥协和退让，导致国际标准化组织只能采取兼容并包的态度，逐步将代表这些国家和地区利益的托盘标准全部并列为全球通用的国际标准。原本 1988 年 ISO/TC51 托盘标准化委员会修订的 ISO6780《联运通用平托盘主要尺寸及公差》中只有 4 种标准，但在日韩与欧美利益集团的长期斗争下，2003 年托盘国际标准又增加了 1 100mm×1 100mm、1 067mm×1 067mm 两种。澳大利亚是世界上标准化托盘使用率最高的国家，高达 95%，欧洲为 75%，美国为 55%，日本为 35%，韩国约为 26.7%。

3) 我国托盘现状及国际标准的选用

尽管我国交通部科研院 1996 年，提出将 ISO6780:1988《联运通用平托盘主要尺寸及公差》等效采用为我国托盘的国家标准，原国家技术监督局以 GB/T2934-1996 标准系列文号批准并发布了这一标准，包括 1 200mm×1 000mm、1 200mm×800mm、1 140mm×1 140mm、1 219mm×1 016mm 四个标准。但由于我国采用托盘国际标准太多，同时又缺乏托盘共用系统，这个推荐标准并未有效地解决我国托盘联运过程中规格不统一的问题。根据 2002 年中国物流与采购联合会托盘委员会在北京、天津、上海、广州四大城市对 300 多家企业的调查，目前我国在流通中使用的托盘规格主要包括(单位：mm):2 000×1 000；1 500×1 100；1 500×1 000; 1 400×1 200; 1 300×1 000; 1 200×1 000; 1 200×800; 1 200×1 100; 1 100×1 100; 1 100×1 000；1 100×900；1 000×1 000；1 000×800；1 200×1 200；1 300×1 600；1 300×1 100 等几十种规格。规格太多，严重阻碍了我国托盘标准化进程。

近年来我国先后成立了物流标准化委员会、中国物流与采购联合会托盘标准化委员会。在 2001 年 3 月、2004 年 8 月接连出台了“关于加快我国现代物流发展的若干意见”、“关于促进我国现代物流业发展的意见”两项政策文件，促进我国物流产业的发展，并在 2005 年 8 月相应制定了《全国物流标准 2005 年—2010 年发展规划》。目前，正在组织各方面专家加紧修订我国托盘标准，新标准有望在近期出台。

2. 托盘共用系统及其国内外现状

托盘共用系统(Pallet Exchange System)，是指负责托盘租赁、回收、维护与更新的社会服务系统。它是在政府的规范和引导下，由托盘生产企业和物流企业牵头，或由物流产业各相关利益主体共同参与组建的、由政府引导民间资本投资的，在国内各主要港口、码头、机场、公铁路货运站、大中型的批零中心和主要交通要道口，建立负责托盘租赁、回收、维护和更新的服务站点，加速托盘在生产企业、物流企业和销售企业之间循环，促进托盘联运和机械化作业，提高物流效率，缩短供应时间，大大降低物流成本的社会服务网络。

在20世纪六、七十年代，英国、美国、法国、德国、荷兰、澳大利亚和加拿大等先进发达国家，就在主要的交通枢纽，如，港口码头、公铁路货运站和各类大中型的批发交易市场周围，建起了物流托盘的回收、租赁服务站点，构建了非常完备的托盘共用系统，并相应成立了国家或国际行业协会，负责托盘的协调与管理，如欧盟就成立了总部设在巴黎的欧盟托盘协会。其中，澳大利亚得益于太平洋战争，是世界上最早拥有托盘共用系统的国家。

我国1965年曾经在北京广安门车站和上海东站之间采用对口交流法实现托盘联运；20世纪80年代交通部曾拨专款在上海和大连两港一线推广托盘联运。这两个项目均因经营体制、管理机制和托盘标准与质量等原因而失败。2004年3月海尔集团在青岛开始向该集团的原材料供应商和产品分销商提供托盘租赁服务，这标志着新世纪我国托盘共用系统即将诞生。

3. 建立托盘共用系统的现实价值

托盘规格与产品包装、叉车、货架、集装箱、运输车辆以及搬运设备与设施等都有严格的匹配关系。建立托盘共用系统，负责租赁、回收标准化托盘，引导更多的企业使用标准化托盘，促进托盘在企业间循环，不仅可以有力引导托盘标准化，而且还可以进一步引导更多的企业选用标准叉车、使用标准货架，租用标准运载工具，建设标准的仓储设施，全面推进我国物流标准化进程。近年来，我国物流产业在以近30%的速度迅猛发展，而物流成本却没有随着物流规模扩大而降低。据中国物流信息中心的统计，1991年全社会物流总成本占GDP的比例为24%，到2003年这一比例仍高居21.4%，经历了13年的发展仅仅降低了2.6个百分点。目前，发达国家物流成本只占GDP的9%～11%，我国却整整高出发达国家的一倍。如果建立托盘共用系统，引导托盘标准化，逐步实现托盘联运，提高机械化作业效率，使物流成本降低到发达国家的水平，按照我国现行的国内生产总值的规模计算，每年可以节约物流费用10 000亿元。具体表现在以下几方面。

1) 有利于降低全社会物流成本

建立托盘共用系统，租赁回收托盘，促进托盘在企业间自由交换，对使用一次性托盘进行货物运输的企业来说，不必再花费大量资金去购买或自制托盘，可以直接向托盘共用系统租用多次可循环利用的托盘，其所付的租金要远远低于一次性托盘的成本，可以为企业有效节约托盘成本。例如，目前海尔集团托盘租赁价格为3元/次，而购买一只一次性软木托盘需要花费30多元，两者相差十几倍。对于长期使用多次可循环利用托盘的企业来说，不再需要自行回收托盘，也可以节省一大笔交易费用；而对于那些托盘仅限于内部使用的企业来说，有了托盘共用系统，无需再储存备用托盘，可以降低使用托盘的开支。据估计，我国建立托盘共用系统以后，整体上可以节约1/3左右的托盘，具有巨大的经济价值。建立托盘共用系统促进托盘在企业间循环，还可以大大降低倒换托盘次数和搬运装卸费用。根据国外托盘权威组织公布的数字表明，在托盘共用系统良好运行下，一个托盘从投入使用到报废，在所承载的产品流通过程中，可平均节约储存、装卸和运输费用500多美元，相当于其自身成本的几十倍。目前，我国除规模较大、经营管理水平较先进的生产企业外，一般企业的物料搬运费用所占产品总成本的比例高达40%。

2) 有利于改善物流服务质量

建立托盘共用系统，实现托盘联运和机械化作业，既可以有效避免人工搬运造成的货物损毁，也可以避免货物未能有效集装所造成的计数差错。而且，若能效仿欧洲物流的普遍做法，在产品一下生产线就集装在标准化托盘上，采用托盘专用包装机械对托盘上的贵重货物用不透明的塑料薄膜进行封装，对普通货物用透明塑料薄膜进行封装。一般来说，鲜活的农产品只有7～10天的商品使用价值。在建立托盘共用系统，实行托盘联运，可以提高机械化作业效率，大大缩短供货时间；在收获、批发、零售环节中还可以有效利用冷库设施，提高农产品的保鲜水平，增强供应能力。

3) 有利于节约社会经济资源，保护生态环境

目前，美国拥有托盘约15亿～20亿个，日本有7亿～8亿个，我国大约有1亿个左右，绝大部分是木质托盘，并年均以2 000万个的速度在递增，而一棵成材大树最多只能制造6个标准托盘。如果建立托盘共用系统，促进可循环利用的塑料托盘和金属托盘在企业间流通，减少一次性木质托盘的使用数量，既能节约森林资源、保护生态环境，也能降低整个国家的经济运行成本。

4. 建立托盘共用系统的对策

物流产业在我国是一个新兴产业，而托盘共用系统是支撑物流产业健康发展且尚未诞生的全新服务行业，它对我国实现托盘标准化、降低物流成本、发展对外贸易、节约经济资源和保护生态环境具有十分重要的现实意义。因此，需要采取下列措施促进托盘共用系统的顺利发展。

1) 开展立项研究

建立我国托盘共用系统，发展我国托盘租赁服务业，在我国是一个新生事物，在建立和发展过程中面临许许多多的重大问题，这些问题的提出、探讨和最终解决，离不开科学

理论的指导。特别是宏观层面的托盘标准、质量规范、投资政策、税收政策和政府角色等问题是企业微观层面协调不好、解决不了的问题，需要政府科技部门专门立项资助，开展深入研究，提出切实可行的科学解决办法。实践证明，严谨务实的研究得出的科学结论在产业上发挥的经济效益，往往是科研投入经费的上万倍。因此，当前需要尽快对建立托盘共用系统过程中存在的重大问题进行立项研究，解决建设过程中所面临的难题。

2) 尽快修订我国托盘标准与质量规范

托盘标准不统一、质量不规范，严重制约了我国托盘共用系统的建立与发展。因此，有关部门要按照2004年8月国家九部委联合发布的《关于促进我国现代物流业发展的意见》和《全国物流标准2005年—2010年发展规划》的要求，组织各方面专家根据国内物流及相关产业发展状况和国际贸易的需要，对六种国际托盘标准进行论证，选择一种符合我国经济利益的托盘标准，重点推广应用，促进托盘在企业间循环。除了托盘标准之外，还要解决托盘质量等级问题。质量等级不明确，在增加托盘共用系统监督成本的同时，也会造成劣质托盘驱逐优质托盘，最终可能产生托盘共用系统难以维持的局面。因此，要尽快修订托盘标准与质量规范，保证托盘回收与租赁工作能够有效推进。

3) 健全信息沟通渠道

建立托盘共用系统需要依靠物流行业协会力量，发挥集体的智慧。通过政府的支持和引导，强化中国物流与采购联合会、中国交通运输协会、中国物流学会等国家一级协会的作用。通过物流行业协会向政府反映物流行业建立托盘共用系统的呼声；通过物流行业协会向企业宣传国家的物流政策；通过物流协会发布物流发展的动态；通过物流行业协会掌握学术界对物流问题，特别是托盘共用系统问题的研究进展，推广研究成果；通过物流行业协会集中科研力量，组织托盘共用系统建立过程中重大难题攻关和机制创新；通过物流行业协会，开展托盘共用的国际合作；通过物流行业协会沟通国内外物流界、企业界、学术界和政府管理部门，共同发展中国物流托盘事业。在强化协会作用的同时，充分利用现代信息技术工具，建立一个非商业性的专业网站，沟通社会各界。及时发布行业发展动态、学术研究进展、国家政策导向和社会各界意愿，吸引行业内外人士关心支持托盘共用系统乃至整个物流产业的发展。

4) 启动试点工作

在政府的支持下，借鉴海尔向原材料供应商和产品分销商提供托盘租赁服务的经验，组织科研单位选择二到三家有实力的托盘生产企业，分别在五、六个托盘使用量和回收量都较大的工业园区或批零中心，建立托盘租赁服务站点，负责各自标准化托盘的租赁、回收、维护和更新，开展试点工作。科研单位组织科研人员实地指导、跟踪研究，探讨服务站点在运作过程中的制度障碍、管理模式、租金定价和税收等问题。发现问题及时解决，为托盘共用系统的全面发展积累经验。

资料来源：上海标准化

背景知识

DVIR：物流技术的一项重大创新

物流管理可视化一直是世界物流管理中的一个难点，尤其是大型的国际快递公司更是迫切希望解决这一问题，虽然条码技术和 RFID 技术能够帮助人们解决很多问题，但由于种种原因造成的丢货现象仍然存在，而人们想要在成千上万件“流动的货物”中准确地查找一件我们想要的货物的真实图像几乎是件不太可能的事情，而 DVIR 的出现，可以很好地帮助人们解决这一问题。

那么，什么是“DVIR”？DVIR 究竟有什么魔法呢？DVIR 的全称为 Digital Video Information Identification & Inquiry Reader System，是一种“带有电子标签录像功能的图像识别追踪系统”。这一系统以电子编码为基础，以数字录像为辅助，在电子标签的引导下，实现对大量、快速移动的物体进行精确身份识别和图像追踪记录，是一种全新概念的数字图像识别追踪系统。在物流管理中，为了对每一件货物身份进行确认，物流公司都会在其外包装上贴有条码(或 RFID 标签)，我们把这种由物流公司附加在货物上的带有信息的标贴称为“电子标签”。这些标签号码一般都被当作该货物的运单号。DVIR 的工作原理就是在物流作业现场，设立若干个以条码扫描枪(或 RFID 读写器)与视频监控探头组成的物流查验点，当有货物经过时，系统将自动把货物的外观连同它的“运单号”自动记录保存，一旦需要，人们只要在系统中输入货物的运单号，DVIR 能够在 1～2 秒之内找到这段录像进行播放，必要时，这段录像可以变成数字文件或图片被下载、打印和转发。

DVIR 以其系统的先进性和实用性，使国外同行刮目相看。一些专业人士在看过 DVIR 系统的实例演示后认为，这项技术开创了中国人在世界物流史上拥有自主发明的先河，是物流管理中的一项重大的技术创新。

在技术特点上，首先，DVIR 是一种由嵌入式产品构成的网络系统，不怕互联网病毒和黑客攻击，是一种完全工业化的安全可靠的网络系统。其次，DVIR 是一个开放式的系统，适合对一切由电子编码方式产生的带有电子身份标志的物体、人和事件的动态图像记录和追踪。再次，DVIR 所记录的动态图像容量，理论上是无限制的，因此可以满足对大量出库品图像的长时间记录和保存。最后，DVIR 支持本地查询，网络查询和模糊查询，而且记录的图像是实时和经过防伪加密的，分辨率也较高，可以达到 DVD 的画质，很清晰地播放出来。

为了扩大在物流领域的应用，贝通电子还在 DVIR 基础上建立了 LVTR(Logistics Video Tracking Recognition system)。这是一种可实现精确定位的物流可视化追踪查询系统，有了这个系统，要在成千上万件“流动”的货物中查找一件想要的货物真实图像和流经地点，就变得非常容易和简单。举个例子，我国香港某国际货运公司每天进出的货物有 4 万多件，以前他们要查找一件不明去向的当天的货物都非常困难，在他们安装了 DVIR 系统后，哪怕要寻找一个月前的货物图像，DVIR 也可以在 2～3 秒钟完成查找和图像播放，这就大大地提高了他们的工作效率，因此，DVIR 是帮助物流公司实现安全、快捷服务的重要工具。

由于 DVIR 能提供一种操作方便、查询精确的物流识别追踪系统，目前这一技术创新已得到了许多行业的认可，如著名的国际物流快递公司 DHL，目前已在亚太地区推广使用；上海邮政下属的邮政分拣中心也已经利用这一技术对其运输车辆进行追踪记录；某出入境检疫检验局也开始在做网络清关的测试。

DVIR 的核心技术是把电子编码信息与数字图像存储相结合，组成一种带有电子标签信息的数字录像查询系统。这一系统完美地实现了图像信息化和信息图像化。因此，DVIR 这种技术在很多领域将成为一种重要的图像信息识别工具。例如，该项技术可应用于以下几种领域。

在对进出口货物查验时，DVIR 可以帮助海关、检验检疫等部门，在保证货单相符，监管安全的前提下，通过网络实现远程查验和清关，提高执法力度和工作效率。

在防伪查验领域，DVIR 可以帮助人们实现对商品原产地及产品真伪进行图像对比和认证，是提高防伪技术的有效途径和手段。

在交通运输领域，DVIR 可以实现对高速移动车辆和集装箱的图像、牌照、号码自动识别和记录，是迄今为止一种最完美的低成本的图像识别追踪系统。

在安防领域，DVIR 可以实现图像化的门禁、考勤、人员身份识别及视频追踪，DVIR 将成为一种重要的安防技术手段。

在卖场和超市，DVIR 可以有效地帮助人们监控收银情况，防止高价货物低价出售、监守自盗等情况的发生。

资料来源：现代物流报

思考与练习

一、判断题

1．物流系统是一个复杂的、动态的系统，系统各种要素相互作用、相互配合才能有效地完成物流功能，提高物流系统的整体效益。

2．产品包装，尤其是运输包装在物流过程中起到保护商品、便于仓储、便于运输、便于装卸搬运的作用。

3．一般情况下，合理的捆扎可以提高容器的强度。

4．包装是包装物及包装材料的总称。

5．不同材料的透湿率(克/平方米/24 小时)是不同的，透湿率由小到大排序是：塑料薄膜、纸类、铝箔。

6．对于松泡产品，如羽绒服、棉被等，在包装前应采用真空技术。

7．物流基础模数尺寸决定了集装模数尺寸。

8．配送各环节都需要装卸搬运，有效的装卸搬运会大大提高配送中心的效益，所以装卸搬运职能是配送中心的核心职能。

9．充分利用重力和消除重力影响是装卸搬运合理化之一。

10．在物流各项活动中装卸搬运是出现频率最高的作业活动之一。

11．管道运输具有投资小、效率高和适用广泛的优势。

12．为了不降低客户服务水平，对企业而言，自有仓库是一项最好的选择。

13．仓储在物流系统中起着缓冲、调节和平衡的作用。

14．贯彻“先进先出”原则是仓库合理存放货物的基本要求。

15．零库存是现代物流学的重要概念，指在全社会范围内彻底消除库存，需要多少，生产多少。

16．由于客户时间观念越来越强，配送中心交货时间越早越好。

17．在库存管理 ABC 分类法中，A 类物品占库存总数的 10%左右，其库存成本占总成本的 70%～80%。

18．利用 ABC 分类法进行库存管理的过程中，只需要重视对 A 类物资进行重点管理，可以忽视对 B、C 两类物资的管理。

19．在一次订货中，订货费用与订货量有关，订货量越大，订货费用越多。

20．高水准的物流服务是指尽量用储备大量的库存来满足客户订单。

21．物流结点是物流作业中两种作业的连接处。

22．在物流结点中，物流园区集约化程度最高，功能最齐全。

23．物流信息不仅对物流活动具有支持保证的功能，而且具有连接整合整个供应链和使整个供应链活动效率化的功能。

24．条码技术是迄今为止最经济、最实用的一种自动识别技术。

25．条码在国际物流省却了不同国家语言、文字的转化。

26．由条码与扫描设备构成的自动识别技术在物流管理中被广泛应用，它能提高效率，减少差错。

27．RFID 能实现非接触识别，但电子标签被覆盖时则无法识别。

28．条码若局部损坏则无法进行识别。

29．射频标签识别系统，主要功能是对运动、静止的标签，进行不接触识别，它运用的是电磁波扫描机理。

30．POS 系统不仅方便收费，而且收集到的销售数据经电脑处理，能作为促销、价格、陈列方式和库存管理等决策的依据。

31．POS 系统将管理领域从物流对象的管理延伸到物流环节、工作人员、顾客等方面的管理。

二、填空题

1．包装的作用：保护商品、__________、__________、__________和跟踪物品。

2．根据包装材料填写装适应的货物(无标准答案)：陶瓷__________、金属__________、纸板__________、塑料__________。

3．成组化包装器具形式有：刚性容器、__________、__________。

4．装卸搬运合理化原则有__________、__________、__________、__________、__________和__________。

5. 物流中心按其功能不同可以分为__________、__________、__________、__________、__________和__________。

6．前缀码是国际 EAN 组织标识各会员组织的代码，我国为__________。

7．物流系统由实体网络和__________网络组成，实体网络由__________和__________组成。

8．物流结点的类型有：__________、__________、__________、__________。

9．我国商品包装上所印的条码称为__________条码，由__________位数字码和__________组成。

10．射频识别系统的读写器主要由__________、__________、__________组成。

11．EDI 系统的构成要素包括__________、__________、__________等。

12．GPS 由__________、__________和__________三部分组成。

三、单选题

1．物流基础模数尺寸是__________。

A．1 200mm×1 000mm　　B．1 200mm×800mm

C．600mm×400mm　　D．1 100mm×1 100mm

2．包装一般可分为：运输包装、__________。

A．防潮包装　　B．危险品包装　　C．商业包装　　D．防锈包装

3．把物料和货物的存放状态对装卸搬运作业的难易程度称为__________。

A．搬运指数　　B．搬运活性指数　　C．灵活性指标　　D．存放状态

4．装卸搬运中提高机动性原则是使货物处于搬运活性指数__________的状态。

A．低　　B．运动　　C．静止　　D．高

5．将物品放在托盘或支架上，其搬运活性指数为__________。

A．0 级　　B．1 级　　C．2 级　　D．3 级

6．放于搬运车、台车或其他可移动挂车上的货物，它的搬运活性指数是________。

A．0 级　　B．1 级　　C．2 级　　D．3 级

7．将物品放到有一定倾斜度的滑辊、货架及滑槽上，在物体本身的重力作用下产生移动，这体现了装卸搬运________的要求。

A．利用重力原则　　B．系统化原则

C．单元化原则　　D．效用原则

8．装卸搬运在物流中是：辅助性、________、支持性、保障性和衔接性的活动。

A．适当集中库存　　B．合理库存

C．伴生性　　D．主导性

9．运输向用户提供的不是有形产品，而是一种服务，它创造了物品的________。

A．时间效用　　B．经济效用　　C．空间效用　　D．增值效用

10．公路运输具有________的特点。

A．运输量大　　B．运输成本低　　C．可靠性高　　D．机动灵活

11．不合理运输最严重的形式是________。

A．过远运输　　B．起程或返程空载

C．迂回运输　　D．运载能力不足

12．直达运输的实质是________。

A．减少运输环节　　B．缩短运输路线

C．规划运输方向　　D．提高运输工具的使用效率

13．________运输特别适合于运输长距离、高价值的产品。

A．铁路　　B．航空　　C．集装箱　　D．海运

14．________具有机动灵活、货损货差少，可以实现“门到门”的直达运输。

A. 汽车运输　　B. 铁路运输　　C. 管道运输　　D. 航空运输

15．公路运输在________半径以内取代铁路运输。

A. 500km　　B. 200km　　C. 100km　　D．250km

16．根据国际标准化组织和我国颁布的《集装箱名词术语》对集装箱所下的定义和技术要求，集装箱的内容积应该在________立方米以上。

A. 1　　B. 2　　C. 3　　D．4

17．大陆桥是________。

A．大陆上的桥梁　　B．连接两端海洋的中间大陆

C．两块陆地的中间桥梁　　D．连接海洋的大陆

18．运输提供物品位移和________职能。

A．短期库存　　B．搬运　　C．装卸　　D．流通

19．物品从产地直接运到销地，以减少中间环节的运输方式是________。

A．直拨运输　　B．直达运输　　C．产销平衡　　D．合整装载运输

20．集装箱是________。

A．运输设备　　B．包装物　　C．容器　　D．储存设备

21．最常用的国际运输方式________。

A．空运　　B．海运　　C．多式联运　　D．铁运

22．国际标准集装箱计量单位 TEU 为________集装箱。

A．40 英尺　　B．20 吨　　C．20 英尺　　D．10 吨

23．采用托盘化物流的前提条件：一是________与托盘规格一致，二是集装箱、车辆、货架等规格与托盘相吻合。

A．包装规格　　B．包装标志　　C．包装模数　　D．包装术语

24．仓库在整个物流系统中扮演着极其重要的角色，仓库最基本的功能是________。

A．储存功能　　B．移动功能　　C．信息传递功能　　D．预测功能

25．流通仓库比普通仓库在________功能上更强。

A．货物流通　　B．流通加工　　C．储存保管　　D．储存量

26．货物在流通型仓库中停留时间与在储存型仓库相比________。

A．同样　　B．较短　　C．较久　　D．不确定

27．自动化仓库取代人工仓库的主要原因是________的要求。

A．人力成本　　B．土地成本　　C．货物储存量　　D．高速大批量物流

28．公共仓库是“第三方仓库”，它的经济效益________企业自设仓库。

A．低于　　B．等于　　C．不能比较　　D．高于

29．采用重力型货架的优点是________。

A．节约库存面积　　B．先进先出

C．仓间搬运堆垛能耗低　　D．节省人力

30．自动化立体仓库由高层货架、巷道机、________和管理控制系统组成。

A．滚珠输送机　　B．光电控制器　　C．输电线路　　D．周围出入搬运系统

31．物流的高附加值是通过________实现的。

A．流通加工　　B．改善包装　　C．合理搬运　　D．及时配送

32．配送是面向________的服务。

A．终点用户　　B．中间用户　　C．始点厂家　　D．中间厂家

33．配送中心对物流成本、物流服务决策时，哪个不可取：________。

A．提高物流服务水平，不惜增加成本　　B．库存合理化

C．提高配送效率　　D．提高服务水平

34．以下物流结点中，功能最齐全的是________。

A．配送中心　　B．物流中心　　C．物流园区　　D．流通仓库

35．配送中心在配货时，逐一将订单所需商品顺序取出，完成配货作业，这种取货方式称为________。

A．摘果式　　B．播种式　　C．分拣式　　D．提货式

36．配送中心的管理应以________为中心。

A．库存战略　　B．设施布局

C．顾客服务水平　　D．运输战略

37．配送中心收验货作业的三核对：数量核对，商品包装上的品名、规格、品质，________。

A．验收包装箱上是否有水迹　　B．验收包装箱上的规格

C．查核商品条码　　D．查验是否有送货预报

38．________属于配送。

A．配送的实质是送货　　B．配送要完全遵循按用户要求

C．配送是物流，和商流无关　　D．配送是配和送的有机结合

39．所谓拣选，就是按订单或出库单的要求，从________，并放置在指定地点的作业。

A．转运场所选出物品　　B．检验场所选出物品

C．加工场所选出物品　　D．储存场所选出物品

40．物流系统中，各环节的相互衔接是通过________予以沟通的。

A．人员交流　　B．资料　　C．信息　　D．信号

41．国际上通用的和公认的三种物流条码中，一般企业最常用的是________。

A．ITF-14 条码　　B．UCC/EAN-128 条码

C．EAN-13 条码　　D．EAN-8 条码

42．EAN-13 条码的前三位数字用于标识________。

A．企业名称　　B．产品名称　　C．产品规格　　D．EAN 的成员

43．EDI 的英文全称为________。

A．Easy Data Interchange　　B．Electronic Data Interchange

C．Electronic Data Interconnection　　D．Easy Data Interconnection

44．EDI 是通过电子方式，采用________，利用计算机网络进行结构化数据的传输和交换。

A．WORD 格式　　B．超文本格式　　C．标准化格式　　D．图表格式

45．能够及时、自动读取各时点商品销售信息的系统是________。

A. POS　　B. AGV　　C. EDI　　D．GIS

46．GPS 是________英文单词的缩写。

A．地理信息系统　　B．电子数据交换系统

C．全球定位系统　　D．运输系统

47．反映物流各种活动内容的知识、资料、图像、数据、文件的总称，称为________。

A．物流信息　　B．物流集合　　C．物流汇编　　D．物流情报

48．物流信息指的是在物流活动进行中产生及使用的________。

A．所有数据　　B．所有信息　　C．必要信息　　D．主要信息

49．物流系统中，各环节的相互衔接是通过________予以沟通的。

A．人员交流　　B．资料　　C．信息　　D．信号

50．储运条码是用在商品装卸、仓储、运输等配送过程中的识别符号，也称________。

A．标准码　　B．缩短码　　C．物流条码　　D．二维码

四、名词解释

1．包装　2．托盘　3．装卸搬运　4．运输　5．储存　6．流通加工

7．配送　8．EDI　9．条码　10．前置期　11．物流园区

五、简答题

1．何谓托盘？它具有哪些特点？

2．简述集装箱的概念。

3．简述库存管理的主要环节。

4．请比较流通加工与生产加工的区别。

5．请比较物流中心与配送中心的异同。

6．简述配送中心选址原则。

7．试比较拣选式(摘果法)与分货式(播种法)拣选的优缺点。

8．试比较商品条码与物流条码的区别。

9．POS 系统的功能。

【实践教学】

参观物流中心(配送中心)，了解物流中心(配送中心)的选址、布局、常用的设备及其操作方法；掌握物流中心(配送中心)功能、物流运作的流程和信息技术的运用。

第3章 企业物流

教学目标

熟练掌握企业物流，包括企业供应物流、生产物流、销售物流和回收物流与废弃物流等基本内容；能对企业物流的各种形式进行分析；掌握企业物流的各种形式的计划与控制方法；熟悉企业物流的基本方法、理论和运用。

教学要求

知识要点	能力要求	相关知识
企业供应物流	(1) JIT 供应模式 (2) 经济订购批量 (3) 定量库存控制法 (4) 定期库存控制法	(1) 采购管理理论 (2) ABC 分类控制法 (3) 物料库存控制的方法 (4) 零库存供应模式
企业生产物流	(1) 物料需求计划 (2) 生产物流的空间组织 (3) 生产物流的时间组织 (4) 生产物流的人员组织 (5) 生产物流计划	(1) 影响生产物流的主要因素 (2) 生产物流的特征 (3) 生产物流的合理组织理论 (4) 生产物流控制理论
企业销售物流	(1) 销售物流渠道的设计 (2) 市场需求测量 (3) 分销需求计划	(1) 销售物流的主要环节 (2) 销售物流的管理理论 (3) 需求计划管理理论
回收物流与废弃物流	(1) 排放物的产生途径 (2) 回收物流利用 (3) 废弃物流的处理	(1) 回收物流与废弃物物流的产生 (2) 回收物流技术与废弃物物流处理

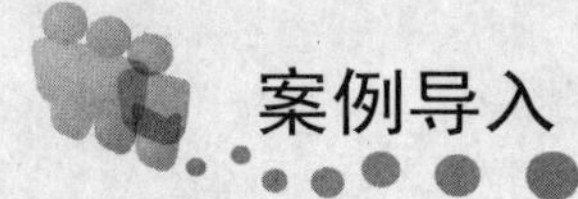

案例导入

像送鲜花一样送啤酒——青啤集团的现代物流管理

在快速消费品行业里，当商品的成本已压至最低时，利润的最大化则要从物流成本去体现。就本案例探讨的啤酒行业来说，啤酒易腐，产品保质期短，储存条件要求高，也不易多次搬运。由于这些产品特性的限制，必须采取较短的分销途径，把啤酒尽快送到消费者手中。所以，人们开始将目光从管理企业内部生产过程转向产品全生命周期中的供应环节和整个供应链系统。而在供应链管理方面，包括产品设计、生产制造、原物料的采购以及产品的配送等，都涵盖在整个供应链当中，也就是包括了采购供应链、生产供应链和营销供应链等。

青啤集团首先成立了仓储调度中心，对全国市场区域的仓储活动进行重新规划，对产品的仓储、转库实行统一管理的控制。由提供单一的仓储服务，到对产成品的市场区域分布、流通时间等进行全面的调整、平衡和控制，仓储调度成为销售过程中降低成本、增加效益的重要一环。以原运输公司为基础，青啤集团注册成立了具有独立法人资格的物流有限公司，引进现代物流理念和技术，完全按照市场机制运作。作为提供运输服务的卖方，物流公司能够确保按规定要求，以最短的时间、最少的环节和最经济的运送方式，将产品送至目的地。同时，青啤集团应用建立在INTERNET信息传输基础上的ERP系统，筹建了青岛啤酒集团技术中心，将物流、信息流、资金流统一在计算机网络的智能化管理之下，建立起各分公司与总公司之间的快速信息通道，及时掌握各地最新的市场库存、货物和资金流动情况，为制定市场策略提供准确的依据，并简化了业务运行程序，提高了销售系统的运作效率，增强了企业的应变能力。青啤集团还对运输仓储过程中的各个环节进行了重新整合、优化，以减少运输周转次数，压缩库存，缩短产品仓储和周转时间等。

可以说，从运输到仓储，青啤逐步理清头绪，并通过青啤的ERP系统和招商物流的SAP物流管理系统的自动对接，借助信息化改造对订单流程进行全面改造，“新鲜度管理”的战略正在有条不紊地实施中。

“要像送鲜花一样送啤酒”可以说，在供应链中存在大量削减成本的机会。企业可以通过有效供应链管理大幅增加收入或降低成本，青啤就是一个很好的例子。在一系列的整合后，青啤的每年超过千万元亏损的车队转变成一个高效诚信的运输企业。而且就运送成本来说，由0.4元/千米降到了0.29元/千米，每个月下降了100万元。在青啤运往外地的速度上，也比以往提高了30%以上。据称，山东省内300千米以内区域的消费者都能喝到当天的啤酒。而在其他地区，如东北的啤酒一出厂，直接用大头车上集装箱，运到大连时还是热乎乎的。

现代物流管理体系的建立，使青啤集团的整体营销水平和市场竞争能力大大提高，其产品畅销 40 多个国家和地区。其建立的信息网络系统还具有较强的扩展性，企业不但拥有了完善的物流配送体系和成熟的市场供求关系，还为开展电子商务提供了必要的条件。

资料来源：http://www.chinawuliu.com.cn

企业是指以盈利为目的，运用生产要素，从事商品生产、流通和服务活动，依法自主经营、自负盈亏、自我发展，并具有独立法人资格的经济组织，企业是为社会提供产品或某些服务的经济实体。企业物流是指企业内部的物品实体流动(国标)。即在生产经营过程中，物品从原材料供应，经过生产加工，到产成品销售，以及伴随生产消费过程中所产生的废弃物的回收及再利用的完整循环活动。

企业物流可以分为：供应物流、生产物流、销售物流、回收与废弃物物流，如图 3.1 所示。

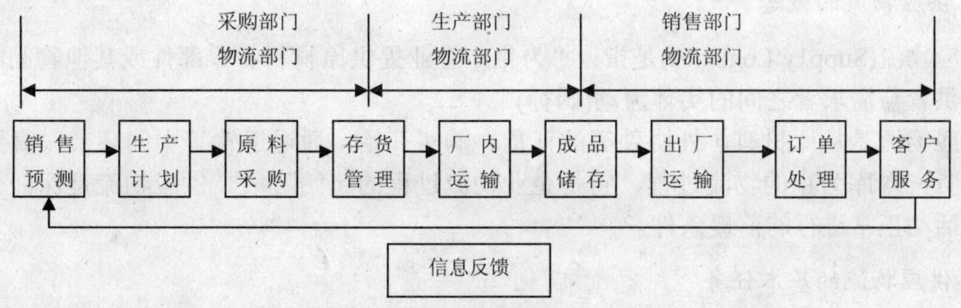

图 3.1　企业物流流程图

生产物流合理化为生产的连续性提供了保障，在制品库存的压缩，设备负荷均衡化，也都和生产物流的管理和控制有关。企业为了保证本身生产的节奏，不断组织原材料、零部件、燃料、辅助材料供应的物流活动，这种物流活动对企业生产的正常、高效进行起着重要的作用。企业物流功能结构如图 3.2 所示。企业供应物流不仅要保证供应的目标，而且

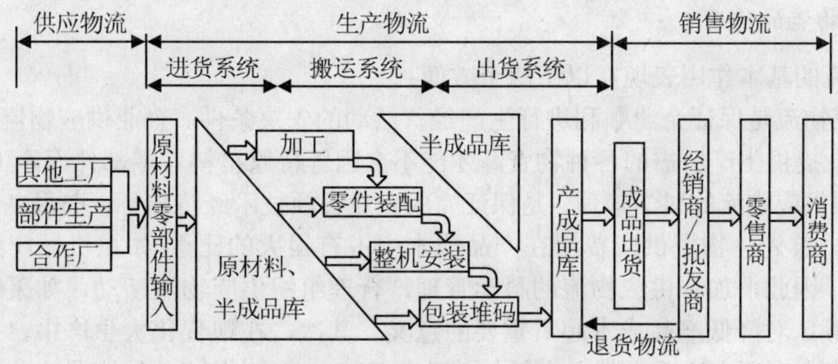

图 3.2　企业物流功能结构图

要以最低成本并以最少消耗、最快速度来组织供应物流活动，企业竞争的关键在于如何降低物流过程的成本，这是企业物流的最大难点。为此，企业供应物流就必须解决有效的供应网络、供应方式、零库存等问题。

企业物流管理就是针对企业内部和外部的相关物流活动，进行科学、合理的计划、组织、协调与控制，以最低的物流成本达到顾客满意的服务水平，使物流更好地为实现企业目标服务。

3.1 企业供应物流

3.1.1 供应物流概述

1. 供应物流的概念

供应物流(Supp1y Logistics)是指："为生产企业提供原材料、零部件或其他物品时，物品在提供者与需求者之间的实体流动(国标)"。

供应物流是从原材料、外协件等的订货、购买开始，通过运输等中间环节，直到收货人收到货，入库为止的物流过程，它是企业物流过程的起始阶段。供应物流是保证企业生产经营活动正常进行的前提条件。

2. 供应物流的基本任务

企业的生产过程同时也是物质资料的消费过程。企业只有不断投入必要的生产要素，才能顺利进行生产和保证其经济活动最终目的的实现。因此，企业供应物流的基本任务是保证适时、适量、适质、适价、齐备成套、经济合理地供应企业生产经营所需要的各种物资，并且通过对供应物流活动的科学组织与管理，运用现代物流技术，促进物资的合理使用，加速资金周转，降低产品成本，使企业获得较好的经济效益。

3. 供应物流的作用

供应物流的基本作用表现在以下两个方面：

(1) 供应物流是保证企业顺利进行生产经营活动的先决条件。企业供应物流的作用，首先就是为企业提供生产所需的各种物资，才能不会因等待原材料、零部件而停工、停产。

(2) 加强供应物流的科学管理，是保证完成企业各项技术经济指标、取得良好经济效果的重要环节。首先，物资供应费用在产品成本中占有很大的比重(如在机械产品中一般占60%～70%)，因此，加强供应物流的科学管理，合理组织供应物流活动，如采购、存储、运输及搬运等，对降低产品成本起着重要的意义。其次，在现代化大生产中，企业的储备资金在流动资金中所占比重也是很大的，一般为 50%～60%，因此，加强供应物流的组织管理，合理储备，对压缩储备资金、节约占用资金、加快流动资金的周转起着重要的作用。

最后，在物资供应中，能否提供合乎生产要求的物资，直接关系到产品的质量、新产品的开发和劳动生产率的提高。

4. 供应物流系统的内容

供应物流的过程，因不同的企业、不同的生产工艺和不同的生产组织模式而有所不同，但供应物流基本流程和内容大致相同。具体包括采购、供应和库存管理三个主要内容。

3.1.2　采购

就制造业而言，为销售而生产，为生产而采购是一个环环紧扣的物料输入、输出的动态过程。而采购流程运行成功与否将直接影响企业生产、最终产品的定价和供应链的最终获利情况。因此，企业采购流程处于企业物流流程的“首要”地位。采购是供应物流与社会物流的衔接点。采购是依据企业生产计划所要求的供应计划，制订采购计划并进行原材料外购的作业层，在完成将采购的物资输送到企业内的物流活动的同时，还需要承担市场资源、供货方和市场变化等供求信息的采集和反馈任务。

采购物流管理的目标就是以正确的价格、在正确的时间、从正确的供应商处购买到正确数量和质量的商品或服务。

1. 采购的概念

采购包含着两个基本意思：一是“采”，二是“购”。“采”，即采集、采摘，是从众多的对象中选择若干个之意。“购”，即购买，是通过商品交易手段把所选定的对象从对方手中转移到自己手中之意。所谓采购，一般是指从多个对象中选择购买自己所需要的物品。这里所谓对象，既可以是市场、厂家、商店，也可以是物品。

2. 采购的重要性

由于采购的工作质量关系到企业产品的质量和成本，并且采购资金在总成本中占很大比重，使得采购在企业经营活动中占有重要地位。

1) 采购的资金量大

在制造业中，企业的采购资金占最终产品销售额的 40%～60%，这意味着采购成本的降低将对企业利润的增加产生重要的影响，其增加利润的效果要远远大于在其他方面采取的措施。所以，采购自然成为企业降低成本、增加利润的重要环节。影响利润的因素是很多的，因此，企业可以通过多种途径来增加利润。但其中只有降低采购成本这一措施效果最为明显，这实际上也体现了现代物流管理中杠杆作用的原理。企业在加强内部管理、挖潜增效的过程中，一定要特别重视采购工作。

2) 满足制造产品需求

企业生产部门对采购物品不仅有在数量方面的要求，而且还有在质量、性能与时间等方面的要求。原材料和零部件的性能和质量直接关系到产品的性能和质量。例如，清晰度是电视机的一项重要的质量指标，如果采购的显像管聚焦质量达不到要求，那么无论电视机设计得如何好，由于显像管质量不合格就不可能得到满意的清晰度。时间要求是指当生产需要某些物资时能够及时得到供应。采购部门为了满足这个需求，往往会采取大批量采购的办法来应付，这样又形成了过高的库存水平和较高的资金占用。现代物流管理要求做到准时制采购，即JIT采购，它是按照生产部门或客户的需求数量和时间，及时安排采购计划，对于采购数量与采购时间，尽量做到既不要过量又不要提前，能够准确及时地满足需要，最大限度地降低采购物资的库存水平。生产企业在实施JIT采购时需要供应商的大力配合与支持。

3) 采购的战略角色

采购工作在过去一直很少受到重视，一方面是由于计划经济对人们思想工作的影响，企业对采购的重要性认识不足，另一方面也与社会经济的发展水平和市场化程度有关。当今，随着市场竞争的日益激烈，企业普遍意识到内部的获利空间已经很小，要进一步提高资源的利用率，只能把盈利视角扩大到整个供应渠道上。这是因为：第一，传统的生产方式已经走到了尽头，大而全、小而全的企业结构已经越来越不能适应外部经营环境的变化，社会发展呼唤生产方式的变革。第二，人们发现在企业同上下游企业组成的系统中，存在着巨大的改进空间，可以更好地利用整个供应渠道的资源，争取更多的获利条件。虚拟企业、敏捷制造、供应链管理等新的概念预示着新的生产方式的出现，总的发展趋势是专业化分工协作，采购的重要性应理所当然地提升到企业发展的战略高度来认识。

在这方面十分典型的例子是我国的家电企业，短短十几年的时间发展成为世界第一大家电生产国，但由于激烈的市场竞争使家电行业提前进入微利时代。为了获得应有的利润率，国内一些优秀的企业率先实施采购管理创新，如海尔、TCL都成立了物流中心，投巨资建立网络采购系统，通过网上采购大约可以降低采购成本15%。

3. 采购的一般流程

从物流的角度看，最初的采购流程运行的成功与否将直接影响到企业生产、销售、最终产品的定价情况和整个供应链的最终获利情况。

企业采购流程通常是指有制造需求的厂家选择和购买生产所需的各种原材料、零部件等物料的全过程。如图3.3和图3.4所示。在这个过程中，作为购买方，首先，要寻找相应的供货商，调查其产品在数量、质量、价格及信誉等方面是否满足购买要求。其次，在选定了供应商后，要以定单方式传递详细的购买计划和需求信息给供应商并商定结款方式，以便供应商能够准确地按照客户的性能指标进行生产和供货。最后，要定期对采购物料的管理工作进行评价，寻求能提高效率的采购流程创新模式。

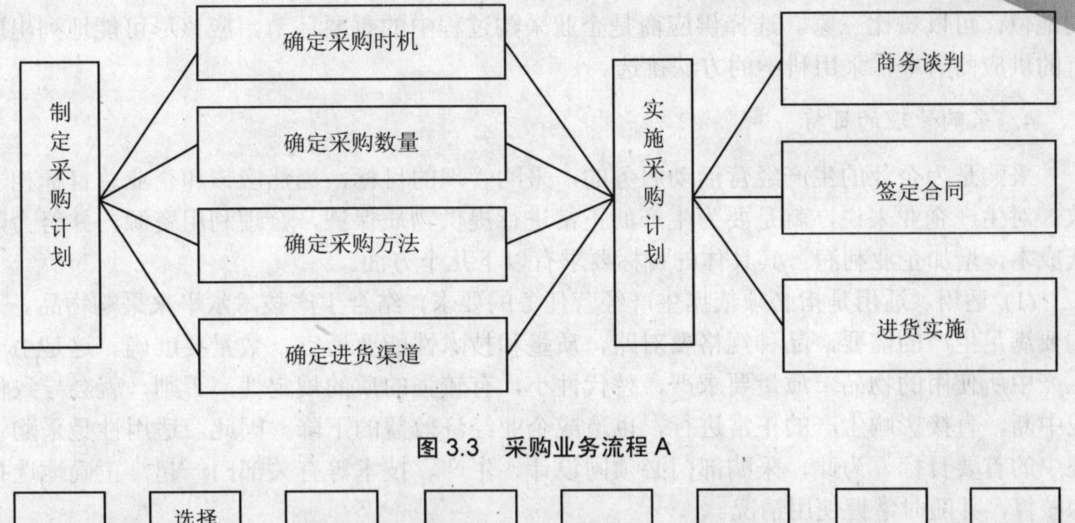

图 3.3　采购业务流程 A

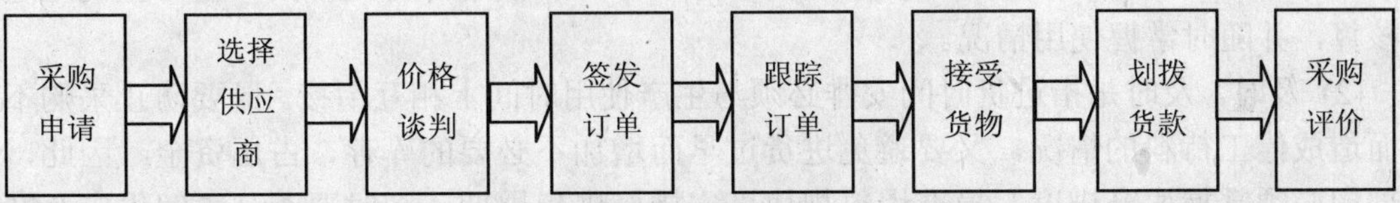

采购申请 → 选择供应商 → 价格谈判 → 签发订单 → 跟踪订单 → 接受货物 → 划拨货款 → 采购评价

图 3.4　采购业务流程 B

采购管理要实现科学化，首先需要规范采购作业的行为模式。如果按照采购员个人的工作习惯随意操作，则采购的质量难以保证。所以，任何企业都需要规定采购的一般流程，消除采购中的“三不”现象(即不管是否为企业所需，不做市场调查和咨询，不问价格高低质量好坏)，杜绝收受回扣，索拿卡要，以保证工作质量，堵住资金流失的漏洞。

采购流程通常由以下 8 个步骤组成：

(1) 采购申请。

(2) 选择供应商。

(3) 价格谈判。

(4) 签发采购订单。

(5) 跟踪订单。

(6) 接收货物。

(7) 确认供应商的支付发票。

(8) 采购评价。

采购申请必须严格根据生产部门的需要以及现有库存量的状况，对品种、数量、保险库存量等因素做科学的计算后才能提出，并且要有审核制度。采购的数量、种类、价格等必须经过主管部门的批准才有效。通过采购申请环节的控制，可以防止随意和盲目采购。

在买方市场中，由于供大于求，市场上往往有众多供应商可供选择，此时买方处于有利地位，可以货比三家。选择供应商是企业采购过程中的重要环节，应该尽可能地列出所有的供应商清单，采用科学的方法挑选。

4. 采购管理的目标

采购是为企业的生产经营活动服务的，采购管理的目标，当然应该和企业总目标相一致。对生产企业来说，就是要为生产的正常进行提供物质保证，合理利用资源，并努力降低成本，增加企业利润。其具体的目标要求有以下几个方面。

(1) 适用。适用是指必须依据生产经营任务的要求，结合生产技术水平来采购物品。采购要满足生产的需要，品种规格要对路，质量和技术性能要适宜，数量要准确。这是由于生产中所使用的物品，质量要求严，替代性小，有较强的质的规定性。否则，就会导致供应中断，直接影响生产的正常进行，也造成企业经济效益的下降。因此，适用性是采购管理中的首要目标。为此，采购部门必须同设计、生产、技术等有关部门一起，正确地选择和核算，并随时掌握使用情况。

(2) 及时。及时是指进货时间安排必须与生产使用时间上相互衔接。既要防止采购不及时而造成停工待料的情况，又要避免进货过早而增加不必要的库存，占压资金。因此，采购部门必须掌握生产进度，摸准用料规律，安排好进货周期，同时要充分了解供应商准时组织供货的可靠性和运输条件的可能性。

(3) 齐备。齐备指各种物品的采购要满足生产使用上的配套性要求。产品的生产不仅要求基本生产过程和辅助生产过程之间设备能力上的配套，而且包括各种原材料、加工、外购零部件的配套，它们之间都存在着一定的数量比例关系。按照这个比例关系来组织配套供应是保证生产正常进行的客观要求。否则，缺少任何一种要素都完成不了产品的生产。为此，采购部门要掌握各种物品、各种设备间的比例关系，安排各种物品的进货数量和进度，尤其是外部零部件，注意它们之间的平衡衔接。

(4) 经济。经济指采购物品时要努力降低采购费用，为企业盈利创造条件。它包括合理地选购物品，做到物美价廉，降低商务和物流费用。为此，要求采购部门确切掌握产品性能对材料的要求，加强经济核算，进行价值工程分析，正确运用物流方式，严格控制库存，按照采购总费用最低的原则组织采购业务。

(5) 协作。协作指供需双方、采购部门与供应部门内部，以及与其他生产、研发、财务、销售等部门的各业务环节都要建立良好的协作关系，相互协调，密切合作，才能保证供应质量，保证企业产品生产的顺利进行。为此，采购部门在与供应商的关系处理中要重合同、守信用，注意双方的经济利益，在双赢中建立长期的合作关系；在企业内部则应想生产之所想，急生产之所急，用全心全意为生产服务的观念来处理部门之间的关系。

5. 采购管理的内容

采购管理的内容包括：计划、组织实施和监控，如图 3.5 所示。

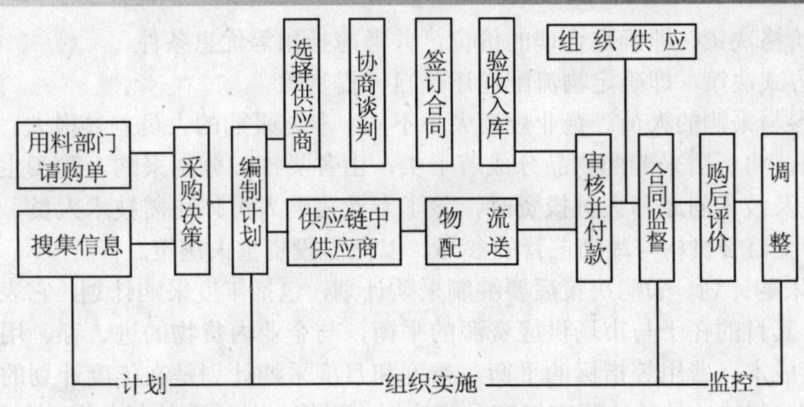

图 3.5　采购管理的内容

1) 计划

(1) 用料部门请购单。用料部门请购单是采购业务的凭据。虽没有统一的标准格式，由各企业自行制定，但主要应包括：请购单号、请购单位、申请日期、订购数量、功能要求、需要日期、采购单号、供应商名称及供货日期等。另一种是与产品(工程)设计图样相配套的材料清单，它表明一件成品所需的各种材料、零部件的数量以及采购后的验收标准。

(2) 汇集信息。各类采购信息为采购决策和审核请购单提供依据。包括以下几个方面。

① 外部信息。主要有市场供需状况及预期，价格波动及趋势，供应商的情况，其产品的质量、价格、运距与运费、供应可靠性，市场上新材料、新设备、替代品的情况和供应状况，以及政府对物品使用的政策和法规等。

② 内部信息。主要有生产计划任务，物资消耗定额、物料消耗统计资料，设备最大承载能力，所需物品的性能和用途，进货和供应能力，物流组织状况和资金条件。

③ 产品信息。主要有产品说明书，它包括商务标准、市场等级、设计蓝图、材料说明书及功能说明书等。

上述信息既可以从企业的数据库汇集，也可以从外部采集。

(3) 采购决策。这是采购管理中最主要的内容。在请购单审核后，要对以下几个方面的问题进行决策：

① 物料品种决策，即确定采购物料的品种规格以及功能要求。

② 采购量决策，即确定计划期内的各类物料采购总量。

③ 供应商决策，即选定供应商和供应渠道。

④ 采购方式决策，即决定现货采购还是远期合同采购，同种物品，向一家购买还是向多家购买，是由各事业部分散采购还是由集团总部集中采购，是招标采购还是网上采购。

⑤ 订购批量决策，即确定一次订购的数量和批次。

⑥ 采购时间决策，即确定订购周期(即两次订购的时间间隔)、进货时间。

⑦ 采购价格决策，即确定合理的价位，并考虑折扣等优惠条件。

⑧ 进货方式决策，即确定物流配送还是自行提货等。

⑨ 确定参与采购的人员。企业规模大小不同，参与采购的人员差异很大。一般的企业都有采购部门，将所需采购的物品分成若干类，由各类部门分别采购。购买生产装备、金额较大的，涉及技术问题和大额投资时，除了专业采购人员外还需技术人员、管理人员、使用人员，乃至监督机构与最高主管的参与，以做出投资重大决策。

(4) 编制采购计划。采购决策后要编制采购计划，包括年度采购计划，它表明大类物品的采购总量，其目的在于与市场供应资源的平衡，与企业内货物的进、存、用的平衡，与企业的资金、成本、费用等指标的平衡。季度和月度采购计划是在年度计划的指导下，按具体品种规格编制的，是具体落实年度采购计划，组织日常采购的任务书。

2) 组织实施

(1) 选择供应商。对于供应链中的供应商，可以通过因特网将采购计划信息传输给他们，要求执行。而对于非供应链中的供应商，采购部门可以将生产所需物品的供应商编成一览表，从质量好、价格低、货物交付及时、服务周到的供应商中进行比较，还可以从人员访问、供应商财务报告、历来经营状况的补充信息中进一步分析，择优选取。

(2) 商务谈判。在同选中的供应商进行谈判的过程中，要做到知己知彼，明确下列问题：

① 希望得到什么?

② 对方要求什么?

③ 能做出什么样的让步使谈判成功?

(3) 签订采购合同。它是将“双赢”结果，以符合法律规范的书面形式确定下来，签订采购合同，明确双方的权利、义务以及违规的处理。

(4) 验收入库。采购部门要配合仓库部门按有关采购合同中规定的数量、质量、验收办法、到货时间做好验收入库工作。财务部门按入库单及时付清货款，对违反合同的要及时拒付或提出索赔要求。

3) 监控

(1) 合同监管。对签订的采购合同要及时进行分类管理，按时间顺序建立合同台账，按期检查采购合同执行情况，并将执行过程及时输入数据库，以便对供应商做出评价。采购部门要加强与供应商的联系，督促按期交货。对出现的质量、数量、到货时间等问题要及时交涉。同时要与企业内部的其他部门密切配合，为顺利执行合同做好准备。

(2) 购后评价。所购物品投入使用后，采购部门要与使用部门保持联系，掌握使用情况、使用效果以及服务水平，并考查各供应商的履约情况，以决定今后对供应商的选择和调整。

6. 采购的控制与管理

企业为销售而制造，为制造而采购，而采购的目标是生产与经营。因为，制造业产品的成本中主要是材料费用，如果采购成本控制不力而造成采购成本偏高的话，无论企业再如何控制企业内部的其他成本都无济于事，所以有必要对采购业务进行严格而深入的控制和管理。

1) 控制采购成本

要控制采购成本，关键是把握几个“控制点”：

(1) 采购计划是企业采购的基本依据，是控制盲目采购的重要措施，还是搞好现金流量预测的有力手段，所以要根据生产计划、物料需求计划、资金条件及采购手段等信息编制并且严格执行计划，做到无采购计划不采购。

(2) 采购订单是与供应商签订的采购合同，供应商是否按合约“适时、适量、适价、适质、适地”供货对企业的生产有重大影响，所以要严格采购订单的管理，对于可能拖期的供应商应及时催货，以避免对生产造成影响。

(3) 采购业务的确认和付款是企业采购中的日常业务。当供应商的物料到达企业以后，要通过采购计划、订单核查采购的物料数量、品种，还要经过质检、验收，才能办理入库手续。当采购员持发票准备报销时，要根据入库单逐笔核对，如果物料尚未入库，不允许直接报销，应提交领导审批通过后，方可报销。

(4) 正确选择供应商对于稳定物料来源、保证物料质量是十分重要的。由于采购流程是一个动态连续的过程，所以对其的管理可以纳入企业计算机管理信息系统，以采购管理子系统方式实现包括采购计划、采购订单、收货、确认发票、付款业务、账表查询及期末转账等几部分的控制功能。

2) 采购模式

(1) 招标采购。

(2) 谈判采购。

(3) 单一来源采购。

(4) 电子化采购。

3) 供应物流的组织模式

企业的供应物流的三种组织模式

(1) 委托社会销售企业代理供应物流。

(2) 委托第三方物流企业代理供应物流。

(3) 企业自供物流方式。

7. 采购管理的发展趋势

20 世纪中叶，第二次世界大战结束后，大量先进的军事技术运用到民用工业，使社会生产力获得了极大的发展。企业为适应市场的大量生产的需求，也纷纷扩大规模，广泛采用大规模、连续的、流水线的生产方式，实现了大批量、高效率、标准化、低成本的生产，迅速满足了市场需求，也给企业带来了巨大的经济效益。采购供应部门为保证生产的稳定性和连续性，控制生产成本，也普遍运用经济订购批量、订购点、安全库存、提高保证供应率等管理方法。但是，因为流水线生产方式是在生产线上配置着大量的专用装配机械，其生产效率高，生产速度快，不仅要求采购批量大，对零部件的质量要求高，而且为保证流水线的正常运转，需要在各个工位上备有足够的零部件储备量，即所谓的前置缓冲量。否则，一旦缺少零部件，整个流水线就会停工待料，造成巨大损失。各个工位上的缓冲量，再加上车间的、总库的库存，产生了大量的要制品，占用了大量的流动资金，加大了产品成本。同时，与其配套的零部件协作厂也同样要有层层的原材料前置缓冲量，这样就大大增加了零部件的成本。为了进一步降低成本，适应变化着的市场，企业逐步推行准时制(JIT)生产方式，实行精细管理。同样，要求采购供应部门也推行精细管理，加强与供应商的协调，准确及时地将物品送到生产现场，降低乃至取消前置缓冲量。

20 世纪 70 年代以后，企业间的竞争加剧，顾客的消费水平日益提高，加上社会环境的巨大变化，导致需求日益多样化，企业面对一个变化迅速且难以预测的买方市场，传统的生产方式和管理方法越来越难以适应市场的变化。为了摆脱困境，提高自身的竞争力，企业采用了许多先进的制造技术和管理方法，如模块化设计、柔性制造系统、计算机集成制造系统、物料需求计划、供应链管理以及制造资源计划等，企业的采购供应部门为适应这种变化，也在积极引进信息技术和物流系统，在企业发展横向一体化的进程中，加强对供应商的选择和协作，扩大采购范围，开展跨国采购。随着计算机产业的迅猛发展，采购部门将在信息系统中，利用电子商务平台进行网上采购，选择供应商，实现网上交易，逐步实现供应链管理；在准时制生产方式的推动下，充分利用物流配送系统，取消前置缓冲量，在准时采购和供应中逐步实现零库存。

3.1.3 供应

1. 供应的概念

任何企业进行生产经营活动，都要消耗各种物品。这种以物品补充生产经营消耗的过程，就称为供应。供应过程包括采购、储存、供料等环节，涉及商流、物流、信息流和资金流。

供应是供应物流与生产物流的衔接点。供应是依据物料供应计划、物资消耗定额、生产作业计划进行生产资料供给的作业层，负责原材料消耗的控制。供应方式一般有两种基本方式：一是传统的领料制；二是配送供应，即供应部门根据生产作业信息和作业安排，按生产中材料需要的物料数量、时间、次序、生产进度进行配送供应的方式。

2. 供应物流的主要业务

供应物流的主要业务活动包括物料供应计划、物资消耗定额、供应存货与库存控制等。

1) 物料供应计划

物料供应计划一方面要适应生产、维修、技术措施、基建、成本及财务等对物料和资金使用方面的要求；另一方面又反过来为其他计划的顺利执行提供物资保证。对企业物资管理来说，物料供应计划是订货、采购、储存、使用物资的依据，起着促进企业加强物资管理的作用。

正确地确定物料需要量，是编制物料计划的重要环节。不同用途、不同种类物料需要量的确定，方法是不同的。概括说来，有直接计算法和间接计算法两种。

(1) 直接计算法。它是直接根据物资消耗定额和计划任务来核算需要量，也叫定额计算法，公式如下：

$$\text{某种物料需用量}=\left[\text{计划期产量}\times\left(1+\text{不可避免的废品率}\right)\right]\times\text{单位产品消耗定额}-\text{计划回用废品数量}$$

计划期产量包括产品的产出量和期末、期初在制品的差额；供应系数是考虑由非工艺性损耗带来的需要量的增加额，一般根据经验统计资料并结合计划年度的情况分析确定。

(2) 间接计算法。用间接计算法确定物料需要量比较粗略。因此，企业一般用这种方法来确定不便于制定消耗定额的辅助材料需用量，或用来确定某些辅助生产部门的部分用料。

2) 物资消耗定额

物资消耗定额是在一定生产技术条件下，为制造单位产品或完成某项任务所规定的物资消耗量标准。物资消耗定额的制定，包括“定性”与“定量”，即确定物资消耗所需数量。

(1) 物资品种规格的确定。要做到技术上可靠、经济上合理、供应上可能，具体要考虑如下因素：

① 品种、规格、质量的选择必须符合产品性能的要求。

② 选用的物资应具有良好的工艺性，以便保证产品加工质量和提高劳动生产率，便于提高产品制造的经济性。

③ 选用的物资要尽量考虑降低成本的要求。例如，尽力避免使用稀缺物资和进口物资；充分考虑材料的合理代用，如“以铸代锻”，以廉价材料代替贵重材料；充分利用规格标准化的材料，以降低材料价格；尽量使材料规格与零件毛坯长度成整倍数关系，减少不可利用的边角余料，考虑余料的综合利用，以提高材料的利用率；尽量考虑就近供应物资，以降低运费和便于协作管理等。

④ 选用物资要考虑现实资源情况和供应可能。

(2) 物资消耗量标准的确定。物资消耗量标准的制定方法大致有以下三种。

① 技术计算法。它是根据产品图样和工艺说明等资料计算物资消耗定额的方法。这种方法的计算程序是：首先根据图样计算零件净重，加上合理的加工留量(或根据毛坯图样计算零件毛重)，然后加上下料过程的合理损耗，算出物资消耗定额。

② 实际测定法。它是运用理论称重、计算等方式，对实际物资消耗进行测定，然后通

过分析研究，制定物资消耗定额的方法。使用这种方法时，应选择定额先进合理的典型作为测定对象。

③ 统计分析法和经验估计法。统计分析法是根据实际物资消耗的历史统计资料，进行综合计算和分析，借以确定物资消耗定额的方法，采用先进平均数值较为科学。经验估计法是以有关人员的经验和资料为依据，通过估计，确定物流消耗定额的方法。

3. 供应物流模式

由于生产企业生产的产品不同，原材料、零部件的丰富程度不同，体积、重量的大小不同，以及原材料、零部件的保存条件和价值不同，从而导致供应物流具有多种模式，主要包括以下几种。

1) 需求企业自提模式

生产企业与供应商签订合同以后，按照合同规定的条款，供应商在适当的时间通知需求方准备在指定的地点提货。这种模式，需方应事前联系或组织必要的运输工具，如火车、轮船、汽车等，并按约定时间在指定地点提货。在货物装车前要核对数量，检验质量，并办好全部交接手续。此后，需方就要对供应物流负全责。

2) 委托销售企业代理

即供应商负责联系组织运输工具，承担运输业务，实施“门到门”的服务。这样做一方面可以使供应商能获得稳定的客户和增值服务，有利于本身的持续发展；另一方面对于需求方来说，可以大大节约本身为组织供应所耗用的人力、物力和财力，从而可以集中精力致力于发展企业的核心业务。这是一种最常见的供应模式。

3) 委托第三方企业代理

这种供应物流方式指企业在完成采购任务后，由相对于“第一方”发货人和“第二方”收货人而言的第三方专业物流企业承担供应物流活动的一种物流形态。第三方物流企业，通过与第一方或第二方合作来提供专业化的物流服务。它不拥有商品，不参与商品买卖，而是接受合同约束，为顾客提供以结盟为基础的系列化、个性化、信息化的物流代理服务。

4. 供应物流服务的新方式——供应链供应物流模式

这是近年来随着供应链思想和实践的拓展而发展起来的供应物流模式。供应链体系是将物流供应商、生产商、储运商、分销商及消费者组成供需网络链。供应商和企业结成最高层次上的联盟，彼此在互利互惠、共享信息、共担风险和相互信任的原则下建立长期合作的供应关系。这种供应链供应的物流模式主要有 JIT 供应模式和零库存供应模式等。

1) JIT 供应模式

JIT 的基本原理是用需定供。即供方根据需求方的要求(或称看板)，按照需求方的需求品种、规格、质量、数量、时间及地点等要求，将物品将送到指定的地点。不多送，也不少送，不早送，也不晚送，所送品种要个个保证质量，不能有任何废品。

准时制采购的策略是：

(1) 小批量采购。批量采购减少和消除了原材料和外购件的库存，会使送货频率增加，从而引起运输物流费的上升。

(2) 保证采购的质量。准时制采购原材料及外购件时，库存减少，以至不存在库存，但必须保证所采购物资的质量。

(3) 合理选择供货方。准时制采购应选择供货商，选择因素有产品质量、交货期、价格、技术能力、应变能力、批量柔性、交货期与价格的均衡、批量与价格的均衡及地理位置等。

(4) 可靠的送货和特定的包装要求。因为消除了缓冲库存，任何交货失误和送货延迟都会造成难以弥补的损失。

实行准时采购战略不但取决于企业内部，而且取决于供货方的管理水平，取决于物流系统的管理水平，因此应对准时制采购的相关因素做好合理的、全面的考虑。

2) 即时供应模式

即时供应模式是 JIT 供应的特例，它不是按照计划的时间，进行计划数量产品的供应，而是按照用户随时提出的时间要求，进行准时供应的一种供应物流模式。它多用于零部件的供应。通常的情况是，需求企业通过互联网络向伙伴供应商发出临时需求信息，供应商则根据需求快速组织生产，再按需求的时间，快速送达需求商的生产线。由于零部件的生产是按临时需求组织生产的，所以产品的质量完全取决于供应商对生产过程的质量监控，因此，这个生产过程又称质量生产。电子商务的快速发展和广泛应用，为这种缺乏计划而又有严格时间要求的即时需求提供了支持。

3) 零库存供应模式

关于“零库存”的概念，学术界有争议。对“零库存”可以有两种理解：一是实际意义上的零库存，就是与传统意义上的大量库存比较，由于通过 JIT 供应和 JIT 供应特例的即时供应，使库存量大大减少，几乎接近零；另一种是数学意义上的零库存，即需求方不设库存，而是由供应方设置和管理库存。这种真正意义上的零库存运作方式是供应商将商品直接存放在用户的仓库中，并拥有库存商品的所有权，供应商只有在用户领用商品后才与用户进行货款的结算。这种运作方式对供需双方都有利，供方可以利用需方的仓储设施，免去了固定资产的投资，节约了大量资金；需方因为没有设库存，免去了库存占有资金，并节省了大量的管理费用。

3.1.4　库存管理

企业为了使生产能正常连续进行，不但要经常采购物料，而且还必须保留一定数量库存物料作周转之用。从生产角度考虑，周转库存量越多越好；从费用角度考虑，周转库存量越少越好。周转库存越多就会占用越多的流动资产，从而提高产品成本。要解决这一矛盾，应将周转库存控制在一个合适的数量上，这就是库存控制研究的中心内容。

在今天的企业环境中，库存管理的任务变得越来越复杂，涉及库存管理的方法越来越多，库存决策也变得更加复杂。在实践中管理者需要根据企业的具体情况来选择合适的库存管理方法以提高企业物流系统的效率，无论企业选择什么样的库存管理方法，总成本最小化始终是库存管理的关键。

从历史的角度看，企业的库存管理政策经历了多次变化，了解这些变化可以帮助我们加深对库存管理的理解。传统企业把库存物品看成是企业的财富，现代企业把库存物品看成是企业的坟墓，从而产生了经济批量采购与管理(应用运筹、线形规划、仿真等)、系统化库存管理及供应链库存管理等。

1. 库存的概念

库存(Inventory)是指处于储存状态的物品。广义的库存还包括处于制造加工状态和运输状态的物品。是企业在生产经营过程中为现在和将来的耗用或者销售而储备的物资资源。包括原材料、材料、燃料、低值易耗品、在产品、半成品及产成品等。

库存是为了保障生产、调节供需所必需，起到蓄水池和调节阀的作用，但同时库存又是一种闲置，库存占用流动资金，增加保管和护理费用，从而增加产品成本。库存量管理的任务是要选择适宜的库存管理制度，确定合理的库存量标准并掌握库存量变化动态，适时进行调整。

2. 库存的分类

1)按库存的不同形态分类

按库存的不同形态，企业持有的库存可分为：原材料库存、在制品库存及产成品库存。

(1) 原材料库存。原材料库存是指企业通过采购和其他方式取得的用于制造产品并构成产品实体的物品，以及供生产耗用但不构成产品实体的辅助材料、修理用备件、燃料以及外购半成品等，是用于支持企业内制造或装配过程的库存。

(2) 在制品库存。在制品库存是指已经过一定生产过程，但尚未全部完工、在销售以前还要进一步加工的中间产品和正在加工中的产品。在制品库存之所以存在，是因为生产一件产品需要时间(称为循环时间)。

(3) 产成品库存。产成品库存是已经制造完成、检验合格并等待装运，可以对外销售的制成产品的库存。产成品必须以存货的形式存在的原因是用户在某一特定时期的需求是未知的。

2) 按库存的目的进行分类

按照库存的目的，企业持有的库存可以分为经常性库存、保险库存和季节性储备。

(1) 经常性库存。经常性库存是指用于经常周转的货物储备，即在前后两批货物正常到达期之间，提供生产经营需要的储备。经常库存是企业在正常的生产经营环境下，为保证两次进货间隔期内正常供应的需要而建立的库存。这种库存在进货后达到最大量，随着日常供料而不断减少，直至为零，然后又通过下一次进货重新补充，这样周而复始地进行，故又称为周转库存。

(2) 保险库存。保险库存又称安全库存，是指用于防止和减少因订货期间需求率增长或到货期延误所引起的缺货而设置的储备。保险储备对作业失误和发生随机事件起着预防和缓冲作用，是为保证供应过程发生意外变故时能不间断地组织供应而建立的库存。供应过程存在许多不确定因素，可能导致供应中断的原因主要有两个方面：一是物品的耗用率(实际消耗速度)高于预测，如产品产量增加或任务提前对物品需求量的增加；二是外部供货延误，未能按期到货。当出现这两种或其中一种情况时，就需要用安全库存来解决。它是一项以备不时之需的存货。在正常情况下一般不动用，一旦动用，必须在下批订货到达时进行补充。经常性库存和安全库存，如图 3.6 所示。

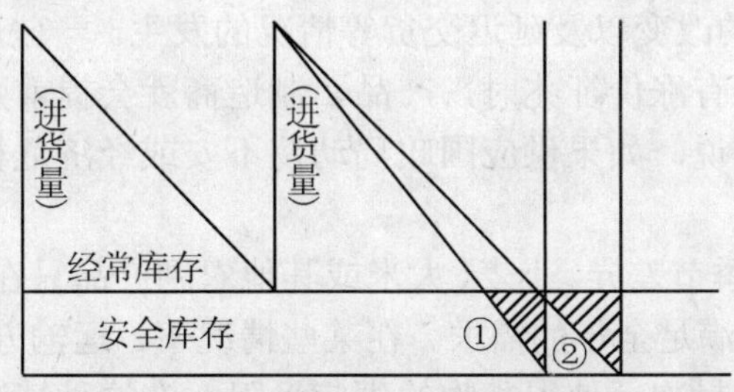

图 3.6　经常性库存和安全库存

在第一个进货周期里，到货时间和耗用率均正常，故无需动用安全库存；而在第二个进货周期中，出现了不正常情况，需动用安全库存来解决。图中①是耗用率高于预测的情况；②是到货延误的情况。

(3) 季节性储备。季节性储备是指企业为减少原材料季节性生产和季节性销售的影响而储存的原材料或产成品。季节性库存是为满足具有季节性特征的需要而建立的库存。一般有两种类型，一种是进货的季节性，这是由于运输季节性(如冬季北方河流封冻使通过河运的进货中断；南方由于河流季节性的通航)或供货季节性(如农产品生产季节性)而形成；另一种是用料的季节性，如防汛物品、冬季取暖用煤。这两种类型都影响着供应的均衡性、节奏性，需通过季节性库存来解决。

3. 库存的重要性

下面从原材料库存和产成品库存两个方面来讨论企业保持库存的重要性。

1) 原材料库存

原材料库存是用于支持企业内制造或装配过程的库存。保持这种库存的原因主要有以下几个方面：

(1) 获得大批量购买的价格折扣。企业大批量采购可以得到价格折扣，因增购的部分不是立即用于生产，所以就会增加库存成本。只要库存成本的增加低于购买价格的节约，企业就愿意增加原材料库存。

(2) 大批量运输降低运输成本。大批量采购导致了大批量装运，许多企业整车皮、整卡车甚至整船运输原材料。整车运输的运费率比零担运输低许多，从而减少运输成本。运输成本通常是原材料最终成本的一个重要组成部分，因此减少运输成本，产品的最终成本也会较大程度地降低。

(3) 避免由于紧急情况而出现停产。企业通常保持一定数量的库存作为缓冲，即安全库存，以防在运输或订货方面出现延滞而影响生产。许多企业不愿意因为原材料缺货而关闭装配线，因为这种成本是相当高的。保险库存的数量将根据延迟交货的概率以及原材料的使用数量来确定。

(4) 防止涨价、政策的改变以及延迟交货等情况的发生。一些企业会面临原材料供应的不确定性，例如，当物品有涨价征兆时，产品、制造商就会提前购买和存储物品；对于从国外进口原材料的企业来说，如果供应国政局动荡不安或经济危机，那么供应就被中断，从而导致缺货。

(5) 调整供需之间的季节差异。小麦、大米或其他农副产品只在一年中的某些时期生产，因此需要存储这些产品以满足全年的需求。在某些情况下，运输方式也可能造成季节供给，如在冬季一些航道和港口封冻，使得货物的供应受阻。在这种情况下，公司需要增加库存成本以维持生产的连续进行。

(6) 保持供应来源。大型制造企业利用供应链从小供应商制造本企业也能制造的装配件或半成品是非常有利的。当大型制造企业没有足够生产能力满足高峰需求时，可以从小供应商处购买。如果大制造商在一年中的某个较长时期不从小供应商那里购买产品，小制造商可能会关闭工厂并辞掉所有员工。当大制造商再次需要从小供应商进货时，小制造商就要重新招聘员工。这样不仅会提高成本，还会降低产品质量。因此，大制造商在淡季给小供应商一些订单使其维持生产或部分生产能力是有必要的。这样做对于大型企业来说，虽然会增加库存，但比改变供应商或使小供应商重新生产的成本更低。

2) 产成品库存

产成品库存是指已经制造完成、检验合格并等待装运，可以对外销售的制成产品的库存。企业保持一定数量产成品库存的原因也主要有以下几个方面。

(1) 节省运费。保持产成品库存的一个原因与前面提到的原材料库存原因类似，即运输的经济性。大批量或整车运输比小批量、零担运输的运费低，只要运费低于仓储成本，那么大批量运输就对企业有利。许多企业在市场附近建立面向市场的仓库，公司将产品由工厂大批量运送到仓库，然后将产品以配送方式短距离运送给客户。这样企业不仅可以缩短运货时间、提高服务水平，而且可以降低运输成本、分销成本及在途存货成本。

(2) 获得生产的节约。长期连续大批量生产会产生规模效益、降低产品的生产成本，但这意味着生产先于需求，产品不能马上全部销售出去，就会加大产成品库存。企业需要权衡考虑降低的生产成本与增加的库存成本之间的关系，对于技术含量高，生命周期短的产品尤其要慎重考虑。

(3) 调整季节差异。对于任何企业来说，根据季节性高峰需求设计生产能力是没有效率的，而且风险极大，较好的方法是全年有规律地最佳规模生产，当然，这也就形成在非高峰需求期间的产成品库存。

(4) 提高客户服务水平。由于市场竞争的日益加剧，企业必须不断提高服务水平，才能保持和提高竞争力。许多企业采取的策略就是将产成品库存靠近客户以利于及时交货，尤其对于可替代性较高的产品，这种策略更为重要。

(5) 保留技术工人。在非高峰时期，由于产品订单少，产品产量低。为了不让技术工人因停产而失业，就必须继续生产，从而形成产成品库存，在一定时期可起到保留技术工人的作用。

3.1.5　采购决策与库存控制

企业的生产过程同时也是物质资料的消费过程。企业只有不断投入必要的物质资料，才能进行生产和保证其经营活动的连续性。供应物流合理化主要从下述两方面入手：一是采购决策；二是库存控制。

1. 采购决策

采购决策的内容主要包括：市场资源调查、市场变化信息的采集和反馈、供货方选择和决定进货批量、进货时间间隔。

(1) 企业采购决策者应对所需原材料的资源分布、数量、质量和市场供需要求等情况进行调查，作为制订较长远的采购规划的依据；同时要及时掌握市场变化的动态信息，进行采购计划的调整、补充。主要内容包括以下几个方面。

第一，企业内部协同。采购的内容包括：正确的物料、合适的数量、合适的交付(交付时间和交付地点)、合适的货源和合适的价格。而这些信息的获得来自于销售和市场部门、计划部门、生产部门、采购部门的信息。企业要进行高效的采购行为，就需要企业内部各部门的协同合作。此外，随着新产品急剧增加，需要采购的新零部件的数量也大大增加。

第二，企业外部协同。企业外部协同是指企业和供应商在共享库存、需求等方面的信息的基础上，企业根据供应链的供应情况实时地调整自己的计划和执行交付的过程。同时，供应商根据企业实时的库存、计划等信息实时调整自己的计划，可以在不牺牲服务水平的基础上降低库存。

第三，由“为库存采购”转化到“为订单采购”。在传统的采购模式中，采购的目的是为了补充库存，即为库存采购。在供应链管理的环境下，采购活动是以订单需求方式进行的，制造订单的需求是在用户需求订单的驱动下产生的。这种为订单采购的方式使得供应链系统得以准时响应用户的需求，同时降低了库存成本。

第四，采购过程中的外部资源管理。有效的外部资源管理就是制造商在采购活动中，建立一种全新的、具有不同层次的供应商网络，并通过逐步减少供应商的数量，致力于与供应商建立一种长期的、互惠互利的双赢合作关系。一方面，通过战略合作和提供信息反馈，促进供应商质量改善和质量保证；另一方面，参与供应商的产品设计和产品质量控制过程，并协调供应商的计划。

(2) 在选择供货方时，应综合考虑原材料供应的数量、质量、价格、运费、供货时间保证、供货方式和运输方式等，根据本企业的生产需求进行比较，最后选定供货方。

要建立供货商档案，其内容主要有企业概况(地址、生产规模、业务经营范围等)，供应物料种类、运输条件及成本，包装材料及成本，保管费和管理费，包装箱和包装材料的回收率，交易执行状况等。完善的档案数据是选定供货商的重要依据。

(3) 采购批量，这是采购决策中的一个重要问题。一般情况下，每次采购的数量越大，在价格上得到的优惠越多，同时因采购次数减少，采购费用较低。但一次进货数量大容易造成较大的经常性库存，占用较多流动资金，多支付银行利息和仓储管理费用。如果每次采购的数量过小，在价格上得不到优惠，因采购次数的增多还会加大采购费用的支出，并且要承担因供应不及时而造成停产待料的风险。如何控制进货的批量和进货时间间隔，使企业生产不受影响的同时费用最省，是采购决策应解决的问题。

2. 经济订购批量

经济订购批量包括进货间隔时间和进货数量两个最主要的变量。它是由确定性存储模型推出的，结合进货间隔时间和进货数量两个参数，可以取得存储费用与订购费用之间的平衡，确定最佳进货数量和进货时间，如图 3.7 所示。

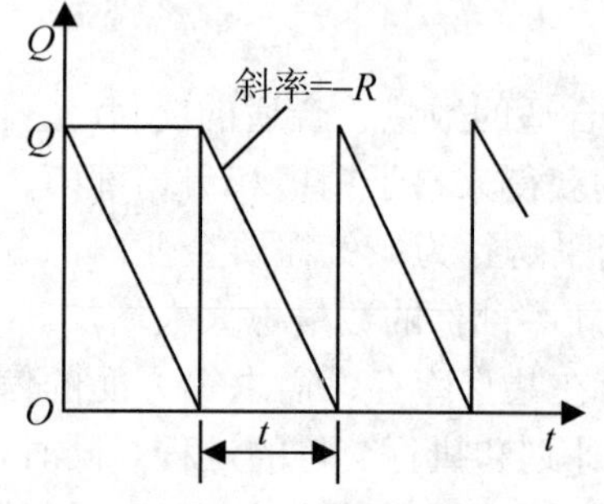

图 3.7　确定性模型的典型库存模型

库存控制的目标之一就是对库存成本进行分析与控制，库存成本是决策的主要考虑因素。

(1) 库存保管费。指为保管存储物资而发生的费用。包括存储设备的成本、搬运费、保险费、折旧费、税金以及资金的机会成本等。该费用随库存量的增加而增加。

(2) 订货成本。指每进行一次订货时所花费的费用。主要包括差旅费、通信费、运输费以及有关跟踪订单信息的成本。

(3) 缺货成本。指由于缺货，为顾客服务所花费的费用，或由于紧急订货等原因支付的特别费用，或因失去服务造成的经济损失、商誉损失。

确定向供应商订货的数量或要求生产部门生产批量时，应尽量使三种费用的综合成本为最小，如图 3.8 所示。

在进行经济订购批量公式的推导之前，先做以下假设：①缺货费用无限大；②当存储降至零时，可以得到补充；③需求是连续的、均衡的，设需求速度 R 为常数，则 t 时间的需求量为 R_t；④每次订货量不变，订货费不变；⑤单位存储费不变。

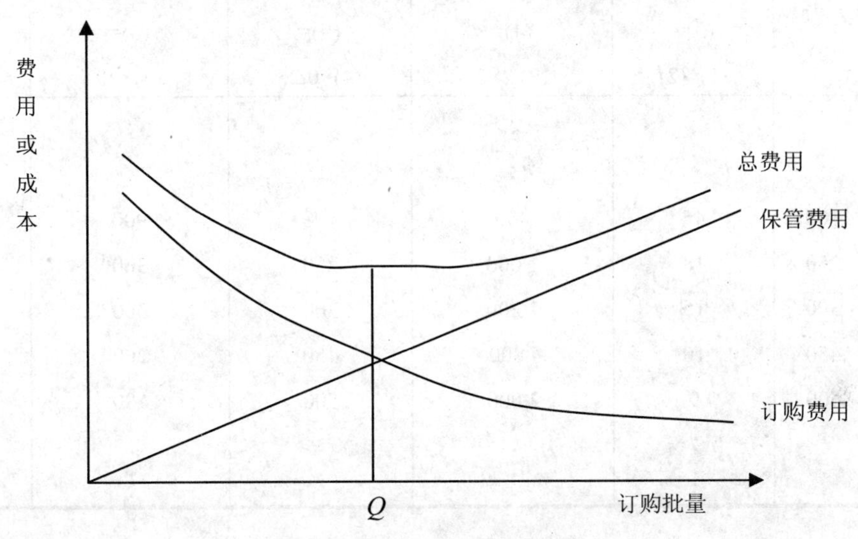

图 3.8　经济订购批量示意图

经过数学推导，得出公式：

$$\text{经济订购批量} = R_t = \sqrt{\frac{2\times\text{年需用量}\times\text{每次订购费用}}{\text{物料单价}\times\text{年保管费用率}}}$$

$$Q = R_t = \sqrt{\frac{2\times C_3\times R}{C_1}}$$

式中：Q——订货批量；

R——需求速度；

C_1——单位存储费用(元)；

C_3——订购费(元)；

t——订货间隔时间。

进一步简化可以得出最佳费用公式：(包括存储费用和订购费用)

$$C = \sqrt{2\times\text{年需用量}\times\text{每次订购费用}\times\text{物料单价}\times\text{年保管费用率}}$$

例如，某厂对某种物料的年需求量为 4 500 千克，每次订购费用为 20 元，该种物料单价为 8 元，年保管费用率为年平均存储值的 25%。用列表法(如表 3-1 所示)和公式计算经济订购批量、年最佳费用、年订购次数和订购间隔周期。

表 3-1　某厂某种物料经济订购批量列表法

年需用量	订购批量	年订购次数	库存平均值	年保管费用	年订购费用	年度总费用
(1)	(2)	(3)=(1)/ (2)	(4)=(2)/2×8	(5)=(4)×0.25	(6)=(3)×20	(7)=(5)+(6)
⋮	⋮	⋮	⋮	⋮	⋮	⋮
4 500	100	45	400	100	900	1 000
4 500	250	18	1 000	250	360	610
4 500	300	15	1 200	300	300	600
4 500	450	10	1 800	450	200	650
4 500	500	9	2 000	500	180	680
⋮	⋮	⋮	⋮	⋮	⋮	⋮

公式法：

经济订购批量：$Q=R_t=\sqrt{\dfrac{2\times\text{年需用量}\times\text{每次订购费用}}{\text{物料单价}\times\text{年保管费用率}}}$

$=\sqrt{\dfrac{2\times4500\times20}{8\times0.25}}=300(\text{千克})$

年最佳费用：$C=\sqrt{2\times\text{年需用量}\times\text{每次订购费用}\times\text{物料单价}\times\text{年保管费用率}}$

$=\sqrt{2\times4500\times20\times8\times0.25}=600(\text{元})$

年订购次数：

订购次数=年需用量/经济订购批量

=4500/300=15(次)

订购间隔周期：

订购间隔周期=365(天)/订购次数

=365/15=24.3(天)

取整数为 24 天。

3. 库存控制

1) 物料库存控制的方法

库存量不是越多越好，也不是越少越好，多了会造成积压，少了又会出现不能满足正常所需供应，因此要求确定合理库存。库存控制是实现合理库存的重要手段。准确预测需求，是以企业生产计划对各类物资的需求为依据确定出的物资供应需求量。合理控制库存，供应物流中断将使生产陷于停顿，所以必须有一定数量的储备，以保证生产的正常进行。

物料库存控制的方法主要有：定期库存控制法、定量库存控制法、经济批量控制法和ABC 分类控制法等。

2) 定期库存控制法

定期库存控制法，是以固定盘点和订购周期为基础的一种库存量控制方法。它按规定时间检查库存量并随即提出订购，补充至库存储备定额。物料订购时间是预先固定的，每次订购批量是可变的。如图 3.9 所示。其计算公式如下：

定购量=平均每日需用量×(订购时间+订购间隔)+保险储备定额−实际库存量−定货余额

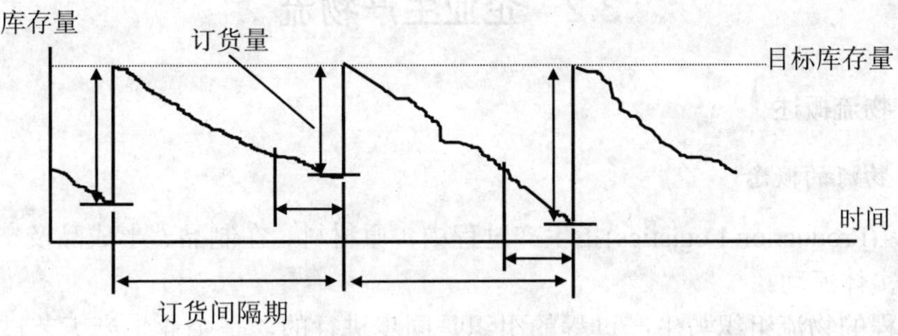

图 3.9　定期订货控制系统

3) 定量库存控制法

定量库存控制法，是以固定订购点和订购批量为基础的一种库存控制方法。这就是说，当实际库存量降至订购点时提出订购，每次订购数量相同，而订购时间不固定，由物料需用量的变化决定。如图 3.10 所示。其计算公式如下：

订购点=平均每日需用量×备用天数+保险储备量

定量库存控制法还有一种简单形式，称为双堆法或分存控制法。

4) 经济订购批量

经济订购批量包括进货间隔时间和进货数量是两个最主要的变量。前面已经介绍，不再重复。

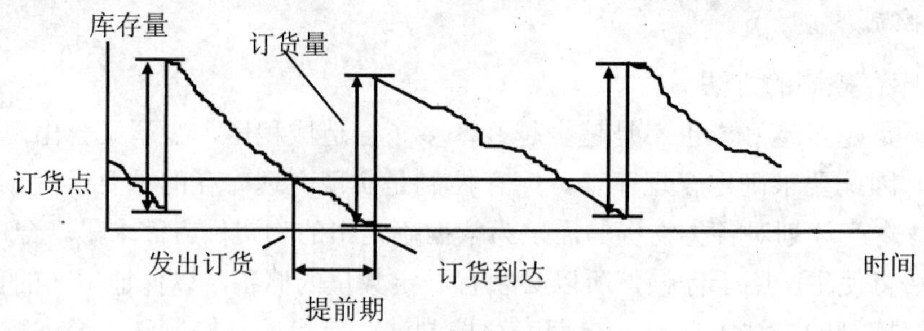

图 3.10 定量订货控制系统

5) ABC 分类控制法

ABC 分类控制法，又称 ABC 重点管理法，其基本原理——帕累托非均衡原理，“80/20 法则”。库存品种与销售额之间也存在帕累托规律。如果把物资按品种和销售额的大小分类，再按各类重要程度不同分别控制，抓住重点，分清主次，可收到事半功倍的效果。

3.2 企业生产物流

3.2.1 生产物流概述

1. 生产物流的概念

生产物流(Production Logistics)指生产过程中，原材料、在制品、半成品及产成品等，在企业内部的实体流动。

生产过程的物流组织与生产过程的组织是同步进行的，是企业生产工艺过程的重要组成部分。例如，从加工装配型的工业企业来讲，伴随生产过程的空间和时间组织物流。物料随着时间进程不断改变自己的实物形态和场所位置，物料处于加工、装配、储存、搬运和等待状态，由原材料、外购件的投入开始，终止于成品仓库，形成贯穿生产全过程的物流。企业生产物流是企业物流的关键环节，认识和研究企业生产物流有利于企业物流优化，提高企业核心竞争能力。

2. 影响生产物流的主要因素

不同生产过程形成了不同的生产物流系统，生产物流的构成与下列因素有关：

(1) 生产工艺。不同的生产工艺，其加工设备不同，对生产物流也有不同的要求和限制，是影响生产物流构成的最基本因素。

(2) 生产类型。不同的生产类型，其产品品种、结构的复杂程度、加工设备都不尽相同，将影响生产物流的构成与比例关系。

(3) 生产规模。生产规模指单位时间内的产品产量，因此规模大，物流量就大；规模小，物流量就小。相应的物流实施、设备就不同，组织管理也不同。

(4) 专业化与协作化水平。社会生产力的高速发展与全球经济一体化，使企业的专业化与协作化水平不断提高。与此相适应，企业内部的生产趋于简化、物料流程缩短。例如，过去由企业生产的毛坯、零件、部件等，现在可以由企业的合作伙伴来提供。这些变化必然影响生产物流的构成与管理。

3. 生产物流的特征

制造企业的生产过程实质上是每个生产加工过程“串”起来时出现的物流活动，因此，一个合理的生产物流过程应该具有以下基本特征，才能保证生产过程始终处于最佳状态。

1) 连续性、流畅性

它指物流总是处于不停的流动之中，包括空间上的连续性和时间上的流畅性。空间上的连续性要求生产过程各个环节在空间布置上合理紧凑，使物流的流程尽可能短，没有迂回往返现象。时间上的流畅性要求物料在生产过程的各个环节的运动，自始至终处于流畅状态，没有或很少有不必要的停顿与等待现象。

2) 平行性

平行性指物料在生产过程中实行平行交叉流动。平行指相同的在制品同时传输到相同的工地(机床)上加工流动；交叉指一批在制品在上道工序还未加工完时，将已完成的部分在制品转到下道工序加工。平行交叉流动可以大大缩短产品的生产周期。

3) 比例协调性

比例协调性指生产过程的各个工艺阶段之间、各工序之间在生产能力上保持一定的比例，适应产品制造的要求。比例关系表现在各生产环节的工人数、设备数、生产面积、生产速率和开动班次等因素之间相互协调和适应，所以，比例是相对的、动态的。

4) 均衡性

它指产品从投料到最后完工都能按预定的计划(一定的节拍、批次)均衡地进行，能够在相同的时间间隔内(如月、旬、周、日)完成大体相等的工作量或稳定递增的生产工作量，很少有时松时紧、突击加班现象。有利于设备正常运转，工人保持旺盛的工作精力，有利于保证产品质量。

5) 准时性

准时性指生产的各阶段、各工序都必须按后续阶段和工序的需要组织生产，在需要的时候能按照需要的数量和质量生产所需的零配件。只有保证准时性，才有可能推动上述连续性、平行性、比例性、均衡性。

6) 柔性、适应性

它指加工制造的灵活性、可变性和可调节性。即在较短时间内以最少的资源从一种产品的生产转换为另一种产品的生产，从而适应市场的多样化、个性化要求。

3.2.2 生产物流的类型

1. 从生产专业化的角度分类

通常情况下，企业生产的产品产量越大，产品的种类则越少，生产的专业化程度也越高，而物流过程的稳定性和重复性也越大。所以生产物流类型与决定生产类型的产品产量、品种和专业化程度有着内在的联系。它可以根据产品在工地生产的重复程度，把物料生产过程划分为单件、大量、成批三种类型。

(1) 单件生产(项目型)——生产品种繁多，但每种仅生产一件，生产重复度低。

(2) 大量生产(连续或离散型)——生产品种单一、产量大、生产重复度高。

(3) 成批生产(连续或离散型)——介于上述两者之间，品种不单一，每种都有一定批量，生产有一定的重复性。通常划分为大批生产、中批生产、小批生产，如表 3-2 所示。

表 3-2　工作地生产类型划分表

工作地生产类型		固定于工作地的工序数目
大量生产		1～2
成批生产	大　批	2～10
	中　批	10～20
	小　批	20～40
单件生产		40 以上

2. 从物流流向角度分类

它可以根据物料在生产工艺过程中的特点，把生产物流划分为项目、连续、离散三种类型。

1) 项目型生产物流

项目型生产物流是指在固定式生产方式中的物流凝固型，即当生产系统需要的物料进入生产场地后，几乎处于停止的凝固状态，或者说在生产过程中物料流动性不强。

项目型生产物流分为两种状态：一种是物料进入生产场地后被凝固在场地中，同生产场地一起形成最终产品，如住宅、厂房、公路、铁路、机场及大坝等；另一种是在物料流入生产场地后，“滞留”时间很长，形成最终产品后再流出，如大型水电设备、冶金设备、轮船、飞机等。管理的重点是按照项目的生命周期对每阶段所需的物料在质量、费用以及时间进度等方面进行严格的计划和控制。

2) 连续型生产物流

连续型生产物流是指在流程式生产方式中物料均匀、连续地流动，不能中断。连续型生产物流的特点是：生产出的产品和使用的设备、工艺流程都是固定且标准化的，工序之间几乎没有在制品储存。管理的重点是保证连续供应物料和确保每个生产环节的正常运行。由于工艺相对稳定，有条件采用自动化装置实现对生产过程的实时监控。化工生产常属此类型。

3) 离散型生产物流

离散型生产物流是指在加工装配式生产中，产品生产方式中的投入各要素由可分离的零部件构成，各个零部件的加工过程彼此独立。

离散型生产物流的特点是：制成的零件通过部件装配和总装，最后成为产品，整个产品的生产是离散的，各个生产环节之间有一定的在制品储备。管理的重点是在保证及时供料和零部件的加工质量基础上，准确控制零部件的生产进度，缩短生命周期，既要减少在制品积压，又要保证生产的成套性。

3. 从物料流经区域和功能角度分类

这种分类可以把生产过程中的物流细分为两部分：工厂间物流和工序间物流(车间物流)。

1) 工厂间物流

工厂间物流，指大企业中的分厂与分厂之间，中小企业的车间与车间之间的物流。这种物流的内容是各分厂或各车间生产的零部件和半成品在分厂或车间之间的流动。为了合理规划生产过程中分厂间或车间之间的物流，从供应链的角度考虑，重点是进行企业内部的供应链管理，合理布局生产单位，确定合理的协作计划，运用信息技术，建立数据库，实现信息共享。

2) 工序间物流

工序间物流也称工位间物流或车间物流，指生产过程中车间内部和车间与仓库之间的物流。其内容包括接受各工序原材料、零部件的储存活动；仓库向生产车间输送材料、燃料的活动；各种物料在车间、工艺之间的搬运活动；产品的集中储存和搬运活动。

为了尽量压缩工序间物流在生产过程中耗用的时间，从管理的角度考虑，重点是进行仓储合理布局，确定合理的库存量，合理配置设备与人员，建立合理搬运作业流程和适当的搬运路线，实现“适时、适量、高效、低耗”的生产目标。

3.2.3　生产物流的合理组织

企业生产系统的组织工作，是以最大限度地提高企业综合生产效率为目标，而对企业的原材料、零部件、机器设备、操作人员等各项资源在空间上和时间上所进行的科学组织和安排。生产系统的合理组织将有利于保证企业按质、按量及时地为社会提供低成本的产品，进而从根本上促进企业经济和社会效益目标的实现。

企业生产系统组织的基本内容一般包括空间组织工作和时间组织工作两个部分。

1. 生产物流的空间组织

生产物流的空间组织是相对于企业生产区域而言的，目标是如何缩短物料在工艺流程中的移动距离。一般有三种专业化组织形式，即工艺专业化、对象专业化和成组工艺。

1) 按工艺专业化形式组织生产物流

工艺专业化形式也叫工艺原则或功能性生产物流体系。其特点是按加工工艺的特点划分生产单位，是集中同类的生产设备、同工种的工人，采用相同的工艺方法，对不同类型的对象进行同种工艺加工，如图 3.11 所示。

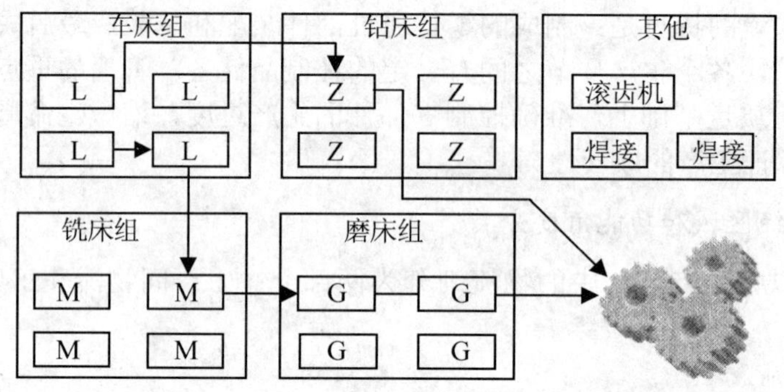

图 3.11　按工艺专业化形式组织生产物流

其优点是对产品品种的变化和顺序的变化适应能力强，生产系统的可靠性较高，工艺及设备管理较方便；机器设备重复少；有利于工人提高技术水平；某部设备发生损坏，或人员不足时，便于调剂，不至于影响或延误生产任务的完成。

其缺点是物料在加工过程中半成品往返和交叉运输多，路线复杂、物料库存量相对较大、储运费用增加；生产周期长，在制品的资金占用量增加；车间(工序)间的联系与协作关系复杂，不便于管理。

在企业生产规模不大，生产专业化程度低，产品品种不稳定的单件小批量生产条件下，适宜于按工艺专业化组织生产物流。

2) 按对象专业化形式组织生产物流

对象专业化形式也叫产品专业化原则或流水线，其特点是按产品专业化形式划分生产单位，集中着为制造某种产品所需要的各种设备和各种工人，其设备、人员按加工或装配的工艺过程先后顺序布置，形成一定的生产线，从物料投入开始，经过一连串的制造步骤，最后制成产品为止，如图 3.12 所示。

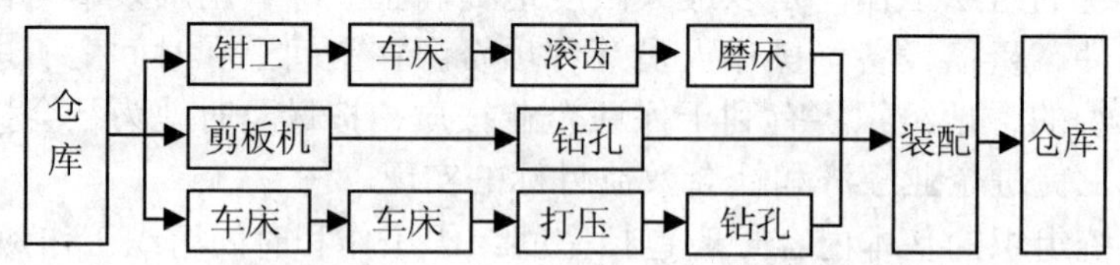

图 3.12　按对象专业化形式组织生产物流

其优点是由于布置符合工艺过程，物流畅通；可减少运输次数，缩短运输路线；协作关系简单从而简化了生产管理；生产效率高；可使用专用设备和机械化、自动化搬运方法；

在制品少，生产周期短，专用设备由普通工人或半技术工人操作，节省加工费用。

其缺点是对品种的变化适应性差，生产系统的可靠性较低，设备发生故障时引起整个生产线中断；产品设计变化将引起布置的重大调整；工艺及设备管理较复杂，专用设备费用高，工人会因操作简单，易产生枯燥感。

在企业专业方向已经确定，产品品种比较稳定，生产类型属于大量、大批生产，设备比较齐全并能保证设备有充分负荷的条件下，适宜于按产品专业化组织生产物流。

3) 按成组工艺形式组织生产物流

成组工艺形式是结合了上述两种形式的特点，按成组技术原理，把完成一组相似零件的所有或极大部分加工工序的多种机床组成机器群，以此为一个单元，并根据其加工路线再在其周围配置其他必要设备，如图 3.13 所示。

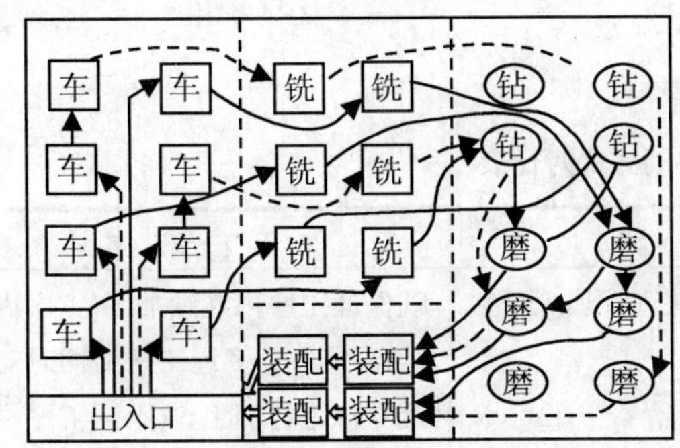

a 运用成组技术之前范区　　　　b 运用成组技术之后

图 3.13　按成组工艺形式组织生产物流

其主要优点是可以大大地简化零件的加工流程，减少物流迂回路线，在满足品种变化的基础上有一定的批量生产，具有柔性和适应性。

缺点是需要较高的生产控制水平以平衡各单元之间的生产流程；若单元间流程不平衡，需中间储存，增加了物料搬运；班组成员需掌握所有作业技能；减少了使用专用设备的机会。

2. 生产物流的时间组织

生产物流的时间是指一批物料在生产过程中各生产单位、各道工序时间上的衔接和结合方式。要合理组织生产物流，不仅要缩短物料流程的距离，而且还要加快物料流程的速度，减少物料的成批等待，实现物流的节奏性、连续性。通常，一批物料有三种典型的移动组织方式，即顺序移动、平行移动和平行顺序移动方式。

1) 顺序移动方式

顺序移动方式是指当一批加工对象在上道工序完成全部加工后，整批地转到下道工序进行加工的方式。

2) 平行移动方式

平行移动方式是指每个产品或零件在上道工序加工完后，立即转到下道工序加工，使各个零件或产品在各道工序上的加工平行地进行。

3) 平行顺序移动方式

平行顺序移动方式是指一批零件或产品既保持每道工序的平行性，又保持连续性的作业移动方式。即是指一批零件在前一道工序尚未全部加工完毕，将已加工好的一部分零件转送到下一道工序加工，并使下道工序能连续地加工完该批零件的方式。其具体做法是，当后道工序单件加工时间比前道工序单件加工时间长，则前道工序往后道工序按件运送；当后道工序单件加工时间比前道工序单件加工时间短，后道工序的最后一个零件只能等到前道工序所有零件加工完毕后，才能开始加工，则后道工序的第一个零件加工时间，可从最后一个零件的加工时间依次向前倒推确定。

三种移动方式的特点比较，如表 3-3 所示。

表 3-3　三种移动方式对比表

	顺　序	平　行	平行顺序
优点	①工序内加工过程连续 ②设备利用率高 ③整批加工，整批运送，管理与运输方便	同时对一批零件进行加工，生产周期最短	既保证工序内连续加工(工序内连续)，又保证多道工序能同时对一批零件进行加工，(不同工序尽量平行)加工周期居中
缺点	加工周期最长	若单件工序时间不等，会出现加工中断现象	每次向下工序转移零件数量和时间不同，管理复杂
适用范围	批量小，单件工序时间短，重量轻	批量大，单件工序时间长，重量较大的零件	批量大，单件工序时间长

3. 生产物流的人员组织

生产物流的人员组织主要是指人员的岗位设计方面。要实现生产物流在空间、时间两方面的组织形式，必须对工作岗位进行设计，以保证生产物流优化而通畅。

人力资源管理理论提倡岗位设计应该把技术因素与人的行为、心理因素结合起来考虑。

1) 生产物流的人员组织的原则

根据生产物流的特征，岗位设计的基本原则应是“因物料流向设岗”(即因岗定人)，而不是“因人、因设备、因组织设岗”，由此要考虑以下几个问题：

(1) 岗位设置数目是否符合最短物流路径原则(目标是尽可能少的岗位设置尽可能多的工作任务)。

(2) 所有岗位是否实现了各工艺之间的有效配合(目标是保证生产总目标、总任务的实现)。

(3) 每一个岗位是否在物流过程中发挥了积极的作用 (目标是岗位之间的关系应协调统一)。

(4) 物流过程中的所有岗位是否体现了经济、科学、合理的系统原则(目标是物流优化)。

2) 生产物流的人员组织的内容

根据人的行为、心理特征，岗位设计还要考虑工作者个人的工作动机需求。由此要从三方面入手:

(1) 扩大工作范围，丰富工作内容，合理安排工作任务。目的在于使岗位工作范围及责任增加，改变人员对工作的单调感和乏味感，使得身心成熟发展，从而有利于提高生产效率，促进岗位工作任务的完成。具体可以从横向和纵向两个途径扩大工作范围。

(2) 工作满负荷。目的在于制定合理的生产定额从而确定岗位数目和人员需求。

(3) 优化生产环境。目的在于改善生产环境中的各种不利于生产效率的因素，建立人——机——环境的最佳系统。

3) 生产物流的人员组织的要求

岗位设计体现在生产物流的三种空间组织形式上，对人员又有不同的要求:

(1) 针对按工艺专业化形式组织的生产物流，要求员工不仅专业化水平高，而且具有较多的技能和技艺，即一专多能，一人多岗。

(2) 针对按对象专业化形式组织的生产物流，要求员工在工作中具有较强的工作协调能力，能自主平衡各工序之间的瓶颈，保证物流的均衡性、比例性、适时性要求。

(3) 针对按成组工艺形式组织的生产物流，要求向员工授权，即从管理和技术两个途径，保证给每个人都配备技术资料、工具、工作职责和权利，改变不利于物流合理性的工作习惯，加强对新技术的学习和使用。

3.2.4　生产物流的计划

1. 生产物流计划的内容

生产物流计划是企业生产过程中物料流动的纲领性书面文件，指导生产物流的从开始、有序运行至完成的全过程。

其核心是生产作业计划的编制工作，即根据计划期内规定的生产产品的品种、数量、期限以及具体客观实际，具体安排产品及其零部件在各工艺阶段的生产进度。与此同时，为企业内部各生产环节安排短期的生产任务，协调前后衔接关系。具体内容包括:

(1) 确定企业计划期的生产物料需用量。

(2) 确定生产物料的消耗定额。

(3) 清查企业的库存资源，经过综合平衡，编制出物料需求计划，并组织实现。

2. 生产物流计划的意义

一个科学合理的生产物流计划，对于生产的连续正常进行，提高生产物流管理的工作效率具有重大意义。

1) 生产物流计划是订货和采购的依据

企业生产经营所需要的生产物流种类繁多，数量不一，规格各异，只有事先做好周密计划，才能尽可能地避免在订购过程中的各种错误的发生。有了生产物流计划，可以对生产物资市场的价格波动进行合理的预测，并做出及时的反应。对价格预期上扬较大的生产物资可有计划地提前做好准备，避免涨价损失；反之，如果预期生产物资价格下降，则应控制进货，防止物料贬值，造成资金浪费。

2) 可以作为监督生产物流合理使用的标准

生产物流计划设置了一些考核指标，以衡量供应部门、生产车间、仓库管理、运输等部门的工作质量和效率。几个重要的考核指标是：计划准确率、订货合同完成率、库存生产物流周转率、库存生产物流削价或报废的损失率等。工作中需经常对照检查这些指标，考核企业生产物料使用的有效性，从而使企业能更充分地利用资源，发挥生产物流的最大效能，有效降低成本。

3) 有助于存货控制和生产物流配送

生产物流计划包括生产物料的分配和配送计划。通过运用相应的控制工具和管理方法(如分销需求计划)，使原材料库存和产成品保持在一个合适的水平，可以更好地协调生产与市场之间的关系。

3. 生产物流计划的任务

1) 保证生产计划的顺利完成

为了保证生产按计划的顺序运行，在规定的时间和数量出产各种产品，要研究物料在生产过程中的运动规律，以及在各工艺阶段的生产周期，以此来安排经过各工艺阶段的时间和数量，并使系统中各生产环节内的在制品的结构、数量和时间协调。总之，通过物流计划中的物流平衡以及计划执行过程中的调度、统计工作，来保证计划的完成。

2) 为均衡生产创造条件

均衡生产是指企业及企业内的车间、工段、工作地等生产环节，在相等的时间阶段内，完成等量或均增数量的产品。

均衡生产的要求：

① 每个生产环节都要均衡地完成所承担的生产任务。

② 不仅要在数量上均衡生产和产出，而且各阶段物流要保持一定的比例性。

③ 要尽可能缩短物料流动周期，同时要保持一定的节奏性。

(3) 加强在制品管理，缩短生产周期

保持在制品、半成品的合理储备是保证生产物流顺利进行的必要条件。在制品过少，会使物流中断而影响生产；反之，又会造成物流不畅，加长生产周期，占用较多的流动资金。因此，对在制品的合理控制，既可减少在制品占用量，又能使各生产环节衔接、协调。

4. 生产物流计划的编制和执行

1) 生产物流供应计划的编制

企业生产物流计划按计划期的长短可分为年生产物流计划、季生产物流计划和月生产物流计划。年生产物流计划是企业全年生产物流供应工作的依据和基础；季生产物流计划是在年度计划的基础上编制的，是由年度到月度，由长期到短期的中间环节，由企业物资部门在季度到来之前10天左右的时间编制；月生产物流计划是季生产物流计划的具体化，其任务是把年、季生产物流计划中规定的指标，按照月、旬具体地安排到车间、班组，层层落实，保证企业生产计划的完成。这里，重点介绍年生产物流计划的编制，其他计划的编制可参照年生产物流计划。

(1) 审核数据计算指标。编制计划时，对有关的数据和资料真实性、准确性，要进行认真的审核，特别要注意的是，生产部门的生产物资需要量是否合理，需要时间是否恰当，生产物料消耗定额是否先进可行，预计期末库存、周转库存量是否合理，各种物资需要是否配套，生产物料所需资金是否超出资金定额指标等。

(2) 综合平衡。生产物流计划和其他计划，如生产计划、运输计划、资金使用计划、库存计划等构成企业的计划管理体系，各计划之间存在着相互依存、相互制约的关系。因此，企业的生产物流计划与企业其他计划要进行综合平衡。

(3) 编制计划。生产物流供应计划一般由三部分组成，即生产物流核算表、待购生产资料物流表和文字说明。

生产物流部门在编制年度生产物流计划时，要考虑一些不确定因素的影响。这样做虽然不能准确地预见到全年、全季度的所有变化，但可以增强计划抗突发事件的能力。在生产物流计划的实施过程中，会出现某些不确定的偶然事件，从而破坏年和季生产物流计划中原有的平衡。这时，就可通过月生产物流计划来进行调整，月计划就是从长期到短期，从概括到具体，积极应变，实现组织供需平衡的过程。

2) 生产物流计划的执行与检查

(1) 生产物流计划的执行。执行计划的重点在于资源，要积极组织力量通过订货、采购、委托加工、协作等形式保证生产物料供应。生产物料进厂后，一方面要及时组织发放，重要产品生产所需生产物料应优先保证，紧张短缺生产物料择优供应，超储积压生产物料积极组织利用；另一方面要加强生产物流管理，定额发料，防止浪费。

执行生产物流计划的方法主要有两种：

一是内部经济合同。企业内部采取生产物料供应部门与用料单位签订内部经济合同的方法，明确双方的经济责任。计划范围内的供应不到位或不及时，由生产物流供应部门负经济责任；用料部门用料计划不准或计划外用料，由用料部门承担经济责任，以加强生产物流计划的严肃性。

二是定额承包。生产物料供应部门可以对生产用主要原料、燃料和材料按物料消耗定额承包给生产单位。在完成生产任务的前提下，如果节约留用，则按规定提取奖金，如果超出消耗定额，则按规定扣发奖金，以此来促使生产部门关心生产物流的节约，降低消耗，提高经济效益。

(2) 生产物流计划的检查。在生产物流计划执行的过程中，要不定时地对计划的执行情况进行检查。检查的主要内容有：按定额计算的计划需用量与实际耗用量的对比；生产物料到货衔接情况、供货合同执行进度和情况；生产物料消耗定额执行情况；生产物料节约使用等情况。相应地，检查的方法有全面检查与抽样调查，专项检查、经常检查与定期检查，统计资料对比与现场分析，以及在计划期结束后进行的生产物料核销检查等。

在生产物流计划检查时，应该做到“有法可依，有章可循”，这里的“章”，是指在编制生产物料供应计划时事先制定好的一些重要考核指标，如计划准确率、订货合同完成率、生产物料节约率、库存生产物料周转率、库存生产物料损失率、仓库机械化作业率、包装容器回收率、资金占用量及周转率等。工作中对照检查这些指标，可以考核企业生产物流计划的执行力度。

(3) 生产物流计划的修订。生产物流供应计划在执行过程中，既要保证计划的严肃性，又要根据执行的情况和外部条件的变化而进行相应的调整。一般计划调整的原因有：生产计划的变动、设计变动、工艺变动、由于生产物流计划本身的不准确性而需要进行的修订等。

对生产物流供应计划进行修订时，通常采用的方法有：①定期修订，多在订货前修订；②经常修订，指对随时可能发生的变化进行的局部性的、较小的修订；③专项修订，指当实际进程与原计划任务相差较大时进行的修订。

3.2.5 生产物流控制

在生产物流运行过程当中，由于受到生产企业的战略选择与企业内外部环境的作用和影响，计划与实际之间会产生偏差，为了保证计划的完成，必须对物流活动进行有效控制，使得在企业生产过程中其生产物流偏离预定目标，因此，应加强企业生产物流的过程管理，以实现生产物流的有效控制。

1. 控制系统组成要素

(1) 控制对象。控制对象是由人、设备组成的一个系统单元，通过施加某种控制或指令，能完成某种变化。在生产物流系统中，物流过程是主要的控制对象。

(2) 控制目标。控制目标是系统预先确定的力争达到的目标，控制的职能就是随时或定期对控制对象进行检查，发现偏差，进行调整，以利于目标的实现。

(3) 控制主体。在一个控制系统里，目标已定，收集控制信息的渠道也已畅通，就需要一个机构来比较当前系统的状态与目标值的差距，如果差距超过允许的范围，则制定纠正措施，下达控制指令。这样的控制机构就成为控制主体。

2. 生产物流控制的方式

生产物流有两种基本的控制方式：负反馈控制方式和前反馈控制方式。

1) 负反馈控制方式

负反馈控制是控制主体根据设立的目标，发布控制指令，控制对象根据下达的命令执行规定的动作，将系统状态输出结果的信息传递到控制主体，经过结果与目标比较确定调整量，通过控制对象来实施，负反馈过程如图 3.14 所示。负反馈控制的特点是根据当前状态决定下一步行动，由于从信息收集到调整实施有一定的时间滞后，因而在某种情况下就可能影响目标的实现。负反馈控制的另一个特点是稳定性好，其总趋势是保持系统的平衡状态。

2) 前反馈控制方式

前反馈控制是根据对系统未来的预测，事先采取措施应付即将发生的情况。这种控制方法带有主动性，前反馈过程如图 3.15 所示。从图中可以看出，除了缺少信息收集这一环节外，几乎与负反馈过程相同。但前反馈控制主体中有预测功能，它是靠系统长期运行以后加以总结得到的。实际上，对于一个复杂的物流系统，预测不可能完全正确，事实上还有许多事先无法估计到的随机干扰，所以在实际生产物流过程中很少采用单独的前反馈控制方式，通常采用由负反馈和前反馈结合的复合控制系统。

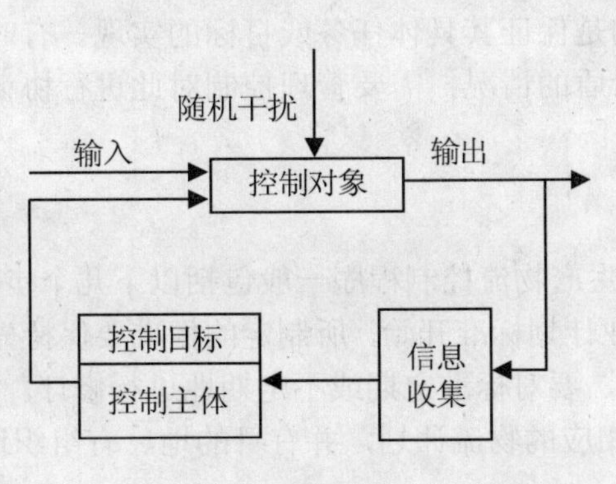

图 3.14　负反馈过程示意图

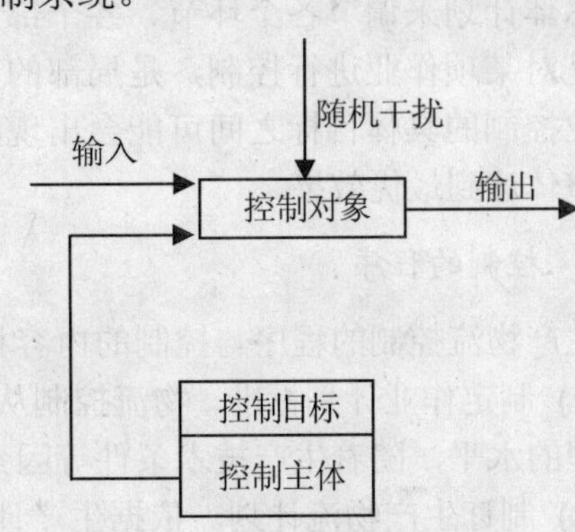

图 3.15　前反馈过程示意图

3. 生产物流控制的内容

生产物流控制的具体内容如下所述。

1) 进度控制

物流控制的核心是进度控制，即物料在生产过程中的流入、流出控制，以及物流量的控制。

2) 在制品管理

在生产过程中对在制品进行静态、动态控制以及占有量的控制。在制品控制包括在制品实物控制和信息控制。有效地控制在制品，对及时完成作业计划和减少在制品积压均有重要意义。

3) 偏差的测定和处理

在进行作业过程中，按预定时间及顺序检测执行计划的结果，掌握计划量与实际量的差距，根据发生差距的原因、差距的内容及严重程度，采取不同的处理方法。首先，要预测差距的发生，事先规划消除差距的措施，如动用库存、组织外协等。其次，为及时调整产生差距的生产计划，要及时将差距的信息向生产计划部门反馈。再次，为了使本期计划不做或少做修改，将差距的信息向计划部门反馈，作为下期调整的依据。

完成上述控制内容的系统可以采用不同的形式和结构，但都具有一些共同的要素。这些要素包括以下几个方面：

(1) 强制控制和弹性控制的程度。即通过制定有关标准、严密监督等手段进行的强制控制；同时又要留有余地，实行自我控制。

(2) 目标控制和程序控制。即控制系统的作用是核查生产实际结果，进行自我控制；同时又要对生产程序、生产方式进行核查。

(3) 管理控制和作业控制。管理控制的对象是全局，是指为使系统整体达到最佳效益而按照总体计划来调节各个环节、各个部门的生产活动，这是来自管理层的监督控制。作业控制是对某项作业进行控制，是局部的，其目的是保证其具体任务或目标的实现。有时不同作业控制的具体目标之间可能会出现脱节或矛盾的情况，需要管理控制对此进行协调，以使整体达到最优效果。

4. 控制的程序

生产物流控制的程序与控制的内容相适应，生产物流控制程序一般包括以下几个步骤。

(1) 制定作业计划标准。物流控制从制定作业计划标准开始，所制定的标准要保持先进与合理的水平，随着生产技术条件等因素的变化，要对标准定期或不定期地进行修订。

(2) 制订生产物流计划。依据生产计划制定相应的物流计划，并有目的地、有组织地、系统地完成计划。

(3) 物流信息的收集、传送和处理。物流过程要有物流信息为之服务，即物流信息要支持物流的各项业务活动。通过信息传递，把运输、储存、加工、装配、装卸及搬运等业务活动有机地结合起来，协调一致，以提高物流作业效率。

(4) 及时调整。为了保证生产物流计划的顺利完成，要及时检查监督计划的执行情况，及时调整偏差，保证完成生产物流计划的目标。

① 短期调整。为了保证生产的正常进行，及时调整偏差，保证计划顺利完成。

② 长期调整。这是为了保证生产及其有效性的评估和调整。

5. 生产物流控制原理

在生产物流系统中，物流协调和减少各个环节生产和库存水平的变化是很重要的。在这样的系统中，系统的稳定与所采用的控制原理有关。下面介绍两种典型的控制原理。

1) 推进型控制原理

推进式物流控制基本方式是根据最终产品的需求结构，计算出各个生产工序的物料需求量，在考虑了各生产工序的生产提前期之后，向各工序发出物流指令(生产计划指令)，流程如图 3.16 所示。推进型控制的特点是集中控制，每个阶段物流活动都要服从集中控制指令。但各阶段没有考虑影响本阶段的局部库存因素，因此这种控制原理不能使各阶段的库存水平都保持在期望水平上。

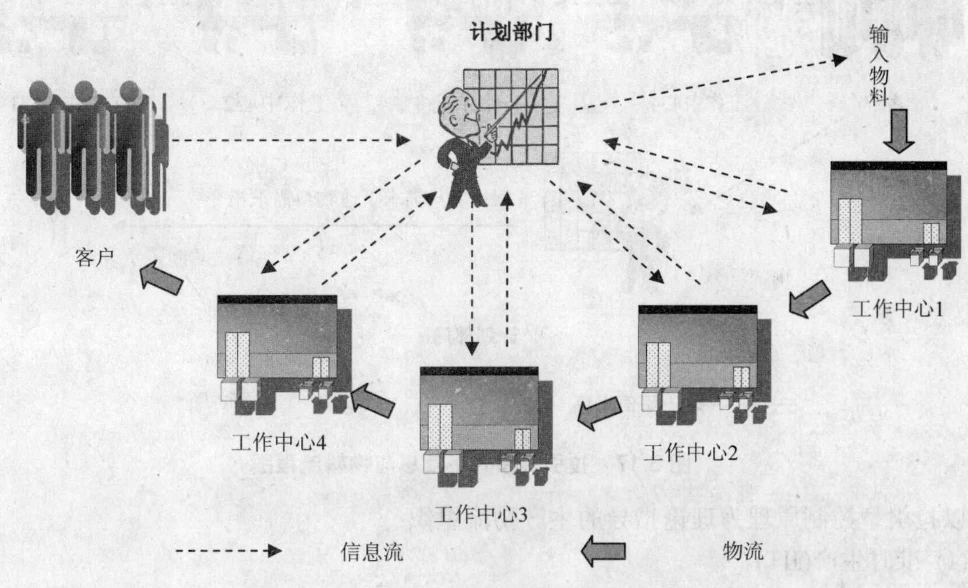

图 3.16　推进式模式下信息与物料流程图

以推进型控制原理为理论指导的生产物流的组织形式：

(1) 物料需求计划(MRP)。

(2) 制造资源计划(MRP II)。

(3) 企业资源计划(ERP)。

2) 拉引型控制原理

拉引式物流控制基本方式是根据最终产品的需求结构，计算出最后工序的物流需求量，根据最后工序的物流需求量，向前一工序提出物流供应要求，前一段按本阶段的物流需求量向上一阶段提出要求，流程如图 3.17 所示。以此类推，各生产工序都接受后序工序的物流需求。从指令方式上不难看出，由于各个工序独立发出指令，所以实际上是一种单一阶段的重复。拉引型控制的特点是分散控制，每一阶段的物流控制目标都是满足局部需求，通过这种控制方式，使局部生产达到最优要求。但各阶段的物流控制目标难以考虑系统的总体的控制目标，因此这种控制原理不能使总费用水平和库存水平保持在期望水平。

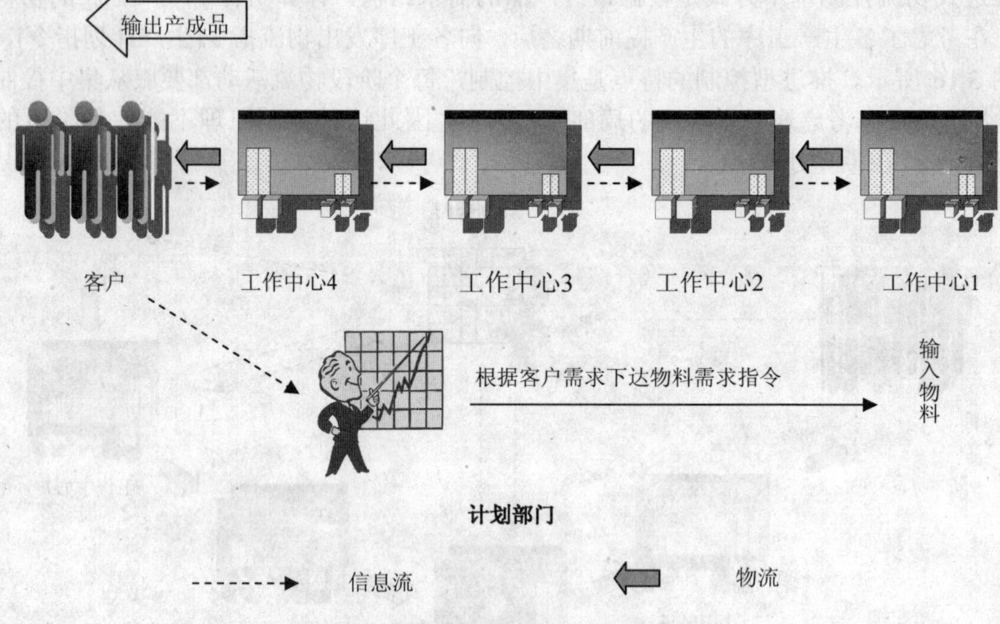

图 3.17　拉引式模式下信息与物料流程图

以拉引型控制原理为理论指导的生产物流组织：

(1) 准时生产(JIT)。

(2) 看板管理。

3.2.6　物料需求计划

1. 物料需求计划(MRP)的概念

物料需求计划(Material Requirement Planning，MRP)是指一种工业制造企业内物资计划管理模式。根据产品结构各层次中物品的从属和数量关系，以每个物品为计划对象，以完工日期为时间基准倒排计划，按提前期长短区别各个物品下达计划时间的先后顺序。

MRP 的详细程度很高，一般是在制造各产品类目的过程中需要零部件时，才制订物料需求计划。企业根据市场需求制订营销计划后，生产系统必须按期交付出产成品，由此倒推产生了主生产进度计划，再根据产品的数量与产品的层次结构逐次求出各零部件所需时间。

2. MRP 的逻辑原理

1) 主生产进度计划

主生产进度计划(即 Master Production Schedule，MPS)，主生产计划反映产品的层次结构，即所有物料的结构关系和数量组成。由需求时间和相互关系来确定主产品进度计划。根据营销计划，主产品结构和工艺规程决定了成品出厂时间和各个时间段内生产量，包括产出时间、数量或装配时间和数量等。

2) 产品物料清单

物料清单(Bill of Material，BOM)，是指产品所需零部件明细表及其结构。它是所有产品、半成品、在制品、原材料、配套件、协作件及易耗品等与生产有关的物料的统称。采用计算机辅助企业生产管理，首先要使计算机能够读出企业所制造的产品构成和所有要涉及的物料，为了便于计算机识别，必须把用图示表达的产品结构转化成某种数据格式，这种以数据格式来描述产品结构的文件就是物料清单，即 BOM。它是定义产品结构的技术文件，因此，它又称为产品结构表或产品结构树。物料清单的形成是将产品作为一个系统来考虑，即考虑产品包括多少零部件，每个产品从总装、局部安装、部件到零件可划分为几个层次，每层的零部件又由多少个零件组成，产品结构越复杂，零部件的装配组合层次就越多，所需的各种材料和零件的明细越具体就越复杂。

3) 库存文件

库存文件包含各个品种在系统运行前库存的静态资料，但它的主要任务是提供并记录在 MRP 运行过程中实际库存量的动态变化数据。

4) MRP 的逻辑原理图

根据上述三个文件就可以形成每一次加工件与采购件的建议计划，如加工件的开工日期与完成日期，采购件的订货日期、入库日期等。同时，根据 MRP 的输出信息和工艺路线等可以对企业的生产能力进行详细的计划，通过编制能力需求计划以保证 MRP 的执行，如图 3.18 所示。

3. MRP 的特点

1) 需求的相关性

在根据订单确定了所需产品的数量之后，由产品结构文件即可推算出各种零部件和原材料的数量，这种根据逻辑关系推算出来的物料数量称为相关需求。

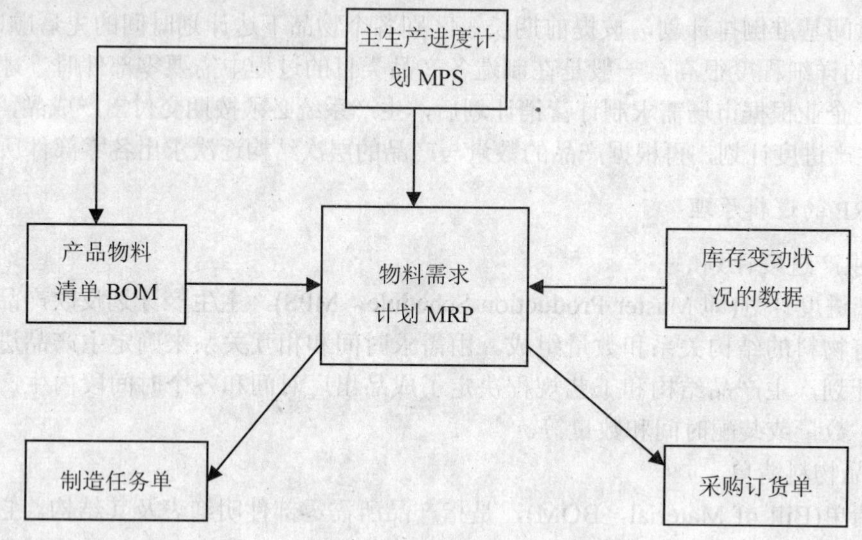

图 3.18　MRP 结构原理图示

2) 需求的确定性

MRP 计划都是根据主生产进度计划、产品物料清单和库存文件精确计算出来的，对品种、数量和需求时间都有严格的要求，不可改变，即刚性需求。

3) 计划的复杂性

由于产品的所有零部件需要的数量、时间和先后关系等需要准确地计算出来，当产品的结构复杂，零部件数量特别多时，必须依靠电子计算机计算。

4) MRP 的优越性

(1) 由于各个工序对所需要的物资都按精密的计划适时地、足量地供应，一般不会产生超量库存，对于在制品还可以实现零库存，从而节约库存费用。

(2) 有利于提高企业管理素质。企业只有加强物流的信息化、系统化和规范化管理，才能协调好供应、生产和销售以及售后服务工作。

3.2.7　生产物流的新发展

1. 准时制生产

1) 准时制(JIT)生产的含义

它是一种在多品种小批量混合生产条件下，高质量、低消耗的生产方式。也可以表述为："只在需要的时候，按需要的数量，生产所需要的产品。"也就是追求一种无库存，或库存达到最小的生产物流系统。

一般来说，生产系统中的物流方向是从零件到组装再到总装配成产品。而准时制生产方式却主张从反方向来看物流，即从总装配到组装再到零件。当后一道工序需要作业时，才到前一道工序去拿取正好需要的零部件。与此同时，向前道工序下达下一段时间的需要量，这就是准时制生产的基本思想，即适时、适量、适度生产。

2) 准时制(JIT)生产的目标

准时生产是一种生产管理技术，它的目标是消除无效劳动和浪费。其具体目标如下：

(1) 持续不断地提高产品质量，追求零废品。准时生产的目标是消除各种引起不合格品的因素，使每一加工工序的产品都力求达到最高水平。

(2) 持续不断地降低库存，向“零”库存挑战。准时生产认为，过量库存是生产系统设计不合理、生产过程不协调、生产操作不良的证明。

(3) 不断地缩短准备时间。准备时间长短与批量选择相联系，如果准备时间趋于零，准备成本也趋于零，就有可能实现极小批量、多批次产品生产。

(4) 产提前期最短。短的生产提前期与小批量相结合的生产系统，应变能力强，柔性好。

(5) 不断地减少零件搬运，使搬运量最低。零件运送搬运是非增值作业，如果能使零件、装配件运送量减小，搬运次数减少，可以节约产品装配时间，减少装配中可能出现的问题。

(6) 实现最大限度地节约。准时生产认为，生产多余的产品不但不是财富，反而是一种浪费，因为要消耗材料和工时，还要支付装卸搬运和仓储等物流费用。

3) 准时制(JIT)生产要求

为了达到上述目标，JIT 要求：

(1) 整个生产均衡化——在生产准备方面，要大大加快速度，否则由于没有库存，很难满足不断变化的市场需求。平均地按照加工时间、数量、品种进行合理搭配和排序，使生产物流在各作业之间、工序之间、生产线之间、工厂之间均衡地流动。

(2) 强调全面质量管理——目标是从消除各环节的不合格品到消除引起不合格品产生的根源；在产品质量上，不能只靠检验来发现缺陷，必须建立质量保证体系，从根本上保证产品质量。

(3) 通过产品的合理设计，使产品与市场要求相一致，并且易生产、易装配——如模块化设计。设计的产品尽量使用通用件、标准件。设计时应考虑实现自动化。

2. 敏捷制造(Agile Manufacturing)

1) 敏捷制造的含义

进入 20 世纪 90 年代，由于准时制生产和精益生产在美国取得了明显的效益，美国制造业认识到在市场竞争中只是降低成本和提高产品质量是不够的，还必须缩短产品开发周期、加速产品更新换代，经过研究，提出了敏捷制造的概念。

敏捷制造就是指制造系统在满足低成本和高质量的同时，能够对多变的市场需求做出快速反应。所谓敏捷性，是指企业对市场变化、技术发展以及社会环境变化做出反应的速度与能力。一方面，不论是全球性或是地区性市场，在众多的竞争者的角逐中，处于不断分割、快速变化状态；另一方面，用户的需求也越来越苛刻，需要不断提供高质量、高性能的新产品。敏捷制造能使企业在激烈的竞争环境中生存和发展。

敏捷制造的能力主要体现在以下方面：第一，快速反应能力。能够随市场变化做出判断与预测，并能做出正确反应。第二，竞争力。企业具有一定的生产能力、工作效率以及有效参与竞争所需的技能。第三，柔性(灵活性)。以同样的人员与设备生产不同产品或实现不同目标的能力。第四，快速性。以最短的时间执行任务的能力(最短的产品开发周期，最短生产周期，供货准时等)。

2) 敏捷制造的特点

敏捷制造的主要特点是注重速度。比如两个企业同时开发某种新产品，其中一家是敏捷企业，可以在较短的时间内率先将新产品推向市场，从而占领市场并使对方处于劣势；或者一家企业开始研制一种新产品，一段时间以后，另一家敏捷企业也开始开发这种新产品，这两家企业可能同时将新产品投放市场。因敏捷企业开发较晚，对市场需求预测较准确，也可以采用更新的技术；又因开发周期短，耗费较少，新产品的性能与价格将优于对方从而取得市场竞争的胜利。

3) 敏捷制造企业的竞争战略

由于用户需求极为复杂，市场处于不断变化之中，因此敏捷企业没有固定和现成的模式可循，关键在于要将敏捷性原则贯彻于企业的目标以及实施目标的具体步骤中去。注重速度，看重时间上的竞争意义。敏捷竞争战略一般可归结为以下几个方面：

(1) 以顾客为中心，以用户为上帝。要让用户需求通过敏捷企业的产品与服务得到满意。为了平衡产品批量和生产成本之间的制约关系，可以实行敏捷定价，同一产品对于不同顾客可实行不同定价。

(2) 通过合作增强竞争能力。为了尽快向市场推出低成本和高质量的产品，敏捷企业必须充分利用现有资源，而不论这些资源在何处或属于谁。因此，要加强与国内外企业的合作，组织具有交叉功能的团队，重组商业过程，组织虚拟公司等。为了扩展可以充分利用资源的途径，有时和竞争对手也可以合作。

(3) 具有灵活重组的能力。敏捷企业为了保证在多变的市场环境中发展，组织结构必须具有高度的灵活性，能够迅速地重组人力和物力。

(4) 重视人才培养和信息交流。在敏捷企业中，管理人员必须培养一种企业家精神，学会分权，强调共同责任感，奖励革新等。由于用户需求极为复杂，市场处于不断变化之中，因此敏捷企业没有固定和现成的模式可循，关键在于要将敏捷性原则贯彻于企业的目标以及实施目标的具体步骤中去。

由于竞争不仅体现在价格方面，还体现在信息以及产品与服务方面，这些都和人才密切相关，因此敏捷企业要通过加强对员工的义务教育、在职培训来激发员工的积极性与创造性，培育具有竞争力的员工队伍。

3. 约束理论

1) 约束理论的产生

约束理论(Theory of Contraint，TOC)是以色列物理学家及企业管理顾问高德拉特于 20 世纪 70 年代提出的，是继 MRP 和 JIT 后的又一项组织生产的新方式。该理论最初被称做最优生产时间表，后又改称为最优生产技术，最后发展成为约束(TOC)理论，在 20 世纪 90 年代逐渐形成完善的管理体系。美国生产及库存管理协会非常关注 TOC，称其为“约束管理”。它是一种持续改善、解决“瓶颈约束资源”的管理哲学，已在制造企业、钢铁、纺织、电子等盈利行业广泛应用。

2) 约束理论的基本思想及其核心内容

约束理论把企业看做是一个完整的系统，认为任何生产系统都会产生约束因素。就像一条链子，瓶颈好像是链条中最薄弱的那一个环决定着整个链条作用一样。正是由于各种各样的约束(TOC)因素限制了企业出产产品的数量和利润的增长。因此，企业在实现其目标过程中，应逐个识别和消除这些约束因素，从而实现其“有效产出”的目标。

为了达到这一目标，约束理论强调，首先，要在能力和现场作业管理方面寻找约束因素(市场、物料、能力是主要约束)；其次，应把重点放在瓶颈工序上，保证瓶颈工序不发生停工待料，提高瓶颈工作中心(机器设备)的利用率，从而得到最大的有效产出；最后，应根据不同的产品结构、工艺流程和物料流动的总体情况，设定管理的控制点。

3) 寻找生产系统资源的瓶颈约束

约束理论认为，在生产系统中，有效产出最低的环节(瓶颈)，决定着整个系统的产出水平。因此，任何一个环节(瓶颈)只要它阻碍了企业去更大程度增加有效产出，或阻碍减少库存和运行费，那它就是一个约束。所以，要找出生产系统的瓶颈，最大限度利用瓶颈上的设备，由非瓶颈(非关键路线)设备支持配合瓶颈(关键路线)上的设备，打破约束，再找出下一个新瓶颈，别让惰性成为最大的约束。

3.3 企业销售物流

3.3.1 销售物流概述

销售物流(Distribution Logistics)指生产企业、流通企业出售商品时，物品在供方与需方之间的实体流动。即生产者到用户或消费者之间的物流。它包括产成品库存、仓储发货运输、订货处理与客户服务等内容。销售物流是企业物流系统的最后一个环节，是企业物流与社会物流的最后一个衔接点。它与企业销售系统相配合，共同完成产品的销售任务。

随着经济发展和科技进步，国内、国际的竞争日益激烈，传统制造领域的技术和产品的特征优势日益缩小，生产成本、产品质量都已非常接近，没有较大优势，人们认识到销售物流服务是否独具特色，是企业能否创造较高的销售额，是企业在市场竞争中成败与否的关键因素。为此，首先要通过不懈的努力提高客户服务的满意度。所谓客户服务是指在适当的时间(Right Time)和适当的场合(Right Place)，以适当的价格(Right Price)和适当的方式(Right Channel or Way)向适当的顾客(Right Customer)提供适当的产品和服务(Right Product and Service)，使顾客的适当需求(Right Want or Wish)得到满足，价值得到提高的过程。

为达此目的必须选择合适的分销渠道，全面掌握销售物流的主要环节的特点、销售物流服务的要素，通过一系列的营销手段，出售产品，以满足消费者的需求，从而实现商品的价值和使用价值，对销售物流服务实施有效管理。

3.3.2 销售物流渠道的结构和类型

1. 销售物流渠道的概念

销售物流渠道，又称分销渠道，是指产品从生产企业运送到消费者或客户手中所经过的路线及经营机构。研究销售物流渠道的目的是为了在企业生产出产品之后，能将产品及时、安全、经济地送到消费者或客户手里，以提高生产企业的经济效益和满足客户的需求。在商品从生产领域转移到消费领域过程中，不仅包括各种专业商业机构和生产企业的销售机构，以及为商品流通服务的各种仓储、运输、金融及保险机构等，而且还必须把最终用户包括在内，才能组成一个完整的销售物流渠道系统，才能更好地制定企业的销售物流渠道策略。

2. 发展分销渠道的原因

在社会经济活动中，“分销渠道”从无到有，不断发展完善，是什么原因促使了它的出现。首先，分销渠道中由于中间商对其代理的区域市场较为熟悉，并且拥有一批固定的客户群，因而能帮助厂商迅速地打开当地市场。其次，中间商对本地客户的资信情况和投资环境更加了解，可以帮助厂商规避交易和投资风险；通过中间商还可以减少自已构建销售网络所必需的高昂费用，降低了整体销售成本；此外，中间商一次性定购批量产品，因而大大减轻了厂商的压力。多种因素使得分销渠道得以稳定发展。产品由分销渠道扩散到客户手中，具有以下几点优势：

(1) 分销渠道减少了市场中交易的次数。在交易中，通过分销渠道的中间商(如批发商、零售商等)实现集中采购与配送，从而减少了市场中交易的次数，提高了交易的效率。专业生产商的数目越大，中间商的优势越明显，如图 3.19 所示。这表明一个厂商在卖给顾客少量产品时，可以通过中间商来持续地降低营销费用和物流成本。

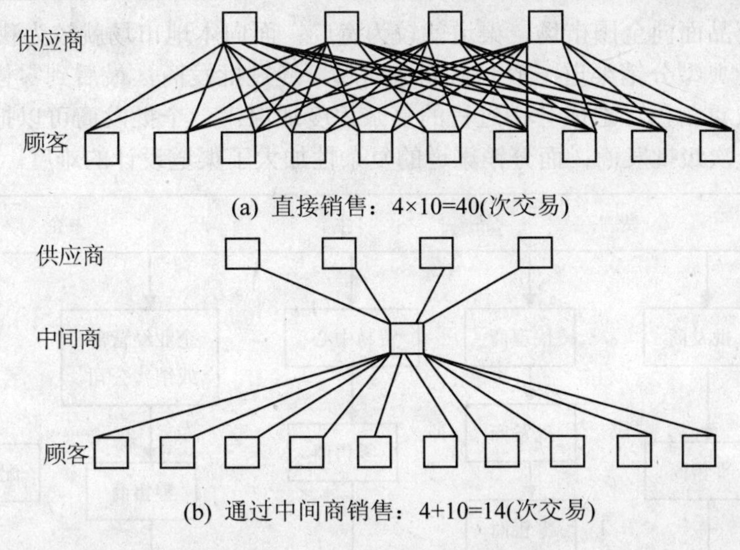

(a) 直接销售：4×10=40(次交易)

(b) 通过中间商销售：4+10=14(次交易)

图 3.19 中间商减少交易次数

在图 3.19(a)中，10 个顾客直接从 4 个供应商处购买产品，交易次数为 40 次，如果通过 1 个中间商间接销售，则交易次数降为 14 次，比直接方式的交易次数降低了 65%。显然，供应商和顾客的数目越多，中间商的作用就越明显。

(2) 专业化的分销渠道设置使分销成本最小化，交易规范化。专业化是提高分销效率的最基本的驱动力。在实际业务中，某些专业企业(如第三方物流组织)因为它们能比其他企业更好地承担基本功能，因而能提高分销渠道中的物流运作效率。同时，对交易的规范化处理可以加强渠道成员的合作，提高渠道效率。

(3) 分销渠道为买卖双方搜索市场资源提供了便利。在市场环境中，买方试图满足自己的消费需求，而卖方(如制造商)则想要预测并抓住这些需求信息，如果这一双向“搜索”过程能成功进行，需求信息能适时高效地流动，那么对买卖双方都是有利的。分销渠道中的中间商分别按不同的行业进行组织，并向各自的市场提供相关市场信息，从而为买卖双方提供了便利，并降低了分销渠道中的相关成本，如销售成本(因为充足的市场信息降低了交易次数)、运输成本、库存成本、定单处理成本及顾客服务成本等。

3. 分销渠道的类型

分销渠道是指产品由生产者向消费者或用户移动过程所经过的通道或路线。分销渠道是商品流通环节、流通空间和流通时间的总体。商品的流通环节表现为两种形式：其一是商品的经营形式；其二是商品流通的客观形式，指商品的运输、储存等形式。商品的流通空间包括渠道的长度和宽度两个方面。渠道的长度是商品流通中所经过的路线或途径的长短，流通环节多，渠道就长，反之就短。渠道的宽度指商品流通中，在同一环节上要经过多少种形式。商品面向全国市场，渠道就较为宽广；面向本地市场就较为狭窄。如图 3.20 所示，制造企业典型分销渠道一般是从制造商起，经过批发商，最后到零售商。因为批发商在分销中的双重角色，造成分销过程的复杂程度加深：一个批发商可以把商品卖给零售商，也可以卖给次级批发商；而分销渠道的复杂性加大了渠道设计的难度。

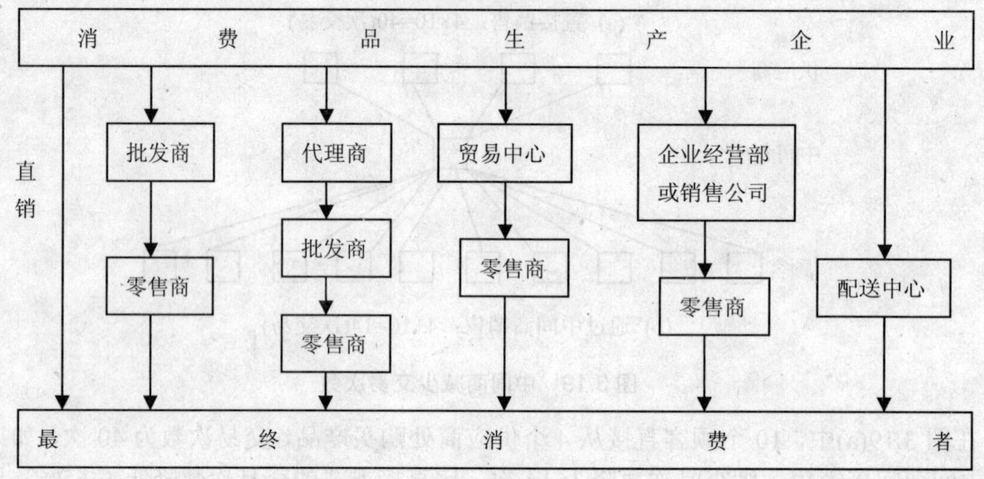

图 3.20　消费品的销售物流渠道

可以看出，产品从生产者到消费者的流通过程中有各种销售物流渠道，有的销售物流渠道环节多，路线长；有的销售物流渠道中间环节少，甚至没有中间环节，路线就短。而且，不同国家、不同区域、不同行业的销售物流渠道模式也有着很大的不同。

一般商品销售物流渠道不外乎以下三种基本形式。

1) 直接销售物流渠道(也称零阶渠道)

直接渠道是指不经过任何中间环节，由生产者直接把产品服务转移到最终消费者(也包括工业用户)的方式。采用直接渠道，可以使生产者的产品直接到达消费者，而不经过任何中间商，这样可以缩短运输时间，节约运输费用，还可以保证产品的质量。特别是鲜活、体积比较大的产品，采用直接渠道优点更为明显。随着竞争的加剧，企业必须提供良好的售后服务，采用直接渠道更能适应竞争的需要。

2) 间接销售物流渠道

它指生产者把商品销售给消费者的过程中，加入了中间环节，把商品和服务销售给消费者的销售物流渠道。在这种多层次的销售渠道中，中间商作为生产与生产、生产与消费的桥梁纽带，具有集中、平衡、扩散，分担风险等功能。在现代经济条件下，中间商作为媒介的商品流通形式是商品流通的主要形式。但由于流通环节的增加，使物流的运输、仓储费用增加，从而使产品的成本上升，加重了需求者的负担。

中间环节一般是指配送中心、批发商和零售商(代理商)。根据所加入的中间环节的多少，有以下几种具体形式：

(1) 一阶渠道。是指在生产者和消费者中间只加入一个中间环节的销售物流渠道，即由生产者把商品出售给一个中间商，再由中间商把商品销售给顾客。

(2) 二阶渠道。是指在生产者和消费者中间有两个中间环节的销售物流渠道。这种销售物流渠道在消费品市场中应用很广。

(3) 三阶渠道。是指在生产者和消费者之间有三个中间环节的销售物流渠道。这三个中间环节一般是指代理商、批发商和零售商(或经销商)。

3) 代销渠道

它指生产者和消费者之间有代理商为之服务的销售物流渠道。它既不同于直接销售物流渠道，又不同于间接销售物流渠道，它与生产者之间并不是商品买卖关系，在商品流通中它不属于中间环节，而只是接受顾客(客户)的委托，办理代购、代销、代储、代运及代存等业务，以佣金或手续费方式赚取报酬，没有商品的所有权。如贸易中心、贸易货栈、贸易信托公司等的代营业务。

3.3.3　销售物流的主要环节

企业在完成产品的制造后，需要及时组织销售物流，使得产品能够及时、完好地送达用户指定地点。为了保证销售物流的顺利完成，需要做好以下几方面的工作。

1. 产成品的包装

包装是生产企业生产物流系统的终点，也是销售物流系统的起点。产品的包装具有保护功能、便利功能和促销功能，尤其是产成品的运输包装在销售物流过程中将起到便于保护、仓储、运输、装卸搬运的作用。因此，在包装材料、包装形式上一定要考虑运输、仓储环节的需要，当然也要顾及材料和工艺的成本费用。

2. 产成品的储存

保持合理的库存水平，及时满足客户需求，是产成品储存最重要的内容。客户对企业产成品的可得性非常敏感，缺货不仅使客户需求得不到满足，而且还会提高企业进行销售服务的物流成本。为了避免缺货，企业一方面可以提高自己的存货水平；另一方面可以帮助客户进行库存管理，这样做不但可以把自己的库存降下来，而且可以稳定客源，便于与客户长期合作。

3. 销售过程

销售过程受政策性因素、产品因素、市场因素和生产企业本身的影响，生产企业应对其企业内部各种因素的变化和外部环境进行深入细致地分析和研究后，对企业产品的销售量、费用支出、服务质量经过反复比较，确定销售过程，从而使产品最快地达到用户手中，不断扩大产品销售地域，提高产品的市场占有率，降低流通周转费用，加快产品占用资金的时间。

4. 发送运输

不论销售渠道如何，也不论是消费者直接取货，还是生产者或供应者直接发货给客户，企业的产成品都要通过运输才能到达客户指定地点。而运输方式的确定要考虑批量、运送距离、地理等条件。运输方式的选择对于销售物流系统的运作效率和成本控制起着十分重要的作用。管理者首先要根据销售系统的要求从航运、铁路、公路、航空运输等方式或联合运输方式中做出选择，其中包括对不同方式的运价和服务水平的评价。

对于生产者或供应者送货的情况，应考虑批量大小问题，它将直接影响物流成本费用。因此，配送是一种较先进的形式，它可以提高设备的利用率，降低运输成本。运输方面的良好服务。包括运输速度快、及时满足客户需要；运输手段先进，减少途中商品损坏率；合理组织运输途径，减少运输里程及运输安全系数高，避免丢失等问题发生。

5. 装卸搬运

客户希望在物料搬运设备方面的投资最少化，例如客户可能要求以其使用的托盘或集装箱装货；也有可能要求将特殊货物集中在一起装车，这样可以直接再装，不需要重新分类，这些要求应尽可能满足。

3.3.4 销售物流的管理

1. 物流信息系统的管理

1) 接受订货系统

办理接受订货手续是交易活动的始发点，为了迅速准确地将商品送到，必须准确迅速地办理接受订货的各种手续。

2) 订货系统

订货系统是与接受订货系统、库存管理系统互动的，库存不仅应防止缺货、断货，还应在库存过多或库存不合理时，根据订货情况，适时适量地调整订货的系统。

3) 收货系统

收货系统是根据预定信息，对收到的货物进行检验，与订货要求进行核对无误之后，计入库存，指定货位等的收货管理系统。

4) 库存管理系统

正确把握商品库存，对于制订恰当的采购计划、接受订货计划、收货计划和发货计划是必不可缺的，所以，库存管理系统是物流信息的中心。

5) 发货系统

通过迅速、准确的发货安排，将商品送到顾客手中。发货系统是一种与接受订货系统、库存管理系统互动，向保管场所发出拣选指令或根据不同的配送方向进行分类的系统。

6) 配送系统

降低成本对高效配送计划是重要的，将商品按配送方向进行分类，制定车辆调配计划和配送路线计划的系统。企业销售渠道的组成情报系统应畅通，企业应建立起高效、快速的信息情报系统。

2. 需求计划管理

1) 需求的概念

销售物流首要任务是进行销售预测，然后在此基础上制订生产计划和存货计划。

销售预测的一项重要指标是市场需求。市场需求是指一定的顾客在一定的地理区域、一定的时间、一定的市场营销环境和一定的市场营销方案下购买商品的总量。随市场变化，市场需求不是一个固定的数值，是一个变量。

需求预测是一项十分复杂的工作，在需求趋势相对稳定或没有竞争时都要进行需求预测。在竞争条件比较稳定时预测需求是较易于操作的，但在市场环境不断变化条件下，需求预测也变得复杂起来，应根据市场需求的不断变化，做好需求趋势预测。

2) 市场需求测量

(1) 市场潜量。是指在一定时间内，在一定水平的行业市场营销努力下，在一定的环境条件下，一个行业中所有企业可能达到的最大销售量。

(2) 区域市场潜能。

① 市场累加法。该法是先识别每个市场的所有潜在顾客，并估计每个潜在顾客的购买量，计算出每个市场的购买潜量，然后把每个市场的购买潜量加起来。

② 多因素指数分析法。描述区域需求的最重要的指数是购买力指数，是一个受多因素影响的指数。各个因素的重要性一般是不同的，必须给每个因素以一定的权数，从而使计算较为合理。计算并分析其中各影响因素的变动对需要量的影响程度。

3.3.5 分销需求计划

1. 分销需求计划的概念

分销需求计划(Distribution Requirement Planning，DRP) 是指应用物料需求计划的原则，在配送环境下从数量和提前期等方面确定物料配送需求的一种动态方法。DRP 是流通领域的一种物流技术，是物流技术在流通领域应用的直接结果，主要解决的问题是分销物资的供应计划和调度。在制造企业分销渠道上，DRP 的应用范围相当广泛，对企业而言，DRP 可用于规划原材料的进货补货安排，也可用于企业产成品的分销计划。

在逻辑上 DRP 是 MRP 的扩展，但两者之间存在一个根本的差异：MRP 通常是在一种相关需求的情况下运作的，由企业制定和控制的生产计划所确定；而 DRP 是在一种独立的环境下运作的，由不确定的顾客需求直接确定存货需求。

2. 分销需求计划的基本特征

(1) 以保证满足社会需求为目的。

(2) 通过物流运作满足社会的需求。

(3) 合理组织物流资源。

分销需求计划流程，如图 3.21 所示。

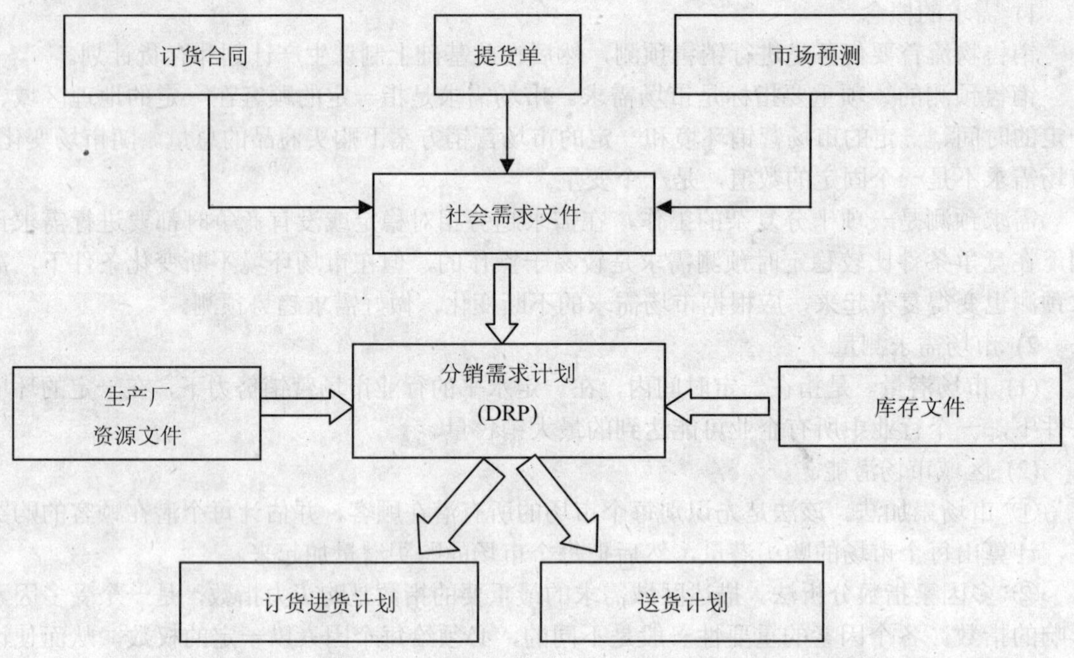

图 3.21 分销需求计划(DRP)流程示意图

3. 分销需求计划内容

分销需求计划内容包括：输入文件和输出文件。

1) 输入文件

(1) 需求文件。所有用户的订货单、提货单和供货合同，包括子公司的订货单、企业的订货单，市场调查、预测的需求量构成社会需求文件。

(2) 库存文件。对自有库存物资进行统计汇总，从而根据需求情况确定进货量。

(3) 资源文件。包括生产企业的地理位置、企业可供应的物资品种。

2) 输出文件

(1) 订货进货计划。即从生产企业订货进货的计划。

(2) 送货计划。送货计划是根据物资流动的作业时间、路程，为用户送货的计划。

4. 分销需求计划的发展

分销需求计划，仅仅是提出了需求计划而未考虑其执行计划的能力问题，分销需求计划增加物流能力计划后，形成一个集成、闭环的物资资源配置系统，使分销需求计划得到发展。分销需求计划发展后，是一个自我适应、自我发展的闭环系统，从而增加了车辆管理、仓储管理、物流能力计划、物流优化辅助决策、成本核算的系统对物资进、销、存有更合理的配置，优化物流管理和决策。

3.4 回收物流与废弃物流

3.4.1 回收物流与废弃物流的概述

1. 回收物流与废弃物流的产生

企业在生产过程中，从生产经过流通直至消费是物品流向的主渠道。除了生产出产成品外，还有生产过程形成的边角余料、废渣、废水；有流通过程产生的废弃包装器材；也有大量由于变质、损失、使用寿命终结而丧失了使用价值或在生产过程中的不合格品、废品，不具有使用价值的物料，它们都要从物流主渠道中分离出来，成为生产或流通中产生的排放物。这些排放物，一部分可以回收并再生利用，称为再生资源，它们形成了回收物流；另一部分在循环利用过程中，基本或完全失去了使用价值，形成无法再利用的最终排放物，即废弃物。废弃物经过避免对环境造成污染的无害化处理后返回自然界，形成了废弃物流。为了避免和防止排放物对环境造成污染，提倡绿色物流。绿色物流是在物流过程中抑制物流对环境造成危害的同时，实现对物流环境的净化，使物流资源得到最充分利用。排放物的产生来自三个方面。

1) 生产过程产生的排放物

(1) 工艺性排放物。在生产过程中，由于生产工艺性质不同，其排放物有很大差异，如机械制造厂加工中形成的切屑、边角余料等；造纸厂产生的废渣以及为漂白等目的使用的化学药液随水排出的废水；钢厂生产中产生的废气、钢渣、炉底、钢材切头切尾料等。此类排放物根据工艺流程和技术水平，其排放时间、数量、种类有一定规律性，能形成稳定的物流系统。

(2) 生产过程中的废品、废料。在生产过程中，由于原材料、管理等原因而产生的不合格品、边角余料，有些在工艺流程中往往就地回收，重新纳入生产流程中，因而很少进入社会物流系统。

(3) 生产中损坏和报废的机械设备、设施和劳动工具。造成其报废的主要原因是：由于正常使用中造成机械设备、设施的物质寿命的终结或意外损坏而丧失使用价值；或者由于生产率的提高，科技的进步，继续使用原设备不经济，造成生产成本过高，进行设备更新淘汰，这些排放物不是经济活动产生的，需要随时进行处理。

2) 流通过程中产生的排放物

流通也是产业部门，需要消耗燃料、动力和材料，这些都会产生废弃物。流通过程中最为典型的废弃物是已经使用过的包装材料或废弃捆包材料，如木箱、编织带、纸箱、塑料或金属捆带、捆绳等。有的可以直接回收重复使用，有的要进入物料大循环再生利用。

3) 消费后产生的排放物

这类排放物一般称为垃圾，有家庭垃圾、办公室垃圾等混合组成的城市垃圾，包括破旧衣物、已失去使用价值的家用电器、玻璃和塑料容器、办公废纸以及食物残渣等，其中有许多可以回收利用的。

2. 回收物流与废弃物物流的概念

1) 回收物流的概念

回收物流(Returned Logistics)指不合格物品的返修、退货以及周转使用的包装容器从需方返回到供方所形成的物品实体流动。

2) 废弃物物流的概念

废弃物物流(Waste Material Logistics)将经济活动中失去原有使用价值的物品，根据实际需要进行收集、分类、加工、包装、搬运及储存等，并分送到专门处理场所时形成的物品实体流动。

3.4.2 回收物流与废弃物流的利用的重要意义

1. 回收物流利用的经济意义

自然界的物资是有限的，森林的采伐、矿山的开采都是有一定限度的，在资源已日渐枯竭的今天，人类社会越来越重视通过回收物流将可以利用的废弃物收集、加工、重新补充到生产、消费的系统中去。回收利用废旧物料，相当于利用了社会资源的潜在资源，从而可以在一定程度上缓和资源的紧张状况。据统计，废纸回收已成为造纸业原料供应不可缺少的一环，我国每年钢铁产量有近 1/3 来自回收的废钢铁。

废弃物资是一种资源，但和自然资源不同，它们曾有过若干加工过程，本身凝聚着能量和劳动力的价值，因而常被称为载能资源。回收物资重新进入生产领域作为原材料会带来很高的经济效益。如回收利用 1 吨废钢铁，可炼出好钢 900 千克，节约铁矿石 2 吨、石灰石 600 千克，优质煤 1 吨或焦炭 0.68 吨、可节约能源 75%、节约水 40%；回收 1 吨废杂铜可提炼电解铜 860 千克，节约铜矿石 60 吨，节约电能 50%左右；回收利用 1 吨废纸可造新纸张 800 千克，可节约煤 500 千克，节电 500 千瓦；回收 1 吨废玻璃可生产出好玻璃 900 千克，或生产 500 克装瓶子 2 000 个，节约纯碱 2 吨、石英砂 720 千克、长石 60 千克、煤 1 吨、电 400 千瓦、降低成本 20%等。

2. 回收物流与废弃物流合理化处理的社会意义

由于废弃物的大量产生，严重影响到人类赖以生存的环境，因此必须有效地利用和处理回收物流和废弃物流，使废弃物得以重新进入生产、生活循环或得到妥善处理(焚烧或掩埋)。

当前社会最关心的问题之一就是环境问题，而环境污染的根本问题是废弃物(含废水、废气)造成的。因此，回收物流的合理化处理，可以降低垃圾处理成本。良好的垃圾处理系统是社会文明的标志之一，城市里如果没有环卫系统的运行，数日之后，街道将变得又脏又臭，良好的生活环境和工作环境将受到破坏。

如果造纸厂和化工厂的废水任其流入自然界的水源中，将污染河流、海洋，不仅危害人类，水生动物、植物也将受到危害。目前，核废料已成为国际公害，受到全世界舆论的密切关注。

工业生产的多种排放物的回收，不仅创造了巨大的经济价值，而且多种废旧物资的回收利用和循环使用，避免了废旧物资对现存耕地的占用，防止有毒有害物资对江、河、湖、海的污染，可以讲这是功在当代，利在千秋的重要举措。因此，回收物流和废弃物流的管理，不应完全从经济效益考虑，也应为人类社会效益考虑。

3.4.3 回收物流与废弃物流的处理

对排放物处理主要有两种方法：一是将其中有再生利用价值的部分加以分拣、加工、分解，使其成为有用的物料重新进入生产或消费领域。例如，废纸被加工成纸浆，又成为造纸的原材料；废钢铁被分拣加工后，又进入冶炼炉变成新的钢材；废水经净化处理后，又被循环使用，橡胶、塑料、纤维的再生产利用等，这类物质的流动形成回收物流。二是对已丧失再生利用价值的排放物，从环境保护的目的出发将其焚烧、化学处理，或送到指定地点堆放掩埋，对于有放射性的物质或有毒物质的工业废弃物，还要采取特殊的处理方法。有的还可变废为宝，如灰渣制成空心砖，在建筑行业可替代普通红砖，节约大量建筑材料。这类物质的流动形成了废弃物流。这两类物质的流向形成了回收物流和废弃物流，它们的处理方法如图 3.22 所示。

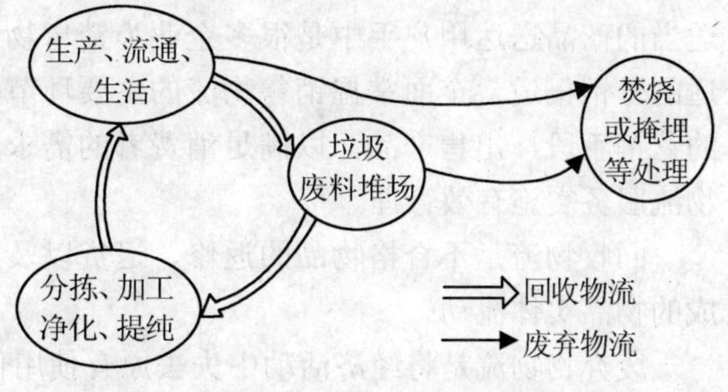

图 3.22 回收与废弃物料处理流向图

本 章 小 结

企业物流是指企业内部的物品实体流动。企业物流可以分为：供应物流、生产物流、销售物流、回收与废弃物物流。企业物流管理就是针对企业内部和外部的相关物流活动，进行科学、合理的计划、组织、协调与控制，以最低的物流成本达到顾客满意的服务水平，使物流更好地为实现企业目标服务。

供应物流是为组织生产所需要的各种物品供应而进行的物流活动，是企业生产活动所需生产资料的供应。企业的生产过程同时也是物质资料的消费过程。企业只有不断投入必要的生产要素，才能顺利进行生产和保证其经济活动最终目的的实现。

企业为了使生产能正常连续进行，不但要经常采购物料，而且还必须保留一定数量库存物料作周转之用。库存是为了保障生产、调节供需所必须，起到蓄水池和调节阀的作用；但同时库存又是一种闲置，库存占用流动资金，增加保管和护理费用，从而增加产品成本。库存量管理的任务是要选择适宜的库存管理制度，确定合理的库存量标准并掌握库存量变化动态，适时进行调整。

生产物流指生产过程中，原材料、在制品、半成品及产成品等，在企业内部的实体流动。生产过程中的物流是否合理，直接影响到生产的进程和生产所消耗的时间和质量等。

企业生产系统的组织工作，是以最大限度地提高企业综合生产效率为目标，而对企业的原材料、零部件、机器设备、操作人员等各项资源在空间上和时间上所进行的科学组织和安排。生产物流计划是企业生产过程中物料流动的纲领性书面文件，指导生产物流的开始、有序运行至完成的全过程。生产物流有两种基本的控制方式：负反馈控制方式和前反馈控制方式。

销售物流直接影响到客户对产品的满意程度，因此，在最短的时间、以最少的成本把适当的商品送达用户手中是很多企业为销售物流制定的最终目标。为达此目的必须选择合适的分销渠道，全面掌握销售物流的主要环节的特点、销售物流服务的要素，通过一系列的营销手段，出售产品，以满足消费者的需求，从而实现商品的价值和使用价值，对销售物流服务实施有效管理。

回收物流是不合格物品的返修、退货以及周转使用的包装容器从需方返回到供方所形成的物品实体流动。

废弃物物流是将经济活动中失去原有使用价值的物品，根据实际需要进行收集、分类、加工、包装、搬运及储存等，并分送到专门处理场所时形成的物品实体流动。

回收物流及废弃物物流是为了节约企业的相关成本以及节约国家有限资源而进行的。

背景知识

JIT 法则的运用

1. JIT 产生的背景

在 20 世纪中叶以前，世界汽车制造业均采用福特式的“总动员生产方式”。这种生产方式以其规模性制造的成本优势为企业创造了巨大的收益，然而随着经济的不断发展，需求的异质性暴露了“福特式”生产模式的缺陷。20 世纪后半期，整个汽车市场进入了一个市场需求多样化的新阶段，不久汽车制造业开始围绕如何有效地组织多品种、小批量生产进行探讨。

日本丰田汽车公司副总裁大野耐一意识到这种生产方式的缺陷，他认为需采取一种更灵活、更能适应市场需求变化的生产方式。在这种历史背景下，大野耐一于 1953 年综合了批量生产和单件生产特点和优点，创造了一种在多品种小批量混合生产条件下高质量、低消耗的生产方式，即适时生产(Just In Time，JIT)。

JIT 促进了日本汽车制造业的飞速发展，JIT 被当做日本企业成功的秘诀在世界范围内受到广泛尊崇。JIT 随后便在欧洲和美国的一些企业中推广开来，并与源自日本的其他生产、流通方式一起被西方企业称为“日本化模式”。

2. JIT 的基本思想

适时生产，即“只在需要的时候，按需要的量生产所需的产品”，这就是 JIT 一词所表达的含义。

从这个含义我们知道 JIT 的核心是追求一种无库存的生产系统，或使库存最小化的生产系统，即消除一切只增加成本，而不向产品中增加价值的过程。从这一基本的生产哲学出发，形成了完备的 JIT 生产体系，这个体系包括：实行生产同步化；提高生产系统灵活性；减少不合理生产过程；推行标准化作业；追求产品零缺陷；保持库存最优化；推行人本管理。

JIT 的最终目标是利润最大化，基本目标是努力降低成本，因此 JIT 还要求实现“四低两短”的具体生产目标：

(1) 废品量最低。消除各种不合理因素，并对加工过程中每一工序的精益求精。

(2) 库存量最低。库存是生产计划不合理、过程不协调、操作不规范的表现。

(3) 减少零件搬运量。零件搬运是非增值操作，减少零件和装配件运送量与搬运次数，可以节约装配时间，并减少这一过程中可能出现的问题。

(4) 机器故障率低。低的机器故障率是生产线对新产品方案做出快速反应的保障。

(5) 生产提前期最短。短的生产提前期与小批量相结合的系统，应变能力强，柔性好。

(6) 准备时间最短。准备时间长短与批量选择有关，如果准备时间趋于零，准备成本也趋于零，就有可能采用极小批量。

3. 如何运行JIT

有了一个明确的目标，JIT生产方式还需要相应的手段来确保各目标的实现，通常有以下三种手段。

1) 适时适量生产

即“在需要的时候，按需要的量生产所需的产品”。对于企业来说，各种产品的产量必须能够灵活地适应市场需求量的变化，否则就会造成资源的浪费。为了降低甚至避免这种无谓的浪费，实施适时适量生产必不可少。

首先，为了实现适时适量生产，首先需要致力于生产环节的同步化。即工序间不停留，一道工序加工结束后，立即转到下一工序，装配线与机械加工几乎同步进行。

其次，要注意对产品的合理设计。具体方法包括模块化设计，设计的产品尽量使用通用件、标准件，设计时应考虑有助于实现生产自动化以降低时间成本。

再次，JIT要求均衡化生产，即总装配线在向以前工序领取零部件时应均衡地使用各种零部件，来生产各种产品。在制订生产计划时就必须考虑均衡化生产，将其体现于产品实现计划中，使物流在各作业、生产线、工序、工厂之间均衡地流动。为达到均衡化生产，JIT采用月计划、日计划，并根据需求的变化及时对计划进行调整。

2) 弹性配置作业人员

劳动费用是成本的一个组成部分，要求企业要根据生产量的变动，弹性地增减各生产线的作业人数，以求尽量用较少的人员完成较多的生产活动。这种人员弹性配置的方法一反历来生产系统中的“定员制”，对作业人员提出了更高的要求，即为了适应这种变化，工人必须成为具有各种技能的“多面手”。

3) 质量管理贯穿其中

JIT生产方式打破传统生产方式认为质量与成本之间成反比关系，通过将质量管理贯穿于每一工序中来实现产品的高质量与低成本，具体方法包括以下几个方面。

(1) 纠正措施。生产第一线的设备操作工人发现存在产品或设备问题时，有权自行停止生产，这样便可防止次品的重复出现，并杜绝类似产品的再产生，从而避免了由此可能造成的大量浪费。

(2) 预防措施。安装各种自动停止装置和加工状态检测装置，使设备或生产线能够自动检测次品，一旦发现异常或不良产品可以自动停止设备运行。

通常的质量管理方法只是在最后一道工序对产品进行检验，不能有效预防不合格的再次发生。因为发现问题后如不立即停止生产的话，难免会持续出现类似的问题，同时还会出现“缺陷”的叠加现象，增加最后检验的频次，无形中成本增加。JIT生产方式中发现问题就会立即停止生产并进行分析改进。久而久之则生产中存在的问题越来越少，企业的生产过程质量就也逐渐增强。

4. JIT 是长期行为

1982 年，日本本田汽车制造公司采用看板取货的零件数已达到其生产零件总数的 43%。不久该方法在其他一些行业和企业得到推广，更多的汽车制造企业也开始采用这种管理方法，一些企业更是结合自身情况创造性地应用了 JIT 生产方式，成效显著。

实施 JIT 使很多企业获得了良好的效益，但也暴露出一个共同的弊病，即它们不能有效地将 JIT 继续深入贯彻下去。这说明它们需要在以下方面进行改善和提高，以便可以真正做到对适时管理的理解和运用。

1) JIT 贵在坚持

推行 JIT 是一个系统过程，是企业的长期战略行为，要求全员参与、思想统一、持续改进。不能从形式上去效仿看板管理，企业不仅要坚持从局部试点出发，更要坚持长期发展。

2) 贯穿 JIT 产生、成长、成熟整个发展过程的便是不断地改善

这要求企业必须具有高水平的管理作为基础和保证，努力做到以高管理推动改善，以改善促进管理，二者相辅相成必然会使企业灵活地把握 JIT 的精髓。高水平的管理包括先进的操作方法，合理的物流系统，以及科学的定额。

3) 质量管理是企业整体的一个有机组成部分

传统质量管理模式使质量管理停留在质检阶段，质保部门因此难以真正融入整个产品生产过程。

以质量管理为基础的 JIT 生产方式，将使企业拥有更加灵活的市场反应能力，通过小额生产满足需求的多样性，使企业在竞争中立于不败之地。

资料来源：http://www.lang-zhong.cn

思考与练习

一、判断题

1．企业采购中的适价原则是指在保证同等品质情况下，不高于同类物资的价格。

2．在供应商管理中，供应商关系的基础是供应商规模。

3．在总需要量一定条件下，订购批量越少，订购次数就越多，订购费用和储存费用都会增加。

4．采购时间是指从采购物料至物料检验入库完毕所花费的时间。一般包括：处理订购单时间、供应商制造物料时间或提供物料时间、运输交货时间。

5．采购业务的管理包括：业务支持、业务审核、优化调整、批准实施、进货入库。

6．单件小批量生产是在接受单件或小批量订货后，才开始组织生产活动的生产方式，如汽车制造、服装加工等。

7．供给推进模式下，物料需求计划(MRP)是目前世界上推广使用最为普遍的现代化管理方法之一，它是借助电子计算机来制定物料需求计划的一种方法。

二、填空题

1．企业物流包括________、________、________和________。

2．企业生产过程的物流大体为________、________、________、________等的物料流动。

3．供应物流包括原材料等一切生产资料的________、________、________和________。

4．供应物流系统由________、________和________所构成。

5．采购管理的内容包括________、________、________和________。

6．生产物流具有________、________、________、________和________的特征。

7．MRP 的特点是需求的________、________、________和________。

8．敏捷制造的能力主要体现在________、________、________和________。

9．企业销售物流通过________、________、________等一系列环节实现物质的销售。

10．________和________是企业生产物流的循环结束点。

三、选择题(单选或多选)

1．企业敏捷制造能力主要体现在________。

A．竞争力　　B．灵活性　　C．快速性　　D．经济性

2．经济订购批量法，是指________两者总费用最低的一次订购数量。

A．订购费用和储存费用　　B．订购费用和运输费用

C．进货费用和采购费用　　D．运输费用和保管费用

3．MRP 表示________。

A．物料需求计划　　B．生产需求计划

C．准时制　　D．销售策略计划

4．各个工序对所需要的物资都按精密的计划适时地足量地供应，一般不会产生超量库存，从而使在制品实现零库存，达到节约库存费用的效果，这反映了________。

A．需求的相关性　　B．需求的确定性

C．MRP 的优越性　　D．计划的复杂性

5．在生产物流中，物料有几种典型的移动组织方式，即________。

A．工艺间移动　　B．顺序移动
C．平行顺序移动　　D．平行移动

6．理论上的采购流程一般应由________四个环节组成。

A．验收入库　　B．管理评价　　C．采购订单
D．采购认证　　E．采购计划

7．销售系统的功能是：调查与需求预测、________。

A．编制销售计划　　B．组织管理订货合同
C．组织产品推销　　D．组织售后服务

8．________是指按预先确定的相对不变的订货间隔期进行订货补充库存量的一种库存管理制度。其特点是：订货间隔期不变，订购货物量不定。

A．经济批量订货制度　　B．循环订货制度
C．定量订货制度　　D．定期订货制度

9．库存货物的周转储存天数主要包括：________。

A．生产使用天数　　B．供应间隔天数　　C．验收入库天数
D．使用前准备天数　　E．运输间隔天数

10．企业选择销售渠道时，就间接渠道而言。可供选择的方式主要有以下几种________。

A．广泛分销　　B．短渠道分销　　C．独家分销
D．集中分销　　E．选择性分销

四、简答题

1．生产物流的含义是什么？它由哪些部分所组成？
2．怎样理解经济订购批量公式？
3．库存控制的目标是什么？
4．什么是准时制采购？企业怎样做到准时制采购？
5．影响生产物流的主要因素有哪些？合理组织生产物流的基本要求是什么？
6．销售物流的管理包括哪些内容，如何把握？
7．生产物流控制原理是什么？控制方法有哪些？
8．何谓准时制生产？准时制生产的目标是什么？
9．何谓 MRP 逻辑原理？
10．什么是精益生产？什么是快捷生产？
11．什么是销售物流？

12．分销需求计划的原理有哪些？

13．什么是回收物流？什么是废弃物流？它们各有什么意义？

14．什么是设施布置设计？设施布置设计的基本要素有哪些？

五、计算题

某企业每年需要耗用 1 000 件的某种物资，现已知该物资的单价为 20 元，同时已知每次的订货成本为 5 元，每件物资的年存储费率为 20%，试求经济订货批量、年订货次数、年订货总成本以及年存储总成本。

六、论述题

如何认识企业的生产管理思想和物流活动的关系？

【实践教学】

研究一个企业的生产物流：

1．说明这个企业的生产物流的特点是什么？

2．这个企业的生产物流的重点和难点在哪？

3．这个企业的生产物流存在什么问题？

4．针对存在的问题，拟订解决问题的方案，并且提出合理化的建议。

第4章 物流外包与第三方物流

教学目标

通过本章的学习，掌握核心竞争力、物流外包、第三方物流、物流组织、物流服务的概念，理解构成企业核心竞争力的因素、第三方物流的特征和分类、典型的物流组织结构、物流业务外包的作用及风险、选择第三方物流供应商的原则，熟悉第三方物流的价值优势、企业实施物流外包的注意事项、第三方物流企业的SWOT分析。

教学要求

知识要点	能力要求	相关知识
核心竞争力	(1) 能够理解核心竞争力的内涵 (2) 能够分析企业核心竞争力的构成因素	(1) 核心竞争力的概念 (2) 企业核心竞争力的构成因素
第三方物流	(1) 能够理解第三方物流的含义 (2) 能够理解第三方物流的特征及功能 (3) 能够理解第三方物流的价值优势	(1) 第三方物流的含义 (2) 第三方物流的特征 (3) 第三方物流的功能 (4) 第三方物流的价值优势
物流外包	(1) 能够理解物流外包的含义 (2) 能够理解物流业务外包对企业的作用 (3) 能够分析企业物流业务外包的风险 (4) 能够对企业物流自营还是外包权衡比较	(1) 物流外包的概念 (2) 物流业务外包对企业的作用 (3) 企业物流业务外包的风险 (4) 企业物流自营还是外包的权衡比较 (5) 企业物流外包应注意的问题
第三方物流企业	(1) 能够理解第三方物流企业经营的业务 (2) 能够运用SWOT分析法分析物流企业	(1) 第三方物流企业的分类 (2) 我国第三方物流企业的SWOT分析
物流服务	能够理解物流服务的特征及内容	(1) 物流服务的概念 (2) 物流服务的特征 (3) 物流服务的内容
第三方物流供应商的选择与管理	(1) 能够理解物流供应商选择的原则 (2) 能够选择物流供应商	(1) 物流供应商选择的原则 (2) 物流供应商选择的方法

案例导入

上海通用汽车物流外包给中远

上海通用汽车是中国目前最大的一个合资企业，是上海汽车集团公司与美国通用汽车公司合资的企业，他们的生产线上基本上做到了零库存。他们是如何外包的？

外包要做到生产零部件 JIT(Just In Time)直送工位，准点供应。因为汽车制造行业比较特殊，它的零部件比较多，品种规格都比较复杂。如果自己去做采购物流，要费很多的时间。这种外包就是把原材料直接送到生产线上去的一种外包制度。中远物流按照通用汽车要求的时间准点供应。

门到门运输配送使零部件库存放于途中。运输的门到门有很大的优势：第一，包装的成本可以大幅度地下降，因为从供应商的仓库门到用户的仓库门，装一次卸一次就可以了，这比铁路运输要先进得多。第二，除了包装成本以外，库存可以放在运输途中，就是算好时间，货物就准时送到，货物在流通的过程中进行一些调控。

生产线的旁边设立“再配送中心”。货物到位后两个小时以内就用掉了，那么它在这两个小时里就起了一个缓冲的作用，就是传统所说的安全库存。如果没有再配送中心，货物在生产线上流动的时候就没有根据地，就会比较混乱，它能起到集中管理的作用。

每隔两小时“自动”补货到位。“自动”补货到位在时间上控制得非常严格，因为这是跟库存量有关系的，库存在流动的过程中加以掌控，动态的管理能够达到降低成本、提高效益的目的。所以再配送中心其实起一个蓄水池的作用，而且这个蓄水池里面的水一定是活水，就是这一头流进来那一头就流出去，一直在流。

中远是很专业的第三方物流公司，通过这样一种强强联合，建立一个战略合作伙伴的关系。这种模式在国内的制造型企业，尤其是做零库存的生产企业，是比较实用的。

随着科技的进步和生产力的发展，企业之间的竞争日益激烈。企业要想在竞争中立于不败之地，必须根据自身的特点，培育自己的核心竞争力。并且企业应该将主要的精力放在核心业务上，将非核心的物流业务外包出去，交给专业化的第三方物流企业。第三方物流的占有率与物流业的水平之间有着非常紧密的相关性，西方国家的物流业分析证明，独立的第三方物流至少占社会的 50%时，物流产业才能形成。因此，第三方物流的发展程度反映和体现着一个国家物流业发展的整体水平。

资料来源：http://www.boraid.com

本章主要介绍企业的核心竞争力与第三方物流以及企业如何选择和管理第三方物流供应商，并通过案例分析使大家能够更好地了解物流外包和第三方物流企业的相关知识。

4.1　核心竞争力与第三方物流

4.1.1　核心竞争力

1. 核心竞争力的含义

当今世界，开放和竞争已经成为经济发展的主流，特别是全球经济的一体化和 Internet 技术的广泛应用，企业之间的竞争将日益加剧。企业要在激烈的市场竞争中立于不败之地并不断发展，唯有确立自己的竞争优势才行。传统上，企业往往习惯于通过提高现有产品的价格与性能比的方式来确立自己的竞争优势，或者是通过产品的低成本，或者是通过产品的高质量(性能)来赢得竞争优势。当众多企业都热衷于这一标准方式时，这种方式作为企业获取差异化竞争优势之源的重要性便会大打折扣，而且因为技术的快速传播与模仿复制，其实现的难度也会越来越大。同时，由这种方式建立起来的差异化竞争优势很难维持太久，充其量为短期差异化竞争优势。从长期来看，一个企业的差异化竞争优势，应立足于企业在追求顾客价值实现的过程中，向顾客提供优于竞争对手并且不易被竞争对手所模仿的、为顾客所看重的消费者剩余价值的能力。企业的这种独特能力，由于意在追求顾客的满意度与忠诚度，体现了顾客价值导向，同时，又难以被竞争对手所模仿，因而，可以为企业提供持续的差异化竞争优势。C.K.普拉哈拉德(C.K.Prahalad)和加里・哈默(GaryHamel)在《企业的核心竞争力》一文中，将企业的这种能力称为企业的核心竞争力，并对其做如下定义：核心竞争力是企业组织中的集合性知识(Collective Learning)，特别是关于如何协调多样化生产经营技术和有机结合多种技术流的知识。随着产品生命周期的日益缩短和企业经营的日益国际化，一个企业的差异化竞争优势来源于企业管理层如何比竞争对手既快速又低成本地将遍布于企业内的各种技术和生产技巧有机结合起来形成核心竞争力的能力。

1) 核心竞争力

核心竞争力(Core Competence)是指某一组织内部一系列互补的技能和知识的结合，它具有使一项或多项业务达到竞争领域一流水平、具有明显优势的能力。简单地说，就是企业在经营过程中形成的不易被竞争对手效仿的能带来超额利润的独特的能力。它是企业在生产经营、新产品研发、售后服务等一系列营销过程和各种决策中形成的，具有自己独特优势的技术、文化或机制所决定的巨大的资本能量和经营实力。核心竞争力是企业获得长期稳定的竞争优势的基础。核心竞争力主要包括核心技术能力、组织协调能力、对外影响能力和应变能力，其本质内涵是让消费者得到真正好于、高于竞争对手的不可替代的价值、产品、服务和文化。其中创新是核心竞争力的灵魂，主导产品(服务)是核心竞争力的精髓。

2) 核心竞争力具备的条件

企业拥有的竞争优势可能有很多，但这些竞争优势并不能都算是核心竞争力。一项竞争优势要成为核心竞争力，必须具备以下几个条件：第一，要具备充分的用户价值。它必须能够为用户提供根本性的好处或效用。例如，本田公司在发动机方面的专长是其核心竞争力，因为对客户来说这是最有意义的专长，而处理与经销商关系的专长对客户来说是无关紧要的。第二，应具备独特性。如果企业专长很容易被竞争对手所模仿，或通过努力可以很快建立，它就很难给企业提供持久的竞争优势了。专长的独特性和持久性在很大程度上由它赖以存在的基础所决定。那些内化于企业整个组织体系、建立在系统学习经验基础上的专长，比建立在个别专利或某个出色的管理者或技术骨干基础之上的专长，具有更好的独特性。第三，应具备一定的延展性。也就是说，它应该能为企业打开多种产品市场提供支持，对企业一系列产品或服务的竞争力都有促进作用。

3) 战略意义

拥有强大的核心竞争力，意味着企业在参与依赖核心竞争力的最佳产品市场上拥有了选择权。如，公司的核心技术在几个领域都比较容易地获得一席之地，而不是将其优势领域限定在一个很小范围。而如果公司没有取得核心竞争力方面的领先地位，被拒之门外的就不仅仅是一种产品市场，而是会失去一系列市场和商机。

具体来讲，强大的核心竞争力对一个寻求长远发展的企业来说，具有不同寻常的战略意义。首先，它超越了具体的产品和服务，以及企业内部所有的业务单元，将企业之间的竞争直接升华为企业整体实力之间的对抗，所以核心竞争力的“寿命”比任何产品和服务都长，关注核心竞争力比局限于具体产品和业务单元的发展战略，能更准确地反映企业长远发展的客观需要，使企业避免目光短浅所导致的战略性误区。其次，核心竞争力可以增强企业在相关产品市场上的竞争地位，其意义远远超过单一产品市场上的胜败，对企业的发展具有更为深远的意义。如，摩托罗拉公司建立在其无线电通信技术专长基础之上的核心竞争力，不仅使其在核心业务交换机等通信产品市场上享有持久的优势地位，在BP机、双向移动无线装置和手机等产品领域也遥遥领先。再次，企业核心竞争力的建设，更多的是依靠经验和知识的积累，而不是某项重大发明导致的重大跃进。因此，很难“压缩”或“突击”，即使产品周期越来越短，核心竞争力的建设仍需要数年甚至更长的时间。这一方面使竞争对手很难模仿，因而具有较强的持久性和进入壁垒。在建设核心竞争力的竞争中领先的企业，往往很难被赶超。很难想象有谁能从零开始，迅速赶上摩托罗拉公司在无线通信技术面的竞争优势。

2. 构成企业核心竞争力的因素

由于核心竞争力是难以触知的、暗含的企业竞争力因素的复杂集合，因此，要真正做到理性的开发核心竞争力，就必须注意到竞争力因素的复杂构造关系。

西方学者鲍·埃里克森和杰斯帕·米克尔森的最新研究，从较为全面的企业范围和更广泛角度来考察核心能力的组合原因。他们认为，核心竞争力是企业组织资本和社会资本的集合。组织资本是指组织对所承担任务的协调能力的资产，而社会资本是指作为资源提供给行为人用来获取收益的那部分社会结构的价值，它通过行为人之间相互关系的变化而产生。像其他资本一样，社会资本具有生产性。组织资本反映了协调和组织生产的技术方面，社会资本则显示出社会环境的重要性。前者可以在组织结构中得以体现，后者可以反映出企业文化，并被看做是特定组织结构水平上的产物，二者互为补充，暗含了企业应在特定情形下寻求提高组织活动的效率。

在我国，有的学者认为，企业核心竞争力的形成依赖于企业所拥有的诸多能力，可以包括市场层面能力、基础设施能力和多种技术能力等。有的则认为企业核心能力一般可以概括为企业技术能力和制度能力两大方面。还有的认为，企业核心能力的构成是核心技术、组织管理知识和市场知识三大要素。

也有人运用“价值链分析法”来分析核心竞争力的形成。“价值链分析法”是由美国哈佛学院著名战略学家迈克尔·波特提出的。他把企业内外价值增加的活动分为基本活动和辅助活动，基本活动涉及企业生产、营销、来料储运、成品储运、售后服务。不同的企业参与的价值活动中，并不是每个环节都创造价值，实际上只有某些特定的价值活动才真正创造价值，这些真正创造价值的经营活动，就是价值链上的“战略环节”。企业要保持的竞争优势，实际上就是企业在价值链某些特定的战略环节上的优势。运用价值链的分析方法来确定核心竞争力，就是要求企业密切关注组织的资源状态，要求企业特别关注和培养在价值链的关键环节上获得重要的核心能力，以形成和巩固企业在行业内的竞争优势。

核心竞争力来源于以下几个方面。

(1) 企业的人力资本。在知识与资本日益对等甚至是知识雇用资本的时代，人力资本对企业竞争力的作用已毋庸置疑。问题是对于企业的所有者来说，进行怎样的机制设计将人力资本与企业有机地结合在一起，使特殊人才竭力为企业奉献才能。

(2) 核心技术。核心技术包括虽然公开但受法律保护的专利技术以及一系列技术秘密。拥有自己的核心技术是企业获得核心竞争力的必要条件，但不是充分条件。关键是拥有持久保持和获得核心技术的能力。

(3) 企业声誉。声誉是拥有私人信息的交易方对没有私人信息的交易方的一种承诺。在产品市场上，声誉是卖者对买者做出的不卖假冒伪劣产品的承诺；在资本市场上，声誉是企业家、经营者对投资者(股东、债权人)做出的不滥用资金的承诺。这种承诺通常不具有法律上的可执行性，但如果卖者、企业家不履行这种承诺，就要失去买者的光顾和投资者的青睐。从这个意义上说，我们不应该把声誉理解成一个道德问题，而应该把它理解为一种制度。对于生产复杂产品以至于买者或投资者一时无法判定质量如汽车、房地产以及买者靠承诺购买未来产品或服务的服务业和资本市场，声誉是企业获得核心竞争力甚至生存的根本和生命线。

(4) 营销技术。营销技术即企业通过高效的产品、价格、促销和营销渠道整合向顾客提供满足其个性化需求的商品和劳务。营销技术既取决于企业人力资本和经验的积累，技术手段和营销信息系统的应用也起到基础性作用。在网络经济条件下，积极发展以电子商务为核心技术的网络营销技术和实现营销技术的标准化，有利于企业在更大的范围拓展销售空间。先进的营销技术是企业竞争力的重要方面，在消费者主权的时代，营销技术甚至是比制造技术更重要的竞争力因素。

(5) 营销网络。营销网点是企业推销产品和服务的前沿阵地，其主要功能是产品销售、市场调查、营销宣传、技术支持和市场开拓。营销网络是通过一定的管理技术将配送中心、营销网点、信息体系和信息系统等联系在一起，形成覆盖较大区域市场的营销网络。从企业竞争力的角度分析，企业一旦在消费者中形成了营销网络，将成为后来者进入该市场的壁垒，从而在相当长的时期内获得超额利润；而后来者只有花费大量的投入与先入企业进行广告和销售网的争夺战，才有可能在市场上获得一席之地。

(6) 管理能力。管理能力是企业竞争力的核心内容，包括企业获得信息能力、推理能力、决策能力和迅速执行决策的能力，也可以理解为狭义的“企业核心能力”。在一定意义上，企业的管理能力取决于企业是否拥有一支特殊组织才能和企业家才能的经理队伍。由于管理能力至少在高管理层次上并不局限于某种产品，因此，管理能力的提高有利于企业更有效率地利用其资产，扩大经营范围，提高在市场中的竞争力。

(7) 研究开发能力。原创性研究开发能力是企业竞争力的重要组成部分。研究开发能力可由企业研究人员的数量和素质、研发投入经费总额及研发经费占企业销售收入的比例等指标来表示。研究开发能力使企业获得持久制造技术或专利技术从而获得长期利润的源泉。

(8) 企业文化。企业文化实际上是企业经营理念及其具体体现的集合。从概念上看，企业文化非常简单，而通常的难度在于找到适合企业特色的文化理念和具体落实。良好的企业文化是企业整合更大范围资源、迅速提高市场份额的重要利器。

企业核心竞争力的大小，最终体现为获利能力、市场份额、企业形象及公众对企业产品和服务的认同等。不同企业由于在某个方面较为突出，在其他方面比较薄弱，但整体竞争力较强，表现出强烈的企业竞争力特色。这也正好可以理解为什么企业核心竞争力是其他企业所特有的和不易模仿的。

4.1.2 第三方物流

物流业的发展水平，反映了一个国家的综合国力和企业的市场竞争能力。世界各国都非常重视物流水平对本国经济发展、国民生活质量和军事实力的影响。代表现代物流发展趋势的第三方物流，成为目前世界各国和大型跨国公司所关注、探讨和实践的热点。

1. 第三方物流产生的原因

1) 第三方物流的产生是经济发展的必然趋势

(1) 世界经济一体化需要现代化物流的支持，需要专业化物流平台。据统计，从 1980

—2006 年我国进出口贸易总额从 381.4 亿美元增长到 17607 亿美元，增长了 46.2 倍，成为世界第四大贸易体。国际贸易往来不断增加，带来可观的物流量，刺激了现代物流企业的产生；外资在华企业数量的增加、规模的扩大和市场竞争的加剧，对物流的要求越来越高。中国传统的物流类企业，已经很难满足它们对物流的需求。

(2) 国内市场经济的发展需要社会化物流作保障。据统计，从 1980—2006 年，国内生产总值增长 46.35 倍。中国经济快速增长，带来了巨大的物流量。此外，随着人民生活水平的提高，消费需求呈现多样化、个性化特征；受市场需求的影响，企业生产出现批次多、批量小的局面。近年来，电子商务的发展，又给物流业带来了新课题。这些无疑都增加了物流运作的难度，提高物流服务水平、降低物流服务成本需要专业化、社会化、现代化的物流。

(3) 整体经济高速发展需要专业化、规模化的第三方物流。随着现代化科学技术的迅猛发展，市场瞬息万变，生产和流通都面临着前所未有的机遇和挑战。产品生命周期越来越短，企业利润越来越薄，据统计，美国产品制造的时间仅占产品从生产到送达消费者手中的时间的 5%，而在流通领域停留的时间却高达 95%。在商品流通中物流成本占商品流通费用的 50%左右。加快物流速度，减少产品流通时间，被广泛认为是第三利润源泉，专业分工协作，也是社会进步的表现。规模化、专业化的第三方物流，在提高整体经济效益中发挥着重要的作用。

2) 第三方物流的产生是企业为加强竞争力，将非核心业务外包的直接结果

市场竞争日益激烈，促使越来越多的企业将专业知识、注意力和资源集中到企业的核心业务上，加强自己的核心竞争力，而把辅助性功能外包给其他企业。20 世纪 80 年代以来，外包已成为商业领域中的一大趋势。发达国家的许多企业，已逐步将物流功能委托给外部的第三方物流公司，从而达到降低成本、提高效率的目的。有些公司虽然还保留着物流功能，但越来越多地开始由外部合同服务来补充。物流功能外包是第三方物流产生的直接动因。

世界上最大的化工公司—美国杜邦公司，几年前将它北美的物流业务全部交给了 APL 公司(东方海皇的一个分支机构，第三方物流公司)，APL 公司为杜邦 400 个运输点及上千个零售店和客户管理原料、成品的运输及销售，每年 APL 为杜邦处理的业务多达 25～30 笔。

2. 第三方物流的概念

第三方物流(Third-Party Logistics，3PL/TPL)是 20 世纪 80 年代中期由欧美学者提出的。在 1988 年美国物流管理委员会的一项顾客服务调查中，首次提到“第三方物流服务提供者”一词。目前对第三方物流的解释很多，尚没有一个统一的定义，代表性的观点有三种。

(1) 从物流服务的提供者角度界定：第三方物流是指物流的实际供给方(假定为第一方)和物流的实际需求方(假定为第二方)之外的第三方通过合约向第二方提供部分或全部的物流服务(强调物流服务的提供者是实物交易之外的第三方)，如图 4.1 所示。

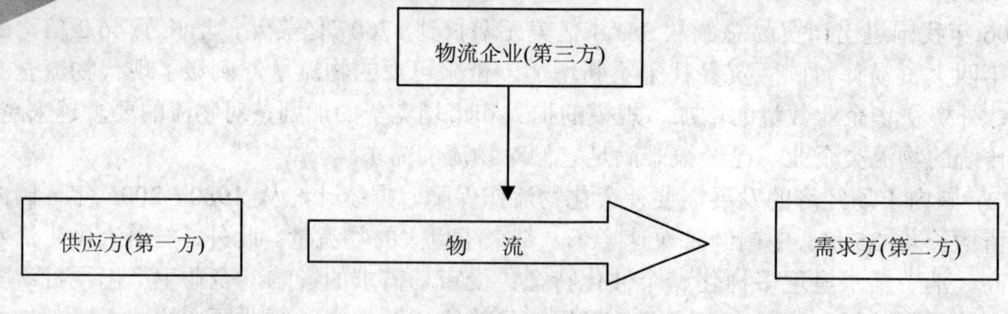

图 4.1　3PL 概念理解图

(2) 从物流服务的提供者与客户达成物流服务交易的形式界定：第三方物流又常称为合同物流、契约物流，是第三方物流提供者按合同在特定时间内向使用者提供个性化的系列服务(强调物流服务的提供者与客户是基于合同的长期合作)。

(3) 从物流服务的提供者所提供的物流服务功能范围界定：第三方物流是提供全部物流业务服务的一站式、一体化综合物流服务(强调物流服务的提供者提供的是全程物流服务)。

2001 年我国公布的国标《物流术语》(GB/T18354-2001)中，将第三方物流定义为“由供方与需方以外的物流企业提供物流服务的业务模式”。

3. 第三方物流的特征

从发达国家物流业的状况看，第三方物流在发展中已逐渐形成鲜明特征，突出表现在五个方面。

1) 关系契约化

首先，第三方物流是通过契约形式来规范物流经营者与物流消费者之间关系的。物流经营者根据契约规定的要求，提供多功能直至全方位一体化物流服务，并以契约来管理所有提供的物流服务活动及过程。其次，第三方物流发展联盟也是通过契约的形式来明确各物流联盟参加者之间权、责、利相互关系的。第三方服务的用户与经营者之间的战略联盟要求彼此公开更多信息，打破传统的业务束缚，从“业务关系”转变为“伙伴关系”。这种关系可达到双赢，是系统可靠性提高、服务改善以及更高效运作的保证。物流经营者根据合同的要求提供多功能直至全方位一体化的物流服务，并用合同规范所有服务活动及过程。2003 年 6 月，海信集团与中远物流签订了 10 年服务合同，中远物流每年为海信集团配送 300 万台家电，约占海信集团总产量的六成，此项业务每年可为中远物流带来近 2 亿元人民币的收入。

2) 服务个性化

首先，不同的物流消费者存在不同的物流服务要求，第三方物流需要根据不同物流消费者在企业形象、业务流程、产品特征、顾客需求特征及竞争需要等方面的不同要求，提供针对性强的个性化物流服务和增值服务。其次，从事第三方物流的物流经营者也因为市场竞争、物流资源、物流能力的影响需要形成核心业务，不断强化所提供物流服务的个性化和特色化，以增强物流市场竞争能力。

3) 功能专业化

第三方物流所提供的是专业的物流服务。从物流设计、物流操作过程、物流技术工具、物流设施到物流管理必须体现专门化和专业水平，这既是物流消费者的需要，也是第三方物流自身发展的基本要求。

4) 管理系统化

第三方物流应具有系统的物流功能，是第三方物流产生和发展的基本要求，第三方物流需要建立现代管理系统才能满足运行和发展的基本要求。

5) 信息网络化

信息技术是第三方物流发展的基础，具体表现为物流信息的商品化、物流信息收集的数据化和代码化、物流信息处理的电子化和自动化、物流信息传递的标准化和实时化及物流信息储存的数字化等。信息化能更好地协调生产与销售、运输、储存等各环节的联系。常用的技术有 EDI 技术、实现资金快速支付的 EFT 技术、条形码技术、电子商务技术及全球定位系统等。在物流服务过程中，信息技术的发展实现了信息实时共享，促进了物流管理的科学化，极大地提高了物流效率和物流效益。

4. 第三方物流的功能

(1) 提供基本的仓储和运输服务，如公共仓库和普通货运公司，以资产密集和标准化服务为标志。这些功能通过对货主企业物流的优化整合，降低物流成本费用，增加商品价值。

(2) 提供仓储和货运管理等增值服务，如为客户集货配送，提供货物拆拼箱，重新贴签、重新包装，包装、分类、并货，零部件配套，配件组装、测试和修理，产品组装等服务。并可为客户选择承运、协议价格，安排货运计划、优选货运路线和货运监测。这些功能通过对物流过程中的追加劳动投入，增加了商品的价值，创造了第三方物流企业和货主企业新的利润来源。

(3) 提供一体化物流和供应链管理服务，如为客户提供需求预测、物流规划设计、自动订单处理、客户关系管理、存货控制和返回物流支持等。这种创新型物流活动已经深入到货主企业供应链的内部，通过对客户的无形服务，巩固了货主企业和消费者的密切关系，扩大了商品的市场需求，创新了物流的服务价值。

5. 第三方物流的价值优势

第三方物流从在欧美产生到现在已有 20 多年的历史，其所以能够产生并给经济迅猛发展带来推动力，源于其产业自身的价值优势。

物流管理和运作形式是多种多样的，其本质都是以最低的成本提供客户满意的服务。服务水平是物流综合管理能力的一种集中表现；最低成本则体现为企业对各种可以利用的资源的整合能力，比较其他物流形式而言(如自营物流)，第三方物流的价值也就体现在此。

1) 第三方物流的成本价值

专业化带来的规模经济是第三方物流的基本特征。第三方物流公司通过客户资源整合和供应商整合低成本、高效率运作，有明显的规模经济效益。

(1) 规模经济发挥设施效能，提高设施利用率。第三方物流集中配送，动态管理；快速反应，用时间消灭空间；产品周转次数加快，设施利用率高，提高了资金周转速度，节约大量库房、场地、人员费用的支出。第三方物流公司物流信息网络积累了针对不同物流市场的专业知识，许多关键信息，如卡车运量、国际通关文件、空运报价等，由第三方物流公司收集和处理更为经济。

(2) 规模运输提高运输效率。第三方物流由于为众多的生产厂家和销售企业服务，客户多，运量大，可利用现代管理理念、技术、方法，对不同货物、运输工具、运输线路、运输方式等充分整合，如实行轻重配装，提高车皮标重利用率和容积利用率；铁路一个流向合装整车；汽车可以安排回头货。通过上述一系列措施，加快了产品流通速度，节约了运杂费用。

(3) 规模加工节约原材料。生产企业对某些材料自行加工时，材料利用率仅达到 60%左右，给企业造成极大的浪费，第三方物流配送中心可以按不同客户的不同需求，统一加工、套裁，提高材料利用率，降低了边角余料浪费。

(4) 规模采购获得优惠价格。客户自办物流时分别采购，由于批量小，价格优惠有限，第三方物流采购可以集零为整，批量大，价格上享受的优惠相对较多，以较低的价格为客户采购商品，增加客户市场竞争力，不仅使消费者满意，也使企业获得可观得利润。此外，由于第三方物流与供应商建立了稳定的供应关系，能够保证产品质量，杜绝假冒伪劣产品的产生。

总之，专业的第三方物流提供者利用规模生产的专业优势，通过提高各环节资源的利用率实现费用节省；借助精心策划的物流计划和适时运送手段，最大限度地减少库存，改善了企业的现金流量，实现了成本优势。

2) 第三方物流的服务价值

在市场竞争日益激烈的今天，高水平的顾客服务对现代企业来说是至关重要的，物流服务水平实际上已成为企业实力的一种体现。它是企业优于其同行的一种竞争优势。第三方物流企业拥有专门的物流管理人才、先进的物流设施、设备，具备高度系统化、集成化和信息化的管理体系，通过自建或整合社会资源，建立企业间、跨行业、跨区域的物流系统网络，为企业的业务拓展提供了空间，提高了企业市场占有率，促进了企业的销售，提高了企业的利润率。

(1) 第三方物流企业利用信息网络和结点网络，将原材料生产企业、产品生产企、批发零售企业等生产流通全过程上下游相关企业的物流活动有机结合起来，形成企业间物流系统网络，加快订单处理速度，缩短从订货到交货的时间，进行门对门运输，实现货物的快速交付。同时，通过其先进的信息和通信技术，加强对在途货物的监控，及时发现、处理配送过程中的意外事件，保证货物及时、安全送达目的地，帮助企业提高自身顾客服务水平。

(2) 提供专业化服务、个性化服务。第三方物流企业面向社会众多企业，不同的企业在产品特性、市场策略、采购策略、生产计划及客户服务水平等方面各不相同，从服务内容到服务方式，从实物流动到信息传递，各具特色，物流体系呈现很强的个性化特征。第三方物流企业在系统策划的基础上为客户提供量身定做的个性化服务方案，使客户满意。

持续改进对第三方物流企业而言就是要对物流活动进行创新整合，创造新的物流服务理念，创造新的物流功能。第三方物流创新包括新的思想观念、技术、产品、市场和组织形式。

竞争和技术进步是第三方物流创新的动力，因为第三方物流企业和货主企业之间存在着契约关系，具有利益一致性，扩大规模、降低成本是双方的共同目标，为争取足够的物流规模，保持竞争优势，第三方物流企业有着不断创造需求的内在冲动。第三方物流企业会不断地引进新的技术手段、设备，并不断改进自己的管理和运作模式，以提高服务水平并降低成本，这种持续改进能力使客户可以在不投入过多精力和资源的基础上保持物流运作的先进性，提升客户的竞争力。

3) 第三方物流的社会价值

物流专业化分工产生社会效益。在第三方物流应用广泛的发达国家，物流成本占 GDP 总额的 10%左右，而我国 2006 年社会物流总成本占 GDP 的比例为 18.4%。发展第三方物流，可以大大提高运输效率、减少车流量，从而减少运输能源消耗、减轻环境污染、促进社会持续发展。例如，在物流发达的德国，通过第三方物流，运输效率提高 80%，车流量减少 60%。此外，第三方物流高效率、低成本的物流服务，能为消费者提供更多的便利，提高消费者的消费质量和水平。

4.1.3　物流外包

1. 物流外包的含义

现代企业管理尤其是供应链管理特别重视企业的核心竞争力，企业根据自身的特点，将企业经营的重点放在某一特殊的领域或者是某种专项业务上，在特定行业的市场中占领某个细分市场，在某点形成企业自身的竞争优势。为了取得这样的竞争优势，企业通常会选择将其主要的资源和人力投入在其主营业务上，而将其他非核心的业务外包给其他企业，这也就是经常提到的企业业务外包。我国国家标准“物流术语”中将业务外包(Outsourcing)定义为：企业为了获得比单纯利用内部资源更多的竞争优势，将其非核心业务交由合作企业完成。据调查数据显示，中国最具科技创新精神的商业企业中有 26%的企业选择了业务外包。其中，前 10 名企业中，一半企业选择了业务外包。而《Information Week》的“美国商业科技 500 强”企业中，进行业务外包的企业的比例高达 45%。正如管理大师彼得·德鲁克(Peter F.Drucker)所指出的，“企业的最终目的不外乎是最优化地利用已有的生产、管理与财务资源”，越来越多的中国企业正通过外包非核心业务等形式，重新组合、优化企业的商业模式。

物流外包(Logistics Outsourcing)，是指生产或销售企业为集中精力增强核心竞争力，而以合同的方式将其物流业务部分或完全委托于专业的物流公司(第三方物流，3PL)运作。物流外包是一种长期的、战略的、相互渗透的、互惠互利的业务委托和合约执行的方式。

2. 企业物流业务外包的动因

企业物流业务外包的前提条件是一样的，那就是物流不是企业的核心业务，企业要把时间和精力放在自己的核心业务上，以提高供应链管理和企业运作的效率，但每个企业物流业务外包的具体原因会不同，如图 4.2 所示。

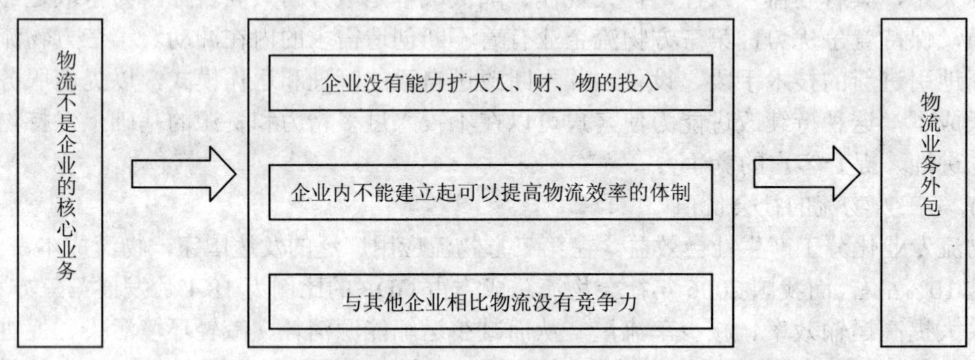

图 4.2　物流外包动因

1) 企业没有能力扩大人、财、物在物流方面的投入

它包括：企业人力资源的限制，如缺乏有关物流方面的人才；企业自身资金的限制；企业自身物流设施和信息系统的限制。当企业的核心业务迅猛发展时，由于资源的限制，企业的物流网络相对滞后。

2) 企业内不能建立起可以提高物流效率的体制

随着经济的发展，生产和服务的模式发生了很大变化：从大规模、标准化生产到个性化、柔性化小规模生产，物流的复杂性突现；从产品导向到客户服务导向，门到门服务，物流网络覆盖面越来越大，越来越细致。企业要完成从原材料采购到产品送达顾客的整个物流过程，难度越来越大，而且也不经济。例如，Amazon 公司虽然目前已经拥有比较完善的物流设施，但对于“门到门”的配送业务，始终都坚持外包，因为这种“一公里配送”是一项极其烦琐、覆盖面极广的活动，不是其优势所在，它的这种外包既降低了物流成本，又增强了企业的核心竞争力。

3) 企业自营物流与其他企业相比没有竞争力

现在企业之间的竞争主要是时间和速度上的竞争，企业物流系统在竞争中如呈现劣势，物流外包是明智的选择。第三方物流业作为专门从事物流工作的行家里手，具有很丰富的专业知识和经验，有利于提高货主企业的物流水平。

企业外包物流首先是为了降低物流成本，其次是为了强化核心业务，最后是为了改善和提高物流服务水平与质量。企业利用外部资源发展自己的核心竞争力是市场经济发展的必然趋势，物流外包和物流社会化是市场经济发展的必然结果。

3. 物流业务外包对企业的作用

1) 优化企业内部资源配置，强化企业核心能力，提高企业整体效益

从稀缺经济学的角度看，无论企业规模有多大，它的资源总是有限的。不属于核心能力的功能(物流在多数企业是非核心业务)被弱化或者外包，可使企业将主要资源投入到其核心业务上，集中企业的人力、物力、财力，进行重点技术、新产品研究开发，保持企业竞争优势，达到资源利用的最佳化，取得整体最优的效果。像人们熟知的耐克、IBM、惠普、康柏等都是通过多种业务(不局限于物流)外包而成长起来的国际著名品牌。

与企业自营物流相比，许多第三方物流服务供应商在国内外都拥有良好的运输和服务网络，在组织企业的物流活动方面更有经验、更专业化。企业将物流业务外包，不仅可减少企业资金投放和积压，还可降低企业物流运作成本，提高企业效率。

2) 充分利用企业外部资源，提升企业形象，分散企业经营风险

企业通过物流业务外包，利用第三方物流企业全球性的物流网络、完备的设施和训练有素的员工，可提高企业的柔性，快速响应需求，改进服务，树立品牌形象，增强企业信誉；同时，避免了物流设施、设备投资风险、存货积压风险以及由政府、经济、市场、财务等因素产生的各种风险。

4. 企业物流业务外包的风险

企业物流业务外包会给企业带来积极作用，但其可能产生的负面效应和风险也不能忽视。

1) 物流控制风险

第三方物流介入企业的采购、生产、分销、售后服务的各个环节，成为企业的物流管理者，企业对物流的控制力大大降低，在双方信息沟通、业务协调出现问题的情况下，可能出现物流失控的现象，即第三方物流企业不能完全理解并按企业的要求去做，从而降低了客户服务指标。

2) 客户关系管理风险

企业物流业务外包后，第三方物流企业拥有全面的客户信息，甚至是潜在的客户信息，它们直接与客户接触，完成产品的递送、售后服务，倾听客户意见等，这会弱化企业与客户稳定密切的关系；同时，有关客户信息的安全性也存在一定风险。

3) 连带经营风险

企业物流业务外包一般基于长期合同，一旦物流服务提供商经营上出现问题，直接影响企业的生产经营，而与之解除合同关系对企业而言也要付出很大的代价。

5. 企业物流业务外包的障碍

1) 传统经营模式遗留问题

我国国有大中型生产与流通企业有较大的物流能力，物流外包就意味着裁员和资产出售。

2) 保守、封闭式经营观念

部分企业管理者本着“肥水不流外人田”的狭隘经营观念，对长期、稳定、互利的合作经营方式持怀疑态度。

3) 对第三方物流缺乏认识和了解

对现在的第三方物流企业能否降低成本，能否提供优质服务缺乏信心。

6. 企业物流自营还是外包的权衡比较

物流外包首先要考虑的三个问题是：物流外包是否符合企业的发展战略；物流外包是否影响企业的核心竞争力；物流外包是否能够提高物流经济效益。企业自营物流还是外包物流主要取决于两个因素：一是关键物流活动对企业成功的影响；二是企业管理物流运作的能力。

1) 物流在企业总体战略经营中的地位及自营能力水平

企业物流外包所推崇的理念是：如果我们在产业价值链的某一环节上不是世界上最好的，如果这又不是我们的核心竞争优势，如果这种活动不至于把我们同客户分开，那我们应当把它外包给世界上最好的专业企业去做。

2) 第三方物流能否达到企业要求的服务质量与反应速度

一方面是企业(外包方)要求的质量与反应速度，另一方面是外包方的顾客所需要的服务质量与反应速度。

3) 物流外包成本与自营成本的全面、科学比较

因为选择外包主要是为了节约成本，所以外包的时候要注意成本是不是划得来，是不是足够低。

企业物流选择外包还是自营，与其整体战略规划有关，但根本点还是要看外包是否能以更低的成本获得比自制更高价值的资源。那些对客户服务水平要求高，在企业运营总成本中物流成本占大头，以及自身物流管理能力比较强的企业往往倾向于自营物流。换句话说，如果企业确实要把开发供应链管理的功能作为自己的核心竞争力，它就不应当外包物流服务，如沃尔玛公司。

那些物流活动并非其核心业务和自身不具备高水平物流管理能力的企业往往倾向于外包物流。也就是说，如果企业在仓储和运输方面经验不足，而且仓储和运输活动本身对企

业总体的市场竞争地位并不是关键变量的情况下，企业就会外包物流服务，如，Dell 公司。

企业根据自身情况，可以选择以下四种渐进的物流开发战略：

第一，偶然外包一些物流职能；第二，在某一时候外包某一物流职能；第三，外包两项或三项物流功能，然后跨越到把整个供应链管理外包出去以获取系统收益；第四，基于评估外包的整体节约和收益，启动完全的供应链外包。

7. 企业实施物流外包的注意事项

为了防止物流外包流于形式或失败，物流业务外包企业需要注意以下几点。

1) 物流服务供应商精益化

许多领先的公司在物流方面要么选择一个供应者，要么是很有限的供应者，这样，可简化流程的管理，有利于规模经济的实现。

2) 协助第三方物流服务供应商认识企业，在互信的基础上，协同完成项目的实施

视第三方物流服务供应商的人员为内部人员，与第三方物流服务供应商分享公司的业务计划，让它了解公司的目标及任务。为了保证物流服务的质量，双方要各自设立项目经理，并在相关功能上配备相应人员以及时处理日常运作中的问题，共同商定绩效监测与评估制度，使合作关系透明化，通常应保持作业层每天的交流、管理层每月的绩效评估以及不定期的检查与年度评估。

3) 确定具体的、详细的、具有可操作性的工作范围

工作范围即物流服务要求明细，它对服务的环节、作业方式、作业时间及服务费用等细节做出明确的规定，工作范围的确定是物流外包最重要的一个环节，它是决定物流外包成败的关键要素之一。服务要求模糊是许多物流外包合作关系不能正常维持的主要原因。例如，供应商在没有充分了解货物流量、货物类别、运输频率的情况下，就提交了外包投标书，如果物流外包的供需双方在事前未将服务需求量化或量化不够明确，会使双方在理解条款上出现偏差——供应商觉得需求商要求过高，而需求商又会认为供应商未认真履行合约。

4) 建立冲突处理方案

与第三方物流服务供应商的合作关系并不总是一帆风顺的，其实若彼此的看法能确切地表达，公司将从中获益良多，所以为避免冲突的发生，事前就应该规划出当冲突发生时双方如何处理的方案，一旦有一方的需求不能得到满足时，即可加以引用并借此改进彼此的关系。

5) 随时发现问题，不断进行调整

市场就是战场，形势千变万化，所以物流业务外包后，仍要亲自视察和监督，因为唯有亲自看到，才知道问题所在，才能及时要求物流服务供应商加以纠正和调整。

6) 保持弹性

物流外包的项目应该是慢慢扩展的，要注意到第三方物流服务供应商所能提供服务的宽度，让其保持一定的弹性，以最灵活的方式为企业提供最佳的服务。

4.2 第三方物流企业

4.2.1 我国第三方物流企业的分类

作为专业化、社会化的第三方物流企业种类繁多，我们仅从以下几个角度进行划分。

1. 按我国第三方物流企业来源分类

随着中国物流热的掀起，各类不同背景、大大小小的企业纷纷转型或打起了物流的牌子进入物流市场，除少数翻牌企业外，其中以运输、仓储和货代企业在原有基础上整合的为主，也不乏外来物流公司和国内新产生的民营物流企业。

1) 传统仓储、运输、货代等企业基础上改造转型而来的第三方物流

目前，我国由传统仓储、运输、货代企业经过改造转型而来的物流企业在第三方物流中占主导地位，占据较大市场份额。起源于运输业的，如中远国际货运公司、中国对外贸易运输(集团)总公司(简称中外运)、中国海运总公司等纷纷宣布成立第三方物流公司；起源于仓储业的有上海商业物流公司、中海物流公司(成立于 1993 年 11 月)；起源于货运代理业的，如华润物流有限公司，是在华夏企业有限公司 50 多年贷运代理经营的基础上发展起来的。锦程国际物流集团股份有限公司的前身是大连锦联进出口货运代理公司，于 1990 年 6 月 26 日正式成立。它是中国最大的国际物流企业之一，主要为客户提供门到门的全程国际物流服务。

传统仓储、运输企业发展第三方物流的优势有如下几个方面。

一是客户资源。这些企业掌握大量的、稳定的客户源，随着客户需求的不断扩展，企业提供更加完整和个性化的服务，客户驱动企业向第三方物流发展。

二是网络资源。传统仓储、运输企业大都拥有相对比较健全的物流服务网络资源，这是网络化第三方物流服务的基础。

三是运作能力。现代物流服务内容丰富，但核心物流活动依然是信息、运输、仓储。这些能力往往是衡量物流企业运作和管理水平的最重要指标。由传统仓储、运输、货代企业改造转型而来的第三方物流在这些方面具有得天独厚的优势。

另外，地域文化和长期扎根于中华大地建立起来的公共关系等都是优势。

凭借原有的物流业务基础和在市场、经营网络、设施、企业规模等方面的优势，传统仓储、运输货代企业不断拓展和延伸其物流服务，逐步转化为现代物流企业。

2) 工商企业原有物流服务职能剥离而形成的第三方物流

传统工商企业对物流的控制方式是企业自建的物流系统，所有的物流资源属于企业拥有。随着加强核心竞争力的管理理念的普及，部分企业将原属第三产业的物流以外包形式剥离，由原企业的子公司逐步独立并社会化。如青岛啤酒集团以原有运输公司为基础，注册成立具有独立法人资格的物流有限公司。科健集团将原手机营销体系中的有关售后服务人员、业务和相关资产剥离并组建独立的物流服务公司。

这类物流企业利用原有的物流网络资源，依靠与客户“先天”的亲密合作关系，运用现代经营管理理念，逐步走向专业化、社会化。

3) 不同企业、部门间物流资源互补式联营

不同企业、部门间物流资源互补式联营有如下两种情况。

第一种情况：企业与第三方物流公司联营设立第三方物流公司。企业一般以原有物流资源入股，企业对该新第三方物流公司有一定的控股权，并在一定程度上参与经营。物流公司一般对合资建立的第三方物流公司行使经营的权力，全面负责建立、运行公司的物流系统。

第二种情况：能够资源互补的不同部门联手进军物流领域。2003 年 9 月铁道部和国家邮政局签署战略合作框架协议，双方约定打破部门分割，铁路将列车运输能力向邮政开放，邮政将仓储、分拣、配送能力向铁路开放。双方约定共同出资成立股份有限公司，以整合铁路的运输优势和邮政的网络优势，形成利益共同体，提高核心竞争力。

4) 新创办的第三方物流公司

近年来，随着我国经济的发展，我国出现大量新创立的现代物流企业。如深圳市奇速快运有限公司，是经国家有关部门批准，于 1997 年注册成立的专业速递公司，注册资金 800 万元人民币。

2. 按我国第三方物流企业的资本归属分类

我国第三方物流企业主要可分为中外合资物流企业、民营物流企业和国有物流企业。

1) 中外合资物流企业

随着中国的经济开放，国外物流公司首先以合资方式进入中国物流领域，逐渐向中国物流市场渗透。合资物流企业一方面为原有客户——跨国公司进入中国市场提供延伸服务，如丹麦有利物流公司，主要为马士基船运公司及其货主企业提供物流服务，深圳的日本近铁物流公司主要为日本在华的企业服务。另一方面用它们的经营理念、经营模式和优质服务吸引中国企业。它们具有丰富的行业知识和实际运营经验，与国际物流客户有良好关系，有先进的 IT 系统，还有来自总部的强有力财务支持。

2) 民营物流企业

我国民营物流企业多产生于 20 世纪 90 年代以后，是物流行业中最具朝气的第三方物流企业。它们业务地域、服务和客户相对集中，效率相对较高，机制灵活，发展迅速，如宝供物流、南方物流、天津大田物流、保运物流、上海炎黄在线物流及珠海九川物流等。但是，它们只拥有有限的固定资产，对市场扩张缺乏强有力的财务支持。

3) 国有物流企业

我国多数国有物流企业是借助于原有物流资源发展而来的。近年来，也产生一些新的国有第三方物流公司。如浙江杭钢物流有限公司是由杭钢集团公司、浙江杭钢国贸有限公司等八家单位联合出资成立的致力于发展现代物流服务的企业。它们拥有全国性的网络和

许多运输和仓储资产，与中央或地方政府有良好的关系。不足之处是冗余人员比例很高，效率低，注重内部的企业文化而不是以客户和绩效为导向。

3. 按第三方物流企业物流服务某项功能为主要特征分类

我国国家标准化管理委员会根据以物流服务某项功能为主要特征，同时向物流服务其他功能延伸的不同状况，划分不同类型的物流企业。

1) 运输型物流企业

运输型物流企业是指以从事货物运输服务为主，包含其他物流服务活动，具备一定规模的实体企业。企业的主要业务活动以为客户提供门到门运输、门到站运输、站到门运输、站到站运输等一体化运输服务，以实现货物运输为主；根据客户需求，运输型物流企业可以提供物流功能一体化服务。

2) 仓储型物流企业

仓储型物流企业是指以从事区域性仓储服务为主，包含其他物流服务活动，具备一定规模的实体企业。企业以为客户提供货物存储、保管、中转等仓储服务，以及为客户提供配送服务为主；企业也可以为客户提供其他仓储增值服务，如，商品经销、流通加工等。

3) 综合服务型物流企业

综合服务型物流企业是指从事多种物流服务活动，并可以根据客户的需求，提供物流一体化服务，具备一定规模的实体企业。其业务经营范围广泛，可以为客户提供运输、货运代理、仓储、配送等多种物流服务项目，并能够为客户提供一类或几类产品契约性一体化物流服务；为客户制定整合物流资源的解决方案，提供物流咨询服务。

4. 按第三方物流企业资源占有为标准分类

1) 以资产为基础的第三方物流(Asset-Based Third Party Logistics)

这类企业有自己的运输、仓储设施设备，包括车辆、仓库等，为各个行业的用户提供标准的运输和仓储服务，在现实中它们实际掌握物流作业的操作，如基于仓储服务的第三方物流企业(Warehouse-Based Third Party Logistics)、基于运输服务的第三方物流企业(Carrier-Based Third Party Logistics)。

2) 以非资产为基础的第三方物流(Non-Asset-Based Third Party Logistics)

这类企业是一种物流管理公司，不拥有自己的运输、仓储设施设备，或通过租赁方式取得这类资产，只利用企业员工对物流的专业知识和管理系统，专业管理顾客的各种物流功能，为客户提供第三方物流服务。这样的物流企业在国外很多，但在我国很少。

4.2.2 我国第三方物流企业的发展战略

1. 我国第三方物流企业的 SWOT 分析

到目前为止，国内市场比较成功的第三方物流企业并不多，多数企业仍处于起步阶段。

随着我国加入 WTO 承诺的逐步兑现，物流业将面临着全面开放的宏观环境，国内的第三方物流企业如何应对国际市场激烈的竞争，已成为非常紧迫的问题。面对竞争，我国物流企业应当清楚地认识自身的优势(Strength)、劣势(Weakness)、机会(Opportunity)、威胁(Threat)，即 SWOT 分析，从而选择出适于自身发展的战略。

1) 优势

近几年在我国第三方物流市场，已出现中远集团、中外运集团、中海物流等一批既有规模又有效益且能够有效提供第三方物流服务的企业集团。它们熟知国内的物流市场特点，建有遍布全国的网络系统、较低的运营成本以及与政府和相关企业的良好关系，具有一些国外企业不能比拟的优势。当然，这些优势只是在一段时间内能够发挥作用，我国的第三方物流企业如果想在国际物流市场中取得一席之地，还需要不断地提高管理、服务和信息化水平，大力培养专业人才。

2) 劣势

(1) 服务项目单一。目前，我国大多数第三方物流企业只能提供单项或分段的物流服务，物流功能主要停留在储存、运输和城市配送上，相关的包装、加工和配货等增值服务不多，不能形成完整的物流供应链。

(2) 信息技术水平落后。信息技术落后主要表现为：缺乏现代化的物流设施、设备，机械化程度不高，GPS 全球定位系统、电子数据交换、自动化仓储系统(自动化库存定位及货品分拣等)、计算机辅助运输线路设计和车辆配载等现代科技手段没有得到充分的应用。信息技术水平落后导致所提供的物流服务在及时性、准确性、可靠性和多样性等方面都很难满足客户的需求，使得企业和客户不能充分共享信息资源，没有结成相互依赖的伙伴关系，严重制约了第三方物流企业的发展。

(3) 缺乏现代物流知识和专业物流管理人才。尽管国内已有一些专家在对第三方物流进行研究，一些大专院校也开设了某些与物流相关的课程，但物流知识，尤其是现代综合物流知识远未得到普及，许多人只是知道物流能提供运输和仓储服务，而不知道它是对这些传统业务进行新的整合。此外，一些物流企业对人才没有足够的重视，缺乏专业性的物流管理人才，没有对企业员工进行相关的业务知识、业务技能培训，使企业不能得到有效的管理。

3) 机会

(1) 巨大的潜在市场需求。从市场需求看，我国目前是全球最富有经济活力的国家之一，是全球最大的消费市场，许多跨国企业正在将更多的业务转向中国，并通过外包物流来降低供应链成本，如在北京、上海、天津、广州、深圳、沈阳、武汉等中心城市，IBM、联想、三星等众多跨国企业已经进入了我国第三方物流服务市场。此外，由于 2008 年奥运会将在北京举行，预计其物流市场的需求将超过 400 亿元人民币。这无疑会给我国物流业带来巨大的机遇和丰厚的利润。

(2) 政府的重视。2001 年 3 月，国家经贸委、铁道部等七个部门联合印发了《关于加快我国现代物流发展的若干意见》；在国家计委、国家经贸委最新发布的《当前国家重点鼓励发展的产业、产品和技术目录》中，也已把发展物流配送中心列为重点鼓励发展的内容；全国物流标准化委员会 2003 年 9 月在北京正式成立后，开始全面推进物流标准化工作；科技部已把“电子商务与现代物流示范工程”列为“十五”科技重点之一。截至目前，全国已有 20 多个省市的 30 多个中心城市，正在制定或已出台了各省市的物流发展规划，各级政府的重视为我国第三方物流企业的发展创造了良好的宏观环境。

(3) “入世”后的机遇。“入世”后，国内市场的逐步开放，我国企业在降低成本和提升核心竞争力的压力下，将加大对物流外包的需求；国外物流公司的涌入，也将激发本土企业借鉴和学习先进的经营理念，寻求新的发展空间。

4) 威胁

(1) 来自国外物流企业的挑战。入世后，国外物流企业纷纷看好我国物流市场，不仅已有部分世界知名的第三方物流企业先期进入了我国市场，更多的国外第三方物流企业也将陆续进军我国物流市场。我国的物流企业面临着国外物流企业的巨大挑战。

(2) 第四方物流企业初现端倪。当人们在对第三方物流的理解上还懵懵懂懂的时候，第四方物流已经迫不及待地跃出水面，成为物流产业又一关注的焦点。第四方物流的出现势必在经营理念上带给第三方物流企业一定的冲击，是保持企业现有的管理模式不变，还是寻求新的体制创新，或者是在两者间寻求协调发展，将是企业管理者们亟待思考的问题。

2. 我国第三方物流企业的发展战略

通过对我国第三方物流企业的 SWOT 分析，企业应该在成本控制、业务拓展、理性竞争等方面进行战略选择和策略调整。

1) 成本领先战略

成本领先战略是指当企业和竞争对手提供相同的产品和服务时，只有设法使产品和服务的成本长期低于竞争对手，才能在市场竞争中最终取胜。对于第三方物流企业而言，必须通过建立一个高效的物流操作平台来分摊管理和信息系统的成本。在一个高效的物流操作平台上，当加入一个相同需求的客户时，其对固定成本的影响几乎可以忽略不计，自然具有成本竞争优势。一般来讲，物流操作平台由以下几部分构成：相当规模的客户群体形成的稳定的业务量、稳定实用的物流信息系统、广泛覆盖业务区域的网络。

2) 集中化战略

依据自身的优势及所处的外部环境，确定一个或几个重点领域，集中企业资源，打开业务突破口。集中化战略不仅仅指企业业务拓展方向的集中，更需要企业在人力资源的招募和培训、组织架构的建立、相关运作资本的取得等方面都要集中。充分把握市场机会，有效利用企业的现有资源。

3) 企业联盟战略

企业联盟一方面是指我国第三方物流企业间的联盟；另一方面是指物流企业与货主企

业间建立的战略伙伴关系。有专家认为“小”、“少”、“弱”、“散”是我国大多数传统物流企业的通病。因此，通过建立物流联盟、搭建信息共享平台、整合各企业的核心能力、扬长避短、优势互补是我国第三方物流企业求得多赢的理想之路。

4.2.3　物流组织结构

1. 物流组织结构概述

组织结构是描述组织的框架体系，一个组织通过对任务和职权进行分解、组合就形成了一定的组织结构。组织结构设计方面的理论称为组织设计理论。组织结构的设计过程也就是一个组织的组织化过程。组织化的目的是协调组织内部各种不同的活动，使组织整体达到最优化。人们形象地把组织比喻为一个有机物，组织结构类似于有机物的解剖结构，组织所在的市场环境类似于有机物赖以生存的大自然环境。一个组织只有不断适应市场环境的变化，才能得以生存。显然，这里的“组织”是指具有独立法人地位的企业、厂商或公司。

物流组织从属于整个组织或公司，是组织中的一部分。对物流的任务和职权进行分解、组合，就形成了一定的组织结构，称为物流组织结构。由于受公司背景、行业特征、信息化水平、企业规模等各种因素的影响，各公司的物流组织结构千变万化，不尽一致，物流活动的规模和水平也相差很大。这里，我们只探讨一些典型的物流组织结构，各公司从中可以找到一些与自身实际相类似的影子。

2. 典型的物流组织结构

1) 顾问式结构

顾问式结构是一种过渡型、物流整体功能最弱的物流组织结构。在顾问式结构下，物流部门在企业中只是作为一种顾问的角色，它只负责整体物流的规划、分析、协调和物流工程，并产生决策性的建议，对各部门的物流活动起指导作用，但物流活动的具体运作管理仍由各自所属的原部门负责，物流部门无权管理。顾问式结构如图 4.3 所示。

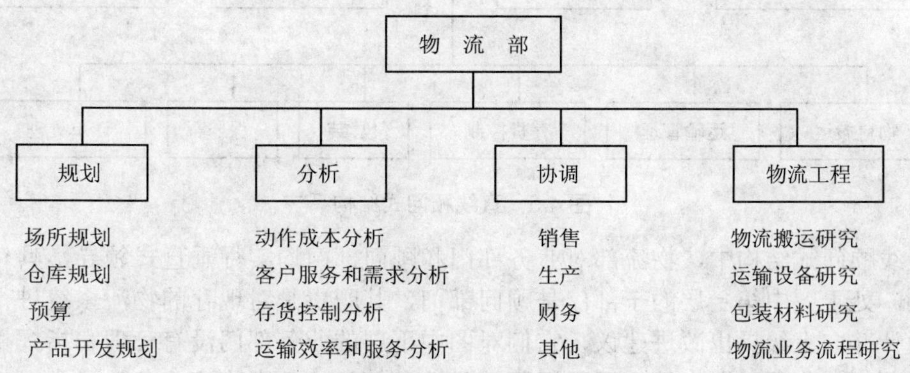

图 4.3　顾问式结构

顾问式结构带来的问题是：物流部门对具体的物流活动没有管理权和指挥权，物流活动仍分散在各个部门，所以仍会出现物流效率低下、资源浪费以及职权不明等弊病。

2) 直线式结构

直线式结构是物流部门对所有物流活动具有管理权和指挥权的物流组织结构，是一种较为简单的组织结构形式。其结构如图 4.4 所示。

在直线式物流组织结构下，物流总经理一方面管理下属各部门日常业务的运作，同时又兼顾物流系统的分析、设计和规划，这对物流经理的业务水平提出了较高的要求。直线式组织结构的优点是：物流经理全权负责所有的物流活动，先前出现的互相牵制现象不再出现，物流活动效率较高，职权明晰。缺点是：物流总经理的决策风险较大。

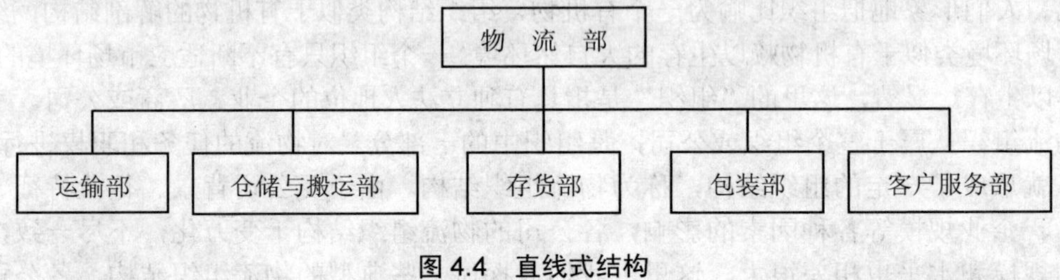

图 4.4 直线式结构

3) 直线顾问式结构

单纯的直线式或顾问式物流组织结构都存在一定的缺陷，逻辑上的解决办法是将这两种组织结构形式合二为一，变成直线顾问式的物流组织结构。直线顾问式结构如图 4.5 所示。

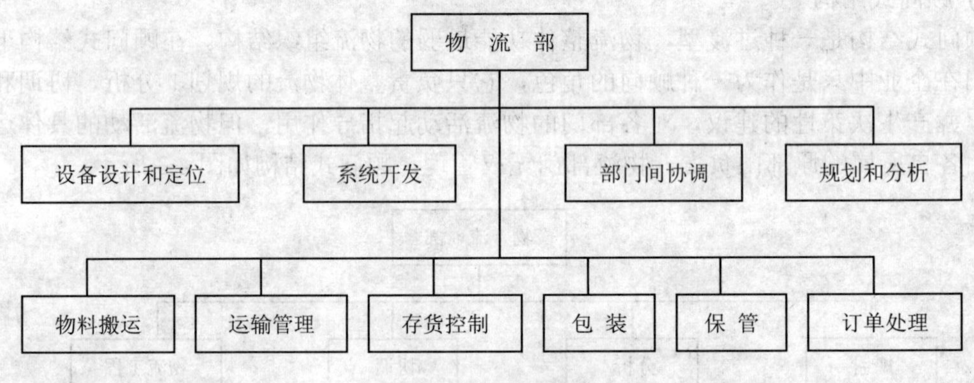

图 4.5 直线顾问式结构

在直线顾问式结构中，物流部对业务部门和顾问部门均实行垂直式领导，具有指挥和命令权利。处于图中第一层的子部门是顾问部门，其职责是对现存的物流系统进行分析、规划和设计并向上级提出改进建议，它们对图中下层的业务部门没有管理和指挥权，只起到指导和监督的作用。图中第二层的子部门是业务部门，负责物流业务的日常运作并受物流(总)部的领导。

这种组织结构方式消除了物流在企业中的从属地位，恢复了物流部门功能上的独立性。当然，这并不意味着物流部可以与企业其他部门隔绝而独自运作。物流部门中诸如规划、协调等顾问性功能仍有必要与其他部门紧密配合，才能使企业作为一个整体得到改进，而不仅仅是企业的物流功能得到改进。

4) 矩阵式结构

矩阵式物流组织结构，由美国学者丹尼尔•W・蒂海斯和罗伯特•L・泰勒于 1972 年提出，它的设计原理是将物流作为思考问题的一种角度和方法，而不把它作为企业内的另外一个功能。

一个典型的物流业务通常包括预测、订单处理、产品到客户之间的运输和报关、产品存活控制、配送中心仓储、车间到配送中心的运输、包装、生产计划、车间储备、生产物料控制、原材料保管、原材料搬运、原材料存货控制及采购等活动。履行这样一个物流业务需要跨越多个部门，历时较长，涉及的人和事较多，所以在某种程度上，一个物流业务也可看做是一个项目。泰勒和蒂海斯提出了矩阵式的物流组织结构，其大体内容是：履行物流业务所需要的各种物流活动仍由原部门(垂直方向)管理，但水平方向上又加入类似于项目管理的部门(一般也称为物流部门)，负责管理一个完整的物流业务(作为一个物流“项目”)，从而形成了纵横交错的矩阵式物流组织结构。矩阵式结构如图 4.6 所示。

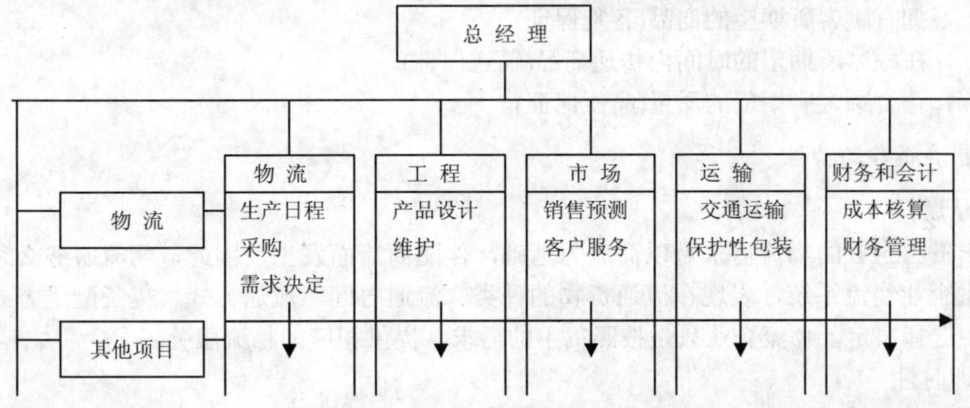

图 4.6　矩阵式结构

在矩阵式结构组织结构下，物流项目经理在一定的时间、成本、数量和质量约束下，负责整个物流项目的实施(水平方向)，传统部门(垂直方向)对物流项目起着支持的作用。

矩阵式物流组织结构有三个优点：

(1) 物流部门作为一个责任中心，允许其基于目标进行管理，可以提高物流运作效率。

(2) 这种形势比较灵活，适合于任何企业的各种需求。

(3) 它可以允许物流经理对物流进行一体化的规划和设计，提高物流的整合效应。

矩阵式组织结构的缺点是：由于采取双轨制管理，职权关系受“纵横”两个方向上的控制，可能会导致某些冲突和不协调。

4.2.4 物流服务

1. 物流服务的概念

物流服务是企业为了满足客户(包括内部和外部客户)的物流需求所开展的一系列物流活动的结果。物流服务本身并不创造商品的形质效用，而是产生空间效用和时间效用。

从工商企业营销的角度看，企业物流服务属于客户服务的范畴，是客户服务的主要构成部分，是企业提供给客户的最终的物流服务，或者说是让客户最终感受到的物流服务。物流服务是企业物流系统的输出，是保证顾客对商品可得性的过程。物流服务的质量决定于物流系统的质量，与物流系统的各项工作的质量高低密切相关。

而对于专门提供物流服务的物流企业来说，物流服务本身就是企业的产品，产品内容就是物流服务的内容，因而，物流服务也就等同于物流企业的服务。当然，围绕物流企业的服务产品经营，也有客户服务，例如，运输能力的保证、货运代理的便利度、服务态度等。

物流服务包括以下三个要点：

第一，拥有顾客所期望的商品(备货保证)。

第二，在顾客所期望的时间内传递商品(输送保证)。

第三，符合顾客所期望的质量(品质保证)。

2. 物流服务的特性

1) 从属性

由于货主企业的物流需求是以商流为基础，伴随商流而发生，因此，物流服务必须从属于货主企业物流系统，表现在流通货物的种类、流通时间、流通方式、提货配送方式都是由货主选择决定，物流企业只是按照货主的需求，提供相应的物流服务。

2) 即时性

物流服务是属于非物质形态的劳动，它生产的不是有形的产品，而是一种伴随销售和消费同时发展的即时服务。

3) 移动性和分散性

物流服务是以分布广泛、大多数是不固定的客户为对象，所以，具有移动性以及面广、分散的特性，它的移动性和分散性会使产业局部的供需不平衡，也会给经营管理带来一定的难度。

4) 需求波动性

由于物流服务是以数量多而又不固定的客户为对象，它们的需求在方式上和数量上是多变的，有较强的波动性，为此容易造成供需失衡，成为在经营上劳动效率低、费用高的重要原因。

5) 可替代性

由于一般企业都可能具有自营运输、保管等自营物流的能力，使得物流服务从供给力方面来看富于替代性，这种自营物流的普遍性，使物流经营者从量和质上调整物流服务的供给力变得相当困难。也正是物流服务特性对物流业经营管理的影响，要求企业经营者的管理思维和决策必须以服务为导向，把物流服务作为一个产品，关注物流服务质量。

3. 第三方物流企业的物流服务内容

第三方物流企业是专门从事物流服务的事业主体，它以货主企业的物流服务需求为市场开展经营活动。工商企业通过外包的形式，将一部分物流业务或全部物流业务委托给专业物流企业，利用专业物流企业在提供物流服务方面的成本优势、技术优势、网络优势等，提高物流活动的运作效率，降低物流成本。

物流企业的服务要满足货主企业向其客户提供物流服务的需要，无论是在服务能力上，还是在服务质量上都要以货主满意为目标。在能力上满足货主需求，主要表现在适量性、多批次、广泛性(场所分散)等方面；在质量上满足货主需求，主要表现在安全、准确、迅速、经济等方面。

物流企业服务的基本内容包括运输、储存、配送、包装、流通加工、物流系统设计、网络化物流服务等以及与其联系的物流信息服务。

4.2.5 第三方物流企业服务质量的 KPI 指标

1. KPI 指标概述

在第三方物流企业的物流项目运作中，为了能够正常运行物流项目、更好地提供物流服务，科学、全面地分析和评价其物流服务质量就成为一个非常重要的问题。在我国，对物流活动的绩效进行考核还比较少，考核的方法也比较少。这里，从第三方物流企业项目运作出发，来制定考评供应链运行绩效的 KPI(Key Performance Indicators，关键业绩指标)体系。

关键业绩指标即 KPI，是通过对组织内部流程的输入端、输出端的关键参数进行设置、取样、计算、分析、衡量流程绩效的一种目标式量化管理指标，是把企业的战略目标分解为可操作的工作目标的工具，是企业绩效管理的基础。KPI 可以使部门主管明确部门的主要责任，并以此为基础，明确部门人员的业绩衡量指标。KPI 同样可以用于项目的管理，用于衡量项目的整体运行状况。建立明确的切实可行的 KPI 体系，是做好绩效管理的关键。

因此，第三方物流企业在制订 KPI 指标系统时，必须把握好以下几个要点：

(1) 以满足客户的需要为出发点来制定标杆，要始终着眼于客户的满意度。

(2) 不能只看到当前本企业物流项目运作的优势，而应向整个行业优秀的第三方物流企业学习。

(3) 要从不同的角度看待 KPI 的制订。

确定 KPI 指标系统的一个重要原则是：SMART 原则。即 S 代表具体(Specific)，指绩效考核要切中特定的工作指标，不能笼统；M 代表可度量(Measurable)，指绩效指标是数量化或者行为化的，验证这些绩效指标的数据或者信息是可以获得的；A 代表可实现(Attainable)，指绩效指标在付出努力的情况下可以实现，避免设立过高或过低的目标；R 代表实现性(Realistic)，指绩效指标是实实在在的，可以证明和观察的；T 代表有时限(Time bound)，注重完成绩效指标的特定期限。

2. KPI 绩效指标系统

与第三方物流企业物流项目运作相关的 KPI 绩效指标系统可以分为五大块：运输计划、运输过程、库存过程、客户服务、财务指标。各大部分又可分为几个小块。

1) 运输计划

需求满足率。客户的物流需求(包括一些额外的物流需求，比如不常见路线的运输、零星的货物运输、增值服务要求等)能够及时满足的比率。

需求满足率=需求得到满足的次数/总的需求次数。

2) 运输过程

(1) 货物及时发送率。可用一定时期内第三方物流企业接到客户订单后，及时将货物发送出去的次数与总订单次数的百分比来表示。设时段 T 内，及时发货次数为 N_i，总的订单次数为 N_t，则及时发货率为：$P_i = N_i / N_t \times 100\%$。

(2) 货物准时送达率。准时送达率，可用一定时期内准时送到次数与总送货次数的百分比来表示，所谓准时送达，是指按照客户的要求在规定的时间内，将产品安全准确地送达目的地。假设在时段 T 内，准时送达次数为 N_d，总的订单次数为 N_t，则准时送达率为：$P_d = N_d / N_t \times 100\%$。

(3) 货物完好送达率。货物完好送达率，可用一定时期内货物无损坏的送到次数与总送货次数的百分比来表示，所谓完好送达是指，按照客户的要求在规定的时间内，将客户订购的产品无损坏的送达客户手上。假设在时段 T 内，完好送达的次数为 N_w，总的订单次数为 N_t，则完好送达率为：$P_w = N_w / N_t \times 100\%$。对这个指标要求应该是很高的，应该达到 100%。

(4) 运输信息及时跟踪率。运输信息及时跟踪率是指每一笔货物运输出去以后，第三方物流企业向客户反馈运输信息的比率。在物流服务中对信息的跟踪以及反馈是很重要的，客户将物流业务交给了第三方物流企业，他对物流信息的掌握很大程度上就是依靠第三方物流企业来提供了。这样，他对运输信息反馈与跟踪的要求就高了。这个数据的计算可以根据在时段 T 内，跟踪了运输信息的次数为 N_n，总的订单次数为 N_t，则运输信息及时跟踪率为：$P_n = N_n / N_t \times 100\%$。

这个指标要求也比较高，应该是 100%，长途运输的物流信息跟踪应该每天的上、下午各一次，对短途和市内配送的物流信息跟踪，应该发生在预计物流业务完成时间之后。

3) 库存过程

(1) 库存完好率。库存完好率是指某段时间内仓库货物保存完好的比率。具体计算为 T 时间内，完好库存为 n，总库存数为 N，则库存完好率=$n/N\times100\%$。

对库存完好率，客户要求是比较高的，一般为 100%。

(2) 库存周报表准确率。每周的库存周报表的准确率也是物流服务绩效的 KPI 指标之一。对这个指标的具体计算为：在 T 时间段内，库存报告的准确次数除以总的库存报告次数就是库存周报表准确率。

(3) 发货准确率。发货准确率也是库存过程的一个重要指标。指仓管人员根据订单准确发货的百分数。具体计算为：

发货准确率=1-在 T 时间段内错误的发货次数/在 T 时间段内的发货总数

4) 客户服务

(1) 客户投诉率。指在 T 时间段内，没有收到(或没有准时收到)货物的客户投诉第三方物流企业的次数与第三方物流企业向客户送货的总次数的比率。这是体现物流服务中客户服务的重要 KPI 指标，体现了第三方物流企业的物流服务质量的好坏。该指标的具体计算为：

客户投诉率=客户投诉次数/总的送货次数

(2) 客户投诉处理时间。指每一次客户投诉后，第三方物流企业所能做出的及时反应时间，以处理客户的投诉，并且保证以后此类问题不再出现。该投诉处理时间一般为 2 小时。可以根据行业情形，适当调节。但如果客户重复投诉，则此权重应该加大。

(3) 回单返回及时率。回单返回及时率是指运输单据在完成每笔业务后，运输单据返回客户的比率。一般客户会每月要收回一次运输单据以备查。

5) 财务指标

(1) 失去销售比率。该指标反应了客户未满足既定需求的情况。如果是由于第三方企业的原因，导致客户的某些销售业务无法进行，就损害了客户的利益。我们这里用失去销售比率来表示。该指标可用失去销售额占总销售额的百分比来表示。

(2) 第三方物流企业利润率。指在 T 时间段内客户支付给第三方物流企业的物流费用减去第三方物流企业为完成这些物流业务所支出的成本的差比上 T 时间段内客户支付给第三方物流企业的物流费用的比率。

具体计算为：第三方物流企业利润率=(收入-成本支出)/收入。

(3) 运输、库存破损赔偿率。指在 T 时间段内由于运输、仓储所造成的货物破损赔偿占在 T 时间段内的物流业务收入的比率。

具体计算为：运输、库存破损赔偿率=货物破损赔偿费用/业务收入。

4.3 第三方物流供应商的选择与管理

4.3.1 第三方物流供应商的识别评估

1. 第三方物流供应商的信息收集与分析

1) 第三方物流供应商的信息收集

首先，企业可以通过各种公开信息和公开的渠道得到第三方物流供应商的联系方式。这些渠道包括第三方物流供应商的主动问询和介绍、专业媒体广告、互联网搜索等方式。

其次，是审查第三方物流供应商的基本信息，寻找合格的第三方物流供应商。在这个步骤中，最重要的是第三方物流供应商做出初步的筛选。建议使用统一标准的第三方物流供应商情况登记表来管理第三方物流供应商提供的信息。这些信息应包括第三方物流供应商的注册地、注册资金、主要股东结构、生产场地、设备、人员、主要产品、主要客户及生产能力等。

2) 第三方物流供应商的信息分析

企业可以评估第三方物流供应商的运作能力、供应的稳定性、资源的可靠性，以及其综合服务能力。在这些第三方物流供应商中，剔除明显不适合进一步合作的第三方物流供应商后，就能得出一个第三方物流供应商考察名录。派出由相关人员组成的团队对其进行现场审查，做详细的认证，并可从不同方面进行列表评估得出选择结果。

2. 第三方物流供应商的评估

企业可以通过商贸期刊、出版物、网站等方式列出潜在物流供应商名单，采取方案评估、现场参观、获取介绍等方式从以下几方面对第三方物流服务供应商进行全面评估。

(1) 第三方物流服务供应商的规划能力：物流系统规划，解决方案设计，供应链优化。

(2) 第三方物流服务供应商的物流网络：合理分布的区域物流中心与城市配送中心。

(3) 第三方物流服务供应商的运输能力：包裹、零担、整车多种运输模式，铁路、公路、航空等多种运输方式，费率谈判及与承运人的关系，集货运输与货运代理。

(4) 第三方物流服务供应商的仓储能力：进、存、出货作业设施、设备、人员，贴条码、贴标签、包装、装配及退货处理等增值服务。

(5) 第三方物流服务供应商的信息水平：计算机、网络设备与应用，物流软件，呼叫中心，信息服务。

(6) 第三方物流服务供应商的管理水平：管理层，标准业务流程(SOP)，质量体系(如IS09002)，员工培训，企业文化。

(7) 第三方物流服务供应商的服务水平：绩效评价体系(KPI)，客户群，客户评价。

物流外包点落在物流服务整体价值实现上，即除了对运输、配送、仓储、采购与补货业务的保证外，侧重对物流时间、速度以及效率、服务水平、延伸能力等多方面的综合测评。其具体表现为：有效的物流时间是多少，同期相比物流速度提高的程度，同等货物量下的搬运与装卸频次，时间和人力消耗量，储存空间的负荷量和有效利用面积，准时服务的质量水平和有效保障，流通损失比例等。

4.3.2　第三方物流供应商的选择

现代物流企业高效率运作，需要有优秀的物流合作伙伴提供运作资源支持。第三方物流供应商就是指提供物流作业运作资源保障的企业或个体，包括各种类型的运输企业或车主，仓库业主，装卸设备、包装设备拥有者，物流 IT 企业等。

1. 第三方物流供应商选择的基本原则

第三方物流供应商选择的基本原则是“QCDS”原则，也就是质量、成本、交付与服务并重的原则。

在这四者中，质量因素是最重要的，首先，要确认第三方物流供应商是否建立了一套稳定有效的质量保证体系。其次，是成本与价格，通过双赢的价格谈判实现成本节约。再次，在交付方面，需确认第三方物流供应商是否具有物流所需的特定设施设备和运作能力，人力资源是否充足，有没有扩大产能的潜力。最后，也是非常重要的是第三方物流供应商的物流服务的记录。

具体来讲，选择第三方物流服务供应商时要遵循以下原则。

1) 适应本企业战略目标要求

物流外包是一种主要的经营策略，在选择第三方物流服务供应商的过程中，必须适应企业的整体经营战略。比如 Huber 工程材料公司(该公司是合成无机物的主要供应商)，公司战略是在保证不增加职工人数和成本的前提下，提高运输和物流效率，这样在选择第三方物流供应商时就要注重最大限度地满足企业的这种战略需要。

2) 具有业务集中控制能力

第三方物流服务商必须具备先进的技术和操作手段来管理物流网络。企业可以利用第三方物流服务商集中对分散在不同地点的厂房与分支机构进行控制。通过第三方物流公司的参与使企业改进和适应新的经营运作模式，实现企业物流运行的高效稳定。

3) 有与企业物流业务相关的经验

大多数企业选择第三方物流服务的核心目的是要获得高水平的运营能力。在第三方物流供应商选择的过程中，第三方物流企业不但要显示满足企业所运作需要的经验，更重要的是这些经验如何能够帮助企业实现更高的经营水平。

4) 适应企业发展的物流技术水平

注意第三方物流公司要拥有与公司发展相适应的不断进步的技术。科技在今天已经成为企业发展最重要的动力之一，第三方物流公司的技术水平进步能否与企业需求同步并及时为你所用关系到企业整体的发展。

5) 主要业务与企业物流业务的兼容性

虽然，第三方物流企业宣称自己能够服务任何客户，但每一个物流企业都有自己的核心竞争能力，企业应尽量选择其核心能力与企业外包业务一致或相近的物流服务供应商。可以参考第三方物流企业的客户名单，考察客户名单中是否有与你的企业物流需求相近似的。

6) 具备企业需求的真实能力

除了考察第三方物流企业的销售和市场表现外，更要考察企业的真正实力所在。该公司到底有多强大；该公司有多大份额的资源用于技术开发；有多少人从事核心业务等。

7) 建立信任关系

良好的业务关系是建立在相互信任的基础上，随着时间的推移，稳定良好的合作关系可使企业减少经营风险，提高竞争力。

8) 企业文化相似

企业在选择第三方物流服务商的最后阶段要对合作双方企业文化是否相似的问题进行考虑。例如，成本管理使 Huber 公司的核心理念，所以它需要与一个认同这种观点并能够把这种观点应用到运输服务中去的物流公司进行合作。

9) 企业经营不断改善的支持者

在当今这个时代，企业要想在全球范围内保持竞争力，经营管理的改进是随时的、必需的，企业必须遵循六西格玛管理原则和 ISO9000 质量体系认证规定。第三方物流供应商至少能够提供标准的考核指标来保证和促进企业改善管理。

10) 不过分强调成本最低

毫无疑问，第三方物流公司提供物流服务的成本是必须考虑的，但这绝不能是首要考虑因素。第三方物流供应商的选择过程的全部目的是要达到公司重要的战略目标，而不是为了寻找最便宜的第三方物流供应商。

美智(Mercer)管理顾问公司调查了中国第三方物流市场，并写出了中国第三方物流市场的调查报告，该报告指出：客户在选择第三方物流企业时，首先注重行业与运营经验，即服务能力，其次注重品牌声誉，再次注重网络覆盖率，最后注重较低的价格。

2. 第三方物流供应商选择的方法

企业选择第三方物流供应商的方法有许多种，要根据第三方物流供应商的数量、企业对第三方物流供应商的了解程度、企业需要的物流服务的特点和规模以及物流服务的时间性要求等具体确定。下面列举几种常见的选择方法。

1) 直观判断法

直观判断法是指通过调查、征询意见、综合分析和判断来选择第三方物流供应商的一种方法。是一种主观性较强的判断方法，主要是倾听和采纳有经验的物流管理人员的意见，或者直接由物流管理人员凭经验做出判断。这种方法的质量，取决于对第三方物流供应商资料掌握得是否正确、齐全和决策者的分析判断能力与经验。这种方法运作方式简单、快速、方便，但是缺乏科学性，受掌握信息的详尽程度限制。常用于选择企业非主要物流业务的供应商。

2) 评分法

评分法是指依据第三方物流供应商评价的各项指标，按第三方物流供应商的优劣档次，分别对各第三方物流供应商进行评分，选得分高者为最佳供应商。

3) 物流成本比较法

对于物流服务质量、时间等均满足要求的供应商，通常是进行物流成本比较，即分析物流费用的各项支出，以选择物流成本较低的供应商。

4) 招标法

当物流服务的需求量较大、供应市场竞争激烈的时候，可以采用招标的方法来选择第三方物流供应商。它是由物流服务需求方提出招标条件，各投标单位进行竞标，然后物流服务需求方评标、定标，最后根据自身情况与提出最有利条件的第三方物流供应商签订协议。招标方法可以是公开招标，也可以是选择性招标。公开招标对投标者的资格不予限制，选择性招标则由物流服务需求方预先选择若干个物流服务供应商，再进行竞标、评标和定标。招标方法竞争性强，物流服务需求方能在更广泛的范围内选择供应商，以获得供应条件有利的、切合企业自身实际需求的物流服务。但招标方法手续繁杂，时间长，不能适应物流服务需求紧急的情况；订购机动性差，有时订购者了解不够，双方未能充分协商，造成供应方提供的物流服务与需求方的实际需求不一致。

5) 协商选择方法

在物流服务可供单位多，需求方难以抉择时，也可以采用协商选择的方法，即由物流服务需求方选出供应条件较为有利的几个供应商，同他们分别进行协商，再确定合适的供应商。和招标方法比较，协商选择的方法因双方能够充分协商，在物流服务质量和价格等方面较有保证；但由于选择范围有限，不一定能够得到最便宜、供应条件最有利的供应商。当物流服务需求时间紧迫，投标单位少，供应商竞争不激烈，物流服务较为烦琐时，协商选择方法比招标方法更为合适。

3. 第三方物流供应商的选择流程

物流企业供应商的选择分为五个阶段，即初始准备、识别潜在的供应商、供应商初选和精选、建立供应商关系以及供应商关系评估，如图 4.7 所示。

4.3.3　第三方物流供应商的管理制度

作为资源的整合者，第三方物流的服务质量很大程度上取决于第三方物流供应商的服务水平。如何管理和整合分散的小型供应商将是考验第三方物流管理能力的主要方面。

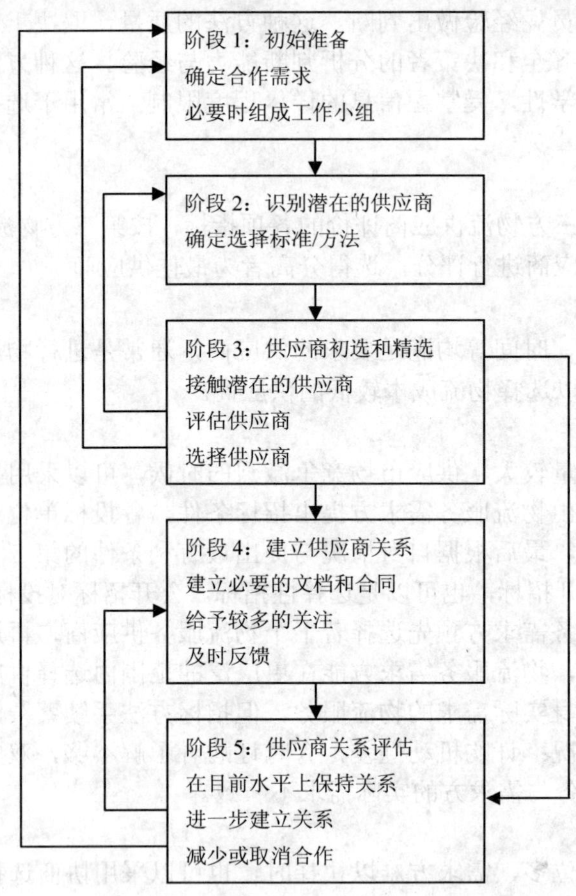

图 4.7　第三方物流供应商的选择流程

1. 合同关系管理

对第三方物流供应商可按行业、地区、资源类型等进行分类，而后确定合同关系管理制度。

第三方物流供应商的合同关系管理包括：合同与协议、合同模型、合同管理、合同关系、法律关系、违约责任、赔偿损失条款、担保条款、保密条款、资产保存和维修条款、价格变动条款及索赔条款等。

合约管理，是指交易双方或多方以口头或书面形式，对将要发生的交易行为所做出的承诺和对各自的职责与权益的约束行为。合约条款具有法律效力。

2. 网络化管理

网络化管理主要是指在管理组织架构配合方面，将不同的信息点连接成网的管理方法。

网络化的管理也体现在业务的客观性和流程的执行监督方面。

3. 双赢供应关系管理

双赢关系已经成为供应链企业之间合作的典范，对第三方物流供应商的管理，就应集中在如何与第三方物流供应商建立双赢关系以及维护和保持双赢关系上。

本章小结

本章主要介绍了核心竞争力、第三方物流、物流业务外包、第三方物流企业、物流服务、第三方物流供应商的选择与管理等相关知识，通过对本章的学习，能够对第三方物流的含义、功能及价值优势有一个初步的认识，清楚物流业务外包对企业的作用，认识到企业物流业务外包存在的风险，对企业物流自营还是外包进行权衡比较，认识物流服务的具体内容，了解物流组织结构，能够运用第三方物流供应商选择的原则和方法来选择适合企业物流需求的物流供应商。

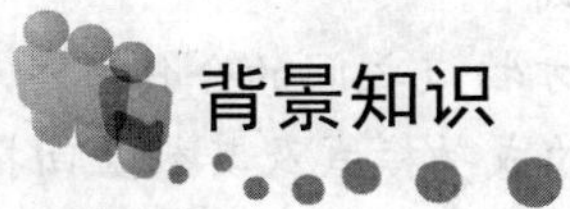

背景知识

第三方物流发展任重道远

当前，中国零售企业正在面对着愈加迅速变化的外部环境和客户需求，如果不做敏捷应对，就无法生存。将非核心业务外包，例如采用第三方物流，无疑是一项具有战略意义的应对之策。

国内零售业采用的物流运作模式主要有三种：供货商送货(第一方物流)、物流配送中心(第二方物流)和第三方物流。供货商送货是由供货商负责送货到零售商的门店或配送中心；物流配送中心是由零售商自建物流配送中心，依靠自建车队进行物流配送；第三方物流则引入厂、商之外的第三方来完成物流服务。

第三方物流就是一种典型的业务外包形式，通常是指由货运代理公司、卡车经营管理公司或仓储公司代为管理和承担企业包括仓储和运输在内的物流业务。零售企业将会发现，这种把物流运作外包给专业的第三方物流公司的做法，能够使企业专注于发展其核心业务，提高企业的运作效益，并加快供应链上各个环节的流程并降低成本，增强产品的竞争力。

第三方物流使零售供应链的多品种、小批量、高频率的库存补给变得更为经济。因为第三方物流同时为多条供应链提供运输服务，当多家供应商彼此位置相邻时，就可以采用混装运输的办法，把各家供应商的货物依次装在同一辆货车上，实现小批量交货的经济性。所以，当零售企业委托第三方物流以后，物流成本将显著下降。而且，与传统物流企业相比，第三方物流企业更强调服务的专业化，为合作伙伴专门设计的策略性物流方案能够提供比零售业自营物流更佳的服务质量。

此外，第三方物流还有助于零售商与供应商实施 VMI(供应商管理库存)。VMI 作为实现“连续补货”的一种方式，强调供应商与零售商建立长期合作伙伴关系，两者共享零售商的库存数据和销售信息及目前的存货水准。供应商根据这些数据和信息再依据预先制定的存货水准对零售商进行主动补货，可以有效地抑制“牛鞭效应”。实施 VMI 时，为了更好地进行库存、仓库和配送管理，同时避免供应商与零售商之间产生不必要的纠纷，通常需要在供应商与分销商之外，单独聘请一家第三方物流企业来进行实际操作。

目前，国内总物流成本占国内生产总值的比例高达 20%，远高于发达国家的 10%～15%的水平。平均货物周转率及存货量都分别落后于发达国家的 30%和 25%的水平。虽然已有众多提供“第三方物流”服务的知名企业，如，中国物资储运、中国远洋物流、中外运物流、马士基中国及华运通物流等。但是，考察国内流通市场现状，我们却发现：无论零售商还是供应商，普遍采取了自营物流。他们拥有自己的仓库、车队、甚至运输船队，导致物流资源的大量浪费。这就造成了我国物流产业在总量上供大于求，服务质量差强人意，资源分布不合理、管理和利用水平低下。

目前，国内的零售企业与第三方物流之间的合作不尽如人意。分析认为其原因有三：首先，零售业对于采用第三方物流的成功模式及其效益回报的认识还不深，因而缺乏动力；其次，第三方物流自身发展尚不成熟，无法为零售业合作伙伴提供深入、完整的服务；最后，零售企业前期普遍投入自营物流，这些“历史包袱”对于向物流外包转型构成了障碍。

资料来源：http://www.jctrans.com

思考与练习

一、判断题

1. 第三方物流是由供方与需方以外的第三方物流企业提供专业物流服务的业务模式。
2. 业务外包是指企业将自己的核心业务外包出去，交给其他企业来完成。
3. 核心竞争力可解释为企业的一般竞争优势，例如，价格优势。
4. 专业货运代理企业是一种以非资产为基础的物流企业。
5. “SWOT”中的“O”指的是 Organization。
6. 企业物流指的是专业物流企业提供的物流服务。
7. 招标法手续繁杂、时间长，不能适应物流服务需求紧急的情况。
8. 直线顾问式物流组织结构方式消除了物流在企业中的从属地位，恢复了物流部门功能上的独立性。

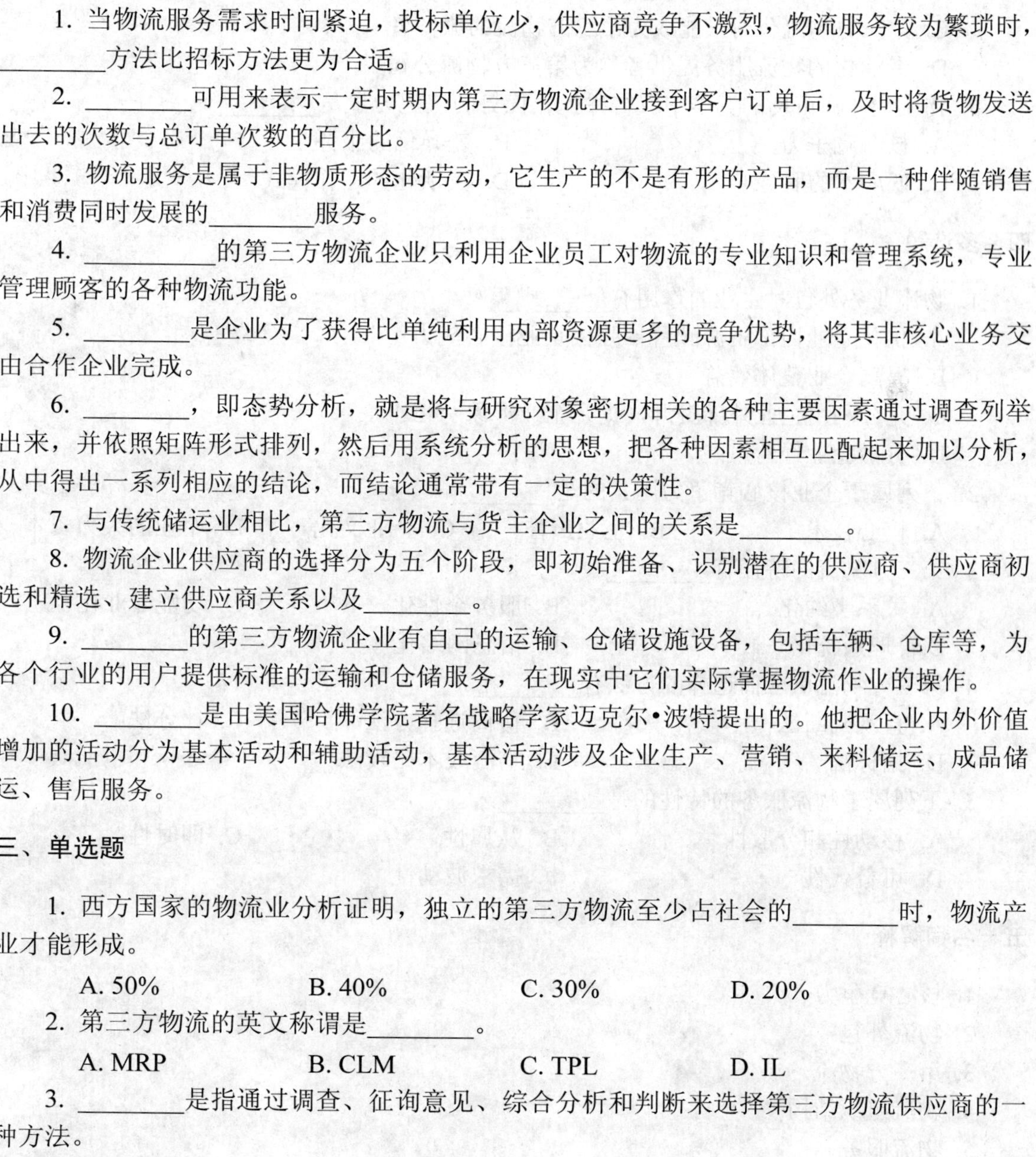

9. 物流服务具有可储存性，因为储存是物流的基本功能之一。

10. 企业选择第三方物流供应商时应考虑其提供专业物流服务的能力。

二、填空题

1. 当物流服务需求时间紧迫，投标单位少，供应商竞争不激烈，物流服务较为繁琐时，________方法比招标方法更为合适。

2. ________可用来表示一定时期内第三方物流企业接到客户订单后，及时将货物发送出去的次数与总订单次数的百分比。

3. 物流服务是属于非物质形态的劳动，它生产的不是有形的产品，而是一种伴随销售和消费同时发展的________服务。

4. ________的第三方物流企业只利用企业员工对物流的专业知识和管理系统，专业管理顾客的各种物流功能。

5. ________是企业为了获得比单纯利用内部资源更多的竞争优势，将其非核心业务交由合作企业完成。

6. ________，即态势分析，就是将与研究对象密切相关的各种主要因素通过调查列举出来，并依照矩阵形式排列，然后用系统分析的思想，把各种因素相互匹配起来加以分析，从中得出一系列相应的结论，而结论通常带有一定的决策性。

7. 与传统储运业相比，第三方物流与货主企业之间的关系是________。

8. 物流企业供应商的选择分为五个阶段，即初始准备、识别潜在的供应商、供应商初选和精选、建立供应商关系以及________。

9. ________的第三方物流企业有自己的运输、仓储设施设备，包括车辆、仓库等，为各个行业的用户提供标准的运输和仓储服务，在现实中它们实际掌握物流作业的操作。

10. ________是由美国哈佛学院著名战略学家迈克尔•波特提出的。他把企业内外价值增加的活动分为基本活动和辅助活动，基本活动涉及企业生产、营销、来料储运、成品储运、售后服务。

三、单选题

1. 西方国家的物流业分析证明，独立的第三方物流至少占社会的________时，物流产业才能形成。

A. 50%　　B. 40%　　C. 30%　　D. 20%

2. 第三方物流的英文称谓是________。

A. MRP　　B. CLM　　C. TPL　　D. IL

3. ________是指通过调查、征询意见、综合分析和判断来选择第三方物流供应商的一种方法。

A. 评分法　　B. 直观判断法　　C. 招标法　　D. 协商选择方法

4. 下列对第三方物流公司的描述中，只有________是正确的。

A. 第三方物流公司控制着运输设备、仓库等设施，并为第三方物流公司所拥有

B. 第三方物流公司本身也可以拥有货物

C. 第三方物流公司只能成为第三方物流的服务者

D. 专业化的物流服务提供者称为第三方物流公司

5. 物流企业在市场的竞争中取得并扩大优势的决定力量是________。

A. 核心竞争力　　B. 差异化的服务

C. 低成本的服务　　D. 灵活化的运作模式

四、多选题

1. 物流业务外包对企业的作用有________。

A. 优化企业内部资源配置，强化企业核心能力

B. 提高企业整体效益

C. 充分利用企业外部资源，提升企业形象

D. 分散企业经营风险

2. 下列属于企业核心竞争力因素的是________。

A. 核心技术　　B. 企业声誉　　C. 企业文化　　D. 企业的人力资本

3. 第三方物流的特征有________。

A. 关系契约化　　B. 服务个性化　　C. 功能专业化

D.管理系统化　　E. 信息网络化

4. 第三方物流供应商选择的方法有________。

A. 直观判断法　　B. 协商选择方法　　C. 评分法

D. 招标法　　E. 物流成本比较法

5. 下列属于物流服务的特性的是________。

A. 移动性和分散性　　B. 从属性　　C. 即时性

D. 可替代性　　E. 需求波动性

五、名词解释

1. 核心竞争力
2. 物流外包
3. 第三方物流
4. 物流组织结构
5. 物流服务

6. 关键业绩指标
7. 协商选择方法
8.“QCDS”原则
9. 物流服务的即时性
10. 企业物流

六、简答题

1. 第三方物流的功能有哪些？
2. 简述第三方物流的价值优势。
3. 简述企业物流业务外包的风险。
4. 简述构成企业核心竞争力的因素。
5. KPI 绩效指标系统可分成哪几部分？

七、论述题

1. 试论述第三方物流供应商选择的原则。
2. 试论述企业实施物流外包的注意事项。

【实践教学】

选择一家第三方物流企业进行参观实习，具体要求如下。

1. 物流企业的概况：了解物流企业的地理位置，基本业务种类，每种业务的特点、业务量，发展计划，物流企业平面布局。

2. 物流企业的生产作业过程：了解物流企业生产作业的过程，包括各种货物入库业务，理货、堆存、装卸、搬运业务，出库业务。

3. 物流企业的设施、设备：了解物流企业仓库、堆场的结构；装卸、搬运、堆码、检测、计量、分拣、托盘、包装及集装等设备的种类，作业方法；货物堆码的形式，货物标识方法。

4. 仓储及配送管理：了解库存控制的方法；了解仓储基地的治安保卫管理，仓库消防管理，防风、雨管理，安全作业等内容。了解仓储信息技术、自动化技术的应用情况，存在的问题及改进。了解配送订单的处理，配送计划安排；配送的调度管理，备货、理货、车辆配载的方法。

5. 流通加工与包装：了解物流企业的流通加工和包装业务的内容、生产方式和方法。

第 5 章

现代物流与电子商务

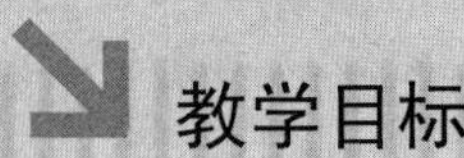

教学目标

通过本章学习，了解电子商务的功能及类型，了解电子商务环境下物流业的发展模式，理解电子商务的概念及其基本的业务流程，明确现代物流与电子商务的关系，掌握物流对电子商务的影响，掌握电子商务环境下物流的特点，掌握电子商务环境下物流业的发展趋势。

教学要求

知识要点	能力要求	相关知识
电子商务	(1) 总体上要对电子商务有一个基本的认识和把握 (2) 能够在网上进行购物	(1) 电子商务的概念 (2) 电子商务的功能 (3) 电子商务的主要模式 (4) 电子商务的基本业务流程
物流对电子商务的影响	(1) 能够认识到物流是电子商务的重要组成部分 (2) 能够清楚物流因素制约当前电子商务发展的具体体现	(1) 电子商务概念模型 (2) 物流对电子商务的影响
电子商务环境下物流的特点	能够在现实的企业经营过程中，查找一些具体的企业，分析传统企业经营模式与在电子商务环境下企业经营的不同体现	电子商务环境下物流的特点
电子商务环境下物流业的发展趋势	能够通过利用互联网、新闻媒体、书籍、杂志了解电子商务环境下物流业的发展趋势，为企业提出一些具体的经营发展建议及意见	(1) 我国电子商务下物流业的发展模式 (2) 电子商务物流业的发展趋势

案例导入

美国联邦快递公司成立于 1973 年。经过 20 多年的发展，它已成为世界最大的空运公司并在世界上 200 多个国家都有分公司，员工人数达到 14 万之多。自有飞机 640 余架，每日穿梭在世界各地。多年以来它一直名列财富 500 强之内。人们只知它是运输公司，却不知它还是一个巨大的网络公司，在全世界它的计算机和网络工程师达到 6 000 多人，其网络规模可见不一般。

联邦快递每天向全世界 211 个国家递送 250 万个包裹，其中 99%属于限时递送。10 多年来，电子商务一直在联邦快递的业务中发挥着核心作用。

1995 年，联邦快递开发了一套免费的联邦快递船(FedEx Ship)软件，任何人只要拥有一部计算机和一个调制解调器就可以使用该软件订购商品。由于该软件可以用于任何计算机上，所以货运处的业务进一步扩展了。为处理加急订单，负责制订生产计划的人员需要了解供货详情，通过该软件，他们可以随时掌握供货时间以及产品预计抵达的时间。

1996 年 7 月，联邦快递在 Internet 上发起了联邦快递联网船，在 18 个月内，7.5 万名用户使用了他们提供的服务。客户不用离开该站点，就可以下单订购、发现最近的购买地点、打印包裹单、调整发票并了解供货情况。当货物寄出时，订购人还可以要求联邦快递向他们发出电子邮件加以确认。

联邦快递公司内部的专用网络，联邦快递 COSMOS 每天可以处理 5 400 万宗交易。通过网络提供的信息，公司可以对商品交易的全过程(从客户订购一直到货物抵达终点)了如指掌。当客户输入“提货”指令时，管理员将会从系统中得到客户指定的提货时间和地点。管理员将商品上的条形码扫入手持系统中，记录下该商品已经被提走。联邦快递的其他工作人员将以系统记录为依据，追踪货品装运，直到运抵客户的全过程。

联邦快递还在其他公司的后勤供应上发挥作用。例如，联邦快递经营商业服务器，以便零售商将自己的站点放到该服务器上运行。另外，联邦快递还经营仓储，使产品的挑选、包装、检测、装配和运输一体化。联邦快递客户运送产品的主要特点是技术含量高、价格昂贵或易腐的物品，这意味着他们办理的订单需要尽快填写完成。使联邦快递随时满足客户要求的信息网络，同样也是其发展后勤供应业务的重要基础。

联邦快递从 Internet 中获得了很大的利益。

联邦快递的专用网络为该公司如今的电子商务奠定了基础。Internet 进一步扩展了专用网络的应用，联邦快递通过电话和纸与客户沟通的联系方式已经成为历史，随着越来越多的公司通过 Internet 销售产品，联邦快递提供的快速运抵服务使该公司不断从增长的网络交易机会中获利。下述事例表明信息技术在不断降低运送成本。

减少手工业务成本：如果没有联邦快递船，联邦快递则不得不多雇佣两万名雇员来分拣包裹、回答电话咨询和输入货单。有了动力船，大量的简单劳动就可以自动完成。管理员可以花更少的时间记录产品信息，电话服务代表可以花更短的时间回答客户的问题并随时联机追踪商品的运送情况。

降低日常运营成本：客户每个月使用 Internet 船追踪 100 万个包裹的行踪(该数字还在快速增长)，现在大约一半追踪电话的是联邦快递的免费电话。

更好的客户服务方式：客户当然也可以选择与公司互动的方式(电话、传真或其他手段)，不过将近 95 万名客户发现通过联邦快递的 Web 网站联系更加方便和简单。

从以上案例我们可以得知：美国联邦快递公司的成功就在于它依靠科技进步，在商务经营过程中，采用最先进的网站硬件和网络技术，应用互联网、现代通信技术、快速输送技术和实物流网络，将物流服务和网络技术结合起来，效率、效益由此而得到大幅度的提高。那么究竟什么是电子商务？现代物流与电子商务的关系又是怎么样的呢？本章将为你做具体的介绍。

资料来源：锦程物流网

电子商务(Electronic Commerce)是 20 世纪信息化、网络化的产物，由于其日新月异的发展，已广泛引起了人们的注意。电子商务中的任何一笔交易，都包含着信息流、商流、资金流和物流。随着电子商务的进一步推广和应用，物流的重要性对电子商务活动的影响日益明显。在电子商务的发展过程中，人们发现作为支持有形商品网上商务活动的物流，不仅已成为有形商品网上商务活动的一个障碍，而且也已成为有形商品网上商务活动能否顺利进行的一个关键因素。本章通过介绍电子商务的定义、电子商务功能及主要类型、电子商务基本业务流程，并重点介绍物流对电子商务的作用，电子商务环境下物流的特点，电子商务环境下物流业的发展，通过以上内容的介绍以便更好地理解掌握现代物流与电子商务的关系。

5.1 电子商务概述

5.1.1 电子商务的概念

1. 电子商务是人类交换活动的最新发展

商务是人类社会活动之一，自从有了商品和商品交换，就有了商务活动。商务活动是为了生产优良的商品、扩大市场、获得更好的利益回报而进行的社会交际活动。英国伟大的思想家亚当·斯密在他的《国富论》中，发现了“分工”是创造财富的根本来源，“分工”把商品生产过程与商品交换过程分开，“分工”是工业经济与农业经济最大的区别点。然而，分工并非是终极目的，只是提高劳动效率的手段，生产的目的在于将商品销售出去，获取利润。

电子技术仅是 20 世纪发展起来的新兴科学技术，它与计算机的结合较晚。电子计算机应用在当今已经极为普遍，应用范围也极为广泛。电子计算机与传统商务的结合已有 30 年的历史，从企业的电子记账，到企业信息管理系统；从生产制造过程自动化，到企业资源系统的实施；从信息自动传递，到无纸办公的实现；从电子数据处理系统，到辅助决策系统等。信息化已经与传统产业进行彻底的结合，为传统产业带来巨大的投资回报。由于 20 世纪 90 年代 Internet 的高速发展致使电子商务迅猛发展。电子商务是信息化在商务过程的集中体现，成为人类交换活动的最新发展。

2. 对电子商务活动的理解

对于很多人来说，电子商务就是互联网上的购物。但电子商务的业务领域并不局限于网上购物，它包括很多商业活动。

(1) 从通信的角度看，电子商务是通过电话线、计算机网络或其他方式实现的信息、产品、服务或结算款项的传送。

(2) 从业务流程的角度看，电子商务是实现业务和工作流自动化的技术应用。

(3) 从服务的角度看，电子商务是要满足企业、消费者和管理者的愿望，如降低服务成本，同时改进商品的质量并提高服务实现的速度。

(4) 从在线的角度看，电子商务是指提供在互联网和其他联机服务上购买和销售产品的能力。

总之，电子商务强调了新业务机会的产生和利用，即“创造商业价值”或“用更少的钱办更多的事”。

3. 电子商务的概念

电子商务是 20 世纪 90 年代在美国、欧洲等发达国家开始兴起的一个新概念。目前，由于人们对电子商务还没有一个统一的、规范的认识，对电子商务的概念存在不同的理解。于是，国际会议或组织、各国政府、IT 企业、国内外学者等不同行业的人们都根据自己所处的地位和对电子商务的参与程度，给出了电子商务许多表述不同的定义。比较这些定义，有助于我们更全面地了解电子商务的本质。

1) 国际会议或组织给出的定义

(1) 1997 年 11 月 6 日至 7 日在法国首都巴黎，国际商会举行了世界电子商务会议。全世界商业、信息技术、法律等领域的专家和政府部门的代表，共同探讨了电子商务的概念问题。

电子商务，是指对整个贸易活动实现电子化。从涵盖范围方面可以定义为：交易各方以电子交易方式而不是通过当面交换或直接面谈方式进行的任何形式的商业交易；从技术方面可以定义为：电子商务是一种多技术的集合体，包括交换数据(如电子数据交换、电子邮件)、获得数据(共享数据库、电子公告牌)以及自动捕获数据(条形码)等。电子商务涵盖的业务包括：信息交换、售前售后服务、销售、电子支付、运输、组建虚拟企业、公司和贸易伙伴可以共同拥有和运营共享商业方法等。

(2) 经济合作组织于 1999 年 10 月在加拿大渥太华有关电子商务的报告中给出的定义：电子商务是通过数字通信进行商品和服务的买卖以及资金的转账，包括 E-mail、文件传输、传真、电视会议、远程计算机联网所能实现的全部功能。在此次会议上还通过了全球电子商务行动计划和 OECD 国家电子商务行动计划。

2) 政府部门的定义

欧洲议会给出的定义：电子商务是通过电子方式进行的商务活动。它通过电子方式处理和传输数据，包括文本、声音和图像。它涉及许多方面的活动，包括货物电子贸易和服务、在线数据传递、电子资金划拨、电子证券交易、电子货运单证、商业拍卖、合作设计和工程、在线资料、公共产品获得。

美国政府在其“全球电子商务纲要”中给出的定义：通过 Internet 进行的各项商务活动，包括广告、交易、支付、服务等活动。全球电子商务将涉及世界各国。

3) IT 行业的定义

(1) HP 公司。电子商务是以现代扩展企业为信息技术基础结构，电子商务是跨时域、跨地域的电子化世界(E-World)。该概念的含义在于：电子商务指在从售前服务到售后支持的各个环节实现电子化、自动化；电子商务是电子化世界的重要组成部分，它使我们可以利用电子交易手段完成物品和服务等价值交换；电子商务通过商家及其合作伙伴和用户建立不同的系统和数据库，使用客户授权和信息流授权方式，应用电子交易支付手段和机制，保证整个电子商务交易的安全性。

(2) SUN 公司。电子商务是指利用 Internet 网络进行的商务交易，在技术上可以给出如下定义：在现有的 Web 信息发布的基础上加上 Java 网上应用软件以完成网上交易；在 Intranet 的基础上，开发 Java 的网上应用，进而扩展 Extranet，使外部用户可以使用该企业的应用软件进行交易；电子商务客户将通过包括 PC、STB(Set Top Box)、电话、移动电话(手机)、PDA 等的 Java 设备进行交易。三方统一为：Java 电子商务的企业和跨企业应用。

(3) COMPAQ 公司(现已和 HP 公司合并)。电子商务是一个以 Internet/Intranet 为构架，以交易双方为主体，以银行支付和结算为手段，以客户数据库为依托的全新商业模式。

(4) IBM 公司。该公司提出的电子商务的定义公式为：电子商务=Web+IT。它所强调的是在网络计算机环境下的商业化应用，是把买方、卖方、厂商及其合作伙伴在 Intranet 和 Extranet 结合起来的应用。它更强调电子商务是利用互联网技术变革企业核心业务流程，同时提出电子商务的三要素理念：基础设施(Infrastructure)、创新(Innovation)、整和(Integration)。

4) 专家学者的定义

国内学者李琪教授认为：电子商务是在商务活动的全过程中，通过人与电子工具的紧密结合，极大地提高商务活动的效率，降低人、财、物的消耗，提高商务活动的经济效益和社会效益的新型生产力。

王可研究员把电子商务定义为“在计算机与通信网络基础上，利用电子工具实现商业交换和行政作业的全过程”。

前面的各种观点是从不同角度对电子商务的理解，由于电子商务是基于信息经济的新生事物，人们对它的把握和认识还处于不完全成熟的阶段，所以对电子商务的定义也有很大的差异，但不难从中发现共同点。主要的相同点表现在：都采用(或源于)同一个术语——电子商务；都强调电子工具，强调在现代信息社会，利用多种多样的电子信息工具；工具作用的基本对象都为商业活动。而不同点主要有：技术的涵盖面不同(其中均包括运用 Internet 技术)；商务的涵盖面不同(其中均包括交易)。

5) 可以从宏观和微观的两个层面来看待电子商务

宏观上，电子商务是计算机网络的又一次革命，旨在通过电子手段建立一种新的经济秩序，它不仅涉及电子技术本身，而且涉及诸如金融、税务、教育等社会其他层面。微观上，电子商务是指各种具有商业活动能力的实体(生产企业、商贸企业、金融机构、政府机构、个人消费者等)利用网络和先进的数字化传媒技术进行的各项商业贸易活动。

6) 也可以从广义和狭义两个角度看电子商务

广义(E-business)指利用 IT 技术对整个商务活动实现电子化，包括利用 Internet、Intranet、Extranet、局域网、广域网等不同形式的计算机网络以及信息技术进行的商务活动。

狭义(E-commerce)仅指利用 Internet 开展的交易或与交易有关的活动。

5.1.2 电子商务的功能

电子商务在不同交易阶段具有各自不同的功能，如表 5-1 所示。电子商务可提供网上营销、服务、交易和管理等全过程的服务，因此它具有业务组织与运作、信息发布、网上订购、网上支付、网上金融服务等各项功能。

表 5-1　电子商务的服务功能

阶　段	主要内容	典型服务功能
交易前	卖方发布产品的有关信息，买方寻找适合自己的商品交易机会；买卖双方通过网络交换信息，比较价格和交易条件，并了解对方国家、地区的有关贸易政策	网上广告宣传服务；网上咨询服务
交易中	主要指签订合同、进行交易的过程，本过程涉及面很广，如与金融机构、运输部门、税务机关、海关等方面进行电子单证的交换和实现电子支付等	网上交易洽谈服务；网上产品订购服务；网上货币支付服务；交易活动管理服务
交易后	当交易双方完成各种交易手续之后，商品交付运递部门投送，或直接通过电子化方式传送信息产品或提供服务，并向用户提供方便、实时、优质的售后服务等	网上信息商品传递及查询服务；用户意见征询服务；商品操作指导及管理服务

(1) 交易管理。电子商务是一种基于信息的商业进程。在这一过程中，企业内外的大量业务被重组而得以有效运作。它从根本上改变了企业传统的封闭式生产经营模式，使产品的开发和生产可根据客户需求而动态变化。

(2) 信息发布。在电子商务中，信息发布的实时性和方便性是传统媒体无可比拟的。

(3) 网上购物。对个人而言，电子商务最为直观和方便的功能就是网上购物，还可借助网上的邮件交互传送实现网上的订购。

(4) 网上支付。电子商务要成为一个完整的过程，网上支付是重要环节。

(5) 网上金融服务。电子商务的发展为金融业提供了新的服务领域和服务方式，网上金融服务包括了人们需要的各种内容，如网上消费、家庭银行、个人理财、网上投资交易、网上保险等。这些金融服务的特点是通过数字货币进行及时的电子支付与结算。

5.1.3 电子商务的主要模式

电子商务涵盖的范围涉及制造厂商、零售商、市场中介、银行、政府有关部门等几乎社会各个领域。按照企业(Business)、消费者(Consumer)和政府(Government)之间的不同组合，电子商务可以分为多种模式。如 B to B 模式，主要指上下游企业之间的商务往来；B to C 模式，指企业对消费者之间的商务活动；B to G 模式，即企业与政府机构之间的行政事务，以及 C to C、C to G 等模式。目前，较为成熟并广泛使用的电子商务模式主要有以下三种：

1) 企业对企业的电子商务

企业对企业的电子商务也称为商家对商家或商业机构对商业机构，即 B to B 电子商务，它是指从事生产和流通活动的企业之间，为了获得采购和销售产品以及得到相关信息所进行的以电子和网络为媒介的商务活动。企业对企业的电子商务发展最快，已经有了多年的历史，特别是通过增值网络(Value Added Network,VAN)上运行的电子数据交换(EDI)，使企业对企业的电子商务得到了迅速扩大和推广。这种技术的使用能够从根本上改变企业的计划、生产、销售的运行模式，提高交易效率，降低交易成本。随着互联网技术的普及，基于互联网的电子商务模式将得到迅速发展。B to B 电子商务的基本形态有网上采购、网上销售和网上市场。

在 B to B 电子商务中，北美市场是全球第一大区域市场，但是近几年来在全球市场占有率却逐年下降，从 2000 年的 77.6%降到 2006 年的 51.3%。2000 年第二及第三大区域市场分别为西欧和亚太地区，分别约占全球市场的 13%和 8.3%。亚太地区在 2006 年的市场规模已成为全球第二大区域市场，约占全球的 24.2%。主要原因是亚太地区将逐渐成为全球的生产制造重地，因此，企业间商务往来的需要也将大幅度提高，经营者期待着通过电子商务的方式来增加效率，进而达到降低成本和扩大收入来源的目的，这也给亚太地区，尤其是我国的企业带来了新的机遇与挑战。

2) 企业对消费者的电子商务

企业对消费者的电子商务也称商家对个人客户或商业机构对消费者，即 B to C 电子商务，它是指公司企业为了实现商品销售，依靠电子技术和网络所从事的向消费者销售商品和提供服务的商务服务。这类电子商务主要是借助互联网所开展的在线式销售活动，基本等同于电子零售商业。目前，Internet 上被遍布各种类型的商城，提供各种商品和服务，如鲜花、书籍、计算机、汽车等商品和咨询服务。

B to C 的电子商务是近年来各类电子商务中发展较快的一种模式，主要原因是互联网的发展为公司和消费者之间开辟了新的交易平台。互联网所提供的搜索浏览功能和多媒体界面，使消费者容易查找适合自己需要的产品，并能够深入地了解产品，为消费者带来了极大的便利。

3) 企业与政府机构的电子商务

企业与政府机构的电子商务即 B to G 电子商务，这类电子商务包括政府通过互联网实现政府采购、利用网上方式进行工程的招标以及政府通过电子商务实施对企业的行政事务管理，如开展统计工作、征税业务等。

B to G 电子商务可以树立良好的政府形象，提高政府工作的效率。近年来，欧、美、日等发达国家为提高国际竞争优势，积极进行政府网络建设，构建“电子化政府”，以提升政府效率和为人们提供更广泛的、更便捷的信息和服务。

5.1.4　电子商务的基本业务流程

电子商务的交易过程大致分为以下几步。

(1) 浏览选购。交易的一方通过浏览另一方的网站，寻找需要的产品或服务信息，发现产品的各种相关信息，并进行各种信息的比较，最后在网上选定自己满意的商品。

(2) 选择付款方式并订购商品。交易双方进行价格、交货时间等具体内容的谈判，最后正式给卖方发出订单。因支付环境的问题，传统邮购和上门收款等支付方式将在一段时间内和在线支付形式并存。

(3) 在线支付。根据 SET 协议，通过一定程序付款。SET(Secure Electronic Transaction)是由 VISA、Master、IBM 等金融卡发卡机构和 IT 厂家共同开发的安全电子交易协议，为保证 Internet 上在线交易支付安全，应根据 SET 协议，卖方在收到订单后，即通过支付网关得到对方所选支付银行的确认，银行即将货款在买方账号中扣除，待确认客户收到商品后，再将货款划入卖方账号。

(4) 送货及退货等售后服务。物流配送将商品送到用户手中，并有一整套的待后服务支撑体系。电子商务的基本业务流程如图 5.1 所示。

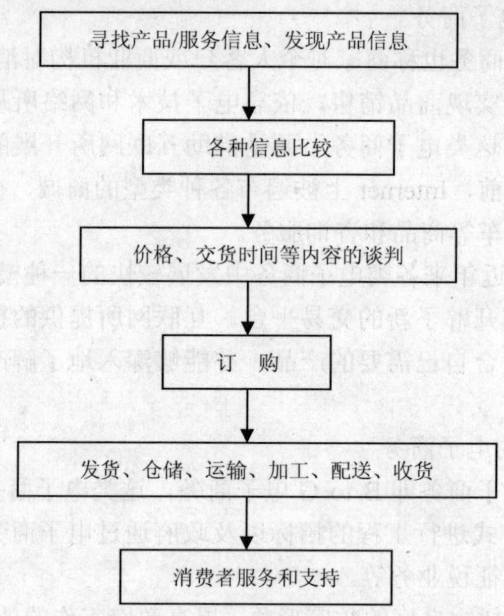

图 5.1　电子商务的基本业务流程

5.2　电子商务与现代物流

5.2.1　物流是电子商务的重要组成部分

电子商务概念模型，如图 5.2 所示，是对现实世界中电子商务活动的一般抽象描述，它由电子商务实体、电子市场、交易事务以及信息流、商流、资金流、物流等基本要素构成。

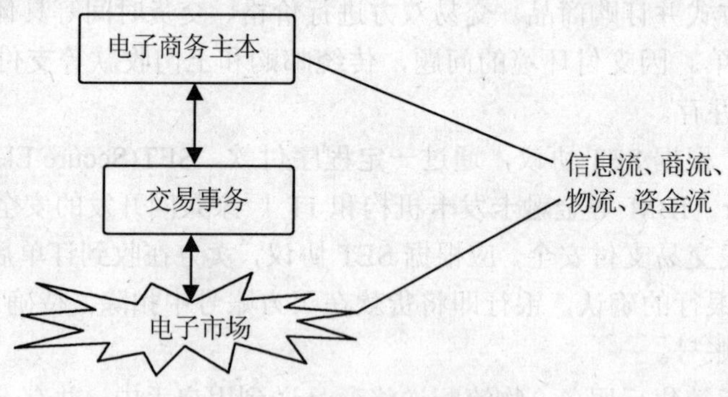

图 5.2　电子商务概念模型

在电子商务概念模型中，电子商务实体是指能够从事电子商务的客观对象，它可以是企业、银行、商店、政府机构和个人等。电子市场是指电子商务实体从事商品和服务交换的场所，它由各种各样的商务活动参与者利用各种通信装置，通过网络连接成一个统一的整体。交易事务是指电子商务实体之间所从事的具体的商务活动的内容，例如询价、报价、转账支付、广告宣传及商品运输等。

电子商务的本质是商务，商务的核心内容是商品的交易，而商品交易会涉及四方面：商品所有权的转移，货币的支付，有关信息的获取与应用，商品本身的转交。即商流、资金流、信息流、物流。其中商流是指产品在购、销之间进行交易及其所有权转移的运动过程，具体是指产品交易的一系列活动。资金流主要是指资金的转移过程，包括付款、转账等过程。信息流既包括商品信息的提供、分销促销、技术支持、售后服务等内容，也包括诸如询价单、报价单、付款通知单、转账通知单等贸易单证，还包括交易方的支付能力、支付信誉等。在电子商务中，以上的三种流的处理都可以通过计算机和网络通信设备实现。物流，作为“四流”中最为特殊的一种，是指产品实体的流动过程，具体指运输、储存、装卸、保管、配送、物流信息管理等各种活动。对于大多数产品而言，在电子商务环境下，物流虽然仍要经由物理方式传输，但由于一系列机械化、自动化工具的应用，准确、及时的物流信息对物流过程的监控，将使产品物流的流动速度加快、准确率提高，能有效地减少库存，缩短生产周期。

在电子商务概念模型的建立过程中，强调信息流、商流、资金流和物流的整合。

5.2.2 物流对电子商务的影响

1. 物流——实现电子商务的保证

1) 物流保障生产

无论在传统的贸易方式下，还是在电子商务下，生产都是商品流通之本，而生产的顺利进行需要各类物流活动支持。生产的全过程从原材料的采购开始，便要求有相应的供应物流活动，否则生产就很难进行；在生产的各工艺流程之间，也需要原材料、半成品的物流过程，即所谓的生产物流，以实现生产的流动性；部分余料、可重复利用的物资的回收，就需要所谓的回收物流；废弃物的处理则需要废弃物物流。可见，整个生产过程实际上就是系列化的物流活动。合理化、现代化的物流，通过降低费用从而降低成本、优化库存结构、减少资金占压、缩短生产周期，保障了现代化生产的高效进行。相反，缺少了现代化的物流，生产将难以顺利进行，那么无论电子商务是多么便捷的贸易形式，仍将是无米之炊。

2) 物流服务于商流

在商流活动中，商品所有权在购销合同签订的那一刻起，便由供方转移到需方，而商品实体并没有因此而移动。在传统的交易过程中，除了非实物交割的期货交易，一般的商流都必须伴随相应的物流活动，即按照需方(购买方)的需求将商品实体由供方(卖方)以适当的方式、途径向需方转移。而在电子商务下，消费者通过上网点击购物，完成了商品所有权的交割过程，即商流过程。但电子商务的活动并未结束，只有商品和服务真正转移到消费者手中，商务活动才告以终结。在整个电子商务的交易过程中，物流实际上是以商流的后续者和服务者的姿态出现的。没有现代化的物流，如何轻松的商流活动都将成为空谈。

3) 物流是实现“以顾客为中心”理念的根本保证

电子商务的出现，在最大程度上方便了最终消费者。他们不必再跑到拥挤的商业街，一家又一家地寻找挑选自己所需要的商品，而只是坐在家里，在互联网上搜索、查看、挑选，就可以完成他们的购物过程。但请试想一下，如果他们所购的商品迟迟不能送到，或者商家所送并非自己所购，那消费者还会选择网上购物吗？物流是电子商务实现“以顾客为中心”理念的最终保证。缺少了现代化的物流技术，电子商务给消费者带来的购物便捷就等于零，消费者必然会趋向于传统而安全的购物方式。

2. 物流和配送——制约电子商务发展的瓶颈

网络购物最需要完善的是物流和配送。单就某一个网上购物的网站而言，是无法自己组建一支庞大的配送队伍的，只有依托于已有的配送部门。由于网络公司与送货公司是各自独立的，他们无法相互制约，缺少必要的监督和约束，并且目前尚无相应的法律法规，即使网络公司明知道送货公司的服务不好，也束手无策。

所以，目前许多人认为电子商务要发展必须突破三个瓶颈：支付系统、配送系统和安全系统。

物流与配送定位在为电子商务的客户提供服务。根据电子商务的特点，对整个物流和配送体系实行统一的信息管理和调度，按照用户订货要求，在物流基地进行理货工作，并将配好的货物送交收货人的一种物流方式。这种先进又合理的流通方式对提高企业的服务质量、降低物流成本、优化社会库存配置、提高企业的经济效益及社会效益都具有重大意义。

传统的物流和配送企业需要置备大面积的仓库，而电子商务系统网络化的虚拟企业将散置在各地的分属不同所有者的仓库通过网络系统连接起来，使之成为“虚拟仓库”，进行统一管理调配使用，服务半径和货物集散空间放大了。这样的企业在组织资源的速度、规模、效率和资源的合理配置方面都是传统的物流和配送所不可比拟的，相应的物流观念也必须是全新的。

传统的物流和配送过程是由多个业务流程组成的，受人为因素和时间的影响很大。网络的应用可以实现整个过程的实时监控和实时决策。新型的物流和配送的业务流程都由网络系统连接。当系统的任何一个神经末端收到一个需求信息的时候，该系统都可以在极短的时间内做出反应，并拟定详细的配送计划，通知各环节开始工作。这一切都是由计算机根据人们事先设计好的程序自动完成的。

物流和配送的持续时间在网络环境下会大大缩短，对物流和配送速度提出了更高的要求。在传统的物流和配送管理中，由于信息交流的限制，完成一个配送过程的时间比较长，但这个时间随着网络系统的介入会变得越来越短，任何一个有关配送的信息和资源都会通过网络管理在几秒钟之内传到有关环节。

5.2.3　电子商务环境下物流的特点

电子商务时代的来临，给全球物流带来了新的发展，使物流具备了一系列新特点，这些特点主要表现为如下几个方面。

(1) 信息化。电子商务时代，物流信息化是电子商务的必然要求。物流信息化表现为物流信息收集的代码化、物流信息处理的电子化、物流信息传递的标准化和实时化、物流信息存储的数字化以及物流信息自身的商品化等。因此，条码技术(Bar code)、数据库技术(Database)、电子订货系统(Electronic Ordering System, EOS)、电子数据交换(Electronic Data InterHange,EDI)、快速反应(Quick Response, QR)及有效客户反应〔Effective Customer Response,ECR)、企业资源计划(Enterprise Resource Planning, ERP)等技术与观念在我国的物流中将会得到普遍的应用。信息化是一切的基础，没有物流的信息化，任何先进的技术设备都不可能应用于物流领域，信息技术及计算机技术在物流中的应用将会彻底改变世界物流的面貌。

(2) 自动化。自动化的基础是信息化，自动化的核心是机电一体化，自动化的外在表现是无人化。物流自动化可以扩大物流作业能力，提高劳动生产率、减少物流作业的差错等。物流自动化的设施非常多，如条码/语音/射频自动识别系统、自动分拣系统、自动存取系统、自动导向车及货物自动跟踪系统等。这些设备在发达国家已普遍用于物流作业流程中，而我国由于物流业起步晚，发展水平低，自动化技术的普及还需要相当长的时间。

(3) 网络化。物流领域网络化的基础也是信息化，这里指的网络化有两层含义：一是物流配送系统的计算机通讯网络，包括物流配送中心与供应商或制造商的联系要通过计算机网络，另外与下游顾客之间的联系也要通过计算机网络通信。比如物流配送中心向供应商提出定单这个过程，就可以使用计算机通信方式，借助于增值网(VAN)上的电子订货系统(EOS)和电子数据交换技术(EDI)来自动实现；物流配送中心通过计算机网络收集下游客户的定货的过程也可以自动完成。二是组织的网络化，即所谓的组织内部网(Intranet)。比如，台湾的电脑业在 20 世纪 90 年代创造出了“全球运筹式产销模式”，这种模式的基本特点是按照客户订单组织生产，生产采取分散形式，即将全世界的计算机资源都利用起来，采取外包的形式将一台计算机的所有零部件、元器件、芯片外包给世界各地的制造商去生产，然后通过全球的物流网络将这些零部件、元器件和芯片发往同一个物流配送中心进行组装，由该物流配送中心将组装的计算机迅速发给订户。这一过程需要有高效的物流网络支持，当然物流网络的基础是信息和计算机网络。

物流的网络化是物流信息化的必然，是电子商务下物流活动的主要特征之一。当今世界 Internet 等全球网络资源的可用性及网络技术的普及为物流的网络化提供了良好的外部环境，物流网络化不可阻挡。

(4) 智能化。这是物流自动化、信息化的一种高层次应用，物流作业过程大量的运筹和决策，如库存水平的确定、运输(搬运)路径的选择、自动导向车的运行轨迹和作业控制、自动分拣机的运行、物流配送中心经营管理的决策支持等问题都需要借助于大量的知识才能解决。在物流自动化的进程中，物流智能化是不可回避的技术难题。好在专家系统、机器人等相关技术在国际上已经有比较成熟的研究成果。为了提高物流现代化的水平，物流的智能化已成为电子商务下物流发展的一个新趋势。

(5) 柔性化。柔性化本来是为实现“以顾客为中心”理念而在生产领域提出的，但需要真正做到柔性化，即真正地能根据消费者需求的变化来灵活调节生产工艺，没有配套的柔性化的物流系统是不可能达到目的的。20 世纪 90 年代，国际生产领域纷纷推出弹性制造系统(Flexible Manufacturing System，FMS)、计算机集成制造系统(Computer Integrated Manufacturing System，CIMS)、制造资源系统(Manufacturing Requirement Planning，MRP-Ⅱ)、企业资源计划(Enterprise Resource Planning，ERP)以及供应链管理的概念和技术，这些概念和技术的实质是要将生产、流通进行集成，根据需求端的需求组织生产，安排物流活动。因此，柔性化的物流正是适应生产、流通与消费的需求而发展起来的一种新型物流模式。这就要求物流配送中心要根据消费需求“多品种、小批量、多批次、短周期”的特色，灵活组织和实施物流作业。

另外，物流设施、商品包装的标准化，物流的社会化、共同化也都是电子商务下物流模式的新特点。

5.2.4 电子商务环境下物流业的发展

1. 我国电子商务下物流业的发展模式

1) 物流一体化

随着市场竞争的不断深化和加剧，企业建立竞争优势的关键，已由节约原材料的“第一利润源泉”、提高劳动生产率的“第二利润源泉”，转向建立高效的物流系统的“第三利润源泉”。

20 世纪 80 年代，西方发达国家，如美国、法国和德国等就提出了物流一体化的现代理论，应用和指导其物流发展取得了明显的效果，使他们的生产商、供应商和销售商均获得了显著的经济效益。美国十几年的经济繁荣期与该国重视物流一体化的理论研究与实践、加强供应链管理、提高社会生产的物流效率和物流水平是分不开的。亚太物流联盟主席、澳大利亚著名的物流专家指出：物流一体化就是利用物流管理使产品在有效的供应链内迅速移动，使参与各方的企业都能获益，使整个社会获得明显的经济效益。

所谓“物流一体化”就是以物流系统为核心的由生产企业、物流企业、销售企业，直至消费者供应链的整体化和系统化。它是物流业发展的高级和成熟的阶段。在这个阶段，物流业高度发达，物流系统完善，物流业成为社会生产链条的领导者和协调者，能够为社会提供全方位的物流服务。

物流一体化的发展可进一步分为三个层次：物流自身一体化、微观物流一体化和宏观物流一体化。物流自身一体化是指物流系统的观念逐渐确立，运输、仓储和其他物流要素趋向完备，子系统协调运作、系统化发展；微观物流一体化是指市场主体企业将物流提高到企业战略的地位，并且出现了以物流战略作为纽带的企业联盟；宏观物流一体化是指物流业发展到这样的水平：物流业占到国家国民总产值的一定比例，处于社会经济生活的主导地位，它使跨国公司从内部职能专业化和国际分工程度的提高中获得规模经济效益。

2) 第三方物流

第三方物流是指由物流劳务的供方、需方之外的第三方去完成物流服务的物流运作方式。第三方就是指提供物流交易双方的部分或全部物流功能的外部服务提供者。在某种意义上可以说，它是物流专业化的一种形式。

第三方物流随着物流业的发展而发展，同时也是物流专业化的重要形式。物流业发展到一定阶段必然会出现第三方物流的发展，而且第三方物流的占有率与物流产业的水平之间有着非常规律的相关关系。西方国家的物流业的实证分析证明，独立的第三方物流要占社会的 50%，物流产业才能形成。所以，第三方物流的发展程度反映和体现着一个国家物流业发展的整体水平。作为专业化、社会化的第三方物流的承担者就是物流企业。综观国内外物流业现状，物流企业种类繁多。介绍以下两种分类方法，相信对于认识和指导第三方物流是十分有益的。按照物流企业完成的物流业务范围的大小和所承担的物流功能，可将物流企业分为综合性物流企业和功能性物流企业。功能性物流企业，也可叫单一物流企业，即它仅仅承担和完成某一项或几项物流功能。按照其主要从事的物流功能可将其进一步分为运输企业、仓储企业、流通加工企业等。而综合性物流企业能够完成和承担多项甚至所有的物流功能。综合性物流企业一般规模较大、资金雄厚，并且有着良好的物流服务信誉。

在西方发达国家第三方物流的实践中有以下几点值得注意：第一，物流业务的范围不断扩大。一方面，很多机构和公司面对日趋激烈的竞争不得不将主要精力放在核心业务上，将运输、仓储等相关业务环节交由更专业的物流企业进行操作，以求节约和高效；另一方面，物流企业为提高服务质量，也在不断拓宽业务范围，提供配套服务。第二，很多成功的物流企业根据第一方、第二方的谈判条款，分析比较自身的操作成本和代理费用，灵活运用自理和代理两种方式提供客户定制的物流服务。第三，物流产业的发展潜力巨大，具有广阔的发展前景。

3) 第三方物流与物流一体化

物流一体化是物流产业化的发展形式,它必须以第三方物流充分发育和完善为基础。物流一体化的实质是一个物流管理的问题，即专业化物流管理人员和技术人员，充分利用专业化物流设备、设施发挥专业化物流运作的管理经验，以求取得整体最优的效果。同时，物流一体化的趋势为第三方物流的发展提供了良好的发展环境和巨大的市场需求。

从物流业的发展看，第三方物流是在物流一体化的第一个层次时出现萌芽的。但是这时只有数量有限的功能性物流企业和物流代理企业。第三方物流在物流一体化的第二个层次得到迅速发展，专业化的功能性物流企业和综合性物流企业以及相应的物流代理公司出现，发展很快。这些企业发展到一定水平，物流一体化就进入了第三个层次。

西方发达国家在发展第三方物流、实现物流一体化方面积累了较为丰富的经验。德国、美国、日本等先进国家认为，实现物流一体化，发展第三方物流，关键是具备一支优秀的物流管理队伍。要求管理者必须具备较高的经济学和物流学专业知识和技能，精通物流供应链中的每一门学科，整体规划水平和现代管理能力都很强。目前，在中国，第三方物流和物流一体化的理论为国有大中型企业带来一次难得的发展机遇和契机。即探索适合中国国情的第三方物流运作模式，降低生产成本，提高效益，加强竞争力。

2. 电子商务下物流业的发展趋势

电子商务时代，由于企业销售范围的扩大，企业和商业销售方式及最终消费者购买方式的转变，使得送货上门等业务成为一项极为重要的服务业务，促使了物流行业的兴起。物流行业即能完整提供物流机能服务，以及以运输配送、仓储保管、分装包装、流通加工等收取报偿的行业。主要包括仓储企业、运输企业、装卸搬运、配送企业、流通加工业等。信息化、全球化、多功能化和一流的服务水平，已成为电子商务下的物流企业追求的目标。

1) 多功能化——物流业发展的方向

在电子商务时代，物流发展到集约化阶段，一体化的配送中心不单单提供仓储和运输服务，还必须开展配货、配送和各种提高附加值的流通加工服务项目，也可按客户的需要提供其他服务。现代供应链管理即通过从供应者到消费者供应链的综合运作，使物流达到最优化。企业追求全面的、系统的综合效果，而不是单一的、孤立的片面观点。

作为一种战略概念，供应链也是一种产品，而且是可增值的产品。其目的不仅是降低成本，更重要的是提供用户期望以外的增值服务，以产生和保持竞争优势。从某种意义上讲，供应链是物流系统的充分延伸，是产品与信息从原料到最终消费者之间的增值服务。

在经营形式上，采取合同型物流。这种配送中心与公用配送中心不同，它是通过签订合同，为一家或数家企业(客户)提供长期服务，而不是为所有客户服务。这种配送中心有由公用配送中心来进行管理的，也有自行管理的，但主要是提供服务；也有可能所有权属于生产厂家，交由专门的物流公司进行管理。

供应链系统物流完全适应了流通业经营理念的全面更新。因为，以往商品经由制造、批发、仓储、零售各环节间的多层复杂途径，最终到消费者手里。而现代流通业已简化为由制造商配送中心而送到各零售点。它使未来的产业分工更加精细，产销分工日趋专业化，大大提高了社会的整体生产力和经济效益，使流通业成为整个国民经济活动的中心。

另外，在这个阶段有许多新技术，例如准时制工作法(Just In Time)。又如，销售时点信息管理系统(Point of Sale)，商店将销售情况及时反馈给工厂的配送中心；有利于厂商按照市场调整生产，以及同配送中心调整配送计划，使企业的经营效益跨上一个新台阶。

2) 一流的服务——物流企业的追求

在电子商务下，物流业是介于供货方和购货方之间的第三方，以服务作为第一宗旨。从当前物流的现状来看，物流企业不仅要为本地区服务，而且还要进行长距离的服务。因为客户不但希望得到很好的服务，而且希望服务点不是一处，而是多处。因此，如何提供高质量的服务便成了物流企业管理的中心课题。应该看到，配送中心离客户最近，联系最密切，商品都是通过它送到客户手中。美、日等国物流企业成功的要诀，就在于他们都十分重视客户服务的研究。

首先，在概念上变革，由“推”到“拉”。配送中心应更多地考虑“客户要我提供哪些服务”，从这层意义讲，它是“拉”(Pull)，而不是仅仅考虑“我能为客户提供哪些服务”，即“推”(Push)。如有的配送中心起初提供的是区域性的物流服务，以后发展到提供长距离服务，而且能提供越来越多的服务项目。又如配送中心派人到生产厂家“驻点”，直接为客户发货。越来越多的生产厂家把所有物流工作全部委托配送中心去干，从根本意义上讲，配送中心的工作已延伸到生产厂里去了。

如何满足客户的需要把货物送到客户手中，就要看配送中心的作业水平了。配送中心不仅与生产厂家保持紧密的伙伴关系，而且直接与客户联系，能及时了解客户的需求信息，并沟通厂商和客户双方，起着桥梁作用。如美国普雷兹集团公司(APC)是一个以运输和配送为主的规模庞大的公司。物流企业不仅为货主提供优质的服务，而且要具备运输、仓储、进出口贸易等一系列知识，深入研究货主企业的生产经营发展流程设计和全方位系统服务。优质和系统的服务使物流企业与货主企业结成战略伙伴关系(或称策略联盟)，一方面有助于货主企业的产品迅速进入市场，提高竞争力；另一方面则使物流企业有稳定的资源。对物流企业而言，服务质量和服务水平正逐渐成为比价格更为重要的选择因素。

3) 信息化——现代物流业的必由之路

在电子商务时代，要提供最佳的服务，物流系统必须要有良好的信息处理和传输系统。例如，美国洛杉矶西海报关公司与码头、机场、海关建立信息联网，当货从世界各地起运时，客户便可以从该公司获得到达的时间、到泊(岸)的准确位置，使收货人与各仓储、运输公司等做好准备，使商品在几乎不停留的情况下，快速流动、直达目的地。又如，美国干货储藏公司(D.S.C)有 200 多个客户，每天接受大量的订单，需要很好的信息系统。为此，该公司将许多表格编制了计算机程序,大量的信息可迅速输入、传输，各子公司也是如此。再如，美国橡胶公司(USCO)的物流分公司设立了信息处理中心，接受世界各地的订单。IBM公司只需按动键盘，即可接通 USCO 公司订货，通常在几小时内便可把货送到客户手中。良好的信息系统能提供极好的信息服务，以赢得客户的信赖。

在大型的配送公司里，往往建立了 ECR 和 JIT 系统。有了 ECR，就可做到客户要什么就生产什么，而不是生产出东西等顾客来买。通过 JIT 系统，可从零售商店很快地得到销售反馈信息。配送不仅实现了内部的信息网络化，而且增加了配送货物的跟踪信息，从而大大提高了物流企业的服务水平，降低了成本。成本一低，竞争力便增强了。

欧洲某配送公司通过远距离的数据传输，将若干家客户的订单汇总起来，在配送中心里采用计算机系统编制出“一笔划”式的路径最佳化“组配拣选单”。配货人员只需到仓库转一次，即可配好订单上的全部要货。

在电子商务环境下，由于全球经济的一体化趋势，当前的物流业正向全球化、信息化、一体化方向发展。

商品与生产要素在全球范围内以空前的速度自由流动。EDI与Internet的应用，使物流效率的提高更多地取决于信息管理技术，电子计算机的普遍应用提供了更多的需求和库存信息，提高了信息管理科学化水平，使产品流动更加容易和迅速。物流信息化包括商品代码和数据库的建立、运输网络合理化、销售网络系统化和物流中心管理电子化建设等，目前还有很多工作有待实施。可以说，没有现代化的信息管理，就没有现代化的物流。

4) 全球化——物流企业竞争的趋势

20世纪90年代早期，由于电子商务的出现，加速了全球经济的一体化，致使物流企业的发展达到了多国化。它从许多不同的国家收集所需要资源，再加工后向各国出口，如前面提及的台湾计算机业。

全球化的物流模式，使企业面临着新的问题，例如，当北美自由贸易区协议达成后，其物流配送系统已不是仅仅从东部到西部的问题，还有从北部到南部的问题。这里面有仓库建设问题，也有运输问题。又如，从加拿大到墨西哥，如何来运送货物，又如何设计合适的配送中心，还有如何提供良好服务的问题。另外一个困难是较难找到素质较好、水平较高的管理人员。因为有大量牵涉合作伙伴的贸易问题。如日本在美国开设了很多分公司，而两国存在着不小的差异，势必会碰到如何管理的问题。

还有一个信息共享问题。很多企业有不少企业内部的秘密，物流企业很难与之打交道。因此，如何建立信息处理系统、及时获得必要的信息，对物流企业来说是个难题。同时，在将来的物流系统中，能否做到尽快将货物送到客户手里，是提供优质服务的关键之一。客户要求发出订单后，第二天就能得到货物，而不是口头上说“可能何时拿到货物”。同时，客户还在考虑“所花费用与所得到的服务是否相称，是否合适”。

全球化战略的趋势，使物流企业和生产企业更紧密地联系在一起，形成了社会大分工。生产厂家集中精力制造产品、降低成本、创造价值，物流企业则花费大量时间、精力从事物流服务。物流企业的满足需求系统比原来更进一步了。例如，在配送中心里，对进口商品的代理报关业务、暂时储存、搬运和配送、必要的流通加工等从商品进口到送交消费者手中的服务实现一条龙。

本章小结

本章通过案例的引入，介绍了电子商务的定义、电子商务功能及主要类型、电子商务基本业务流程，在此基础上，重点详细介绍了现代物流与电子商务二者之间的关系，分别从物流是电子商务的重要组成部分、物流对电子商务的影响、电子商务环境下物流的特点和电子商务环境下物流业的发展四个方面进行了详细的分析介绍。

对现代物流与电子商务二者之间的关系，首先通过电子商务概念模型认识分析物流是电子商务的重要组成部分；其次介绍了物流对电子商务的影响，主要从物流是实现电子商务的保证及物流和配送是制约电子商务发展的瓶颈两个方面进行了分析；然后从物流信息化、物流自动化、物流网络化、物流智能化、物流柔性化五个方面介绍了电子商务环境下物流的特点；最后重点介绍了电子商务环境下物流业的发展，主要从我国电子商务下物流业的发展模式及电子商务下物流业的发展趋势两个大的方面进行了详细介绍。

本章最后通过案例阅读材料，更好地理解掌握现代物流与电子商务的相互关系。

背景知识

久凌公司的电子化物流

中外运(久凌)汽车运输有限公司是中外运集团内专业的陆上运输企业，主要经营国际物流、国内物流和汽车、零配件及检测仪器的进口及国内销售等其他汽车综合服务业务，同时配合集团海运、空运公司开展多式联运以及“门到门”运输。目前，久凌公司的部分公路营运车辆已经装备了全球卫星定位系统(GPS)和跟踪系统，部分仓库开始使用条形码等技术，并正与国际著名软件公司合作在全集团推广先进的仓储物流信息系统，逐步推进物流电子化。

1. 久凌物流电子化的进程——信息系统的建设历程

在公司的信息化建设方面，久凌公司主要建设了中外运陆上物流信息系统。1997年开始制订计划；1998年6月制订方案；1998年11月引进了美国移动卫星通信系统；1999年6月，完成物流信息系统方案设计初稿；1999年8月，开始物流软件开发；2000年3月，完成第一版软件开发测试；2000年6月，完成第二版软件开发测试；2000年9月，第三版软件应用开始，并提供网上查询。

2. 久凌物流信息系统的内容及其功能

久凌公司陆上信息管理系统包括两部分内容：仓库管理系统和车辆管理系统。

1) 仓库管理系统

这是由国内外成熟的仓库管理软件构成的先进的仓库管理信息系统，主要可以实现以下功能：

(1) 实行计算机管理。计算机能自动划分序位，实行先进先出。

(2) 能和货主实现EDI传输，接受货主的指令。

(3) 所有出库产品都经过扫描仪扫描，使对产品的管理精确到件、号和买主等信息。

(4) 可以进行数据的实时传输。在和客户有专线连接时，可以将数据在5~10分钟传到客户，使客户对产品实现实时管理。

2) 车辆管理系统

由中外运久凌快班车管理软件和中外运久凌全国车辆调度管理软件构成。

整个系统的特点为领先的物流信息管理系统，物流管理与物流操作分离的业务模式，全国物流销售与物流调度一体化控制，分区逐级互动协作关系，提供个性化客户指令录入和查询界面，可靠、高效的信息传递方式，系统不断升级。

3. 久凌物流信息系统应用的效果

1) 了解车辆运行情况

久凌公司的部分车辆安装了卫星定位系统，可以对车辆的运行情况进行了解。具体操作是在车的前端安装一个卫星定位系统的天线，这个天线不停地从GPS卫星上得到自己的位置，然后再把位置发送到卫星上，通信卫星把位置发送到网络管理中心，网络管理中心是久凌公司使用的外部资源，公司的调度中心通过拨号或通过专线可以得到车辆的位置；同样，司机和调度员也可以相互发信息，这样，就可以了解车辆的运行轨迹和情况。

2) 提高产品周转速度

通过信息系统的应用，久凌公司提高了产品的周转速度，更好地为客户提供服务。

在仓储方面，久凌公司把运作与客户需求紧密结合起来，通过仓库条码信息采集，使用扫描等信息技术了解产品进出货情况，保证厂家先来的产品先出；了解产品的销售状态，并且通知客户。客户通过久凌公司就可以知道货物在全国的布局情况，有助于实现资金周转的最大化、库存管理的最优化。

3) 全程货物查询

久凌公司目前以全国15个有储运能力的公司为中心，把全国划分为东北、华东、华北、华中、华南、西南和西北8个区域。在这些区域覆盖范围内，久凌公司就可以保证在48小时内将货物送达目的地，并能够提供全程货物查询服务，在北京、河北、河南、湖北、湖南和广东，久凌公司还按客户要求，提供“门到门”送货服务。

久凌公司电子物流的功能十分强大，能够实现系统之间、企业之间以及资金流、物流、信息流之间的无缝链接，帮助企业最大限度地控制和管理库存。今后的电子化物流将由于全面应用了客户关系管理、商业智能、计算机电话集成、互联网等先进的信息技术手段，以及配送优化、动态监控、智能交通、仓储优化配置等物流技术和物流模式，从而为久凌建立敏捷的供应链系统提供了强大的技术支持。

资料来源：现代物流与配送

现代物流给电子商务一个支点

如果电子商务能够成为21世纪的商务工具，它将像杠杆一样撬起传统产业和新兴产业，在这一过程中，现代物流产业将成为这个杠杆的支点。

世界上最大的网上书店——亚马逊网站可谓是电子商务领域的先锋，然而它也隐隐感到一个强有力对手的存在：零售业巨头沃尔玛也开始涉足网上销售，虽然沃尔玛只把它的网站当做信息浏览的窗口，并未大规模开展网上销售，但亚马逊已看到最大的挑战来自于沃尔玛拥有遍布全球的由卫星通信联起的商品配送体系。尽管沃尔玛网上业务开展的时间比亚马逊晚了 3 年，然而沃尔玛网上商店的送货时间却比亚马逊早了许多。亚马逊一旦意识到这个对手的可怕，立刻奋起直追，一改以零库存著称的商业作风，开始兴建大规模的储物仓库，并在全球分设配送中心，用物流体系的完善来为自己的网上销售锦上添花。

正是信息技术的进步，才使人们更加意识到物流体系的重要，现代物流产业的发展也才被提到日程上来。

物流体系的价值最早是在第二次世界大战中得到认识的，至今共经历了七次价值发现。所谓第七次价值发现是在 1997 年东南亚爆发经济危机之后，人们在分析和总结东南亚各国和各地区的情况时发现，以物流产业为重要支柱产业的新加坡、香港有较强的抗御经济危机的能力。例如，1998 年，受金融风波影响较大的马来西亚经济增长为-6.8%，泰国为-8.0% 东盟为-9.4%，与之相比较，香港情况较好，为-5.1%，而新加坡则实现了 1.5%的正增长。这个发现完善了现代物流不仅对于微观企业有着特别的意义，对于国家的经济发展也有非常重要的意义，物流发展水平已成为一个国家综合国力的重要体现。

第七次价值发现对于国家和企业来说都有着重要的启迪和借鉴作用。深圳市已决定投资 1 600 个亿规划 16 万平方公里土地，开发以综合物流中心基地为核心的新型产业开发区，从而在 21 世纪通过开发物流产业形成新的经济增长点。著名家电企业海尔集团已充分认识到物流对企业生存起决定性的作用，1999 年 9 月特别成立了物流重组和物流改革，并把物流能力定位为海尔集团的核心竞争力，从而达到以最低的物流总成本向客户提供最大附加值服务的战略目标。

用“成也配送，败也配送”来形容电子商务与物流的关系是再恰当不过了。国家经贸委贸易市场司副司长向欣说：“信息技术的发展与普及，正在改变过去的生产、交易以及生活方式，流通体制也发生了重大的变化，电子商务、连锁经营、电视直销等新的流通方式的逐步发展，对物流产业发展提出了更高的要求。”

当我们庆幸终于可以实现网上订货、网上支付的同时，也无可奈何地抱怨网上订了货、账单也被划掉，可是货却迟迟不来。为了送货，有的网站动用了 EMS，有的网站动用了快递公司，有的网站甚至打起了居委会大妈的主意。而这只是电子商务在网上购物过程中遭遇的尴尬。

再看看电子商务在企业供应链上的表现。众所周知的世界直销大王——戴尔电脑公司目前面临的最大问题也是物流方面的难题，在收到顾客的要货订单后，如何及时采购到计算机的各种零配件，计算机组装好了以后如何及时配送到顾客手上，这些都需要一个完整的物流系统来支持，而迅速成长起来的戴尔公司缺乏的也正是这个。正如海尔集团物流推进本部的周行先生所说，电子商务是信息传送保证，物流是执行保证。没有物流，电子商务只能是一张空头支票。

都说电子商务将成为企业决胜未来市场的重要工具，但如果没有现代物流体系做电子商务的支点，恐怕电子商务什么事也干不了。

物流市场争夺战已经打响。去年底，就已经有媒体用“撒网捞鱼”的比喻来形容物流市场的争夺之势。也难怪，不仅有科利华投资两个亿开通“中运网”和国家信息中心与中国交通运输协会投资200万开通“全国货运信息服务网”来争夺空车配载市场，也有东方红叶集团开通时空网来争夺网上购物的配送市场，更有专业物流企业如华运通有限公司来争夺专业物流市场，还有消息说，有的外资公司已与外资专业物流公司签约，从而完全自主控制其在中国市场上的配送——毕竟，对于以市场为生存之本的企业来说，控制物流就可以控制市场，所以物流市场主动权的争夺在所难免。

有人担心中国进入WTO以后，物流产业将成为中外投资者的竞争焦点，这种担心不无根据。我国目前的物流产业刚刚摆脱计划经济体制的束缚，走上市场化的道路，还谈不上体系，也谈不上规模。如果外资物流企业长驱直入，我国物流体系将受到严重冲击。中国仓储协会秘书长、华运通物流有限公司总经理沈绍基说：“到那时，我们将面临一个谁当主角的问题。这主角是中国企业？还是外资企业？还是合资企业？市场格局将会重新改写。”

日资背景的伊藤洋华堂已在北京扎下了根，其在日本的物流配送伙伴伊藤忠株式会社也跟随而至，并承担了其配送工作，这种由工业或商业企业与物流企业长期结盟进行物流配送的形式在日本相当普遍，几乎占到社会总物流量的80%。许多知名跨国企业如可口可乐、宝洁等要么拥有自己投资建立的完善物流体系，要么拥有长期的合作伙伴，如果他们以其拥有的方式进入中国市场，我们的企业将承受更大的市场压力。沈绍基在谈到中国物流如何迎接WTO挑战时说：“工业及商业企业必须立刻调整战略，把物流管理作为降低企业总成本的主要手段，把物流能力作为企业的核心竞争力；物流企业必须加快改制、改组、整合资源的速度，提升服务能力，加速实现网络化、规模化与国际物流水平接轨。”

物流产业被认为是国家的经济命脉，如何开放是个众人瞩目的问题。据悉，国家有关部门正在准备我国物流产业发展的总体规划和外商投资物流产业的有关政策，并选择具备条件的生产和专业物流企业进行试点，以推进现代物流产业的发展，这也是我国物流产业发展的大好时机。

资料来源：中华机械网

思考与练习

一、填空题

1. 从服务的角度看，电子商务是要满足________、________和________的愿望。
2. 电子商务是20世纪90年代在________、________等发达国家开始兴起的一个新概念。
3. B to B电子商务的基本形态有：________、________和________。
4. 电子商务实体是指能够从事电子商务的客观对象，它可以是________、________、

________和________等。

5．电子商务是 20 世纪信息化、网络化的产物，由于其日新月异的发展，已广泛引起了人们的注意。电子商务中的任何一笔交易，都包含着________流、________流、________和________流。

6．物流信息化表现为________、________、________、________等。

7．物流一体化的发展可分为：________、________和________三个层次。

8．第三方物流是指由物流劳务的________、________之外的第三方去完成物流服务的物流运作方式。

二、简答题

1．如何理解电子商务的概念？

2．电子商务的功能主要包括哪些？

3．电子商务运行的主要模式是什么？

4．电子商务的基本交易过程是怎样的？

5．电子商务概念模型的基本要素有哪些？

6．物流对电子商务的影响体现在哪些方面？

7．电子商务环境下物流的特点是什么？

8．电子商务下物流业发展的主要模式是什么？

三、论述题

电子商务下物流业的发展趋势？

【实践教学】

课程名称	电子商务与现代物流应用
目　的	1. 在电子商务网站上进行具体的网上购物，体会电子商务的业务流程 2. 了解电子商务环境下，物流企业是如何在网上开展物流、配送业务的
场地要求	多媒体网络实训室
实训内容	1. 学生上网查找一些典型电子商务网站及物流企业网站并进行网上购物 2. 学生查找典型电子商务网站及物流企业网站，了解它们的经营业务各自有什么特点 3. 了解物流企业是如何在网上开展物流、配送业务
教学组织及考核	1. 学生个人为主，教师进行具体指导 2. 学生根据实验内容完成实验报告

第 6 章 供应链管理

教学目标

通过本章学习，理解供应链的内涵、特征及基本模型，了解供应链从不同角度划分的基本类型；理解供应链管理的内涵、特征和目的，了解供应链管理的发展阶段和发展趋势；了解供应链管理的产生背景，在此基础上，理解供应链管理与传统管理的区别，掌握供应链管理的竞争优势，了解各行业的供应链实践；了解电子商务的发展现状及其与供应链管理的关系，了解在电子商务环境下我国供应链管理所面临的问题，掌握电子商务环境下供应链管理模式的构建。

教学要求

知识要点	能力要求	相关知识
供应链及供应链管理	(1) 掌握供应链的内涵、特征 (2) 理解供应链的具体结构模型 (3) 掌握供应链管理的内涵、特征和目的 (4) 了解供应链管理的发展趋势	(1) 供应链概述 (2) 供应链管理概述
供应链管理的竞争优势	(1) 理解供应链管理与传统管理模式的区别 (2) 理解供应链管理的几大竞争优势 (3) 了解各行业供应链实践	(1) 供应链管理的产生背景 (2) 供应链管理与传统管理的区别 (3) 供应链管理与传统管理模式的区别 (4) 供应链管理的竞争优势 (5) 各行业的供应链实践
电子商务与供应链管理	(1) 理解电子商务与供应链管理的关系 (2) 理解电子商务环境下我国供应链管理发展所面临的问题 (3) 掌握电子商务环境下供应链管理发展的几种模式	(1) 电子商务的概念和基本模式 (2) 电子商务对供应链管理的影响 (3) 基于电子商务的供应链管理原理 (4) 电子商务环境下我国供应链管理所面临的主要问题 (5) 电子商务环境下供应链管理模式的构建

案例导入

宝洁与沃尔玛演绎供应链管理四字箴言

20 世纪 80 年代初，美国宝洁公司接到密苏里州圣路易市一家超级市场的要求，说能不能自动补充架子上的产品，不必每次再经过订货的手续，只要架子上一卖完，新货就到，可以每月付一张货款的支票。宝洁公司的经理经过筹划，把两家公司的计算机连起来，做出一个自动连续补充商品的雏型系统，结果试用良好，两家公司不必要为产品的补充而发愁了。由此，自动化的供应链管理也就从此开始了。

20 世纪 80 年代中期，宝洁公司把“商品连续补充”系统扩大，向他们下游的经销商和日用品销售商推销这个系统，以让双方获利。当时，有两家大型百货零售连锁店试用，其中一家就是沃尔玛。随后，沃尔玛买了宝洁公司的“商品连续补充”系统，然后充分运用系统的特点，致使企业发展到今天，已经成为拥有 4400 家大卖场的全球最大百货零售企业。现在，宝洁公司的产品占了沃尔玛商品的 17%，而且还在继续增长，而宝洁公司这套系统理念，也就成了供应链管理的准则了。

C，P，F，R 四字箴言

宝洁公司与沃尔玛的合作，改变了两家企业的营运模式，实现了双赢。与此同时，他们合作的四个理念，也演变成供应链管理的标准。这四个理念可以用四个字母代表，C(Collaboration 合作)，P(Planning 规划)，F(Forecasting 预测)和 R(Replenishment 补充)。

“C”——合作

不是两家企业普通买卖关系的合作，而是为同一目标、创造双赢的合作。零售商店不存货，而把存货推给供货商、增加供货商的成本，就不叫合作。如果零售商与供货商共同以零售店顾客的满意为最高目标，来通力合作，就可让双方都成为赢家。这样的合作是长期的、开放的，而且要共享彼此信息，双方不但在策略上合作，在营运的执行上也要合作。双方先要协议对对方信息的保密，制定解决争端的机制，设定营运的监控方法以及利润分配的策略。双方的目标是，在让销售获得最大利润的同时，缩减成本与开销。

“P”——规划

供应链管理源于日用品的零售，当初并没有 P，以后因为有别的行业应用，认为有把 P 纳入的必要。P 是规划，两家企业合作，要规划的事很多。在营运上有产品的类别、品牌、项目；在财务上有销售、价格策略、存货、安全存量、毛利等。双方在这些问题上的规划，可以维系共同目标的实现。另外，双方可以对产品促销、存货、新产品上架、旧产品下架等一些事情进行共同规划。

“F”——预测

对销售的预测，双方可有不同的看法、不同的资料。供货商可能对某类商品预测的准确，而零售商店可以根据实际销售对某项商品预测的准确，但双方最后必须制订出大家都同意的预测方式。系统可依据原始信息，自动做出基础性的预测，但是季节性、时尚性的变化，以及促销活动、顾客的反应，都会使预测出现变化。双方预先要制定好规则，来研讨并解决预测可能产生的差异。

“R”——补充

补充是供应链管理的重要程序。销售预测，可以换算成为订单预测，而供货商的接单处理时间、待料时间、最小订货量等因素，都需要列入考虑范围之内。货物的运送，也由双方合作进行。零售商订货，应包括存货比率、预测的准确程度、安全存量、交货时间等因素，而且双方要经常评估这些因素。在补充程序上，双方要维持一种弹性空间，以共同应对危机事宜。成功的补充程序，是供货商经常以少量的货品供应零售商，用细水长流的方式，减低双方存货的压力。

沃尔玛快速成长

供应链管理的高度运用，使沃尔玛快速成长，即使是在经济不景气时期，仍能立于不败之地。有历史学者认为，自从19世纪标准石油公司以来，沃尔玛是影响美国经济最有力的一家企业，他持续维持低价的日用品，对稳定美国通货膨胀起到了一定的积极作用。沃尔玛几乎什么都卖。截至2005年，沃尔玛在美国有传统连锁店1 702家、超市952家、“山姆俱乐部”商店479家、“街区市场”杂货店20家，另外，在其他国家还有1 088家连锁店，组成了一个威力无比的“沃尔玛帝国”。沃尔玛商店出售的物品从家用杂货、男女服装、儿童玩具，到饮食、家具等，无所不包。

资料来源：http://www.xzyunbao.com

著名供应链管理专家马丁·克里斯多弗曾说：“市场上只有供应链没有企业”，“真正的竞争不是企业与企业之间的竞争，而是供应链和供应链之间的竞争”。随着经济全球化的到来，用户需求和经济不确定性日益增加，任何一个企业只有建立有效的供应链系统才能取得市场竞争的主动权。本章在介绍供应链和供应链管理的基础知识及分析供应链管理的竞争优势等知识点的基础上，结合当前的供应链管理实践，介绍电子商务环境下供应链管理的特点以及我国供应链管理所面临的问题，最后提出电子商务环境下供应链管理模式的构建。

6.1 供应链及供应链管理

6.1.1 供应链概述

1. 供应链的内涵

“供应链”一词源于英文“Supply Chain”，也有人称其为“供应链锁”。要准确理解供应链的内涵，就必须从价值链谈起。1985年，哈佛商学院教授迈克尔·波特提出了价值链分析方法，以价值链分析作为一种寻求企业竞争优势的工具，广为运用。价值链理论告诉我们，企业与企业的竞争，不只是某个环节的竞争，而是整个价值链的竞争。随着价值链理论的推广应用以及对其深入的研究，“产业链”“营销链”“供应链”“服务链”“需求链”“利润链”等概念陆续推出，形成一个庞大的“链式家族”。

关于供应链的定义，到目前为止并没有统一的解释，还存在多角度的定义。如早期的观点认为供应链是生产企业中的一个内部过程，从企业内部采购原材料开始，通过生产转换和销售等活动，一直到零售商和用户的一个过程。到了 20 世纪 80 年代，供应链的内涵才得到很大的发展。供应链所涉及的不再仅仅是企业的内部活动，而是涵盖了企业的整个价值创造活动。它所涉及的范围也不仅仅是企业与其供应商之间的关系，而是横跨整个价值链过程。到了当前的 21 世纪，供应链的概念开始转向以核心企业为中心的网链关系，如核心企业与供应商、供应商的供应商乃至与一切上游企业的关系，与用户、用户的用户及一切下游企业的关系。

比较不同时间段出现的种种解释，针对当前的供应链实践，我们可以认为供应链其实就是由供应商、制造商、仓库、配送中心、经销商和用户等构成的物流网络。同一企业可能构成这个网络的不同组成节点，但更多的情况下是由不同的企业构成这个网络中的不同节点。比如，在某个供应链中，同一企业可能既在制造商、仓库节点，又在配送中心节点等占有位置。在分工越细、专业要求越高的供应链中，不同节点基本上由不同的企业组成。在供应链各节点企业间流动的原材料、在制品库存和产成品等就构成了供应链上的货物流。

从以上对供应链的种种解释中我们可以发现，供应链主要涉及以下几方面的内容：

(1) 供应链包含了所有加盟的节点企业，从原材料的供应开始，经过链中不同企业的制造加工、组装、分销等过程直到最终用户为止。

(2) 供应链通过对信息流、物流、资金流的控制，实现整条链的增值，给各节点企业带来收益，实现多赢。

(3) 在整条供应链中，每个节点企业既可能是其客户的供应商，又可能是其供应商的客户，每个节点形成需求和供应的关系。

2. 供应链的结构模型

作为运作过程中的供应链，一般都会有一个企业处于主导地位，进行供应链的设计、管理和实施，以实现整条供应链上各节点企业间的多赢合作，最终达到综合资源的最优配置。在此，这个处于主导地位的企业就被称为供应链的核心企业。由此，供应链就是围绕核心企业，通过对信息流、物流和资金流的控制，把供应商、制造商、分销商、零售商和用户连接成一个整体的网链结构模式，如图 6.1 所示。

从图 6.1 供应链结构模型可以看出，供应链由所有加盟的节点企业组成，其中一般有一个核心企业(可以是产品制造企业，也可以是大型零售企业)，节点企业在需求信息的驱动下，通过供应链的职能分工与合作，以资金流、物流和信息流为媒介实现整个供应链的不断增值。

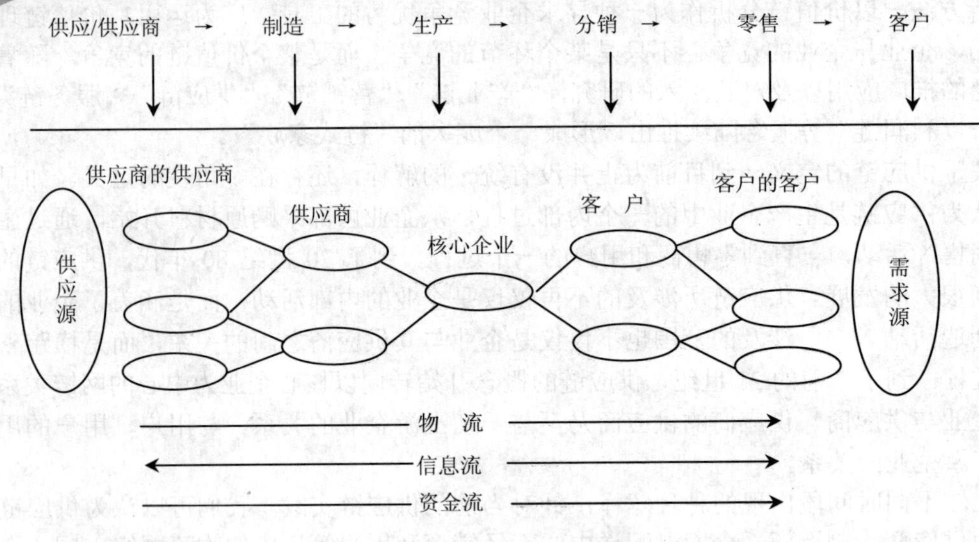

图 6.1 供应链的网络结构模型

3. 供应链的基本特征

从供应链的内涵和网链结构来分析，供应链主要体现以下特征。

(1) 复杂性。因为供应链节点企业组成的跨度(层次)不同，供应链往往由多个、多类型甚至多国企业构成，所以供应链结构模式比一般单个企业的结构模式更为复杂。由此，形成供应链结构时，要注意各节点企业目标的协调一致性，节点企业的数量要做到少而精。

(2) 动态性。供应链是一个动态的系统，随时间而不断地变化。这是因为在整条供应链中，不仅顾客需求和供应商能力随时间而变化，而且供应链成员之间的关系也会随时间而变化。比如，随着顾客购买力的提高，供应商和制造商均面临着更大的压力来生产更多品种更具个性化的高质量产品，进而最终生产定制化的产品。

(3) 面向用户需求。供应链的形成、存在、重构，都是基于一定的市场需求而发生，并且在供应链的运作过程中，用户的需求拉动是供应链中信息流、物流、资金流运作的驱动力。因此，准确、及时、有效地搜索用户需求信息，并快速、高效地满足用户需求，就是供应链管理的主要目标。

(4) 交叉性。根据市场环境和产品特点，节点企业会存在于不同的供应链系统中，也就是说节点企业可以是这个供应链的主体，同时又可能是另一个供应链的主体，众多的供应链形成交叉结构，这样明显会增加了协调管理的难度。

4. 供应链的基本类型

1) 根据产品的类别划分供应链的类型

通过判断需求及供应的不稳定性程度，产品通常分为两种：功能型产品和创新型产品。

从需求这一端来看，对功能型产品的需求是稳定的。而创新型产品的生命周期短暂，需求难以预测，比如时装、计算机游戏、高端计算机等都属于这一类产品。从供应这一端来看，也有两种类型，一种是稳定的，一种是变化的。稳定的供应背后，是成熟的制造流程和技术、完备的供应基地。而在变化的供应背后，制造流程和技术都处于早期开发阶段，处于迅速变化的时期，而供应商可能在数量和应对需求变化的经验上都有限。因此，企业在确定了自己的产品需求和供应两端各自属于哪一种类型之后，就需要不同类型的供应链满足本企业的运作需要，具体如下所述。

(1) 高效型供应链。具备稳定供应流程的功能型产品，就是追求规模经济，应用最佳技术，将产能和分销能力都发挥到最大限度。同时，企业还必须重视与供应链中的各方保持有效、准确的信息沟通。如丰田汽车就属于这一类型的供应链，它的特性是遵循精益原则。因为精益原则能够帮助公司获得制造和供应链的高效性，同时消除不能够增加价值的行为。

(2) 风险规避型供应链。针对供应流程变化不定的功能型产品，需要通过弹性设计或者共同经营和共享资源来减轻因供应不稳定而带来的风险。如诺基亚就是这一类型的供应链。2000 年，飞利浦的半导体工厂突发大火，RFC 芯片供应中断，诺基亚迅速改变了芯片的设计，利用飞利浦在荷兰和新加坡的工厂，得到足够的芯片供应。

能力共享是应对供应不稳定的一个有力方式。比如与其他公司共同拥有缓冲库存，设立多家供应商，或者利用分销商的库存能力来减少供应风险等。

(3) 响应型供应链。针对具备稳定性供应流程的创新型产品，比如 PC 或者笔记本电脑公司的供应链，需要快速和灵活地满足多样且多变的顾客需求，就是这一类型的供应链。惠普、思科等公司都建立起了响应型的供应链，公司通过按订单生产或者大规模定制来达到快速响应。

(4) 敏捷型供应链。针对供应流程变化不定的创新型产品，这种类型的供应链结合了第二种和第三种供应链的长处，它对于顾客的需求反应迅速而且灵活，同时也通过共享库存或者其他的能力资源规避了风险。如全球领先的可编程逻辑解决方案生产商赛灵思公司，就是依靠这一类型供应链赢得竞争。它与铸造工厂结成紧密的合作伙伴关系，对方负责为其制作晶片并将之存在芯片仓库中。当从顾客订单中得知有对于特殊芯片的需求后，赛灵思就会运送裸片(由晶片组成)到韩国和菲律宾的合作伙伴处做最后的测试和组装。

2) 根据动力来源划分供应链的类型

(1) 推式供应链。推式供应链的运作是以产品为中心，以生产制造商为驱动原点，这种传统的推式供应链是以生产为中心，提高生产率，降低单件产品成本来获得利润。通常，生产企业根据自己的 MRP-Ⅱ/ERP 计划来安排从供应商处购买原材料，生产出产品，并将产品经过各种渠道，如分销商、批发商、零售商一直推至最终用户。在这种供应链上，生产商对整个供应链起主导作用，是供应链上的核心或关键成员，而其他环节如流通领域的企业则处于被动的地位，这种供应链方式的运作和实施相对较为容易。

然而，由于生产商在供应链上远离客户，对客户的需求远不如流通领域的零售商和分销商了解得清楚，这种供应链上企业之间的集成度较低，反映速度慢，在缺乏对客户需求了解的情况下生产出的产品和驱动供应链运作的方向往往是无法匹配和满足客户需求的。

同时，由于无法掌握供应链下游，特别是最末端的客户需求，一旦下游有微小的需求变化，反应到上游时这种变化将被逐级放大，这种效应被称为牛鞭效应。为了对付这种牛鞭效应，相应下游，特别是最终段客户的变化，在供应链的每个节点上，都必须采取提高安全库存量的办法，需要储备较多的库存来应付需求变动，因此，整个供应链上的库存较高，响应客户需求变化较慢，传统的供应链几乎都属于这种，如图 6.2 所示。

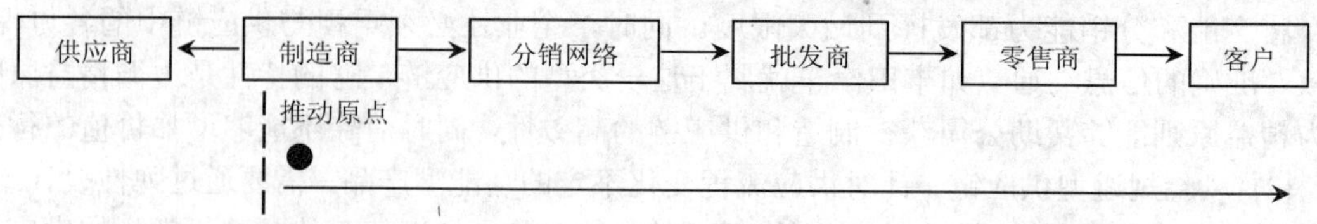

图 6.2　推式的供应链

(2) 拉式供应链。拉式供应链的理念是以顾客为中心，通过对市场和客户的实际需求以及对其需求的预测来拉动产品的生产和服务。因此，拉式供应链需要整个供应链能够更快地跟踪、甚至超前于客户和市场的需求，来提高整个供应链上的产品和资金流通的效率，减少流通过程中不必要的浪费，降低成本，提高市场的适应力，特别是对下游的流通和零售行业，更是要求供应链上的成员间有更强的信息共享、协同、响应和适应能力。例如，目前发达国家采用协同计划、预测和补货(CPFR)策略和系统，来实现对供应链下游成员需求拉动的快速响应，使信息获取更及时，信息集成和共享度更高，数据交换更迅速，缓冲库存量及整个供应链上的库存总量更低，获利能力更强等。该供应链虽然整体绩效表现出色，但对供应链企业的管理和信息化程度要求较高，对整个供应链的集成和协同运作的技术和基础设施要求也较高。

以计算机公司为例，其对计算机市场的预测和计算机的订单是企业一切业务活动的拉动点，生产装配、采购等的计划安排和运作都是以它们为依据和基础进行的，这种典型的面向订单的生产运作可以明显地减少库存积压以及个性化和特殊配置需求，并加快资金周转。但是，这种供应链的运作和实施相对较难，如图 6.3 所示。

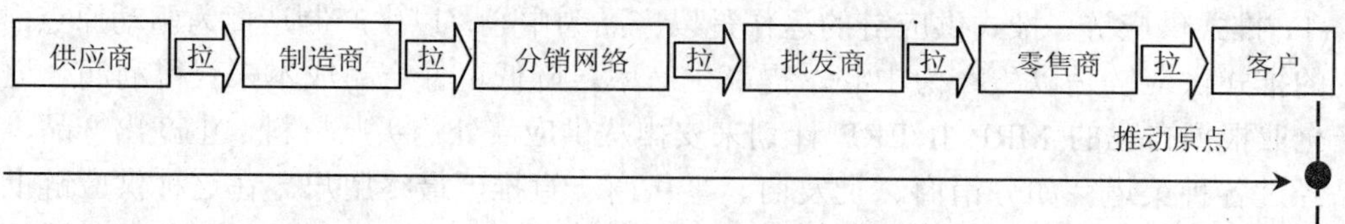

图 6.3　拉式的供应链

实际上对于有些业务流程来说，有时推式和拉式方式共存。如戴尔计算机公司的 PC 生产线，既有推式运作又有拉式运作，其 PC 装配的起点就是推和拉的分界线，在装配之前的所有流程都是推式流程，而装配和其后的所有流程是拉式流程，完全取决于客户订单。这种推拉共存的运作对制订有关供应链设计的战略决策非常有用。例如，供应链管理中的延迟生产策略就很好地体现了这一点，通过对产品设计流程的改进，使推和拉的边界尽可能后延，便可有效地解决大规模生产与大规模个性定制之间的矛盾，在充分利用规模经济的同时实现大批量客户化生产。

3) 根据供应链的形状划分供应链的类型

(1) 直线型供应链。直线型供应链是一种最简单的供应链结构，即每一个节点成员只与一个上游成员和一个下游成员相连接，这样连接而成的供应链，它在企业外部供应链、产业链和全球网络供应链中较少出现，较常见的是在企业内部和动态企业联盟中，如图 6.4 和图 6.5 所示。动态企业联盟供应链的直线型结构常常是由于市场的某种需求机会而产生的、临时满足这些需求的企业动态组织联盟，一旦需求得到满足消失之后，这种供应链也就不复存在，而随着新的需求机会出现还将产生新的动态企业联盟。

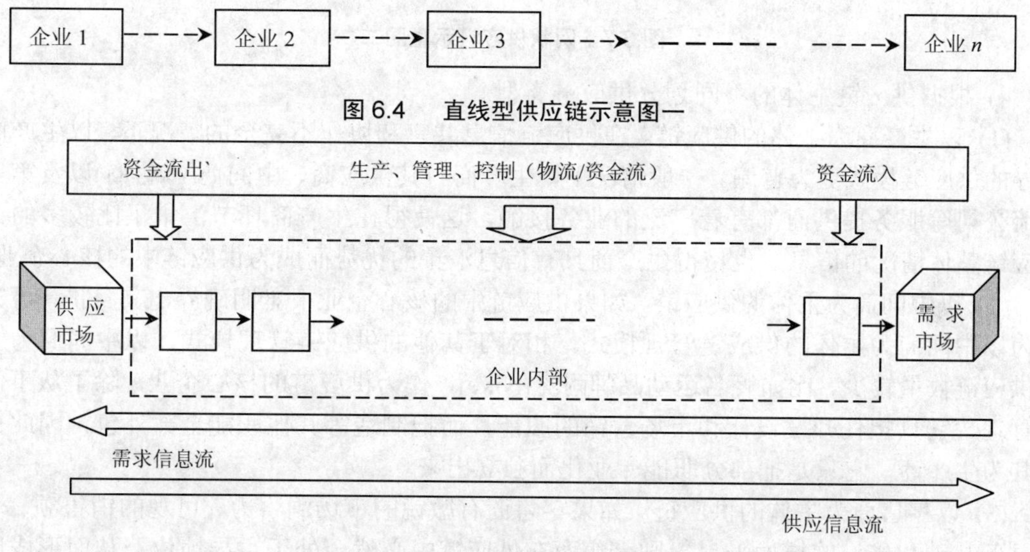

图 6.4　直线型供应链示意图一

图 6.5　直线型供应链示意图二

(2) 网状型供应链。网状型供应链多存在于产业供应链和全球网络供应链中，这种结构中的每一个节点成员至少与一个上游成员和一个下游成员相连接，这样连接而成的供应链是一个网状型的供应链，每一个环节上都有至少一个或多个供应链成员，如果在某一环节上只有一个成员，则该成员一定是这个供应链上的核心成员，它对整条供应链将起到重要的作用，如图 6.6 和图 6.7 所示。

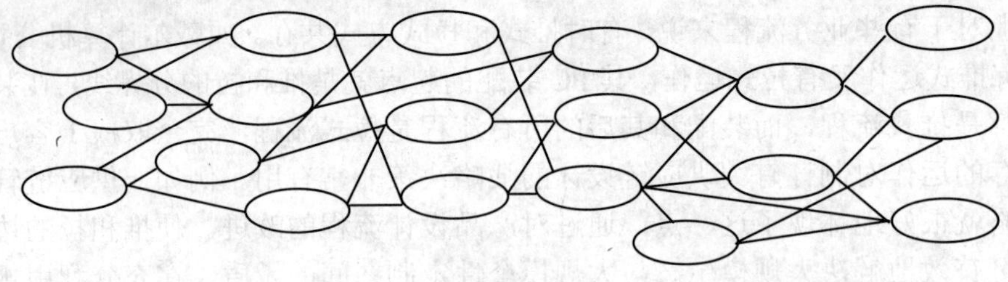

图 6.6　网状供应链示意图一

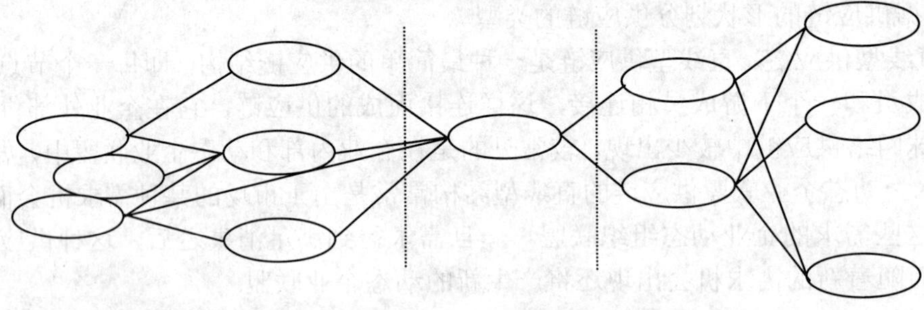

图 6.7　网状供应链示意图二

4) 根据供应链主体的不同划分供应链类型

(1) 以生产商为主体的供应链。在供应链信息共享和协作不完全的情况下，以生产商为主导的供应链模式更为普遍。一般情况下，生产商与其供应商、中间商(零售商)以及第三方物流公司等服务提供商都有着广泛的业务接触，这使得在生产商环节汇集了比较多的关于供应链整体情况的信息，也使得生产商具有信息汇集的优势而成为供应链中的核心企业。

(2) 以中间商为主体的供应链。如果供应链中的核心企业很难明确界定其身份，可笼统称为以中间商为主体的供应链管理模式。相对于其他的供应链管理模式，以中间商为主导的供应链数量较少。比如著名运动品牌耐克(Nike)，作为供应链的核心企业，除了从事供应链管理，它只担任开发设计和市场营销的职能，而把制造等其他职能全部外包，因此很难称其为生产商，它只是把部分职能专业化而独立出来。

(3) 以零售商为主体的供应链。如果零售商有敏锐的市场洞察力、可观的销售额、深厚的财务基础和先进的技术平台，则零售商在供应链中必然会处于主导地位，从而形成以零售商为主体的供应链。零售商的业态很多，如百货商场、超市、便利店、专卖店和网上零售店等。

6.1.2　供应链管理概述

1. 供应链管理的内涵

供应链管理(Supply Chain Management，SCM)是指利用计算机网络技术全面规划供应链中的商流、物流、信息流、资金流等，并进行计划、组织、协调与控制。它是在 20 世纪 80 年代后期由咨询业界提出来的，一经提出，便得到管理业界广泛的关注。由于供应链管理将企业管理者的目光从传统的关注企业内部管理扩大到关注整条产业链的管理，这使人们认识到，现在企业间的竞争，不再仅仅是两个企业之间的竞争，而是供应链与供应链之间的竞争。供应链管理具体内容包含了以下几方面。

(1) 供应链管理把产品在满足客户需求的过程中对成本有影响的各个成员单位都考虑在内了，包括从原材料供应商、制造商到仓库，再经过配送中心到经销商。不过，实际上在供应链分析中，有必要考虑供应商的供应商以及顾客的顾客，因为它们对供应链的业绩也是有影响的。

(2) 供应链管理的目的在于追求整个供应链的整体效率和整个系统费用的有效性，总是力图使系统总成本降至最低。因此，供应链管理的重点不在于简单地使某个供应链成员的运输成本达到最小或减少库存，而在于通过采用系统方法来协调供应链成员以使整个供应链总成本最低，使整个供应链系统处于最流畅的运作中。

(3) 供应链管理是围绕把供应商、制造商、仓库、配送中心和经销商有机结合成一体这个问题来展开的，因此它包括企业许多层次上的活动，包括战略层次、战术层次和作业层次等。

研究表明，有效的供应链管理总是能够使供应链上的企业获得并保持稳定持久的竞争优势，进而提高供应链的整体竞争力。从统计数据显示来看，供应链管理的有效实施可以使企业总成本下降 20%左右，供应链上的节点企业按时交货率提高 15%以上，订货到生产的周期时间缩短 20%～30%，供应链上的节点企业生产率增值提高 15%以上。越来越多的企业已经认识到实施供应链管理所带来的巨大好处，比如 HP、IBM、DELL 等企业在供应链管理实践中取得的显著成绩就是证明。

2. 供应链管理的特征

在国内，很多人把供应链管理与传统的物流管理混为一谈。事实上，供应链管理由三部分组成：供应管理(供应商部分)、运营管理(公司内部管理)、物流管理(客户端)。简单地说，供应链管理就是从供应商处采购(供应管理)、在内部进一步增值(运营管理)、再递送给客户(物流管理)。与物流管理相比较，供应链管理体现了以下的特点。

1) 范围不同

供应链管理把供应链中所有节点的企业都看做一个整体，包括从原材料供应商、制造商到仓库再经过配送中心到经销商。由此可见，供应链管理不仅要考虑物流管理，还涉及资金、信息等方面。从原材料的采购到最终用户的供应链管理包含物流管理，供应链管理不仅要考虑物流管理，还要考虑资金、能源及信息等诸多方面。

2) 层次不同

从概念来看，供应链管理是从物流管理的基础上发展起来的，通过对企业运作过程中的信息、资金、实物的功能整合形成了供应链管理的概念。因此，供应链管理的概念涵盖了物流管理的概念，物流管理相当于是供应链管理中的一个部分。从实际操作来看，供应链管理主要采用集成的思想和方法，使物流从战术的层次提高到战略高度。

3) 一体化方向不同

物流管理主要是通过对企业组织内部的功能整合，主要侧重于内部一体化。而供应链管理通过各节点企业间的协作，以实现多赢为目标，以清晰的成本核算和控制为过程，达到整体资源的最优配置，其更侧重于外部一体化。

3. 供应链管理的发展阶段

从 20 世纪 80 年后期开始，物流管理的发展就进入到供应链管理时代，一直到现在，整个发展阶段基本可以分为四个阶段。

1) 1960—1970 年，供应链管理处于萌芽阶段

在这阶段，供应链管理还只处于萌芽状态。供应链，更确切地说还只能称之为业务链，链上的每个成员的管理理念基本上都是“为了生长而管理”，企业之间的竞争是产品在数量和质量上的竞争，企业间的业务协作是以“本位主义”为核心的，即使在企业内部，其组织结构也是以各自为政的职能化或者区域性的条条框框为特征。此时，供应链上各成员之间的合作关系极为松散。这种“为生产而管理”的导向使供应链成员之间时常存在利益冲突，阻碍了供应链运作和管理的形成。在理论研究界，供应链管理也只是停留在开始探索和尝试的阶段，因而无法对供应链管理提出较为完善的管理理念和指导思想。

2) 1980—1990 年，供应链管理处于初步阶段

20 世纪 80 年代，在理论研究界的不断探索下，供应链管理的理念已经形成了基本的雏形，并开始指导企业进行初步的实践。在此阶段，企业已开始认识到最大的机会存在于企业之外，例如，应该为市场生产什么产品？从哪里获得原料？哪里进行加工生产？通过什么样的销售渠道等。

但在初期，供应链的运作多局限于企业内部，即使开展到了外部，也由于供应链中的各个企业的经营重点仍是注重企业的独立运作，时常忽略与外部供应链成员企业的联系。因此，在供应链上仍然存在着企业之间的目标冲突，无法从整个供应链的角度出发来实现供应链的整体优势，从而导致供应链管理的绩效低下，尚无法实现供应链的运作和从供应链向价值链的根本突破。

3) 1990—2000 年，供应链管理处于形成阶段

这一阶段，供应链管理无论是在理论上还是在实践应用上都有了突飞猛进的发展。企业开始将竞争重点转向市场和客户，更加注重在全球范围内利用一切能够为己所用的资源，为了进一步挖掘降低产品成本和满足客户需求的潜力，企业纷纷将目光从管理企业内部生产过程转向产品生命周期中的供应环节和整个供应链系统，渐渐认识到客户与产品之间的关联是供应链上增加生存能力和获利能力的一种有效方法。因此，供应链管理逐渐受到高度的重视。特别是在 20 世纪 90 年代末，强调建立合作伙伴关系和协调供应链运作的理论，以及因特网和电子商务及其相关技术的出现和发展更为供应链管理提供了指导和支持，使供应链管理又一次发生了重大的变化，实现了一个新的飞跃。

4) 21 世纪初期，供应链管理进入成熟和全面发展阶段

进入 21 世纪后，基于 Internet 的供应链系统在发达国家已得到了较为广泛的应用。电子商务的出现和发展是经济全球化和网络技术创新的结果，它彻底地改变了供应链上原有的物流、信息流、资金流的交互方式和实现手段，能够充分利用资源、提高效率、降低成本、提高服务质量。许多企业开始把它们的努力进一步集中在供应链成员之间的协同，特别是与下游企业业务间的协同上，如供应商管理库存、合作、预测与供给，协同计划、预测与补给等模式。这一时期的供应链管理在计划和决策上特别强调的是：实时的可视性和前向的可预见性；能够合理地确定链上业务的优先级，优化定位所需的资源；对管理目标给出应对策略，考虑可能的资源替代并评估风险，估算将给下游价值链所造成的影响，以使整个供应链都取得最理想的目标效益。

在我国，目前供应链管理尚处于起步阶段，虽然少数大型企业如海尔、联想、华为等实施了供应链管理，但真正带动起整个产业的供应链，实现整条供应链的协同运作还有待时日，需要经过一段较长的时期和一个渐进的和不断改进的过程。

4. 供应链管理的目的

关于供应链管理的目的，一种比较经典的说法是在供应链上，企业“用合适的质量、在合适的地方、合适的时间、用最低的成本生产合适的产品”。

(1)“合适的质量”指的是满足目标产品在使用过程中应该具有的质量指标。如果达不到这样的质量指标，产品就不会符合市场的要求，就不能满足消费者的需要。如果质量超过了这个指标，那么该产品的过剩质量就不会充分发挥其作用，造成生产企业的资源浪费。

(2)“合适的地方”指的是在新产品开发立项时就应充分考虑的各种环境因素和项目选址等情况。因为这些因素和情况在很大程度上左右着新产品开发的费用，甚至决定着所开发的新产品的市场前景。

(3)“合适的时间”指的是企业应该根据产品的种类和性质以及产品的市场情况，决定何时生产，生产多少。如果生产早了多了就会增加产品库存压力(特别是普通常规产品)，增加成本费用，还会增加市场风险。如果生产晚了少了就有可能造成断货，丧失市场机会，增加机会成本。

(4)“合适的产品”当然指的是符合市场需求、满足消费者需要的产品。这就要求企业应该有灵通便捷的市场信息渠道，及时了解市场的供求信息，及时淘汰旧产品，不断开发满足消费者需求的新产品。否则，企业的技术、效率、努力等都无法转化为效益，失去企业生存的条件。

(5)“最低的成本”指的是在保证产品应有的性能、质量的前提下所能达到的最低成本。

5. 供应链管理的发展趋势

供应链管理是迄今为止企业物流发展的最高级形式，虽然供应链管理非常复杂，且动

态、多变，但众多企业已经在供应链管理的实践中获得了丰富的经验并取得了显著的成效。从当前的发展现状来看，供应链管理正朝以下趋势发展。

1) 时间与速度

越来越多的公司认识到时间与速度是影响市场竞争力的关键因素之一。比如，在 IT 行业，国内外大多数 PC 制造商都使用 Intel 的 CPU，因此，如何确保在第一时间内安装 Intel 最新推出的 CPU 就成为各 PC 制造商获得竞争力的自然之选。因此，在供应链环境下，时间与速度已被看做是提高企业竞争优势的主要来源，一个环节的拖沓往往会影响整个供应链的运转。供应链中的各个企业通过各种手段实现它们之间物流、信息流的紧密连接，以达到对最终客户要求的快速响应、减少存货成本、提高供应链整体竞争水平的目的。

2) 质量与资产生产率

供应链管理涉及许多环节，需要环环紧扣，并确保每一个环节的质量。任何一个环节，比如运输服务质量的好坏，就将直接影响到供应商备货的数量、分销商仓储的数量，进而最终影响到用户对产品质量、时效性以及价格等方面的评价。当前，越来越多的企业信奉物流质量创新正在演变为一种提高供应链绩效的强大力量，制造商越来越关心它的资产生产率。改进资产生产率不仅仅是注重减少企业内部的存货，更重要的是减少供应链渠道中的存货。供应链管理发展的趋势要求企业开展合作与数据共享以减少在整个供应链渠道中的存货。

3) 组织精简

供应链成员的类型及数量是引发供应链管理复杂性的直接原因。在当前的供应链发展趋势下，越来越多的企业开始考虑减少物流供应商的数量，并且这种趋势非常明显与迅速。比如，跨国公司客户更愿意将它们的全球物流供应链外包给少数几家，理想情况下最好是一家物流供应商。因为这样不仅有利于管理，而且有利于在全球范围内提供统一的标准服务，更好地显示出全球供应链管理的整体优势。

4) 客户满意度

越来越多的供应链成员开始真正地重视客户服务与客户满意度。传统的量度是以“订单交货周期”“完整订单的百分比”等来衡量的，而目前更注重客户对服务水平的感受，服务水平的量度等。客户服务的重点转移的结果就是重视与物流公司的关系，并把物流公司看成是提供高水平服务的合作者。

6.2 供应链管理的竞争优势

6.2.1 供应链管理的产生背景

1. 市场竞争环境的快速变化

从 20 世纪 80 年代后期开始，市场竞争环境快速变化，单个企业很难应付产品用户化和交付期多变的环境，而且，越来越多的生产过程由一些独立的生产和供货商组成，这需要极大程度地改进生产过程和向客户提供产品的过程，以增加利润。由此，一些大型的制造企业开始改进管理的焦点，慢慢地聚焦到相关的独立企业之间的协调和企业外部的物流和信息流的集成。伴随着这种情形，供应链管理的思想和方法应运而生。

2. “纵向一体化”向“横向一体化”的转变

许多年来，企业为了更好地实施内部管理与控制，一直采取“纵向一体化”的管理模式。即企业除了建立具有竞争优势的核心企业外，还对为其提供原材料、半成品或零部件的其他企业采取投资自建、投资控股或兼并的方式，以加强核心企业对原材料供应、产品制造、分销和销售全过程的控制，使企业能够实现产、供、销的自给自足，减少外来因素的影响，在市场竞争中掌握主动。在市场环境相对稳定的条件下，“纵向一体化”的管理模式发挥了一定的作用。但是，随着信息技术的飞速发展，经济全球化市场的形成，消费者的个性化需求不断提高，企业之间的竞争日益激烈，“纵向一体化”管理模式的弊端逐渐地暴露出来。如为了满足这种自给自足的状况，企业将大量的资金、精力与时间投入到自己并不擅长的非核心企业领域中去，不仅要在每一个纵向市场中与其他企业进行竞争，并且一旦在某一纵向环境中出现问题，将会导致整个企业的被动。这迫使企业面对变化迅速且无法预测的市场不得不采取许多先进的制造技术与管理方法，企业的管理理念也随之发生了重大的变革，从多年来一直奉行的“纵向一体化”转向了“横向一体化”(Horizontal Integration)的思维方式。“横向一体化”思维方式的核心思想是企业核心竞争力，即企业只需注重自己的核心业务，充分发挥核心竞争优势，将非核心业务由其他企业完成，实施业务外包，最大限度地取得竞争优势。而供应链管理正是这一思维方式转变的具有代表性的管理模式。

3. 供应链管理的出现

“横向一体化”的管理理念形成了一条从供应商到制造商再到批发商的贯穿所有企业的“链”。由于相邻节点企业表现出一种需求与供应的关系，当把所有相邻企业依次连接起来便形成了供应链(SC)。这条链上的节点企业必须达到同步、协调运行，才可能使链上的所有企业都能受益，这就是供应链管理(SCM)的经营与运用模式。供应链管理是一项系统工程，它的实施需要考虑多方面的因素，遵循系统工程方法论的基本原则协调各种目标之间的平衡。如，降低库存成本与提高用户满意程度平衡，供应链中不同成员相互冲突的目标的平衡，各种信息在供应链企业中的共享问题，供应链企业之间的战略合作伙伴关系问题等，这就需要采用系统管理理论、量化的数学模型以及交叉学科和技术领域的相关方法加以综合运用。

6.2.2　供应链管理与传统管理的区别

供应链管理作为一种新型的管理模式，主要致力于成员间的合作关系。与传统管理相比，彼此间存在以下区别。

1. 管理的方式不同

传统企业管理中的采购、生产、销售等环节往往相对独立运作，各自有独立的计划和目标，由于相互间的协调性差，彼此的计划、甚至目标都会发生冲突，在每个环节都注重自己结果的情况下，管理很难得到整体利益的最大化。而供应链管理是在企业内外所涉及的各个环节达成协调一致的基础上，达到良好的彼此衔接，其注重的是过程管理，其目标是整体利益最大化。

2. 管理的目标不同

传统的管理因为注重结果管理，往往短期行为较多，其衡量的指标往往是单一的利润。而供应链管理下，往往以是否实现各节点企业的“多赢”为目标，其衡量企业经营业绩的指标是供应链各方是否均具有较好的赢利性。

3. 管理的侧重点不同

传统企业管理中，往往以产品为终点，围绕生产部门转。而在供应链管理下，企业不但把产品作为管理的重点，更为重要的是，把产品的消费对象——顾客作为管理的核心内容。顾客管理成为供应链管理中的重要内容。

4. 库存方式的不同

传统企业管理中，由于各部门间的协调性较差，彼此间的供需经常脱节，企业的库存往往存在矛盾，不是生产过剩形成库存成本过高，就是生产跟不上形成缺货成本。在供应链管理下，由于其共享的信息资源，彼此间信息畅通，企业用原来的虚拟库存替代了原来的实务库存，大大地降低了实物库存的风险。

总之，在传统企业管理中，企业为了最大限度地掌握市场份额，必然要牢牢控制用于生产和经营的各种资源。一个企业囊括了几乎所有零部件的加工、装配活动。不仅如此，还把分销、甚至零售环节的业务也纳入自己的业务范围之内，最后形成了无所不包的超级组织。这就是人们说的：纵向一体化“大而全”、“小而全”。而供应链管理中，通过把在各节点企业间进行良好的衔接和协调，彼此间形成最佳合作伙伴关系，形成一种长期的战略联盟，结成利益共同体，实现优势互补，最终才能实现“双赢”或者“多赢”，共同增强竞争实力。

6.2.3 供应链管理与传统管理模式的区别

(1) 供应链管理把供应链中所有节点企业看做一个整体，供应链管理涵盖了整个物流的各个环节，即从供应商到最终用户的采购、制造、分销、零售等职能领域过程，如图 6.8 所示。

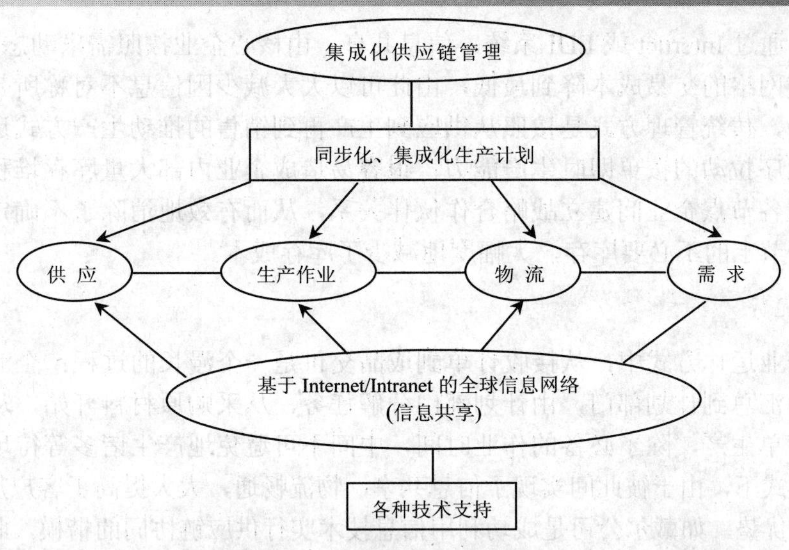

图 6.8　供应链管理涉及的领域

(2) 供应链管理强调和依赖战略管理。“供应”是整个供应链中节点企业之间事实上共享的一个概念(任两节点之间都是供应与需求关系)，同时它又是一个有重要战略意义的概念，因为它影响或者可以认为它决定了整个供应链的成本和市场占有份额。

(3) 供应链管理最关键的是需要采用集成的思想和方法，而不仅仅是节点企业、技术方法等资源简单的连接。

(4) 供应链管理具有更高的目标，通过管理库存和合作关系去达到高水平的服务，而不是仅仅完成一定的市场目标。

6.2.4　供应链管理的优势

供应链管理通过把各节点企业间的设计、生产、运输、销售等联成一体，构成了一条从供应商、制造商、分销商到用户的链，链上的每一个企业，包括核心企业都从事自己最擅长的业务，以达到资源最优配置，赢得市场先机，提高市场竞争力的目的。主要优势有以下几种。

1. 成本竞争优势

供应链管理下，企业通过有效的信息共享和协调，大大减少了不确定性，也减少了重复和库存成本，创造了成本竞争优势。通过实施供应链管理，剔除了整条供需各环节的步骤，从而使供应链流程简单、有效。传统的供应商与生产企业双方是价格博弈对手，双方为了各自利益，会尽量保留各自的商业信息，造成交易成本过高。而在供应链协同管理思想下，核心企业及构成供应链的上下游节点企业在战略一致的前提条件下结盟，所有的结盟利益一致，通过 Internet 或 EDI 系统，信息共享，由核心企业按照需求动态组合供应商，使整个供应链网络的交易成本降到最低，由此可以大大减少因信息不对称所带来的“牛鞭效应”。另外，传统管理方式是按照从供应到生产再到销售的推动生产方式进行的，企业内部缺乏后工序拉动的按单即时生产能力，很容易造成企业内部大量库存堆积。在供应链管理下，通过各节点企业间建立战略合作伙伴关系，从而有效地消除了不确定性，也有效地减少了各环节上的不必要库存，大幅度地减少了库存成本。

2. 时间优势

在传统企业运作方式中，从接收订单到成品交付是一个漫长的过程：企业要将所有的订单信息集中汇总到计划部门，由计划部门分解任务，从采购原材料开始，从前到后按工艺流程完成订单生产，除了必备的作业时间，中间不可避免地产生诸多等待现象。在供应链管理运作模式下，由于彼此间实现了信息共享，物流畅通，大大提高了客户反应速度。从而创造了时间优势。如戴尔公司是成功利用信息技术实行供应链协同的楷模，收到订单后，以电子速度将订单分解，并通过互联网将子任务分派给供应链上的各节点企业，各企业按电子订单生产并按核心企业的时间表供货，无论是需要一台计算机的个人还是数百台计算机的大公司，戴尔在接到订单后都会在几个工作日内到达，以北京分布为例，只需 7 天。

3. 个性化需求竞争优势

在供应链管理模式下，利用电子商务手段，企业可以开办个性化需求订购服务。如客户可在网页上根据公司对产品组件和功能的介绍，自己选择零部件，自己设计产品的款式、颜色、尺寸。企业同步依靠敏捷制造技术、动态组织结构和柔性管理技术三个方面的支持，快速地回应了客户的这种个性化需求，从而解决了流水线生产方式难以解决的品种单一问题，实现了多品种、少批量的个性化生产。

6.2.5 供应链管理的实践

随着对供应链管理认识的深入，人们对不同的行业构造了不同的供应链系统，以便有针对性地进行管理。

1. 便利店的供应链

典型的便利连锁店经营 5 000～10 000 种商品，具体可分为五大类：不易腐烂的食品、冷冻食品、奶制品、烘烤食品和报刊，如图 6.9 所示。

2. 时装零售行业的供应链

时装零售行业从服务制造商或配送中心处进货，服装制造商从其他制造商处购买布匹和其他辅料，而后者从上一级制造商处购买原料，如图 6.10 所示。

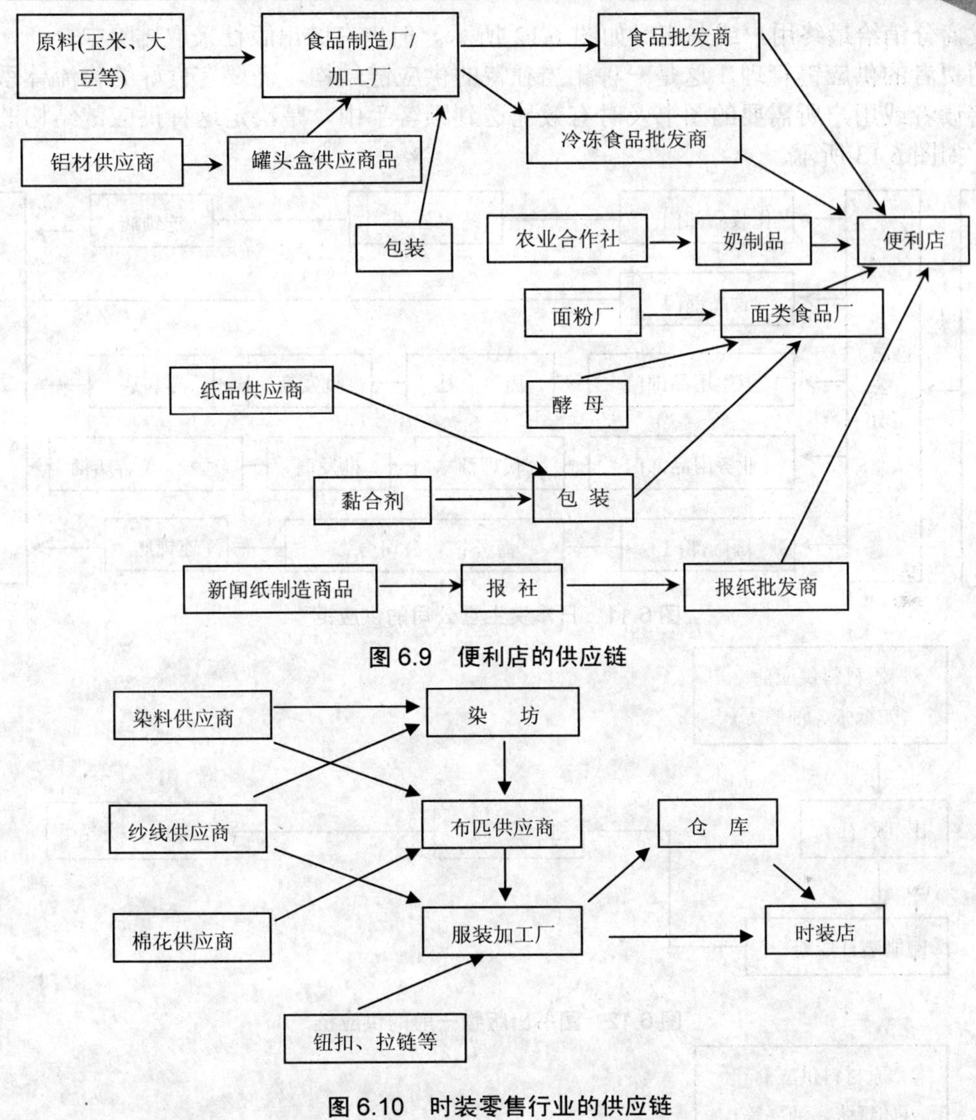

图 6.9　便利店的供应链

图 6.10　时装零售行业的供应链

3. 日化用品行业的供应链

日用化妆品是一种日用消费品，其流通渠道，即供应链的构造十分重要，必须以多品种、少量化的配送为其营销服务。如日本著名的化妆品生产企业资生堂的供应链，如图 6.11 所示。

4. 图书出版物行业的供应链

图书出版物的供应链一般都是采取中间环节的方式，即将图书批发给批发商，再由图书批发商分销给最终用户或书店，如图 6.12 所示。但也有的出版社采取排除中介商，直接面对消费者的供应链管理，这是一种相当独特的供应链结构，需要有良好的物流体系，即能否将读者或用户所需要的图书及时有效地送到顾客手中，是决定这种供应链结构的成败关键，如图 6.13 所示。

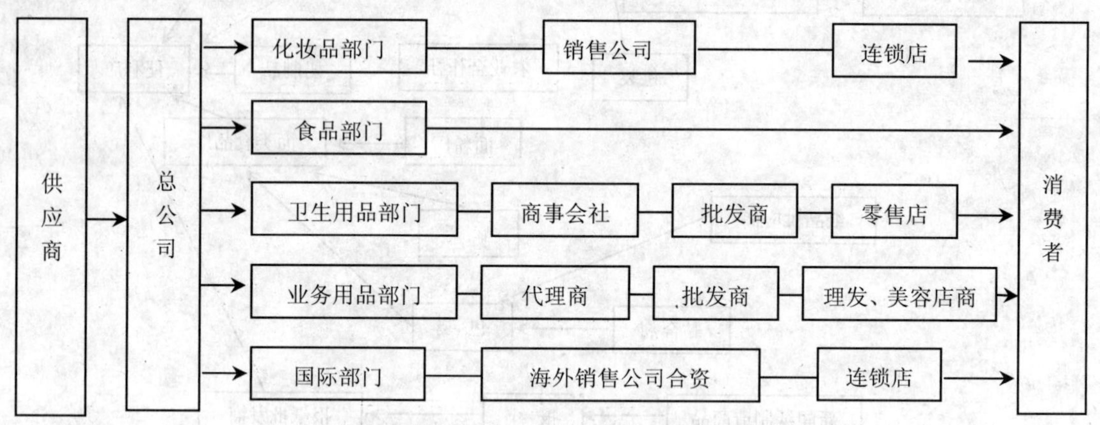

图 6.11　日本资生堂公司的供应链

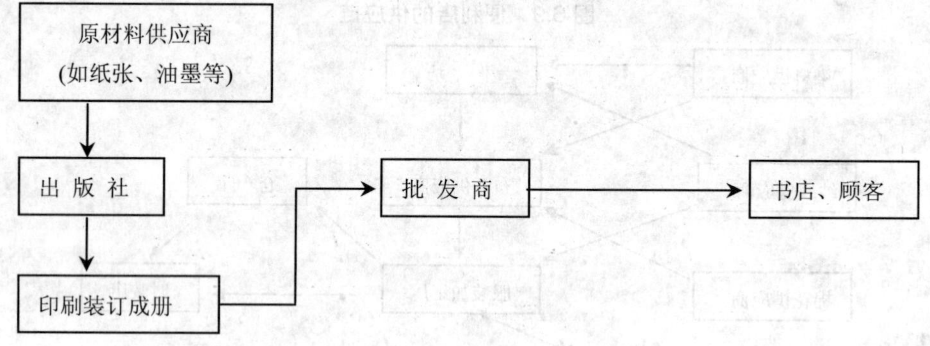

图 6.12　图书出版物一般的供应链

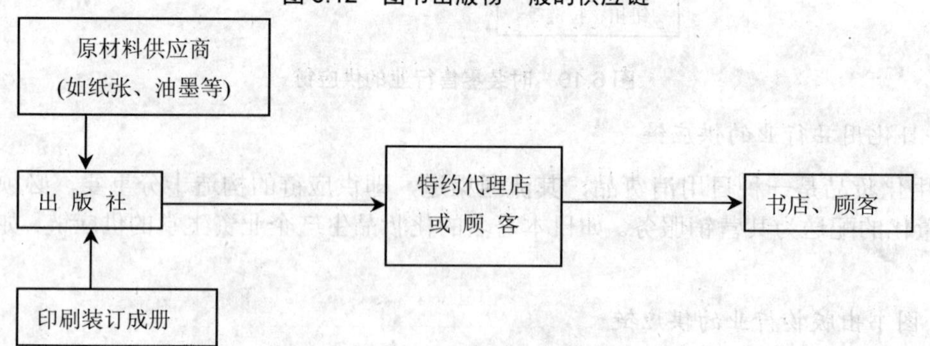

图 6.13　图书出版物独特的供应链

5. 汽车行业的供应链

汽车工业从专业化的原材料供应，如汽车零件加工、零部件配套、整车装配到汽车供应、分销乃至售后服务已经形成了一整套汽车制造—销售—服务供应链。在汽车供应链的上游是汽车原材料生产、零部件配套行业。在供应链的中游是整车生产企业。整车生产厂为了增强自身的市场竞争力，不但要将产品的研发纳入全球化共享研发网络，而且还要在零部件配套供应上实施全球采购。在供应链的下游是汽车销售服务行业。其实质就是围绕着汽车产品的售后服务而形成的综合服务业，它直接面对广大的最终用户和消费者，如图 6.14 所示。

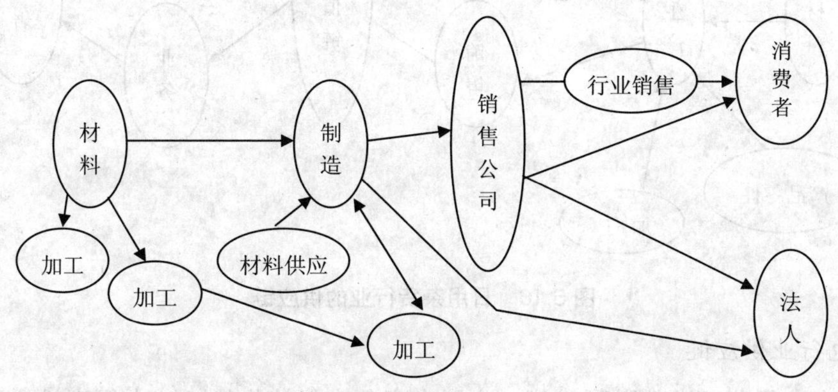

图 6.14　汽车行业的供应链

6. 食品水产行业的供应链

食品水产行业的供应链是指食品从产地收购或捕捞之后，在产品加工、储藏、运输、分销、零售、直到转入到消费者手中，如图 6.15 所示。

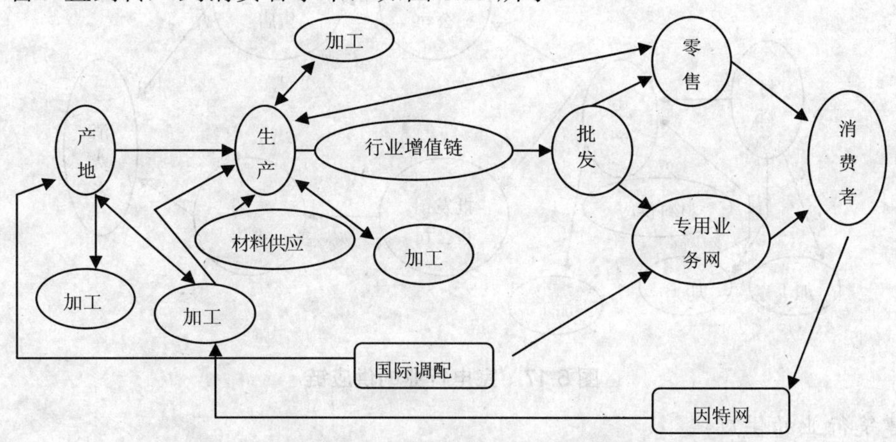

图 6.15　食品水产行业的供应链

7. 日用杂货行业的供应链

顾客对日用杂货，现货提供的要求极高，再加上这些产品具有标准化且生命周期长。要满足这样的市场需求，日用杂货品的供应链基本上均属于推式的供应链，如图 6.16 所示。

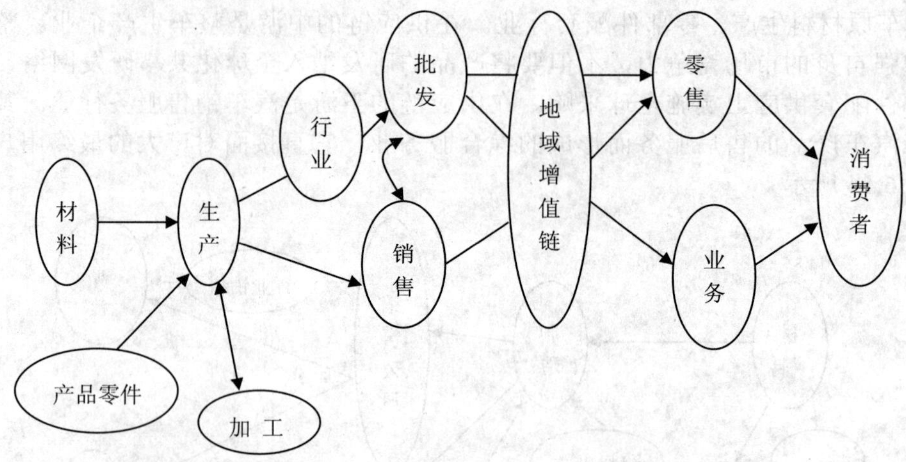

图 6.16 日用杂货行业的供应链

8. 家电行业供应链

我国的家电行业已进入微利时代，为了在竞争中保持优势，家电厂商纷纷联合经销商建立信息流、资金流、物流于一体的家电生产、流通、消费的新型家电供应链体系来降低成本，如图 6.17 所示。

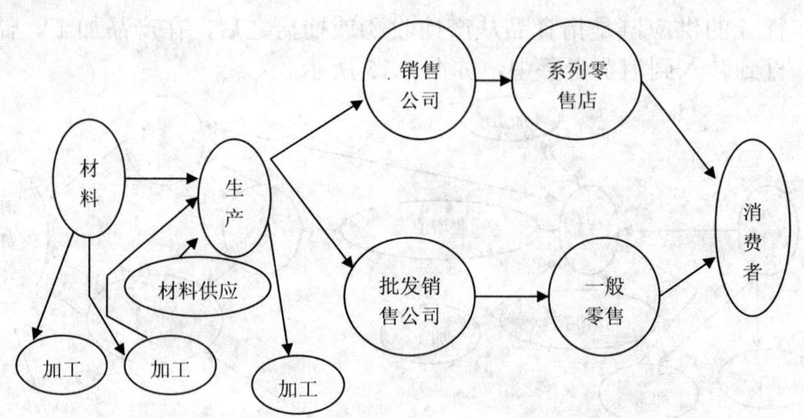

图 6.17 家电行业的供应链

9. 建筑行业的供应链

建筑业不同于制造业，是一种生产过程相似，但产品种类截然不同的订单式生产活动，即仅由材料供应商/分包商根据需要负责工程物料的供应、运输与现场储存。这种供应链上的节点企业实际上是建材厂或建材供应商，其内容单一，易于协调管理，如图 6.18 所示。

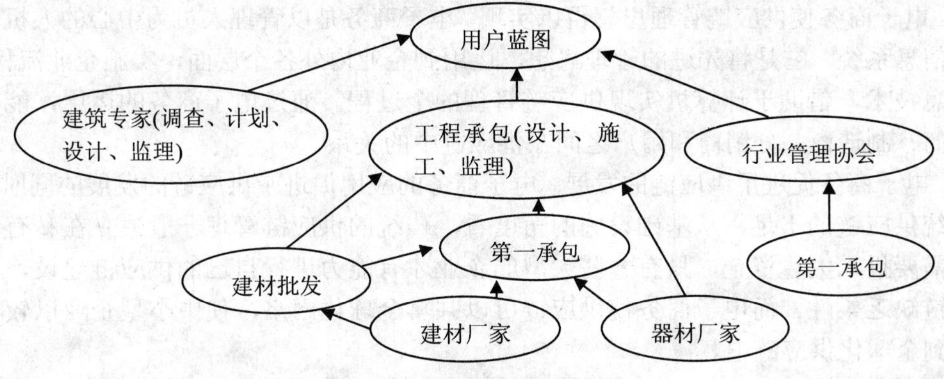

图 6.18　建筑行业的供应链

10. 医药行业的供应链

医药行业供应链系统，就是要全面整合商流、信息流、资金流和物流，实现“四流”在系统内的有序流动、协调运转。厂家往往要设立办事处，与各级批发商及医院或零售药店打交道。通常，各级批发商和厂家办事处都可直接对医院和零售药店进行销售，如图 6.19 所示。

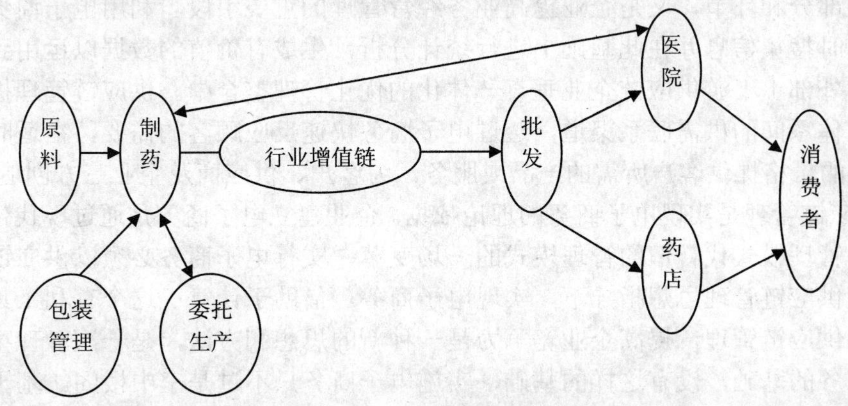

图 6.19　医药行业的供应链

6.3　电子商务与供应链管理

6.3.1　电子商务对供应链管理的影响

1. 电子商务与供应链管理的关系

电子商务的出现和发展是经济全球化与网络技术创新的结果。它彻底地改变了原有的物流、信息流、资金流的交互方式和实现手段，能够充分利用资源、提高效率、降低成本和提高服务质量。

(1) 电子商务使供应链管理思想得以实现。电子商务是以管理人员为中心的人机交互式的管理信息系统。它是将先进的管理思想，运用到企业内外各个层面，实施企业流程再造，应用信息技术，借助于计算机实现供应链管理的全过程。通过电子商务的运用，能有效连接供应商、制造商、分销商和用户之间在供应链中的关系。

(2) 电子商务促进了供应链的发展。电子商务的应用促进了供应链的发展的同时，也弥补了传统供应链的不足。从基础设施的角度看，传统的供应链管理一般建立在私有专用网络上，需要投入大量资金，只有一些大型的企业才有能力进行自己的供应链建设，并且这种供应链缺乏柔性。而电子商务使供应链可以共享全球化网络，使中小型企业以较低的成本加入到全球化供应链中。

电子商务已经成为贯穿大量产业供应链整合中的强大、强制性因素。由于采用电子商务的方法，许多核心供应链概念和规则已经以许多更高效率的方法在实践中应用了。这些概念包括：信息分享、多方合作、供应链管理设计、大规模定制的延迟、外包和合作、延伸或联合业绩度量。

(3) 供应链管理是执行电子商务当中不可或缺的重要一环。供应链管理不仅是电子商务的一个重要部分和环节，又是企业提高业务经营管理的重要手段。利用电子商务的优势，企业可以及时搜集信息并在此基础上进行统计分析，生成有价值的数据以运用到企业内部日常经营和外部上下游供应链企业垂直一体化的优化管理整合中。供应链管理提供制造商与其他企业体系间的供需联系渠道，透过电子商务快速反应顾客的需要，在适时、适地、适量及优惠的价格提供客户所需的产品或服务，为客户、供应商及企业三方创造价值。

(4) 供应链管理是实现电子商务的理论依据。企业建立电子商务是通过现代化的管理手段，用新的管理模式代替旧的管理模式的一场变革，实行电子商务必须以供应链管理理论为依据，在供应链管理思想指导下，实现电子商务。借助于计算机这个有利工具，通过网络实现企业供应链管理，提高企业竞争力是一种新的思想和方法，是一次管理革命。这是实现电子商务的基础，没有这样的基础，实施电子商务只不过是空中楼阁。基于供应链的管理思想，使原来在传统商务形式下，被忽视的个别需求对应、服务活动、按单生产、修理、基于模块化的大规模定制及物流服务等高附加增值活动，在现代电子商务中得到了全面实现和高度关注。

2. 电子商务环境下供应链管理的特点

电子商务带来了全球市场的共享，从而促进了供应链管理的变革与发展。主要体现在以下几方面。

(1) 从功能管理向过程管理的转变。传统的管理，供应链中的采购、制造、市场营销、配送等功能都具有各自独立的目标和计划，这些目标和计划经常冲突，电子商务时代的供应链管理就是要达成一种一致和协调的机制。企业通过自己的内部网及 Internet 搭建的电子商务平台，不仅在企业内部，而且在企业外部从功能管理走向过程管理。

(2) 从产品管理向客户管理转变。电子商务时代，企业垂直一体化的传统推动供应链发展，将其改造成顾客拉动的供应链。客户是主要的市场驱动力，是客户而不是产品主导企业的生产和销售活动。由此，客户的需求、客户的购买行为、客户的意见等都是企业要谋求竞争优势所必须争夺的重要资源。

(3) 从实体库存管理向虚拟库存管理转变。电子商务时代用信息代替库存，也就是“虚拟库存”，而不是实物库存，只有到供应链的最后一个环节才交付实物库存，因此可以大大降低企业持有库存的风险。

(4) 从交易管理向协同合作管理转变。传统的供应链伙伴之间考虑的是眼前的既得利益，供应链伙伴之间的关系是交易关系，电子商务时代的供应链管理以协调供应链关系为基础进行交易，即协同商务、合作竞争，能同时增加供应链各方的利益，使供应链整体的交易成本最小化、收益最大化。

(5) 从大而全、小而全的管理向业务外包管理转变。传统的供应链管理忽视了社会分工可以提高效率的简单经济学原理，依照大而全、小而全的方式生存，从一个产品的设计、生产、包装到运输都是企业自己做。电子商务时代的供应链管理就是利用业务外包(Outsouring)，把资源集中在企业的核心竞争力上。

6.3.2 基于电子商务的供应链管理原理

供应链管理的内容包括生产计划与控制、库存控制、采购、销售、物流、需求预测、客户管理及伙伴管理等，实质是信息流、物流和资金流的管理，因此可从这“三流”的运动来说明供应链管理的基本原理。

1. 信息流

用户在分销商网站的电子商务交易系统在线下单，分销商订单处理实时完成，并立刻向产品制造商在线下单采购，产品制造商实时处理完成分销商的采购订单并向其上级供应商采购零部件或原材料。由于是在线下单，分销商、产品制造商与供应商几乎同时得到了需求信息。

2. 物流

物流方向从供应商到产品制造商到分销商再到用户，与传统供应链管理一样。不同的是：信息流指挥物流，由于是基于 Internet/Intranet/Extranet 的电子商务的高度信息共享和即时沟通能力带来了物流的高速和适时性。即物料或产品在指定时刻到达指定地点，从而减少甚至消除各节点企业的库存。

3. 资金流

资金流方向从用户到分销商到产品制造商到供应商，与传统供应链管理一样，不同的是支付方式以在线支付为主，从而大大提高了订单的执行速度和交货速度。

基于电子商务环境下的供应链的目标是在企业之间交互传输动态的信息流和资金流，通过最终顾客的有效拉动，保证物流的有效、畅通。为了实现这一目标，所有供应链的参加者必须采用统一的数据标准，从而实现信息的流畅和无缝传输。

6.3.3 电子商务环境下我国供应链管理所面临的主要问题

供应链管理作为一种新的管理在我国还处于一种成长阶段，电子商务环境所要求的基础设施、技术条件、人文条件等还很不成熟，在二者的结合上企业仍有很长的一段路要走，目前的当务之急是要处理和解决好以下几个问题。

1. 企业的观念问题

在我国，企业的“大而全”“小而全”现象还十分突出，没有形成独具特色的强竞争力的核心业务，传统计划经济下的管理思维方式仍占据主要地位。企业内部组织机构虽齐全，但受到职能分派的制约，各自为政，实行垂直型的管理。这不仅严重地影响企业信息传递效率，而且无法解决“透明度”问题。随着我国企业与世界的接轨和面临国际市场的挑战，传统的管理模式必将在国际上受到严重的冲击。而供应链管理对企业最基本的要求就是核心业务与信息效率，这并不是仅仅依靠企业电子商务的实行就可以解决的，不从企业观念的根本问题上改革是达不到治本的目的的。

2. 贸易伙伴之间的协作问题

电子商务为供应链管理提供了一个可以更好发挥的环境，前面我们就提到沃尔玛公司与自己的几个供货商合作一道实施 CFAR 模式节约了大量的成本，提高了效率。而我国企业欠缺的正是如何协调贸易伙伴间的协作以达到供应链整体利益的最大化。

贸易伙伴之间不愿意共享信息，这与我国的企业所处的文化氛围有关，传统观点认为任何协议都会分出一个胜者和一个负者，但博弈论的研究结果说明非零和博弈比这种零和博弈更能使企业获得收益。除此之外，缺乏一个良好的供应链绩效评估系统也是贸易伙伴之间协作的障碍。没有合理的绩效分配，各企业自然不愿牺牲自己的利益去换取整个供应链的最大利益。因此，良好的供应链协调战略势在必行。

3. 知识获取与转换技术上的要求

由于电子商务的出现，使原来的生产商依靠 4P(Product，Price，Place，Promotion)让消费者被动地接受产品变为以消费者为中心将消费需求送达生产者，由生产者以保证 4C(Consumer，Cost，Convenience，Communication)来取得优势地位。因此，这时供应链管理的关键就在于如何从消费者不确定的需求信息中获得知识并保证其在供应链中的共享来创造价值。这就要求供应链上的企业在技术上保证需求信息的收集、共享并通过知识转换器转换为提高供应链效率的知识。但我国企业总体来说在这些关键设施、关键研究上的投入力度不够，无法做到知识的实时获取与有效利用，这势必会成为其在实施电子商务环境下供应链管理的一大障碍。

6.3.4　电子商务环境下供应链管理模式的构建

电子商务的出现和发展是经济全球化与网络技术创新的结果。它彻底地改变了原有的物流、信息流、资金流的交互方式和实现手段，能够充分利用资源、提高效率、降低成本、提高服务质量。在迅猛发展的电子商务时代，供应链管理的核心任务可归纳为：动态联盟的系统化管理，生产两端的资源优化管理，不确定性需求的信息共享管理以及生产的敏捷化管理。因此在这种要求下，供应链的管理必然要适应电子商务的特点，开发出集成化的供应链管理模式。

1. 价值链驱动模式

价值链概念是 1985 年 Michael E.Porter 在《竞争优势》中提出的。价值链将一个企业分解为战略相关的基本价值活动和辅助价值活动。1995 年，Jefferu F.Rayport 和 John J.Sviokla 提出了虚拟价值链的观点，他们认为现今的企业都在两个世界中竞争，即管理者可感知的物质世界及由信息构成的虚拟世界。两条价值链的经济原理、管理、价值增值的过程都不同。因特网的出现，使实物价值链与虚拟价值链得以并行，实物价值链上的每个环节都可与虚价值链相结合，而电子商务的出现，使得两条价值链的边界变得更为模糊。价值链驱动(VCI)的最终目标是向世界各地任何规模的交易伙伴实时传递相关的动态数据流，以此来影响供应链的电子商务市场。一个 VCI 的固化软件可以实时地与其他的软件程序传递数据，进行交流。例如，当某个用户发出的订单自动地传送到仓库管理系统时，系统不仅将记录放入仓库管理后台数据库中，还将同时触发一个物流配送系统进行运输，如果仓储低于库存下限，则同时会触发生制造系统，发送产品生产的指令。

2. 合作、预测与供给(CFAR)模式

合作、预测与供给模式是由国际著名的商业零售连锁店沃尔玛及其供应商 arner-Lambert 等 5 家公司联合成立的零售供应链工作组合作研究和探索的，它应用一系列的处理和技术模型，提供覆盖整个供应链的合作过程，通过共同管理业务过程和共享信息，改善零售和供应商的伙伴关系，以达到显著改善预测准确度，降低成本、库存总量和现货百分比，发挥出供应链的全部效率的目的。

合作、预测与供给(CFAR)模式具有以下三条指导性原则：一是合作伙伴框架结构和运用过程以消费者为中心，面向供应链进行运作。二是合作伙伴共同开发单一、共享的消费者需求预测系统，该系统驱动整个供应链计划。三是合作伙伴均承诺共享预测并在消除供应过程约束方面共担风险。

CFAR 模式是一个更为具体的基于电子商务的集成供应链管理模式，它的实施能够使供应商加强对存货的管理以及不断地修补对企业整体的预测。通过 CFAR，各方利用网络的方式来交换一系列的书面协议、促销计划以及预测，这使参与方通过关注预测数据的不同来协调整体的预测，因此各方通过寻找差异的原因并提出整体改进的预测数据。根据美国商业部资料表明，1997 年美零售商品供应链中的库存约为 1 万亿美元，如果通过全面成功实施 CFAR，可以减少这些库存中的 15%～25%，即 1500～2500 亿美元。

本章小结

本章主要从供应链及供应链管理、供应链管理的竞争优势和电子商务与供应链管理三个方面展开介绍。供应链及供应链管理是基础知识，主要介绍供应链和供应链管理的内涵、特征、供应链管理的发展阶段和发展趋势，分析了企业实践中供应链的基本类型和供应链结构模型。其次介绍了供应链管理的产生背景以及供应链管理与传统管理模式的区别，具体分析了供应链管理存在的几大竞争优势，结合当前供应链管理的发展现状，介绍了各个行业的供应链实践。第三块在介绍电子商务基础知识的基础上，介绍电子商务对供应链管理的影响，分析我国供应链管理在当前电子商务环境下发展所面临的几大问题，在此基础上提出供应链管理模式的构建。

背景知识

西班牙 Zara 服装店的供应链纵向一体化模式

西班牙马德里市区的 Zara 服装旗舰店营业前的半小时，商店经理伊斯特·费尔兰特丝正在清查存货。她发现一件黑色连衣裙挂在衣架上，她抓在手里并盘算着：星期一她收到 4 件同样的衣服，到今天仅是过了两天，就剩下一件了。她说“我不得不打赌下周卖些什么，我将订 6 件衣服，在下周一和周四之间卖。”她做了决定，随后她拿出一个便携的专用设备，用铁笔轻敲进一个订单，无线发送到因特网，最终传递到位于西班牙西北部 La Coruna 镇的 Zara 总部。

在一个明亮和宽大的房间里，有 200 个设计师和生产经理正在决定生产什么服装。每天他们收集来自于像费尔兰特丝这样的 518 个世界各地的商店经理的建议，不仅仅是订单，也包括对裁剪、服装面料的点子，甚至说建议上一条编织男人内衣的新生产线。

在评估商店经理们的想法后，这个小组决定生产什么。设计师在计算机上画出最新的想法，然后通过局域网传送到附近的几家工厂。几天内，裁剪、染色、缝纫、开始压模。

仅仅只要三周，这些衣服将挂在巴塞罗纳、柏林、贝鲁特等地的商店里。Zara 可不是只比竞争对手快一点点，如 Gap 公司订货至交货的时间是 9 个月，Zara 比 Gap 公司快了 12 倍。

Zara 与众不同的是它的网络，它连接到零售店、设计工作室、内部工厂，在时装行业内建立了一个近乎完善的实时响应制度，它的不可思议的、灵活的工厂能够重新生产或重新设计一件牛仔裤的样式，几乎像现在的青少年突然改变想法一样快。

当不景气和销售策划的错误迫使 Gap 和一些可比性的欧洲公司，如瑞典的 H&M 开始收缩时，Zara 继续扩大发展。Zara 模式也许是唯一的，它的核心价值是一个完美的、简单的原则：在时装行业，没有任何东西比市场响应时间更重要。几十年来，服装工厂已经转移到第三世界国家以追求低成本，Zara 的决策恰好相反，公司认为，对客户品位变化的快速响应能力将比到第三世界的血汗工厂采购创造出更高的效率。"时装世界是在不断变化，它不是被供应商驱动，而是顾客需求驱动。"来自母公司 Inditex 的 CEO 琼塞·玛丽亚·凯斯特拉诺说。

Zara 坚定地认为只要拥有世界上反应最快的供应链，它的经营模式才能合乎逻辑的实现，Zara 销售的一半服装是自己的工厂生产，这优于合同制造商的生产，这些合同制造商实际上也生产其他零售商的品牌服装。Zara 有一个一周两次的配送计划，不仅仅是补货，也可能带来全新设计的服装。它的竞争对手的连锁店一个季度获得一次或两次新设计的服装。为保证高效配送能力，Zara 的高产的设计部门每年设计出超过 10 000 种款式的服装，远超过竞争对手所做的。Zara 无出其右的市场响应时间的优势远远抵消了高于竞争对手 15%至 20%的生产成本，对客户偏好响应如此之快，使 Zara 几乎不需要有大量的库存销账以修正销售策划的失误，公司也具有稳定的 10%利润率，这在行业中是最好的。

为理解 Zara 的优先性，建议你去看看它位于 La Coruna 的仓库。这是一个拥有四层楼、面积为 46.5 万平方米的仓库。据 Inditex 物流部门主管劳拉·阿尔本介绍说，这里与其说是一个存放服装的地方，不如说是服装流动的地方，巨大的建筑通过迷宫般的隧道连接到 14 个工厂，每个隧道都装了吊在天花板上的导轨，沿着导轨，缆索自动地运送服装。在工厂，成串的服装挂在衣架上，10 件短裤在这儿，一打夹克在那儿，都已穿在缆索上快速移动到仓库。

每批服装都有一个贴着一系列标号的金属条，上面清楚写着机器编码——一种地址表明这批服装在仓库的准确的最终位置。服装被挑选、分类、改变路线和重新分类，其中一些工序是自动化的，一些需要仓库工人的辅助。直到服装到达一个阿尔本称做"肺"的配送中心，这里 Zara 的每个商店都有自己的订购服装堆放地，它从衣架上收到衣服，衣架来自最上面两层楼，衣服叠放和排列在较下面的两层楼。一旦商店订单需要的配货完成后，这批服装用手推车直接送到装货平台，打包后和其他商店的服装一起装上卡车送往目的地。

阿尔本说，绝大多数服装仅在这里呆几小时。为执行严谨的计划，阿尔本和她的十几个物流专家小组不断安排协调每件事情，从次序、送货的规模到货车路线、导轨的构造。现在阿尔本计划按照世界时间差安排送货。在上午稍早的时候，当欧洲人的商店正在清查货物的时候，阿尔本接收、包装服装和送货到美洲或亚洲。在下午则轮到欧洲商店了。她说：“我们总是在微调事情，总是有同样的目标：灵活性和速度。”为适应增长，公司正在马德里东北部150英里处Zaragoza新建一个综合性建筑，它将是现有容积的两倍。

如果现在回到位于马德里的Zara的旗舰店，商店已经开始营业了，费尔兰特丝正和顾客混在一起，询问他们喜欢或不喜欢什么样的衣服，像往常一样，她也注意观察她的助手工作，她的助手正巡视商店的男装、女装和儿童服装部分，这儿整理一下衬衣，那儿整理一下套装，或者输入订单到便携专用设备里。

资料来源：http://club.china.alibaba.com

思考与练习

一、填空题

1．供应链通过对________和________的控制，实现整条链的增值，给________带来收益，实现多赢。

2．在整条供应链中，每个节点企业既可能是其客户的________，又可能是其________的客户，每个节点形成需求和供应的关系。

3．供应链就是围绕________，通过对信息流、物流和资金流的控制，把________、________、________、________和________连接成一个整体的网链结构模式。

4．通过判断需求及供应的不稳定性的程度，产品通常分为________和________。

5．针对供应流程变化不定的功能型产品，需要通过________或者________和________减轻因供应不稳定而带来的风险。

6．根据动力因素来源划分，供应链可以划分为________和________。

7．根据供应链的形状划分，供应链可以划分为________和________。

8．根据产品的类别划分，供应链可以划分为________、________、________和________。

9．现在企业间的竞争，不再仅仅是两个企业之间的竞争，而是________与________之间的竞争。

10．马士华教授认为供应链管理是一种集成的管理思想和方法，它把________上的各个企业作为不可分割的一个整体，使供应链上各企业分担的________、________、________和________的职能成为协调发展的有机体。

11．________的目的在于追求________和________，总是力图使系统总________降至最低。

12．________是围绕把________、________、仓库、配送中心和渠道商有机结合成一体这个问题来展开的，因此它包括________许多层次上的活动，包括________、________和________等。

13．关于供应链管理的目的，一种比较经典的说法是在供应链上，企业“________、

________、________，用最低的成本生产________”。

二、单选题

1．成功的供应链管理是基于对三种“流”或基本流程的整合与管理。以下哪一个不属于上述的“流”________。

A．物流　B．资金流　C．信息流　D．时间流

2．“拉式”供应链管理，管理的出发点是以________为中心的管理，以客户需求为原动力的管理。

A．利润指标　B．销售业绩　C．客户及客户满意度　D．战略目标

3．英国著名供应链管理专家马丁·克里斯托弗说：“21 世纪的竞争不是企业和企业之间的竞争，而是________之间的竞争。”

A．企业内部　B．供应链内部
C．供应链与供应链　D．供应链与企业

4．供应链的形成使供应链上各个企业间建立了战略合作关系，通过快速反应致力于________的大幅度降低，库存是供应链管理的平衡机制。

A．核心企业库存　B．总体库存
C．上游企业库存　D．下游企业库存

5．基于需求驱动原理的供应链运作模式是一种________运作模式，与传统的推动式运作模式有着本质的区别。

A．顺式拉动　B．顺式推动　C．逆向拉动　D．逆向推动

三、多选题

1．供应链是围绕核心企业，通过对________的控制。

A．信息流　B．物流　C．资金流　D．业务流

2．以下属于供应链具有的特征是________。

A．复杂性　B．动态性　C．面向客户需求　D．交叉性

3．供应链根据动力来源可以划分为________供应链。

A．推式　B．拉式　C．挤式　D．压式

4．根据供应链的形状划分，供应链可以划分为________。

A．直线型供应链　B．网状型供应链
C．推式供应链　D．拉式供应链

5. 供应链管理的目的在于追求________，总是力图使系统总成本降至最低。

A．整个供应链的整体效率　B．整个系统费用的有效性
C．各节点企业各自利润最大　D．各节点企业各自费用最小

四、名词解释

1. 供应链　2. 核心企业　3. 牛鞭效应　4. 供应链管理
5. 网状型供应链　6. 供应链结构模型　7. 纵向一体化　8. 横向一体化

五、简答题

1. 简述供应链所具有的特征。
2. 简述供应链管理与传统管理模式的区别。
3. 简述供应链管理的竞争优势。

六、论述题

在电子商务环境下我国供应链管理面临的主要问题有哪些?

【实践教学】

案例分析

美国国家半导体公司的供应链

美国国家半导体公司是世界上最大的集成电路制造商之一，其产品用于传真机、移动电话、计算机和汽车。它的竞争对手包括摩托罗拉公司和英特尔公司。目前，公司拥有四家晶片制造厂，三家在美国，一家在英国。此外，公司还在马来西亚和新加坡设有检验和装配点。经过装配，产成品运输到世界各地成百上千的制造工厂，主要客户包括康柏、福特、国际商用机器公司、西门子等。因为半导体工业的竞争相当激烈，所以确定很短的交货期并能够在规定日期内交货是非常重要的。在1994年，国家半导体公司95%的顾客能够在发出订单后的45天内接到订货，而其余5%的顾客能在90天内接到订货。这么短的交货期要求公司与12家航空公司合作，使用约20 000条不同的航线。但问题在于，顾客并不能预先知道自己是属于90天内能够收到货的5%的顾客还是45天内能收到货的95%的顾客。

资料来源：http://www.national.com

思考题：

试画出国家半导体公司的供应链并解释为什么顾客不能预先知道自己何时能够收到货物，在此基础上体会供应链的复杂性。

第7章 国际物流

教学目标

通过本章学习，了解国际物流、国际贸易、贸易术语、国际物流运输方式、货运代理、多式联运、口岸与海关的概念，理解国际物流与国际贸易的关系，理解国际物流业务的特点及基本要求。了解国际物流网络信息，了解口岸与海关的地位及作用，了解海关的主要业务制度，了解国内外主要口岸。

教学要求

知识要点	能力要求	相关知识
国际物流	(1) 理解国际物流与国际贸易的关系 (2) 掌握国际物流的特点 (3) 熟练掌握贸易术语	(1) 国际物流与国际贸易概念 (2) 贸易分类 (3) 贸易术语
国际物流业务	(1) 了解国际物流的运输方式 (2) 熟知国际物流运输单证 (3) 理解仓储在国际物流中的作用 (4) 掌握租船业务的执行程序	(1) 国际货物运输的概念 (2) 国际货物运输方式及主要单据 (3) 保税仓库的概念及管理 (4) 货运代理的概念
国际多式联运与口岸管理	(1) 掌握多式联运业务的具体内容 (2) 掌握多式联运与单据流转与控制 (3) 熟悉海关的主要业务制度	(1) 国际多式联运的概念及特点 (2) 国际多式联运业务与单证 (3) 口岸概念 (4) 海关的主要业务制度

案例导入

上海铁联走向国际的成长历程

上海铁联国际储运有限公司是由上海外高桥保税区三联发展有限公司和上海铁路局合资组建而成，由于企业经营机制上的弊端，曾经走过一段艰难的日子。通过使用物流信息管理系统后，企业沿着快速发展的道路前进，2006年1～10月，累计净利润已达230万元，提前完成全年利润指标。如今，企业已在服务实践中逐渐成长为以仓储业务为龙头，以运输、货代为翼的国际性物流企业经营格局。

作为上海外高桥保税区内最大的物流企业之一，上海铁联国际储运有限公司在发展过程中为何不在原领域纵深推进而向国际型物流企业转轨？揭开上海铁联国际储运公司的物流信息化面纱，上海铁联的成功转型或许会给更多徘徊在物流信息边缘的物流企业以更多的启示。

1. 寻找企业发展的金钥匙

上海外高桥保税区是国务院批准成立的中国第一个保税区，是浦东开发最早启动的四大功能小区之一，规划建设面积10平方公里，已开发面积7.5平方公里。经过12年的建设，外高桥保税区的展示、贸易、加工和研发功能初具规模，IT芯片封装、第三方物流、高科技的机电一体化、新材料产业发展迅猛，已成为世界经济登陆中国的桥梁、中国经济向外辐射的窗口。目前，外高桥保税区的GDP、工业生产总值、进出口额、集装箱吞吐量、税收收入在全国12个保税区中排名第一。

上海铁联国际储运有限公司地处外高桥保税区内。在保税区占地40 000多平方米，拥有三座共21 000平方米的大型单层钢结构室内保税仓库、10 000平方米的集装箱堆场，并享有保税区各类优惠政策。公司具有中国外经贸批准的海、陆国际一级货代经营权，是集国际贸易、国际货代、报关报检、海陆联运及保税仓储等一体的综合性国际储运公司。作为保税区内成长型企业，如何在发展中不断地提升企业管理水平、增强企业竞争力、成功地向国际性物流企业转型呢？

上海铁联的企业领导认为：“我国保税区国际物流的发展趋势是不仅需要依托保税区其他各项主体功能的发展，更要依托高水平的物流运作来促进保税区其他各项主体功能的深化，使保税区各种功能形成协调互动的发展格局。作为保税区内的企业，就必须实现物流流程的合理化和物流服务的规范化，提高自身的经营管理水平和物流服务质量，从而使企业真正具有独特的市场竞争能力。”

如何实现物流管理的规范化呢？信息技术成为上海铁联从一般意义上的物流公司转型

为国际型物流公司的锦囊妙计。上海铁联选择物流管理软件的理念是能否与企业发展方向吻合？技术力量是否雄厚？咨询团队是否专业？实施方法是否合理？厂商是否具有一定知名度等综合因素都作为选择合作伙伴的必要条件。

2003 年，在上海铁联领导对国内外知名的管理软件厂商进行考察和对比选择之后，上海博科资讯股份有限公司的物流信息系统深深地打动了上海铁联领导的心。上海博科资讯股份有限公司是一家全国性大型专业管理信息化解决方案供应商，主要为物流、零售、制造业等行业的企业提供信息化管理解决方案。该公司从 1996 年开始就介入物流信息系统的规划、设计和开发，其第三方物流软件为大物流网络体系结构，支持多层组织架构，是根据中国物流业发展过程特点、结合国际现代物流发展理念，按国情实际定制的，用供应链的思想，设计的一套既能满足目前中国物流的需求，又能随着物流业的发展，不断拓展新的功能并与国际接轨的物流信息管理系统。

回忆起与博科资讯合作的这段时间，上海铁联信息部主管不禁会说："众里寻它千百度，蓦然回首，却在身边处。与博科资讯在物流管理信息化方面的合作，保证了上海铁联更加贴近国际化客户的需求，成为国际性物流专业公司。而博科资讯也在上海铁联原有的国际贸易项目基础上，进一步树立，国际物流的保税物流管理信息化方面领先品牌的形象。"

2. 强强合作，推进物流企业国际化的转型

上海铁联的企业领导在企业发展策略上提倡与强手合作，企业才会学得更多，走得更远。与博科资讯的合作，虽是不同领域的合作，但是选择管理软件中的强者，才会让企业的信息化更彻底、更有效。

3. 博科也用事实证明在物流管理系统的领先地位

针对上海铁联所提出的发展目标和企业目前所存在的问题，博科资讯的咨询顾问进行了深入细致的调研，在调研中发现，由于长期采用人工操作的管理办法，物流管理无法实现细化和量化，当货流量大时，手工操作的出错率较高，成本增加，企业效益得不到提高。

面对这些急需解决的问题，博科资讯提出了一套包括集中处理、进出货作业、报关业务、库存管理、物流计费、运输管理的良好的物流信息系统。这套系统首先解决了上海铁联人工管理物流信息无法量化的问题，建立了货主及货主的客户档案资料，可对货主或货主客户提供满足货主要求的服务，为货主提供进、出、存精细化管理，可对货物进出库和库存情况进行实时查询和跟踪。对不同的货主可设定不同的物流计费策略，提供各种物流作业计费的设定功能，从而进行物流自动计费。在进出库管理模块、库存管理模块中博科资讯使用先进的无线通信技术(Radio Frequency)和激光识别条码技术，使仓库货物的进库、出库、装车、库存盘点、货物的库位调整、现场库位商品查询等数据实现实时双向传送，做到快速、准确、无纸化，大大提高效率、人为的出错率降到最低，从而降低仓储的成本。在物流计费模块中增加了应收应付功能，可对货主的代垫费用进行记录和管理，并将相关

数据传输至财务系统，从而大大提高了财务人员的工作效率。使用运输管理模块后，通过设置车辆的基本资料、记录车辆的业务情况和运行中发生的各种费用，从而实现对车辆的有序管理，减少了流转过程、提高营运效率、紧缩人员编制、降低营运成本。

“工欲善其事，必先利其器”，选择了适合企业发展的信息化合作伙伴，就如同为企业的发展添上了虎翼。通过使用博科资讯物流信息系统，上海铁联已与国际运输方式接轨，实现国际国内“门到门”的物流服务，现已通过 ISO9002 质量体系国际认证。目前，公司提供的仓储物流服务的客户中多数为德国巴斯夫、美国杜邦、法国埃尔夫阿托等世界五百强企业。受马士基物流公司、道康宁公司的委托，上海铁联公司还输出管理服务，提供从换单、报关、进库、到货物运输至客户的一条龙服务。随着保税区、港区合一、上海铁联已成功地转型为国际性的物流公司。

通过上海铁联的物流信息化的成功，博科也再一次证明，博科资讯在物流管理软件行业的领先地位。经过 8 年的辛苦耕耘，博科资讯已建立起一个近百家的客户群体，涉及烟草、医药、汽车、石化、乳品业、第三方物流等多个行业领域。客户是博科资讯最宝贵的财富，博科也将本着共同发展、双赢的思想为新老客户继续提供精湛的服务。

资料来源：http://www.56age.com

7.1 国际贸易与国际物流

7.1.1 国际物流的概念、特点及作用

1. 国际物流的概念

国际物流(International Logistics)是指不同国家(地区)之间的物流。国际物流从广义上理解，包括了各种形态的物品在国际间的流动。具体表现为进出口商品转关；进境运输货物；加工装配业务进口的料件设备、国际展品等暂时进口物资，捐赠、援助物资及邮件等在不同国家和地区间所做的物理性移动。若从狭义上理解，国际物流就是当供应和需求分别处在不同的地区和国家时，为了克服供需时间上和空间上的矛盾而发生的商品、物质实体跨越国境的流动。国际物流活动包括货物包装、仓储运输、分配拨送、装卸搬运、流通加工以及报关、商检、国际货运保险和国际物流单证制作等。因此，国际物流和国内物流的一个基本区别就在于生产与消费的异国性。只有当生产和消费分别在两个或两个以上国家或地区独立进行时，为了消除生产者和消费者之间的时空距离，才产生了国际物流的一系列活动。

2. 国际物流的特点

与国内物流相比，国际物流存在以下几个特点。

1) 国际物流和国内物流相比，其经营环境存在着更大的差异

国际物流的一个显著特点就是各国的物流环境存在着较大的差异。这种差异来自方方

面面的因素。除了由于生产力及科学技术发展水平、既定的物流基础设施各不相同外，各国文化历史及风俗人文的千差万别以及政府管理物流的适用法律的不同等物流软环境的差异尤其突出，由此相对于国内物流来说，国际物流要形成完整、高效的物流系统难度较大。

2) 国际物流系统广泛存在着较高的风险性

物流本身就是一个复杂的系统工程，而国际物流在此基础上增加了不同的国家要素，这不仅仅是地域和空间的简单扩大，而且涉及了更多的内外因素，广阔范围带来的直接后果是不确定性增强和风险增大。

3) 国际物流中的运输方式具有复杂性

在国内物流中，由于运输线路相对较短，运输频率较高，因此主要的运输方式是铁路运输和公路运输。但在国际物流中，由于货物运送路线长、环节多、气候条件复杂，对货物运输途中的保管、存放要求高，因此，海洋运输方式、航空运输方式尤其是国际多式联运是其主要运输方式，具有一定的复杂性。

4) 国际物流必须依靠国际化信息系统的支持

国际物流的发展依赖于高效的国际化信息系统的支持，国际信息系统建立的难度，一是管理困难，由于参与国际物流运作的物流服务企业及政府管理部门众多，使国际物流的信息系统更为复杂，二是投资巨大，而且由于各国物流信息水平的不均衡以及技术系统的不统一，在一定程度上阻碍了国际信息系统的建立和发展。目前，在国际物流领域，EDI(电子数据交换)得到了较广泛的应用，它大大提高了国际物流参与者之间的信息传输的速度和准确性。

5) 国际物流的标准化要求较高

国际物流除了国际化信息系统支持外，统一标准也是一个非常重要的手段，这有助于国际间物流的畅通运行。国际物流是国际贸易的衍生物，它是伴随着国际贸易的发展而产生和发展起来的，是国际贸易得以顺利实现的必要条件。如果贸易密切的国家在物流基础设施、信息处理系统乃至物流技术方面不能形成相对统一的标准，就会造成国际物流资源的浪费和成本的增加，最终影响产品在国际市场上的竞争能力，而且国际物流水平也难以提高。目前，美国、欧洲基本实现了物流工具及设施的统一标准，如托盘采用1000mm×1200mm 规格、集装箱的若干统一规格及条码技术等。

3. 国际物流的作用

国际物流的存在与发展不仅可以促进世界范围内物资的合理流动，还可以使国际间物资或商品的流动路线优化、流通成本最低、服务最优、效益最高。同时，由于国际化信息系统的支持和世界范围的物资交流，国际物流可以通过物流的合理组织促进世界经济的发展和国际间的友好交往，并由此推进国际政治、经济格局的良性发展，从而促进整个人类的物质文化和精神文化的发展。

7.1.2 国际贸易与国际物流

1. 国际贸易的概念

国际贸易是指各国间的商品、劳务和技术交换活动。它是伴随着国际分工的出现和世界市场的形成而产生和发展起来的。国际贸易反映了世界各国的经济相互依赖关系。对一个国家而言，国际贸易也称为对外贸易。

2. 国际贸易的分类

国际贸易根据不同的标准可进行如下分类。

1) 出口贸易、进口贸易和过境贸易

根据货物的流向不同，国际贸易可分为出口贸易、进口贸易和过境贸易。出口贸易是指将本国加工生产的产品销往他国市场的贸易活动；进口贸易是指将外国的商品运往本国市场销售的贸易活动。一个国家在一定时间内的进出口总额之间的差额称为贸易差额，出口总额大于进口总额为贸易顺差，进口总额大于出口总额为贸易逆差，当两者相等时称为贸易平衡。过境贸易是指贸易货物通过一国国境时未经任何加工而运往第三国的贸易活动。

2) 总贸易和专门贸易

根据划分进出口的标准不同，国际贸易可分为总贸易和专门贸易。

总贸易是指世界上有些国家将进出国境作为划分进出口标准的对外贸易统计用语。许多西方国家划分进出口是以国境为标准的，凡是进入国境的商品一律列为进口；凡是离开国境的商品一律列为出口。前者叫做总进口，后者叫做总出口。在总出口中分为本国产品的出口(国内出口)和未经国内加工的进口商品的出口(复出口)。总进口额加总出口额就是一国的总贸易额。

以关境为标准划分进出口而统计的国际贸易称为专门贸易。只有从外国进入关境的商品或从保税仓库提出转关入境的商品，才列为进口，称为专门进口。从国内运出关境的本国产品以及进口后未经加工又运出关境的商品，列为出口，称为专门出口。专门出口额加专门进口额就是专门贸易额。过境贸易不列入专门贸易。

3) 有形贸易和无形贸易

根据进出口商品的形态与内容不同，国际贸易可划分为有形贸易和无形贸易。

有形贸易是指国际贸易中的实物商品的进出口，即通常意义上的商品购销活动。在国际贸易中有形商品的种类繁多，海关监管的进出口贸易商品，一般也为看得见的有形实物。

无形贸易是指非实物形态的进出口。知识产权、劳务或其他非实物形态的商品进出口都是非实物形态的无形商品。在无形贸易中，服务贸易是其最重要的组成部分，除此之外，无形贸易还包括跨国投资的利息、利润、股息等收付及政府和个人款项的国际转移。

4) 直接贸易、间接贸易和转口贸易

按照贸易过程中有无第三国参与，可将国际贸易划分为直接贸易、间接贸易和转口贸易。

直接贸易是指商品从生产国直接销往消费国，没有第三国参与的贸易活动。间接贸易是指通过第三国或其他贸易环节将商品从生产国销往消费国的贸易活动。转口贸易是指国际贸易中进出口商品的买卖，不是在生产国与消费国之间进行，而是通过第三国所进行的贸易。这种贸易在生产国为间接出口，在消费国为间接进口，都是间接贸易，在转手国即为转手贸易。它属于再出口，是过境贸易的一部分。

5) 陆路贸易、海路贸易、空运贸易和邮购贸易

按照国际贸易的运输方式的不同，可以将国际贸易划分为陆路贸易、海路贸易、空运贸易和邮购贸易。

陆路贸易是指运用陆路运输方式将国际贸易的货物运送到指定地点的贸易方式，常见的陆路运输方式有铁路运输和公路运输。海路贸易是指通过海洋和内河的运输方式将货物运送到指定地点的贸易方式，国际贸易的大部分货物都是通过海运方式实现的。空运贸易是指运送货物到指定地点，是由航空运输的运输方式来实现，适合于贵重的或时间要求急的商品。邮购贸易是指通过邮政这种特殊的运输方式实现的贸易活动。

3. 国际贸易与国际物流的关系

国际物流是随着国际贸易的发展而产生和发展起来的，并已成为影响和制约国际贸易进一步发展的重要因素。它们之间是相互依存、相互促进和相互制约的关系。

1) 国际贸易是国际物流产生的基础和条件

国际物流的产生和发展离不开国际贸易，它是伴随着国际贸易的发展而产生和发展起来的。世界范围内的社会化大生产必然会引起不同的国际分工，随着国际分工的不断深化，国际贸易有了空前的发展，对国际物流的服务需求日渐增加。国际间的商品和劳务流动是由商流和物流组成的，前者由国际交易机构按照国际惯例进行，后者由物流企业按各个国家的生产和市场结构完成。为了克服他们之间的矛盾，就要求开展与国际贸易相适应的国际物流。

2) 国际物流的高效有序是国际贸易发展的重要条件

近年来，国际贸易的格局发生变化，交易的商品品种、数量成倍增长，技术含量复杂多样，对国际物流的运作提出了新的要求。国际物流经营者应在降低成本以及在不增加客户费用的基础上，实现跨国交付货物的准确性和安全性，保证国际贸易的顺利进行，提高商品在国际市场的竞争力。

4. 贸易术语及其对国际物流运作的影响

1) 贸易术语的概念

贸易术语(Trade Terms)又称价格术语，在我国也称为“价格条件”。它是用三个不同的英文字母缩写来表示买卖双方所承担的费用、风险和责任的划分，确定买卖双方在货物交接方面的权利和义务。

2) 国际贸易术语

《2000年国际贸易术语解释通则》根据卖方承担义务的不同，将贸易术语按不同类别分为E、F、C、D四个组，如表7-1所示。

表7-1 国际贸易术语简介

组 别	术 语		适用的运输方式
E组：启运	EXW	工厂交货	适用于各种运输方式
F组：主要运费未付	FCA	货交承运人	适用于各种运输方式
	FAS	装运港船边交货	适用于海运和内河运输
	FOB	装运港船上交货	适用于海运和内河运输
C组：主要运费已付	CFR	成本加运费	适用于海运和内河运输
	CIF	成本加保险费、运费	适用于海运和内河运输
	CPT	运费付至	适用于各种运输方式
	CIP	运费、保险费付至	适用于各种运输方式
D组：到达	DAF	边境交货	适用于各种运输方式
	DES	目的港船上交货	适用于海运和内河运输
	DEQ	目的港码头交货	适用于海运和内河运输
	DDU	未完税交货	适用于各种运输方式
	DDP	完税后交货	适用于各种运输方式

3) 贸易术语对国际物流运作的影响

(1) 贸易术语规定了物流过程中的主要运输方式。

(2) 贸易术语规定了物流的路线。

(3) 大部分贸易术语决定了货物的交付过程通常是分段运输。

(4) 贸易术语提供了划分物流费支付的界限。

7.2 国际物流的业务

7.2.1 国际物流货物运输业务

1. 国际货物运输的概念和特点

国际货物运输是指国家与国家、国家与地区之间的货物运输。国际货物运输包括国际贸易物资运输和国际非贸易物资(如展览品、援外物资、个人行李、办公用品等)运输。由于在国际货物运输中一般主要是以国际贸易物资运输为主，因此国际货物运输通常也称为国际贸易运输，对一个国家而言，就是对外贸易，简称外贸运输。它具有以下特点：

(1) 国际货物运输路线长，环节多。

(2) 国际货物运输涉及面广，情况复杂多变。

(3) 国际货物运输是一项涉外工作，政策性强。

(4) 国际货物运输时效性强。

(5) 国际货物运输风险大。

2. 国际货物运输方式的分类及选择

1) 国际货物运输的主要方式

(1) 水上运输。它又可分为内河运输和海洋运输。

(2) 陆上运输。它又可分为铁路运输和公路运输。

(3) 航空运输。

(4) 邮政运输。

(5) 集装箱运输。

(6) 国际多式联运。

(7) 管道运输。

2) 国际货物运输方式的选择

国际运输的任务之一就是要正确地选择运输工具和运输方式，组织最佳的运输路线及方案，实现国际货物的实体转移。国际物流对运输方式的选择主要从以下几个方面考虑。

(1) 国际货物运输成本。这是运输方案制定时对运输方式的首要考虑因素。一般而言，海运成本低于陆运成本，但如果海运有大迂回则选用大陆桥运输方式，这在运载成本方面有一定优势。

(2) 国际货物运输速度。运输速度是选择运输方式时的又一重要因素，主要有两个原因，一是运距长，所需时日多，资金占用时间长，加快速度有利于解放占用的资金；另一原因是市场价位，由于速度慢错过了好的价位，使经济效益下降。

(3) 货物的特点及性质。货物特点及性质有时对物流方式选择起决定作用。经常是由于国际物流方式的限制，有些货物无法进入国际物流中而失去了市场时机。

(4) 货物的数量。由于国际物流距离长，使大量货物运输受到了限制。因为国际物流流通距离往往超出汽车等运输工具的经济里程，大量货物也不可能选择航空运输，因为航空运输不具备那样大的运输能力，更不用讲价格了。

(5) 不同国家之间的物流基础设施条件。由于国家之间发展的不平衡，在一国可以使用的物流方式到另一个国家便不能采用，原因在于另一个国家缺乏采用这种方式的必要基础设施，因此，全球物流基础设施存在的差异制约了国际运输方式的选择。

3. 国际货物运输对象

国际货物运输对象的种类繁多，大致可分为以下几类。

1) 按货物装运方式分

(1) 散装货物。简称散货，以重量承运，是无标志、无包装、不易计算数件的货物，以散装方式进行运输。一般批量较大，种类较少。

(2) 件装货物。简称件杂货、件货，以件数和重量承运，一般批量较少、票数较多。有标志，包装形式不一，性质各异。

(3) 成组装货物。是指用托盘、网袋、集装袋和集装箱等将件杂货或散货组成一个大单元进行运输的货物。

2) 从货物形态的角度分

(1) 包装货物。为保证货物在长途运输过程中的安全和装卸过程中的便利，通常采用一些材料加以保护，这种货物就叫包装货物。按包装货物的形式和材料，可分为箱装货物、桶装货物、袋装货物、捆装货物和其他形态的包装货物。

(2) 裸装货物。不加包装而成件的货物称为裸装货物，如钢材、生铁及一些设备、车辆等。它们在运输过程中需要采取防止水湿锈损的安全措施。

(3) 散装货物。指一些低价值货物，不加任何包装，以散装的方式，使用机械装卸作业进行大规模运输，把运费降低到最低程度。这种货物称为散装货物，包括干质散装货物和液体散装货物。

3) 从货物重量的角度分

(1) 重量货物。凡 1 吨重量的货物，体积小于 1 立方米则称重量货物。

(2) 体积货物。凡 1 吨重量的货物，体积大于 1 立方米则称体积货物，也称为轻泡货物。

此外，还有从货物价值的角度来分，分为高价值货、低价值货和贵重货物。还有从货物运输工具与载量关系来分，即整箱货物、拼箱货物和零担货物。

4. 国际物流运输的主要单证

国际物流实践中运输路线长，环节多，涉及面广，情况复杂多变，因此需要大量的有关订货项目、运输方式、资金融通等方面的单证和文件相支持，实现国际物流作业。

1) 银行汇票(或汇票)

汇票是进出口交易的一种支付工具，由出票人签发，委托付款人在见票时或在指定日期无条件支付确定金额给收款人或持票人的票据。

2) 运输单据

运输单据是指承运人在装货完毕后签发给出口人的货物接受证明文件，它通常是出口商向银行进行议付或办理货款托收的重要凭证。它包括海运提单、铁路提单、航空提单、承运货物收据和多式联运单据等。

3) 商业发票

商业发票简称发票，由出口方书写的，准确记载了货物和贸易条款的单证，它是卖方对装运货物的品名、规格、数量、价格等内容所列的清单。发票一般包括：名称、合同号码、品名、规格、数量、金额、唛头等内容。

4) 海关发票

海关发票是一种特殊的物流单据，它是以商业发票为基础，但从性质到功能作用、填制方法都和商业发票有很大的区别。海关发票的格式是由进口国的海关统一制定的，由出口人填写的。海关发票是海关审定完税价格或征收差别待遇关税或编制海关统计资料的基础，是货主及其代理人报关纳税的重要依据。

5) 装箱单/重量单

这两种单据都是用以补充发票的内容的，以便进口时对货物进行商检和进口国的海关查验货物。在编制时应注意装箱单上的货物总件数和总重量应与发票上的总件数和总重量一致，且单据名称需与信用证规定相符。单据的日期应与发票的日期相同或略迟，而不能早于发票上的日期。

6) 保险单证

保险单证是保险公司和投保人之间的保险合同，也是保险公司对投保人的承保证明，被保险人索赔和保险人理赔以此为主要的依据。常用的保险单证有：

(1) 保险单。保险单又称大保单，是使用最普遍的保险单证。保险单是一种正规的保险合同，承保某一个指定航程内某一批货物的运输责任，具有法律上的效力。

(2) 保险凭证。保险凭证俗称小保单。该凭证除没有列明承保人与投保人之间的权利与义务等方面的详细条款外，其余内容与保险单相同，并且与保险单具有同样的法律效力。

7) 商检证明

用以证明商品的品质和数量是否符合于合同的规定的重要依据。

8) 产地证明

用以证明某些产品的原产国别，它指明了货物的生产地，也是政府对贸易的其他限制的重要依据。

9) 进出口货物报关单

进出境货物的收发货人或其他代理人在货物进出境时必须向海关进行申报并递交进出口货物报关单、提单、装箱单、商业发票、商检证明以及海关认为必要的证明文件及有关单证。

7.2.2　国际物流货物仓储业务

1. 仓储在国际物流中的地位和作用

国际物流仓储业务是由于国际商品的交换而产生和发展而发展起来的，可以说没有商品的存储，就没有国际货物的流通。所以，仓储在国际物流中有着重要的地位和作用。

1) 仓储在国际物流中的地位

(1) 仓储是物流的主要功能要素之一。在物流中，运输承担了改变空间状态的重任，而储存则承担改变“物”的时间状态。所以，在物流系统中，仓储和运输是并列的两大主要功能因素。

(2) 仓储是社会物质生产的必要条件。仓储作为社会再生产各环节之中，以及社会再生产各环节之间的“物”的停滞功能，构成了上一步活动和下一步活动的必要条件，具体表现在衔接及调节作用上。

2) 仓储在国际物流中的作用

(1) 调整生产在时间上的间隔。由于许多商品和消费都存在着时间间隔与地域差异，因此必须设置仓库将这些商品存储起来，使其发挥时间效应的作用，从而更好地促进国际商品的流通与贸易。

(2) 保证进入市场的商品质量。商品从生产领域进入流通的过程中，通过仓储的两个环节，一是商品入库保管期间的质量检查；二是商品出口前的检验检查，对即将进入市场的商品在仓库进行检验，可以防止质量不合格的伪劣商品混入市场。

(3) 加速商品的周转和流通。随着仓储业的发展，仓储越来越多地承担着具有生产特性的加工业务，使仓储过程与生产过程有机结合在一起，从而增加商品的价值。而随着流通领域物流业的发展，仓储业在货物储存过程中，为物流活动提供更多的服务项目，为商品进入市场缩短后续环节的作业过程和时间，加快了商品的销售。

(4) 调节商品价格。国际商品的仓储业务可以克服国与国之间巨大的供求矛盾，以调节供求关系，调节由于供求矛盾而造成的价格差异。

(5) 调节运输工具运载能力的不平衡。在各种运输工具中，由于其运载能力的差别很大，容易出现不平衡状态，外贸商品无论在进口或出口仓储，在船舶运输与国际运输之间都起着缓冲调节作用，保证国际货物运输顺利畅通。

(6) 减少货损货差。如果发生海关、检验检疫手续的延误等各种原因，货物可暂存在库场，避免货损发生。库场还可提供暂时堆存、分票、包装等方面的业务。

2. 外贸仓库的分类

仓库是组织开展业务必不可少的物质技术基础。按照仓库在商品流通中的分类，可分为以下几种。

1) 口岸仓库

又称作周转仓库。口岸仓库的特点是商品储存期短，商品周转快。仓库大都设在商品集中的发运出口货物的沿海港口城市，仓库规模大。主要储存口岸和内地对外贸易业务部门收购的出口待运商品和进口待分拨的商品。

2) 中转仓库

中转仓库也称转运仓库，特点是大都设在商品生产集中的地区和出运港口之间。主要职能是按照商品的合理流向，收储、转运经过口岸的商品。

3) 加工仓库

加工仓库的特点是将出口商品的储存和加工结合在一起。除商品储存外，还兼营对某些商品挑选、整理、分级等简单加工业务，以适应国际市场的需要。

4) 储存仓库

主要用于储存待销的出口产品、援外的储备物资等需要长期储存的储备商品。这类仓库所储存的商品要定期检查，加强商品养护。

3. 保税仓库

保税仓库是保税制度中应用最为广泛的一种形式，具有比较强的服务功能和较大的灵活性，在促进国际贸易和开展加工贸易方面起到了非常重要的作用。

1) 保税仓库的定义及种类

(1) 保税仓库(Boned Warehouse)的定义。保税仓库是指经海关批准，在海关监管下，专供存放未办理关税手续而入境或过境货物的场所。根据国际上通行的保税制度要求，进境存入保税仓库的货物可暂时免纳进口税款，免领进口许可证或其他进口批件，在海关规定的存储期内复运出境或办理正式进口手续。但对国家实行加工贸易项目下某些应事先申领配额许可证的商品，存入保税仓库时，应事先申领进口许可证。

(2) 允许存放在保税仓库中的货物。根据我国实际情况，海关允许存放的货物有三类：

① 供加工贸易(来料加工、进料加工)加工成品复出口的进口料件；

② 经外贸主管部门批准暂缓办理纳税手续进口储存待销的业务；

③ 转口贸易货物以及外商寄存、暂存货物以及国际船行船舶所需的燃料、物料和零配件等。

(3) 保税仓库的类型。国际上一般将保税仓库分为公用型和自用型两类，公用型保税仓库是根据公众需要设立的，可供任何人存放保税货物；自用型的保税仓库是指只有仓库经营人才能存放货物的保税仓库，但所存货物并非必须属仓库经营人所有。根据国际上的通行做法及我国保税仓库允许存放货物的范围，我国目前保税仓库的类型主要有：

① 加工贸易备料保税仓库。这是一种为来料加工、进料加工等加工贸易储备进口原料等物资提供服务的保税仓库。一般为开展加工贸易的经营单位申请设立的，属于自用型保税仓库。经营单位为了加工产品出口的需要，不断地从国际市场上购进所需原材料、零部件等物资，储存在保税仓库以备随时加工成品出口。目前加工贸易备料保税仓库在我国保税仓库中是主要类型。

② 寄售、维修、免税商品保税仓库。这一类保税仓库是为国外产品在我国内寄售及维修进口机器设备所需要零部件和进口外汇免税商品服务的，也属于自用型保税仓库。外国

商品进境时存入保税仓库，待销售、维修或供应时，海关按规定予以征税或免税。

③ 公共保税仓库。这一类保税仓库可供各类型进口单位共同存放货物，如转口贸易货物、外商暂存货物等。也可供加工贸易经营单位存放加工贸易进口料件，属公用型保税仓库，一般由该仓库的经营单位申请设立。

2) 保税仓库的设立

(1) 设立保税仓库的条件。在我国，设立保税仓库应具有以下条件：

① 保税仓库应设置与非保税区域之间的安全隔离设施，并且配备保证货物存储和保管安全的设施。

② 必须健全符合海关要求的仓储管理制度，建立详细的仓库账册。

③ 保税仓库应配备经海关培训认可的专职人员。

④ 保税仓库的经营人须具有向海关交纳有关税款的能力。

(2) 设立保税仓库的申请文件。仓库经营人申请设立保税仓库，应向主管海关提供下列文件：

① 经营单位的工商营业执照，如果是租赁仓库的，还应提供仓储人的营业执照。

② 经营单位填写“保税仓库申请书”，应注明仓库名称、地址、负责人、管理人员、储存面积及存放何类保税货物等内容。

③ 对外贸易主管部门批准开展有关业务的批件，如仓储、寄售、维修等。

④ 其他有关资料，如租赁仓库的租赁协议、仓库管理制度等。

(3) 设立保税仓库海关的审批。主管海关在审核上述申请文件后，派员到仓库实地验库，检查仓储设施，核定仓储面积，对符合海关监管条件的，区别不同类型的保税仓库，分别办理审批手续。对设立公共保税仓库的，由直属海关审核同意后报海关总署审批；对设立加工贸易备料保税仓库的，由直属海关负责审批，并报海关总署备案。经批准设立的保税仓库，由海关颁布“保税仓库等级证书”。

(4) 保税仓库设立程序。其程序有：

① 项目立项。保税仓库项目立项时，要申报保税仓储项目建议书并具备带文号的申报项目函、投资企业营业执照、投资企业章程、开户银行资信证明、法人代表身份证明、可行性报告及工商名称等级核准通知书等；并办理申领土地使用证、建设用地规划许可证以及工程规划许可证。

② 工商注册。保税仓库投资企业在收到项目建议书批复后，可到工商行政管理部门办理名称登记，申请开业登记，在企业提供材料齐全的情况下，工商行政管理部门在规定的期限内核发营业执照。

③ 海关登记。保税仓库投资企业持上述有关部门的批文和工商行政管理部门颁发的营业执照，向当地海关办理登记注册和报关登记备案手续。

④ 商品检验检疫登记。如果保税仓储企业存储的货物属于“商检机构实施检验的进出

口商品种类表”内所列范围，或其他法律、法规规定须经商检部门检验的进口商品，应向商品检验检疫部门注册登记。

⑤ 税务登记。经工商行政管理部门批准开业的投资企业，应在领取营业执照后的期限内向税务机构申报办理税务登记。税务机构审核有关文件后予以登记，并在限期内核发税务登记证。

⑥ 外汇登记和银行开户。保税仓储业在领取工商营业执照之日起的一定期限内，应向当地国家外汇管理部门办理登记手续；并持有关文件到银行办理开户手续，分别设立人民币账户和外汇账户。

7.2.3　货运代理的租船业务

1. 国际货运代理的概念

“货运代理”一词，国际上虽没有公认的、统一的定义，但一些权威机构和工具书以及一些“标准交易条件”中都有一定的解释。

联合国亚太经合会对此的解释是：货运代理代表其客户完成运输业务，而本人并不起承运人作用。货运代理在不同国家有不同的名称：关税行代理人、清关代理人、关税经营人及海运与发运代理人等。

国际货运代理协会联合会对“货运代理”下的定义是：货运代理是根据客户的指示，并为客户的利益而揽取货物运输的人，其本人并不是承运人。货运代理也可以依这些条件，从事与运送合同有关的活动，如储存(也含寄存)、报关、验收、收款。

国外工具书称“货运代理”是：其业务为接收货物，以仓储、包装、整车货装运、交货等方式，把不够整车的船货集中成整车船货。由此从低运费中取利的货运代理人——公司或个人，其业务是为他人接收并海运商品(美国布蕃克法律词典)。

从传统上讲，货运代理通常是充当代理的角色。他们替发货人或货主安排货物的运输，付运费、保险费、包装费及海关税等，然后收取费用，所有的成本开支由客户承担。但近几年来，货运代理有时已经充当了合同的当事人，并且以货运代理人的名义来安排属于发货人或委托人的货物运输。尤其是当货物代理执行多式联运合同时，作为货运代理的“标准交易条件”就不再适应了，它的契约义务受它所签发的多式联运提单条款的制约，此时货运代理已成为无船承运人，也将像承运人一样作为多式联运经营人，承担所负责运输货物的全部责任。

2. 租船运输的概念与特点

租船运输又称不定期船运输，通常是指租船人向船东租赁船舶用于运输货物的业务。所谓租船有租赁整船和租赁部分舱位两种，一般以租赁整船为多。其特点有：

(1) 定航线，不定船期。

(2) 租船运输适宜大宗货。

(3) 租金率或运费率是根据租船市场行情来决定。

(4) 装卸费的分担根据租船合同商定的条款决定何方支付。

(5) 一般通过船东的经纪人和租船人的代理人洽谈成交租船业务。

(6) 各种租船方式均有相应的标准合同格式。

(7) 租船合同条款由船东和租船人双方自由商定。

(8) 租船合同条款涉及法律性的较少，大多数为技术性的条款。

3. 租船运输的经营方式

在国际海运业务中，租船方式主要有定程租船和定期租船两种。

(1) 定程租船又称程租船和航次租船。是指以航程为基础的租赁方式。定程租船又有单程航次、来回式航次，连续单程航次、连续来回行航次。

定程租船的特点是：以运输货值较低的大宗货物为主；无固定航线、固定装卸港口与固定的船期，而是根据货主的需要和船东的可能，经双方洽商，以租船合同形式加以肯定；规定装卸率和滞期速遣费；运价受租船市场供需法则的制约。

(2) 定期租船又称期租船。在这种租船方式下，依照租船合同的规定，船舶出租人向租船人提供约定的由出租人配备船员的船舶，由租船人在约定的期间内按照约定的用途使用并支付租金。租期短的仅几个月，长的可达几年或十几年甚至一直到船舶报废时为止。除租船合同另有规定外，租船人可将租赁的船舶作为班轮营运，或作为程租船使用，或将其转租给第三者。

此外，还有一种定期租船方式，即光船租船。它与一般定期租船不同的是，船舶出租人向租船人提供不配备船员的船舶，在约定的期间内由租船人占有、使用和营运，并向出租人支付租金。

近年来，国际上发展起一种介于航次租船和定期租船之间的组成方式，即航次期租，这是以完成一个航次运输为目的，按完成航次所花的时间，按约定的租金率计算租金的一种租赁方式。

4. 租船业务的执行程序

常规情况下，船东和租船人通过经纪人洽谈租船交易，从租船人提出租船要求到最终与船东拍板成交，签署合同需要一个过程，常见的程序如下。

1) 询价(Order/Enquiry)

租船人根据自己对货物运输的需要或对船舶的特殊要求，将基本租船要求和货物信息用传真或电传通过经纪人转送到租船市场上，寻找合适的船东，并要求感兴趣的船东答复能否提供合适船舶以及报价。

(1) 航次租船询价。航次租船询价一般包括下列内容：

① 租船人姓名全称和地址　(The Charterer's Full Name and Domicile)

② 货物名称和数量　(Cargo Description and Quantity)
③ 装货港和卸货港　(Loading and Discharging Ports)
④ 船舶受载期和解约期　(Laydays and Canceling Date, Laycan for Short)
⑤ 装卸时间　(Laytime)
⑥ 装卸费负担　(Loading and Discharging Cost)
⑦ 运费率　(Freight Rate)
(注：有些询价中不报运费率，而写明请船东包运费率。)
⑧ 对船舶类型和尺码特殊要求(Special Requirements Regarding Type or Size of Ship)
⑨ 租方建议的标准合同范本　(Charter Party Form)
(注：有些询价补体标准合同范本，将由船东在报价时提出。)
⑩ 佣金　(Commissions)

(2) 定期租船询价。定期租船询价一般包括下列内容：
① 租船人全称和地址　(Charterer's Full Name and Domicile)
② 船舶吨位和船型　(Ship's Size and Type)
③ 租船期　(Charter Period)
④ 交/还船地点　(Places for Delivery and Redelivery)
⑤ 交船日期和解约日　(Laycan)
⑥ 对船舶的特殊要求　(Special Requirements Regarding the Ship)
⑦ 租船人建议的标准合同范本(Charter Party Form)
(注：也有不提标准范本，由船东在报价时提出。)
⑧ 佣金　(Commissions)

租船人发出的询价中的措词往往能反映货物买卖合同是否已签署，还是在谈判过程中。船东当然愿意与货物买卖合同签署完毕的租船人洽谈。

2) 报价(Offer)

船东收到租船人询价后，经过估算或对照其他询价条件，认为可以考虑该询价，接着通过经纪人向租船人报价，报出所能提供的船舶，运费率或租金等条件。若船东几乎同时收到几位经纪人发来的内容同一的询价，应该与最接近租船厂的那位经纪人联系，通过他向租船人发出报价。报价也叫发盘。

若是货物买卖已落实的询价，船东可以立即报实盘，或者航运市场不景气，船东面临激励竞争时，为争取揽到这笔租船业务，也应立即报实盘。租船实务中，较常见的习惯做法是船东发出意向性报价，尤其当租船人发出的是意向性询价时更是如此。这种意向性报价仅提供的船舶概况、运费或租金率意向以及其他能满足询价中要求的意向。意向性报价一般不附有应予答复的时间限制，因此不约束谈判当事人，仅为继续谈判打下基础。

船东和租船人洽谈租约条款一般分两步，首先洽谈主要条款，谈妥主要条款后再进一步谈细节。船东第一个主要条款报价一般包括下列内容：

(1) 航次租船报价

① 船东全称 (Shipowner's Full Name)
② 船名和规范 (Ship's Name and Particulars)
③ 运费率和运费支付条件 (Freight Rate and Conditions for Payment of Freight)
④ 受载期和解约日 (Laycan)
⑤ 装卸港 (Loading and Discharging Ports)
⑥ 装卸时间 (Laytime)
⑦ 装卸费负担 (Loading and Discharging Costs)
⑧ 滞期/速遣费率 (Demurrage and Dispatch Rates)
⑨ 佣金 (Commission)
⑩ 采用的合同范本 (Charter Party Form to Be Used)
⑪ 报价有效时间 (Period for Which the Offer is Valid)

有些主要条款报价还可以包括战争风险条款，燃油条款，附加保险费条款，税收条款等。

(2) 定期租船报价

① 船东全称 (Shipowner's Full Name)
② 船名和规范 (Ship's Name and Particulars)
③ 租期形式等 (Description of the T/C Engagement)
④ 交/还船地点 (Places of Delivery and Redelivery)
⑤ 交船期和解约日 (Laycan for the Delivery)
⑥ 航行区域 (Trading Limits)
⑦ 租金率和支付条件 (Hire Rate and Conditions for Hire Payment)
⑧ 交还船时船上剩油数量和价格 (Quantity and Price for Bunkers on Board On Delivery and Redelivery)
⑨ 其他船东愿作主要条款谈判的条款 (Other Clauses Which the Owner Wishes to Negotiate as Main Terms)
⑩ 采用的合同范本 (Charter Party Form to Be Used)
⑪ 佣金 (Commissions)

3) 还价(Counter Offer)或称还盘

租船人接到船东主要条款报价后，极少有全部接收报价的情况。经常是接收部分内容，对其他条款提出还价。然后，租方在还价中列出还价内容，与船东继续谈判。当然，船东对租船人的还价可能全部接收，也可能接收部分还价，对不同意部分提出再还价或重新报价。若全部不接受还价，有可能终止谈判。还价时常附有答复期限。

4) 受盘(Acceptance)及编制订租确认书(Fixture)

船东和租船人经过反复多次还价后双方对合同主要条款意见一致，租方接收全部主要条款。这时船东根据双方成约的主要条款，编制一份主要条款确认书，即将双方共同承诺的主要条款汇总，发给租船人。由于双方此时只谈妥主要条款，细节还未谈判。因此，不论是在受盘中还是在订租确认书中都加有“Subject to details”(另定细节)。带有“Subdetails”的受盘在船东和租船人之间是否已产生有效合同？美国法律和英国法律对此回答不同。谈判过程中，受盘方接收报价时会附带某些条件这也许是受盘还受到某些因素的制约，不得不在接受报价时附带条件，亦有可能是给自己保留余地，不敲定合同，进一步观察行情后再定，这带有取巧色彩。这种附带条件的受盘并不构成真正的受盘，是指上属还价或称还盘。受盘必须是没有任何附带添加接受对方发盘的全部内容。一些附带条件接受对方发盘的全部内容若提出附带条件的一方不能在规定期限内放弃这些条件，另一方可以终止谈判，不受任何约束。

5) 编制、审核、签署租船合同

租约谈妥后，船东或者船东经纪人按照已达成协议的内容编制正式的租船合同，并送交租船人审核。若租船人发现与原协议内容有不符合的地方，应及时向船东提出异议，要求改正。如果租船人对编制的合同没有什么异议，就可签字。

有些航次租约下的装货日期较近，往往还未编制和让双方签字正式租约，船舶早已在装货港开始装货。因此，船公司管理人员和船长仅凭订租确认书内容履行，这也是常见的情况。

7.3　国际多式联运与口岸

7.3.1　国际多式联运的概念、条件与特点

1. 国际多式联运的概念

国际多式联运(International Multimodal Transport)是按照多式联运合同，以至少两种不同的运输方式，由多式联运经营人将货物从一国境内的接管地点运至另一国境内指定交付地点的货物运输。这种打破传统的海、陆、空互不连贯的新型运输方式在 20 世纪 50 年代后期的美国被使用，随后在美洲、欧洲和亚洲、非洲的某些地区得到推广。国际多式联运是一种综合性的连贯运输方式，它一般是以集装箱为媒介，把各种单一的运输方式有机地结合起来，组成一种国际性的连贯运输。

2. 国际多式联运应具备的条件

(1) 必须有一份多式联运合同。
(2) 必须使用一份包括全程的多式联运单据。
(3) 必须至少有两种不同运输方式的连贯运输。
(4) 必须是国际间的货物运输。
(5) 必须由一个多式联运经营人对全程运输负责。

(6) 必须是全程单一的运费费率。

多式运输合同(Multimodal Transport Contract)是指多式运输经营人与托运人之间订立的凭以收取运费、负责完成或组织完成国际多式运输的合同。它明确规定了多式运输经营任何托运人之间的权利、义务、责任和豁免。多式运输经营人(Multimodal Transport Operator)是指其本人或通过其代表订立多式运输合同的任何人，他是事主，而不是发货人的代理人或代表或参加多式运输的承运人的代理人或代表，并且负有履行合同的责任。他可以充任实际承运人,办理全程或部分运输业务,也可以是无船承运人(Non-Vessel Operating Common Carrier，NVOCC)，即将全程运输交由各段实际承运人来履行。无船承运人为了提高服务质量、增加收入，常选择合理的运输路线，把多种运输方式有机地结合起来。货主只需办理一次委托，支付一笔费用，即可取得包括全程运输单据，手续十分简便。

多式运输单据(Multimodal Transport Document，MMTD)是指证明多式运输合同以及证明多式运输经营人接管货物并负责按照合同条款交付货物的单据。根据发货人的要求，它可以做成可转让的，也可做成不可转让的。它应由多式运输经营人或经他授权的人签署。其内容主要包括下列事项：货物品类及主要标志，货物外表状况，多式运输经营人的名称和主要营业所，发货人名称，收货人名称(经发货人指定)，多式运输经营人接管货物的地方和日期，交货地点，交货日期或期间，表明该多式运输单据为可转让或不可转让的声明，单据的签发日期和地点，多式运输经营人或经其授权的人的签字，运费的支付等。

国际多式运输较之个别单一运输方式或一般的联运方式，有简化手续、加快货运速度、方便运输费用计算、缩短发货人收回货款时间的优点，而且还有助于货运质量的提高。货物的交接方式也可以做到门到门、门到港站、港站到港站、港站到门等。

目前，我国已开办的多式运输路线可到达欧、美、非洲的港口或内地城市，形式也多种多样。货物的交接方式有门到门，门到港站，也有港站到港站、港站到门等。办理此项业务的地区由原来仅限于沿海港口城市及其周围地区，现已发展到内地各省市的许多城市及附近地区。这对我国内地省市出口货物的按时装运和及时收汇创造了有利条件。采用多式运输方式，货物在内地只要装上第一程运输工具，发货人即可取得多式运输经营人或其代理人出具的包括全程运输的多式运输单据，凭以向银行办理收汇手续。

3. 国际多式联运的特点

国际多式联运的主要特点是，由多式联运经营人对托运人签订一个运输合同，实行运输全程一次托运、一单到底、一次收费、全程负责，以及统一理赔的一种国际货运组织形式。

7.3.2 国际多式联运业务与单证

1. 多式联运业务及相关关系

1) 多式联运业务

多式联运业务，从多式联运经营人角度，主要包括：与发货人订立多式联运合同，组织全程运输，完成从接货到交货过程的合同事项等基本内容。由于多式联运是依托不同运输方式、跨国跨地区的物质流通业务，如把多式联运从货物接收到最后交付这一过程进行分解，则具体业务主要包括以下几项：

(1) 出运地货物交接，即托运人根据合同的约定把货物交至指定地点。

(2) 多式联运路线和方式的确定，与分包方签订货物联运合同。

(3) 货物出口安排。对货物全程运输投保货物责任险和集装箱保险。

(4) 通知转运地代理人，与分包承运人联系，及时做好货物过境、进口换装、转运等手续的申办和业务安排。

(5) 货物运输过程的跟踪监管，定期向发货人或收货人发布货物位置等信息。

(6) 通知货物抵达目的地时间，并要求目的地代理人办理货物进口手续。

此外，还有计算费用、集装箱跟踪管理、租借与归还业务以及货物索赔和理赔业务等。

2) 多式联运业务关系方

国际多式联运业务的参与方比较复杂，主要的相关关系方有以下几种。

(1) 多式联运经纪人。他是与托运人进行签约，负责履行或组织履行联运合同，并对全程运输负责的企业法人和独立经营人。实务中，以船舶运输公司为多式联运经营人和货运代理人已无船承运人的身份从事多式联运经营活动者居多。他们在国际多式联运业务活动中，以本人或委托他人以本人的名义，与有关区承运人订立分合同，安排相关货物交接、装卸、存放与保管等相关业务。

(2) 货物托运人与收货人。他们在国际货物多式联运公约中已有清除定义。但这里所述托运人和收货人，是指货物实际托运人和实际收货人。在与多式联运经营人的关系，前者是多式联运的业务委托关系和合同当事方；后者是多式联运合同涉及的第三方和在目的地享受货物提运权的关系人。

(3) 分合同方，包括区段承运人。如船舶所有人或经营人，铁路、公路、航空和江河运输经营人，以及非运载工具经营人，如集装箱场站、仓储经营人和转运代理人等。与多式联运经营人签订分合同的当事人应承担合同中所约定的责任部分。

(4) 其他有关方。主要指那些与货物和国际多式联运业务相关的其他关系方，包括与货物进出口业务相关的货物保险与货物检验，以及其他责任保险方，进出口贸易监管、外汇控制机构、海关和理赔行等。

2. 国际多式联运单据业务

国际多式联运是签订一份合同、货物全程一次托运、一份货运单证、统一收费、由多式联运经营人负责到底的货运方式，这种方式是货物在换装、过境、转运等运输链中，不必再经过重新分类、核对、检察、开箱、装箱等过程，从而简化业务手续、加速流通、确保货运质量、减少过程作业费用、方便货主并使其得到益处。

多式联运单据是国际货物多式联运合同以及多式联运经营人接管货物并负责按照合同条款交付货物的证明。单据的使用，须符合有关法规的规定。我国《国际集装箱多式联运管理规则》规定，多式联运单据实行登记编号制度。凡在我国境内签发的多式联运单据必须有多式联运经营人或其代理人报以有关部门登记，并在单据右上角注明许可证编号。当头程运输是海运时，多式联运单据常表现为多式联运提单。

1) 多式联运单据表面内容及缮制要求

为了方便货物国际流通、体现单据的作用及具有的法律效力，根据多式联运公约和我国有关管理规则的规定，多式联运单据应当载明下列事项：

(1) 货物品类、识别货物所必需的主要标志(如属危险货物，应当包括危险特性的明确声明)、包装形式、件数、货物的毛重、尺寸、外表状况等。若是集装箱货物，则箱主、箱型、箱号数量、铅封号等，所有这些事项均由发货人提供。

(2) 多式联运经营人的名称和主要营业所。

(3) 托运人、收货人的名称、地址。

(4) 多式联运经营人接管货物的地点、日期。

(5) 约定交付货物的地点，如经双方明确协议，也可包括在交付地点交货的日期或期限。

(6) 表示该多式联运单据可转让或不可转让的声明。

(7) 多式联运经营人或其授权人签报单据的签发地点、日期。

(8) 如签约时已确知，应包括运输方式、预期运输线路、转运地点、约定运达期限及说明。

(9) 如经双方明确协议，应包括每种运输方式的运费或应由收货人支付的运费，用以支付的货币或关于运费由收货人支付的其他说明。

(10) 有关声明。

(11) 在不违背签署多式联运单据所在国法律、法规的前提下，双方同意列入多式联运单据的任何其他事项。

多式联运单据有多式联运经营人或其授权的人签发。在不违背多式联运单据签发国法律规定的前提下，多式联运单据可以是手签、盖签单章或双方确定的电子数据。

2) 多式联运单据流转和控制的一般程序

(1) 多式联运经营人或其代理人在合同约定地点接受货物并装运后，应及时缮制和签发多式联运单据给托运人。托运人通过银行或直寄方式转交收货人。

(2) 多式联运单据上的收、发货人是实际收、发货人，通知方可以是多式联运经营人在目的地指定的代理人或发货人在合同中指定的人。正本单据签发后，副本单据三份，一份由多式联运经营人留底，另两份连同有关分承运单据及货运单、装箱单等交送最终目的地的代理人作为代理接货、交货或转运等工作。

(3) 多式联运经营人缮制统一套货运单据交沿途各区段代理人，作为向该区段承运人或其代理人提货的凭据，区段承运人或其代理人一般为多式联运经营人的分合同方，他们根据多式联运经营人的指示放货给指定收货人或其代理人。

(4) 每一程货运单据中，发货人均是多式联运经营人在该区段的代理人或分合同方，收货人是多式联运经营人在下一程的代理人或作为分合同方的区段承运人或其代理人。各程代理人在货物出运后均须以最快的通讯方式告知多式联运经营人有关运输资料、货名、重量、尺码、签单日期、运载工具及其发运和预计抵达时间等。多式联运经营人接到发运地代理人或分合同方有关货物发运资料后同时通知其把货交给下一程指定收货人或其代理人，以此类推。

(5) 货物运至目的地，区段承运人或其代理人按多式联运经营人的指示放货给多式联运经营人在目的地的代理人，多式联运经营人在目的地代理人凭货运单或提单办理手续提取货物的同时，通知目的地实际收货人凭多式联运正本单据前来其处办理提货手续，在交纳了各项应交费用和收回多式联运正本单据后放货给实际收货人，并完成交货义务和终止货运责任。一般情况下，目的地区段的承运人或其代理人在放货完毕后应及时通知多式联运经营人，并汇总收回单据交多式联运经营人，若有待结费用，则应按规定及时进行清算。

3. 货物接管和交付

接管货物是多式联运经营人责任的开始。多式联运经营人可以从发货人或其代理人手中接管货物，或根据接管货物地点适用的法律或规章，必须从负责管理运输的当局或其他第三者手中接受货物。

多式联运经营人接管货物、安排全程运输、签发多式联运单据，在货物抵达目的地时有义务通过其代理人按多式联运单据中收货人的地址通知收货人货物已抵达目的地，并按多式联运单据载明的交接方式交付货物给多式联运单据持有人。多式联运经营人向收货人交付货物时和在交货后规定时间内，收货人未将货物灭失或损坏的情况书面通知多式联运经营人的，则此项交付视为多式联运经营人已经按照多式联运单据的记载交付货物的初步证据。除非货物在交付时已经当事各方或其授权在交货地的代表联合调查或检验，则无需就调查或检验所运货物的灭失或损坏送交书面通知。

4. 索赔与诉讼

货物在多式联运过程中发生损害，受损人按照国际公约和有关法规规定可以进行索赔。实际业务中，一般做法是，收货人发现货物损害后，首先向多式联运经营人或区段承运人进行书面通知，同时通知货物投保公司，根据货物本身的保险范围，向保险公司索赔；保险公司赔付后再凭权益转让书所取得的代位权责任范围向责任区段的承运人或分合同方追偿。多式联运经营人若已投保货物责任险，则在赔付后可向所投保的保险公司索赔，其中所有责任属于区段承运人或分合同方责任者，保险公司再向他们追偿。

索赔不成可以按规定进行诉讼，依照公约与法规规定，索赔和诉讼都有一定程序和时效。我国《海商法》第 81 条和《集装箱多式联运管理规则》第 33 条的规定是：货损不明显时，整箱货在交付次日起连续 15 天内、拼箱货在交付次日起连续 7 天内提交书面索赔通知。否则，所做的货物交付视为多式联运经营人已经按照多式联运单据的记载交付以及货物状况良好的初步证据。

诉讼，应依照公约或法规规定在具有管辖权或双方协议地点的法院进行。诉讼时效，多式联运公约的规定是 2 年，与汉堡规则规定相同但与海牙规则和维斯比规则的规定不同。如果自货物交付之日起 6 个月没有提出书面索赔通知，则会失去诉讼时效。我国《集装箱多式联运管理规则》规定对多式联运全程经营人诉讼时效期限是：若多式联运全程包括海运段的为 1 年；若多式联运全程未包括海运段的则按民法通则的规定为 2 年。时效时间从多式联运经营人交付或应当交付货物的次日起计算。

7.3.3 国际贸易口岸

1. 口岸概述

1) 口岸的概念

口岸是由国家指定的对外经贸、政治、外交、科技、文化、旅游和移民往来的，并供往来人员、货物和交通工具出入国(边)境的港口、机场、车站和通道。因此，口岸是国家指定的对方往来的门户。

随着社会经济的发展，口岸已不仅是指设在沿海的港口，国家在开展国际联运、国际航空、国际邮包邮件交换业务的内陆腹地和其他有外贸、边贸活动的地方也设置了口岸。在我国，口岸已由沿海逐步向沿边、沿江和内地城市发展，国境线上对外开放的山口，国际铁路、国际公路上对外开放的火车站、汽车站、国界河流和内河上对外开放的水运港口。

2) 口岸的分类

依据不同的分类标准，口岸可以分为不同的类别，我们按批准权限和运输方式两种标志进行分类，可以分为一类口岸和二类口岸；港口口岸、陆地口岸、航空口岸等，如表 7-2 所示。

表 7-2 口岸的分类

分类标志	批准开放权限	交通运输方式
类别	一类口岸 二类口岸	港口口岸 陆地口岸 航空口岸

(1) 按批准开放的权限分为：①一类口岸。一类口岸，指由国务院批准开放的口岸，包括中央管理的口岸和由省、自治区、直辖市管理的部分口岸。②二类口岸。二类口岸，是指由省级人民政府批准开放并管理的口岸。

(2) 按出入国境的交通运输方式分为：①港口口岸。港口口岸指国家在江河湖海沿岸开设的供人员和货物出入国境及船舶往来停靠的通道。它包括港内水域及紧接水域的陆地。港口水域包括进港航道、港池和锚地。港口口岸包括海港港口口岸和内河港口口岸。内河港是建造在河流(包括运河)、湖泊和水库内的港口，为内河船舶及其客货运输服务。②陆地口岸。陆地口岸指国家在陆地上开设的供人员和货物出入国境及陆上交通运输工具停站的通道。陆地口岸包括国(边)境以及国家批准内地直接办理对外进出口经济贸易业务往来和人员出入境的铁路口岸和公路口岸。③航空口岸。航空口岸又称空港口岸，是指国家在开辟有国际航线的机场上开设的供人员和货物出入国境及航空器起降的通道。

2. 口岸的地位与作用

(1) 口岸是国家主权的象征。口岸权包括口岸开放权、口岸关闭权、口岸管理权。其中口岸管理权包括口岸行政权、关税自主权、检查权及检验权等，这些都是国家主权的一部分。

(2) 口岸是对外开放的门户。对外开放表现为政府间或民间在政治、经济、军事、文化、资源保护、制止国际犯罪及世界和平等领域的广泛合作和交流，而这种国际间的交流与合作是通过口岸得以实现的。因此，口岸是对外开放的门户。

(3) 口岸是国际货运的枢纽。口岸是国际往来的门户，是对外贸易货物、进出境人员及其行李物品，邮件包裹进出的通道，因此，口岸的设置必须充分发挥交通基础设施的作用，与交通运输发展规划配套，口岸作为国际物流系统中的重要关口，是国际货物运输的枢纽。

3. 中国口岸

(1) 我国的主要港口口岸：大连港、秦皇岛港、天津港、青岛港、连云港、上海港、宁波港、厦门港、广州港、深圳港、湛江港、香港、高雄港、基隆港、澳门港。

(2) 我国的主要边境口岸：满洲里口岸、二连浩特公路、铁路口岸、绥芬河铁路、公路口岸、阿拉山口铁路陆运口岸、凭祥铁路、公路陆运口岸、瑞丽公路陆运口岸、霍尔果斯公路运输口岸、图珲长铁路口岸。

(3) 我国主要空港口岸：北京首都国际机场、上海虹桥国际机场、广州白云国际机场、香港新机场。

4. 世界港口

目前，世界上著名的港口主要有鹿特丹港、汉堡港、安特卫普港、马赛港、伦敦港、神户港、横滨港、新加坡港、纽约港、巴尔的摩港、新奥尔良港。

7.3.4 海关业务

1. 海关的概念与性质

1) 海关的概念

海关是依法执行进出关境监督管理的国家行政机关，是对进出关境货物、运输工具、行李物品、货币及金银等执行监督管理和稽征关税的国家行政机构。海关是国家主权的象征。

2) 海关的性质

海关的性质体现在以下几个方面：

(1) 海关是国家的监督管理机关。海关体现的是国家的权力意志，对外维护国家的主权和利益；对内体现国家、全社会的整体利益。

(2) 海关监管的范围是进出关境活动。海关监管的对象包括进出关境的货物、货币、金银、证券、行李物品、邮递物品，以及与上述货物和物品有关的仓库场所和国内运输工具等。

关境通常是指适用于同一海关法或实行同一关税制度的领域。因此，关境可以大于或小于国境。海关法所指的关境范围是除享有单独关境地位的地区以外的中华人民共和国领土、领空和领海。本书所指的“出入境”均指“出入关境”。

2. 海关的主要业务制度

海关的业务制度是海关为完成监管、征税、查缉走私、编制海关统计四项基本任务，依据《海关法》及有关法律法规制定的一套科学、规范的管理程序和管理方法。根据海关不同业务工作的特点，海关业务制度可以分为监管制度、关税制度、保税制度、稽查制度、统计制度五项主要业务制度。

1) 监管制度

监管制度是海关依据《海关法》等有关法律法规的规定，在对进出境的货物、物品和运输工具进行监督管理的过程中形成一套科学、规范的管理程序和管理方法。

海关监管的对象分为贸易性的货物、运输工具和非贸易性的物品三部分，因而海关监管制度可分为货运监管制度、非贸易性物品监管制度和运输工具监管制度三大体系。虽然三个监管体系在具体监管对象、监管范围、监管手法等方面有所不同，但监管的工作程序和原则要求是基本一致的。

(1) 监管制度的主要内容。海关对进出境的货物、物品、运输工具进行监管的过程可分为申报、查验、征税和放行四个环节。为提高监督管理的质量，在实际工作中，这四个环节逐渐发展成为具有严格作业程序和工作方法的基本作业制度。其中申报、查验、放行构成海关监管制度的核心。

① 申报，即指货物、物品或运输工具的所有人或其代理人在货物、物品、运输工具进出境时，向海关提交有关单证，申请查验、放行的制度。海关在接受申报时，要审核有关

单证是否齐全、正确、有效，确认进出境的货物、物品和运输工具是否符合海关和国家的有关政策、法令。申报可分为进口申报和出口申报。

② 查验，是指海关在接受申报后，对进出口的货物进行实际的核对、检验，以确定货物的物理性、化学性、数量、规格等是否与申报单证所列一致，确定进出口货物的收发货人及其代理人有无通过伪报、瞒报、藏匿等形式从事走私违规、逃漏关税活动。除特殊情况，即由收发货人申请并经海关总署特准免验的以外，所有进出口货物都应当接受海关的查验。查验一般在设有海关的码头、机场、车站、仓库等海关监管场所内进行，特殊情况下，经货主申请，海关也可以派员下厂或在装卸场所进行查验。

③ 放行，是指海关在对进出口货物予以查验、征税后，解除海关监管，予以签印放行的制度。在一般情况下，放行是通关的最后一个程序。如对一般贸易货物的放行表示海关监管的终结，货物可以由当事人自由处理，但对有监管时效的货物，如保税货物和减免税货物，海关监管并未终结，该批货物在海关放行后转入海关的后续管理。

(2) 监管制度的特点。海关监管制度是海关诸多业务制度中最基本、最核心的一项业务制度，是海关监督管理工作的基础。它通过对进出境活动的监管，保证一切进出境的活动符合国家政策和法律的规范，以维护国家主权和利益。海关征税、查私、编制海关统计等任务都是在监管工作的基础上进行的，如关税征、免、退、补，海关统计的准确及时，以及缉私工作中走私与非走私的界限等，都有赖于监管的实际审单、查验、后续管理等工作提供数据、资料和信息。

海关监管制度是国家对进出境活动实行行政管理的组成部分，带有对进出境活动再管理的性质和特点。海关监管制度除了通过审单、查验等方式对进出境的运输工具、货物和物品进行监管以外，还通过执行或监督国家其他对外贸易管理制度的实施，如知识产权保护制度、进出口货物许可证制度、外汇管理制度、商品质量检验制度及文物管理制度等，在政治、经济、文化道德、知识产权保护等方面贯彻对外贸易管理政策，维护国家利益。

此外，海关监管制度自始至终都是依照法律的规定，依法行政，并在整个管理过程中，严格贯彻党和国家对进出境活动的有关政策。因此，海关监管制度还具有法制性、政策性和涉外性的特点。

2) 关税制度

关税制度是国家关税法令和关税稽征办法的具体化。关税立法是关税制度的核心。《关税条例》及其组成部分《进出口税则》是我国关税的基本法规。关税制度规定了纳税义务人、商品分类及编码、进出口税率结构、完税价格的审定、纳税期限、税款的增免退补及违规处理等原则和作业程序，从而使海关关税制度更具有法律规范性。

(1) 关税制度的主要内容。根据《关税条例》的规定，我国关税制度的主要内容包括以下几个方面。

① 纳税义务人。进口货物的收货人，出口货物的发货人是关税的纳税义务人。

② 税率的适用。我国对进口商品依据原产国的不同设有普通税率和优惠税率两种税率。对原产于与我国未订有关税互惠协议的国家或地区的进口货物，按照普通税率征税；对原产于与我国订有关税互惠协议的国家或地区的进口货物，按优惠税率征税。

同时，我国还设有特别关税，使关税不仅在对外经济活动中发挥作用，而且在政治上起到配合我国外交政策的作用。我国还根据经济发展和对外开放的需要，设置了暂定税率和一系列减免税优惠措施。

③ 完税价格的审定。进口货物是以海关审定的成交价格为基础的到岸价格作为完税价格。出口货物以海关审定的货物售与境外的离岸价格扣除出口关税后，作为完税价格。

④ 关税的缴纳与退补。海关按《进出口税则》对进出口商品进行归类，再按照《关税条例》的有关规定，确定适用税率，审定完税价格，计算应纳税款额，予以征收并上缴国库。关税的纳税义务人应当在规定的期限内向指定的银行缴纳税款，逾期未缴者由海关征收滞纳金。对于多征、少征、漏征的税款，依法予以退还或追征、补征。

⑤ 纳税争议的处理。纳税义务人对海关确定的进出口货物的税费征缴有异议时，在缴纳税款之后，可以在一定的期限内向海关和海关总署申请复议，对海关的复议决定不服的，还可向人民法院起诉。关税制度对此做出了详尽的规定，明确了办事时限和办事程序。

(2) 关税制度的特点。我国的关税制度是根据《海关法》和《关税条例》的有关规定制定的。近几年来，随着改革的深入，对外开放的不断扩大，我国的关税政策不断调整，关税制度更加适应我国对外贸易发展的需要。现行的关税制度呈现以下几个特点。

① 财政作用十分明显。关税和进出口环节税是国家的重要财政收入。因此，关税制度对征税和纳税双方的行为做了严格的规定，工作程序十分严谨，以保证国家税收能够准确、及时、足额解缴国库。

② 保护国家进出口商品在国际市场上进行公平竞争。关税制度还确立了差别税率的原则，使关税成为中国争取有利贸易环境和促进平等互利贸易关系的工具。利用差别税率，与贸易伙伴国家签订关税互惠条款，扩大双边贸易，利用法律授权的报复性关税措施，反对任何国家对我国出口商品的歧视性待遇，维护主权与平等。

③ 与国际惯例靠拢，方便货物进出。我国的关税制度在吸收国际先进经验的基础上，以国际通用的《商品编码和协调制度》为蓝本，编制《进出口税则》，统一了进出口商品的编码、名称、范围及解释，使我国的关税制度更加适应现代科技发展而带来的商品结构变化和国际贸易格局变化。

④ 保障纳税义务人的合法权益。纳税义务人对海关确定的进出口货物的征税、减税、补税、退税等有异议时，可在现行缴纳税款的情况下，向海关直至海关总署申请复议，纳税义务人对海关或海关总署的复议决定仍不服的，还可以向人民法院起诉，切实保护了纳税人的合法权益。

3) 保税制度

保税制度是指经海关批准的境内企业所进口的货物，在海关监管下在境内指定的场所储存、加工、装配并暂缓缴纳各种进口税费的一种海关监管业务制度。

保税制度始创于英国，这种海关制度准予缓纳税赋，有利于贸易商降低贸易成本，提高贸易效率，极大地刺激各国经济和对外贸易的发展。我国从 20 世纪 80 年代开始，陆续修订颁布了对来料加工、进料加工、外商投资企业加工贸易、保税仓库、保税工厂、保税集团、保税区等一系列管理办法和规定，大力推行保税制度，促进国内经济发展。经过一段时期的探索和实践，已逐步建立了以保税加工、保税仓库、区域保税为主要内容的具有中国特色的保税制度。

(1) 保税制度的主要内容。

① 保税加工制度。指海关对境内企业承接境外商人提供的全部或部分料件，或直接从境外购进料件，在海关规定的期限内将有关料件加工装配为成品后复运出境进行监管的业务制度。保税加工业务主要包括来料加工、进料加工以及与之相应的保税工厂、保税集团开展的加工业务，即通常所指的加工贸易业务。在保税加工制度下，对境内企业进口的料件，不论是用外汇购买或是由外商提供的，海关均准予暂缓征收关税和进口环节税，并根据出口成品实际耗用进口料件的数量，免征进口关税和其他进口环节税。虽经批准不出口或因故转内销的成品所耗用的进口料件，不征进口关税和其他进口环节税。加工的成品出口，海关一律免征出口关税。为了保证这些政策的执行，海关在管理上制定了一系列严密而规范的程序，包括企业的注册、企业会计账册的规范，合同的登记和备案、加工贸易手册的发放和管理、转关运输、中期下场核查、出口核销等环节的手续、操作要求和工作标准。

② 保税仓储制度。指对经海关制定核准指定的场地、场所专门存放保税加工制度下的进口料件、转口贸易货物、境外商人寄存、暂存货物以及经海关特准缓办进口纳税手续的货物，进行监管的业务制度。其核心内容是保税仓库监管制度。在保税仓储制度下，进口货物可缓办纳税手续并在境内指定场所存放，在规定的期限内既可提取加工成品或原状复运出口，也可按规定缴纳关税和进口环节税后在境内销售。为保证这一制度的有效实施，海关对保税仓库经理人的资格认定、经营范围、纳税能力、内部管理以及货物的存放期限、堆放要求、进境申报、入库登记、储存保管、出库使用、复运出口及征免税条件等做了明确规定。保税仓储制度是世界海关通行的作业制度，既可为国外贸易商提供储存便利，也可为国内企业根据国际市场行情变化获取更大利润创造更大机会。

③ 区域保税制度。指为便利境内企业和国际商人开展商品储存和货物加工等商业活动，经国家批准，在境内划出一定范围的区域视同境外，允许贸易自主和贸易自由、由海关对指定区域进出口货物进行监管的业务制度。在这种制度下，海关对进口的元件、加工成品、暂存货物、用于区内基础设施建设的货物及机器设备等，均免征进出口关税和其他进口环节税。如上述货物销售、转移到规定区域以外的，须按规定补增进口关税和其他进

口环节税。根据我国的实际情况，实行区域保税制度的区域主要包括：保税区、经济特区、经济技术开发区、高新技术开发区及工业园区等。与保税加工制度、保税仓储制度不同，区域保税制度进口的货物即可进行储存也可进行实质性加工，海关监管的重点是核查进口的货物是否按规定在指定的区域内使用。因此，海关对指定区域内的企业从事的加工贸易、进出口仓储、区域内自用物资的减免税条件、货物使用的跟踪核查、减免税证明的核发、监管年限等也做了明确规定。

(2) 保税制度的特点。保税制度的最大特点是境内企业经海关批准进口的货物可暂缓纳税，并在境内储存、加工、装配。如复运出境、可予免征进出口关税；如用于内销，则要补征关税和进口环节税。这可以减少企业资金占压和利息支出，有利于降低生产成本，提高产品竞争能力。

另外，保税制度还带有过程监管的特点。由于保税货物自放行到复运出境或内销补税往往需要在一段时间内进行存储、加工、装配，在这段时间内，保税制度对保管货物的管理是一个过程的监管。因此，如果说其他海关业务制度对进口货物的监管、征税、统计因带有即决性的特点而称之为“点”式管理的话，那么保税制度可称为“线”式管理。

4) 稽查制度

海关稽查制度是指海关在规定期限内依法对进出口经营企业及相关单位的会计账簿、凭证、报关单证及其他有关资料实施稽核，以审查有关企业、单位有无违反海关法规行为的一项海关业务制度。海关稽查制度是现代海关制度的重要内容，也是海关监管业务改革的一项重大举措。这项制度对于贯彻海关“依法行政”的工作方针，较好地解决简化手续，加速验放与堵塞漏洞、严密监管这对矛盾具有积极的意义。

(1) 稽查制度的主要内容。

① 稽查对象。海关稽查的对象是与进出口活动直接有关的企业、单位。这些企业包括：从事对外贸易的企业、单位；从事对外加工贸易的企业；经营保税货物的企业；使用或者经营减免税进口货物的企业、单位；从事报关业务的企业；海关总署规定的从事与进出口活动直接有关的其他企业、单位。

② 稽查范围。稽查范围包括上述企业、事业单位进出口经营活动及记录这些活动的会计账簿、记账凭证、报关单证、财务报表和其他有关资料以及有关的进出口货物。

③ 稽查内容。海关稽查的内容是审查上述企业、单位进出口活动的真实性和合法性、包括国家的进出口许可制度和其他管制的履行，进口环节税款的缴纳，出口退税，保税货物的进口、存储、加工、销售、复出口和减免税货物的管理、使用以及报关企业在报关业务经营等方面的真实性和合法性，保障国家税收，引导企业守法经营。

④ 稽查时限。稽查时限是指进出口货物放行之日起三年内，或者保税货物进境之日起至结关后三年内，或者减免税进口货物在海关监管期限内。减免税进口货物的海关监管期限具体为船舶、飞机及建筑材料(包括钢材、木材、胶合板、人造板、玻璃等)为 8 年；机动

车辆和家用电器为 6 年；机器设备和其他设备、材料等为 5 年。

⑤ 稽查程序。一般来说，稽查程序包括：一是稽查准备；二是通知被稽查人(即与进出口活动直接有关的企业、单位)；三是实施稽查；四是提出稽查报告；五是做出稽查结论；六是基础处理。

(2) 稽查制度的特点。

① 稽查制度的指导思想是贯彻依法行政方针，方便企业合法进行进出口贸易和规范企业进出口行为。

② 稽查制度管理的对象是企业的进出口行为。

③ 稽查制度以核查企业的账簿、单证等资料为主要的工作手段和内容。

④ 稽查制度在对进出口活动进行管理上处于积极主动的地位。海关其他业务制度只有在发生货物、物品、运输工具进出境时才会开始运作，在管理上具有一定的被动性。稽查制度是海关的一项后续管理工作。因此，稽查制度具有管理上的相对积极主动的特点。

5) 统计制度

海关统计已进出境的货物为调查和分析对象，运用一系列统计指标对国家的对外贸易发展状况进行统计监管，提供统计信息和咨询，以促进对外贸易的发展。海关统计制度是指依据海关法、统计法等有关法律法规的规定而形成的关于对进出境的货物进行货物调查分析的原则和方法的总称。

海关统计是对对外经济贸易货物实际进出口进行统计，是国家统计的重要组成部分。为适应我国经济体制改革和对外开放的需要，科学、有效地组织海关统计工作，更好地发挥海关统计的信息、咨询、监管作用，海关总署会同国家统计局制定了《中华人民共和国海关统计制度》。根据该制度规定，海关统计制度的主要内容有以下几点。

(1) 统计范围。对于凡能引起我国境内物资资源储备增加或减少的进出口货物，均列入海关统计，对于部分不列入海关统计的货物和物品，则根据我国对外贸易管理和海关管理的需要，实施单项统计。

(2) 统计项目。海关对列入海关统计范围的进出口货物按品种、数(重)量、价格、国别(地区)、经营单位、境内目的地、境内货源地、贸易方式、运输方式及关别等项目，并依照《中华人民共和国海关统计商品目录》进行统计，这些统计项目组成了一套较为完整的海关统计指标体系。它可以广泛具体地反映中国对外贸易经济的发展水平、规模、动态和趋势，适应对外开放和国际交往等需要，又可满足有关部门进行宏观调控的需要。

(3) 统计的原始资料。海关统计的原始资料是进口货物的收货人，出口货物发货人或者他们的代理人提供的《中华人民共和国进口货物报关单》《中华人民共和国出口货物报关单》或经海关核发的其他申报单证。

(4) 海关统计资料的管理。海关统计机构是海关统计资料的管理部门，除属国家机密外，应及时向社会提供海关统计信息，实行统计信息社会化。

本 章 小 结

国际物流是指货物及物品在不同国家和地区间的流动和转移。它是跨越国境物流活动方式，是国内物流的延伸。

与国内物流相比，国际物流具有经营环境存在更大差异、物流系统广泛、存在着较高的风险性、运输方式具有复杂性、必须依靠国际化信息系统的支持、标准化要求高等特点。

国际物流是在国际贸易产生和发展的基础上发展起来的，其高效运作又促进了国际贸易的发展。

贸易术语又称价格术语，它使用三个英文字母的缩写来说明买卖双方有关费用、风险和责任的划分，确定买卖双方在货物交接方面的权利和义务。

国际货物运输业务、国际货物仓储业务、国际货运和租船业务和国际多式联运业务是国际物流业务中的重要业务。口岸和海关在国际物流中均扮演着重要角色。

背景知识

中国最大保税港区东疆保税港带天津港冲击世界一流

站在位于天津港东突堤北侧的天津五洲国际集装箱码头边，举目远望，与之隔岸相望的东疆港区建设正如火如荼。2003 年，天津港北大防波堤开工建设，启动了围海工程。2004 年，开始吹填造陆，拉开了建设东疆港区的序幕。截至目前，东疆港区防波堤工程已基本完成，造陆项目正在紧张进行，已完成吹泥超过 9 000 万平方米，形成陆域约 6 平方千米。计划到 2007 年将成陆 13 平方千米，2010 年港区将整体成陆。

在《国务院关于推进天津滨海新区开发开放有关问题的意见》(以下简称《意见》)中明确提出："借鉴国际通行做法，在天津东疆港区设立保税港区，重点发展国际中转、国际配送、国际采购、国际转口贸易和出口加工等业务，积极探索海关特殊监管区域管理制度的创新，以点带面，推进区域整合"。这是在新形势下大力发展天津港口经济，将滨海新区建成北方国际航运中心和国际物流中心所采取的一项重大战略举措。"借鉴国际通行做法，建设天津东疆保税港区，使其在加快北方国际航运中心和国际物流中心的建设中发挥更大的作用，必然要将东疆保税港区逐步建设成为与国际惯例接轨的具有"境内关外"基本特征的自由贸易港区。

天津港东疆保税港区是继上海洋山保税港区之后，我国批准设立的第二个保税港区，也是目前中国面积最大的保税港区。根据国务院《意见》，在天津港东疆港区设立保税港区，重点发展国际中转、国际配送、国际采购、国际转口贸易和出口加工等业务，积极探索海关特殊监管区域管理制度的创新，以点带面，推进区域整合。

国家发改委副主任欧新黔指出，要加快东疆保税港区建设，发展保税物流业务，加强天津保税区、保税物流园区和天津港联动，建成我国第一个与国际接轨的自由贸易区。据了解，东疆保税港区将按照国际枢纽港、自由港及自由贸易区的运作模式和惯例，发展国际中转、国际配送、国际采购、国际转口贸易和出口加工等业务，实行国外货物入港保税，国内货物入港退税，港内加工产品不征收增值税，港内货物自由流通并不征收增值税和消费税等政策。在税收、外汇、船舶及人员等方面实行更为开放的管理模式和政策。

东疆港区与北疆港区的集装箱码头作业区以及集装箱物流中心隔一条航道相望,为浅海滩涂人工造陆形成的三面环海半岛式港区，因为在天津港最东端，故名为东疆港区。东疆港区是一个多功能的综合区，规划为码头作业区、物流加工区、综合配套服务区等，其中，物流加工区和码头作业区的一部分将建设成为保税港区，面积为 10 平方千米。

天津港东疆保税港工程适应了滨海新区增加国际中转、扩大对外开放的需要。在国务院推动滨海新区进一步扩大开放、设立天津东疆保税港区政策支持下，依托东疆港区独特区位优势，东疆保税港区将集港口功能、出口加工、进口保税、出口退税功能于一体，打造成为规模最大、开放度最高的保税港区。

今年 3 月 23 日，天津港北港池集装箱码头三期工程开始奠基，由天津港集团与新加坡国际港务集团合资建设。天津市常务副市长黄兴国当时指出，北港池集装箱码头三期工程是加快东疆保税港区建设的起步工程，可以有效提升港口等级，完善港口功能，提高口岸服务能力，发挥口岸辐射作用。

作为滨海新区建设北方国际航运中心和国际物流中心的核心载体，天津港将被打造成为现代化国际深水港，面向东北亚、辐射中西亚的集装箱枢纽港，中国北方最大的散货主干港，规模最大、开放度最高的保税港区，环渤海地区规模最大的综合性港口，世界一流大港。在环渤海诸多港口中，天津港有着独特的区域优势和地理位置：天津港处于京津城市带和环渤海经济圈的交汇点上，背靠三北，面向东亚，是环渤海中与华北、西北等内陆地区距离最短的港口，辽阔的经济腹地总面积达近 500 万平方千米，占全国面积的 52%。由于海运价格便宜、陆地运输价格较为昂贵，天津港作为环渤海与华北、西北内陆距离最短的港口，在运输成本上有相当大的优势。

“十一五”时期，港口建设投资将超过 367 亿，2010 年吞吐量达到 3 亿吨，集装箱吞吐量突破 1 000 万标准箱。港口等级将提升到 30 万吨级的国际深水大港，使 30 万吨级主流散货船舶能够进出港，全天候接待国际最大集装箱船舶和最高等级的国际豪华邮轮进出港，满足区域经济发展对港口货物大进大出的要求。

为满足滨海新区及环渤海地区外向型经济发展的需要，天津港将在现有 13 个集装箱泊位的基础上，在北疆港区和东疆港区再建设 16 个大型集装箱泊位，使天津港到 2010 年的集装箱吞吐能力达到 1 200 万标准箱以上，形成一个适应北方国际航运中心发展的集装箱码头群。为适应国家能源需求不断增长以及滨海新区石油化工、冶金产业发展和国家原油战略储备项目的需要，天津港将在南疆建设30万吨级原油码头以及专业化煤码头和铁矿石码头，形成南疆大型散货码头群。为适应天津汽车工业发展及旅游业发展的需求，天津港将建设专业化汽车滚装码头及国际大型油轮码头，使天津港成为国际油轮母港和汽车中转港，进一步增强天津港综合性港口功能。今年3月，30万吨级原油码头工程开工。

同时，天津港还将使港口功能进一步完善，服务更加完备，把区域建成国际贸易与航运服务区。目前已建设完成天津国际贸易与航运服务中心，该中心将成为港航企业聚集、航运市场要素活跃、配套服务完善的特色航运CBD区。天津港将完善港航信息功能，通过加快电子港口建设，完善并充分利用EDI信息平台和计算机网络，为港航企业、物流企业等港口相关产业提供信息服务，同时加快电子口岸建设，实现与口岸各部门的信息共享。

到2010年，东疆港区将整体成陆，2020年，东疆港区全面建成。东疆港区的建设，增加了20千米宝贵的深水岸线，使天津港增加1 400万集装箱吞吐能力，拓展了港口的保税功能，成为我国发展保税物流层次最高、政策最优惠、功能最齐全、区位优势最明显的海关特殊监管区域，为进一步发展成为自由港创造了条件。东疆港区的建设，加快了天津港迈向世界一流大港的步伐，增强了天津港作为国际航运中心和国际物流中心的核心载体功能，使滨海新区如虎添翼。

资料来源：国际商报——物流周刊

思考与练习

一、判断题

1．国际物流是国内物流的跨国延伸和发展。

2．国际物流与国内物流相比其经营环境大致相当。

3．国际物流与国际贸易是相互依存、相互促进和相互制约的。

4．国际货物运输路线长、时效性强、风险较低。

5．多式联运实行运输全程分次托运、一单到底、一次收费、全程负责。

6．口岸按批准权限标志进行分类，可分为一、二类口岸。

7．口岸是国家主权的象征，是对外开放的门户。

8．海关是国家的监督管理机关，体现的是国家的权力意志。

9．海关统计是对贸易货物实际进出口进行统计，是国家统计的重要组成部分。

10．贸易术语规定了物流过程中的主要运输方式。

二、填空题

1．贸易术语是用________个不同的________来表示，买卖双方所承担的权利和义务。

2．国际货物运输包括________运输和________运输。

3．国际物流中由于货物运送________、________、________对货物运输途中的保管、存放要求较高。

4．根据进出口商品的形态与内容不同，国际贸易可划分为________和________。

5．外贸仓库按照在商品流通的分类，可分为________仓库、________仓库、________仓库和________仓库。

6．按运输方式标志进行分类，可分为________口岸、________口岸和________口岸。

7．我国的主要港口有：________、________、________、________、和________。

8．世界著名的港口主要有：________、________、________、________、和________。

三、选择题(不定项选择)

1．目前国际物流运输方式有________等多种。

A．国际海洋货物运输　B．国际铁路货物运输　C．国际航空货物运输
D．国际公路货物运输　E．国际多式联运　F．集装箱运输

2．国际物流的特点是风险大、适应性强、获取信息手段新、有高级管理人才以及________。

A．路途远　B．变化多　C．成本高　D．结算慢

3．按照国际贸易的运输方式的不同，可将国际贸易划分为________。

A．陆路贸易　B．间接贸易　C．海路贸易
D．转口贸易　E．空运贸易　F．海运贸易

4．国际物流的主要单证包括________。

A．银行汇票　B．运输单据　C．商业发票
D．海关发票　E．保险单证　F．商检证明

5．按照仓库在商品流通中的分类，外贸仓库有以下几种________。

A．口岸仓库　B．保税仓库　C．加工仓库
D．中转仓库　E．储存仓库

6．我国的主要口岸有________。

A．大连港　B．上海港　C．天津港
D．满洲里口岸　E．北京首都国际机场　F．上海虹桥机场

7．海关的业务制度包括以下内容________。

A．监管制度　B．保税制度　C．关税制度
D．保险制度　E．稽查制度　F．统计制度

8．保税制度是指经海关批准的境内企业所进口的货物，在海关监管下在境内指定的场所________并暂缓缴纳各种进口税费的一种海关监管义务制度。

A. 加工　　B. 储存　　C. 销售

D. 装配　　E. 免税

四、名词解释

1．国际物流　　2．国际贸易　　3．贸易术语　　4．国际货物运输

5．货运代理　　6．保税仓库　　7．租船运输　　8．国际多式联运

9．口岸　　10．海关

五、简答题

1．国际物流的特点是什么？

2．国际物流与国际贸易的关系是怎样的？

3．国际货物运输的特点是什么？

4．国际仓储的作用有哪些？

5．租船业务的执行程序是什么？

6．海关的业务制度包括哪些？

【实践教学】

1．参观一家物流中心或一家货代公司，了解国际物流的流程、贸易术语的运用、运输方式、运输单证、保税仓库和海关业务等，完成实习报告。

2．熟悉国际物流的涉及的单证，了解单证的制作、特点和注意事项。

第 8 章 物流企业管理

教学目标

通过本章学习，了解物流成本管理、物流质量管理、物流人力资源管理和物流产业管理等基本概念，熟悉上述的基本内容和特点。掌握物流成本计算的新方法和物流成本管理的相关内容；掌握物流质量衡量和管理的相关内容；掌握物流员工的招聘、培训和开发。理解世界各国对物流产业的管理，掌握中国物流产业管理的相关内容。

教学要求

知识要点	能力要求	相关知识
物流成本管理	(1) 能够计算物流成本 (2) 能够帮企业降低物流成本 (3) 能够对某企业进行物流成本管理	(1) 计算的新方法——物流 ABC (2) 企业物流成本降低的途径 (3) 物流成本管理要点与方法
物流质量管理	(1) 能够衡量物流质量的高低 (2) 能够用具体指标考核物流质量 (3) 能够帮企业进行物流质量改进	(1) 物流质量的衡量 (2) 物流质量指标体系 (3) 物流质量管理的基础工作和企业物流质量改进
物流人力资源管理	(1) 能够帮企业有效地开发人力资源 (2) 能够明确物流经理的作用	(1) 物流员工的招聘、培训和开发 (2) 物流经理的职责和素质要求
物流产业管理	(1) 能够借鉴国外物流产业管理经验 (2) 能够对我国物流产业的发展提出建设性意见	(1) 发达国家对物流产业的管理 (2) 中国物流产业发展的现状、主要特征、前景和政府的政策选择

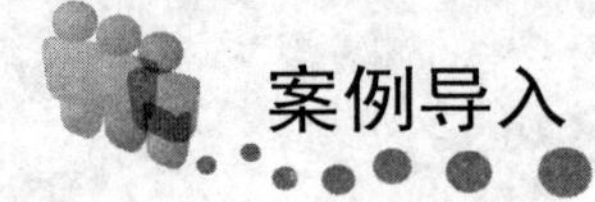

案例导入

中远物流的财务精益化管理

作为中国物流百强榜首企业，中远物流在精益管理方面一直在努力做着探索和尝试，力争有效整合资源，控制成本，优化流程，以提高核心竞争力并最终实现利润最大化。尤其是财务工作上，中远物流抓住重组、合资的契机，走出了一条颇具特色的精益管理之路。

中远物流经过重组改制后，在业务结构上、管理体制上和市场竞争环境上发生了很大变化。为实现中远物流全面、健康和可持续发展，尤其需要“精益管理”的长效机制，使管理工作能适应新变化，向集约化、系统化、精益化方向转变。在这个过程中，中远物流财务管理工作，紧紧围绕实现公司效益目标，建立精益化财务管理的长效机制，充分发挥财务管理在公司经营和管理链条中的运营作用，初步建成了满足第三方物流业务和其他业务发展需要，适应境内境外双重监管体系要求的会计核算体系和财务管理体系，为中远物流持续、稳健、快速发展起到了切实的保障作用。

1. 加强成本管理　强化预算控制

精益管理的基本理念是利润来源于降低成本的不断追求之中，成本是利润决定因素中，企业最能直接控制的要素。中远物流财务管理工作始终重视成本管理，结合全面预算管理工作的实施，主要从以下几方面抓好成本的控制工作：

加强成本构成要素的分析控制。2005 年下发了《中远物流有限公司经济活动分析管理办法》；要求系统内部各级公司实行月度经济活动分析，并统一规定了经济活动分析的内容、结构；特别是就其中成本构成要素进行明细分类，要求逐项进行纵向、横向比较分析。

借用外脑，对物流业的成本明细进行重新划分界定。组织财务人员参加交通会计协会、上海海运学院的物流成本定义课题小组。结合企业实际划分标准，采纳专家意见，对物流成本类会计科目进行了重新设定，并逐一明确定义；制定了《物流业务成本管理办法》下发全系统统一执行。

进一步强化预算的刚性控制机制。根据集团总公司关于提高预算编制质量加强预算控制的要求，参考集团总公司制定的预算编制考核细则，在系统内建立了财务预算考核指标体系，并纳入企管奖考核的范畴，强调预算编制的协同性和执行上的刚性原则。系统各公司在预算编制和调整过程中，基本上都可以做到多部门多环节共同参与预算的编制工作，同时在预算的执行过程中对成本费用的支出能够采用刚性控制的原则。

在条件成熟的重点物流项目中推进全面预算管理。2005 年制定了中远物流实施全面预算管理的三年推进方案，根据计划，已在条件成熟的物流项目中推进了全面预算的试点工作，从业务流程各环节对物流项目预算进行掌控，有效控制了项目成本的过快增长，促进了项目管理向精细化方向发展，在一定程度上也降低了物流项目的经营风险。

为配合中远物流对第三方物流业务实施事业部考核的要求，2006 年中远物流财务工作继续以重点物流项目预算控制为重点，在物流分部逐步推进全面预算绩效考核体系，推动动态预算体系的建立，从制度上、措施上保障成本费用的有效控制，达到降本增效的目的，保障核心工作的顺利完成。

2. 统一制度规范　优化流程再造

精益化管理贯彻持续改进的理念。“减少成本、彻底排除浪费”之后的流程再造工程，始终是中远物流建立精益化管理长效机制的主线。流程优化再造是一个系统工程，财务部将其分为三部实施。

规范全系统财务制度体系。财务部启动了财务制度建设的整体部署，通过制定有效的执行、监督机制，不断修改、完善、汇编各种财务管理制度，并在全系统内贯彻落实等措施，提升了整个系统公司的财务管理水平。修订和完善了《中远物流有限公司会计核算办法》，并制定了一系列的配套制度，推出涉及资金管理、业务结算、运费管理、分部报表、净额转全额、截止性调整等方面的管理细则，另外为细化对业务分部的管理，初步制定了第三方物流业务会计核算制度和财务管理制度。近两年来先后制定并完善了 39 项规章制度及具体实施细则。

规范会计核算流程体系。物流业务的快速发展对核算体系提出了更新、更高的要求，2005 年针对会计核算体系推出了系统性的修订工作，为满足现代物流业务的需要，重新调整了科目设置。在全系统推广业务流程、财务流程再造工程，结合 SAP 的上线工作，汇集全系统的业务、商务、财务精英优化完善了 51 个业务流程。使得业务分界的划分更加明确，从流程上为正确编制分部报表起到了保障作用；使各业务分部的核算做到了标准统一、科目统一，提高了系统公司各业务分部核算的准确性，同时提高了各区域公司间业务分部数据的可比性。

以 SAP 上线为契机，对再造的流程进行实质检验。2005 年结合 SAP 在中远物流总部以及上海区域上线的机会，将梳理后的 51 个业务流程和统一的会计科目在其他没有上线的区域进行了推进，为 2006 年在系统公司全面铺开奠定了基础，同时对财务信息披露系统的进一步建设提供了有力的保障。

3. 结合 TMT 计划实施　持续推进精益管理

中远物流在 2005 年 8 月启动了全面强化物流业务管理的 TMT 计划。TMT 计划的目的是实现物流业务从粗放管理向精细管理转变，从规模型发展向规模效益型发展转变，全面提升以技术、管理、人才培训为核心的整体竞争力，最终实现物流业务的全面、协调、可持续发展。

通过 TMT 计划的实施，对财务、商务以及具体业务人员进行了相关财务知识培训，如 ABC 成本法、预算、项目收益成本核算、投资评估等内容。培养全员的全面预算观念、成本控制观念以及精益化管理的观念等。

在 TMT 计划的实施过程中，通过大规模的业务、商务、财务管理调研、通过大量的实务案例分析，反复校验 SAP 蓝图资料中物流业务的流程，针对物流业务专门制定《中远物流有限公司物流业务会计核算办法》《中远物流有限公司物流业务会计核算办法》《中远物流有限公司重点物流项目管理和监测纲要》等 11 项财务制度。

通过 TMT 计划的实施，切实推进了财务全面预算管理模式。通过 TMT 计划的实施，在物流业务板块初步实施全面预算绩效考核体系，以重点物流项目预算管理为重点，推进动态预算体系的建立，推行项目预算批复制，从制度上、措施上保障物流分部业务成本费用的有效控制，达到降低增效的目的。

配合 TMT 计划的实施，持续不断地加强精益化管理工作，逐步建立和完善了物流业务、商务、财务三位一体的运营控制体系，促进物流财务管理的规范化、标准化和专业化。

精益管理要“精益求精，尽善尽美”，中远物流财务管理工作的脚步没有因取得的成绩而停下来。财务部根据公司的发展规划，制定了未来几年中远物流财务工作的中心指导思想：即本着“服务于生产”的根本原则，“围绕一个核心，健全五个体系”，建立精益财务管理的长效机制。紧紧围绕实现公司效益目标这一核心，充分发挥财务在公司经营和管理链条中的运营作用，推动效益保障体系的良好运作，实现公司效益最大化。五个体系建设分别是：财务信息披露系统的建设、风险防控系统建设、成本控制体系(精细化控制体系)建设、财务运营体系建设和财务保障系统建设。通过五个体系的建设，建立起精益财务管理的长效机制，持续改进和不断创新财务管理工作，在企业经营中能发挥更大的效力，并为今后进一步完善全面预算管理体系，精益化绩效考核体系分析模型，更有效的资本运营奠定坚实的基础。

资料来源：锦程物流网 www.jctrans.com

8.1 物流成本管理

8.1.1 物流成本概述

物流成本(Logistics Cost)是指：“物流活动中所消耗的物化劳动和活劳动的货币表现。(国标)”物流成本从本质上说是用金额评价物流活动的实际情况。人们对物流成本经过了从狭义到广义的认识过程。最狭义的物流成本是把生产厂家向外部支付的物流费用算作物流成本。除此之外，若再加上企业内消耗掉的物流费用，则是一般的生产企业的狭义物流成本。若在此基础上将原材料的物流费用包括进来的话，就形成了企业广义的物流成本。再拓展开来，除这些企业物流费用外，再将销售费用也包括进来，才是最广义的物流成本。总之，现代物流成本是指从原材料供应开始一直囊括到将商品送达到消费者手上，且包括物品回收在内所发生的全部物流费用。

8.1.2　研究物流成本的作用

如今，随着现代物流及其相关技术的不断推进和发展，物流成本作为衡量企业经营发展的重要指标之一，已变得越来越重要。从企业流转的商品来看，一件普通商品的物流费用占最后成本价的 30%～50%，对时间、空间要求苛刻的商品，物流费用占到成本价的 70%～90%。从国家的角度指示，物流成本亦非一个小数目，其在 GDP 中占有相当的份额(中国约为 20%，美、日约为 10%)。在不少企业中，物流成本占了企业销售额的大部分比例。因而，加强物流活动管理的关键是控制和降低企业各种物流费用。降低物流成本乃是物流部门的传统课题，把物流管理的历史叫做降低成本的历史也绝非言过其实。之所以要研究企业物流管理，就是要寻求降低物流总成本和增强企业竞争优势的有效途径。

物流成本的研究在物流管理中起到非常重要的作用，具体如下所述。

(1) 通过对物流成本的设计，可以了解物流成本的大小和它在生产成本中所占的地位，从而提高企业内部对物流重要性的认识，并且从物流成本的分布，可以发现企业物流活动中存在的问题。

(2) 根据物流成本的计算结果，制订物流计划，调整物流活动并评价物流活动效果，以便通过统一管理和系统优化降低物流费用。

(3) 根据物流成本的计算结果，可以明确物流活动中不合理环节的主要责任者。总之，如果能准确地计算物流成本，就可以运用成本数据，配之以科学的管理方法大大提高物流管理的效率，降低物流成本。

8.1.3　几个重要的物流成本理论

1. 物流成本冰山说

“物流成本冰山说”是由日本早稻田大学教授、日本物流成本学说的权威学者西泽修提出的。他将全部物流费用比喻为一座冰山，露出水面的冰山一角，只是企业直接支付给外部单位易于计算和掌握的一小部分物流费用，如运费、装卸费等，还有一大部分在企业内部发生而难以明确划分和单独计算的费用，这一块费用犹如“黑暗大陆”一般潜伏在水下，乃是降低企业成本的重点。根据物流冰山理论，我们所看到的物流成本只是冰山一角，即物流成本的一小部分，要把隐藏在水面下的物流成本全部核算出来是不可能的。

2. 物流成本中心说

该理论的含义在于物流是企业成本的重要的产生点，因而，解决物流的问题，并不主要是为搞合理化、现代化，不主要在于支持保障其他活动，而主要是通过物流管理和物流的一系列活动降低成本。所以，成本中心说既是指主要成本的产生点，又是指降低成本的关注点，物流是“降低成本的宝库”等说法正是这种认识的形象表述。

3. “第三利润源”说

这一学说也是由西泽修教授在1970年提出的。众所周知，国际上已普遍把物流称为“降低成本的最后边界”，称为排在降低原材料消耗、提高劳动生产率之后的“第三利润源”。第三利润源正是对物流潜力及效益的描述。

关于物流成本还有一些其他的理论，如利润中心说、服务中心说、战略中心说。利润中心说的含义，是物流可以为企业提供大量直接和间接的利润，是形成企业经营利润的主要活动。

服务中心说认为，物流活动最大的作用，并不在于为企业节约了消耗，降低了成本或增加了利润，而是在于提高了对用户的服务水平，进而提高了竞争力；在于通过物流的服务保障，企业以其整体能力来压缩成本、增加利润。

战略说是当前非常盛行的说法，实际上学术界和产业界越来越多的人已逐渐认识到，物流更具有战略性，是企业发展的战略而不是一项具体操作性任务。应该说这种看法把物流放在了很高的位置去加以认识。

8.1.4 物流成本的特性

1. 以客户服务需求为基准

因为物流成本不是面向企业经营结果，而是面向客户服务过程，所以，物流成本的大小就具有以客户服务需求为基准的相对性特点。这是物流成本与企业其他成本在性质上的最大区别。

2. 难以归纳

虽然物流成本管理存在巨大的潜力，但物流成本管理的现实要求和现行会计制度之间存在着技术性冲突，物流成本在现行会计制度的框架内很难确认和分离。企业现有的会计核算制度是按照劳动力和产品来分摊企业成本的，所以在企业的“损益表”中并无物流成本的直接记录。如物料搬运成本常常包含在货物的购入成本或产品销售成本之中；厂内运输成本常常是计入生产成本的；订单处理成本可能包含在销售费用之中；部分存货持有成本又可能包含在财务费用之中。这些方面造成企业的物流成本难以归纳。

3. 分散性

由于物流管理运作具有跨边界(由普遍的协同运作要求所决定)和开放性(由客户服务要求所决定)的特点，使得由一系列相互关联的物流活动产生的物流总成本，既分布在企业内部的不同职能部门中，又分布在企业外部的不同合作伙伴那里。从企业产品的价值实现过程来看，物流成本既与企业的生产和营销管理有关，又与客户的物流服务要求直接相关。

4. 效益背反

物流成本之间存在效益背反规律，即物流成本中各功能间存在着此消彼长的关系，一种功能成本的削减会使另一种功能的成本增多。如，物流成本与对顾客的服务水平间就存在着效益背反，即提高物流服务，物流成本就会上升。又如，库存成本的降低就意味着运输成本的相对增加。从中可以看到，物流成本间各种费用是互相关联的，要想降低物流成本就必须考虑整体的最佳成本。

5. 难以比较

对物流成本的计算和控制，各企业通常是分散进行的，也就是说，各企业根据自己不同的理解和认识来把握物流成本，这样就带来了一个管理上的问题，即企业间无法就物流成本进行比较分析，也无法得出产业平均物流成本值。例如，不同的企业外部委托物流的程度是不一致的，由于缺乏相互比较的基础，因而无法真正衡量各企业相对的物流绩效。

6. 物流成本削减具有乘数效应

物流成本类似于物理学中的杠杆原理，物流成本的下降通过一定的支点，可以使销售额获得成倍的增长。例如，如果销售额为 100 亿元，物流成本为 10 亿元，那么物流成本削减 1 亿元，不仅直接产生了 1 亿元的利益，而且因为物流成本占销售额的 10%，所以，间接增加了 10 亿元的利益，这就是物流成本削减的乘数效应。

8.1.5 物流成本的分类

1. 按物流活动发生的领域分类

按物流活动发生的领域分类，可分为如下五类。

(1) 采购物流费——从原材料(包括空容器、包装材料)的采购到送达到购入者为止的物流活动所发生的费用。

(2) 工厂内物流费——从产成品包装时点开始到确定向顾客销售为止的物流活动所发生的费用。

(3) 销售物流费——确定向顾客销售之后，到出库送达到顾客为止的物流活动所发生的费用。

(4) 返品物流费——伴随着销售产品的返品物流活动所发生的费用。

(5) 废弃物流费——为了处理已经成为废弃物的产品、包装物以及运输用容器、材料等物品所进行的物流活动发生的费用。

2. 物流费用的支付形式分类

按物流费用的支付形式分类，可分为如下七类。

(1) 材料费——包装材料费、燃料费、消耗工具材料等物品的消费生成的费用。

(2) 人工费——工资、奖金、退休金、福利费等。

(3) 水电费——水费、电费、燃气费等。

(4) 维持费——维修费、消耗材料费、房租、保险费等。

(5) 一般经费——差旅费、交际费、教育费、会议费、杂费等。

(6) 特别经费——折旧费等。

(7) 委托物流费——包装费、运费、保管费、入出库费、手续费等委托企业外部承担物流业务支付的费用。

3. 按物流功能类别分类

按物流功能的类别分类，可分为如下三类。

(1) 物资流通费——运输费、保管费、包装费、装卸费、流通加工费等。

(2) 信息流通费——处理和传送物流相关信息发生的费用，包括库存管理、订单处理、顾客服务等相关费用。库存管理是指与库存的移动、计算、盘点等有关的信息处理、传达等相关的业务。订货处理是指顾客委托仓库出库的相关信息的处理业务，并不包括商流部分订货活动。顾客服务是指接受顾客的咨询和询问，提供有关信息的业务。以上业务的特点是离不开计算机和信息系统的支持，本质上属于信息活动。

(3) 物流管理费——物流的计划、协调、控制等管理活动方面发生的费用，不仅包括现场物流管理费，而且包括本部的物流管理费。现场物流管理费是指配送中心、仓库、物流网点等物流作业部门的人工费、事务费以及维持费等。本部物流管理费是指企业综合物流管理部门发生的上述费用。

4. 按不同的管理科目分类

按不同的管理科目分类，可分为如下四类。

(1) 部门类别物流费、商品类别物流费、销售地域类别物流费、顾客类别物流费。

(2) 直接物流费、间接物流费。

(3) 固定物流费、变动物流费。

(4) 管理可能物流费、管理不可能物流费。

8.1.6 物流成本计算的新方法——物流 ABC

1. 物流成本计算的目的

物流成本是指物流活动中所消耗的物化劳动和活劳动的货币表现。它是伴随着物流活动而发生的各种费用，由三部分构成：①伴随着物资的物理性活动发生的费用以及从事这些活动所必需的设备、设施的费用。②物流信息的传送和处理活动发生的费用以及从事这些活动所必需的设备和设施的费用。③对上述活动进行综合管理的费用。

物流成本是客观存在的，但是，在对于物流成本的计算内容和范围没有一个统一的计算标准之前，不同的企业有不同的计算方法，企业之间千差万别，这给物流成本计算和成本管理带来很大的困难。随着物流成本管理必要性的提高，企业出现了统一物流计算标准的要求。在这种背景下，有关部门开始致力于物流成本计算标准的制定。例如，日本运输省于 1977 年制定了《物流成本计算标准》，为统一物流成本计算提供了依据。从企业经营的总体上看，计算物流成本的目的主要是以下几个方面。

(1) 揭示物流成本的大小，提高企业内部对物流的重视程度。

(2) 发现物流活动中存在的问题。

(3) 对物流活动进行计划、控制和业绩评价。

(4) 指出由于其他部门引起的不合理物流活动。

为达到以上目的，物流成本除了按物流活动领域、支付形态、物流功能类别分类外，还应根据管理上的需要进行分类，而且要通过不同期间成本的比较、实际发生费用与预算标准的比较，并结合销售额和物流服务水平，对物流成本进行分析比较。

2. 物流作业成本计算方法

作业成本管理(Activity Based Costing Management，ABCM)，也称为基于活动的成本管理，是以提高客户价值、增加企业利润为目的，基于作业成本法的新型集中化管理方法。它通过对作业及作业成本的确认、计量，最终计算产品成本、同时将成本计算深入到作业层次，对企业所有作业活动追踪并动态反映，进行成本链分析，包括动因分析，作业分析等，为企业决策提供准确信息；指导企业有效地执行必要的作业，消除和精简不能创造价值的作业，从而达到降低成本、提高效率的目的。许多国际性的大型制造和 IT 企业，如惠普公司都已实施了作业成本管理，中国的一些领先型制造企业，如许继电气集团等也在尝试开展作业成本管理，作业精简和效能提高的作用十分明显。

我国《物流术语》中给物流作业(Logistics Operation)下的定义是：“实现物流功能时所进行的具体操作活动。”

美国管理会计学会自 20 世纪 90 年代以来，一直通过调查了解美国企业中实施作业成本管理的情况。数据表明，实施和采纳作业成本管理的企业从 20 世纪 90 年代初期的 11%(1991 年)，上升到中期的 49%(1996 年)，目前评定并采用作业成本管理的企业比例已超过 70%。这些企业将作业成本管理用于战略决策和作业分析等方面，取得了明显的成效。

1) 传统的成本核算方法的缺陷

(1) 传统的成本计算法造成了所谓的“物流费用冰山说”。一般情况下，企业会计科目中，只把支付给外部运输、仓库企业的费用列入成本，实际这些费用在整个物流费用中犹如冰山一角。因为企业利用自己的车辆运输、利用自己的库房保管货物和由自己的工人进行包装、装卸等费用都没列入物流费用科目内。传统的会计方法没有显现各项物流费用，在确认、分类、分析和控制物流成本上都存在许多缺陷。

(2) 在现代的生产特点下，传统物流成本计算法提供的物流成本信息失真，不利于进行科学的物流控制。现代生产特点是生产经营活动复杂，产品品种结构多样，产品生产工艺多变，经常发生调整准备，使过去费用较少的订货作业、物料搬运、物流信息系统的维护等与产量无关的物流费用大大增加。在传统成本计算中，间接费用普遍采用与产量关联的分摊基础——直接工时、机器小时、材料耗用额等。这种计算方法使现代企业许多物流活动产生的费用处于失控状态，造成了大量的浪费和物流服务水平的下降。

(3) 传统的会计实践通常并不能提供足够的物流量度。①传统会计方法不能满足物流一体化的要求。物流活动及其发生的许多费用常常是跨部门发生的，而传统的会计是将各种物流活动费用与其他活动费用混在一起归集为诸如工资、租金、折旧等形态，这种归集方法不能确认运作的责任。②传统会计科目的费用分配率存在问题。将传统成本会计的各项费用剥离出物流费用，通常是按物流功能分离的，很难为个别活动所细分。③传统会计方法不能对物流和供应链改造工程活动进行物流成本核算。

2) ABC 作业成本法的优点

与传统成本法相比，作业成本法具有更广泛的科学性和先进性。具体说来，作业成本计算法的优点主要体现在以下几个方面。

(1) 作业成本法克服了传统成本计算方法导致的成本信息失真问题，能提供相对准确的成本信息。作业成本法分配的基础不局限于传统会计的规定，比如装卸时间、包装时间等，因而它能适应现代制造环境的变化，改变传统会计中标准成本背离实际成本的事实。

(2) 可以加强企业的物流成本控制。作业成本法将作业区分为增值作业和不增值作业，强调事前、事中作业成本控制，尽可能消除不增值作业，并提高增值作业的效率和效益，把这一原则应用于物流成本控制，可以减少资源的浪费，进而有效降低物流成本。

(3) 有利于建立企业内部责任会计。按物流费用的发生情况划分责任中心，不仅便于分清低效和浪费的原因，也易于确定责任人。它所提供的成本信息有助于业绩的计量和考核。

(4) 作业成本法使成本计算与适时制生产系统(JIT)相结合，可实现技术、管理和经济的统一，能加速高新技术产业的发展。

3) 作业成本法引入物流成本核算的可行性

企业物流都是由物资的包装、装卸、运输、配送、存储、流通加工、包装物和废品的回收以及与之相联系的物流信息等工作构成的，用作业成本法下的新企业观来看，物流的每一项工作可构成企业职能价值链中的一项作业，是企业作业链中的一个组成部分；用作业成本法下的新的成本观来看，物流成本则是物流作业链各环节中所有成本之和。

如果企业采用作业成本法进行物流成本的核算，物流成本则可按物流作业进行分类，然后把企业物流活动消耗的资源，按资源动因分配计入各项物流作业中进行计算。这与传统成本核算方法相比，其分配的标准更符合客观情况，从而大大提高物流成本信息的准确性，相应地也为物流成本管理提供可靠的依据；同时在企业的会计账簿中，各项物流作业的成本是由开设的物流作业成本单反映的，汇集这些成本单，就能很容易的计算出物流成本，从而不需要在大量的会计账目中，搜寻哪些费用是物流活动产生的，哪些费用不是物流活动产生的，简化了企业的核算工作。

通过对作业成本法特点的描述，结合企业物流工作的特点，我们可知，如果在企业物流成本管理中运用作业成本法进行成本核算，对物流成本的核算和管理将起到重要的作用。

4) 物流作业成本的计算

(1) 物流作业成本计算系统的构成。物流作业成本计算是以作业成本计算为依据，将物流间接成本和辅助资源，更准确地分配到物流作业、产品、服务及客户中的一种成本计算方法。一个物流作业成本计算系统，包括物流资源、物流资源动因、物流作业、物流作业动因、物流成本对象和直接物流成本。物流资源是物流作业所消耗的成本源泉；资源动因是分配资源耗费给各个作业形成作业成本库的依据，它在资源耗费和作业成本库之间建立起一个因果关系；物流作业是物流过程中的各种活动；依据物流资源动因将资源分配给作业就形成了作业成本库；物流作业动因是将物流作业成本库中的成本分配到成本对象的依据，它在成本库和成本对象间建立起了因果关系；物流成本对象是物流作业成本分配的归属，常见的成本对象有产品、服务、客户等；直接成本是那些易于追溯到成本对象的成本。在 ABC 系统中，总是先确定那些能直接追溯到成本对象的成本，然后再把其余成本分配给作业成本库。

(2) 物流作业成本计算的步骤。应用作业成本法核算企业物流并进而进行管理可分为如下四个步骤：

① 界定企业物流系统中涉及的各个作业。作业是工作的各个单位(Units Of Work)，作业的类型和数量会随着企业的不同而不同。例如，在一个顾客服务部门，作业包括处理顾客订单、解决产品问题以及提供顾客报告三项作业。

② 确认企业物流系统中涉及的资源。资源是成本的源泉，一个企业的资源包括有直接人工、直接材料、生产维持成本(如采购人员的工资成本)、间接制造费用以及生产过程以外的成本(如广告费用)。资源的界定是在作业界定的基础上进行的，每项作业必须涉及相关的资源，与作业无关的资源应从物流核算中剔除。

③ 确认资源动因，将资源分配到作业。作业决定着资源的耗用量，这种关系称作资源动因。资源动因联系着资源和作业，它把总分类账上的资源成本分配到作业。

④ 确认成本动因，将作业成本分配到产品或服务中。作业动因反映了成本对象对作业消耗的逻辑关系，例如，问题最多的产品会产生最多顾客服务的电话，故按照电话数的多少(此处的作业动因)把解决顾客问题的作业成本分配到相应的产品中去。

5) 物流作业成本控制

物流作业成本控制运用总体成本观的概念，以达到客户满意度为前提，力图在总体成本最小的情况下，通过作业分析，将总体成本层层分解到各个物流作业上，形成系统的物流作业目标成本，并且把每个物流作业认为一个责任中心，对各责任成本考核，不断改进低效率的物流作业，从而降低企业的物流成本。

8.1.7 物流成本管理

1. 物流成本管理的概念

物流成本管理(Logistics Cost Control)是指："对物流相关费用进行的计划、协调与控制。(国标)"并非是指对物流活动中发生的成本进行管理，即并非是"管理物流成本"，而是通过"成本目标管理物流"，通过对物流活动的管理降低物流费用。前者是对物流成本本身的管理，后者是对物流整体的管理，出发点不同，本质上也有根本的区别。如果以为物流成本管理是管理物流成本的话，就可能只在计算物流成本上下功夫，而把计算物流成本当成目的。这样，虽然弄清了物流成本，但不一定知道怎样利用。而企业物流成本管理的实质，是把成本作为一种管理物流的手段，并把物流成本作为衡量和评价企业各项工作的标准、尺度，把物流工作放在同一标准和尺度下，去比较和分析，就会明显地发现企业物流活动中哪些环节存在问题，以便有目标地解决问题，达到降低物流费用的目的。

2. 物流成本管理原则

1) 平衡物流成本与客户满意

物流成本随着所提供的客户服务质量水平的提高而成比例上升，服务质量水平设定过高，会使物流成本过于昂贵。这就是物流业中的服务—质量"二律背反规律"。因而物流成本管理强调，在努力降低物流成本的同时，还要注意不能因为降低物流成本而影响对顾客服务的质量，而要实现两者的优化平衡。对企业物流经理来说，合理的控制存货与运输，既不能损害客户服务水平，也不能使企业因为持有过多的存货而增加成本，即要达到对顾客的及时送货，又要降低运输成本，这就成为物流管理或物流成本控制的主要任务。

2) 以企业整体成本为管理对象

物流管理目前在很多企业中都是分割开来由多个部门来管理的，包括订单管理、销售计划、采购计划、生产计划、原材料库存管理、成品库存管理、运输、配送、库存控制和客户服务等物流功能，往往都是几个部门在操作这些业务。由于企业往往只是对单个部门去考核其成本指标，使得其中很多环节都要去节约成本。但物流成本管理最重要的是要从总成本的角度出发，而不是单纯实现其中某个环节的成本最低，因为即便是某几个环节尽可能的优化，但总成本也许仍然高昂。其原因在于，物流成本涵盖范围广泛且物流成本之间存在着效益背反规律，使得一种功能成本的削减会使另一种功能的成本增多。因为各种费用互相关联，必须考虑整体的最佳成本，即要全面、正确地把握包括企业内外所发生的所有物流成本在内的整体物流成本。换句话说，要降低企业物流成本，不能仅从企业物流的某个单一方面出发，而是要以企业整体成本为对象。另一方面，追求成本的效率化不仅仅是企业中物流部门或生产部门的事，同时也是销售部门、采购部门的重要工作，即应将降低物流成本的目标及方法贯彻到企业所有职能部门中去，并在部门间形成协调合作关系。

3) 通过对流通全过程的管理降低物流成本

控制物流成本不单单是本企业的事，仅仅本企业的物流体制具有效率是不够的，还需要企业协调其他企业(如，供应商)以及顾客、运输业者之间的关系，实现整个供应链活动的效率化。

3. 物流成本管理的作用

物流成本虽然是一种必然耗费，但此种耗费不创造任何新的实用价值。为此，所有企业都在谋求降低物流成本的途径。同样，我国也开始致力于这方面的研究。实行物流成本的管理，降低物流成本，提高效益，对国家与企业都具有现实与长远的作用。其主要作用如下。

(1) 改进企业的物流管理。企业物流管理水平的高低，直接影响着物流耗费的大小。因此，企业要降低物流成本水平，就必须不断提高服务质量，不断改进物流管理的方法及技能。从某种程度上说，加强物流成本管理、降低物流成本是企业提高物流管理水平、提高服务质量的一个激励因素。

(2) 降低产品价格。因为物流成本是产品价格的组成部分之一，所以物流成本的大小对产品价格的高低具有重大影响。通过对物流成本进行管理，使得物流成本降至最低，企业便可在一个较大的幅度内降低其产品价格，从而增强企业的竞争能力；同时，也可减轻消费者的负担。

(3) 为社会节约大量财富。

4. 物流成本管理要点

要加强物流成本管理，降低物流成本总水平，就必须把以下几个方面的工作落到实处，以发挥实效。

1) 确定成本管理对象

物流成本与生产成本相比较具有连续性、不确定性、难以分解等特点，这就为物流成本管理与核算增加了一定的难度。因此，物流成本管理的前提是确定成本管理对象，使得成本管理与核算有据可依。每一企业可以根据本企业的性质和管理的需要来确定物流成本管理对象。但企业一旦选用一种物流成本为管理对象，就不要轻易改变，以保持前后各期的一致性和可比性。具体对象如下所述。

(1) 以物流构成作为对象可以计算供应物流成本、生产物流成本、回收物流成本及废品物流成本。

(2) 以物品实体作为对象可以计算每一种物品在物流通过程中(包括运输、验收、保管、维护、修理等)所发生的成本。

(3) 以物流功能作为对象计算运输、保管、包装和流通加工等诸种物流功能所发生的成本。

(4) 以物流成本项目作为对象计算各物流项目的成本，如运输费、保管费、折旧费、修理费、材料费及管理费等。

2) 制定成本标准

确定物流成本管理对象，即把项目繁多的物流成本做了一个划分，在此基础上便可进行物流成本预算管理。其标准的制定有以下几种。

(1) 按成本项目制定成本标准。企业内部每一物流成本项目，按其与物流成本流转额的成本水平为依据，再结合本企业现在的状况和条件，确定合理的成本标准。而对于可变项目，则着重于考虑近期及长远条件和环境的变化(如运输能力、仓储能力、运输条件及国家的政策法令等)，制定出成本标准。

(2) 按物流功能制定成本标准。不论是运输、保管还是包装、装卸成本，其水平的高低均取决于物流技术条件、基础设施水平。因此，在制定物流成本标准时应结合当时的生产任务、流转流通数量及其他相关因素进行考虑。

(3) 按物流过程制定成本标准。是一种综合性的技术，要求全面考虑物流的每个过程。既要以历史成本水平为依据，同时又要充分考虑企业内外部因素的变化。制定这种成本标准需要多种技能相结合。

3) 实行预算管理

成本标准确定后，企业应充分考虑其财力状况，制定出每一种成本的资金预算，以确保物流活动的正常进行。同时，按照成本标准，进行定期与不定期检查，评价与对比，以求控制物流活动和成本水平。

4) 实行责任成本管理制度

物流成本遍布社会再生产的每一个环节和过程。同样，企业的每一个环节和过程也都要发生物流成本。要想管理好物流成本，除了制定成本标准外，还需在物流部门、生产部门和销售、管理部门实行责任制，实行全过程、全人员成本管理，明确各自的权利和责任。具体方法及步骤如下所述。

(1) 分解落实物流成本指标，不同的物流标准部门负担不同的物流成本。按成本发生的地点将成本分解到一定部门，落实其降低物流成本的责任，并按成本的可控性检查该部门物流成本降低情况，以作为其评价成绩的依据。

(2) 编制记录、计算和积累有关成本及执行情况的报告，每一个物流部门都应将其负担的物流成本进行记录、计算和积累，并定期编制出业绩报告，以形成企业内部完整的物流成本系统。对一些共同性的物流成本，则另行计算，最终由企业最高机构记入成本总额。

(3) 建立成本反馈与评价系统一定期间结束后，将每一部门发生的物流成本实际支付结果与预算(标准)进行对比，评价该部门在成本控制方面的成绩与不足，以确定奖励还是惩罚。

5) 合理进行技术改造

合理进行技术改造，是指在进行技术及设备引进时要考虑其经济性，尽管现今的运输、包装、装卸技术必然能降低物流成本，但现今技术方法的运用也必然具有较高的成本。因此，以经济技术相结合来选择运输工具、包装材料及装卸工具，也是降低物流成本的一个重要方面。

6) 推进物流管理的现代化

推进物流管理的现代化包括系统现代化、机械化、合理化。物流所要解决的主要问题是物资实体的位移及着眼于成本的降低。建立物流活动的系统化、机械化，从而使其流向合理化、包装运输科学化也能大大降低物流成本是不言而喻的。

5. 影响企业物流成本的因素

1) 竞争性因素

市场环境变幻莫测，充满了激烈的竞争，企业处于这样一个复杂的市场环境中，企业之间的竞争也并非单方面的，它不仅包括产品价格的竞争，还包括顾客服务的竞争；而高效的物流系统是提高顾客服务的重要途径。如果企业能够及时可靠地提供产品和服务，则可以有效地提高顾客服务水平，这都依赖于物流系统的合理化，而企业的顾客服务水平又直接决定了物流成本的多少，因此物流成本在很大程度上是由于日趋激烈的竞争而不断发生变化的。企业必须对竞争做出反应，而每一个回击都是以物流成本的提高为代价的。影响顾客服务的主要方面体现在以下几个方面。

(1) 订货周期。企业物流系统的高效必然可以缩短企业的订货周期，降低顾客的库存，从而降低顾客的库存成本，提高企业的顾客服务水平，增加企业的竞争力。

(2) 库存水平。企业的库存成本提高，可以减少缺货成本，即缺货成本与存货成本成反比。库存水平过低，会导致缺货成本增加，但库存水平过高，虽然会降低缺货成本，但是存货成本会显著增加，因此，合理的库存应保持在使总成本最小的水平上。

(3) 运输。企业采用更快捷的运输方式，虽然会增加运输成本，却可以保证运输质量，缩短运输时间，提高企业竞争力。但这要建立在对顾客服务水平和自身成本的权衡上。

2) 产品因素

产品的特性不同也会影响物流的成本，主要体现在以下几个方面。

(1) 产品价值。随着产品价值的增加，每一领域的成本都会增加。运费在一定程度上反映货物移动的风险，一般来说，产品价值越大，对其所需使用的运输工具要求越高，仓储和库存成本也随产品价值的增加而增加。高价值意味着存货中的高成本，高价值的产品其过时的可能性更大，在储存时所需的物理设施也越复杂和精密。高价值的产品往往对包装也有较高的要求。

(2) 产品密度。产品密度越大，每车装的货物越多，运输成本就越低，同样，仓库中一定空间领域存放的货物也越多，这样，库存成本也就越低。

(3) 易损性。易损性对物流成本的影响提出了更高的要求，易损性的产品对运输和库存都提出了更高的要求。

(4) 特殊搬运。某种产品对搬运提出了特殊的要求，如利用特殊尺寸的搬运工具，或在搬运过程中需要加热或制冷等，这些都会增加物流成本。

3) 空间因素

空间因素，是指物流系统中工厂或仓库相对于市场或供货点的位置关系。若工厂距离市场太远，则必然要增加运输费用。

6. 物流成本管理存在的问题

1) 物流费用之全貌难以显现

由于物流成本大多数混入其他费用之中，很难看出其全貌。日本企业高层管理者从1962年开始关注和重视物流现象。经营学者德拉卡在《好运》杂志上发表文章称，物流是“经营的黑暗大陆”，并把物流比喻为“降低成本的最后的处女地”。其后，早稻田大学的西泽修教授于1970年出版专著《流通费》，并将其副标题定为“不为人知的第三利润源泉”。“第三利润源泉”的提法从此得以流传。西泽修教授又提出的“物流成本冰山说”更是将“物流费用之全貌难以显现”的特征表现得淋漓尽致。他在盈亏计算书中的“销售费和一般管理费”栏中所记载的外付运费和外付储存费，只不过是冰山一角。而在企业内部占压倒多数的物流成本则混入其他费用中，如果不把这些费用核算清楚，就很难看出物流费用的全貌。

2) 物流成本之间存在效益背反现象

在物流功能之间，一种功能成本的削减会使另一种功能成本增加，由于各种费用的相关联性，必须考虑整体最佳成本。也就是说，物流管理的目标是追求物流总成本的最小化。物流成本之间存在效益背反的规律。所谓效益背反，是指改变系统中任何一个因素，都会影响到其他要素的改变。具体来说，要使系统中任何一个要素增益，必将对系统中其他要素产生减损的作用。因此，设计和管理物流系统时，应把物流系统作为一个系统来研究，用系统的方法来管理物流系统时，系统追求的目标应是：以较少的物流成本，用较好的物流服务为用户提供物品，同时，尽量减少外部环境中不经济因素的影响。

我们可以从物流成本与服务水平的效益背反和物流各功能活动的效益背反两个方面来认识“物流成本之间存在效益背反现象”这一特征。

(1) 物流成本与服务水平的效益背反。高水平的物流服务是由较高的物流成本来保证的，除非有较大的技术进步，否则企业很难既提高了物流服务水平，同时也降低了物流成本。一般来说，若提高物流服务，物流成本即上升，它们之间存在着效益背反现象。投入相同的成本并非可以得到相同的物流服务增长。与处于竞争状态的其他企业相比，在处于相当高的服务水平的情况下，要想超过竞争对手，提出并维持更高的服务标准就需要有更多的投入。因此，一个企业在做出这种决定时，必须经过仔细研究和对比。

美国市场营销权威菲利普·科特勒提出："物流目的必须引进投入与产出的系统效率概念，才能得出较好的定义。"即把物流看成是由多个效益背反的要素所构成的系统，避免为了固执地达到单一的目的，而损害了企业整体的利益。企业决策层在提出降低物流成本的要求时，必须认真考虑物流成本下降与物流服务之间的关系。

(2) 物流各功能活动的效益背反。所谓"鱼与熊掌不可兼得"，物流和各项活动处于这样一个相互矛盾的系统中，想要较多地达到某个方面的目的，必然会使另一方面的目的受到一定的损失，这便是物流各功能活动的效益背反。例如，减少物流网络中仓库的数目并减少库存，必然会使库存补充变得频繁而增加运输的次数；简化包装，虽可降低包装成本，但却由于包装强度的降低，在运输和装卸中的破损率会增加，而且在仓库中摆放时亦不可堆放过高，降低了保管效率；将铁路运输改为航空运输，虽然增加了运费，却提高了运输速度，不但可以减少库存，还降低了库存费用。所有这些都表明，在设计物流系统时，要综合考虑各方面因素的影响，从而使整个物流系统达到最优，任何片面强调某种物流功能的企业都将会蒙受不必要的损失。

由此可见，物流系统就是以成本为核心，按最低成本的要求，使整个物流系统化。它强调的是调整各要素之间的矛盾，把它们有机地结合起来，使成本变为最小，以追求和实现部门的最佳效益。

3) 物流部门难以控制全部物流成本

在物流成本中，有不少是物流部门不能控制的，例如保管费中包括了由于过多进货或过多生产而造成积压的库存费用，以及紧急运输等例外发货的费用。从销售方面来看，物流成本并没有区分多余的服务和标准服务的不同。例如，在物流成本中，常包含促销费用。物流成本之间存在效益背反规律。在物流功能之间，一种功能成本的削减会使另一种功能的成本增多。因为各种费用互相关联，所以必须考虑整体的最佳成本。

7. 降低企业物流成本的途径

由于企业所属行业的不同，其对物流成本的管理也就有所不同。但总的说来，企业降低物流成本的基本途径如下所述。

1) 建立企业物流成本构成模式与物流管理会计制度

明确物流成本的构成，全面、正确地把握包括企业内外发生的所有物流成本在内的企业整体物流成本，以企业整体成本为对象削减物流成本，建立企业物流成本的构成模式，从原来财务成本费用中剥离出属于物流成本范畴的内容，能准确判断和计算企业现有物流成本及其构成情况。分析和比较物流成本与制造成本，物流费用与其他费用之间的关系，建立科学的物流管理会计制度，使物流成本管理与财务会计在系统上联结起来，切实掌握物流系统的成本。分领域全面清理物流系统的资源配置，建立物流成本数据库，建立物流成本科学的比较依据。

2) 利用物流外包降低企业物流成本

在控制物流成本方面，有一种行为是值得我们注意的，那就是物流外包，或称第三方物流或合同制物流。它是利用企业外部的分销公司、运输公司、仓库或第三方货运人执行本企业的物流管理或产品分销职能的全部或部分。企业把物流环节外包给专业化的第三方物流公司，可以缩短商品在途时间，减少商品周转过程的费用和损失。如安利在中国就采用了将非核心业务外包的运作模式，将绝大部分的运输和仓储业务外包给专业物流企业去完成。

3) 加快企业物流速度，扩大物流量

物流速度越快，物流量越大，其成本也就越小。从物流速度与流动资金的关系来看，在其他条件不变的情况下，物流速度越快，所需流动资金越少，从而减少资金的占用和利息的支出，使物流成本降低。同时，尽可能减少流通环节和节约物流时间，尽可能直线运输、减少物资集中和分散运输的次数，实现效率化的配送，从而加快企业物流速度，降低企业物流总成本。

4) 对商品流通的全过程实现供应链管理

随着当今企业界价格竞争的激烈化，ECR 等新型供应链管理体制不断得到发展与普及。这种新型的物流管理体制使得客户除了对价格提出较高的要求外，更要求企业能有效地缩短商品周转时间，真正做到快速、及时、准确、高效的管理。要实现上述目标，仅仅本企业的物流体制具有效率化是不够的，它需要企业协调与其他企业(如上游配件供应商等)以及客户、运输业者(第三方物流供应商)之间的关系，实现整个供应链活动的效率化。使由生产企业、第三方物流企业、销售企业、消费者组成的供应链整体化和系统化，实现物流一体化，使整个供应链利益最大化，从而有效降低企业物流成本。

5) 通过效率化的配送来降低物流成本

近些年多频度、小单位配送的出现能更好地满足顾客的需要，但随之而来的却是配送成本费用的提高，这就要求企业采用效率化的配送方法。一般来讲，企业要实现效率化的配送，就必须重视配车计划管理、提高装载率以及车辆运行管理等。

6) 加强企业职工的成本管理意识

物流成本管理已经被提到战略的高度上，这不仅是企业高层领导应有的基本认识，也应在各职能部门乃至全体员工间达成基本的共识。企业应把降低成本的工作从物流管理部门扩展到企业的各个部门，并从产品开发、生产、销售全生命周期中，进行物流成本管理，使企业员工具有长期发展的“战略性成本意识”。

8. 物流成本管理方法

物流成本的管理方法一般有以下几种。

1) 比较分析法

(1) 横向比较把企业的供应物流、生产物流、销售物流、退货物流和废弃物物流(有时包括流通加工和配送)等各部分物流费，分别计算出来，然后进行横向比较，看哪部分发生的物流费用最多。如果是供应物流费用最多或者异常多，则详细查明原因，堵住漏洞，改进管理方法，以便降低物流成本。

(2) 纵向比较把企业历年的各项物流费用与当年的物流费用加以比较，如果增加了，则分析一下为什么增加，在哪个地方增加了，增加的原因是什么？假若增加的是无效物流费，则立即改正。

(3) 计划与实际比较，是指把企业当年实际开支的物流费与原来编制的物流预算进行比较，如果超支了，分析一下超支的原因，在什么地方超支？这样便能掌握企业物流管理中的问题和薄弱环节。

2) 综合评价法

比如采用集装箱运输，一可以简化包装，节约包装费；二可以防雨、防晒，保证运输途中物品质量；三可以起仓库作用，防盗、防火。但是，如果包装由于简化而降低了包装强度，货物在仓库保管时则不能往高堆码，浪费库房空间，降低仓库保管能力。由于简化包装，可能还影响货物的装卸搬运效率等。那么，利用集装箱运输是好还是坏呢？就要用物流成本计算这一统一的尺度来综合评价。分别算出上述各环节物流活动的费用，经过全面分析后得出结论，这就是物流成本管理。即通过物流成本的综合效益研究分析，发现问题，解决问题，从而加强物流管理。

3) 排除法

在物流成本管理中有一种方法叫活动标准管理，英文简称 ABM(Activity Based Management)。其中一种做法就是把物流相关的活动划分为两类，一类是有附加价值的活动，如出入库、包装、装卸等与货主直接相关的活动；另一类是非附加价值的活动，如开会、改变工序、维修机械设备等与货主没有直接关系的活动。其实，在商品流通过程中，如果能采用直达送货的话，则不必设立仓库或配送中心，实现零库存，等于避免了物流中的非附加价值活动。如果将上述非附加价值的活动加以排除或尽量减少，就能节约物流费用，达到物流管理的目的。

4) 责任划分法

在生产企业里，物流的责任究竟在哪个部门？是物流部门还是销售部门？客观地讲，物流本身的责任在物流部门，但责任的源头却是销售部门或生产部门。以销售物流为例，一般情况下，由销售部门制定销售物流计划，包括订货后几天之内送货，接受订货的最小批量是多少等均由企业的销售部门提出方案，定出原则。假若该企业过于强调销售的重要性，则可能决定当天订货，次日送达。这样的话订货批量大时，物流部门的送货成本少，订货批量小时，送货成本就增大，甚至过分频繁、过少数量送货造成的物流费用增加，大大超过了扩大销售产生的价值。这种浪费和损失，应由销售部门负责。分清类似的责任有利于控制物流总成本，防止销售部门随意改变配送计划，堵住无意义、不产生任何附加价值的物流活动。

8.2 物流质量管理

8.2.1 物流质量管理概述

1. 物流质量管理的概念

物流质量管理是发展和维持全面质量管理的主要组成部分，也是物流管理的重要组成部分。其定义为：物流质量管理就是依据物流系统运动的客观规律，为了满足物流顾客的服务需要，通过制定科学合理的基本标准，运用经济办法实施计划、组织、协调、控制的活动过程。主要包括质量保证和质量控制。

2. 物流质量管理的内容

全面的物流质量管理包括以下四个方面的内容。

(1) 物品的质量保证及改善。物流的对象是具有一定质量的实体，具有合乎要求的等级、尺寸、规格、性质及外观。这些质量是在生产过程中形成的，物流过程在于转移和保护这些质量，最终实现对用户的质量保证。因此，对用户的质量保证既依赖于生产，又依赖于流通。现代物流过程不单是消极地保护和转移物流对象，还可以采用流通加工等手段改善和提高商品的质量，因此，物流过程在一定程度上说就是商品质量的“形成过程”。

(2) 物流服务质量。物流活动具有服务的本质特性，既要为现代企业生产经营过程服务，也要为现代企业的产品和服务的顾客提供全面的物流服务。服务质量因不同用户而要求各异，因而要掌握和了解用户需要：商品狭义质量的保持程度；流通加工对商品质量的提高程度；批量及数量的满足程度；配送量、间隔期及交货期的保证程度；配送、运输方式的满足程度；成本水平及物流费用的满足程度；相关服务(如信息提供、索赔及纠纷处理)的满足程度等。此外，物流服务质量是变化发展的，随着物流领域绿色物流、柔性物流等新的服务概念的提出，物流服务也会形成相应的新的服务质量要求。

(3) 物流工作质量。工作质量指的是物流各环节、各工种、各岗位的具体工作质量。工作质量和物流服务质量是两个有关联但又不大相同的概念，物流服务质量水平取决于各个工作质量的总和，所以，工作质量是物流服务质量的某种保证和基础。通过强化物流管理，建立科学合理的管理制度，充分调动员工积极性，不断提高物流工作质量，物流服务质量也就有了一定程度的保证。

(4) 物流工程质量。物流质量不但取决于工作质量，而且取决于工程质量。在物流过程中，将对物品质量发生影响的各因素(人力因素、体制因素、设备因素、工艺方法因素等)统称为“工程”。很明显，提高工程质量是进行物流质量管理的基础工作，提高工程质量，就能做到“预防为主”的质量管理。

因此，建立物流质量管理体系，就是要在具备管理职责、人员与物质资源、质量体系结构等要素之外，通过物流需求的调研与评定，物流服务设计，物流服务过程和物流管理业绩的分析与改进等工作，形成一套科学、实用、有效的物流质量管理方法与评估系统。

8.2.2　物流质量管理的特点

现代物流具有其内在的客观规律，在质量管理方面同样反映出相应的基本要求，归纳起来有三大特点。

1. 全员参与

要保证物流质量，就涉及物流活动的相关环节、相关部门和相关人员，决不是依靠哪个部门和少数人能搞好的，必须依靠各个环节中各部门和广大职工的共同努力,需要各方紧密配合，共同努力。物流管理的全员性，正是物流的综合性、物流质量问题的重要性和复杂性所决定的，它反映了质量管理的客观要求。

由于物流质量管理存在“三全”的特点，因此，全面质量管理的一些原则和方法(如“PDCA 循环”)，同样适用于物流质量管理。但应注意，物流是一个系统，在系统中各个环节之间的联系和配合是非常重要的。物流质量管理必须强调“预防为主”，明确“事前管理”的重要性，即在上一道物流过程就要为下一道物流过程着想，估计下一道物流过程可能出现的问题，预先防止。

物流质量管理必须满足两方面的要求，一方面是满足生产者的要求，因为物流的结果，必须保证生产者的产品能保质保量地转移给用户；另一方面是满足用户的要求，即按用户要求将其所需的商品送交给用户。这两方面的要求基本上是一致的，但有时也有矛盾，比如，过分强调满足生产者的要求，使商品以非常高的质量保证程度送交用户，有时会出现用户难以承担的过高的成本。物流质量管理的目的，就是在“向用户提供满足要求的质量服务”和“以最经济的手段来提供”两者之间找到一条优化的途径，同时满足这两个要求。为此，必须全面了解生产者、消费者、流通者等各方面所提出的要求，从中分析出真正合理的、各方面都能接受的要求，作为管理的具体目标。从这个意义上来讲，物流质量管理可以定义为：“用经济的办法，向用户提供满足其要求的物流质量的手段体系”。

2. 全程控制

物流质量管理是对物品的包装、储存、运输、配送和流通加工等若干过程进行的全过程管理，同时又是对物品在社会再生产全过程中进行全面质量管理的重要一环。在这一过程中，必须一环紧扣一环地进行全过程管理才能保证最终的物流质量，达到目标质量。

3. 全面管理、整体发展

影响物流质量的因素具有综合性、复杂性，加强物流质量管理就必须全面分析各种相关因素，把握内在规律。物流质量管理不仅管理物流对象本身，而且还管理物流工作质量和物流工程质量，最终对成本及交货期起到管理作用，具有全面性。因此，必须从系统的各个环节、各种资源以及整个物流活动的相互配合和相互协调做起，只有质量管理的整体发展才能最终实现物流管理目标。

8.2.3 物流质量的衡量

如何衡量物流质量是物流管理的重点。物流质量的保证首先建立在准确有效的质量衡量上。大致说来，物流质量主要从以下三个方面来衡量。

1. 物流时间

时间的价值在现代社会的竞争中越来越凸显出来，谁能保证时间的准确性，谁就获得了客户。由于物流的重要目标是保证商品送交的及时，因此时间成为衡量物流质量的重要因素。

2. 物流成本

物流成本的降低不仅是企业获得利润的源泉，也是节约社会资源的有效途径。在国民经济各部门中，因各部门产品对运输的依赖程度不同，运输费用在生产费用中所占比重也不同。

3. 物流效率

物流效率对于企业来说，指的是物流系统能否在一定的服务水平下满足客户的要求，也是指物流系统的整体构建。对于社会来说，衡量物流效率是一件复杂的事情。因为社会经济活动中的物流过程非常复杂，物流活动内容和形式不同，必须采用不同的方法去分析物流效率。

8.2.4 物流质量指标体系

物流质量管理最直观最关键的，就是对物流运作系统的考核。物流质量管理的不同环节，有不同的标准与考核指标。如，对于运输环节，可以从运输效率、运输网络合理配置等指标来考核；在仓储环节，可以从库存管理水平、理货时间、准确率等方面来考核；在包装环节，可以从包装的轻薄化、集装化和标准化等方面来考核；在配送环节，可以从配送及时性等方面来考核；在供应链方面可以从成本等方面来考核。由于物流质量是衡量物流系统的重要方面，所以发展物流质量的指标体系对于控制和管理物流系统来说至关重要。物流质量指标体系的建立必须以最终目的为中心，是围绕最终目标发展出来的一定的衡量物流质量的指标。

一般说来，物流服务目标质量指标，包括物流工作质量指标和物流系统质量指标两个系列，以这两个指标为纲，在各个工作环节和各系统中又可以制定一系列“分目标”的质量指标，从而形成一个质量指标体系。整个质量指标体系犹如一个树状结构，既有横向的扩展，又有纵向的挖掘。横向的主干是为了将物流系统的各个方面的工作都包括进去，以免遗漏；纵向的分支是为了将每个工作的质量衡量指标具体化，便于操作。没有横向的扩展就不能体现其广度，没有纵向的挖掘就不能体现其深度。以制造企业的销售物流为例，应采取以下四方面的指标，可以全面监控反馈物流管理的质量。

(1) 运作指标。即衡量物流配送实物操作水平的指标。具体包括：配送准时率、错误投递率、破损率、特殊情况服务水平、代收货款准时率、录单准确率。

(2) 仓储服务指标。即在仓储管理中对库存管理、理货操作等方面的监控指标。具体包括：订单处理时间、库存准确率、装卸效率、安全指标、作业正确率、库存量。

(3) 信息指标。即对物流服务中客户预约、信息跟踪反馈、签收单反馈等信息服务的监控。具体包括：电话预约指标、信息反馈率、签收单反馈率、意外情况反馈及时率。

(4) 客户满意度监控指标。即关系到客户直观感受，由客户反馈的指标。具体包括：客户满意率、客户投诉率，即客户投诉订单数占全部订单数的比例。

在指标设计过程中，还可以根据需要对每个指标按照物流运作每项工作的具体环节进行细分。在具体考核过程中，应根据物流运作侧重点、对客户承诺水平的不同制定每个考核指标的标准，并选取相应的指标，通过对每项指标分配不同的权重形成指标组合体系，作为考核的依据。

8.2.5　物流质量管理的基础工作

1. 建立质量管理组织

质量管理工作是在物流的每一个过程中体现的。因此，质量工作应是整个物流组织的事情，建立一个统筹的质量组织，实行质量管理的规划、协调、组织、监督是十分必要的。另外，在各个过程中建立质量小组，并通过质量小组带动全员、全过程的质量管理也是很重要的方式。

2. PDCA 循环

PDCA 是计划、实施、检查、处理四个管理阶段的简称，又称为戴明循环或管理循环，是质量保证体系运转的基本方式。具体又分为分析现状、分析原因、找出主要影响因素、制定解决措施、组织实施、检查、总结，将遗留问题作为下一阶段目标等八个步骤，大环套小环，环环相扣，循环每转动一周就提高一步，如此循环往复。

3. 标准化工作

标准化是开展物流质量管理的依据之一。在标准中，要具体制定各项工作的质量要求、工作规范、质量检查方法，各项工作的结果都要在产品质量的规定标准范围内。因此，物流质量管理离不开标准制定工作。

4. 制度化

将质量管理作为物流的一项永久性工作，必须有制度的保证。建立协作体制，建立质量管理小组都是制度化的一个部分。此外，还必须使制度程序化，以便于了解、执行和检查。制度化的另一重要方式是建立责任制，在岗位责任制基础上，或在岗位责任制的内容中，订立或包含质量责任，使质量责任能在日常的细微工作中体现出来。

5. 建立差错预防体系

物流过程中的差错问题是影响物流质量的主要因素。由于物流数量大，操作程序多，差错的发生可能性很大，因此，建立差错预防体系也是质量管理的基础工作。工作内容主要包括对库存货物的有效调整，运用自动识别新技术和建立仓库检测系统等。

6. 标杆法

在提高物流质量时，标杆法(定基方法)也经常使用。标杆可以使用顾问、期刊和大学研究者出版的有用的物流数据，也可以对行业内部或相关行业的非竞争性公司进行调研；或者构建组织联盟，经常系统地共享风险基准数据。此外，对客户感觉进行正规的评价也是提升物流绩效的一个重要的途径，这种评价可以通过由公司或行业资助的调查或系统的订货追踪获得。

8.2.6 企业物流质量改进

1. 企业物流质量改进的原则

企业物流服务的质量是由顾客的满意度决定的，并取决于整个物流服务过程的效果和效率。物流质量改进通过改进过程来实现。企业物流系统内的每一项活动或每一项工作均包括一个或多个过程。质量改进是一种以追求更高的过程效果和效率为目标的持续活动。质量改进不断寻求改进机会，通过预防和纠正措施消除或减少产生质量问题的原因。

2. 企业物流质量改进环境

(1) 为企业物流创造持续质量改进的环境。主要做好：明确企业物流质量改进的目的，持续改进企业物流的运作过程，培育一种广泛交流、相互合作、尊重个人和鼓励创新的环境。

(2) 为企业物流质量改讲创造必需的价值观和文化基础。主要包括：重视满足企业内部和外部顾客的需要；使质量改进贯穿于从供方到顾客的整个供应链；不论是集体还是个人，始终强调物流质量改进是工作的基本内容；通过改进过程来解决物流质量问题；持续地改进所有的过程。

3. 企业物流质量改进的有效措施

(1) 企业物流质量改进的基本方法。重点明确：提出企业物流质量改进的方针、策略、主要目标、指导思想，支持和广泛协调企业物流质量改进的活动；确定物流质量改进的需要和目标以及为满足需要和实现目标而配置资源的方法；通过质量小组活动，实现质量改进目标的方法；鼓励企业员工开展与工作有关的质量改进活动并协调相关活动的方法。

(2) 企业物流纵向层次的质量改进方法。主要包括：对物流过程进行管理；具体有确定各部门任务、制定战略规划、明确作用和职责、获取和配置资源、提供教育和培训等；确定并策划各部门工作过程的持续质量改进；创造并保持一个使部门全体员工有权力、有能力和有责任持续改进质量的环境。

(3) 企业物流跨部门过程的质量改进方法。一般包括：在企业物流各部门之间建立并保持紧密联系；识别企业物流过程内部和外部的顾客，确定他们的要求和期望；把顾客的需要和期望转化成具体的顾客要求；识别物流各过程的供方，将顾客的需要和期望传达给他们；寻求物流各过程的质量改进机会，配置改进所需的资源，并监督改进的实施。

8.2.7 ISO 质量管理体系与物流企业质量管理

近年来，有运输公司的翻牌，有政府直接投资成立物流中心等，全国各地的物流企业如雨后春笋般的成立，并取得一定的发展。但当前，诸多物流企业往往只追求眼前利益，忽视长远效益；只注重快速发展，忽视内部管理，特别是忽视了 ISO 质量管理体系的重要性。由于全球经济一体化趋势，当前的物流业正向全球化、网络化、信息化、综合体系化发展，我国的物流业亦必将按照国际惯例和通行规则，引进国际先进的管理模式和物流理念，早日进入国际市场。因此，贯彻和实施国际通行和认可的 ISO9000 标准，通过质量管理体系认证，必将是物流企业今后发展的趋势之一。

ISO9000 族标准是凝聚世界各国传统管理精华，融入现代质量管理原则的科学管理模式，是企业加强质量管理，建立质量管理体系，为企业内部和外部提供质量保证能力的一套管理性标准化文件。而质量体系认证则是通过第三方机构，依据规定程序对提供产品，服务单位的质量管理出具书面保证(ISO 质量管理体系认证合格证书)，证明其符合 ISO9000 族标准规定要求所做出的评价，它为供应方树立信誉、为顾客提供需要，是实施企业外部质量保证的一种国际认可的手段。

1. 推行 ISO 质量管理体系认证的必要性和紧迫性

当前，一些物流企业对 ISO 质量管理体系的必要性和紧迫性认识不足，甚至认为物流企业根本就没有必要实施 ISO 质量管理体系。其实对企业而言，推行 ISO 质量管理体系达到如下作用。

1) 可提升物流企业管理水平，降低企业成本，提高企业竞争力

近年来，物流业在我国范围内取得了长足发展，一些物流企业在快速扩张和发展过程中，内部管理的各种弊端暴露无疑，如，内部操作不规范、职责不明确、客户抱怨和投诉增加以及管理决策随意性等，而在物流企业全面推行 ISO 质量管理体系认证，不仅可以节约大量的社会检验费用。而且也可以规范物流企业内部操作，提升管理水平，降低管理成本，增强企业的竞争力。

2) 可使物流企业尽早融入国际市场，提高国内国际范围内的企业知名度

随着全球经济一体化和国内市场国际化，贯彻 ISO9000 标准，开展质量管理体系认证，成为国内企业界、经济界的一个热门话题。有人甚至称质量管理体系认证是国内企业和产品进入国际市场的通行证，而企业通过质量管理体系，就获得了一种权威性的社会承认和国内外市场的认同。因此推行 ISO 质量管理体系不仅使物流企业按照国际惯例尽早融入国际市场，而且可以扩大物流企业的影响，提高在国内国际范围内的企业知名度。

3) 可增强国内国际市场上的竞争力

加入 WTO 之后，我国将逐步取消产品分销权和物流服务业等方面的限制，外资公司将全面进军我国物流业，物流业的竞争更加剧烈。同时是否根据 ISO9000 族国际标准建立质量管理体系及是否已通过体系认证，将成为物流企业服务质量保证能力和水平的标志。在国内国际市场，外资企业均以是否获得 ISO9000 认证证书作为参与竞争和合作的前提条件，因此，物流企业推行和全面实施 ISO 质量管理体系认证，可增强其在国内外物流市场上的竞争能力。

2. 物流企业推行和实施 ISO 质量管理体系应注意的问题

在我国物流业的发展初期，一些英明的有前瞻性的物流企业，审时度势，及早按照国际惯例贯彻 ISO9000 族标准，通过了 ISO 质量管理体系认证，如上海熙可储运有限公司在 1999 年就通过法国 BVQI 质量管理体系认证，并以此为契机规范内部作业，狠抓企业管理，使该公司在市场竞争中抢得先手，取得了领先的地位；也有一些企业，至今对贯彻质量体系标准和质量管理体系认证工作认识不足，致使该企业在市场竞争中处于弱势，比较被动。物流企业推行和实施 ISO 质量管理体系应重视以下几个方面。

1) 在 ISO 质量管理体系认证前期，物流企业要注意以下两点

(1) 对质量体系认证工作，企业必须积极宣传，全员参与，从高层领导到普通员工要统一思想认识，明确工作责任，确保质量手册、程序文件等质量体系文件的编制修订工作顺利有效地开展。

(2) 对质量体系认证工作，必须先从管理者进行推动。企业的管理者特别是高层管理者要高度重视，积极组织领导，必要时刻成立专门的领导小组进行多方协调，以使企业的质

量方针、质量目标得到贯彻和落实，使质量工作深入各个部门、各级人员。

2) 在 ISO 质量管理体系实施期间，物流企业要处理好三个方面

(1) 处理好短期效益与长远发展的矛盾。随着物流业的蓬勃发展，物流公司在外部塑造公司形象，提高市场竞争力，扩大企业规模，在内部围绕“顾客满意”，贯彻质量方针，规范内部作业。与此同时，企业短期效益与长远发展的矛盾也越来越突现，一方面，企业要追求短期效益，实现利润最大化，就可能忽视贯标工作、忽视企业内部规范操作；另一方面，企业要贯彻和实施企业质量方针和目标，加强内部管理，提高管理水平，切实提高服务质量，确保 ISO 质量管理体系运行正常有效，以实现企业的长远发展，就可能丢失部分客户，丧失部分企业效益。例如，上海熙可储运有限公司以“顾客满意”为中心，坚持“安全、准确、及时”的质量方针，坚决贯彻和实施 ISO9002 标准和企业标准，任何脱离质量方针和违背 ISO9002 标准和企业标准的操作和行为都是不允许的。该公司个别员工，在客户处提早了解客户的订单情况，认为把该订单与已有订单合并发运，能为公司节约成本，于是自作主张，未通过公司总部直接进行操作，将该批货物提前发运。后来，公司了解事实真相后，认为该作业虽为公司节约运输成本，提高了效益，但却严重违反了公司相关的作业规定，影响了该公司质量管理体系的正常运作，最终对这位员工进行了批评与教育。

(2) 处理好质量体系认证前后的观念转变工作。当前，部分物流企业把通过 ISO 质量管理体系认证作为时尚，认为只要花点钱、请个咨询公司、买个证书就获得了通向国际市场的“通行证”，因此认证前全民动员，轰轰烈烈，认证后“死灰复燃”，思想松懈，不注重内部管理，不注重服务质量，客户投诉越来越多，企业效益和声誉也逐步下降。所以，处理好质量管理体系认证前后的思想观念转变工作尤为迫切和重点。公司应在质量管理体系认证前后，一直把员工思想观念的转变工作作为日常工作的重点。在认证前，公司上下积极动员，群策群力，以认证为契机，加强企业管理；在实施过程中，始终注重公司质量方针和目标的宣传和贯彻，注重提高员工对 ISO9000 标准的认识和理解，转变员工对 ISO 质量管理体系“通行证”论的错误观念，消除员工的麻痹思想，促进了公司的质量管理。

(3) 要把质量管理工作和绩效考核挂钩。任何企业不管是在成立初期，还是在快速的扩张发展中，质量管理工作一定会遇到各种障碍和困难，并会受到来自企业内部的阻力。因此，企业的各层管理者一定要高度重视，并把企业的质量管理工作与员工的绩效考核密切挂钩，这不仅有利于推进企业的质量管理工作，改进和完善质量管理体系，全面提升服务质量，而且有利于加强员工的工作责任性，提高员工工作积极性。另外，质量管理工作一定要作为企业日常的管理工作，常抓不懈，持之以恒。

8.3　物流人力资源管理

物流企业人力资源管理，是指对物流企业人力资源的招聘、开发、保持和利用等方面，进行的计划、组织、协调和控制，以有效地开发人力资源，提高物流工作效率，实现企业

经营目标的活动。物流企业人力资源管理贯穿于物流企业业务经营活动全过程，它是现代物流管理的重要组成部分，是物流企业管理的重要内容。

8.3.1 物流业人力资源市场特征

一般物流相关工作可分为行车理货人员、后勤支援人员、保管作业人员和信息管理人员四类。

1. 行车理货人员

所谓行车理货人员包括大、小货车、拖车、联络车司机、随车作业人员。行车理货人员代表公司，反映出公司的物流服务品质，对公司的声誉影响很大，所以，配送人员的服装仪容、态度修养、专业知识均给客户或者消费者以深刻的印象。行车理货人员和保管人员称为物流现场作业人员。现场作业人员的人力市场特性如下所述。

(1) 劳动力密集。物流业有密集产业之称，由于现场作业人员的工作时间长，另外，作业过程中，从商品验收、保管、库内设备养护、商品拣取、流通加工和采购等都需要依赖人力来完成，所以，物流业可称为劳动密集产业。

(2) 强调服务。虽然在整个物流作业中强调人员的辛劳，但由于具有服务业的特质，需要与客户接触，所以，对于服务人员或行车人员的外表仪态、服务态度等，都要加以训练，以提高人员素质，提升服务品质。

(3) 具备相关专业知识。在物流现场作业中，其对于商品特性、机械的操作，都要有足够的专业知识，以应付作业流程的需要。例如，行车理货人员需具有职业驾照。

(4) 人员流动率高。由于现场人员的工作时间长、风险大、环境差、耗体力等，造成人员流动率偏高的现象；另外，也由于该工作的社会地位不高，所以人员的流动率也因而较高。

2. 后勤支援人员

后勤支援人员，主要包括行政管理、车辆保养、财务会计及账务处理人员。其在人力市场的特性如下所述。

(1) 了解物流作业流程。由于管理人员必须对物流作业负有管理监督的责任，所以，管理人员首先要充分了解从运输入库、装卸、仓储保管、理(拣)货、包装、流通加工、调派车辆、配送和出货等作业流程。

(2) 了解管理知识。由于管理阶层人员的工作包括物流经营管理与物流策略的制定，所以，管理人员需具备相关的管理知识及经验，而且要不断地充实自己，以提高对不同的物流问题的解决能力、未来策略的规划能力等工作的能力。

3. 保管作业人员

保管作业人员通常包括进货人员、出货人员、退货人员、拣货作业人员、流通加工人员、卸柜搬运人员和商品验收人员等。在工作环境上，上述作业人员会花费较多时间在储运区处理货品。一般而言，为配合日、夜配送出车和拆柜卸货，保管作业通常分为二或三班制，24 小时运作。

4. 信息管理人员

掌握时效就能掌握商机，物流业进行的是一场速度的战争。目前，商品价格变化迅速，今天就需全盘分析昨日的市场信息，适时推出促销活动。信息化在物流中心扮演的角色越显重要。目前，零售店店面都在尽量减少库存，而靠信息化掌握进货的时效；同时，物流中心的库存量及种类都要合适，才能避免投入过多的资金，并满足客户需求。因此，物流业所需要的信息管理人员不仅包括程序开发设计、维护，更需要分析与处理情报人才。负责这类工作的人员，将来可提升为产品、通路或内部管理的顾问阶层。信息人员在一般公司任职比在计算机公司较能了解人事、财务等其他部门，他们也可朝物流业界的方向迈进。

8.3.2 物流经理

物流经理是物流部门或物流企业的核心，作为物流组织的领导，要主管大量复杂和具有挑战性的物流业务，全面负责本组织的物流管理工作，因此，他是具体物流工作的指挥者和决策者。选聘一位合格、称职的物流经理无论从哪个角度说都非常重要。

1. 物流经理的职责

物流经理的职责在于充分调动企业员工的积极性，在合理使用企业各种资源，努力降低企业运营成本，提供最优服务的前提下，有效地开展物流工作，实现企业经营目标，取得最佳经济效益。其具体职责有以下几个方面。

(1) 计划决策职责。主要是提出物流目标管理方案、进行企业经营预测、提出企业物流战略规划和制定物流年度计划等。

(2) 沟通协调职责。主要是指沟通协调物流部门与其他相关部门的关系以及物流部门内各方面的关系。

(3) 管理物流业务职责。主要是指对物流工作各环节的管理与指导、控制物流成本与各项费用支出、预测物流成果、评价物流服务、收集和处理物流信息等。

(4) 物流团队建设职责。全面负责物流企业或物流部门人力资源管理的各项工作，增强员工对本组织的忠诚度、认同感，从而增强组织的凝聚力。

2. 物流经理的素质要求

作为物流专业工作的首席管理者，物流经理的个人素质应该是很高的。一个优秀的物流经理必须既是技能较高的专业人员，又是一个具有多方面才能的管理者。具体地说，对于物流经理的素质要求主要有以下几个方面。

(1) 良好的思想素质。物流经理必须具有良好的思想作风和工作作风，要有高度的责任感、事业心和进取心，同时还要有较强的心理承受能力，能够经受挫折、不怕困难等。

(2) 较高的知识水平。首先是具有物流方面的专业知识，即物流经理作为行家，必须了解诸如运输、仓储、工程和统计分析等物流业务知识。其次，物流经理还必须掌握与物流相关的其他知识，如产品制造、市场营销、售后服务、有关法规(如合同法、产品质量法等)等知识。

(3) 较强的工作技能。物流经理必须具有工作技能，包括管理、领导、沟通、协调、革新、应变以及观察问题、分析问题和解决问题的能力等。

提高物流经理综合素质的途径是很多的，除努力学习，接受培训教育外，在工作实践中不断积累经验，边干边学边提高，同时，加强自我修养和采取其他措施，也能达到增强个人素质的目的。

8.3.3 物流员工的招聘

物流员工的招聘是指企业采取一系列科学的方法，吸引、招募、选拔聘用具备一定条件的个人到物流部门来任职的过程，它包括征召、筛选和聘用三个阶段。

1. 物流员工招聘的目的

企业的竞争就是人才的竞争。在物流业务活动中，如果没有一批高素质的物流从业人员，是不可能取得预期效果的。因此，一支良好的物流员工队伍对于物流工作的开展至关重要，物流企业和物流部门需要一批高水准、严要求的物流人员来推动各项物流工作的顺利开展。那么，采取各种方式，利用科学方法，从各方面积极招聘物流员工、满足物流企业的工作需要就成为十分重要的一项人力资源管理工作。

2. 物流员工的基本要求

招聘物流员工一定要考虑物流从业人员的基本要求，应把符合从业条件和从业标准的人员吸收到物流企业中来。物流部门所需员工的基本要求有两方面。

一方面是物流从业员工的基本技能要求，其中主要包括掌握各种物流技术才能的技能，必须具有管理科学的知识及其运用的管理技能，与其他员工相互配合的人际协调技能等。另一方面是物流从业员工的素质要求，主要有：对工作认真负责、思维敏捷、行动迅速、诚实可靠、能服从公司的安排、良好的团队意识、较强的自我控制能力、受人喜爱的个性以及良好的生活习惯等。

3. 物流员工招聘的程序和方法

物流员工招聘工作是一项复杂、完整的系统工程，是由一系列工作过程和环节所组成，其基本程序和方法大体有以下几个方面。

(1) 确定物流员工招聘的原则。这些原则主要有公开公正的原则、公平竞争择优录取的原则、效率优先的原则以及双向选择的原则等。

(2) 制定员工招聘计划。招聘计划通常包括招聘人数、招聘标准、招聘对象、招聘时间和招聘预算等内容。

(3) 制定招聘策略。具体包括招聘地点的选择、招聘渠道和招聘时间的确定、招聘的广告宣传策略等。

(4) 招募与筛选。招募就是吸引更多的人来应聘。筛选的目的是将明显不合乎物流员工基本要求的应聘者排除掉。

(5) 知识考试。通过考试方法了解应聘者的知识广度与深度以及对专业知识、相关知识掌握的程度。

(6) 面试与测试。通过结构式面试、非结构式面试、压力面试等方式，在与应聘者面谈中观察和了解应聘者的特点、态度及潜能。再通过智力测试、个性测验和特殊能力测验等方式，进一步了解和判断应聘者的气质、思维敏捷性以及特殊才干等。

(7) 聘用与试用。对经过上述程序被认为符合物流招聘要求的求职者，应做出聘用决策。对试用合格者，试用期满便正式录用。与此同时，还要结合物流员工招聘实际工作，进行有效的评估。

8.3.4　物流企业员工的培训与开发

物流企业员工培训与开发是指企业为提高员工的知识技能、工作态度、挖掘潜能，以适应他们现在或未来工作岗位的要求，而进行的有计划、有组织的培养和训练活动。这是物流企业人力资源管理的重要组成部分和管理职能。

1. 物流员工培训的目的

加强对物流员工进行培训、教育和开发，不论是对于物流企业的经营活动，还是对员工个人素质的提高都有非常重要的作用。事实上，企业通过对员工有组织的培训，是要达到以下目的。

(1) 增强员工适应变化的能力。不论是新招聘的物流员工，还是老员工，都有一个对物流企业工作环境适应的问题，如果不适应，就会产生人们经常所说的人与事的矛盾。解决“人与事”矛盾、环境不适的办法，不是人员调动，就是人员培训。因此，培训可以让员工对物流部门各岗位的工作进一步加强认识，协调各方面的关系，从而促进员工关系的改善，大大减少员工非自愿离职率，不会轻易去“跳槽”。

(2) 调动员工的工作积极性。对员工进行培训教育已被人们普遍认为是一种行之有效的激励措施和激励方法。通过培训不仅可以使员工的素质大大提高，学到许多方面的新知识，掌握各种各样的技能、技巧，而且对工作更加熟悉，工作效率更高，自信心和工作情趣大大增强。员工这种自觉自愿的行动来自于经过培训后所产生的积极性。

(3) 大幅度地提高企业经济效益。企业的经济效益不能单纯依靠企业个别领导人，而是要依靠广大员工来创造。对员工进行培训后能大幅度提高经济效益主要表现在以下方面：一是员工经过培训对物流设备、工作程序加强了解，操作规范，减少了无谓的损失和资源浪费；二是员工培训后提高了劳动生产率，减少了时间的浪费；三是员工经过培训熟悉了操作规程，大大减少了操作事故和设备维修的开支；四是员工经过培训积极性极大提高，因而服务水准有了保证，服务质量也随之提高，效益自然也提高了。

(4) 改善工作方法和服务质量。通过培训，使物流员工掌握科学合理的工作方法和操作手段，用先进的物流方法与手段替代传统落后的工作方法和手段，不仅提高了工作效率，也改善了服务质量。与此同时，经过培训，员工服务质量的意识也进一步增强了。

2. 物流员工培训的过程与实施

在明确了培训目的之后，紧接着就是对员工培训工作的组织实施，具体有以下几个方面。

(1) 拟订物流员工培训计划。为了培养高素质、高能力的物流人才，在员工培训需求分析的基础上必须制订员工培训计划，包括长期、中期和短期的培训计划。物流员工培训计划的内容应包括培训目的、培训方针、培训范围和培训内容等。

在拟订的培训计划中，确定培训内容十分重要，因为培训内容能够体现培训的实用性和针对性。物流员工培训内容大体可以归纳为以下几个方面：一是专业技术培训，如了解物流工作的安全性、物流工作职责、物流工作重点和物流业务工作的知识技巧等；二是有关企业文化方面的知识，如企业价值观、企业道德、企业行为准则及企业精神等；三是个人品质塑造方面的培训，如吃苦耐劳、团结合作、忠于岗位及积极进取等。

(2) 确定物流员工培训的原则。对物流员工的短期培训要突出实用性、灵活性、速成性的特点，中、长期培训要注重全面性、发挥潜能性等特点。针对这些特点，然后确定明晰的培训原则。这些原则主要有：理论联系实际，训用一致的原则；讲求实效的原则；专业知识技能培训与员工品质培训相结合的原则；全员培训和重点提高的原则；长、中、短期培训相结合的原则等。

(3) 选择培训方式和方法。物流员工培训方式主要有：在职培训、脱产培训、转岗培训、专业技术人员培训和管理人员培训等。对物流员工培训的方法多种多样，按照不同的培训目标和对象，应合理选择和确定行之有效的培训方法，才能真正达到培训的目的，取得培训的效果。对物流员工培训的方法主要有讲授法、视听法、会议培训法、案例讨论法、示范培训法和岗位转换等。

(4) 就是对培训效果的评价。这是培训工作的最后一个环节，是针对员工培训的最终结果而进行的。评价培训效果的目的主要是看通过培训是否达到了预期的培训目标，是否实现了原拟订的培训计划，还要考虑培训的组织和管理工作怎么样，从中总结经验、寻找差距、吸取教训，使以后的培训工作更加完善。对物流员工培训工作的评价，必须事先确定好评价原则、评价内容、评价重点，然后进行认真的评价。对物流员工培训工作评价的方法大概有两类，一类是受训者培训效果评价方法，另一类是企业培训收益的评价方法。正确选择使用这些方法，才能获得公正、客观的评价结果。

8.4　物流产业管理

8.4.1　物流产业的概述

物流产业是指铁路、公路、水路、航空等基础设施，以及工业生产、商业批发零售和第三方仓储运输及综合物流企业为实现商品的实体位移所形成的产业。

物流产业的产生和发展是经济发展到一定阶段、社会分工不断深化的产物。物流资源如运输、仓储、装卸、搬运、包装、流通加工、配送及信息平台等产业化后，就形成了运输业、仓储业、装卸业、包装业、加工配送业及物流信息业等。同时，这些物流资源分散在多个领域，包括制造业、农业、流通业等，把产业化的物流资源加以整合，就形成了一种新的服务业，即物流服务业。它是一种复合型产业，也叫聚合型产业，因为所有产业的物流资源不是简单的累加，而是一种整合，可以起到1+1>2 的协同功效。

众所周知，大工业造就大流通，大流通促进大工业，两者唇齿相依，不可或缺。大流通为大工业提供原材料供给，同时又为大工业承担着商品对外分流输送的功能。发达国家的经验表明，没有流通产业的现代化，就不可能有经济建设的现代化。流通产业的发展处于经济先导地位，流通产业的社会化程度高低，反映了一个国家的现代化程度。

1. 物流产业的结构构成

物流产业结构可以从两个方面分析，一是功能结构，即各类配送中心及专业性的仓储、运输等机构在整个社会物流产业中的关系、比例等；二是权属结构，即生产、批发、零售及第三方物流企业在整个社会物流产业中的关系、比例。

2. 物流产业的特性

物流产业具有多行业性、基础性、服务性和综合性的特点。

1) 多行业性

物流是由多个行业组成的产业。物流产业包括了铁路运输行业、公路运输行业、航空运输行业、水路运输行业、管道运输行业、包装行业、装卸行业、邮政行业和电信行业等。

2) 基础性

物流是基础性产业。在物流的五要素——流体、载体、流量、流向、流程中，其载体是由基础设施和依靠基础设施运行的物流设备两部分组成，它们都是基础性的，尤其是第一类载体，很明确，它就是物流的基础设施。物流基础设施不仅因为它们大部分是固定在地面的基础设施，同时，对于整个物流的运作是决定性的，没有基础设施就不可能有物流手段，而没有物流手段就不可能进行流通和市场扩展。所以，物流对所有的生产、流通和消费活动都有影响，物流是通过其所包含的运输、仓储等生产、流通条件和手段来起到它对国民经济的基础性作用的。

3) 服务性

物流产业是服务业。马克思在谈到交通运输业的生产与消费特点时说："在不创造新产品而只载运旅客和货物的运输业中，这两种行为(指生产和消费)是合在一起的；服务场所的变动必须在它被生产的同一瞬间被消费。"很明显，马克思在这里明确提出了交通运输的工作场所是"服务场所"而不是"工厂"，这表明马克思认为交通运输业是服务业，它也决定了物流业的服务业性质。

4) 综合性

物流是一项综合性产业。从纵向分析，它本身也是一个产业，只不过它具有与其他产业不同的产业特征；从横向分析，物流产业横跨多个基础性、服务性行业，它是为其他各个纵向行业服务的，物流涉及和影响到国民经济的各个领域。

因此，物流是一个跨地区、跨行业、跨部门的综合性、基础性、服务性产业，它既是一个庞大的纵向经济领域，同时又是一个为其他所有经济领域服务的横向经济领域。

8.4.2 发达国家对物流产业的管理

在市场经济体制国家，物流的管理体制类同于一般市场管理，已形成了一套比较完整的通过政府行政管理、司法机构规范企业行为，行业组织协调管理，企业自主发展的管理体制。但由于每个国家的具体经济政治情况的不同，政府及行业组织的作用略有不同。市场经济国家的政府在物流管理上，推行的是"自由"政策，鼓励企业在物流服务市场中展开竞争，但这又是以完善的法律规章制度体系为前提的。政府对市场管理方式不是采用命令，而是利用有关的法规。政府的促进作用主要体现在政策上对物流业放松限制，采取引导和扶持的方式进行物流基础设施建设，努力创造宽松的物流经营环境等。

1. 美国物流管理政策

美国物理管理政策，如表 8-1 所示。

表 8-1 美国物流管理政策

	主　题	内　容
1	法规管制的放松	20 世纪 60 年代～70 年代，美国逐步对交通运输业放松法规管制，20 世纪 80 年代的法规大松绑，一方面让承运人开拓创新发展物流，不断追求卓越，另一方面使运输业办事人员得以逐步转化为物流专业人员

续表

	主　　题	内　　容
2	互联网的应用	互联网的形成，一方面使物流供应链不断延伸，得以覆盖全球，另一方面又使对货物的实时跟踪成为可能
3	州际商务委员会的解体	美国州际商务委员会在法规方面对运输和物流交易的管制延续了一百多年，终于在 1995 年寿终正寝
4	联邦快递公司的诞生	联邦快递公司的诞生最初曾引起不少人的疑惑，但是不久便站住了脚跟，而且率先推出了“隔日送达”服务
5	铁路的复苏	20 世纪 70 年代濒于崩溃的铁路运输业，后来转危为安，得以有所复苏
6	计算机系统软件的不断进步	计算机系统软件的不断进步，提高了运输与仓储管理的效率
7	物流管理委员会的诞生	有利于物流管理和专业人才的培养
8	第三方物流的成长	第三方物流以其专业特长与信息资源，使物流外协得以兴盛
9	法规管制的放松与区域经济的形成	法规管制的放松与区域经济的形成，使卡车经营业也能像航空业一样提供“隔日送达”的运输服务
10	多式联运的发展	有助于物流运输业的发展，特别是集装箱双层叠载与超大型集装箱船的问世，使物流运输的生产效率获得前所未有的提高，因而获得了空前的发展

2. 欧洲物流的管理体制

欧洲作为第三方物流的发源地，合同物流发展迅速。欧洲国家尽管地域面积不大，但是物流业规模已经彰显实力。这些国家物流业管理的特点体现在以下几个方面。

(1) 基础设施——政府兴办，民间经营。例如，德国的货运中心是为了提高货物运输的经济性和合理性，以发展综合交通运输体系为主要目的。德国的货运中心建设遵循的原则。联邦政府统筹规划、州政府扶持建设、企业自主经营。联邦政府在统筹考虑交通干线、主枢纽规划建设的基础上，在全国范围内规划物流园区的空间布局、用地规模与未来发展。州政府提供建设所需要的土地、公路、铁路和通信等交通设施，把物流园区场地出租给物流企业，与其按股份制形式共同出资，由企业自己选举产生咨询管理委员会。委员会代表企业与政府打交道，与其他物流园区联系，但不具有行政职能，此外还负责兴建综合服务中心、维修保养厂、加油站、清洗站等公共服务设施，为成员企业提供信息、咨询、维修。入驻企业自主经营、照章纳税，依据自身经营需要建设相应的库房、堆场、车间，配备相关的机械设备和辅助设施。

(2) 统一标准，协调发展。为提高欧洲各国的物流活动效率，欧盟组织之间采取了一系列协调政策与措施，大力促进物流体系的标准化、共享化和通用化。如全欧铁路系统及欧盟委员会提出，未来 20 年，努力建立欧洲统一的铁路体系，实现欧洲铁路信号等铁路运输关键系统的互用。

(3) 扩大行业影响力——行业协会的作用。欧洲运输与物流组织——欧洲货代组织(FFE)在董事会年会上决定，为了整个行业的利益和长远大计，将积极在欧洲乃至国际上扩大行业影响力。欧洲货代组织(FFE)的成员中包括了当今世界上 9 家最大的货代企业和物流企业，分别为 ABX、Dachser、Dan zas、Exel、Geodis、GeoIogistics、Kuehne&Nagel、Panalpina 和 Schenkel，这 9 家企业合起来共拥有 15.5 万名雇员，每年货物运输量 2 亿吨，每年营业额高达 300 亿欧元。

3. 日本物流发展状况

日本在物流业的发展中一直领先全球，无论是 JIT 生产方式的发明，还是物流园区的启用。日本政府认为物流业的高速发展对提高国家经济活力有着重要的战略意义，从 1965 年起，日本政府统一规划、集资，在东京近郊的东、南、西、北部分别建设了葛西、和平岛、阪桥和足立四个现代化的流通基地，并相应建立了商务交易大楼，大型仓库和公路货物集散中心等物流设施。1997 年出台了发展物流业的政策措施。该政策的基本目标是到 2001 年，在日本国内进一步完善物流基础设施建设，实现国际水平的物流运作。具体提出了 3 项目标，分别是提供亚太地区最方便且有魅力的服务；降低物流成本，使其不妨碍产业的竞争力；减低环境的负荷。为了实现上述 3 项基本目标，政府还设定了政策实施方面的 3 个原则，它们是：以相互合作为基础的综合性施政方式；满足客户多样化需求(全方位的施政方式)；促进竞争，搞活市场。

除此之外，日本政府着手了一系列政策方面的改革，其目的是进一步放宽对物流业的规制，使其完全按照市场运作的规律更加富有活力地发展。这些放宽的政策包括：废止物流业的供需调整，即对过去各种限制新增项目的法律法规进行了放宽，如新建项目只要符合国家规定的安全和技术标准，即可容易地获准；对安全规定进行了调整，灵活实施货物运输事业法。

8.4.3 中国的物流产业管理

1. 中国的物流产业沿革

20 世纪 80 年代以前，我国的产业目录中没有物流这一产业，国家产业投资、建设与发展规划的编制、政府机构的设置及部门和行业管理权限的划分、产业发展政策的制定、国家预算和税收规划及产业法制建设等都没有把物流纳入其中，国家统计局的官方统计口径从来不把物流作为一个产业来统计，由于没有独立的统计资料，其在国民经济中的地位也被忽略。

20 世纪 80 年代以后，随着经济全球化发展、科学技术水平不断提高以及专业化分工进一步深化，我国发展现代物流的积极性和热情被唤醒，工业、商业及物流企业运用物流技术的领域不断扩展，各类物流基础设施建设也呈现出良好势头，各地物流规划不断出台，物流园区的建设开始破土动工。

物流产业是我国 21 世纪的朝阳产业，但由于物流作为一个复合产业，其涵盖的各个行业在我国已有了一定的发展，国家相继制定了其中一些产业的政策，同时，国家对物流发展的重视程度日益提高，各地政府正在改善物流发展环境及基础条件，形成多样化、信息化、特色化发展局面，带动物流业发展而产生新的经济增长点，从而开发出新的经济发展领域。

2. 中国物流产业发展的现状和主要特征

相对于发达国家的物流产业而言，中国的物流产业尚处于起步发展阶段，其发展的主要特征有以下几个方面。

1) 企业物流仍然是全社会物流活动的重点，专业化物流服务需求已初露端倪

近年来，随着买方市场的形成，企业对物流领域中存在的“第三利润源泉”开始有了比较深刻的认识，优化企业内部物流管理，降低物流成本成为目前国内多数企业最为强烈的愿望和要求，并成为当前全社会物流活动的重点。

与此同时，专业化的物流服务需求已经出现且发展势头极为迅速。其中在中国从事生产、销售及采购活动的跨国公司和国内优势企业对专业化物流服务的需求发展迅速，成为带动我国物流产业发展的一个十分重要的市场基础。此外一些新兴的经济领域，如，私营企业、快递服务行业以及电子商务领域等，也产生和存在着一定规模的物流服务需求。

2) 专业化物流企业开始涌现，多样化物流服务有一定程度的发展

近年来，我国经济中出现的许多物流企业，主要由三部分构成。

一是，国际物流企业，如丹麦有利物流公司等。这些国际物流公司一方面为其原有的客户——跨国公司进入中国市场提供延伸物流服务，另一方面，针对中国市场正在生成和发展的专业化物流服务需求提供服务。

二是，由传统运输、储运及批发贸易企业转变形成的物流企业。它们依托原有的物流业务基础和客户、设施、经营网络等方面的优势，通过不断拓展和延伸其物流服务，逐步向现代物流企业转化。例如，中外运集团等。

三是，新兴的专业化物流企业，如广州的宝供物流公司、北京华运通物流公司等。这些企业依靠灵活的竞争策略和对专业化物流的认识，在市场竞争中发展较快，成为我国物流产业发展中一个不容忽视的力量。

在物流企业不断涌现并快速发展的同时，多样化的物流服务形式也有了一定程度的发展。一方面围绕货运代理、商业配送、多式联运、社会化储运服务和流通加工等物流职能和环节的专业化物流服务发展比较迅速。另一方面是正在起步的系统化物流服务或全程物流服务，即由物流企业为生产、流通企业提供从物流方案设计到全程物流的组织与实施的物流服务。

3) 物流基础设施和装备发展初具规模

经过多年发展，目前我国已经在交通运输、仓储设施、信息通信、货物包装与搬运等物流基础设施和装备方面取得了长足的发展，为物流产业的发展奠定了必要的物质基础。

在储运设施方面，我国目前已经建成了由铁路运输、公路运输、水路运输、航空运输和管道运输 5 个部分组成的综合运输体系，运输线路和场站建设方面以及运输车辆及装备方面都有较大的发展。在仓储设施方面，除运输部门的货运枢纽和场站等仓储设施外，我国商业、物资、外贸、粮食及军队等行业中的仓储设施相对集中，近年来发展比较迅速，年投资规模出现了快速增长趋势。

在信息通讯方面，目前我国已拥有电信网络干线光缆超过 30 万公里，并已基本形成以光缆为主体，以数字微波和卫星通信为辅助手段的大容量数字干线传输网络，其覆盖范围包括全国地市以上城市和 90%的县级市及大部分乡镇，并与世界主要国际信息网络连通。此外 MRP、ERP、EDI、GPS 等一些围绕物流信息交流、管理和控制的技术也得到了广泛的应用，在一定程度上提高了我国物流信息管理水平，促进物流效率的提高。

在包装与搬运设施方面，现代包装技术和货物搬运技术在我国已有广泛的应用，在一定程度上改善了我国物流活动中的货物运输的散乱状况和传统的手工搬运方式，并且带动了包装、搬运等机械设备制造业发展。

4) 物流产业发展正在引起各级政府的高度重视

目前，深圳、北京、天津、上海、广州、山东等地政府，极为重视本地区物流产业发展，并已开始着手研究和制定地区物流发展的规划和有关促进政策。其中，深圳市已明确将物流产业作为支持深圳市 21 世纪经济发展的三大支柱产业之一，并初步制定了物流产业发展的策略；北京市就物流产业发展所需要的物流设施系统进行了比较全面的研究和规划；天津市也根据其城市功能定位和物流经济发展的需要正在积极研究制定天津现代物流发展纲要。

中央政府有关部门，如国家经贸委、国家计委、交通部及外经贸部等，也从不同角度关注着我国物流产业的发展，并积极地研究促进物流产业发展的有关政策。

3. 中国物流产业对国民经济的主要贡献

1) 物流产业将成为中国经济重要产业之一

物流产业发展的历史和国际经验表明，物流产业作为新兴的服务部门，已经进入全面快速发展阶段。比较而言，中国的物流产业仍然处在起步发展阶段，但在较多领域和地区已经表现出快速发展的趋势和潜力。

从物流需求情况来看，发展迅速的领域主要集中在：一是以三资企业、私营企业等非国有经济为服务对象，“第三方物流”将继续呈现快速发展势头；二是一些优势国有企业在优化内部物流管理的基础上，逐步产生和发展的物流服务需求；三是以消费者为对象的物流服务，如商品快运服务、配送服务等也有快速发展。

从专业物流企业的发展来看，一是随着中国加入 WTO，我国在公路货运、商品分销、仓储设施等领域的开放，将有更多的外资物流企业进入中国。二是民营企业、多元化股权结构的新兴物流企业发展迅速，这类企业的优势在于经营观念、机制、管理方式能够适应市场快速发展的要求，将成为中国物流产业发展进程中最为活跃的部分。三是部分传统工业运输、仓储、批发企业，在其原有业务领域的基础上，通过向物流服务领域延伸，成为物流产业中强有力的竞争者。

从物流的区域市场发展来看，经济发展迅速和比较活跃的地区，物流产业发展将快于其他地区，特别是沿海开放城市、重要的枢纽城市和中心城市等将成为区域物流市场快速发展的主要基地。

2) 物流产业的发展将直接提高全社会的经济效益

与欧美发达国家相比，我国物流总成本约相当于 GDP 的 16.7%。这说明，目前中国经济运行的物流成本远高于欧美发达国家，物流领域的管理水平和效率还比较低，但同时也说明我国物流成本的节约的空间还非常大。据世界银行估计，通过发展物流服务业，提高运输效率，加快商品周转与减少资金占用及其利息支出，可以在相当程度上提高全社会的物流效率，降低物流成本。在“十五”期间，如果中国物流成本占 GDP 的比例降低到 15%，每年将为全社会直接节省约 2 400 亿元物流成本，并为企业和社会带来极为可观的经济效益。

3) 物流产业发展将促进国民经济各产业部门的健康发展

首先，促进制造业降低产品成本，调整传统的“大而全、小而全”的经营组织形式，有助于提高制造业企业的核心竞争力。

其次，物流产业的发展能够促进新型商业企业和业态形式的发展。

再次，物流产业能够促进运输服务方式的创新和传统运输企业的发展。这主要表现在：一是物流服务将促进我国新型运输服务方式的发展，特别是多式联运的快速发展；二是专业化物流服务的发展，将改变运输企业以运力为中心的经营观念，进而促进运输企业经营方式的改变；三是促进运输企业大力引入现代化管理手段和技术手段，通过提高管理水平和技术水平，获得新的发展空间。

最后，物流产业发展还会带动和促进许多相关领域的发展，如，物流设备制造行业、以互联网技术为基础的电子商务的发展等。

4) 物流产业发展对提高我国的国际竞争能力有极其重要的影响

一方面，发达的物流产业和基础设施有助于改善投资环境，并有助于吸引更多的外国企业和国际资本进入中国市场。另一方面，也是最为重要的方面是，在中国加入 WTO，中国经济融入世界经济一体化进程加快的背景下，无论是在国际市场还是在国内市场，我国企业都面临着巨大的、全方位的国际竞争压力。加快中国物流产业的发展已经不仅仅是强化物流领域的竞争能力问题，更重要的是，为所有的中国企业和整个国民经济创造一个高效的物流环境，提供高水平的物流服务，从整体上提高中国企业和中国经济的竞争能力，这对促进中国经济发展有十分重要的现实意义。

4. 中国对物流产业管理的必要性

(1) 物流产业在国民经济发展中的定位，从宏观上来讲：是国民经济的重要产业和新的经济增长点。从中观上来讲：是流通业的基础。从微观上来讲：是企业第三利润的源泉。鉴于物流产业在国民经济发展中的重要地位，物流产业一方面可以按市场经济规律自我发展，但同时物流产业需要培育。

(2) 如何让物流产业成为一个重要产业，如何成为新的经济增长点，需要有目标、有措施、有分阶段实施步骤，要作为一个重大战役来打。

(3) 物流产业既是一个知识密集型产业，更是一个资本密集型与劳动密集型产业，需要国家的投入，也需要吸引民间资本的投入，加上我国地区经济发展不平衡，各地经济有其特色，要按物流的需求来发展物流产业，防止一哄而上，重复建设，造成浪费。

(4) 根据国外的经验，政府都介入物流产业的发展，不同的是介入的程度不同而已。

5. 促进中国物流产业发展的政策选择

基于物流产业的发展前景和其对中国经济发展的贡献，政府有必要制定积极的物流产业发展政策，以有效地引导和促进中国物流产业的发展。

1) 尽快制定中国物流产业发展的方针和总体目标

中国物流产业发展应遵循以市场为导向，以企业为主体，以物流服务需求为依托，最大限度地降低全社会物流总成本和提高物流效率，促进和支持中国经济的健康发展的方针。

在此前提下，未来 5～10 年内，中国物流产业发展的总体目标应当是：通过建立健全适应物流产业发展需要的相关制度规范，发展和完善包括各种基础设施在内的物流系统，建立起基本适应中国经济发展需要的社会化、专业化的物流服务体系。其主要内容包括：培育和发展一批具有市场竞争能力、经营规模合理、技术装备水平较高的优势物流企业；以重要经济区域、中心城市及沿海枢纽港口城市为依托，建立与我国经济发展水平相适应、具备一定国际竞争能力的现代物流设施系统，基本构筑起我国的物流网络系统；与社会主义市场经济制度和物流产业发展相适应的制度规范、法律框架和政策体系。

2) 制定规范的物流产业发展政策措施

(1) 建立必要的政府部门间协调机制。由于对运输、包装、仓储、配送及货运代理等各物流功能和要素的管理涉及发改委、交通部、铁道部、民航总局、商务部、海关、工商及税务等十几个部门，且目前上述部门在促进物流产业发展方面都十分积极。为避免多头管理和确保政府部门间政策的协调一致，有必要建立起政府部门间的协调机制。可供选择的方案有：一是由政府综合管理部门牵头，负责协调各个相关部门的政策；二是组成由相关政府部门为成员的部门联席会议或部门间的促进物流发展政策委员会，专门负责研究、制定和协调物流成员发展的相关政策，其具体办事机构可以由政府综合管理部门来承担。

(2) 物流管理制度和相关政策的调整。首先要对现行政策中影响物流产业发展的相关活动的规章制度进行必要的清理，特别是对妨碍公平竞争、限制市场准入等方面的政策进行清理，为物流产业发展创造相对宽松的政策环境。其次是要研究和制定适应社会主义市场经济体制和现代物流产业发展的物流管理制度和有关政策，以保障中国物流产业在规范管理制度环境中健康发展。

在此基础上，结合政府当前的政策取向，在物流基础设施建设与物流装备更新的融资政策上，在物流基地的土地使用政策上，在物流服务及运输价格政策以及工商登记管理政策上，研究制定一些有利于物流产业发展的支持性措施。

3) 积极引导工商企业优化企业物流管理

物流产业的发展，必须建立在工商企业物流管理水平不断提高的基础上。各级政府及其有关部门应当加大对现代物流管理的宣传，引导工商企业加强企业内部物流管理，提高企业物流管理水平。在此基础上，引导企业调整经营组织结构，剥离低效的物流部门，逐步实现企业物流活动的社会化，为物流产业发展培育广泛而坚实的市场需求基础。

4) 大力发展“第三方”物流企业

政府应采取多种形式鼓励专业化、社会化物流服务企业的发展，一是鼓励从事运输服务、仓储服务、货运代理服务和批发配送业务的企业，允许它们根据自身业务优势，围绕市场需求，延伸物流服务范围和领域，逐渐成为部分或全程物流服务的供应者；二是在规范市场准入标准基础上，鼓励多元化投资主体进入物流服务市场；三是对工商登记、税收征管制度等进行必要的调整，鼓励企业实现跨区域经营；四是培育大型物流企业，鼓励一些已经具备一定物流服务业务专长、组织基础和管理水平的大型企业加速向物流领域转变，尽快形成竞争优势，成为中国物流发展的领先者。

5) 统筹考虑新型物流基础设施的发展要求

目前，国家有关部委和一些地方政府，都在积极研究和制定本领域和地区的物流发展规划，对此中央政府要给予支持和肯定。同时中央政府也要注意协调不同部门、不同地区、城市之间的物流设施发展规划，以避免可能出现的重复建设和资源浪费。在科学规划的基础上，各级政府可有选择地、有针对性地加大对物流设施的资金投入，并制定一些鼓励多元化市场主体投资物流设施的政策，以加快物流设施系统的形成和完善。

6) 促进物流信息系统的发展，加快物流标准化的进程

(1) 重视物流信息系统的建设和发展，为物流产业发展提供必要的物流信息平台。政府应首先促进现代信息管理技术，如，ERP、MRP 等在物流企业和广大工商企业内部物流管理中的应用，全面提高企业的信息管理水平。在此基础上，鼓励和帮助企业实现信息资源的共享和连通，特别是利用互联网技术，推进物流信息平台的建设，为物流信息交流的畅通和高效创造条件。

(2) 针对当前物流标准化进程中存在的问题和国际物流标准化的发展方向，政府要高度重视物流标准化工作。一方面要在物流用语、计量标准、技术标准、数据传输标准、物流

作业和服务标准等方面做好基础工作。另一方面，也是更为重要的，要加强标准化工作的协调和组织工作，对国家已经颁布的各种与物流活动相关的国家标准、行业标准进行深入研究，对已经落后于经济技术发展水平的标准尽快淘汰，并代之以新型标准；对托盘、集装箱、各种物流搬运和装卸设施、物流中心、条形码等通用性较强的物流设施和装备的标准进行全面梳理，并进行适当的修订和完善，以使各种相关的技术标准协调一致，提高物流产业中货物和相关信息流转效率。

7) 加快物流人才的培养

从某种意义来说，物流产业是一个技术密集型产业，它不仅吸纳和使用着许多代表当今科技发展水平的现代化技术，其自身也在不断创新和开发许多独特的物流技术。目前我国物流领域的研究工作还相当薄弱，因此，政府应积极支持和引导物流科研工作，特别是要充分调动企业、大学和科研机构的积极性并促进它们之间的合作，加强应用性物流技术的开发和应用。

多层次、多样化的物流教育，是保证物流产业形成合理人才结构、提高物流管理水平的决定性因素。鼓励和允许各高等院校按照市场对人才的需求，开办和设置相关的专业和课程，让有条件的院校开办物流专业或相关专业课程，为物流领域培养高级的经营管理人才。允许和引导企业、行业组织及民办教育机构，参与并开展多层次的物流人才培训和教育工作。

8) 充分发挥各物流行业协会的作用

目前国内物流领域已经形成 10 余个有一定规模和影响力的物流行业协会。国家应当充分发挥现有各物流行业协会的作用，使其成为所在行业与政府部门之间的一个重要桥梁和纽带。虽然，目前发达国家的物流协会发展趋向统一，但这是市场选择的结果，是物流产业发展到一定阶段的必然要求。我国物流产业尚在初期阶段，各个物流行业协会都还没有树立起在物流领域中的权威地位，也尚未得到所有物流企业的认可，因此，目前没有必要和可能将各种物流行业协会统一起来。政府可以根据我国物流产业发展的进程和企业与市场的需要，逐步引导物流行业协会的联合和统一。

结合上述制度改革和政策措施，政府可考虑借鉴日本的经验，出台一个鼓励物流产业发展的纲领性文件，明确中国物流产业发展的方向和主要的政策措施，以引导和促进中国物流产业的健康发展。

本章小结

首先，介绍了物流成本管理，对物流成本的作用、有关理论、特点和分类做了简单讲解，就物流成本计算的新方法和物流成本管理相关问题进行了重点分析。

其次，介绍了物流质量管理，主要就物流质量管理的、内容、特点和物流质量的衡量及改进等方面的内容进行了重点介绍。

然后，介绍了物流人力资源管理，分析了物流业人力资源市场特征，对其中物流经理单独做了重点介绍，并就物流员工的招聘、培训和开发进行了讲解。

最后，介绍了物流产业的管理，对物流产业的定义、结构和特性进行了简单分析，就发达国家对物流产业的管理做了重点介绍，并从多角度对中国物流产业进行了阐述，据此提出了我国产业管理的政策选择。

背景知识

德国物流产业的进程

产业化是指产业规模不断扩大、效率不断提高、效益不断发掘和对国民经济的影响不断加强的产业向高级、纵深发展的过程。所谓物流产业化，就是要以社会化物流成本最低化为目的，以形成产品供应链竞争能力为原则，以市场为导向，以物流企业为基础，以物流港站、枢纽、基地、物流中心、配送中心及物流中介组织为纽带，通过将物流各环节，如，仓储、装卸搬运、包装、运输、流通加工、信息、配送及通关等诸环节联结为一个完整的产业系统，运用现代物流思想，实现物流过程的合理化、最优化、效益化的物流经济运行过程。

众所周知，德国的汽车、电气和电子、机械制造及化工等行业具有相当的规模，其实德国的汽车物流、电器物流、化工物流等也做得相当出色。物流在德国推行已有二十多年，几乎渗透各行各业，无处不存，无时不在。德国的物流产业特征表现为，在高度的规范化、有序化的前提下高度的社会化、规模化、网络化、信息化、集装单元化、托盘化、机械化、专业化、多功能化与绿色化等。

1. 产业社会化

德国的物流产业社会化驱动力，来自企业非核心竞争业务的外包，如 Kieserling 物流公司，通过从汽车业、化工业、啤酒业等获得外包的运输、仓储配送等物流业务。和上述行业的相关企业建立长期的合同物流关系，为数不多的合同即可获得稳定饱满的业务，如，Kieserling 的 5 个配送中心及若干运输车辆，为 Beck's 啤酒厂提供运输仓储配送等业务，年运输量不低于 100 万吨，仓储配送业务也相当可观。这种外包效应相得益彰，物流供需双方致力于与各自的核心竞争业务，形成供应链上的合作伙伴关系，其供应链具有相当的竞争力，实现双赢。

鉴于此，政府、企业、研究院所与媒体等推动和促进企业非核心竞争业务的外包工作十分必要和具有意义。

2. 产业网络化与规模化

物流业是一个高度分散、零散与随机的行业。物流业的效益化离不开规模化，规模化离不开网络化。网络化包括了物流基础设施的网络化、物流业务的网络化、物流信息的网络化。同时，物流的社会化是物流业规模化的前提。

德国政府在物流基础设施的网络化方面做了大量的工作如加强公路、铁路、港口的基础建设，所有的运输基础设施均由政府投资建设，政府的资金一方面通过税收转为投入，另一方面通过土地的置换来获得。德国的高速公路成网，又与欧洲的高速公路连通，水运资源整治合理，利用充分，如，莱茵河运量胜过上十条高速公路或上十条铁路。天然河流通过人工运河形成网络，通达各个城市港口，又与国际大港相连；铁路网密集，通达欧洲各大城市。各港站、枢纽与水陆空干支线形成了优越的交通运输环境，能做到宜水则水，宜路则路，多式联运，这正是物流发展的先决条件。同时德国政府注重物流的发展规划、建设和协调工作，在全国规划了 70 个物流中心及货运中心。目前已有 40 个投入运营，20 个在建，10 个悬而未决。合理的规划，使物流中心形成网络，各州政府和地方政府围绕着规划中的物流中心，积极做好选址、征地工作，并负责物流中心地面以下的基础设施建设以及连通物流中心的道路、铁路的建设，同时，通过政策调整、引导企业从事专业物流业务，为物流企业提供一个良好的经营环境，同时也创造了可观的经济与社会效益，如，不莱梅物流园区投入产出比为 1∶6，就业岗位约 5 000 人，引导城市货运由无序变有序，缓解了城市交通，减低了排放与污染。

德国企业讲究信誉，与客户能形成长期合作关系，形成良好的业务横向网络；到各地开分支机构，或与同行联手，形成纵向网络。如，德国邮政的网络伸向家喻户晓，而其先后花巨资购并了做快递、包裹、运输等业余的同行物流企业——Euro Express, Danzas 与 DHL。德国邮政网络的急剧扩张也使得其规模急剧扩张，形成垄断效应。

德国的物流信息网络化，表现为供应链上的上下游之间的信息共享。如，Beck's 啤酒厂的信息网络将客户、啤酒厂物流部、生产部、物流服务商 Kieserling 等连接起来，客户的需求信息通过信息网络到达物流部，物流部给生产部、物流服务商下达生产调度和运输调度，电脑代替了人脑，有条不紊，效率高，差错少。

物流产业化、规模化离不开企业的兼并，这是企业迅速做大做强，降低风险的有效途径。物流业合并的驱动力，源于外包企业寻求优秀的物流提供商、不断变化的新技术以及资本雄厚的物流服务商的出现。如，奔驰、宝马等汽车制造商对整车、零配件物流服务商的要求有：提供包括卡车运输、空运、海运、多式联运，仓储等方面服务的各种技能；具有全球范围内跨越所有与客户供应链相关的区域的能力；具有强大的处理大量数据的技术系统，并将数据应用于分析报告中推荐实施等。这些要求推动了第三方物流的发展，促进了第三方物流的壮大。不断变化的新技术，如，Internet/Intranet, Barcode, DBMS 等，有效地改变了信息的采集、传输、储存与处理技术，使得供应链上的客户信息能更快、更准地传给供应商与制造商，以市场为导向、以最低库存生产和销售产品。资本雄厚的物流提供商的出现则是世界性现象，如，Kuehne&NageI 以 4 亿美元收购了 USCO 物流公司；UPS 以 5 亿美元收购了 Fritz; Deutsche Post 以 12 亿美元收购了 AEI；Deutsche Post 以 12 亿美元收购了 Danzas; TPG 以 6.5 亿美元收购了 CTI; API 以 2.1 亿美元收购了 GATX。

3. 产业的标准化

物流的又一个定义是按照客户的需求提供物品的时间与场所转移。由于物品的物理和化学的多样性、零散性、不规则性等，只有建立在化零为整，集装单元化，依靠托盘化和各种物流机械基础之上的转移，才是效率化、省力化、低货损的转移。在德国，物品无论是进入工厂、商店、建筑工地还是仓库、码头、配送中心等，都是通过集装单元化、托盘化、各种装卸搬运、输送机械、专用车辆等实现的。托盘已如同钱币般进入流通，可见其用量之多；装卸搬运过程中使用叉车数目多，如，Beck's 啤酒厂用于厂区内的叉车数量竟高达 135 台。根据货物选择专用车辆，如厢式车辆、罐式车辆、挂车、半挂车，尤其以集装箱运输车为多。

4. 物流产业的专业化与多功能化

德国的物流业市场已经成熟，反映为第一、二、三、四方物流业已各自在市场中定好位。第一方物流是需求方，第二方物流是供应方，第三方物流为客户提供所有的或一部分供应链物流服务，以获取一定的利润。第三方物流公司提供的服务范围很广：它可以简单到只是帮助客户安排一批货物的运输，也可以复杂到设计、实施和运作一个公司的整个分销和物流系统。理论上，以上三方是具有一体化利益目标的战略同盟，是长期性的伙伴合作关系。第四方物流供应商是一个供应链的集成商，它对公司内部和具有互补性的服务供应商所拥有的不同资源、能力和技术能进行整合和管理，并提供一整套供应链解决方案。德国的第一方物流对象——政府、工商企业与大众消费者参与社会分工合作做得比较好，很大程度上将物流业务社会化；第二方物流一般为专业化物流公司，如，运输业、仓储业等，德国著名民营物流企业 Hellmann 现有员工 7 000 人，产值 22 亿欧元，主营运输；第三方物流多为多功能物流方，但其子公司多做专业物流，如，不莱梅物流集团公司(BLG)是一个典型的第三方物流企业，集运输、仓储、装卸搬运、代理、转运、配送等于一体，它拆巨资为著名咖啡公司 Tchibo 构建了高达 40 米的全自动化的立体仓库，这也是欧洲最大的立体仓库，其用意是充当 Tchibo 公司完全的第三方物流服务方；而其子公司汽车物流公司专做汽车物流的转运，在不莱梅海港拥有大片的场地与滚装码头设施，年转运量达 1 200 000 辆，几乎囊括了德国汽车整车物流转运 90%的业务。德国的物流研究咨询机构发达，充当了第四方物流，为政府、企业做决策、规划和物流解决方案。如，德国著名的运输与物流研究所(ISL)规划的不莱梅物流园区和纽伦堡城市配送中心，多年来运作很好，在国际、国内都产生了很大影响。

5. 产业的绿色化

绿色物流，顾名思义，是融入了环境可持续发展理念的物流活动。通过改革运输、储存、包装、装卸、流通加工、管理等物流环节，绿色物流可以达到降低环境污染、减少资源消耗的目的。德国的物流绿色化，表现在宏观与微观物流中方方面面的文明规划、设计、生产、使用与绿色消费。如，注重资源利用，莱茵河内河运输航道经济效应和生态效益是有口皆碑的。如，注重到达消费者手中的绿色运输、仓储、包装等的同时，也注重从消费者手中的逆向物流，如，垃圾分类回收、饮料瓶回收、旧电器、轮胎、汽车等的回收。如，大量采用厢式车辆，从而保证在运输途中不出现撒落，污染公共设施。如，物流园区内的洗车污水处理后循环使用，不排入江河，园区内绿色面积不少于 20%，不出现裸土等。注重绿色物流为德国带来了蓝天白云和青山绿水。

我国的物流发展带来经济效益的同时，也应注重社会效益与生态效益。

6. 传统产业转型物流业

德国的物流产业化，还包括了传统产业向物流业的转变，如鲁尔工业区是传统工业区，1998 年在政府的指令下，其内的 Duisburg-Rheinhausen 钢铁集团公司被迫停产关闭，一夜之间 6 000 职工失业，成为震惊世界的失业案。在政府的帮助下，就在这个钢铁厂的土地上组建了以物流为大产业宗旨的 Duisport Logport，这是一个物流园区，占地 200 万平方米。钢厂原有的交通区位置与设施都很不错，改建后得到了利用。目前 70%～80%的土地已被物流客户所使用，水路、公路、铁路直达客户的仓库，实实在在地做到了门到门的服务。物流业的活力带来了经济效益也带来了就业机会。

另外，德国的物流产业化进程还体现了有效的行业法规和约束机制，如，排放标准、工作休息标准、垃圾分类准则；购买饮料、啤酒包括瓶装费，瓶子退回时方可退钱；企业、从业人员必须遵纪守法，否则会被列入黑名单等。

资料来源：http://www.glzlw.com

思考与练习

一、判断题

1. 物流成本管理的前提是物流成本计算。
2. “第三利润源”说的基本思想与“物流成本冰山说”类似。
3. 在物流成本管理中，物流成本是作为一种管理对象。
4. “物流冰山”学说，是由日本早稻田大学的物流成本学说权威西泽修教授提出的。
5. 制造企业的物流成本是指企业在进行供应、生产、销售过程中，所发生的费用。

6．提高服务质量水平与降低物流成本之间存在“效益背反”矛盾。

7．流通企业的物流成本是指企业在进行供应、生产、销售、回收等过程中，所发生的运输、包装、配送、回收方面发生的费用。

8．有效地进行物流成本核算，是现代物流管理的一个重要内容。

9．降低物流成本可以牺牲物流服务质量为条件。

二、填空题

1．物流成本理论主要有________、________、________。

2．物流质量管理的特点：________、________、________、________。

3．物流质量内涵丰富，其主要内容大致包括________、________、________、________。

4．影响企业物流成本的因素有很多，最主要的有：________、________、________。

三、单选题

1．下面关于“物流成本管理”正确的说法是：________。

A. 物流成本管理即是管理物流成本

B. 物流成本管理就是通过降低物流活动中物化劳动的消耗以降低物流成本

C. 降低物流成本意味着扩大了企业的利润空间，提高了利润水平

D. 物流成本管理是通过对物流成本的把握和分析，去发现物流系统中需要重点改进的环节，达到改善物流系统的目的

2．企业降低物流成本的途径有：________。

A. 直接通过调整物流服务标准降低物流成本

B. 降低物流服务的收费标准

C. 降低包装环节的费用

D. 树立现代物流理念，健全企业物流管理体制

3．关于现代企业物流质量管理正确的说法是：________。

A. 现代企业物流质量管理既要满足生产者的要求，又要满足用户的要求

B．现代企业物流质量管理最终目的是保证和改善商品质量

C. 现代企业物流质量管理就是为现代企业生产经营服务

D．现代企业物流质量管理就只是为保证某一工作质量所采取的作业技术标准和有关活动

四、多选题

1．物流成本的管理方法一般有以下几种________。

A. 比较分析法　　　　B. 综合评价法

C. 排除法　　D. 责任划分法

2．物流质量主要从以下三个方面来衡量________。

A. 物流时间　　B. 物流成本

C. 物流效率　　D. 物流方式

3．以制造企业的销售物流为例，应采取以下四方面的指标，可以全面监控反馈物流管理的质量________。

A. 运作指标　　B. 仓储服务指标

C. 信息指标　　D. 客户满意度监控指标

4．现代企业物流质量管理的主要内容________。

A.物流工作质量　　B. 物流工程质量

C. 物流服务质量　　D. 商品质量的保证及改善

5．物流成本按物流功能类别分类，可包括________。

A. 物资流通费　　B. 信息流通费

C. 物流管理费　　D. 直接物流费

6．物流成本按物流活动发生的领域分类，可以包括的费用为________。

A. 采购物流费　　B. 工厂内物流费　　C. 销售物流费

D. 返品物流费　　E. 废弃物物流费

7．物流经理的职责________。

A.计划决策职责　　B. 沟通协调职责

C.管理物流业务职责　　D. 物流团队建设职责

8．物流产业的特性________。

A. 多行业性　　B. 基础性

C. 服务性　　D. 综合性

五、名词解释

1．物流成本冰山说

2．物流成本中心说

3．“第三利润源”说

4．物流成本管理

5．物流质量管理

6．作业成本管理

7．物流产业

8．PDCA循环

六、简答题

1．什么是物流成本？如何理解？它有哪几种类型？
2．物流成本管理的意义何在？
3．物流成本管理原则是什么？
4．ABC作业成本法相对于传统计算方法有哪些优点？
5．从国外企业物流成本管理的发展来看，大致可以分为哪几个阶段？
6．物流成本计算的目的是什么？
7．降低企业物流成本的途径有哪些？
8．影响企业物流成本的因素有哪些？
9．全面的物流质量管理包括哪些内容？
10．现代物流质量管理有哪些特点？
11．企业如何进行物流质量改进？
12．物流业人力资源市场特征是什么？
13．发达国家对物流产业是如何管理的？
14．中国物流产业的发展现状和特点是什么？
15．中国物流产业的发展前景和对国民经济的主要贡献是什么？

七、论述题

1．结合物流质量评价指标，谈谈如何提高物流企业的物流质量水平？
2．联系实际，谈谈你对现代物流质量管理的认识。
3．中国应如何对物流产业进行管理？

第 9 章

现代物流发展趋势

教学目标

通过本章学习，了解物流标准化、绿色物流、价值链管理、第四方物流的产生背景和发展前景，正确认识现代物流的发展趋势，理解物流标准化、绿色物流、价值链管理、第四方物流的概念，掌握国际通用的物流标准，掌握绿色物流体系的构成，掌握价值链分析的方法，掌握第四方物流的特征、运营方式及其与第三方物流的区别。

教学要求

知识要点	能力要求	相关知识
物流标准化	(1) 能够识别物流标准化的分类 (2) 能够认识物流标准化的重要性 (3) 能够掌握国际通行的物流标准	(1) 物流标准化的分类 (2) 物流标准化的重要性 (3) 国际通行物流标准
绿色物流	(1) 能够了解绿色物流产生的背景 (2) 能够认识发展绿色物流的意义 (3) 能够掌握绿色物流体系的构成	(1) 绿色物流产生的背景 (2) 发展绿色物流的意义 (3) 绿色物流体系的构成
价值链	(1) 能够理解价值链管理的含义 (2) 能够认识价值链管理的三种类型 (3) 能够掌握价值链分析模型	(1) 价值链的概念 (2) 价值链管理的类型 (3) 价值链分析模型
第四方物流	(1) 能够理解第四方物流的概念及价值贡献 (2) 能够识别第四方物流的特征和运营模式	(1) 第四方物流的概念 (2) 第四方物流的特征及价值贡献 (3) 第四方物流的运营模式

案例导入

物流的发展趋势

进入新世纪，由于全球经济一体化进程日益加快，企业面临着更加激烈的竞争环境，资源在全球范围内的流动和配置大大加强，世界各国更加重视物流发展对于本国经济发展、国民生活素质和军事实力增强的影响，都十分重视物流业的现代化，从而使现代物流呈现出一系列新的发展趋势。根据国内外物流发展的新情况，21 世纪物流的发展趋势可以归纳为信息化、网络化、自动化、电子化、共享化、协同化、集成化、智能化、柔性化、标准化、社会化和全球化十二大趋势。

一、信息化

现代社会已经步入了信息时代，物流的信息化是整个社会信息化的必然要求和重要组成部分。物流信息化表现在：物流信息的商品化，物流信息收集的代码化和数据库化，物流信息处理的电子化和计算机化，物流信息传递的标准化和实时化，物流信息存储的数字化和物流业务数据的共享化等。信息化是现代物流发展的基础，没有物流的信息化，任何先进的技术装备都无法用于物流领域，信息技术在物流中的应用将会彻底改变世界物流的面貌，一些新的物流信息技术在未来的物流中将会得到普遍采用。

信息化的来临为人们带来了一种新的生活方式和工作方式，这些新方式又导致了物流功能的改变。信息化使得那些在工业社会里的产品生产中心、商业贸易中心发挥的主导功能随着传统生产功能的转移而消失，物流不再仅仅传输产品，同时也在传输信息，各种信息被聚集在物流中心，经过加工、处理、再传播出去。传统的工业社会物流以物为对象，聚集扩散的是物；信息社会是以信息为对象，物流中心的聚散功能除实物之外，还要完成对各种信息的聚集和扩散。总之，信息社会使物流的功能更强大，并形成一个社会经济的综合服务中心。

二、网络化

网络化是指物流配送系统的组织网络和信息网络体系。从组织上来讲，它是供应链成员间的物理联系和业务体系，如台湾的电脑业在 20 世纪 90 年代创造的“全球运筹式产销模式”，它是按客户订单、采取分散形式组织生产，将全球的制造资源都利用起来，将电脑的所有零部件、元器件、芯片外包给世界各地的制造商采取外包的形式去生产，然后通过全球的物流网络将这些零部件、元器件、芯片发往同一个物流配送中心进行组装，由该物流配送中心将组装的电脑迅速发送给订户。这种过程需要有高效的物流网络支持。而信息网络使供应链上企业之间的业务运作通过互联网实现信息的传递和共享，并运用电子方式完成操作。例如配送中心向供应商发放订单就可以利用网上的电子订货系统通过 Internet 和 EDI 来实现，对下游分销商的送货通知也可通过网上的分销系统来实现。

三、自动化

物流自动化的基础是信息化，核心是机电一体化，其外在表现是无人化，效果是省力化。此外，物流自动化的效果还有：扩大物流作业能力、提高劳动生产率、减少物流作业的差错等。物流自动化的技术很多，如条码技术、射频自动识别技术、自动化立体仓库技术、自动存取技术、自动分拣技术、自动导向和自动定位技术，货物自动跟踪技术等。这些技术在经济发达国家已经普遍应用于物流作业中，在我国，虽然某些自动化技术已被采用，但达到普遍应用还需要相当长的时间。

四、电子化

所谓电子化是指商业过程实现电子化，即电子商务。它同样是以信息化和网络化为基础的。电子化具体表现为：实现业务流程及其每一步骤的电子化、无纸化；所有商务涉及的货币实现数字化和电子化；交易商品实现符号化、数字化；业务处理过程实现全程自动化和透明化；交易场所和市场空间实现虚拟化；消费行为实现个性化；企业之间或供应链之间实现无边界化；市场结构实现网络化和全球化等。作为电子商务发展关键性因素之一的物流，是商流、信息流和资金流的基础与载体。全球电子商务的推广和普及将使得跨国和跨区域物流更加频繁，对物流的需求会更加强烈。物流中心不仅要成为信息聚散中心，而且还会成为管理决策中心、观念与技术创新中心、市场和消费中心。

五、共享化

供应链管理强调链上成员的协作和社会整体资源的高效利用，以最合理的、最少的资源来最大化地满足整体市场的需求。而供应链上的企业只有在建立互惠互利的共赢伙伴关系的基础上，才能实现业务过程间的高度协作和资源的高效利用，只有通过资源共享、信息共享、技术共享、知识共享和业务流程等的共享，才能实现社会资源优化配置和供应链上物流业务的优势互补以及更快地对终端市场和整个供应链上的需求做出响应。近年来，一些新型的供应链管理策略，如供应商管理库存(VMI)、第四方物流(4PL)、准时制(JIT)、协同计划、预测和供给(CPFR)、零售商—供应商伙伴关系(RSP)以及分销商一体化等都能很好地使供应链上的企业有效地实现信息、技术、知识、客户和市场等资源的共享化。

六、协同化

市场需求的瞬息万变、竞争环境的日益激烈都要求企业和整个供应链具有更快的响应速度和协同运作的能力，以及对供应链上的前向洞察力。通过与供应商和客户的实时沟通与协同，企业一方面能使供应商对自己的需求具有可预见能力，使其能提供更好的价格和服务，同时对其供应能力也有较好地预见性，为自己长期的、充足的供给业务提供了保障；另一方面，自己也能及时了解客户的需求信息，在多变的市场环境中保持更快的响应能力，跟踪和监控需求满足的过程，准确、及时、优质地将产品和服务递交到客户手中。为了实现物流作业的协同预测、规划和供应，快速响应和供应链上总库存的最佳配置等目标，需要做到与客户和合作伙伴间业务流程的紧密集成，达到零阻力、无时差的协作，共同分享业务数据、联合进行预测和计划、管理执行以及完成绩效评估等。而只有企业间真正达到了彼此协同，才能使物流作业的响应速度更快、更具有前向的预见性、更好地共同抵御各种风险、降低成本和提高产出，满足客户的需求。

七、集成化

供应链物流业务是由多个成员、多个环节组成的，全球化和协同化的物流运作方式要求物流业务中的所有成员和环节在整个流程上的业务运作衔接得更加紧密，因此，必须对这些成员和环节的业务以及业务处理过程中的信息进行高度集成，实现供应链的整体化和集成化运作，缩短供应链的相对长度，使供应链上的物流作业更流畅、产出率更高，响应速度更快，使各环节的业务更加接近客户和客户的需求。这种集成化的基础是业务过程的优化和管理信息系统的集成，而二者都需要有完善的信息系统解决方案通过决策、优化、计划及执行等方法和功能来予以支持，并使所有成员各自的信息系统进行无缝连接，实现系统集成、信息集成、业务集成、流程集成和资源集成。同时，集成化也是共享化和协同化的基础，如果不首先实现集成，就无法实现共享化和协同化。

八、智能化

智能化是自动化、信息化的一种高层次应用。物流作业过程涉及大量的运筹和决策，如物流网络的设计与优化、运输(搬运)路径的选择、每次运输的装载量选择，多种货物的拼装优化、运输工具的安排和调度、库存水平的确定、补货策略的选择、有限资源的调配和配送策略的选择等问题都需要进行优化处理，这些都需要管理者借助优化的、智能工具和大量的现代物流知识来解决。同时，近年来，专家系统、人工智能、仿真学、运筹学、智能商务、数据挖掘和机器人等相关技术在国际上已经有比较成熟的研究成果，并在实际物流作业中得到了较好的应用。因此，物流的智能化已经成为物流发展的一个新趋势。

九、标准化

标准化技术也是现代物流技术的一个显著特征和发展趋势，同时也是现代物流技术实现的根本保证。货物的运输配送、存储保管、装卸搬运、分类包装和流通加工等各个环节中信息技术的应用，都要求必须有一套科学的作业标准。例如，物流设施、设备及商品包装的标准化等，只有实现了物流系统各个环节的标准化，才能真正实现物流技术的信息化、自动化、网络化及智能化等。特别是在经济全球化和贸易全球化的新世纪中，如果在国际间没有形成物流作业的标准化，就无法实现高效的全球化物流运作，这将阻碍经济全球化的发展进程。

十、柔性化

柔性化本来是生产领域提出来的，20 世纪 90 年代，生产领域为了更好地满足消费者的个性化需求，实现多品种、小批量以及灵活易变的生产方式，国际制造业推出柔性制造系统(Flexible Manufacturing System，FMS)，实行柔性化生产。随后，柔性化作业又扩展到了流通领域，根据供应链末端市场的需求组织生产、安排物流活动。物流作业的柔性化是生产领域柔性化的进一步延长，它可以帮助物流企业更好地适应消费需求的“多品种、小批量、多批次、短周期”趋势，灵活地组织和实现完成物流作业，为客户提供定制化的物流服务来满足他们的个性化需求。

十一、社会化

物流的社会化也是今后物流发展的方向，其最明显的趋势就是物流业中出现“第三方物流”和“第四方物流”等方式。物流合理化的一个重要方面就是物流活动的社会化，物流的社会化一方面是为了满足企业物流活动社会化要求而形成的，另一方面又为企业的物流活动提供了社会保障。而第三方、第四方乃至未来发展形成的第 N 方物流是随着物流业发展到一定阶段必然出现的产物，在某种意义上，可以说它是物流过程产业化和专业化的一种形式。因此，学术界预测下阶段的物流将向虚拟物流和第 N 方物流发展，除了物流活动外，物流管理也将逐渐被外包出去。这将使企业告别“小而全、大而全”的纵向一体化运作模式，转向新型的横向一体化的运作模式，集中精力去做自己最擅长的业务，增强自己的核心竞争力。

十二、全球化

为了实现资源和商品在国际间的高效流动与交换，促进区域经济的发展和全球资源优化配置的要求，物流运作必须要向全球化的方向发展。在全球化趋势下，物流目标是为国际贸易和跨国经营提供服务，选择最佳的方式与路径，以最低的费用和最小的风险，保质、保量、准时地将货物从某国的供方运到另一国的需方，使各国物流系统相互“接轨”，它代表物流发展的更高阶段。

进入新世纪的中国，正肩负着实现工业化、加快现代化的艰巨性的历史性重任。面对着信息全球化的浪潮，信息化已成为加快实现工业化和现代化的必然选择。中国提出要走新型工业化道路，其实质就是以信息化带动工业化、以工业化促进信息化，达到互动并进，实现跨越式发展。中国加入 WTO 后，资源在全球范围内的流动和配置大大加强，企业面临的国内、国际市场的竞争更加激烈，越来越多的跨国公司正加快对中国的投资速度，纷纷到中国设立或扩大加工基地与研发基地，一大批中国企业也将真正融入全球产业链，有些还将直接成为国际跨国公司的配套企业，这些都将大大加快中国经济与国际经济接轨的步伐，加剧中国企业在本土和国际范围内与外商的竞争，这都将对我国的物流业提出更高的要求。在这种新环境下，我国的物流企业必须把握好现代物流的发展趋势，运用先进的管理技术和信息技术，提升自己的竞争力和整体优势，提高物流作业的管理能力和创新能力，在走我国新型工业化的道路上努力。

资料来源：http://www.jctrans.com

随着现代科技水平的不断提高和物流环境的不断变化，物流领域出现了许多新的理念，呈现出许多新的发展趋势。这些新的发展趋势主要表现为：物流标准化、绿色物流、价值链管理和第四方物流等。作为本书的一个结束，也作为对物流学的一种未来展望，本章将简要介绍以上四种趋势的产生过程及其具体的运作形式。

9.1 物流标准化

物流标准化是进行科学化物流管理的重要手段。本节在物流标准化基本概念的基础上，重点介绍物流标准化的分类及国际通行的物流标准。

9.1.1 物流标准化的概念

标准化是指对产品、工作、工程和服务等普遍的活动制定统一的标准，并且对这个标准进行贯彻实施的整个过程。标准化的内容，实际上是经过优选之后的共同规则。根据承诺遵守这些标准的范围不同，物流标准又分为国际标准(ISO)、国家标准(GB)、行业标准、企业标准。在我国，根据《中华人民共和国标准化法》的规定，国家鼓励积极采用国际标准。在各种标准之间无优劣之分，如行业标准可以优于国家标准，也可劣于国家标准。世界许多国家均设有标准化组织，如英国的标准化协会(BSI)，我国国家及地方技术监督局等。国际标准化组织(ISO)负责协调世界范围的标准化问题。

物流标准化是指以物流系统为对象，围绕运输、包装、装卸、仓储及信息处理等物流活动制定、发布和实施有关技术方面和工作方面的标准，以系统为出发点，研究各领域中技术标准与工作标准的配合性，按配合性的要求，统一整个物流系统的标准的过程。

9.1.2 物流标准化的分类

按照物流标准化的应用范围，物流标准分为技术标准、工作标准、作业标准。

1. 物流技术标准

技术标准是指对标准化领域中需要协调统一的技术所制定的标准，包括大系统统一标准和各个分系统技术标准。

1) 大系统统一标准

(1) 专业计量单位标准。除国际或国家公布的基本计量标准外，物流系统还有许多的专业计量问题，必须在国际或国家标准的基础上，制定物流专业标准。由于物流的国际性很强，专业计量标准必须考虑与国际标准的计量方式一致。

(2) 物流基础模数尺寸的最小公约尺寸标准。基础模数尺寸是指标准化的共同单位尺寸，各系统标准尺寸的最小公约尺寸。基础模数一旦确定，设备的制造、设施的建设、物流系统中各环节的协调配合、物流各系统的配合就有了依据。确定基础模数尺寸主要考虑目前对物流系统影响最大而又难以改变的事物，即输送设备。采取“逆推法”由输送设备的尺寸来推算最佳的基础模数，同时考虑现有已经通行的包装模数和已经使用的集装设备，从行为科学的角度研究人与环境的关系。

(3) 集装模数尺寸。集装模数尺寸是在物流基础模数尺寸的基础上，按倍数推导出的各种集装设备的标准尺寸。在物流系统中，集装设备尺寸必须与各个环节物流设施、设备相配合，集装模数尺寸决定并影响其他物流环节的标准化。集装模数尺寸可以按基础模数尺寸的倍数推导出来，也可从卡车或大型集装箱的分割系列进行推导。日本的集装模数尺寸采用后一种方法，以卡车的车厢宽度为物流模数确定的起点，推导出集装模数尺寸，如图 9.1 所示。

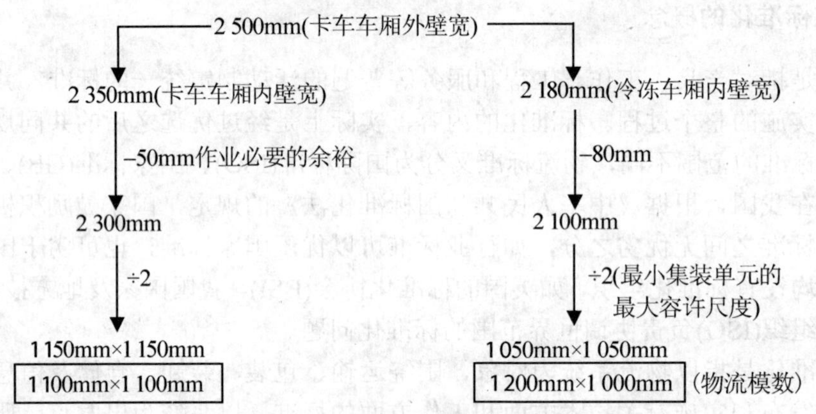

图 9.1　基础模数尺寸的形成

(4) 物流建筑基础模数尺寸。物流建筑基础模数尺寸主要是指物流系统中各种建筑物所使用的基础模数，在设计建筑物的长、宽、高尺寸，门窗尺寸，建筑物柱间距，跨度及进深，应以此为依据。

(5) 物流专业术语标准。物流涉及多个行业，每个行业常常已经形成自己的术语，为了使各行业相互配合，必须建立物流专业术语标准，以避免各行业由于对专业术语的理解不同而引发不必要的损失。我国于 2001 年 4 月颁布了《物流术语》国家标准(GB/T18345—2001)，它确定了物流活动中的基本概念术语、物流技术、物流管理术语及相关定义，共计 145 条。

物流术语国家标准的实施，大力推动了我国物流事业的发展。

(6) 标志、图示和识别标准。物流活动中存在多次包装、装卸、运输等环节，物流标志、图示和识别标准的统一具有重要作用。标志和识别可分为传统识别标志和自动识别标志。在物流领域，识别标记主要用于货物的包装运输上。

传统的标准化将包装标记分为三类，即识别标记(主要包括标记、批数与件数号码标记、目的地标记、输出地标记、附加标记、运输号码标记等)；储运指示标记(包括向上标记、防湿防水标记、小心轻放标记、防热标记、由此开启标记及“请勿倒置”标记等)；危险货物标记(包括爆炸品标记、易燃压缩气体标记、有毒品标记、腐蚀性物品标记和放射性物品标记等)。在实际工作中，可以按我国国家标准《危险货物包装标记》《包装储运指示标记》等为依据。

自动识别与条码标志技术的运用，使识别速度提高了几十倍甚至上百倍，极大提高了识别的效率。该技术之所以能广泛应用，关键在于条码的标准化。条码具有相当大的数据存储量，这是图示标记无法比拟的，但条码缺乏直观性，只能与识别系统配套使用，人工无法识别。1991 年我国陆续颁布《通用商品条码》(GB129904—91)《条码系统通用术语》(GB12906—91)国家标准，与国际标准相衔接。

2) 分系统技术标准

(1) 运输车船标准。对车辆、船舶等运输设备制定的标准，涉及车辆、船舶的载重能力、船舱尺寸、运输环境和集装箱等的标准，用于保证设备之间、设备与固定设施之间的有效衔接。此外，从保护环境的角度，制定了噪声等级标准、废气排放标准等。

(2) 作业车辆技术标准。指物流设施内部的各种作业车辆如叉车、台车、手推车等的尺寸、作业范围、作业速度和搬运重量等方面的标准。

(3) 仓库技术标准。包括仓库尺寸、建筑面积、有效面积、通道比例、单位存储能力、温度、湿度和照明等技术标准。

(4) 包装、集装箱标准。包括包装、集装箱的尺寸、包装材料强度、材质、荷重等标准。

(5) 传输机具标准。包括水平、垂直输送的各种机械式与气动式起重机、传送机、提升机的尺寸和传输能力等技术标准。

(6) 货架、储罐标准。包括货架净空间、载重能力、储罐的容积尺寸标准等。

(7) 信息标准。包括 EDI 标准、GPS 标准等。

(8) 其他技术标准。

2. 工作标准

工作标准是对工作的方法、程序、质量所制定的标准。包括各岗位职责与权限、完成任务的程序、相关岗位的协调、信息传递的方式、职工的奖惩办法、车辆运行时刻表和异常情况的处理等。

3. 作业标准

作用标准包括物流设备运行标准、作业流程等标准，是实现作业规范化、效率化的保证。

9.1.3 物流标准化的重要性

物流标准化对防止贸易壁垒、促进技术合作具有重要意义。

(1) 物流标准化是降低物流成本的重要手段。物流标准化的实施，使物流活动的各个环节有机结合，避免因物流活动的不标准而造成的损失，提高设备、设施及器具的使用效能，节约物流成本，达到提高经济效益的目的。例如，据统计，标准统一前针织品的包装纸箱有约 1300 多种规格，标准统一后的纸箱规格仅有 27 种，节约材料和工时 50%，降低纸箱半成品的损耗 50%。

(2) 物流标准化的采用，是物流管理科学化的重要保证。物流本身是一个大系统，涉及的要素十分广泛。实现物流系统化，要求从包装、运输、配送等各个功能上处理好有关技术、工艺的配合，为了能够使各要素有效配合，需要制定统一标准，并且按统一标准进行物流活动。因此标准化是物流管理的基石，有利于提高物流管理的效率，使物流大系统高度协调。

(3) 物流标准化的实施，加快了流通速度，减少了流通环节，提高了物流服务的质量，可以合理有效地利用资源，提高资源的利用效率。如 EDI 标准的使用，使企业缩短订货周期 36%，提高对顾客的及时响应能力 36%，降低物流费用，赢得市场竞争优势。

(4) 物流标准化推动国际物流的发展。随着国际贸易和国际交往的大幅度上升，国际物流总量也将迅速增加。各国都十分重视本国物流与国际物流的衔接，力求使本国物流标准与国际物流标准相一致，从而降低因标准化系统不统一所造成的损失，增强国际竞争力。

9.1.4 国际通行的物流标准

从世界范围看，物流体系的标准化还处于初始阶段，在初始阶段，标准化的重点在于通过制定标准规格尺寸实现物流系统的贯通。目前，国际物流模数尺寸的标准化正在研究制定中，但与物流有关的许多设施、设备的标准已经发布。国际标准化组织的英文缩写为 ISO，已经建立有关的技术委员会(TS)和技术处(TD)。ISO 对物流标准化的重要模数尺寸大体取得了初步方案，几个基础模数尺寸如下。

(1) 物流基础模数尺寸：600mm×400mm。

(2) 集装基础模数尺寸：1 200mm×1 000mm 为主，也允许 1 200mm×800mm 和 1 100mm×1 100mm。

(3) 物流基础模数尺寸与集装基础模数尺寸的配合关系，如图 9.2 所示。根据物流模数的大小和尺寸，可以推导出包装的系列尺寸。如日本工业标准(JIS)，发展了 1 200mm×1 000mm 的模数尺寸系列和 1 100mm×1 100mm 正方形的集装模数尺寸系列，形成本国的模数尺寸系列。

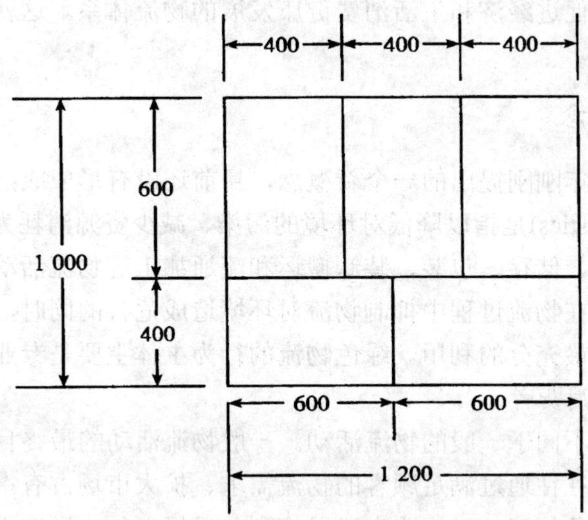

图 9.2　两种基础模数尺寸的配合关系

9.2 绿 色 物 流

9.2.1　绿色物流的产生

20 世纪 70 年代以来，在世界生产力突飞猛进的同时，地球环境也在不断恶化。资源的过度消耗使人们的生存环境和经济运行受到了严峻的挑战。在此背景下，由有关国家和人士发起和倡导的一场旨在保护地球环境、保护自然资源的“绿色革命”开始在生产、流通以及消费领域蓬勃发展，并很快风靡全球。各行各业都开始利用“绿色”这一代表生命和环境保护的字眼；从产品的研制、生产、包装、运输、销售、消费，到废弃物的回收和再利用的整个生命周期内，都在考虑环境的保护问题。一时间，“绿色浪潮”“绿色食品”“绿色标志”“绿色产业”“绿色营销”和“绿色消费”等各种冠以“绿色”的名词如雨后春笋，目不暇接。在这样的背景下，“绿色物流”作为可持续发展模式在物流行业中开始出现，并逐渐成为 21 世纪物流管理的新方向。

众所周知，传统物流活动的各个环节，都在不同程度上会对环境产生负面影响。比如，运输环节中车辆的燃油污染和尾气排放；不可降解的废弃包装材料；装卸搬运环节的粉尘污染；流通加工产生边角废料造成的废弃物污染等。随着经济转入成熟的发展时期，物流将会成为经济发展的重要支柱，因此为了充分发挥现代物流产业对经济的拉动作用，实现可持续发展，必须从环境角度对物流系统进行改进，以形成一个与环境共生存的现代综合物流系统以改变原来经济发展与物流之间的单向作用关系，从而抑制物流对环境造成的危害，同时形成一种能促进经济和生活消费健康发展的物流体系。这就产生了“绿色物流”这一全新的概念。

9.2.2 绿色物流的概念

绿色物流是近几年刚刚提出的一个新概念，目前还没有形成成熟的定义。一般认为，绿色物流(Green Logistics)是指以降低对环境的污染、减少资源消耗为目标，利用先进物流技术规划和实施运输、储存、包装、装卸搬运和流通加工等物流活动。我国物流术语标准认为，绿色物流是指在物流过程中抑制物流对环境造成危害的同时，实现对物流环境的净化，使物流资源得到最充分的利用。绿色物流的行为主体主要是专业的物流企业，同时也涉及有关生产企业和消费者。

绿色物流的目标不同于一般的物流活动。一般物流活动的最终目标是追求某一主体的经济利益最大化，它往往通过满足顾客的物流需求、扩大市场占有率，最终通过物流企业的盈利来实现。而绿色物流的目标除上述经济利益目标之外，还追求节约资源、保护环境这一既具有经济属性、又具有社会属性的目标。

绿色物流是一个多层次的概念，它既包括企业的绿色物流活动，又包括社会对绿色物流活动的管理、规范和控制。从绿色物流活动的范围来看，它既包括各个单项的绿色物流作业(如绿色运输、绿色包装、绿色流通加工等)，还包括为实现资源再利用而进行的废弃物循环物流。

9.2.3 发展绿色物流的意义

1. 绿色物流是经济全球化和可持续发展的必然要求

众所周知，保护地球环境和大自然是世界各国人民义不容辞的责任，但是导致环境遭受污染、资源遭受破坏的行为又涉及人类生产经营和社会消费等诸多方面。而作为生产和消费中介的物流，它对地球环境的影响，仍未受到应有重视。伴随世界大市场和经济全球化的发展，物流的作用日益明显，绿色浪潮惠及的不仅是生产、营销和消费，作为可持续发展的必然要求，物流的绿色化也必须被提到战略日程上来。

2. 绿色物流是最大限度降低经营成本的必由之路

有专家分析认为，产品从投产到售出，制造加工时间仅占 10%左右，而约有 90%的时间被花费在储运、装卸、分装、二次加工和信息处理等物流活动中。因此，物流专业化无疑为降低成本奠定了基础。显然，绿色物流不仅是一般物流费用的节约或降低物流成本，更重要的应该是物流活动本身的绿色化和由此带来的节能、高效、少污染效果。绿色物流在节省生产经营成本方面的潜力是无可估量的。

3. 绿色物流有利于全面满足人们不断提高的物质文化需求

作为生产和消费的中介，物流是满足人们物质文化需求的基本环节。而绿色物流则是伴随着人们生活需求的进一步提高，尤其是绿色消费的提出应运而生的。再"绿色"的生产过程、再好的绿色产品，如果没有绿色物流的支撑，也难以实现其最终价值，绿色消费也就难以进行。同时，不断提高的物质文化生活，意味着生活的电子化、网络化和连锁化，电子商务、网上购物、连锁经营，无不依赖于绿色物流的发展。可以说没有绿色物流，就没有人类安全和环保的生活空间。

4. 绿色物流有利于企业取得新的竞争优势

日益严峻的环境问题和日趋严格的环保法规，使企业为了持续发展，必须积极解决经济活动中的环境问题，改变危及企业生存和发展的生产方式，建立并完善绿色物流体系，通过绿色物流来追求高于竞争对手的相对竞争优势。哈佛大学 Nazli Choucri 教授深刻阐述了对这一问题的认识："如果一个企业想要在竞争激烈的全球市场中有效发展，它就不能忽视日益明显的环境信号，继续像过去那样经营……对各个企业来说，接受这一责任并不意味着经济上的损失，因为符合并超过政府和环境组织对某一工业的要求，能使企业减少物料和操作成本，从而增强其竞争力。实际上，良好的环境行为恰似企业发展的马达而不是障碍。"

5. 绿色物流是适应国家法律法规要求的有效措施

随着社会的进步和经济的发展，世界上的资源日益紧缺。同时，由于生产所造成的环境污染进一步加剧，为了实现人口、资源与环境相协调的可持续发展，许多国际组织和国家相继制定出台了与环境保护相关的协议、法规与法律体系，例如，《蒙特利尔议定书》(1987 年)《里约环境和发展宣言》(1992 年)和《工业企业自愿参与生态管理和审核规则》(1993 年)《贸易与环境协定》(1994 年)《京都协议书》(1997 年)等；同时，中国也制定了以《环境保护法》为代表的一系列法律法规，以促进环境保护事业的发展。这些法律法规都要求产品的生产商必须对自己所生产的产品造成的污染负相应的责任，并且采取相应的措施，否则将会受到法律的严厉制裁。比如，欧盟规定轮胎生产商每卖出一条新的轮胎必须回收一条旧的轮胎进行处理或再利用。同时，一些国家的法律对一次性电池生产厂商也做出了类似的规定，这就要求生产类似产品的企业必须构建相应的绿色物流体系，以降低企业经营风险，减少违反相关法律所带来的成本。

9.2.4 绿色物流体系

1. 绿色交通运输

绿色交通运输是指为了降低物流活动中交通运输所带来的尾气、噪声等污染使企业所受的损失，节省交通运输的建设和维护费用，从而发展低污染的、有利于城市环境的多元化交通工具，来完成物流活动的协同交通运输系统，以及为最大限度地降低交通污染程度而采取的对交通源、交通量、交通流的规制体系。绿色交通运输的理念主要包括三个方面的内容，即通达有序、安全舒适、低能耗与低污染。绿色交通运输更深层次上的含义是综合协调的交通运输网络体系。

绿色交通运输主要表现为减缓交通拥挤、降低环境污染，这具体体现在以下几个方面：①减少高污染运输车辆的使用；②提倡使用清洁干净的燃料和绿色交通工具；③控制运输设备的资源消耗，降低固定资产的折旧；④控制汽车尾气排放，制定排气标准；⑤加强交通管制，使道路设计合理化，减少堵塞；⑥降低噪声等。

在相关政策上，主要表现为交通源规制、交通量限制以及交通流控制三个方面。交通源规制主要是指政府应该采取有效措施，从源头上控制物流企业的发展造成的环境污染。例如，治理车辆的废气排放，限制城区货车行驶路线，发挥经济杠杆作用，收取车辆排污费，促进低公害车的普及等。交通量限制主要是指通过政府指导作用，促进企业选择合适的运输方式，发展共同配送，统筹建立现代化的物流中心，最终通过有限的交通量来提高物流效率。交通流控制主要是指通过道路与铁路的立体交叉发展和建立都市中心环状道路、制定道路停车规则以及实现交通管制系统的现代化等措施，减少交通阻塞，提高配送效率。

2. 绿色仓储与保管

仓储与保管是物流活动的主要构成要素，在物流活动中起着重要的作用。绿色仓储与保管是指在储存环节为减少储存货物对周围环境的污染及人员的辐射侵蚀，同时，避免储存物品在存储过程中的损耗而采取的科学合理的仓储保管策略体系。在整个物流仓储与保管过程中要运用最先进的保质保鲜技术，保障存货的数量和质量，在无货损的同时消除污染。尤其要注意对有毒化学品，放射性商品，易燃、易爆商品的泄漏和污染防止。一般在储存环节，应加强科学养护，采取现代化的储存保养技术，加强日常的检查与防护措施，使仓库设备和人员尽可能少受侵蚀与危害。

3. 绿色装卸搬运

绿色装卸搬运是指为尽可能减少装卸搬运环节产生的粉尘烟雾等污染物而采取的现代化的装卸搬运手段及措施。在货物集散场地，尽量减少泄漏和损坏，杜绝粉尘、烟雾污染。清洗货车的废水必须要经过处理后再排放。在货物集散地要采用防尘装置，制定最高容许的容度标准。废水应集中收集、处理和排放，加强现场的管理和监督。

4. 绿色包装

很少有制造商考虑产品包装对环境的影响到底有多大，多数人甚至认为精美的包装象征着高档的产品。生活垃圾中大部分是包装物的事实，足以说明包装物对人们的环境产生了怎样的影响。绿色包装是绿色物流体系的一个重要组成部分。

绿色包装是指能够循环复用、再生利用或降解腐化，且在产品的整个生命周期中对人体及环境不造成公害的适度包装。简言之，绿色包装是指采用节约资源、保护环境的包装。推行绿色包装的目标，就是要以保存最大限度的自然资源，形成最小数量的废弃物和最低限度的环境污染。

绿色包装的途径主要包括以下几个方面。①促进生产部门采用尽量简化的以及由可降解材料制成的包装；②商品流通过程中尽量采用可重复使用的单元式包装，实现流通部门自身经营活动用包装的减量化，主动地协助生产部门进行包装材料的回收与再利用；③对包装废弃物进行分类；④积极开发新型包装材料(易降解、易拆卸折叠)；⑤节省包装资源，降低包装物成本，提高包装业效率。

5. 绿色流通加工

绿色流通加工是指出于环保考虑的无污染的流通加工方式及相关政策措施的总和。绿色流通加工的途径主要分两个方面：一方面，变消费者分散加工为专业集中加工，以规模作业的方式提高资源利用效率，以减少环境污染，如餐饮服务业对食品的集中加工，减少家庭分散烹调所造成的能源浪费和空气污染等；另一方面，集中处理消费品加工中产生的边角废料，以减少消费者分散加工所造成的废弃物污染，如流通部门对蔬菜的集中加工，减少了居民分散垃圾丢放及相应的环境治理问题。

6. 绿色信息搜集和管理

物流不仅是商品空间的转移，也包括相关信息的搜集、整理、储存和利用。绿色信息的搜集和管理是企业实施绿色物流战略的依据。面对大量的绿色商机，企业应从市场需求出发，搜集相关的绿色信息，并结合自身的情况，采取相应的措施，深入研究信息的真实性和可行性。绿色信息的搜集包括：绿色消费信息、绿色科技信息、绿色资源和产品开发信息、绿色法规信息、绿色组织信息、绿色竞争信息及绿色市场规模信息等。绿色物流要求搜集、整理、储存的都是各种绿色信息，并及时运用到物流中，促进物流活动的进一步“绿色化”。

7. 物流业绿色指标体系

绿色指标体系是衡量物流产业发展过程中环保程度的一整套指标，加快绿色指标体系的研究和制定，有利于物流企业结构的优化，促进物流产业的可持续发展。同时，健全的绿色指标体系可以作为国际贸易活动中与贸易伙伴谈判的筹码。因此，物流管理部门应在环保和技术监督部门的配合下，组织建立绿色物流的指标体系。在具体实施过程中，可采用先易后难、先重点突破后全面推广的原则，选择一些有一定基础、技术难度不太大、易于突破的指标，然后再逐步完善和扩展，构筑起符合国际规则的物流绿色屏障。图 9.3 描述了绿色物流指标体系的构成要素。

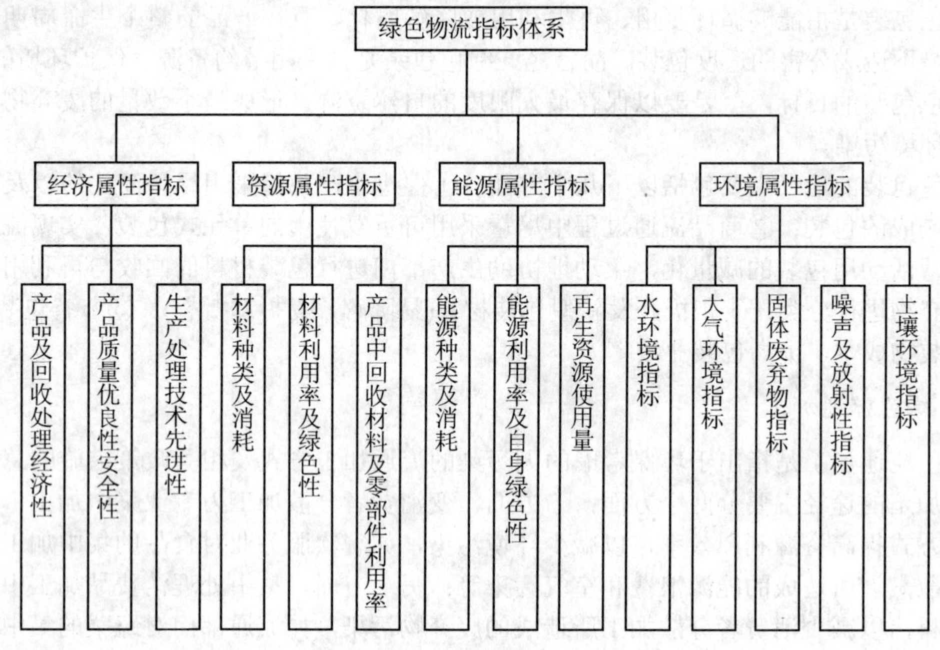

图 9.3　绿色物流指标体系

8. 企业绿色物流管理

所谓“绿色物流管理”，就是将环境保护的观念融于企业物流经营管理之中，它涉及企业供应链管理的各个层次、各个领域、各个方面、各个过程，要求在企业供应链中时刻全面地考虑环保、体现绿色。这一思想可概括为“5R”原则，即①研究(Research)，将环保纳入企业的决策要素中，重视研究企业的环境对策；②削减(Reduce)，采用新技术、新工艺，减少或消除有害废弃物的排放；③再开发(Reuse)，变传统产品为环保产品，积极采取“绿色标志”；④循环(Recycle)，对废旧产品进行回收处理，循环利用；⑤保护(Rescue)，积极参与社区内的环境整洁活动，对员工和公众进行绿色宣传，树立绿色企业形象。

具体地说，企业实施绿色物流管理，要达到三个主要目标：①物质资源利用的最大化，通过集约型的科学管理，使企业所需要的各种物质资源最有效、最充分地得到利用，使单位资源的产出达到最大最优；②废弃物排放的最小化，通过实行以预防为主的措施和全过程控制的环境管理，使生产经营过程中的各种废弃物最大限度地减少；③适应市场需求的产品绿色化，根据市场需求，开发对环境、对消费者无污染和安全、优质的产品。三者之间是相互联系、相互制约的，资源利用越充分，环境负荷就越小。产品绿色化，又会促进物质资源的有效利用和环境保护。通过这三个目标的实现，最终使企业发展目标与社会发展目标、环境改善协调同步，走上企业与社会都能可持续发展的双赢之路。

9. 绿色物流的政策

在物流活动中造成资源浪费、环境污染的厂家和个人，并不承担相应的成本或仅承担其成本的很小一部分，而这种消极行为的所有或部分受害者并不仅仅是这些行为的履行者。为了解决这种负外部经济效应，需要政府在整个社会层面对物流领域进行干预。从这种意义上说，绿色物流事业既包括厂商和个人行为，又包括政府行为。政府环保物流政策的实施工具包括：通过立法和制定行政规则，将节约资源、保护环境的物流要求制度化；动用舆论工具进行环境伦理、绿色观念、绿色意识的大众宣传；利用税收及收费手段对物流活动污染制造行为予以限制和惩罚；以基金或补贴的形式对节约资源、保护环境的物流行为予以鼓励和资助；利用产业政策直接限制浪费资源和制造污染的物流企业发展，支持绿色产业的发展等。

9.3 价 值 链

一直以来，多数人都认为物流的核心思想就是供应链管理。但随着时代不断进步，有资深物流业者给予它更深层次的定义和内涵，并认定物流业将来要走的新路应该跳出供应链管理的框框，提升到涉及整个商业活动中产生的所有价值——价值链(Value Chain)。

一体化物流是 21 世纪最有影响的物流趋势之一，其基本含义是指不同职能部门之间或不同企业之间通过物流上的合作，达到提高物流效率，降低物流成本的效果，包括垂直一体化、水平一体化和物流网络。其中应用最广泛的是垂直一体化物流，它要求企业将提供产品或运输服务等的供货商和用户纳入管理范围，并作为物流管理的一项中心内容，为解决复杂的物流问题提供了方便。

随着垂直一体化物流的深入发展，对物流研究的范围不断扩大，在企业经营集团化和国际化的背景下，美国人首先提出了“价值链”的概念，并在此基础上，形成了比较完整的供应链理论。价值链概念把企业看作是综合了设计、生产、销售、配送和管理等活动的集合体。企业要生存发展，必须为企业的股东和其他利益集团创造价值。企业的增值活动就是一系列互不相同但又相互关联的经济活动，其总和即构成企业的价值链，而每一项经营管理活动就是价值链条上的一个环节，它们都对企业的核心竞争力产生直接影响。

9.3.1 价值链的概念

价值链(Value Chain)的名称最初是由美国哈佛大学商学院教授迈克尔·波特(Michael. E.Porter)于 1985 年在其所著《竞争优势》(Competitive Advantage, New York: The Free Press)中提出来的。他认为：“每一个企业都是进行设计、生产、营销和交货等过程及对产品起辅助作用的各种相互分离的活动的集合。所有这些活动可以用一个价值链来表明。”企业的价值创造是通过一系列活动构成的，这些活动可分为基本活动和辅助活动两类，基本活动包括内部后勤、生产作业、外部后勤、市场和销售、服务等；而辅助活动则包括采购、技术开发、人力资源管理和企业基础设施等。这些互不相同但又相互关联的生产经营活动，构成了一个创造价值的动态过程，即价值链。

美国作业成本科技公司(ABC Technologies)及美国供应链局(The Value Chain Authority)曾联合界定何谓价值链：价值链是一种高层次的物流模式，内容由原材料作为投入资产开始，直至原料透过不同过程售予顾客为止，当中做出的所有增值活动都可包括在价值链中。

价值链的含义可以概括为：第一，企业各项活动之间都有密切联系，如原材料供应的计划性、及时性和协调性与企业的生产制造有密切的联系；第二，每项活动都能给企业带来有形或无形的价值，如售后服务这项活动，如果企业密切注意顾客所需或做好售后服务，就可以提高企业的信誉，从而带来无形价值；第三，价值链不仅包括企业内部各链式活动，而且更重要的是，还包括企业外部活动，如与供应商之间的关系，与顾客之间的关系。

9.3.2 价值链管理

1. 价值链管理的概念

价值链管理就是将企业的生产、营销、财务和人力资源等方面有机的整合起来，做好计划、协调、监督和控制等各个环节的工作，使它们形成相互关联的整体，真正按照链的特征实施企业的业务流程，使得各个环节既相互关联，又具有处理资金流、物流和信息流的自组织和自适应能力，使企业的供、产、销形成一条珍珠般的“链”——价值链。

2. 价值链管理的类型

价值链管理旨在通过分析价值链上业务环节的增值来获得竞争优势，成为知识经济时代企业生存竞争的新模式，有垂直价值链管理、水平价值链管理和虚拟价值链管理之分，三者相辅相成组成价值网络管理。

1) 垂直价值链管理

垂直价值链管理是对一个企业价值增值链条上从原材料生产到供应商、制造商、顾客及所有参与实体的管理。日本的企业最早运用了价值链管理，试图把制造过程中的所有因素统一起来，更好地控制供应商和分销商，加大制造企业与其供应商之间的合作，提高产品质量。企业和供应商不必再为最低价格而讨价还价，双方建立了合作伙伴关系。基于利益共享，供应商参与产品设计以便能设计出为制造企业供货的相关零部件，或为产品的整体设计作出贡献。

2) 水平价值链管理

随着战后日本制造业许多创新结构的出现，产生了水平价值链管理，就是对企业价值链同一水平上企业集团的各个企业主体间相互作用的管理。

3) 虚拟价值链管理

虚拟价值链(Virtual Value Chain, VVC)指的是企业在虚拟市场空间(Market Space)以信息为主导所从事的价值活动所形成的价值链体系。与虚拟价值链相对的概念是实物价值链(Physical Value Chain, PVC)，由于实物价值链指的是企业在传统实物市场(Market Place)上的价值活动所形成的价值链体系，所以，我们也称之为传统价值链。

虚拟价值链是企业建立在虚拟市场运作基础上所形成的价值链。长期以来，学术界和企业界已经习惯于用传统价值链模型来分析企业的价值创造活动。而如今，信息已经成为企业维持和创造价值活动的重要投入要素和产出结果。现代通信技术、电脑及其网络在商业上的应用已经实实在在形成了一个与实物市场相平行的虚拟市场空间。对于虚拟市场空间所带来的商业机会，我们再也不能漠视了。虚拟价值链模型的建立可以帮助我们更深入地理解在虚拟市场的价值活动方式、各种全新的商业机会，以及如何在信息时代充分利用两个市场空间来创立持久的竞争优势。

3. 价值链管理的意义

价值链管理的意义就是优化企业核心业务流程，降低企业组织和经营成本，提升企业的市场竞争力。它意在帮助企业建立一套与市场竞争相适应的、数字化的管理模式，弥补我国企业长期以来在组织结构设计、业务流程和信息化管理方面存在的不足，从整体上降低组织成本，提高业务管理水平和经营效率，实现增值。

4. 价值链管理与供应链管理的区别

价值网络管理把价值链的管理提升到了更高的战略层次，实现了从企业内部到企业之间通过创新来创造价值的能力。价值链管理和供应链管理涉及的活动范围相同，但价值链的着眼点是企业的价值增殖过程，面向效益，致力于为顾客创造更多的价值；而供应链侧重于产品的供应，面向效率，即降低成本和提高生产率。《财富》杂志对 1986～1992 年间的 1000 家公司的分析表明，强调价值创造的公司要优于强调节约成本的公司。因此在现代物流进入供应链管理的背景下，企业必须同时大力加强价值链管理，以提高自身的竞争力。

9.3.3　波特价值链分析模型

由迈克尔·波特提出的“价值链分析法”(Michael Porter’s Value Chain Model)，如图 9.4 所示，把企业内外价值增加的活动分为基本活动和支持性活动，基本活动涉及企业生产、销售、进料后勤、发货后勤及售后服务等，支持性活动涉及人事、财务、计划、研究与开发、采购等，基本活动和支持性活动构成了企业的价值链。不同的企业参与的价值活动中，并不是每个环节都创造价值，实际上只有某些特定的价值活动才真正创造价值，这些真正创造价值的经营活动，就是价值链上的“战略环节”。企业要保持的竞争优势，实际上就是企业在价值链某些特定的战略环节上的优势。运用价值链的分析方法来确定核心竞争力，就是要求企业密切关注组织的资源状态，要求企业特别关注和培养在价值链的关键环节上获得重要的核心竞争力，以形成和巩固企业在行业内的竞争优势。企业的优势既可以来源于价值活动所涉及的市场范围的调整，也可来源于企业间协调或合用价值链所带来的最优化效益。

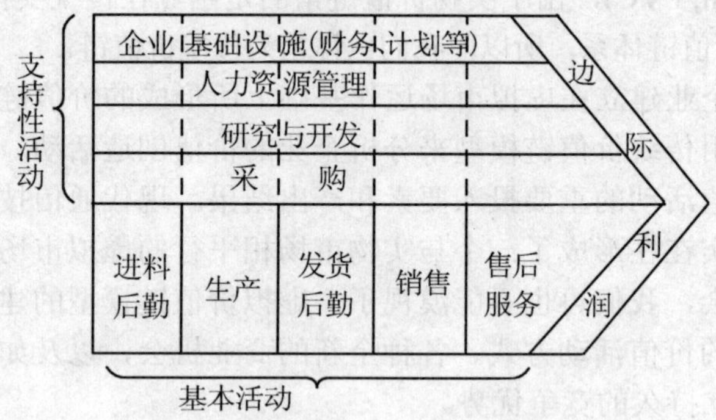

图 9.4　波特价值链分析模型

9.3.4　物流企业的价值链

按照价值链理论，物流企业的价值链可以分解为与物资转移及服务直接相关的基本价值活动和其他有关职能部门的辅助价值活动。物流企业通过物流运作把供应商、经销商(或零售商)和客户联结在一起，同时也将它们各自的价值链联结在一起，形成价值链体系。同时，物流企业采用电子商务，通过电子平台汇集了物流运作的信息流、商流和资金流，则构建出相应的虚拟价值链。将物流企业的价值链体系与虚拟价值链相结合，通过统一的物流基础设施的开发，从而形成以客户的价值链为导向的价值网。

9.3.5　跨国公司基于价值链发展战略的实践与应用

随着全球经济一体化的发展，中国企业面临着跨国公司的严峻挑战。如何利用价值链管理理论，形成并增强自身的核心竞争力，是中国企业获取竞争优势的关键所在。所谓“师夷长技以制夷”，因此研究跨国公司价值链战略管理的做法对于中国企业具有重要的启示和意义。以下是对 IBM 公司和英特尔公司的价值链战略管理的简要分析。

IBM 公司作为全球 IT 领域的知名企业和曾经的龙头老大，在它的每次转型中，其表现都堪称价值链战略管理的典范。20 世纪 80 年代末，IBM 推出 PS/2 电脑，遭受市场重创。新总裁郭士纳上台后，对 IBM 实施转型，定位于高端服务和高端计算技术，推出 NC 网络电脑，为了增强这方面的核心能力，1995 年 IBM 以 35 亿美元收购莲花软件(LOTUS)，使其网络软件与 IBM 电脑集成，大大增加了产品附加价值。90 年代末期，IBM 再次战略转型，公司定位于“提供硬件、网络和软件服务的整体解决方案供应商”。为了发挥 IBM 硬件优势，针对 IBM 公司不擅长管理咨询服务的实际情况，2002 年 IBM 斥资 35 亿美元收购普华永道旗下咨询子公司 PWCC Consulting。至此，IBM 公司拥有一流的硬件，一流的软件，同时又具有专业的管理咨询服务能力，最终形成了一条完整的客户服务价值链，为客户提供整体解决方案能力大大增强，完成了从一家 IT 硬件制造商向 IT 服务商的初步转型。在 IBM 打造自己的价值链过程中，针对自己不具有竞争优势的环节，也在不断的优化组合。例如 2002 年 IBM 剥离硬盘制造业务，将硬盘业务出卖给日立公司。2004 年，IBM 剥离 PC 业务，将 PC 业务出售给中国联想，而原因在于，IBM 公司基于自己的整体价值链分析，认为："PC 业务越来越具有家电行业特征，它创造的利润将依赖与规模经济和价格优势，不符合 IBM 公司的整体战略和定位"。从以上分析中可以看出，IBM 一系列的动作都是围绕价值链管理、打造企业核心能力、去掉不具有竞争优势的环节来实施的。

INTEL 公司的"数字家庭"产业价值链：据报载，2005 年 6 月 25 日，由 INTEL 发起的"数字家庭工作组"正式成立，共同推进国民生活信息化。除 INTEL 外，该工作组成员还包括 IBM、联想、微软等 17 家业界领先的消费电子、计算机和移动设备公司。该工作组旨在建立一个基于开放的工业标准的互操作性平台，并将确立技术设计规则，供企业用来开发数字家庭有关的产品，使消费者可以通过家中的有线或无线网络共享各种设备的数字内容。这是一个典型的基于产品研发与应用的企业联盟。产品制造方面，INTEL 公司联手了中国硬件制造商海信、方正科技、TCL、清华同方，从事产品生产和制造。网络内容方面，INTEL 联手了内容提供商搜狐、东方宽频、联众世界三家。INTEL"数字家庭"计划的完整产业链逐渐成形。这是一个范围广泛、涉及多种形式、多种合作方式的联盟体，在这个过程中，INTEL、微软等公司占据了价值链的核心环节，而中国企业占据了生产环节、提供内容等环节，共同开发中国家庭网络化大市场。INTEL 基于自己的芯片技术，建立了一条全新的价值链，这条"数字家庭"价值链将在未来几年成为 INTEL 最大的利润源泉。

一些经济学家指出，未来的竞争将由目前的企业与企业之间的竞争转向基于价值链的企业集群之间的竞争。因此，实施价值链发展战略，确立企业在行业价值链中的地位是每个企业面临的课题，是直接关系到企业生死存亡的关键。在此，INTEL 的数字家庭计划为中国本土企业做出了表率。

9.4　第四方物流

9.4.1　第四方物流的概念

随着科学技术的进步和市场的统一，供应链中的很多供应商和大企业为了满足市场需求，将物流业务外包给第三方物流服务商，以降低存货的成本，提高配送的效率和准确率。但是，由于大多数第三方物流企业缺乏系统的全面整合能力，加之全球化趋势导致的供应链网络范围的不断扩展，使得企业在外包物流时不得不将业务外包给多家第三方物流服务商。这一做法无疑会增加供应链的复杂性和管理难度。

市场的这些变化给物流和供应链管理提出了更高的期望，在客观上要求将现代网络技术、电子商务技术和传统的商业运营模式结合起来，以便在供应链中构造一个将供应链的物流外包行为进行链接的统一主体，而不是以前的分散无序状态。从管理的效率和效益看，对于将物流业务外包的企业来说，为获得整体效益的最大化，他们更愿意与一家公司合作，将业务统一交给能提供综合物流服务和供应链解决方案的企业。而且，由于在供应链中信息管理变得越来越重要，也有必要将物流管理活动统一起来，以充分提高信息的利用率和共享机制，提高外包的效率。供应链管理中的这些变化，促使很多第三方物流企业与咨询机构或技术开发商开展协作，以增强竞争能力，由此而产生了第四方物流(Fourth Party Logistics，4PL)。

美国埃森哲公司最早提出了第四方物流的概念，并依据业务内容对其进行了定义：第四方物流供应商是一个供应链的集成商，它对公司内部和具有互补性的服务供应商所拥有的不同资源、能力和技术进行整合和管理，提供一整套供应链解决方案。近几年国外已兴起了第四方物流的研究与试验。事实表明，第四方物流的发展可以满足整个物流系统的要求，很大程度地整合了社会资源，减少了货物的物流时间，节约了资源，提高了物流效率，也减少了环境污染。

事实上，第四方物流的出现是市场整合的结果。过去，客户试图通过优化库存与运输、利用地区服务代理商以及第三方物流供应商，来满足自身服务需求的增长。但在今天，客户需要得到更好的服务，比如电子采购、订单处理能力、虚拟库存管理等服务。一些企业经常发现第三方物流供应商缺乏当前所需要的综合技能、集成技术、战略和全球扩展能力。为改变窘境，某些第三方物流提供商正采取措施，通过与出色的服务提供商联盟，来提高它们的技能。其中最佳形式是和领先的咨询公司、技术提供商结盟。随着联盟与团队关系不断发展壮大，一种新的外包选择开始出现。企业正在向某个单一的组织外包其整个供应链流程，由它们评估、设计、制定及运作全面的供应链集成方案，这正是第四方物流。

9.4.2 第四方物流的特征

1. 第四方物流是一个集成商

它集成了管理咨询和第三方物流服务商的能力，利用分包商来控制与管理客户公司的点到点式供应链运作流程。

2. 第四方物流提供一整套完善的供应链解决方案

它能够有效地适应客户的多样化和复杂化需求，集中所有资源为客户完美地解决问题，有效地组织并实施供应链解决方案。第四方物流的供应链解决方案共有四个层次，即执行、实施、变革和再造。

1) 执行——需要承担多个供应链职能和流程的运作

第四方物流开始承接多个供应链职能和流程的运作责任。其工作范围远远超越了传统的第三方物流的运输管理和仓库管理的运作，具体包括：制造、采购、库存管理、供应链信息技术、需求预测、网络管理、客户服务管理和行政管理等。尽管一家公司可以把所有的供应链活动外包给第四方物流，但通常的第四方物流只是从事供应链功能和流程的一些关键部分。

2) 实施——进行流程一体化、系统集成和运作交接

一个第四方物流服务商帮助客户实施新的业务方案，包括业务流程优化、客户公司和服务供应商之间的系统集成，以及将业务运作转交给第四方物流的项目运作小组。项目实施过程中应该对组织变革多加小心，因为“人”的因素往往是把业务转给第四方物流管理成败的关键。实施的最大目标就是要避免一个设计优良的策略和流程的无效实施，结果使方案的有效性受到局限，影响项目的预期成果。

3) 变革——通过新技术实现各个供应链职能的加强

变革的努力集中在改善某一具体的供应链职能上包括销售和运作计划、分销管理、采购策略和客户支持。在这一层次上，供应链管理技术对方案的成败变得至关重要。领先和高明的技术，加上战略思维、流程再造和卓越的组织变革管理，共同组成最佳方案，对供应链活动和流程进行整合和改善。

4) 再造——供应链过程协作和供应链过程的再设计

第四方物流最高层次的方案就是再造。供应链过程中真正的显著改善，一是通过各个环节计划和运作的协调一致来实现，二是通过各个参与方的通力协作来实现。再造过程就是基于传统的供应链管理咨询技巧，使得公司的业务策略和供应链策略协调一致。同时，技术在这一过程中又起到了催化剂的作用，整合并优化了供应链内部和与之交叉的供应链的运作。

3. 第四方物流通过其对整个供应链产生影响的能力来增加价值

第四方物流充分利用了一批服务提供商的能力，包括第三方物流、信息技术供应商、合同物流供应商、呼叫中心和电信增值服务商等，再加上客户的能力和第四方物流自身的能力。总之，第四方物流通过提供一个全方位的供应链解决方案来满足今天的公司所面临的广泛而又复杂的需求。

4. 第四方物流强调技术外包

第四方物流外包的主要是无形的技术，而第三方物流外包的主要是有形的物流业务。

5. 第四方物流对员工的素质要求很高

由于第四方物流公司是提供技术服务的咨询公司，因此其员工不仅要具有丰富的现代管理技术和知识，而且还需要对环境变化有超强的预见能力及应变能力。

9.4.3 第四方物流的价值贡献

1. 通过提升服务水平带来收益的增加

传统的物流解决方案往往过于注重运输成本和仓储成本的最小化，而第四方物流服务提供商更注重强调对客户的服务水平，这必将导致整体收益的提高。

2. 通过过程优化提升运作效率

为弥补传统的物流运作功能方面的缺陷，第四方物流提供商强调过程优化，减少供应链上的不确定因素与非增值环节，不仅为控制和管理特定的物流服务，而且为整个物流过程提出策划方案，并通过电子商务将实现过程集成，从而带来物流运作效率的提升。

3. 节约成本，实现最大范围的社会资源整合

第三方物流缺乏跨越整个供应链运作以及真正整合供应链流程所需的战略专业技术，而第四方物流可以不受约束地将每一个领域的最佳物流供应商集成起来，为客户提供最佳物流服务，进而形成最优物流方案或供应链管理方案，而且能使所有的物流信息充分共享，实现全部社会资源的充分利用。

4. 实现供应链一体化

第四方物流向用户提供更加全面的供应链解决方案，并通过第三方物流企业、信息技术企业和咨询企业的协同化作业来实现，使物流的集成化一跃成为供应链一体化。

5. 实现用户企业业务流程再造

第四方物流将改变用户原来的物流业务流程，并通过业务流程再造使用户的物流流程得以优化。

6. 优化用户企业组织结构

物流外包的不断扩大以及业务流程的优化，必然给用户企业带来组织结构的变革。

9.4.4 第四方物流与第三方物流的区别

第三方物流供应商为客户提供所有的或一部分供应链物流服务，以获取一定的利润，它提供的服务范围很广，可以简单到只是帮助客户安排一批货物的运输，也可以复杂到设计、实施和运作一个公司的整个分销和物流系统。第三方物流的最大的附加值是基于信息

和知识，而不是靠提供最低价格的一般性的无差异的服务。然而，在实际的运作中，第三方物流公司缺乏对整个供应链进行运作的战略性专长和真正整合供应链流程的相关技术。

与此相对应，第四方物流具备整合供应链的能力，提供完整的供应链解决方案，并且逐步成为帮助企业实现持续运作成本降低的有效手段。它依靠第三方物流供应商、技术供应商、管理咨询顾问和其他增值服务商的集体协作，为客户提供独特的和广泛的供应链解决方案。而一个第四方物流提供商要成功地整合第三方物流企业，需要具备以下条件。

第一，第四方物流必须不是物流的利益方；

第二，第四方物流必须能实现信息共享；

第三，第四方物流必须有能力整合所有物流资源。

综上所述，第四方物流是比第三方物流更进一步的物流服务形式，它是从整个供应链的角度出发，为整个供应链提供物流解决方案。而在物流服务上，第四方物流与第三方物流应该互补合作，达到物流成本的最小化。

通过对第四方物流概念的分析可以发现，第四方物流集成了管理咨询和第三方物流服务商的能力，它为客户提供一整套完善的供应链解决方案。

9.4.5　第四方物流的运营方式

第四方物流的运营方式主要有三种形式，即协同运作型的第四方物流、方案集成型的第四方物流和行业创新型的第四方物流。

1. 协同运作型的第四方物流

这是第四方物流和第三方物流共同开发市场的一种方式，第四方物流向第三方物流提供一系列服务，包括技术、供应链整合策略、进入市场的能力和项目管理的能力等。第四方物流在第三方物流公司内部工作，第三方物流成为第四方物流思想与策略的具体实施者，从而达到为客户服务的目的。第四方物流和第三方物流一般会采用商业合同的方式或者战略联盟的方式进行合作，其运作模式如图 9.5 所示。

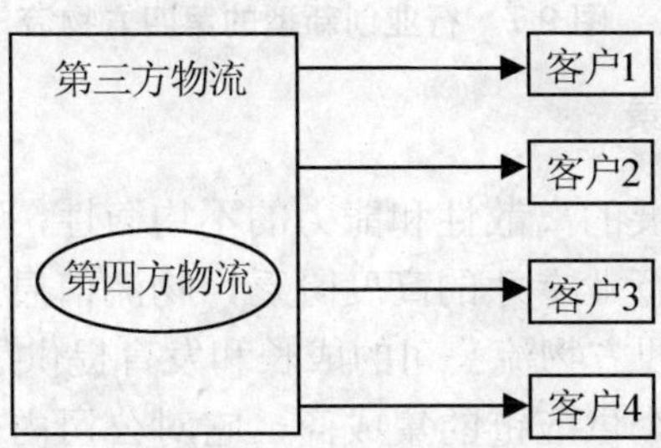

图 9.5　协同运作型的第四方物流

2. 方案集成型的第四方物流

在这种模式中，第四方物流为客户提供整个供应链的运作解决方案。第四方物流对自身以及第三方物流的资源、能力和技术进行综合管理，借助第三方物流为客户提供全面的、集成的供应链解决方案。第三方物流通过第四方物流的方案为客户提供服务，第四方物流作为一个枢纽，可以集成多个服务供应商的能力和客户的能力，其运作模式如图 9.6 所示。

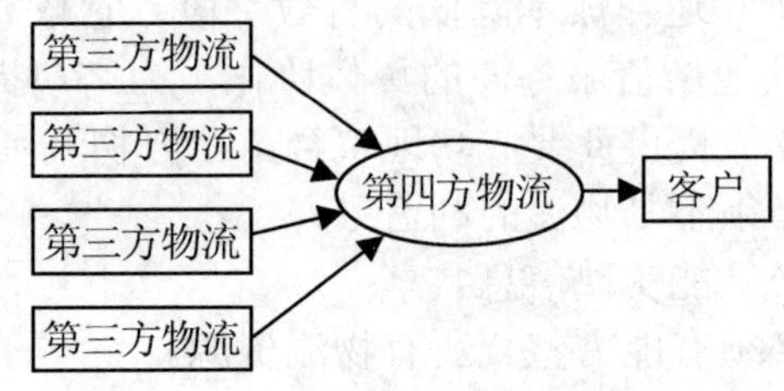

图 9.6　方案集成型的第四方物流

3. 行业创新型的第四方物流

在行业创新模式中，第四方物流为多个行业的客户开发和提供供应链解决方案，以整合整个供应链的职能为重点，将第三方物流加以集成整合，向“下游”的客户提供解决方案。在这里，第四方物流是“上游”第三方物流的集群和“下游”客户集群的纽带，其责任十分重要。行业解决方案会给整个行业带来最大的利益。第四方物流会通过卓越的运作策略、技术和供应链运作的具体实施来提高整个行业的效率，其运作模式如图 9.7 所示。

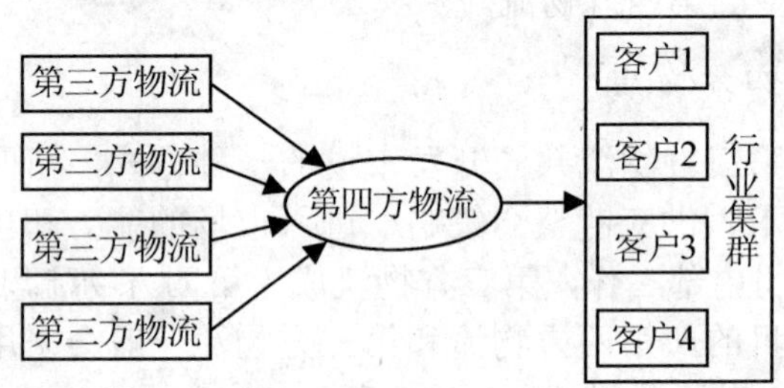

图 9.7　行业创新型的第四方物流

9.4.6　第四方物流的发展前景

中国第三方物流企业发展的离散性和能力的不均衡性，工商企业物流管理能力的差异性和需求的不确定性，物流行业专才的高度匮乏，物流信息系统的缺乏适用性以及物流基础设施的瓶颈问题，都为第四方物流公司的成长和发育提供了良好的土壤和空间。

第四方物流供应商是一个供应链的集成商，它对公司内部和具有互补性的服务供应商所拥有的不同资源、能力和技术进行整合和管理，提供一整套供应链解决方案。实际的运作中，第三方物流公司缺乏对整个供应链进行运作的战略性专长和真正整合供应链流程的相关技术。第四方物流正日益成为一种帮助企业实现持续运作成本降低和提高效益的力量。它依靠业内最优秀的第三方物流供应商、技术供应商、管理咨询顾问和其他增值服务商，为客户提供独特的和广泛的供应链解决方案。这是任何一家公司所不能单独提供的，如图 9.8 所示。

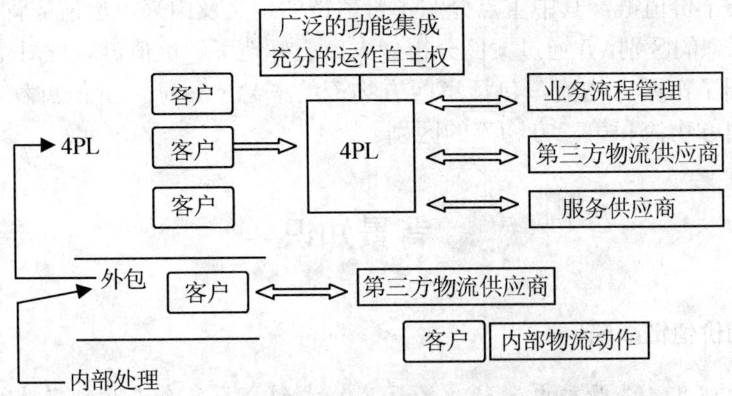

图 9.8　第四方物流的发展模式

首先，第四方物流提供一整套完善的供应链解决方案。第四方物流集成了管理咨询和第三方物流服务商的能力。更重要的是，设计、实施运作一个前所未有的、使客户价值最大化的统一的技术方案，只有通过咨询公司、信息技术公司和物流公司的齐心协力才能够实现。

其次，第四方物流通过其对整个供应链影响的能力来增加价值。4PL 充分利用了一批服务提供商的能力，包括 3PL，信息技术供应商，合同物流供应商，呼叫中心，电信增值服务商等，再加上客户的能力和 4PL 自身的能力。总之，4PL 通过提供一个全方位的供应链解决方案来满足今天的公司所面临的广泛而又复杂的需求。这个方案关注供应链管理的各个方面，既提供持续更新和优化的技术方案，同时又能满足客户的独特需求。

第四方物流在中国的成长为中国的物流行业带来了一片亮色。它们不仅弥补了物流服务商和物流需求方的能力差距，推动咨询、培训、设施和系统等物流相关产业的发展；而且能够从整个供应链优化的着眼点出发，有机会对某些产业的供应链体系变革产生重大的推动作用。

本 章 小 结

本章作为对物流学的一种未来展望，主要介绍了物流标准化、绿色物流、价值链管理、第四方物流这四种物流发展新趋势的产生过程及其具体的运作形式。

首先，介绍了物流标准化，按照物流标准化的应用范围，主要介绍了物流标准化的分类，以及物流标准化的重要性和国际通行的物流标准。

其次，介绍绿色物流，包括绿色物流的定义、产生背景，发展绿色物流的定义，其中重点讲解了绿色物流体系的构成。

然后，介绍了价值链，其中重点介绍了价值链的定义及由来，价值链管理的含义、类型及其与供应链管理的区别，并通过案例分析使大家更好地了解价值链管理对企业经营的意义。

最后，介绍了第四方物流，包括第四方物流的概念、特征、价值贡献、运营方式、发展前景以及第四方物流和第三方物流的区别。

背景知识

吉列公司的价值链战略

作为一个护理品、消费类电器行业的巨头，吉列公司在个人护理品市场上长期以来都处于领先地位，但公司高层认为他们的表现还是逊色于高露洁、联合利华和宝洁公司等竞争对手。于是，2002 年，吉列公司首席执行官 James Kilts 提出了一项旨在改善企业各项功能的改革方案。在这个方案的指引下，吉列公司展开了一场调查，以比较自己在企业运营方面与行业对手之间的差距。

调查结果显示，吉列公司的存货水平高、服务水平相对较低。

为了找出这些问题的根源，吉列公司开始了一个为期 6 个月的项目，来分析自己的供应链流程。据吉列公司北美地区负责价值链的副总裁 Mike Duffy 回忆说：“当时我们把整个流程在白板上画了出来。这个分析过程有时候会很让人头痛，因为我们有许多流程要分析。”通过分析这些流程，他们发现的问题如下所述。

一是计划和计划的执行缺乏同步协调。一般来说，吉列公司的库存水平都是比较恰当的。但由于一些必要的数据没有能够在企业内部进行很好的沟通，很多库存都没有被保存在正确的位置。比如，需求计划人员通常都根据当月第三个星期的数据预测下一个月的情况。但是生产计划通常都是在当月的第二个星期就制定出来。在这种安排下，如果预测的情况发生变化，就往往很难对生产计划做出相应的改变。Duffy 说：“供应计划和需求计划相互脱节，整个流程就产生了缺口，也就导致了高库存和低水平服务现象的发生。”

二是不同功能部门之间对某些概念理解有偏差。比如，存货计划人员是按照标准的库存循环周期来补充库存的，当这些计划人员要求补充库存时，他们都希望存货能够按照他们预期的期限到达。但是，配送部门则是按照货物在途运输的时间来衡量他们是否准时送货的，也就不管运输时间是否符合库存的实际要求。这种脱节必然导致产品不能准时到达分销中心。

三是吉列公司得到的数据多，但是可用信息却很少。比如吉列公司也定期发布管理报告，但报告中很少指出问题的根源所在。

另外，吉列公司的供应链中还存在着一些不必要的复杂性。比如，吉列仓库里还有许多不适用的货物储存单元(SKU)，导致卖不出去的产品堆积在仓库里，这就使得吉列公司对市场变化不能做出更为迅速的反应。定位“价值链”锐意革新为了向顾客提供更多的价值，得到更多的市场份额，吉列公司把自己定位在产品的价值链上，对内部业务流程和组织结构进行了重新调整。

传统上人们认为，价值链开始于制造商的货架，终止于客户的货架。而Duffy说：“提出价值链的概念，我们是在向我们的企业传达这样一种信息，不仅要向客户提供我们的产品，而且还要把价值带给我们的客户以及最终的消费者。”同时Duffy认为，价值链关注的不仅仅是为客户配送中心供货的过程，还应关注如何和我们的客户合作，以便于我们能够保证以合适的成本、在合适的时机把货物配送到客户的货架上。

在业务流程的改变方面，吉列公司着重改善了供需计划的制订过程。为了达到这种目的，Duffy和他的同事们使用了几种不同的策略。比如，吉列公司现在把供需信息按照主要客户、特别促销、会员商店采购等科目进行了分类。此外，需求预测的方式也改为由下而上，即和客户一起，共同预测未来的产品需求状况。

至于供给计划方面，吉列公司致力于缩短产品到达它的配送中心的运输时间和到达客户处的时间，并一改过去使用公司内部研制的电子制表软件来决定存货的水平的状况，开始使用Optiant公司的软件来检查变量，如每周订单的历史记录和变化、预测准确度、生产运行周期及配送中心补充存货所需的交货时间等，决定存货的适度水平。

通过利用现有的Manugistics计划应用软件，及对末端用户进行这套软件的培训，吉列公司试图改变运营问题的分析方式。

为了支持流程的改变，在进行流程改善之前，吉列公司就在组织结构上做了一些必要的改变。在过去，需求计划、供应计划、促销管理和配送都有各自的副总裁，分别由首席执行官直接管理。现在，这些副总裁首先要向Duffy汇报工作，让他能够对供应链具有足够的预见能力和控制能力，以便在存货、成本和客户服务之间进行权衡。

在重组的过程中，吉列公司还重新调整了部门经理的工作目标和激励机制，以便让他们也能够支持价值链概念的实施。Duffy说，以前有的人会根据自己的目标做出决定，而不考虑整个体系的利益，重组的目的就是把整个公司的员工凝聚在一起。

很快就有迹象表明，吉列公司根据客户价值观对流程和组织结构的变化，不仅给客户带来了价值，而且也给吉列公司自身带来了非常积极的效果。首先是配送中心的生产预测准确率，由以前的46%飙升到71%。其次，吉列公司还通过放弃不符合财务标准的产品而减少了7%的货物储存单元。此外，他们还通过采用北美的包装标准，废除了专门用于加拿大市场的货物储存单元，这样需要运送货物的目的地数量也减少了30%。

总的来讲，这些措施都大大地减少了库存水平。在2002年第二季度，吉列公司还有126天的库存量。在2003年第二季度，则只有115天的库存量了。另外，在同一时期，按订单交付给客户的满意率也从 90%上升到了 98%。不但现在的库存水平比方案实施前降低了24%，而且吉列公司 2003 年的营业收入也一下子增长到了 92.5 亿美元。

资料来源：http://www.cnexp.net

海丰的第四方物流“冲动”

在仓储和运输能力决定一切的今天，我国的物流企业还处在“储平丰欠、运通有无”的阶段，对于第四方物流(4PL)的探索也只是停留在理论水平上。难怪许多业界内的人士会愤愤不平，大喊“4PL 不过是玩概念”，因为在我国物流领域内，4PL 的确是有如海市蜃楼的美景蓝图。

这就好像进化论一样，生物总要朝着更适应自然的角度来进化，以求得更好的生存发展。同样，对于一个行业来说，它必然会本着“适者生存”的原则，向更合理、更有序的方向进化发展，4PL 的诞生和兴起，就是我国物流业发展更高层次的标志。

回顾我国的企业发展，20 世纪 90 年代是我们所谓的 Making(生产)年代，企业都把精力集中在开发生产线、扩大产品组合上，相信生产主导一切；到了 2000 年，我们进入了 Marketing(市场)年代，企业开始把目光锁定在销售环节，如何提高市场占有率、增加市场渗透是企业关心的话题；到了 2007 年的今天，企业的眼球已经被吸引在 SCM(供应链管理)上了，除了传统的运输仓储，如何能提供企业间的联盟和信任，实现供应链间的竞争，几乎是所有企业梦寐以求的蓝图和梦想。

国内曾经有过 1 加 1 小于 2 的说法，这是我国物流领域目前的真实写照。在某个行业或某几个企业来看，物流运作也许是高效率的，但将目光提升到整个社会，我们就会发现，原来物流企业各自为政，信息不能有效流通，重复建设现象严重。因此，我们目前需要的是将资源从社会全局的角度上进行整合，将信息从供应链层次上进行共享。这也就是 4PL 所充当的角色。

这对于一向擅长抓住机遇，顺应潮流的山东海丰国际航运集团有限公司而言，自然是一个千载难逢的机会。

2006 年 10 月，海丰集团旗下的物流公司与新时代公司的合并计划正式开始，而在接下来的 100 个工作日内，整个合并的所有细节就已经全部完成，足见海丰的“迫不及待”。

据悉，海丰集团将其原物流体系中新海丰物流有限公司以及一系列与第三方、第四方物流有关的优质资产与新时代国际运输服务有限公司合并成立海丰物流有限公司。合并完成后的新公司整合航运空运资源，货源客源同步扩大，“海丰物流”这一国内创新的供应链管理服务与综合物流企业随之诞生。

海丰物流毫不犹豫地将 4PL 作为了自己的身份标识，在 4PL 尚处于概念“无间道”的背景下，海丰此举被业界认为是“疯狂”的举动。

海丰能否走出 4PL 的“无间炼狱”呢？业界怀着极其“复杂”的心情，注视着海丰的一举一动。

而接下来发生的一切，再一次让业界刮目相看。

自 10 月份进入合并程序至今，在国内主要城市拥有 16 个分拨中心、服务国内 248 个城市的海丰物流，数月间业务和利润增长迅速，比过去数月货运订单增长三倍以上。预计 2007 年空运货运量将突破 110 000 吨，较 2006 年的 60 000 吨上升 80%；同期，海运货量将由 180 000 个标准集装箱增至逾 210 000 箱。

这些看似不可能的业绩是如何取得的呢？其实，稍微了解海丰成长轨迹的人都会明白，海丰此次打 4PL 牌不是“心血来潮”，更不是“赶时髦”，而是厚积薄发。

早在 2004 年 12 月，海丰集团就进行了大规模的企业战略重组，当时，该公司被分为集运、物流、船东、散货、沿海内贸运输和航运配套服务六大业务体系，并开始向国际化、综合性物流公司迈进。

2005 年，海丰集团总裁杨绍鹏又不惜血本，毅然拿出了 8 400 万元进行他认为是“奢侈品”的 IT 系统建设。

然而，正是这样的远见，让海丰将供应链的各个链条有效地连接起来，形成信息的平滑过渡和流程间的无缝连接，同时提供了基于互联网的查询、客户服务和电子商务平台，为采购商、生产商、运输公司、报关公司、仓储和陆运等相关的公司和客户提供统一的接入平台。

也正是这些“厚积”决定了海丰的 4PL 梦想的“薄发”。

在进军 4PL 之前，海丰已经铺好了路。海丰成功建立国内供应链管理，拥有了稳定客户群，持续优化和增强网络平台的实时实施功能，开拓和加强海外代理网络创造了条件，并为其开拓全球供应链管理服务，提供跨及世界各地的海陆空运输综合方案助跑。

至此，海丰梦寐以求的 4PL 水到渠成。

资料来源：http://www.china56ec.com

思考与练习

一、判断题

1．物流标准化是指以物流系统为对象，围绕运输、包装、装卸、仓储及信息处理等物流活动制定、发布和实施有关技术方面和工作方面的标准，以系统为出发点，研究各领域中技术标准与工作标准的配合性，按配合性的要求，统一整个物流系统的标准的过程。

2．绿色物流的行为主体只是专业的物流企业，而不涉及生产企业和消费者。

3．绿色物流活动的目标只具有社会属性，而不具有经济属性。

4．价值链管理和供应链管理涉及的活动范围相同，但供应链的着眼点是企业的价值增值过程，面向效益，致力于为顾客创造更多的价值；而价值链侧重于产品的供应，面向效率，即降低成本和提高生产率。

5．第三方物流具备整合供应链的能力，提供完整的供应链解决方案，并且逐步成为帮助企业实现持续运作成本降低的有效手段。

6．第三方物流外包的主要是无形的技术，而第四方物流外包的主要是有形的物流业务。

二、填空题

1．按照物流标准化的应用范围，物流标准分为________、________、________。

2．ISO 规定的物流基础模数尺寸为________×________。

3．企业实施绿色物流管理，要达到三个主要目标：________的最大化，________的最小化，________的产品绿色化。

4．价值链管理旨在通过分析价值链上业务环节的增值来获得竞争优势，成为知识经济时代企业生存竞争的新模式，有________、________和________之分。

5．第四方物流的供应链解决方案共有四个层次，即________、________、________和________。

6．第四方物流的运营方式主要有三种形式，即________的第四方物流、________的第四方物流和________的第四方物流。

三、简答题

1．物流标准化的实施对于物流的发展有什么重要意义？

2．什么是绿色物流？发展绿色物流有什么意义？

3．价值链管理有哪几种类型？

4．价值链管理和供应链管理有何区别？

5．简要说明第四方物流的特征。

6．阐述第四方物流的主要运营方式。

7．第四方物流的价值贡献表现在哪些方面？

参 考 文 献

[1] 骆温平. 物流与供应链管理. 北京：电子工业出版社，2002.
[2] 刘胜春，李严锋. 第三方物流. 大连：东北财经大学出版社，2006.
[3] [美]道格拉斯·兰伯特，詹姆士·斯托克，莉萨·埃拉姆. 物流管理. 张文杰等译. 北京：电子工业出版社，2006.
[4] 李云清. 物流系统规划. 上海：同济大学出版社，2004.
[5] 门峰. 现代物流概论. 上海：上海财经大学出版社，2004.
[6] 刘宗风. 现代物流管理概论. 北京：中国物资出版社，2006.
[7] 刘刚. 物流管理. 北京：中国人民大学出版社，2005.
[8] 刘敏. 物流管理概论. 上海：上海交通大学出版社，2005.
[9] 吴清一. 现代物流概论. 北京：中国物资出版社，2003.
[10] 吴清一. 物流管理. 北京：中国物资出版社，2003.
[11] 姜春华. 第三方物流. 大连：东北财经大学出版社，2005.
[12] 曾剑. 物流管理基础. 第 2 版. 北京：机械工业出版社，2005.
[13] 张晓青. 现代物流概论. 武汉：武汉理工大学出版社，2005.
[14] 张毅. 现代物流管理. 上海：上海人民出版社，2002.
[15] 陈文安，胡焕绩. 新编物流管理. 上海：立信会计出版社，2003.
[16] 赵刚. 现代物流基础. 成都：四川人民出版社，2002.
[17] 张文杰. 电子商务下的物流管理. 北京：清华大学出版社，2003.
[18] 周在青，杨志刚. 现代物流管理. 北京：人民交通出版社，2002.
[19] 刘德武. 企业物流. 北京：电子工业出版社，2006.
[20] 张理. 现代企业物流管理. 北京：中国水利水电出版社，2005.
[21] 赵启兰. 企业物流管理. 北京：机械工业出版社，2006.
[22] 杨振科，冯国苓. 现代物流与配送. 北京：对外经济贸易大学出版社，2005.
[23] 刘亚峰. 电子商务概论. 北京：机械工业出版社，2006.
[24] 刘志学. 现代物流手册. 北京：中国物资出版社，2002.
[25] 唐渊. 国际物流学. 北京：中国物资出版社，2004.
[26] 沈文，邓爱民. 国内外物流经典案例. 北京：人民交通出版社，2002.
[27] 吕军伟. 国际物流业务管理模板与岗位操作流程. 北京：中国经济出版社，2005.
[28] 徐勇谋. 国际物流. 上海：上海财经大学出版社，2005.
[29] 甘卫华，尹春建. 现代物流基础. 北京：电子工业出版社，2005.
[30] 张清，杜扬. 国际物流与货运代理. 北京：机械工业出版社，2003.
[31] 梁金萍. 现代物流学. 大连：东北财经大学出版社，2003.
[32] 周启蕾. 物流学概论. 北京：清华大学出版社，2005.
[33] [美]迈克尔·波特. 竞争优势. 陈小悦译. 北京：华夏出版社，1997.

北京大学出版社高职高专经管类规划教材书目

序号	书　　名	标准书号	主编	定价	出版日期
1	统计学基础	978-7-81117-756-5	阮红伟	30	2009
2	统计学原理	978-7-81117-825-8	廖江平　刘登辉	25	2009
3	统计学原理与实务	978-7-5038-4836-0	姜长文　简家进	26	2009
4	经济法原理与实务	978-7-5038-4846-9	孙晓平　邓敬才	38	2009
5	经济法实用教程	978-7-81117-675-9	胡卫东　吕　玮	39	2009
6	财经法规	978-7-81117-885-2	李　萍　亓文会	35	2009
7	会计基本技能	978-7-5655-0067-1	高东升　王立新	26	2010
8	基础会计	978-7-5655-0062-6	常　美	28	2010
9	基础会计教程	978-7-81117-753-4	侯　颖	30	2009
10	基础会计教程与实训	978-7-5038-4845-2	李　洁　王美玲	28	2009
11	基础会计实训教程	978-7-5038-5017-2	王桂梅	20	2009
12	基础会计原理与实务	978-7-5038-4849-0	侯旭华　缑宇英	28	2009
13	财务管理教程与实训	978-7-5038-4837-7	张　红　景云霞	37	2008
14	财务会计	978-7-5655-0117-3	张双兰　李桂梅	40	2011
15	财务会计(第2版)	978-7-81117-975-6	李　哲　等	32	2010
16	财务会计实用教程	978-7-5038-5027-1	丁增稳　高　丛	36	2008
17	财务活动管理	978-7-5655-0162-3	石兰东	26	2011
18	财务管理	978-7-5655-0328-3	翟其红	29	2011
19	Excel 财务管理应用	978-7-5655-0358-0	陈立稳	33	2011
20	成本会计	978-7-81117-592-9	李桂梅	28	2009
21	成本会计	978-7-5655-0130-2	陈东领　周美容	25	2010
22	成本费用核算	978-7-5655-0165-4	王　磊	27	2011
23	成本会计实训教程	978-7-81117-542-4	贺英莲	23	2008
24	成本会计实务	978-7-301-19308-2	王书果　李凤英	36	2011
25	审计学原理与实务	978-7-5038-4843-8	马西牛　杨印山	32	2007
26	审计业务操作	978-7-5655-0171-5	涂申清	30	2011
27	审计业务操作全程实训教程	978-7-5655-0259-0	涂申清	26	2011
28	税务会计实用教程	978-7-5038-4848-3	李克桥　郭　华	37	2008
29	涉税业务核算	978-7-301-18287-1	周常青	29	2011
30	企业纳税实务	978-7-5655-0188-3	司宇佳	25	2011
31	会计电算化实用教程	978-7-5038-4853-7	张耀武	28	2008
32	会计电算化实用教程(第2版)	978-7-301-09400-6	刘东辉	20	2008
33	会计英语	978-7-5038-5012-7	杨　洪	28	2009
34	行业特殊业务核算	978-7-301-18204-8	余　浩	20	2011
35	财经英语阅读	978-7-81117-952-1	朱　琳	29	2010
36	资产评估	978-7-81117-645-2	董亚红	40	2009
37	国际结算	978-7-5038-4844-5	徐新伟	32	2009
38	国际结算	978-7-81117-842-5	黎国英	25	2009
39	货币银行学	978-7-5038-4838-4	曹　艺　卞桂英	28	2009
40	国际金融基础与实务	978-7-5038-4839-1	冷丽莲　刘金波	33	2008
41	国际贸易概论	978-7-81117-841-8	黎国英　张新亚	28	2009
42	国际贸易理论与实务	978-7-5038-4852-0	程敏然　贺亚茹	40	2008
43	国际商务谈判	978-7-81117-532-5	卞桂英　刘金波	33	2008
44	国际商法实用教程	978-7-5655-0060-2	聂红梅　史亚洲	35	2010
45	进出口贸易实务	978-7-5038-4842-1	周学明　金　敏	30	2008
46	金融英语	978-7-81117-537-0	刘　娣	24	2009
47	财政基础与实务	978-7-5038-4840-7	才凤玲　张云莺	34	2007

序号	书　　名	标准书号	主编	定价	出版日期
48	财政与金融	978-7-5038-4856-8	谢利人　郝巧亮	37	2008
49	市场营销学	978-7-5038-4859-9	李世宗　李建峰	28	2008
50	市场营销	978-7-81117-957-6	钟立群	33	2010
51	管理学原理	978-7-5038-4841-4	季　辉　冯开红	26	2008
52	管理学基础	978-7-81117-974-3	李蔚田	34	2010
53	管理学原理与应用	978-7-5655-0065-7	秦　虹	27	2010
54	企业管理	978-7-5038-4858-2	张　亚　周巧英	34	2008
55	通用管理实务	978-7-81117-829-6	叶　萍	39	2009
56	现代公共关系原理与实务	978-7-5038-4835-3	张美清	25	2007
57	现代企业管理	978-7-81117-806-7	于翠华　贾志林	38	2009
58	商务礼仪	978-7-81117-831-9	李　巍	33	2009
59	商务礼仪	978-7-5655-0176-0	金丽娟	29	2011
60	现代商务礼仪	978-7-81117-855-5	覃常员　张幸花	24	2009
61	商务沟通实务	978-7-301-18312-0	郑兰先	31	2011
62	人力资源管理	978-7-5038-4851-3	李蔚田	40	2008
63	电子商务实务	978-7-301-11632-6	胡华江	27	2009
64	电子商务实用教程	978-7-301-18513-1	卢忠敏　胡继承	33	2011
65	电子商务英语	978-7-301-17603-0	陈晓鸣　叶海鹏	22	2010
66	网络营销理论与实务	978-7-5655-0039-8	范军环　宋沛军	32	2010
67	商务谈判	978-7-5038-4850-6	范银萍　刘　青	32	2009
68	市场调研案例教程	978-7-81117-570-7	周宏敏	25	2008
69	市场调查与预测	978-7-5655-0252-1	徐　林　王自豪	27	2011
70	市场营销理论与实训	978-7-5655-0316-0	路　娟	27	2011
71	管理信息系统	978-7-81117-802-9	刘　宇	30	2009
72	商品学概论	978-7-5038-4855-1	方凤玲　杨　丽	20	2008
73	广告原理与实务	978-7-5038-4847-6	郑小兰　谢　璐	32	2007
74	零售学	978-7-81117-759-6	陈文汉	33	2009
75	消费心理学	978-7-81117-661-2	臧良运	31	2009
76	营销策划技术	978-7-81117-541-7	方志坚	26	2008
77	中小企业管理	978-7-81117-529-5	吕宏程	35	2008
78	连锁经营与管理	978-7-5655-0019-0	宋之苓	37	2010
79	秘书理论与实务	978-7-81117-590-5	赵志强	26	2008
80	现代物流管理	978-7-5038-4854-4	沈　默　李承霖	37	2007